Die Filme der Jessica Hausner

Dr. Sabrina Gärtner studierte Medien- und Kommunikationswissenschaften sowie Deutsche Philologie an der Alpen-Adria-Universität Klagenfurt. Ende 2018 schloss sie ihr Doktoratsstudium mit Auszeichnung ab, ihre Dissertation zum filmischen Œuvre Jessica Hausners wurde mit dem Diomiro-Zudini-Stipendium ausgezeichnet. Forschungsinteressen: Filmästhetik, Filmgeschichte und vergleichende Filmanalyse mit Fokus auf den europäischen Film, deutsche Gegenwartsliteratur, Märchenforschung. Jüngste Publikationen: *Fußnoten. Zur Bedeutung von Frauenfüßen in Quentin Tarantinos »Death Proof«* (2020), *Das Glück lässt sich (nicht) pflanzen. Annotationen zu Jessica Hausners »Little Joe«* (2019) und *Reizendes Rollenspiel: Thomas Braschs »Lovely Rita«* (2019). Derzeit ist Gärtner als freie Filmwissenschaftlerin und externe Lehrbeauftragte an ihrer Alma Mater tätig.

Sabrina Gärtner

Die Filme der Jessica Hausner

Referenzen, Kontexte, Muster

Sabrina Gärtner
Die Filme der Jessica Hausner
Referenzen, Kontexte, Muster

ISBN (Print) 978-3-96317-209-0
ISBN (ePDF) 978-3-96317-739-2

Copyright © 2020 Büchner-Verlag eG, Marburg

Satz und Umschlaggestaltung: DeinSatz Marburg | lf
Bildnachweis Umschlag: Film Still aus »Hotel«, © Coop99
Druck und Bindung: Schaltungsdienst Lange oHG, Berlin
Die verwendeten Druckmaterialien sind zertifiziert als FSC-Mix.
Printed in Germany

Das Werk, einschließlich all seiner Teile, ist urheberrechtlich durch den Verlag geschützt. Jede Verwertung ist ohne die Zustimmung des Verlags unzulässig. Dies gilt insbesondere für Vervielfältigungen, Übersetzungen, Mikroverfilmungen und die Einspeicherung und Verarbeitung in elektronischen Systemen.

Bibliografische Informationen der Deutschen Nationalbibliothek
Die Deutsche Nationalbibliothek verzeichnet diese Publikation in der Deutschen Nationalbibliografie, detaillierte bibliografische Angaben sind im Internet über http://dnb.de abrufbar.

www.buechner-verlag.de

Inhalt

Abkürzungsverzeichnis 11

0   Vorspann 13

1   Das filmische Œuvre der Jessica Hausner 17
1.1 Flora (1997) 23
    1.1.1 Zum Inhalt 23
    1.1.2 Produktion und Filmförderung 24
    1.1.3 Festivals und Auszeichnungen 25
    1.1.4 Verwertung 26
    1.1.5 Ein Beet voller Setzlinge 27
1.2 Inter-View (1999) 35
    1.2.1 Zum Inhalt 35
    1.2.2 Produktion und Filmförderung 36
    1.2.3 Festivals und Auszeichnungen 37
    1.2.4 Verwertung 37
    1.2.5 Der Anfang mit den Anfängen 39
1.3 Das Spielfilm-Debüt: Lovely Rita (2001) 49
    1.3.1 Zum Inhalt 52
    1.3.2 Produktion und Filmförderung 52
    1.3.3 Festivals und Auszeichnungen 54
    1.3.4 Verwertung 55
    1.3.5 Die Qual der Wahl: der passende Titel 56
1.4 Horror à la Hausner: Hotel (2004) 72
    1.4.1 Zum Inhalt 75
    1.4.2 Produktion und Filmförderung 76
    1.4.3 Festivals und Auszeichnungen 76
    1.4.4 Verwertung 77
    1.4.5 Das Spiel mit dem Genre 78

1.5	Verweigerungen				103
	1.5.1	Toast (2006)			104
		1.5.1.1	Zum Inhalt		104
		1.5.1.2	Produktion und Filmförderung		104
		1.5.1.3	Festivals und Auszeichnungen		105
		1.5.1.4	Verwertung		105
		1.5.1.5	Vom Fehlersuchbild zum Trailer		107
			1.5.1.5.1	Muster im vermeintlichen Chaos	108
			1.5.1.5.2	Ein Toast für und auf die *Diagonale*	115
			1.5.1.5.3	Von Konstanten, Verlusten und einem Extra	117
	1.5.2	Rufus (2006)			120
		1.5.2.1	Zum Inhalt		120
		1.5.2.2	Produktion und Filmförderung		120
		1.5.2.3	Festivals und Aufführungen		122
		1.5.2.4	Verwertung		123
1.6	Der internationale Durchbruch: Lourdes (2009)				123
	1.6.1	Zum Inhalt			125
	1.6.2	Produktion und Filmförderung			126
	1.6.3	Festivals und Auszeichnungen			128
	1.6.4	Verwertung			130
	1.6.5	Interpretationsoffenes Finale			132
1.7	Amour Fou (2014)				147
	1.7.1	Zum Inhalt			151
	1.7.2	Produktion und Filmförderung			152
	1.7.3	Festivals und Auszeichnungen			153
	1.7.4	Verwertung			154
	1.7.5	Bewegte Stillleben			156
1.8	Essenzielles Intermezzo: Oida (2015)				187
	1.8.1	Sachen zum Lachen: Insiderwitze			188
1.9	Little Joe – Glück ist ein Geschäft (2019)				195
	1.9.1	Zum Inhalt			196
	1.9.2	Produktion und Filmförderung			197
	1.9.3	Festivals und Auszeichnungen			199
	1.9.4	Verwertung			201
	1.9.5	Sprach-Welten-Wanderung: Vom Finden der Heimat			202

1.10	Zusammenfassende Betrachtungen	217
	1.10.1 Trend zur Etablierung eines Stammteams	218
	1.10.2 Erfolgsmomente	225
	1.10.3 Filmförderung(en)	231

2 Verortungsversuch ... 239

2.1	Die *Nouvelle Vague Viennoise* ist tot?!	241
	2.1.1 Vorboten der Welle in der Welle	244
	2.1.2 Auszeichnungen schaffen Aufmerksamkeit	248
	2.1.3 Bewegung mit weiblichem Motor	252
	2.1.4 Mangelnder Box-Office-Erfolg	258
	2.1.5 Positive Impulse	262
	2.1.5.1 Ein Netzwerk von und für Filmschaffende	262
	2.1.5.2 Strukturelle Entwicklungen	272
	2.1.5.3 Gender-Budgeting	274
	2.1.6 Totgesagte leben länger	277
2.2	Annäherung an die *Berliner Schule*	278
	2.2.1 Bedeutsame Zeit, bedeutsame Orte	282
	2.2.2 Kooperative Netzwerke	284
	2.2.3 Die fehlenden Manifeste	286
	2.2.4 *Revolver*, Zeitschrift für Film	287
	2.2.5 Die Angst vor dem Label	288
2.3	Das europäische Kino ist tot, es lebe das europäische Kino!	290

3 Eine märchenhafte Welt ... 295

3.1 Wenn Gut und Böse gemeinsame Sache machen: Märchenhafte Mutterfiguren
»Aber sie sprach: ›Es hilft dir alles nichts: […]; wir müssten uns deiner schämen.‹«
Aschenputtel | Flora ... 301

3.2 Rotkäppchens Schwestern
»Das Käppchen von rotem Sammet stand ihm so überaus hübsch […]
Rotkäppchen | Inter-View ... 316

3.3 Märchenhafte Eingangs- und Schlussformeln
»Es war einmal […], […] und wenn sie nicht gestoben sind, leben sie noch.«
Fundevogel | Lovely Rita ... 327

3.4 Räumliche Isolation
»Als es zwölf Jahre alt war, schloß es die Zauberin in einen Turm.«
Rapunzel | Hotel 334

3.5 Die Wiederholung als charakteristischer Wesenszug
»Wendungen wie: ›Alles geschah wie das erstemal‹ tun dem echten Märchenerzähler nicht Genüge.« | Toast 345

3.6 Tierische Kommentare
»[Wenn] das deine Mutter wüsste, das Herz tät ihr zerspringen.«
Die Gänsemagd | Rufus 358

3.7 Auf der Suche: Die Märchen-*Queste*
»Es war einmal ein König, der war krank, [...].«
Das Wasser des Lebens | Lourdes 371

3.8 Von einem märchenhaften Requisit
»Spieglein, Spieglein an der Wand [...]?«
Schneewittchen | Amour Fou 382

3.9 Der Tanz als märchenhaftes Balzritual
»Der König hatte befohlen, daß der Tanz recht lange währen sollte.«
Allerleirauh | Oida 396

3.10 Die geheimnisvolle Sprache der Blumen
»Endlich träumte er einmal des Nachts, er fände eine blutrote Blume, [...].«
Jorinde und Joringel | Little Joe 408

3.11 Abschließende Betrachtungen 421

4 Abspann 427
4.1 Medea 427
4.2 Club Zero 430

5 Literaturverzeichnis 437

6 Verzeichnis der Online-Ressourcen 455
6.1 Inhalte mit Verfasser_in 455
6.2 Weitere Online-Ressourcen 467

7 Zitierte Medien 481
7.1 Zitierte Filme 481
7.2 Zitierte Musikvideos 491
7.3 Zitierte Fernsehformate 491

8	**Abbildungsverzeichnis**	493
9	**Tabellenverzeichnis**	497
10	**Anhang**	499
10.1	Skype-Interview mit Jessica Hausner [15.11.2016]	499
10.2	Protokoll FROzine-Beitrag [18.12.2009]	511
10.3	Protokoll Oktoskop-Beitrag [16.06.2006]	518

Abkürzungsverzeichnis

Academy	Academy of Motion Picture Arts and Sciences
Akademie	Akademie des Österreichischen Films
AFC	Austrian Film Commission
APA	Austria Presse Agentur
ARD	Arbeitsgemeinschaft der öffentlich-rechtlichen Rundfunkanstalten der Bundesrepublik Deutschland
ARTE	Association Relative à la Télévision Europeéenne
ATU, ATU-Index	Aarne-Thompson-Uther-Index
BBC	British Broadcasting Corporation
Berlinale	Internationale Filmfestspiele Berlin
BFI	British Film Institute
BMUKK	Bundesministerium für Unterricht, Kunst und Kultur
Coop99	coop99 filmproduktions G. m. b. H.
DEFA	Deutsche Film AG
DFFB	Deutsche Film- und Fernsehakademie Berlin
Diagonale	Diagonale, Festival des österreichischen Films
FAK	Filmakademie Wien
Fisa	Förderinitiative Filmstandort Austria
Hoanzl	Hoanzl Vertriebsges. m. b. H.
IMDb	Internet Movie Database
KHM	Kinder- und Hausmärchen (der Brüder Grimm)
KV	Köchelverzeichnis
ÖFI	Österreichisches Filminstitut
ORF	Österreichischer Rundfunk
Oscar	Academy Award of Merit
Viennale	Vienna International Film Festival

0 Vorspann

Jessica Hausner zählt zu den renommiertesten Filmemacher_innen ihrer Zeit. Längst hat sich die Regisseurin und Drehbuchautorin auf internationalem Parkett verdient gemacht, ihr Name wird heute in einem Atemzug mit Regiedoyens wie Alfred Hitchcock[1], Stanley Kubrick[2] und David Cronenberg[3] genannt. Sie gilt »neben Michael Haneke [als] die interessanteste und begabteste österreichische Regisseurin nicht nur ihrer Generation […]«[4] und wird als »eine der erfolgreichsten österreichischen Filmemacherinnen«[5] gehandelt. Zudem attestierte man der Autorenfilmerin sehr früh eine klare filmische Sprache, »die sie bereits in ihrem […] Diplomfilm Inter-View definierte und konsequent weiterverfolgte.«[6]

Jeder Film ein außerordentliches Kunstwerk, jede Szene eine zum Close Reading einladende Komposition. Hundertfach gelobt, zahlreiche Male prämiert, von Kritiker_innen aus aller Welt hinlänglich besprochen, in Retrospektiven international gewürdigt. Trotzdem wird man auf der Suche nach substanziellen Publikationen kaum fündig, die Wissenschaft scheint Hausner schlicht noch nicht für sich entdeckt zu haben. Es gilt also, Pionierarbeit zu leisten – diese Einzelstudie versteht sich als der nötige erste Schritt.

---

1 Vgl. Karina Longworth: Jessica Hausner's Lourdes Refrains from Demystifying. [16.02.2010], https://www.villagevoice.com/2010/02/16/jessica-hausners-Lourdes-refrains-from-demystifying/, letzter Aufruf: 18.07.2020.
2 Vgl. David Ehrlich: ›Little Joe‹ Review: A Horror Film that Dangerously Compares Antidepressants to an Alien Invasion. [17.05.2019], https://www.indiewire.com/2019/05/little-joe-review-cannes-1202142527/, letzter Aufruf: 18.07.2020.
3 Vgl. Owen Gleiberman: Film Review: ›Little Joe‹. [17.05.2019], https://variety.com/2019/film/reviews/little-joe-review-cannes-film-festival-1203218605/, letzter Aufruf: 18.07.2020.
4 Rüdiger Suchsland: Über die allmähliche Verfertigung eines Marionettentheaters beim Filmen. [o. D.], http://www.artechock.de/film/text/kritik/a/amfou0.htm, letzter Aufruf: 06.05.2020.
5 Simone Boria zit. n. 10.2 Protokoll FROzine-Beitrag [18.12.2009].
6 Karin Schiefer: Jessica Hausner: LOVELY RITA. [o. D.], http://www.austrianfilms.com/news/bodyjessica_hausner_lovely_ritabody, letzter Aufruf: 18.07.2020.

Teil 1 dieses Buches verschreibt sich der Bestandsaufnahme. In chronologischer Reihenfolge und unter Verwendung konstanter Parameter erfolgen Dokumentation und Vorstellung des bislang aus zehn filmischen Projekten bestehenden Œuvres. Die Filmkapitel schließen jeweils mit der Analyse wiederkehrender Charakteristika: Bereits in Flora (1997) lassen sich filmische Ideen erkennen, die sich in den Folgeproduktionen in adaptierter Form wiederfinden; in diesem »Beet voller Setzlinge« zeigt sich eine Vielzahl von Motiven, die im späteren Filmschaffen in weiterentwickelter Form erneut aufgegriffen wurden. Bei der Besprechung von Inter-View (1999) gilt der Fokus den markanten Anfangssequenzen, die allen Hausner'schen Filmen eigen sind, in Lovely Rita (2001) steht die prägnante Titelwahl zur Diskussion. Der Frage, welche Bedeutung dem Genrekonzept bei der Entschlüsselung der Hausner'schen Handschrift zugesprochen werden kann, wird in der Besprechung von Hotel (2004) auf den Grund gegangen. Im Anschluss an die Ausführungen zu den beiden Spielfilmverweigerungen Toast (2006) und Rufus (2006) rückt am Beispiel von Lourdes (2009) die ausgeprägte Interpretationsoffenheit in den Mittelpunkt der Erörterung. Amour Fou (2014) steht für die *Bewegten Stillleben* als Besonderheit der Hausner'schen Bildästhetik Pate, Oida (2015) wird zum Ausgangspunkt von Gedanken zu filmimpliziten Insiderwitzen und Little Joe (2019) liefert zu guter Letzt den Impuls für Überlegungen zu Sprache(n) in den Filmen der Regisseurin.

Um Hausners Bedeutung für den *Neuen österreichischen* und den *Neuen europäischen Film* im Speziellen und das weltweite Kino im Gesamten fassen zu können, darf ein Blick auf jene Filmbewegungen, denen sie in unterschiedlichen Phasen ihrer Karriere zugeordnet wurde, nicht fehlen. Diesbezügliche Verortungsversuche werden in Teil 2 gewagt und ihr Filmschaffen in Beziehung zu nationalen, internationalen wie transnationalen Netzwerken und in den Kontext von historischen wie zeitgenössischen Entwicklungen gestellt.

»Eigentlich erzähle ich in meinen Filmen immer Märchen.«[7] Ob Regiestatement, Interview, Kritik oder Filmbesprechung: Der Hinweis zur Nähe von Hausners Produktionen zum europäischen Volksmärchen scheint mittlerweile obligat – dieser Auffälligkeit widmet sich Teil 3 des vorliegenden Buches. Im Rahmen einer märchenhaften Spurensuche

---

7   Hausner zit. n. Stefan Grissemann: »Little Joe« in Cannes: Jessica Hausner kämpft um die Goldene Palme. [17.05.2019], https://www.profil.at/kultur/little-joe-in-cannes-jessica-hausner-kaempft-um-die-goldene-palme/400879496, letzter Aufruf: 10.07.2020.

wird jedem Film des Œuvres ein Text aus der Sammlung der *Kinder- und Hausmärchen* der Brüder Grimm an die Seite gestellt. Neben *Rapunzel*-Türmen, Farbkonzepten à la *Rotkäppchen* sowie Beispielen von ›sprechenden Tieren‹ und wirkmächtigen Requisiten rücken auch stilistisch-märchentypische Besonderheiten ins Zentrum der Ausführungen.

Das City Kino Wedding war im Juni 2017 Schauplatz der feierlichen Diplomverleihung an die Absolvent_innen der Deutschen Film- und Fernsehakademie Berlin. Hausner, als Festrednerin geladen, hielt neben Anekdoten aus ihren eigenen Lehrjahren eine wichtige Botschaft für die Neo-Filmschaffenden parat:

> [Egal] was passiert, Sie werden nur in dem gut sein, was Sie wirklich lieben und wovon Sie wirklich überzeugt sind. Jeder Versuch, so zu sein wie jemand anderer, muss scheitern. […] Nur das, was Sie selbst höchstpersönlich wollen und gut finden und lieben, nur das wird gelingen.[8]

Mit ähnlichen Worten hat Jessica Hausner auch mich persönlich bedacht, als sie mir eindringlich empfahl: »Bleiben Sie sich selbst treu!«. Nicht nur die Art und Weise, wie meine Annäherung an ihre Filmkunst erfolgt, sondern auch die Konzentration auf augenscheinliche *Referenzen, Kontexte* und *Muster* sind diesem Appell geschuldet.

---

8   Jessica Hausner: Rede an der DFFB. In: Benjamin Heisenberg/Christoph Hochhäusler/Franz Müller/Marcus Seibert/Saskia Walker (Hrsg.): *Revolver 37. Zeitschrift für Film*. Frankfurt am Main: Verlag der Autoren 2017, S. 50–60; hier: S. 59 f.

1 Das filmische Œuvre der Jessica Hausner

»Jessica Hausner ist ein Ausnahmephänomen, denn kontinuierlich arbeitende Regisseurinnen […] sind in der internationalen Arthouseszene bis heute eine Minderheit.«[9] Als Teil der *Nouvelle Vague Viennoise*, jenem Hoffnungsschimmer am österreichischen Filmhimmel, von dem man sich eine Profilierung und/oder Schärfung der »Austriazität«[10] des nationalen Filmschaffens erhofft hatte, erlangte sie in der Zeit um den Jahrtausendwechsel erste Anerkennung als aufstrebende Filmkünstlerin. Ihr Kurzfilm Flora feierte im Jahr 1997 am *Internationalen Filmfestival von Locarno* seine Premiere und wurde von der Jury mit dem *Aaton-Award* ausgezeichnet. Es war Hausners erster Filmpreis, dem viele weitere folgen sollten. In den vergangenen Jahrzehnten entstanden zehn filmische Produktionen, darunter kurze, mittellange und abendfüllende Spielfilme wie auch experimentelle Formate, bei deren Verwirklichung sie als Regisseurin und Drehbuchautorin – Hausner bekleidet die beiden Funktionen stets in Personalunion – fungierte.

Doch nicht nur mit ihren eigenen filmischen Projekten hinterließ die »Vielgelobte«[11] Spuren im nationalen wie internationalen Filmgeschehen, vielmehr hat sie sich in Ausübung ihrer mannigfaltigen Funktionen zur relevanten Akteurin der Branche entwickelt und war unter anderem auch als Kamera- und Regieassistentin, Script Girl, Casting Direktrice, Dramaturgin sowie Produzentin tätig. Den Festivalbetrieb vor allem als Teilnehmerin an den Wettbewerben kennend, erhielt Hausner im Jahr 2002 ihre erste Einladung zum Seitenwechsel und partizipierte am *24th*

---

9   Christiane Peitz: Der kleine Alltagshorror. [07.01.2020], https://www.tagesspiegel.de/kultur/jessica-hausner-und-ihr-sci-fi-film-little-joe-der-kleine-alltagshorror/25397266.html, letzter Aufruf: 21.07.2020.

10 Wulff zit. n. Gottfried Schlemmer: Das Alte vertreiben! In: Gottfried Schlemmer (Hrsg.): *Der neue österreichische Film.* Wien: Wespennest 1996, S. 9–14; hier: S. 10.

11 Christoph Huber/Christina Böck: Viennale: Österreichische Filmemacher empfehlen… [16.10.2009], https://diepresse.com/home/kultur/film/515335/Viennale_Oesterreichische-Filmemacher-empfehlen-, letzter Aufruf: 05.06.2020.

Moscow International Film Festival als Mitglied der Jury.[12] Die kommenden Jahre brachten weitere Jury-Einsätze in Cannes[13], San Sebastián[14], Venedig[15] und Lissabon[16]. Vom *Austrian Cultural Forum New York* wurde sie im Jahr 2016 temporär zur Leiterin der unabhängigen Jury des *Austrian American Short Film Festival* ernannt.[17] Den krönenden Höhepunkt ihrer Jurorentätigkeit bildete die Berufung in die *Academy Awards*-Familie: Als Reaktion auf die Vorwürfe der »Vormacht weißer Nominierter«[18] und der Kritik an »sexuellen Übergriffe[n], Sexismus und letztendlich […] [der] Benachteiligung von Frauen im Filmgeschäft«[19] lud die *Academy* im Jahr 2017, im Bemühen um mehr Diversität, insgesamt 774 Personen aus 57 Ländern dazu ein, Mitglied der *Oscar*-Jury zu werden[20]; auch Hausner erhielt elektronische Post aus Los Angeles und durfte im Frühjahr 2018 erstmals als eine von 8.000 Personen ihre Stimme für ihre persönlichen *Oscar*-Favoriten abgeben.[21]

Dieser fragmentarische Einblick in Hausners Tätigkeiten als multifunktionale Akteurin lässt erahnen, wie vielfältig und facettenreich sich mögliche Ansätze einer ersten wissenschaftlichen Auseinandersetzung mit ihrem Œuvre gestalten könn(t)en. Im Selbstverständnis, den Grund-

---

12   Vgl. http://38.moscowfilmfestival.ru/miff38/eng/archives/?year=2002, letzter Aufruf: 23.07.2020. Rückblickend beschrieb Hausner ihre Erinnerungen an die Veranstaltung wie folgt: »Das war ein wirklich eigenartiges Erlebnis. Da war eine irrsinnige Diskrepanz zwischen einem mafiösen Reichtum – man hat uns irre gut behandelt, mit Chauffeur uns [sic] Limousine, tollem Essen und Champagner Trinken [sic] und so – und auf der anderen Seite unsere Dolmetscher: die Leute hatten Löcher in den Socken und zerfetzte Hemdchen angehabt und haben uns erzählt, was sie so verdienen im Monat. Das war irre, was da an sozialer Ungerechtigkeit und auch Gehirnwäsche stattfindet […].« (http://fm4v2.orf.at/connected/217602/main, letzter Aufruf: 23.07.2020.)
13   Vgl. https://www.festival-cannes.com/fr/artiste/jessica-hausner, letzter Aufruf: 23.07.2020.
14   Vgl. https://www.sansebastianfestival.com/in/pagina.php?ap=3&id=2041, letzter Aufruf: 09.06.2018.
15   Vgl. http://www.labiennale.org/en/cinema/archive/71st-festival/juries/, letzter Aufruf: 15.12.2017.
16   Vgl. http://www.leffest.com/en/jury/2015/jessica-hausner, letzter Aufruf: 23.07.2020.
17   Das Festival fand von 27. bis 29. April 2016 statt. Vgl. http://www.acfny.org/media/press-images-texts/austrian-american-short-film-festival/, letzter Aufruf: 23.07.2020.
18   Carolin Gasteiger: Wie sich »Me Too« auf die Oscars auswirkt. [04.03.2018], http://www.sueddeutsche.de/kultur/oscar-nominierungen-wie-sich-me-too-auf-die-oscars-auswirkt-1.3889080, letzter Aufruf: 20.04.2020.
19   Ebd.
20   Vgl. http://www.app.oscars.org/class2017/#international-stat, letzter Aufruf: 04.06.2020.
21   Vgl. http://oe3.orf.at/stories/2898507/, letzter Aufruf: 04.06.2020.

stein für eine künftig zu etablierende Hausner-Forschung setzen zu wollen, ist der Fokus dieses Buches deutlich und exklusiv auf jene filmischen Projekte gerichtet, für die sie als Regisseurin und Drehbuchautorin verantwortlich zeichnete.

Obwohl ihre Werke in den vergangenen Jahrzehnten zuverlässig den Weg in nationale wie internationale Feuilletons fanden und Hausners Filmschaffen zudem mit den Retrospektiven *The Miracle Worker*[22] in New York City und *The Cinema of Jessica Hausner*[23] in London mittels umfangreicher Werkschauen sichtbar gemacht und gewürdigt wurde, gleichen die akademischen Publikationen bisher zaghaften Annäherungen.[24] Diesem auffälligen Missstand begegnet die nachfolgende Bestandsaufnahme des Hausner'schen Œuvres und spannt dazu einen Bogen von FLORA (1997) bis LITTLE JOE (2019).

Den Grundstein ihrer Karriere als Filmschaffende legte Jessica Hausner mit der Aufnahme ihres Studiums am Institut für Film und Fernsehen der staatlichen Universität für Musik und darstellende Kunst Wien, kurz: an der Filmakademie Wien.

> Es hat damit begonnen, dass ich mich an der Filmakademie Wien für Regie beworben habe, man mir aber nahe legte, für Schnitt zu inskribieren, weil man anscheinend meinem Erscheinungsbild und meinem Geschlecht nach urteilte und man mich daher für Schnitt geeignet hielt. Ich war dann für Schnitt und Regie inskribiert und in beidem schlecht. […] Dazu kam, dass mein Regieprofessor damals mir vorschlug, doch lieber

---

22   Die von Florence Almozini und Dan Sullivan organisierte Retrospektive war von 8. bis 10. November 2019 im Lincoln Center in New York City zu sehen. Vgl. https://www.filmlinc.org/series/jessica-hausner-the-miracle-worker/, letzter Aufruf: 24.07.2020.

23   Die Retrospektive konnte von 21. bis 29. Februar 2020 im Londoner BFI Southpark besucht werden. Vgl. https://radiantcircus.com/screen-diary-jessica-hausner-in-conversation-at-bfi-southbank-21-february-2020/, letzter Aufruf: 24.07.2020.

24   Gründe dafür mögen unter anderem in der Verfügbarkeit der Filme und in der fehlenden institutionellen Dokumentation von validen filmspezifischen Daten gefunden werden. Während FLORA, LOVELY RITA, HOTEL, LOURDES und AMOUR FOU in der *Hoanzl*-Sammlung *Der österreichische Film* aufgenommen wurden, LITTLE JOE sowohl als DVD als auch via Stream gesichtet werden kann und der *Diagonale*-Trailer TOAST sowie das Musikvideo OIDA online aufgerufen werden können, sind der Experimentalfilm TOAST, der einminütige Beitrag RUFUS und der mittellange Diplomfilm INTERVIEW nicht komplikationslos erhältlich. Erschwerend kommt hinzu, dass in Hausners konkretem Fall die offiziellen Angaben in den Online-Präsenzen des ÖFI und der Lumiere-Datenbank sowie die Einträge in der IMDb weder vollständig noch korrekt sind.

zu heiraten, als so zu enden wie all diese erfolglosen Regiestudenten, aus denen nie richtige Regisseure werden.[25]

Während ihrer Jahre an der FAK entstanden zunächst die Kurzfilme Herr Mares (1992), Ruths Geburtstag (1992), Anne (1993), Ich möchte sein manchmal ein Schmetterling (1993) und Irmgard (1996).[26] Neben der Arbeit an den eigenen Projekten unterstützte sie zudem Kommiliton_innen bei der Verwirklichung ihrer Filmideen. Beispiele für dieses kooperative Miteinander sind in Hausners Fall etwa die Tätigkeit als Kameraassistentin bei der Realisierung von Nachtschwalben (1993, Barbara Albert), sie schrieb zusammen mit Ruth Mader, Adrián García-Landa und Martin Leidenfrost das Drehbuch für Kilometer 123,5 (1994, Ruth Mader) und war als Regieassistentin in die Produktion von Ägypten (1997, Kathrin Resetarits) involviert.

Zum sich verfestigenden Gefühl, an der FAK »völlig fehl am Platz«[27] zu sein und sich »auf der Suche nach einer Sprache [zu befinden], die an der Filmakademie nicht gesprochen und nicht unterrichtet wurde«[28], gesellte sich eine einschneidende Erfahrung im Rahmen einer Lehrveranstaltung:

> Der Höhepunkt oder Tiefpunkt war dann ein Seminar für Synchronregie. Wir mussten eine schlechte Liebesszene im Stil einer Fernsehserie der achtziger Jahre synchronisieren. Ich […] konnte das wirklich nicht ernst nehmen und daher fiel mir keine einzige Regieanweisung ein. Der Synchron-Regisseur, der das Seminar leitete, hat dann zum Abschluss jedem Studenten ein Feedback gegeben – was er gut oder schlecht machte – und am Ende sagte er, nur eine Studentin hat komplett versagt und er zeigte auf mich.[29]

---

25 Hausner: Rede an der DFFB. 2017, S. 51.
26 Vgl. Karin Schiefer: *Filmgespräche zum österreichischen Kino*. Wien: Synema 2012, S. 13. Gespräche mit der FAK, dem Filmarchiv Austria wie auch der *Coop99* ergaben, dass besagte Kurzfilme weder für die wissenschaftliche Beschäftigung noch für die Sichtung durch ein interessiertes Publikum zugänglich gemacht werden können. Deshalb habe ich mich bewusst zu einer zeitlichen Begrenzung des Analysekorpus' entschieden und definiere Flora als chronologischen Ausgangspunkt der nachfolgenden Untersuchungen.
27 Hausner: Rede an der DFFB. 2017, S. 51.
28 Ebd. S. 52.
29 Ebd. S. 53.

Hausner wiederholte ein Semester, zunächst willens das Regiestudium trotz selbstempfundener Widrigkeiten zu bewältigen, ließ sich dann aber nach Axel Cortis Tod beurlauben, »floh aus Wien [...] [,] ging nach Berlin [...] und schrieb abends an einem Drehbuch.«[30] In diesen Zeitraum fiel auch Hausners initiative Kontaktaufnahme zu Michael Hanke.

> Ich habe ihn damals kontaktiert und ihn gefragt, ob ich bei einem Film mitarbeiten darf, weil ich seine Filme so toll fand. Zu dem Zeitpunkt hatte er die ersten drei Filme gemacht und die waren für mich das Originellste, was ich in Österreich je gesehen hatte.[31]

Haneke entsprach ihrer Bitte und ermöglichte ihr die Mitarbeit an FUNNY GAMES (1997, Michael Haneke); zusammen mit Katharina Biró sammelte sie so Erfahrungen als Script Girl.[32] Hausner nahm anschließend an einem von Haneke geleiteten Seminar an der FAK teil, durchgängig unterrichtet worden sei sie von dem vielfach preisgekrönten Regisseur im Verlauf ihres Studiums jedoch nicht:

> Das taucht immer mal wieder in Biografien auf, ist aber eigentlich nicht richtig. Das hat sich irgendwie so rumgesprochen, weil man meine ersten Filme mit seinen Filmen verglichen hat, und es ist immer leicht zu sagen: »Ja, die war Schülerin vom Haneke.« – auch wenn das gar nicht stimmt.[33]

Im *Oktoskop*-Gespräch äußerte sich Barbara Albert hinsichtlich der in Filmjournalismus und -wissenschaft durchaus üblichen vergleichenden Betrachtungen und Analysen kritisch:

> Also ich habe das sehr stark empfunden, dass du bis zu deinem zweiten Film [...] verglichen [wirst]. Und ich glaube ehrlich gesagt, dass es auch damit zu tun hat [...], dass wir relativ jung Filme gemacht haben – jung und Frauen – und dann müssten da ja irgendwo die Altmeister sein, von denen wir so quasi »gefladert« [Anm. SG: Mundartausdruck für »gestohlen«] haben. [Jessica Hausner lacht.][34]

---

30 Ebd. S. 54.
31 Hausner zit. n. 10.1 Skype-Interview mit Jessica Hausner [15.11.2016].
32 Vgl. Robert von Dassanowsky: *Austrian Cinema: A History.* North Carolina: McFarland 2005, S. 258.
33 Hausner zit. n. 10.1 Skype-Interview mit Jessica Hausner [15.11.2016].
34 Albert zit. n. 10.3 Protokoll Oktoskop-Beitrag [16.06.2006].

In Hausners Fall war besagter »Altmeister« Michael Haneke, begünstigt wurden die unzähligen Vergleiche ihrer beider Filme zudem durch den Umstand, dass fälschlicher Weise behauptet wurde, die Regisseurin habe bei Haneke das Filmemachen gelernt. So mutierten selbst wohlwollende Besprechungen von Lovely Rita zum regelrechten Haneke-Stigma. Exemplarisch sei an dieser Stelle ein von Thilo Wydra verfasster Artikel herangezogen, der die exorbitanten Vergleichsorgien stellvertretend verdeutlicht. Obwohl sichtlich bemüht, Hausners Spielfilmdebüt differenziert zu besprechen, gelang ihm dies nicht, ohne den Namen »Haneke« in höchstem Maß zu strapazieren.

> Es ist unverkennbar, hier muß Michael Haneke Pate gestanden haben […]. [Mit] ihrem äußerst bemerkenswerten Langfilmdebüt *Lovely Rita* […] bläst sie laut ins Hanekesche Horn, und dies erstaunlich gut. […] Und ganz ähnlich wie bei Haneke ist es reinster – inhaltlicher und visueller – Minimalismus, der hier die Eskalationsspirale unspektakulär seziert […]. Aber Jessica Hausner, diese Hoffnung aus dem Österreichischen, sie wird ihren ureigenen Weg gehen. Wird weiter ihre eigenen Bilder machen. […] Und ihr geistiger Ziehvater Michael Haneke hält weiter schützend die Hand darüber.[35]

Während Hausners Auszeit in Berlin wurde indes Wolfgang Glück zum neuen Dozenten der Regie-Klasse berufen.[36] Zunächst als Gastprofessor und ab dem Jahr 1997 als Leiter der Abteilung »Film und Fernsehen« bestärkte er seine Studierenden darin, sich auf die Suche nach eigenen Ausdrucksformen zu begeben. Diese Geisteshaltung beeinflusste offenbar auch Hausners weiteren Werdegang:

> Als ich zurück nach Wien kam, zeigte ich meinem neuen Prof das Buch [Anm. SG: das Drehbuch zu Flora]: und er sagte: [»]Hauptsache, dir gefällt's. DU musst wissen, was du damit erzählen willst. Aber das musst du dafür genau wissen und dann auch genau so umsetzen, ohne dich von irgendjemandem davon abbringen zu lassen.[«] Das hat mich ins Herz getroffen. […] Immer ging es nur darum, eine bestimmte Vorgabe

---

35 Thilo Wydra: Lovely Rita. [o. D.], http://www.schnitt.de/202,2067,01.html, letzter Aufruf: 20.07.2020.
36 Vgl. Andreas Ungerböck/Mitko Javritchev (Hrsg.): *Ray Filmmagazin: 65 Jahre Filmakademie Wien.* Sonderheft 2017, S. 7.

zu erfüllen, und sei es auch nur eine Geschmackserwartung zu erfüllen. Und plötzlich sagt mir jemand: was ich mir ausgedacht habe, ist genau das, was ich umsetzen soll. Das und nur das.[37]

1.1 FLORA (1997)

Mit der Präsentation ihres 25-minütigen Kurzfilmes FLORA anlässlich des *Internationalen Filmfestivals von Locarno* rückte Hausner erstmals als Regisseurin und Drehbuchautorin ins internationale Scheinwerferlicht.

1.1.1 Zum Inhalt

FLORA erzählt die Coming-of-Age-Geschichte der titelgebenden Hauptfigur (Claudia Penitz), einem jungen Mädchen auf dem Sprung ins Erwachsenenalter, das noch bei den Eltern wohnt. Höhepunkt ihres behüteten Lebens ist der Besuch einer lokalen Tanzschule. Hier sticht ihr der »elegante Tangotänzer […] ins Auge, seine Gesten sitzen so perfekt wie sein Jackett. Er sieht über Flora hinweg, ganz anders als der zaghafte Box-Fan, der Flora in eine Bar einlädt.«[38] Statt mit ihrem heimlichen Schwarm Attila Wohlgemuth (John F. Kutil) über das Parkett zu schweben, bleibt Flora – da niemand sie auffordert – am Rand der Tanzfläche sitzen, bis der unscheinbare Jakob (Andreas Götz) ihrer gewahr wird. Wenngleich nicht erste Wahl, lässt sie sich zuerst auf einen Tanz und in Folge auf eine Beziehung mit dem jungen Mann ein, der ihr nach einer familiären Eskalation – ihre Mutter (Hertha Hans) hat Floras Strapsgürtel in der Wäsche gefunden, der Vater (Alfred Farkas) beschimpft die Tochter daraufhin als Hure – Unterschlupf in seiner Wohnung bietet und sich fürsorglich um sie kümmert.

Doch als Flora den begehrten Attila auf der White-Trash-Bad-Taste-Modeschau trifft und er ihr plötzlich und unverhofft die ersehnte Aufmerksamkeit schenkt, lässt sie sich von ihm zum sexuellen Tête-à-Tête

---

37 Hausner: Rede an der DFFB. 2017, S. 54 f.
38 Elisabeth Büttner: Der Blick der Liebe. In: Christian Dewald (Hrsg.): *Filmhimmel Österreich, I. Das Privileg zu sehen*. Heft 009, Wien: Filmarchiv Austria 2005, S. 3–5; hier: S. 3.

verführen, kündigt Jakob sowohl Beziehung als auch Untermietverhältnis und steht daraufhin mit ihrem Koffer vor Attilas Tür. Der lässt sie aber brüsk abblitzen. Die Jugendliche kehrt kurzerhand zu Jakob zurück, um aber genauso hastig wieder aus seiner Wohnung Reißaus zu nehmen. In einem Auto fährt sie schließlich alleine auf einer einsamen Landstraße dem Horizont entgegen.

1.1.2 Produktion und Filmförderung

Für die Verwirklichung ihrer Filmidee suchte sich Hausner Unterstützung im Kreis der Kommiliton_innen, Bekannten und Verwandten: Martin Gschlacht zeichnete als Produzent verantwortlich, Kathrin Resetarits half durch künstlerische Mitarbeit und war sowohl in der Tanzschule als auch bei der »White Trash Bad Taste«-Modeschau als Komparsin zu sehen. In diesen Szenen traten außerdem weitere Personen in Erscheinung, die in den folgenden Jahren in der österreichischen Film- und Kunstszene aktiv und präsent werden sollten: Schwester und Kostümbildnerin Tanja Hausner, Kameraassistent Nino Volpe, Regisseur und (Drehbuch-)Autor Jörg Kalt, Filmwissenschaftler Drehli Robnik wie auch die Medienkünstler Peter Szely und Christoph Cargnelli sind im Kurzfilm als Darsteller_innen zu finden. Jessica Hausner selbst legt als eine der (in den Closing Credits als »Übrigbleiberinnen« bezeichneten) jungen Frauen in der Tanzschule einen Cameo-Auftritt aufs Parkett.

Finanzielle Unterstützung erhielt FLORA durch die Kulturabteilung des Landes Niederösterreich, das Bundesministerium für Wissenschaft, Forschung und Kunst, die Kulturabteilung des Magistrats der Stadt Wien sowie die Stadtgemeinde Mödling. Im Kunstbericht des Bundesministeriums für Unterricht, Kunst und Kultur (BMUKK) – einer jährlichen Publikation, in welcher alle zugehörigen Förderungsmaßnahmen und -ausgaben für den jeweiligen Berichtszeitraum zusammengefasst dargestellt werden[39] –

---

39 Mit 1. März 2014 trat eine Novelle des Bundesministeriengesetzes in Kraft, die eine Eingliederung der Kunstsektion in das Bundeskanzleramt vorsah. Die staatlichen Kulturaufgaben wurden und werden ab diesem Zeitpunkt nicht mehr vom Bundesministerium für Unterricht, Kunst und Kultur, sondern vom Bundeskanzleramt wahrgenommen. Siehe dazu http://www.ris.bka.gv.at/Dokumente/BgblAuth/BGBLA_2014_I_11/BGBLA_2014_I_11.html, letzter Aufruf: 05.06.2020.

wurde die Herstellungs- und Produktionsförderung im Jahr 1995 mit einem Betrag von öS 25.000,00 ausgewiesen.[40]

1.1.3 Festivals und Auszeichnungen

FLORA wurde am *Internationalen Filmfestival von Locarno* in der Sektion »Pardi di Domani« erstaufgeführt. Diese Sparte richtet sich dezidiert an den filmschaffenden Nachwuchs, also an die (so die deutsche Übersetzung) »Leoparden von morgen«, die mit Kurzfilmen auf sich und ihr Filmschaffen aufmerksam machen können. In der Jury saß im Jahr 1997 – neben Alexander Horwath, Chika Schultze-Rhonhof und Tania Schöcklin – der Franzose Jean-Pierre Beauviala, dessen Name unweigerlich mit der Kameramarke *Aaton* verbunden ist. Beauviala war Wegbereiter des synchronen Kamerasystems, welches es in den 1970er-Jahren erstmals ermöglichte, Ton und Bild zeitgleich aufzunehmen. Im Wettbewerb wurde FLORA zwar nicht mit dem Hauptpreis ausgezeichnet, von der Jury aber mit dem *Aaton-Award* gewürdigt.[41]

Auf der *Viennale 1997* wurde der Kurzfilm mit dem Preis *Neues Kino* bedacht, gewann den zweiten Preis des Potsdamer *Internationalen Studentenfilmfestivals Sehsüchte* und den Publikumspreis des *Internationalen Studentenfilmfestivals der Filmakademie Wien 97*.[42] Außerdem erhielt FLORA im Januar 1999 auf dem *Premiers Plans – Festival d'Angers* eine Auszeichnung in der Kategorie »films d'écoles«. Die Jury, bestehend aus Festival-Präsident Lucian Pintilié, Giovanna Mezzogiorno, Carmen Chaplin, Benoît Poelvoorde und Joël Farges, verlieh Hausner den mit FF 11.000,00 dotierten *Grand Prix du Jury*.[43]

---

40 Vgl. *Kunstbericht 1995.* https://www.bmkoes.gv.at/Service/Publikationen/Kunst-und-Kultur/kunst-und-kulturberichte.html, S. 129. Letzter Aufruf: 05.06.2020.

41 Die Richtigkeit der Angabe wurde von Sara Ameti, Mitarbeiterin des *Internationalen Filmfestivals von Locarno*, am 17. Mai 2016 schriftlich bestätigt.

42 Vgl. http://www.coop99.at/web-coop99/?page_id=518, letzter Aufruf: 05.06.2020. Ob die Angaben zu besagten drei Preisen korrekt sind, konnte – trotz intensiver Recherchebemühungen – nicht verifiziert werden.

43 Vgl. http://www.premiersplans.org/festival/archives/palmares/palmares99.pdf, letzter Aufruf: 05.06.2020.

1.1.4 Verwertung

Seit dem Jahr 1996 erfasst das *European Audiovisual Observatory* die Ticketverkaufszahlen des europäischen Filmmarkts. In Zusammenarbeit mit den jeweiligen nationalen Quellen und dem MEDIA-Programm der Europäischen Union wurde im November 2000 die Datenbank »Lumiere« online gestellt, auf welcher seitdem die gesammelten Verwertungsdaten abgerufen werden können.[44] Sowohl die Premiere, Veröffentlichung wie auch die Verwertung von FLORA fielen in die Anfangsphase des Aufbaus der Datenbank, was wohl auch der Grund dafür sein mag, dass weder hier noch in den österreichischen Pendants Besucherzahlen zu Hausners Kurzfilm und dessen Aufführung in Locarno, Wien oder Anger eruiert werden können.

Früheren Datums sind jedoch das Screening anlässlich des vom *Radio Helsinki* präsentierten *Space Movie Special* am 1. Februar 2006 im Kunsthaus Graz[45] sowie die Projektion im Rahmen der »Living Collection« im Wiener *Metro Kinokulturhaus*. In Zusammenarbeit mit dem Filmarchiv Austria kuratierte die im Jahr 1990 als Non-Profit-Organisation gegründete *sixpackfilm*, die ihren wesentlichen Vereinszweck in der »Herstellung von Öffentlichkeit für das österreichische künstlerische Film- und Videoschaffen im In- und Ausland«[46] sieht, monatlich und »abseits jeder Kategorisierung eine lebendige Montage des österreichischen künstlerischen Films in den Kontext eines jeweiligen Programmschwerpunkts«[47]. Unter dem Veranstaltungstitel *Nowhere City* wurde FLORA zusammen mit WIEN 17, SCHUMANNGASSE (1967, Hans Scheugl), LUFT-RÄUME (1990, Fridolin Schönwiese) und GEFÜHL DOBERMANN (2015, Gabriele Mathes) am 7. März 2016 gespielt,[48] doch auch diesbezüglich fehlen konkrete Besucherzahlen. Einzig für das Jahr 2002 dokumentiert die Lumiere-Datenbank in Großbritannien 596 Besucher_innen, die Hausners Kurzfilm gesehen haben sollen.[49]

Gemeinsam mit der *sixpackfilm* und der Tageszeitung *Der Standard* brachte die auf den österreichischen Film spezialisierte Vertriebsfirma *Hoanzl* im November 2006 in der Edition *Der österreichische Film* die

---

44 Vgl. http://lumiere.obs.coe.int/web/sources/histo.html, letzter Aufruf: 05.06.2020.
45 Vgl. http://spacemovie.mur.at/0602_hausner1.html, letzter Aufruf: 05.06.2020.
46 https://www.sixpackfilm.com/de/page/about_sixpack/, letzter Aufruf: 05.06.2020.
47 https://www.filmarchiv.at/program/monthly-series/living-collection/, letzter Aufruf: 05.06.2020.
48 Vgl. http://web.filmarchiv.at/tribe-events/nowhere-city/, letzter Aufruf: 31.03.2018.
49 Vgl. http://lumiere.obs.coe.int/web/film_info/?id=19377, letzter Aufruf: 05.06.2020.

DVD *#049 Speak Easy – Kurzfilme* auf den Markt, welche sieben Kurzfilme der vergangenen Jahre enthält. Neben Dɪɪ Fɪɪɪɪɪ Dɪɪɪɪ Lɪɪɪɪɪ (1996, Barbara Albert), Ägypten, automatic (2002, Josef Dabernig), Die schwarze Sonne (1992, Johannes Hammel), Copy Shop (2001, Virgil Widrich) und der titelgebenden Produktion Speak Easy (1997, Mirjam Unger) wurde auch Hausners Flora in diese Sammlung aufgenommen.[50]

1.1.5 Ein Beet voller Setzlinge

Der gemeinnützige Verein *filmABC Institut für angewandte Medienbildung und Filmvermittlung* veröffentlichte in Zusammenarbeit mit der Medienabteilung des BMUKK sein Heft Nummer 4 mit dem Titel *Nouvelle Vague Viennoise – Kurzfilme*.[51] Im Zentrum der Ausgabe standen die drei österreichischen Kurzfilme Sonnenflecken (1998, Barbara Albert), Flora und Speak Easy, die einerseits aufgrund ihrer zeitlichen Knappheit und andererseits hinsichtlich ihrer Thematik als für den Schulunterricht besonders geeignet eingestuft wurden.

> Alle drei Filme präsentieren eine schnörkellosen [sic] Milieustudie, die lakonische Beobachtungen am Rande der Ereignislosigkeit offenbaren. Die Geschichten, die von Wünschen, Träumen und der Suche nach sich selbst handeln, wirken so authentisch und greifbar, dass sie sich wie im Schwebezustand zwischen Dokumentarischem und Fiktion bewegen. Die lebens- und zeitnahe Inszenierung aller drei Filme bietet deshalb einen geeigneten Identifikationsrahmen für Schülerinnen und Schüler, die sich mit ähnlichen Lebensfragen wie die ProtagonistInnen auseinandersetzen.[52]

Den Vereinsstatuten entsprechend verfasste Lisa von Hilgers ein Themenheft, das sich der »umfassenden Förderung von differenzierten Auseinandersetzungen mit Medien und ihren audiovisuellen Möglichkeiten […] widmet.«[53] Die *filmABC*-Unterlagen sind als begleitendes Unterrichtsmaterial für Lehrer_innen konzipiert und sollen eine »kritische und lebhafte

---

50   Vgl. https://www.hoanzl.at/049-speak-easy-kurzfilme.html, letzter Aufruf: 05.06.2020.
51   Vgl. Lisa von Hilgers: Nouvelle Vague Viennoise – Kurzfilme. [02.10.2008], http://www.filmabc.at/documents/04_Filmheft_Nouvelle_Vague_Vienna.pdf, letzter Aufruf: 04.06.2020.
52   Ebd. S. 1.
53   http://www.filmabc.at/index.php?kap=12&subkap=19, letzter Aufruf: 04.07.2020.

Auseinandersetzung mit dem Medium Film«[54] fördern. Neben Hintergrundinformationen zu den Filmen, deren Regisseur_innen und Hinweisen zu möglichen Interpretationsansätzen bieten die Publikationen dezidierte Fragestellungen und konkrete Übungen, um die Schüler_innen bei ihrer Beschäftigung mit Filmen anzuleiten.

Die *filmABC*-Publikation empfiehlt Jugendlichen und jungen Erwachsenen die Sichtung des Kurzfilms bzw. der Kurzfilme zur Reflexion der eigenen Lebenslage – und drängt FLORA damit in die Ecke der pädagogisch-wertvollen Produktionen. Das verwundert zwar in Anbetracht des Plots nicht (immerhin folgt FLORA in Ansätzen den tradierten Konventionen des Coming-of-Age-Genres), doch Hausners Kurzfilm hat auf ästhetischer Ebene weitaus mehr zu bieten, als lediglich auf den Plot rund um eine adoleszente Protagonistin beschränkt zu werden.

Signifikant an FLORA erscheint zunächst die Art und Weise, wie die Regisseurin den Film eröffnet. »Noch vor den Credits zeigt FLORA eine Haltung.«[55] schrieb die Filmwissenschaftlerin Elisabeth Büttner und führte aus:

> Flora singt. Ihre Augen wandern dabei unruhig und meiden den direkten Kontakt mit dem Kameraauge. Sie halten ihre Liebe und ihre Angst nach innen zurück. »Nichts anderes ist der BLICK«, schreibt Roland Barthes. In ihm steckt immer ein Ausfluss von Wahrheit und von Verrücktheit. Eine Geschichte der Blicke nimmt ihren Lauf.[56]

Büttners Text ist eine der wenigen wissenschaftlichen Auseinandersetzungen mit Hausners Erstlingswerk und lenkt – unter Bezugnahme auf Roland Barthes' Schriften *Die helle Kammer*[57] und *Auge in Auge*[58] – den Fokus der Analyse auf die Eindringlichkeit der Blicke und damit auf eine inszenatorische Besonderheit, die bei der Betrachtung von Hausners Gesamtwerk immer wieder auffällig in den Vordergrund rückt. Doch nicht nur die visuelle Inszenierung der Eröffnungssequenz ist außergewöhnlich, auch auf der Ebene des Filmtons bietet der Kurzfilm eine akus-

---

54   http://www.filmabc.at/index.php?kap=13&a=1, letzter Aufruf: 04.07.2020.
55   Büttner: Der Blick der Liebe. 2005, S. 3 [H. i. O.].
56   Ebd.
57   Vgl. Roland Barthes: *Die helle Kammer. Bemerkungen zur Photographie*. Frankfurt am Main: Suhrkamp 1985, S. 124.
58   Vgl. Roland Barthes: Auge in Auge. Anhang zum ersten Teil. In: Roland Barthes: *Der entgegenkommende und der stumpfe Sinn*. Frankfurt am Main: Suhrkamp 1990, S. 313–319; hier: S. 318 f.

tisch-narrative Besonderheit, die sich Jahre später in adaptierter Form in AMOUR FOU wiederfindet.

Der Einsatz des Filmtons in FLORA darf im Kontext von Hausners Gesamtwerk nicht als repräsentativ verstanden werden, da die plakative Art und Weise, wie Musik und Ton genutzt werden, in ihrem bisherigen filmischen Schaffen einzigartig ist. Als später subtiler genutzte Ausdrucksform ist der Ton bei dem Kurzfilm jedoch insofern ein Vorgriff, als hier ein kommentierendes Verhältnis etabliert wird: Während die Protagonist_innen über weite Strecken kaum Worte zu finden scheinen und die Entwicklungen und Ereignisse im Handlungsverlauf nahezu sprachlos über sich ergehen lassen, fungieren die gewählten Musiktitel in FLORA nicht als Untermalung, sondern als akustische Kommentierung der Szenen. Egal ob Gerhard Wendland *Tanze mit mir in den Morgen* singt, Elton John's *Your Song* erklingt, die österreichische Sängerin Gilla *Tu' es!* ins Mikrofon haucht oder George Michael *A Different Corner* intoniert: Die zu hörenden Textpassagen stehen immer in deutlichem Zusammenhang mit dem Sichtbaren; sie scheinen zu appellieren und zu motivieren, sind aber vor allem Kommentar des Geschehens oder musikalische Antizipation dessen, was darauffolgend als Filmhandlung ins Bild gesetzt wird. Wenn Flora und Attila etwa nach dem sexuellen Tête-à-Tête wieder zur Gruppe der Feiernden auf der Party zurückkehren und zeitgleich *Das Lied der Schlümpfe* mit Vader Abrahams Frage »Sagt mal, von wo kommt ihr denn her?« einsetzt, so ist die Musikwahl nicht nur Referenz auf ein populäres Musikstück[59], sondern zugleich sowohl situationskomisch, ganz dem Definitionssinn eines sich »entgegen anderer Erwartungen zu einem komischen oder grotesk-absurden Szenario«[60] entwickelnden Moments entsprechend, wie auch tragikomisch, wobei die Tragik einer possenhaften Parallelität von Filmhandlung und Liedtext entspringt.

---

59 Der niederländische Musiker Vader Abraham, mit bürgerlichem Namen Pierre Kartner, sorgte im Jahr 1977 mit *'t Smurfenlied* für einen großen, vor allem aber langanhaltenden Erfolg: In Deutschland hielt sich *Das Lied der Schlümpfe* insgesamt 48 Wochen, in Öster-reich 32 Wochen in der Hitparade. Neben Kartners Schlagerkomposition *In 't kleine café aan de haven*, die es im deutschsprachigen Raum als *Die kleine Kneipe* bzw. *Das kleine Beisl* dank der Interpretation von Peter Alexander zu breiter Rezeption brachte – ist das für den Zeichentrickfilm LA FLÛTE À SIX SCHTROUMPFS (1976, Peyo/Jose Dutilieu/Eddie Lateste; dt. Titel: DIE SCHLÜMPFE UND DIE ZAUBERFLÖTE) produzierte »Schlumpflied« bis heute wohl sein bekanntestes Stück.
60 Caroline Amann: *Situationskomik*. [o. D.], http://filmlexikon.uni-kiel.de/index.php?action=lexikon&tag=det&id=7637, letzter Aufruf: 20.06.2020.

Bereits der Anfang des Films arbeitet mit diesen Mitteln: Mit dem Schwarzbild hebt die dünne Stimme eines Mädchens zur musikalischen Ouvertüre an: »Es steht ein Blümchen ganz allein, verlassen tief im Wald.« singt sie leidenschaftslos, ihr Vortrag wird von Blockflöten- und Gitarrenklängen begleitet. Dass die Eröffnungssequenz als antizipatorisch verstanden werden muss, zeigt sich bereits einen Schnitt später, als eine blasse Jugendliche in hellblauer Hemdbluse und mit unordentlich gebundenem Haar ins Bild rückt. Sie wirkt seltsam fahl und im Bildraum isoliert, die dominante tannengrün-beschichtete Schultafel im Hintergrund avanciert zugleich zur Analogie des eben noch besungenen Waldes. Ganz unverkennbar soll in übertragender Weise sichtbar gemacht werden, was Sekunden zuvor lediglich zu hören war. Dass Hausner dem Publikum in den ersten Momenten ihres Kurzfilms das Visuelle verwehrt, ist weniger dem Zufall geschuldet denn vielmehr inszenatorisches Kalkül. »Schwarz ist noch kein Bild, obwohl wir die Stimmen schon hören; und Schwarz kann doch ein Bild sein, wenn es zeigt, dass man nichts sehen kann.«[61] Wie es die Regisseurin in der einleitenden Sequenz mustergültig vorführt, verschiebt das anfängliche Schwarzbild den Rezeptionsfokus; durch das fehlende visuelle Angebot erhebt sich die auditive Ebene jäh zum Zentrum der Wahrnehmung. Ohne dass es den Zuseher_innen an dieser Stelle bewusst ist, hat Hausner den Filminhalt mit ihrer Eröffnungssequenz bereits vorweggenommen. Das Volkslied, dessen ersten beiden Strophen die titelgebende Hauptfigur in Folge intoniert, spoilert nämlich zu Beginn den Handlungsverlauf. Im Archiv des Österreichischen Volksliedwerkes findet man den vollständigen Text besagten Volksliedes,[62] der sich in drei Strophen gliedert.

---

61   Hans Jürgen Wulff: Schwarzbilder. Notizen zu einem filmbildtheoretischen Problem. In: *IMAGE – Zeitschrift für interdisziplinäre Bildwissenschaft.* Ausgabe 17, 1/2013, S. 9–26; hier: S. 9.

62   Von besagtem Volkslied wurden mehrere Fassungen dokumentiert, die sich textlich marginal unterscheiden. Ich beziehe mich in weiterer Folge auf jene Version, die im Archiv des Österreichischen Volkliedwerks unter der Identifikationsnummer 74203 geführt wird. Der vollständige Liedtext findet sich zum einen in der von der Stadtgemeinde Tulln, der Niederösterreichischen Heimatpflege und dem Niederösterreichischen Volksliedwerk herausgegebenen Band *Lieder aus dem Tullnerfeld, aus der Sammlung Leopold Bergolth.* Tulln: Eigenverlag 1992, S. 29 bzw. kann zum anderen im Web-Katalog des Verbunds der VolksLiedWerke Österreichs und Südtirols aufgerufen werden. Siehe dazu https://www.volksmusikdatenbank.at, letzter Aufruf: 05.06.2020.

> Es steht a Bleamal ganz alloan, verlåssn tief im Wåld,
> der Summer, der is längst schon aus, der Wind waht eisig kålt.
> Die Blattln fålln schon von die Bam, die Vogerl, die san stad.
> Der Herbst hå [sic] ålles groß und kloan in d'weite Welt verstraht.⁶³

Flora singt die erste Hälfte der ersten Strophe, bedient sich allerdings nicht der Mundart, sondern bringt – wohl dem besseren Verständnis im deutschsprachigen Raum geschuldet – den Text in sprachnormierter Form dar. Aus dem *Bleamal* wird ein *Blümchen*, das einsam und allein der Witterung trotzt. Die Verdeutlichung der herbstlichen Stimmung wird in FLORA dann aber ausgespart. Dem »eisigkalten Wind« folgt nahtlos der Auftritt des männlichen Protagonisten:

> A eleganter Kavalier, der eh viel Bleamal håt,
> der sågt zum Röserl: Geh mit mir, i nimm dich mit in d'Städt!
> Er nimmt's und brockt's vom Asterl åb, riacht amål, zwoamål drån,
> dånn wirft er's Röserl auf die Erd, sein' Schuldigkeit håts tån!⁶⁴

In Hausners Film übernimmt Attila Wohlgemut die Rolle des Kavaliers. Der Tango tanzende Frauenschwarm erobert Floras Herz, doch wie im Volkslied gleichsam prophezeit, geht er nicht behutsam mit den Gefühlen der verliebten Jugendlichen um, sondern bedient sich ihrer sexuell und hat danach kein Interesse mehr an ihr.

Was in der Eröffnungssequenz von FLORA verborgen bleibt, ist die dritte Strophe des Volksliedes, in welcher ein zweiter männlicher Protagonist eingeführt wird:

> A recht a årmer Hålterbua, der 's Röserl längst håt gliabt,
> der siacht sei oanzigs Bleamal tot, dås måcht ihn tiaf betrüabt.
> Er legt's glei woanat in a Gruabn, die Sunn scheint bluatig rot,
> dånn sågt er still: Mei oanz'ger Schatz, leb wohl und pfüat di Gott!⁶⁵

Wird diese Textpassage zwar nicht präsentiert, so findet sie doch Einlass in den Handlungsverlauf. Jakob, ein schüchterner, unscheinbarer jun-

---

63 *Lieder aus dem Tullnerfeld. Aus der Sammlung Leopold Bergolth.* Tulln: Eigenverlag 1992, S. 29.
64 Ebd.
65 Ebd.

ger Mann, nimmt die Rolle des »Hålterbua« (hochdeutsch: Hirte) ein, bemüht sich redlich um Flora, kann sie aber trotz aller Anstrengungen nicht für sich gewinnen.

Die eindringliche Eröffnungssequenz von Hausners Kurzfilm nimmt also sowohl den Handlungsverlauf als auch die Figurenkonstellation vorweg. Die Textzeilen des Volksliedes sind nicht nur akustische Vorboten, die eine vage Ahnung des Folgenden vermitteln, sondern vielmehr expliziter Hinweis auf das Kommende. So wie besagte einleitende Szene für die darauffolgende Filmhandlung, ist FLORA gleichermaßen für Hausners weiteres Regieschaffen von hoher Relevanz, denn zahlreiche filmische Mittel, die in dem Kurzfilm Anwendung fanden, kommen in späteren Produktionen in adaptierter Weise wieder zum Einsatz. Den biologischen Duktus des Filmtitels aufnehmend, gleicht der Kurzfilm einem Beet von Setzlingen, bestehend aus Ideen und Skizzen. Die Regisseurin lässt diese sprießen und gedeihen, um sie an späterer Stelle ihres Filmschaffens in gewachsener Form erneut aufzugreifen. Die Einleitungssequenz von FLORA, in welcher Hausner durch die bewusste Wahl eines spezifischen Musikstücks in einem frühen Stadium des Filmes die darauffolgende Handlung vorwegnimmt und damit geschickt eine der Funktionen von Filmmusik nutzt, welche die polnische Musikwissenschaftlerin Zofia Lissa wohl als »Mittel zur Antizipation des Handlungsinhaltes«[66] identifiziert hätte, ist ein eindrucksvolles Beispiel für diese Ideen-Wachstumsphase. Das Spoilern von Ereignissen durch diegetische Musik ist zum Zeitpunkt des Erscheinens von Hausners Kurzfilm längst kein Novum. Ein prominentes filmhistorisches Beispiel für die derartige Verwendung eines Liedes ist etwa in Fritz Langs M (1931, Fritz Lang; Alternativtitel: M – EINE STADT SUCHT EINEN MÖRDER) gegeben. Bereits in der Eröffnungseinstellung des Filmes – er ist eine der ersten deutschen Tonfilmproduktionen – bewies Lang, wie bewusst er die Möglichkeiten des damals neuen Mediums Tonfilm zum künstlerischen Ausdruck zu nutzen verstand.[67] »Warte, warte nur ein Weilchen, bald kommt der schwarze Mann zu dir. Mit dem kleinen Hackebeilchen macht er Schabefleisch aus dir.« singt ein kleines, blondes Mädchen, umringt von gleichaltrigen Spielkamerad_innen, ei-

---

66 Lissa zit. n. Claudia Bullerjahn: Ein begriffliches Babylon – Von den Schwierigkeiten einer einheitlichen Filmmusiknomenklatur. [Oktober 1994], https://www.academia.edu/28224898/Ein_begriffliches_Babylon_Von_den_Schwierigkeiten_einer_einheitlichen_Filmmusiknomenklatur, S. 6. Letzter Aufruf: 05.06.2020.

67 Vgl. Peter Rabenalt: *Filmmusik. Form und Funktion von Musik im Kino*. Berlin: Vistas 2005, S. 84.

nen Abzählreim. Das Kinderlied weist bereits zu Filmbeginn klar auf den kommenden Plot hin, der sich an den historisch-faktischen Berichten zu den Verbrechen des Serienmörders Peter Kürten, der es als *Vampir von Düsseldorf* zu schauriger Berühmtheit brachte, orientiert.

Mein Interesse an Hausners Umsetzung gilt folglich nicht einem wie immer gearteten Innovationscharakter des gezielten Musikeinsatzes, sondern vielmehr der spezifischen Weiterentwicklung der Idee im Kontext ihres Œuvres. Den Kunstgriff zur musikalischen Handlungsantizipation verwendete sie siebzehn Jahre später bei der Produktion von AMOUR FOU erneut, allerdings in einer adaptierten, gereiften Version: Im Berliner Salon der Familie Vogel, Anfang des 19. Jahrhunderts, lauschen Freunde und Bekannte andächtig dem musikalischen Vortrag der Frau von Krahl. Die Sängerin intoniert Mozarts durchkomponierte Version des *Veilchens* – ein musikalischer Vorbote dessen, was da kommen wird. Doch anders als in der monologisch anmutenden Inszenierung in FLORA erhält die Darbietung des Musikstücks in AMOUR FOU, durch die Sichtbarmachung der verstohlenen Blicke, die Henriette Vogel, ihr Ehemann und Heinrich von Kleist einander zuwerfen, auf visueller Ebene durch die Montage im Schuss-Gegenschuss-Verfahren eine dialogische Qualität.

Während in FLORA die im Musikstück offerierten Rollen gegen Ende des Filmes klar verteilt sind und dem Publikum verständlich ist, wem die Laufbahnen des Kavaliers, der Blume und des Hirten zugedacht sind, geht Hausner in AMOUR FOU einen Schritt weiter und gestaltet ein ambivalentes Interpretationsangebot bei gleichbleibender Handlungsantizipation. Sie überwindet womöglich die Grenzen des tradierten Geschlechterverständnisses, wie dies etwa Hans Schill beim experimentellen Versuch einer alternativen, geschlechterumkehrenden Lesart von Goethes *Heidenröslein* vorgemacht hat[68]: Publikumsirritation auf höchster Ebene.

Im Jahr 2006 wurden mehrere Folgen der Sendung *Oktoskop*[69] des Wiener Fernsehsenders *Okto* unter dem Titel *Nouvelle Vague Viennoise* aufgezeichnet, in deren Rahmen die Regisseurinnen Barbara Albert, Mirjam Unger, Kathrin Resetarits und Jessica Hausner im Gespräch mit

---

68 Vgl. Hans Schill: Der Lyrik auf den Versen. Johann Wolfgang Goethe: Das Veilchen (1774). In: *Pegasus*. Nr. 92, Wirtschafts- und Kaderschule KV Bern, Dezember 2008/Januar 2009, S. 3.

69 *Oktoskop* ist ein prämiertes Sendeformat, das sich durch die wöchentliche Ausstrahlung von Experimental-, Kurz- und Langfilmen, Dokumentationen sowie begleitenden Interviews den unterschiedlichen Formen von Filmkunst widmet.

Robert Buchschwenter und Lukas Maurer Einblicke in ihr bisheriges Filmschaffen gaben. In der am 16. Juni 2006 ausgestrahlten Episode erklärte Hausner, welch prägende Relevanz sie FLORA in ihrer persönlichen Entwicklung zuspricht:

> Also FLORA war […] der erste Film, wo ich so das Gefühl hatte: Ich bin hinter einer Tür und jetzt kriege ich sie einen Spalt auf. Das war so ein erster Moment, wo ich für mich das Gefühl hatte, jetzt ahne ich das, was mich interessiert oder was ich auch machen kann.[70]

Nicht nur die Handlungsantizipation durch Musik ist einer jener filmischen Setzlinge, der in FLORA klar und deutlich zu erkennen ist. Das siegessichere Lächeln als einzig erkennbare Regung in einem sonst ausdruckslosen Gesicht, die plötzlich zu Boden stürzende Tänzerin, ein auffälliges rotes Accessoire als visuelle Markierung der Hauptfigur, ein alles durchdringendes Regime der Blicke, die stille Flucht einer sozial isolierten Protagonistin aus zerrütteten familiären Verhältnissen, dazu die hilflose Sprachlosigkeit in Liebesangelegenheiten, das hoffnungslose (oder -volle?) Streben nach Liebe, Blockflöte und Gitarre als Symbole der Schulzeit, zudem *Bewegte Stillleben*[71], die bis ins kleinste Detail durchkomponiert sind: Diese und viele weitere Setzlinge sind im Hausner'schen Gesamtwerk wiederkehrende Motive, die bereits in FLORA ihre Bühne finden.

Sieht man von den beiden Heften des *filmABC* und des *Filmhimmel Österreich* ab, wurde FLORA zwar in diversen wissenschaftlichen Publikationen genannt, blieb aber in allen mir zugänglichen Veröffentlichungen lediglich Randnotiz und das, obwohl FLORA im Kontext des Hausner'schen Œuvres den Blick für eine Vielzahl an repetitiven Merkmalen öffnet, die ihrem filmischen Schaffen bemerkenswerter Weise schon in der Frühphase ihrer Karriere zu eigen waren und bis heute sind.

---

70   Hausner zit. n. 10.3 Protokoll Oktoskop-Beitrag [16.06.2006].
71   Siehe 1.7.5 Bewegte Stillleben.

1.2 Inter-View (1999)

Fin de Millènaire. Während sich das Jahrtausend seinem Ende näherte, rückte im kleinen Filmland Österreich eine Gruppe von jungen Filmemacher_innen ins Scheinwerferlicht der öffentlichen Aufmerksamkeit, die zum einen alle eine Ausbildung an der FAK absolviert hatten und deren Filmprojekte zum anderen scheinbar völlig überraschend[72] auf unterschiedlichen internationalen Festivals mit Auszeichnungen sämtlicher Couleurs prämiert wurden. Just in diesem Jahr veröffentlichte auch Jessica Hausner ihren mittellangen Spielfilm Inter-View, der offiziell das Ende ihrer Studienzeit an der Filmakademie Wien markierte und maßgeblich dazu beitrug, dass die Regisseurin in weiterer Folge als Teil der *Nouvelle Vague Viennoise* wahrgenommen wurde.

1.2.1 Zum Inhalt

Student Günter (Klaus Händl) führt Interviews; im Kaffeehaus, in Büroräumen, öffentlichen Sanitäranlagen oder einem Lebensmittelgeschäft stellt er unterschiedlichen Gesprächspartner_innen Fragen nach dem Glück und dem Sinn des Lebens. Mehrmals versucht er außerdem, im Alltag beobachtete Verhaltensweisen zu imitieren, scheitert aber stets an der Umsetzung.

Indes ist Gertrude Kreiner[73] (Milena Oberndorfer) auf der Suche nach ihrem Platz im Leben. Doch da weder ihre beruflichen noch privaten Bestrebungen das erhoffte Lebensglück bringen, packt sie ihren Koffer, verlässt die elterliche Wohnung und nimmt eine Stelle als Lageristin bei einem Blumengroßhändler an. Sie findet an einem Arbeitskollegen Gefallen, es folgen das erste Date, der erste Kuss, das erste »Ich liebe dich«.

Im Fahrstuhl ihres Wohnhauses treffen Günter und Gertrude scheinbar zufällig aufeinander, sie lässt sich von ihm befragen. Nach der kur-

---

72 Dass der Erfolg der jungen Österreicher_innen längst nicht so unerwartet ins Land brach, wie häufig dargestellt wird, führe ich in 2.1 Die *Nouvelle Vague Viennoise* ist tot?! näher aus.

73 Die Protagonistin wird in den Closing Credits als »Gertrud« geführt, in der Sequenz der Diplomvergabe wird sie als »Kreiner Gertrude« aufgerufen (Inter-View, 0:14:13; auch die Schreibweise »Krainer« wäre denkbar). Da sich Christian Cargnelli in seiner Besprechung von Inter-View dazu entschieden hat, die weibliche Hauptfigur als »Gertrude« zu bezeichnen, folge ich dieser Benennung im Sinne der einheitlichen Verständigung. Siehe dazu Christian Cargnelli: Love is in the air. In: *Falter 25/99* [23.06.1999], S. 61.

zen Begegnung scheint der Interviewer zunächst weiter seine Studien zu verfolgen, doch dann kommt es im Kellergeschoß des Wohnhauses zum unerwarteten Wiedersehen. Die junge Frau gibt sich unwillig, bleibt ihm jedwede Antwort schuldig; auf diese Abweisung reagiert er mit körperlicher Zudringlichkeit. Gertrude, die sich zunächst erfolgreich wehren kann, wird von ihrem Peiniger zu Boden gerungen und brutal mit Füßen getreten.

Im Kaffeehaus sieht Günter seine erste Interview-Partnerin wieder, die sich in Gesellschaft mehrerer Jugendlicher befindet. Er verfolgt die Gruppe bis in eine Diskothek und spricht das Mädchen beim Tanzen an, um ihr zu erklären, dass er ihr vom Kaffeehaus aus gefolgt sei, damit sie das Interview zu Ende führen könnten. Im kratzig-wirkenden Wollpullover bäumt er sich zur Musik von Andreas Dorau auf: »Ich hebe ab und frage wer – ist dieser nette junge Herr? Und das Telefon sagt Du – Und ich hör ihm weiter zu – Und es sagt nur immer Du, Du.«[74]

1.2.2 Produktion und Filmförderung

Die Closing Credits nennen die Sektion II des Bundeskanzleramtes, die Hochschule für Musik und darstellende Kunst, die Film- und Fernsehabteilung Kultur und Wissenschaft des Landes Niederösterreich sowie die Magistratsabteilung 7 des Magistrats der Stadt Wien als Förderungsgeberinnen der Produktion. Der Kunstbericht des BMUKK aus dem Jahr 1997 weist den Film unter den Arbeitstiteln GERTI, GERARD [sic] bzw. GERTI UND GERALD aus; für die Förderung der Drehbucherstellung wurden öS 60.000,00, für die Herstellungs- und Produktionsförderung öS 100.000,00 aufgebracht.[75] Zwei Jahre darauf erhielt Hausner für die Herstellung weitere öS 150.000,00 sowie öS 75.000,00 für die Verwertungsförderung zugesprochen,[76] im Jahr 2000 wurden zusätzliche öS 75.000,00 für die Produktion zur Verfügung gestellt.[77]

---

74 Im Jahr 1995 veröffentlichte der deutsche Musiker Andreas Dorau das Lied *Das Telefon sagt Du*, welches in besagter Schlussszene für volle zwei Minuten zu hören ist (INTER-VIEW, 0:44:20–0:46:20).

75 Vgl. *Kunstbericht 1997*. https://www.bmkoes.gv.at/Service/Publikationen/Kunst-und-Kultur/kunst-und-kulturberichte.html, S. 222 und S. 196. Letzter Aufruf: 20.06.2020.

76 Vgl. *Kunstbericht 1999*. https://www.bmkoes.gv.at/Service/Publikationen/Kunst-und-Kultur/kunst-und-kulturberichte.html, S. 71 f. Letzter Aufruf: 20.06.2020.

77 Vgl. *Kunstbericht 2000*. https://www.bmkoes.gv.at/Service/Publikationen/Kunst-und-Kultur/kunst-und-kulturberichte.html, S. 68. Letzter Aufruf: 20.06.2020.

1.2.3 Festivals und Auszeichnungen

INTER-VIEW wurde während der *Internationalen Filmfestspiele von Cannes* im Jahr 1999 im exklusiven Nachwuchswettbewerb *Cinéfondation* uraufgeführt. Wenngleich sich Hausner ihren Mitbewerber_innen geschlagen geben musste[78], wurde INTER-VIEW doch mit einer lobenden Erwähnung[79] der *Cinéfondation*-Jury rund um den Präsidenten und *Dogma95*-Mitbegründer Thomas Vinterberg bedacht – eine Ehre, die seitdem und in dieser Form keinem anderen Film zuteil geworden ist. Es folgten Teilnahmen am *San Sebastián International Film Festival 1999*, dem *Karlovy Vary Film Festival 1999* und dem *Rotterdam International Filmfestival 2000*. Zudem wurde Hausners Abschlussfilm in die *Sélection Officielle* in der Kategorie »films d'écoles européens« am *Angers European First Film Festival 2000* aufgenommen[80] und für den deutschen Nachwuchspreis *First Steps Award 2000* nominiert.[81]

1.2.4 Verwertung

Der käufliche Erwerb einer Kopie ist nicht möglich. Die mir vorliegende DVD von INTER-VIEW wurde von der *Coop99* zur Verfügung gestellt.

Während in den offiziellen österreichischen Aufzeichnungen keine Besucherzahlen eruiert werden können, dokumentiert die Lumiere-Datenbank für INTER-VIEW im Jahr 2001 insgesamt 234 Besucher_innen in

---

78   Mit dem *Premier Prix* wurde SECOND HAND (1999, Emily Young) ausgezeichnet, der *Deuxième Prix* wurde gleichermaßen an die französische Produktion LA PUCE (1999, Emmanuelle Bercot) und die georgisch-israelische Koproduktion IM HUKIM (1999, Dover Kosashvili) vergeben, der dänische Beitrag EN GOD DAG AT GØ (1999, Bo Hagen Clausen) erhielt den *Troisième Prix*.

79   In Print- und Online-Medien herrscht diesbezüglich immer wieder Unsicherheit, vielfach wird irrtümlich angegeben, dass Hausners Beitrag den *Prix Special du Jury* erhalten hätte. Tatsächlich wird der *Prix Special du Jury* jedoch unregelmäßig im Rahmen des Hauptbewerbs des Festivals vergeben. Da INTER-VIEW in der Sektion der *Cinéfondation* lief, ist die Behauptung, ihr Abschlussfilm wäre mit besagtem Preis ausgezeichnet worden, schlichtweg falsch. Vgl. http://www.festival-cannes.com/en/films/inter-view, letzter Aufruf: 05.06.2020.

80   Vgl. http://www.premiersplans.org/festival/ressources.php, Suchbegriff: Jessica Hausner, letzter Aufruf: 05.06.2020.

81   Siehe http://www.firststeps.de/filmkatalog/filme/filme-details.html?tx_wfqbe_pi1%5Buid%5D=50D9961E-2641-4A36-B114-BD67E5AA1ACB, letzter Aufruf: 05.06.2020.

Frankreich,[82] die IMDb benennt den 27. Juni 2001 als Veröffentlichungsdatum am französischen Markt.[83]

Kontaktbörse Cannes: Hausner trifft Bober

Auch wenn Hausner für ihren Abschlussfilm statt der erhofften Auszeichnung im Festival-Wettbewerb lediglich mit einer lobenden Erwähnung der Jury Vorlieb nehmen musste, war die Cannes-Präsenz für ihre weitere Karriere von entscheidender Relevanz, lernte sie doch im Verlauf des Festivals den *Coproduction Office*-Gründer Philippe Bober kennen, der Interesse an ihr und ihren Produktionen zeigte. Schon ein rascher Blick in dessen Weltvertriebsprogramm bestätigt das intuitive Gespür für neue Talente, finden sich hier doch Filme von Lars von Trier, Lou Ye, Carlos Revgadas, Roy Andersson, Kornél Mundruczó, Ulrich Seidl, Michelangelo Frammartino und Ruben Östlund. Das *Coproduction Office* verfolgt seit der Unternehmensgründung im Jahr 1987 eine klare Strategie: Jährlich wurden und werden lediglich einige wenige Filme von ausgewählten Regisseur_innen mit unverwechselbarer Handschrift vertrieben.[84] Qualität statt Quantität laute/e die Devise; das gilt auch für die im Jahr 1997 gegründete *Essential Filmproduktion*, ein *Coproduction Office*-Tochterunternehmen, welcher Bober seitdem als Geschäftsführer vorsteht.

Die symbiotische Kombination aus dem Weltvertrieb des *Coproduction Office* und der Produktionskompetenz der *Essential Film* sorgt nicht nur für komprimiertes Know-how, sondern tritt konstant den Beweis an, dass Kunst und kommerzieller Erfolg sich nicht a priori ausschließen.[85] Trotz (oder gerade wegen) der hohen Qualitätsansprüche und der exklusiven Auswahl von Regisseur_innen sind die beiden Unternehmen durchaus profitorientiert. »Mit guten, außergewöhnlichen Filmen kann man Geld verdienen.«[86] gab sich Bober im Gespräch mit dem Fachmagazin *Blickpunkt: Film* zuversichtlich. Eine Gesinnung, die sich in weiterer

---

82 Da INTER-VIEW nicht in den weltweiten Kinos gespielt wurde, kann davon ausgegangen werden, dass besagte Tickets im Verlauf des *Internationalen Filmfestspiele Cannes* gelöst wurden. Vgl. http://lumiere.obs.coe.int/web/film_info/?id=17543, letzter Aufruf: 05.06.2020.

83 Vgl. http://www.imdb.com/title/tt0228433/releaseinfo?ref_=ttfc_ql_2, letzter Aufruf: 05.06.2020.

84 Vgl. http://coproductionoffice.eu/about-us, letzter Aufruf: 05.06.2020.

85 Vgl. http://www.mediabiz.de/film/news/coproduction-office-als-weltvertrieb-und-finanzier/87063?printScreen=1, letzter Aufruf: 05.06.2020.

86 Bober zit. n. ebd.

Folge ebenfalls auf die internationale Präsenz und Verwertung von Jessica Hausners Filmen auswirken sollte.

1.2.5 Der Anfang mit den Anfängen

Mit ältlich anmutenden Opening Credits beginnt Hausners INTER-VIEW: In den ersten 35 Sekunden werden dem Publikum die Namen von Filmcrew und -cast in mehreren Einblendungen präsentiert. In weißer, dicktengleicher Serifenschrift, welche Assoziationen zum Schriftbild einer klassischen Schreibmaschine oder eines Fernschreibers wecken, sind die Namen der Schauspieler_innen (nicht aber die Figurennamen), der Produzent_innen und Produktionsbeteiligten auf schwarzem Hintergrund zu lesen. Äußerlich kaum von den vorangegangenen Inserts abweichend, rückt zuletzt der Filmtitel ins Bild. Ein Schnitt auf Schwarz gewährt einen kurzen Moment des Verharrens, dann katapultiert der Establishing Shot die Zuseher_innen in das Innere eines Kaffeehauses. Zwei nebeneinander liegende Sitzbereiche mit in-sich-gemusterten grauen Stoffbezügen, räumlich durch hohe Rückenlehnen getrennt, sind als erstes Filmbild zu sehen. Während im linken Bilddrittel eine ältere Dame sitzt – sie ist mit Mantel, Mütze und Schal bekleidet –, haben nebenan zwei weibliche Teenager Platz genommen (Abb. 1). »Bei was fürchtest du dich wirklich?« fragt dann eine männliche Stimme aus dem Hors-champ; die Blicke der Mädchen lassen vermuten, dass sich der unsichtbare Gesprächspartner außerhalb des rechten Bildrandes befinden muss.

Die Öffentlichkeit des Settings, die Anwesenheit der älteren Frau, wie auch die aufrechte Sitzhaltung der Mädchen und ihre artig unter dem Tisch gefalteten Hände lassen auf visueller Ebene zunächst nicht vermuten, welche Antwort eine der beiden dem Fragestellenden entgegenschleudern wird: »Ähm... Beim Vögeln ohne Kondom. [kurze Sprechpause] Nein, du, nein; ich nehm' eh die Pille, also.« Was folgt, sind pubertäres Gekicher und verschämte Gesten, gefolgt von einer weiteren verbalen Provokation: »Is' da peinlich?«[87] Die Antwort des Mannes aus dem Off – »Wieso?« – wird mit einem patzigen »Oh, mein Gott. [kurze Sprechpause] So halt.« quittiert. Das rechts im Bild sitzende Mädchen,

---

87 Die Fragestellung ist durch eine dialektale Usance verknappt und kann mit »Ist dir das peinlich?« ins Hochdeutsche übertragen werden.

Abb. 1: Eröffnungsbild (INTER-VIEW, 0:00:36)

dessen bunt-gestreifter Pullover den einzigen Farbakzent des Filmbildes darstellt, nimmt einen Schluck ihres Getränks.

Einstellungswechsel: Nun sind die beiden Jugendlichen in einer Nahaufnahme zu sehen, ihre Sitzpositionen haben sie beibehalten, doch die ältere Dame ist aus dem Bild verschwunden, mit ihr ist auch die kompositorische Bilddrittelung passé.

> Mimik und Gestik der Personen sind gut zu erkennen. […] Die Zuschauer sehen, wohin die Figuren schauen, können daraus ihre Schlüsse ziehen und Erwartungen auf den Fortgang der Handlung generieren.[88]

Neben den beiden Gläsern sind nun auf der Tischplatte außerdem ein Päckchen Zigaretten, ein Aschenbecher sowie ein schwarzes Aufnahmegerät zu sehen. Während sich eine Jugendliche anschickt, eine Zigarette anzuzünden, erklingt aus dem Off die nächste Frage des Interviewers: »Gibt's ein Ziel? Für euch?«

Die beiden Mädchen prusten laut los, scheinen sich über die Art und Weise der Befragung köstlich zu amüsieren. Während die eine ihre Zigarette zum Glimmen bringt, antwortet die andere im gestreiften Pullover bemüht seriös: »Ja, also ich hab' ein Ziel und zwar: Ich würd' gern in der Apotheke von meinem Vater arbeiten.« Nun brechen die beiden in Gekicher aus. »Aha.«, kommentiert die Freundin knapp und wird durch ein »Pst! Das mein' ich ernst!« von ihrer Sitznachbarin spielerisch gemaßregelt,

---

88 Lothar Mikos: *Film- und Fernsehanalyse*. Konstanz: UKV 2003, S. 187.

wohl um den Anschein der pflichtbewussten Tochter aufrechtzuerhalten. Es folgen kindisches Geplänkel und die Verspottung des Interviewers.

Nachdem die weiblichen Teenager ihre Contenance wiedergefunden haben, dreht die Raucherin den Spieß um und beginnt nun ihrerseits, Fragen zu formulieren: »Okay, naja. Und wie ist das bei dir so? Was machst du?« Noch immer fehlt die bildliche Darstellung des männlichen Gegenübers, als dieser aus dem Off erwidert: »Naja, mehr so [bricht den Satz ab.]. Ab und zu schreib' ich. Es sind kurze Geschichten.« Mit leicht geneigten Köpfen werfen die beiden Mädchen sich einen intensiven Blick zu, unterbrechen seine Worte dann mit einem ungläubig-spottenden »Er schreibt«. Einen Schnitt später ist der männliche Protagonist endlich im Bild zu sehen. Anfangs unsicher und zögerlich, berichtet er den Freundinnen von einer seiner Geschichten, als eine dritte Jugendliche an den Tisch tritt und die Interaktion unterbricht. Der Interviewer verabschiedet sich, packt sein Aufnahmegerät ein und verlässt eilig die Runde. Die Kamera verweilt bei den Mädchen, die sich zunächst mit Küsschen begrüßen, dann in einem wilden Durcheinander alle gleichzeitig zu plappern beginnen und letztlich über den jungen Mann lästern, kaum dass er außer Hörweite ist.

Die Eingangssequenz von Jessica Hausners INTER-VIEW ist in zweifacher Hinsicht von Interesse; zum einen darf der mittellange Streifen als repräsentatives Zeitdokument verstanden werden, denn die dominanten Themen sind Agenden, die sich in mehreren Produktionen des damaligen Filmschaffens fanden. INTER-VIEW stellte sich damit in eine Reihe von Filmen, welche – mehr oder weniger offensichtlich – die Entwicklungsphasen Jugendlicher im urbanen Raum, die Technisierung der Kommunikation und die daraus resultierenden Folgen oder auch den Versuch einer neuartigen Inszenierung von Gewaltakten zum Inhalt haben.

Zum anderen sind spezifische Charakteristika zu erkennen, die den Filmen der *Nouvelle Vague Viennoise* zugesprochen wurden. Von einer neuen Art, die Wirklichkeit in filmischen Bildern festzuhalten, von einem neuen Realismus des österreichischen Films war allerorts zu lesen; die Filmschaffenden bewegten sich weg von irrealen Hochglanz-Settings und illusorischer Heimatidylle und schienen sich einer Wirklichkeitsnähe zu verschreiben. Wesentlichen Anteil an dieser Inszenierungsstrategie hat die verbale Ausdrucksweise der Darsteller_innen, denn durch die Verwendung des Wiener Dialekts konnte eine territoriale Verortung des Filmgeschehens gewährleistet werden.[89]

---

89 Siehe 1.9.5 Sprach-Welten-Wanderung: Vom Finden der Heimat.

> Jessica Hausner entwickelt in Inter-View eine intensive psychologische Studie über seelische Vereinsamung und gestörte Kommunikation. Das Interview als formales und gängiges Mittel zum Gedanken- und Informationsaustausch wird hier paradoxerweise zum schlimmsten Feind zwischenmenschlicher Verständigung.[90]

Ausgehend von der nicht den üblichen Sehgewohnheiten entsprechenden Eingangssequenz des Filmes etabliert Hausner daraufhin zwei weitere Handlungsstränge: Der eine zeigt das »semidokumentarische Porträt eines jungen Mannes«[91], der andere erzählt Gertrudes Coming-of-Age-Geschichte.

Die Kamera begleitet Günter bei seinen Versuchen, nicht nur durch Interviews, sondern auch durch die Imitation von Verhaltensweisen Dritter dem Geheimnis des Glücks auf die Schliche zu kommen. Was seinen Anfang in der Nachahmung der Menübestellung eines Studienkollegen – inklusive der Äußerung eines ungewöhnlichen Sonderwunsches – an der Theke der Mensa findet, nimmt bald drastischere Züge an, denn Günter wagt es, gegen geltende Regeln und Gesetze zu rebellieren. So verweigert er etwa bei einer Bahnfahrt im Rahmen einer allgemeinen Kontrolle das Vorweisen seiner Fahrkarte und versucht, nachdem der Beamte eine Geldbuße von öS 517,00 ausgesprochen hat, der Strafe durch Flucht zu entgehen, wird aber von einem beherzt eingreifenden Fahrgast festgehalten. An der Imitation eines weiteren Regelbruchs versucht er sich, als er an einer starkbefahrenen Straße und bei rotem Fußgängerampelsignal unvermittelt den Zebrastreifen überquert; ein Verhalten, das er kurz zuvor bei einem anderen Passanten beobachtet hatte. Doch während das Gebaren seines Vorbildes keine Konsequenzen hatte, löst sein Verhalten quietschende Autoreifen und wüste Beschimpfungen aus.

Was sich im Filmverlauf vom kindlichen Imitationsverhalten hin zur bemühten Suche nach einem passenden Identitätsentwurf entwickelt, erreicht den vorläufigen Höhepunkt, als Günters Mutter anscheinend endlich ihr privates Glück gefunden hat, wie ein Off-Screen-Telefonat vermuten lässt. Während sich der Sohn mittels Interviews und Beobachtungen intensiv und engagiert um die Entschlüsselung möglicher

---

90 https://www.museum-joanneum.at/fileadmin//user_upload/Presse/Aktuelle_Projekte/Archiv/2006/jessica-hausner-toas/Programm_2002_02_Space_20Movie_1_.pdf, letzter Aufruf: 05.06.2020.
91 http://www.filmportal.de/person/jessica-hausner_5ce6e6e349754535b43547e82a75e2b6, letzter Aufruf: 05.06.2020.

Glücksfaktoren bemüht, fällt seiner Mutter selbiges ohne Anstrengungen in den Schoß. Günter verlässt daraufhin, einen großen Müllbeutel mitführend, die Wohnung und begibt sich in den Abfallraum des Wohngebäudes; hier trifft er zum zweiten Mal auf Gertrude und fordert sie zur Fortsetzung des vormals abgebrochenen Interviews auf. Was folgt, ist ein brutaler körperlicher Übergriff, mit dem Günter auf Gertrudes Gesprächsverweigerung reagiert. Beinahe scheint es, als hätte der junge Mann mit der Ausübung von Gewalt nun endlich seinen Weg in eine glückliche Zukunft gefunden. Stefan Grissemann formulierte in seiner Besprechung von INTER-VIEW wie folgt:

> Ein junger Mann mit Anschlussschwierigkeiten braucht einen Vorwand, um sich den Menschen zu nähern: Er bittet, mit Mikrofon und Aufnahmegerät, Passanten über Arbeit, Hoffnung, Glück zu sprechen. Seine Verstörung im zwischenmenschlichen Umgang nimmt zu und mündet in einen (beiläufig präsentierten) Akt der Gewalt.[92]

Grissemanns Beschreibung der gewalttätigen Attacke als eine »beiläufig präsentierte[…]«[93] wird der Szene keinesfalls gerecht. Hausner entschied sich dazu, die bisherige ästhetische Stilistik des Filmes zu unter- bzw. durchbrechen. Während der Eingangssequenz wie auch in den darauffolgenden Interview-Situationen wird der Fragen stellende Protagonist weitgehend aus dem Bildrahmen verbannt; lediglich sein Aufnahmegerät bzw. für wenige kurze Momente seine Hände und Arme, die am seitlichen Rand ins Bild rücken, sind Beweise für Günters körperliche Anwesenheit. Für sein zweites und letztes Gespräch mit Gertrude bricht Hausner mit dieser Inszenierungsstrategie und macht den Körper ihres *Helden* am rechten Bildrand stehend sichtbar. Die Regisseurin nutzt keine Nahaufnahmen, kein spritzendes Blut, keine hektisch wechselnden Kameraperspektiven oder raschen Schnittfolgen, um die Tat in all ihrer präsumtiven Grausamkeit darzustellen. Im Gegenteil: Die Kamera ist in einiger Entfernung aufgestellt und bietet eine vermeintlich objektive Perspektive, lässt den Akt der Gewalt also letztlich zwar nicht in unmittelbarer Nähe stattfinden, nimmt ihm aber durch den Bruch der filmspezifischen visuellen Ästhetik nicht die aggressive Bildgewalt. »Indem die junge Regisseurin gestellte Dialoge mit ›echten‹ Statements vermischt, er-

---

92 https://www.sixpackfilm.com/de/catalogue/1360/, letzter Aufruf: 05.06.2020.
93 Ebd.

reicht sie in ihrem Film eine irritierende Wirklichkeitsnähe«[94], und auch der angebotene Blickwinkel in der Prügelszene eröffnet dem Publikum eine ungewöhnliche Spielform des Voyeurismus, denn durch die räumliche Distanz der Kamera zum Geschehen entsteht eine realistische Nachvollziehbarkeit der Situation.

Letztlich verfolgt Günter eine Gruppe von Jugendlichen, unter ihnen das Mädchen mit dem Streifenpullover, bis in eine Diskothek. Am Bartresen spricht er das Objekt seiner Begierde an und erinnert sie an die ausstehende Weiterführung ihres Interviews. Mit dieser Verbindung von Einleitungs- und Schlusssequenz schließt sich der Erzählbogen; zudem wird nun offensichtlich, dass Hausner sich strukturell an der literarischen Technik der Schachtelrahmenerzählung orientierte. Während Günters Geschichte die erste Textebene und somit den Rahmen der Erzählung stellt, handelt es sich beim zweiten Handlungsstrang, der Fragmente aus Gertrudes Leben präsentiert, um die Binnenerzählung. Die doppelte Rahmung entsteht durch die logische Zusammengehörigkeit der ersten und letzten Filmsequenz, deren offensichtliche Gemeinsamkeit das Mädchen mit dem gestreiften Pullover bildet.

Das Ende führt also zurück zum signifikanten Anfang, denn zu Beginn des Filmes zeigt sich deutlich jenes wiederkehrende Charakteristikum, das in allen Spielfilmen Jessica Hausners nachgewiesen werden kann, nämlich die außergewöhnliche Gestaltung sämtlicher Eingangssequenzen. Zur Bedeutung der einführenden Filmsequenzen hielten Jean Louis Comolli und François Géré in ihrem Beitrag *Deux fictions de la haine* fest: »Chaque commencement d'un film est aussi pour le spectateur un *apprentissage* des règles du jeu, du mode d'emploi spécifique à ce film.«[95] Kam in FLORA ein Musikstück gezielt zum Einsatz, um eine konkrete Handlungsantizipation zu erzeugen – damit wurden nicht nur die Spielregeln des Filmes erklärt, sondern die von Comolli und Géré definierte Aufgabe der ersten Filmsequenz quasi *übererfüllt* – führt Hausner ihr Publikum in INTER-VIEW in die Irre. Anders als in FLORA zeigt sich nun erstmalig eine inszenatorische Besonderheit, die sich in den weiteren filmischen Projekten

---

94 https://www.museum-joanneum.at/fileadmin//user_upload/Presse/Aktuelle_Projekte/Archiv/2006/jessica-hausner-toast/Programm_2002_02_Space_20Movie_I_.pdf, letzter Aufruf: 05.06.2020.

95 Jean Louis Comolli/François Géré: Deux fictions de la haine. In: *Cahiers du Cinéma*. Heft 288, Mai 1978, S. 12 [H. i. O.]: »Jeder Anfang eines Filmes ist für den Zuseher auch eine Lernerfahrung der Spielregeln, der Gebrauchsanweisung dieses Filmes.«

der Regisseurin als charakteristisch belegen lässt, nämlich die Täuschung des Publikums durch das Zerstreuen der Erwartungshaltung.

Durch die farbliche Akzentuierung des Kostüms, die vage Kamerafokussierung auf eine der beiden interviewten Jugendlichen und letztlich die zeitlich gestreckte Nicht-Sichtbarkeit des männlichen Fragestellers wird zu Filmbeginn die Vermutung erzeugt, dass eben jenes Mädchen im bunten Streifenpullover im Zentrum des Folgenden stehen könnte. Auch das Verweilen der Kamera bei der Gruppe weiblicher Jugendlicher, nachdem Günter die Szenerie längst verlassen hat, unterstützt und verstärkt diese Annahme. Diese narrative Strategie, derer sich Hausner hier bediente, wird im Englischen mit *red herring*, im deutschen Sprachgebrauch mit dem Metonym *Nebelkerze* bezeichnet. Das Publikum wird durch die_den Autor_in bewusst in die Irre geführt und/oder abgelenkt, um eine falsche Antizipation hinsichtlich der weiteren Handlung zu erreichen.[96] Eine vergleichende Betrachtung der ersten Sequenzen der Hausner'schen Filme verdeutlicht, dass diese Methode durchaus System hat, zeigen sich diese in ihrer stilistischen und ästhetischen Komposition doch durchgängig als außergewöhnlich.

In LOVELY RITA, Hausners Spielfilmdebüt, gilt Vater Norbert, der im Keller des Eigenheims Schießübungen absolviert, die ersten Szene. Ähnlich wie in INTER-VIEW entwickelt sich auch hier die zu Filmbeginn in den Fokus gerückte Figur nicht zum zentralen Protagonisten. Dass Norbert im Filmverlauf als Ritas erste »Leiche im Keller« endet, entbehrt – das sei an dieser Stelle angemerkt – nicht einer gewissen, für Hausner typischen, Komik.

In HOTEL jongliert die Regisseurin gekonnt mit tradierten Konventionen des Horrors. So besagt ein ungeschriebenes Gesetz der Haunted-House-Filme, dass – um den Isolationscharakter der Spukhäuser sichtbar zu machen und dem Publikum zu verdeutlichen, dass es für die Protagonist_innen kein Entkommen vom Ort des Schreckens gibt – mittels Establishing Shots die Schauplätze des Geschehens bildgewaltig in Szene gesetzt werden sollen. Einen bedeutungsschweren Travelling Shot samt initialer Sichtbarmachung des Spukhauses, wie ihn etwa Stanley Kubrick in der vielbesprochenen Eingangssequenz von THE SHINING (1980, Stanley Kubrick; dt. Titel: SHINING) bietet, verwehrt Hausner den Zuse-

---

96 Vgl. Anton Fuxjäger: *Film- und Fernsehanalyse. Einführung in die grundlegende Terminologie.* Universität Wien, https://fedora.phaidra.univie.ac.at/fedora/get/o:105927/bdef:Content/get, S. 46. Letzter Aufruf: 05.06.2020.

her_innen; stattdessen steckt sie Protagonistin Irene und ihren Vorgesetzten, den Hotelmanager Kos, zu Filmbeginn direkt in die beklemmende Enge eines Aufzuges, knackend-stockende Fahrstuhlmusik inklusive.[97] Neben der Destruktion der Genrekonvention zeigt die Kamera in der ersten Szene des Filmes in einer lange währenden Einstellung einen Lautsprecher, der an einer holzverkleideten Decke befestigt ist und aus welchem knackende Musik ertönt. Erst nach 42 Sekunden rückt Hausner dann ihre Protagonistin ins Bild.

Im Pressebooklet zu LOURDES äußerte sich Schriftsteller und Büchner-Preisträger Josef Winkler in seinem Beitrag *Notre-Dame-du-Lourdes, Benedeite Schlangentreterin* zur Anfangsszene wie folgt:

> In ihrem Meisterwerk ›Lourdes‹ führt uns Jessica Hausner im Eingangsbild in einen großen Speisesaal, in dem unter dem ›Ave Maria‹ die neu angekommene Pilgergruppe zum Mittagessen erwartet wird. Als Erster fährt ein kleinwüchsiger, kauziger Marienverehrer mit einem motorisierten Rollstuhl quietschend über den metallfarbenen Kunststoffboden um die Ecke, zwischen die gedeckten Tische, auf denen in Gläsern weiße Servietten als Engelsflügel stecken.[98]

Nur der von Winkler beschriebene Rollstuhlfahrer wird die erhabene Atmosphäre der Szenerie kurzfristig stören. Ihm folgen würdevoll und bedacht voranschreitende Personen, unter ihnen sowohl Helfer_innen als auch Bedürftige, Junge wie Alte. Visuell inszeniert wird der Filmbeginn in einer Obersicht, die zwar in ihrer Ausführung nicht dem sogenannten *God's Eye View* entspricht[99], der Idee eines göttlichen Blicks auf die versammelte Pilgerschar aber sehr nahe kommt[100]; die Kamera offeriert

---

97 Vgl. Sabrina Gärtner: Es bleibt ein unbefriedigendes Gefühl zurück. Jessica Hausners Spiel mit dem Horror-Genre. In: Angela Fabris/Jörg Helbig/Arno Rußegger (Hrsg.): *Horror-Kultfilme*. Marburg: Schüren 2017, S. 97–119.
98 http://www.coop99.at/www-Lourdes/downloads/Lourdes_folder.pdf, S. 13, letzter Aufruf: 05.06.2020.
99 Beim *God's Eye View* ist die Linse der Kamera lotrecht zum Darzustellenden ausgerichtet, eine subjektive Kameraeinstellung wird explizit nicht angeboten. Eine umfassende Beispielsammlung findet sich auf dem YouTube-Kanal von Brian Carroll unter https://www.youtube.com/watch?v=kCbTe9jBwB4&feature=youtu.be, letzter Aufruf: 21.06.2020.
100 Den Begriff *God's Eye* [Anm. SG: nicht *God's Eye View*] brachte Jessica Hausner selbst in den Diskurs ein, als sie im Rahmen eines Vortrages an der Kunstuniversität Linz

nicht nur eine »erhöhte Perspektive auf das Geschehen«[101], sondern bietet den Blick aus der Perspektive einer allmächtigen, alles überblickenden Instanz an. Nach dem lange währenden Establishing Shot – der Einzug der Pilger_innen und Betreuer_innen in den Speisesaal wird als Plansequenz in Szene gesetzt –, fährt die Kamera suchend durch die Menge der Anwesenden. Für einen kurzen Moment verweilt sie am Tisch von Protagonistin Christine, um dann die für Ordnung sorgende Ordensschwester Cécile und den ihr assistierenden Malteserritter Kuno in den Fokus zu rücken. Die Hospitiere definiert gleich zu Beginn die unterschiedlichen Rollen der Anwesenden klar und deutlich. Auf der einen Seite stehen die kranken, bedürftigen, einsamen Lourdes-Pilger_innen, auf der anderen die karitativen, selbstlos agierenden Betreuer_innen. Wie in LOVELY RITA wird somit auch in LOURDES eingangs der Fokus auf eine Nebenfigur gerichtet, die zentralen Protagonistinnen werden nicht ins Scheinwerferlicht gerückt.

Auch in LITTLE JOE nutzt Hausner eine Obersicht zur Filmeröffnung, die deutliche Ähnlichkeit mit der Inszenierung in LOURDES vorweist. »Inmitten eines modernen Gewächshauses, in dem sich auf Edelstahltischen unzählige Pflanzenbehälter dicht an dicht drängen, schieben sich Menschen in krebsartigen Seitwärtsbewegungen durch schmale Gänge.«[102] Statt eines göttlich-konnotierten Blicks offeriert die Kamera in bester Überwachungsmanier die Perspektive einer alles überblickenden Kontrollinstanz. In der Plansequenz werden jeweils visuell konkurrierende Gruppen, nämlich zum einen die beiden sich farblich voneinander unterscheidenden Pflanzenarten in verschiedenen Wachstumsphasen und zum anderen die durch ungleiche Schutzbekleidung divergierenden Besucher und Wissenschaftler_innen, gezeigt. Sowohl Karl, Alice als auch Chris äußern sich kompetent zu Zweck und Ziel des Zuchtprogrammes und beantworten im Wechsel die gestellten Fragen ihrer Gäste, wodurch das Erkennen einer vermeintlichen Hauptfigur erschwert wird. Ein visuelles Pendant der Sequenz wiederholt sich dann gegen Filmende. Nachdem Chris Alice niedergeschlagen und sie bewusst- wie schutzlos am Boden des Gewächshauses

---

      am 16. Dezember 2009 versuchte, die gestalterische Intention der Eingangssequenz von LOURDES zu erläutern. Vgl. 10.2 Protokoll FROzine-Beitrag [18.12.2009].
101 Mikos: *Film- und Fernsehanalyse*. 2003, S. 190.
102 Sabrina Gärtner: Das Glück lässt sich (nicht) pflanzen. Annotationen zu Jessica Hausners *Little Joe*. In: Gustav Ernst/Karin Fleischanderl (Hrsg.): *kolik.film*. Sonderheft 32, Wien: Verein für neue Literatur 2019, S. 33–35; hier: S. 33.

zurückgelassen hat, wird der Raum erneut in einer Obersicht aus Perspektive der Überwachungskamera in einer linksdrehenden Bewegung gezeigt.

In AMOUR FOU fand die Regisseurin einen weiteren Weg, um ihre Hauptfigur in der ersten Filmsequenz vor den Augen der Zuseher_innen zu verbergen. Henriette Vogels Oberkörper wird beinahe vollständig von einem vor ihr stehenden Blumenbouquet verdeckt, welches sie mit geschäftigen Handgriffen arrangiert. Das Nicht-Sichtbar-Sein ist dabei – wie sich im weiteren Filmverlauf zeigen wird – Anspielung auf die passive Rolle, in die sich Henriette gesellschaftlich wie privat gedrängt fühlt.

Hausners Filmanfänge sind sowohl in stilistischer wie auch in ästhetischer Hinsicht bis in kleinste Detail durchkomponiert. Ist in FLORA in der ersten Szene noch die ein Volkslied singende Protagonistin zu sehen, wird in INTER-VIEW durch das langwährende Fehlen des Protagonisten der semi-dokumentarische Touch der Produktion betont. In HOTEL gilt die Aufmerksamkeit in der ersten Szene einem Deckenlautsprecher, zudem wird eine bewährte Genretradition gebrochen. Dem beliebten christlichen Wallfahrtsort Lourdes trägt die Regisseurin mit einer, den göttlichen Blick imitierenden, Obersicht Rechnung, den sie auch zu Beginn von LITTLE JOE – allerdings mit einer stärkeren Betonung des Überwachungsmoments – einsetzt. In AMOUR FOU lässt sie die sich in ihrem Identitätsentwurf im Filmverlauf zusehends unwohler fühlende Henriette Vogel hinter einem Blumengebinde verschwinden. Auffällige Gemeinsamkeit dieser ersten Filmszenen ist der Umstand, dass Jessica Hausner ihre Hauptcharaktere zunächst nicht frank und frei den Blicken des Publikums ausliefert. Mit ihrer spezifischen Art der Filmeröffnung stellt sich die Regisseurin in eine Reihe mit zeitgenössischen Filmschaffenden, die ihre Geschichten auf ungewöhnliche Weise beginnen lassen und sich dergestalt den herkömmlichen Konventionen des Establishing Shots verweigern.[103]

---

103 Der Bruch mit den Konventionen des Establishing Shots zeigt sich beispielsweise, wenn auch stets auf unterschiedliche Art, in den *Berliner Schule*-Produktionen DIE INNERE SICHERHEIT (2000, Christian Petzold), BUNGALOW (2002, Ulrich Köhler), MILCHWALD (2003, Christoph Hochhäusler), MARSEILLE (2004, Angela Schanelec) oder FALSCHER BEKENNER (2005, Christoph Hochhäusler).

1.3 Das Spielfilm-Debüt: Lovely Rita (2001)

Die Premieren von Inter-View im Mai und von Nordrand (1999, Barbara Albert) anlässlich der *56. Internationalen Filmfestspiele von Venedig* im September 1999[104] dürfen nicht nur wichtige Meilensteine in den persönlichen Werdegängen der Regisseurinnen verstanden werden, sondern sorgten ob der Vielzahl an Auszeichnungen und umfassender internationaler Resonanz in weiterer Folge für eine intensivierte Wahrnehmung des *Neuen österreichischen Films*.

> Der Erfolg des Films [Anm. SG: Nordrand] setzte Zeichen für das neue österreichische Kino und verstärkte die Aufmerksamkeit auf die Frauenpower von Barbara Albert, Jessica Hausner, Kathrin Resetarits, Ruth Mader, Mirjam Unger und Valeska Grisebach, die sich während des Studiums an der Wiener Filmakademie als Autorinnen, Regisseurinnen und Schauspielerinnen gegenseitig inspirierten.[105]

Ebenfalls im Jahr 1999 gründeten Hausner und Albert gemeinsam mit ihren ehemaligen Kommilitonen Antonin Svoboda und Martin Gschlacht die *Coop99*. Das Viererkgespann hatte sich während des Studiums an der Wiener FAK kennengelernt: Svoboda, Albert und Hausner waren Regiestudent_innen im selben Jahrgang, der sich auf die Fächer *Kamera* und *Produktion* spezialisierende Gschlacht war ihnen studienplantechnisch ein Jahr voraus. Erste Überlegungen, eine eigene Produktionsfirma ins Leben zu rufen, entstanden einerseits aus dem wachsenden Verständnis der unbefriedigenden Funktionsweise der Branche und andererseits aus dem Wunsch, unabhängige Filmschaffende zu werden, ohne gravierende Zugeständnisse an Produzenten, Markt und Publikum machen zu müssen. In die anfänglichen Diskussionen rund um eine potenzielle Unternehmensgründung war zunächst auch Studienkollege Valentin Hitz involviert, er entschied sich aus Sorge vor überbordender Büroarbeit aber schließlich gegen eine Beteiligung.[106] Albert, Hausner, Svoboda und Gschlacht schlossen einen Gesellschaftsvertrag ab, der sie zu gleichbe-

---

104 Vgl. http://www.famafilm.ch/filme/nordrand/?contUid=0, letzter Aufruf: 19.05.2020.
105 Claudia Lenssen: Raffiniert collagierte Parallelgeschichten. Barbara Albert und ihre Filme. In: Isabella Reicher (Hrsg.): *Eine eigene Gesichte. Frauen Film Österreich seit 1999*. Wien: Sonderzahl 2020, S. 27–39; hier: S. 31.
106 Vgl. Andreas Ungerböck/Mitko Javritchev (Hrsg.): *Ray Filmmagazin: Zehn Jahre coop99*. Sonderheft 2009, S. 4 f.

rechtigten Geschäftsführer_innen des Unternehmens machte.[107] Das Kollektiv der *Coop99* sah sich dabei von Beginn an »als Plattform einer neuen Filmemacher-Generation in Österreich. Sämtliche Projekte stehen für Authentizität, persönliche Stellungnahme und individuelle Machart.«[108]

Bereits die Realisierung des ersten Filmprojekts der *Coop99* verlangte den Neo-Produzent_innen einiges ab, wie Barbara Albert im Interview für die Filmzeitschrift *Revolver* erklärte:

> Wir können uns kein Gehalt zahlen, wir können im Moment nicht mal die Telefonrechnung zahlen von der Firma aus. Es ist ganz klar, dass wir am Anfang jetzt erstmal reinhackeln. Wenn wir etwas verdienen im Moment, dann dadurch, dass wir uns Gagen auszahlen. Bei »Lovely Rita« war es zum Beispiel so: Jessica hat Regie gemacht, Martin die Kamera und Antonin die erste Aufnahmeleitung. Ich war so etwas wie das Produktionssekretariat, zusammen mit einer anderen Frau allerdings, weil ich damals oft mit »Nordrand« auf Festivals war. Aber ich habe trotzdem mitgearbeitet und dann auch ein bisschen Gage dafür bekommen.[109]

Albert spielte mit ihrer Äußerung darauf an: Nicht nur die Arbeiten an LOVELY RITA verlangten die Aufmerksamkeit der vier Gründer_innen, sondern auch weitere Filmprojekte – in Alberts Fall die Festivalpräsenz von NORDRAND – forderten ihren Tribut. Jessica Hausner stand beispielsweise neben ihren eigenen umfassenden Tätigkeiten ihrer ehemaligen Studienkollegin Kathrin Resetarits, die sie bereits bei der Produktion ÄGYPTEN unterstützt hatte, ein weiteres Mal als Regieassistentin zur Seite, diesmal für den Kurzfilm FREMDE (1999, Kathrin Resetarits).

Im Januar 2001 wurde Gilbert Petutschnig als Produktionsleiter in das Team der *Coop99* geholt, der zu diesem Zeitpunkt bereits Erfahrungen als Aufnahmeleiter vorweisen konnte: Bei TIEF OBEN (1994, Willi Hengstler) fungierte er als Assistant Location Manager, im Folgejahr war er als Location bzw. Unit Manager bei den Produktionen DAS ZEHNTE JAHR (1995, Käthe Kratz), HALBE WELT (1993, Florian Flicker) und ATTWEN-

---

107 Vgl. http://www.coop99.at/web-coop99/?page_id=124&lang=de, letzter Aufruf: 19.05.2020.
108 Ebd.
109 Albert zit. n. Jens Börner/Benjamin Heisenberg/Sebastian Kutzli: Portrait: Coop99. In: Jens Börner/Benjamin Heisenberg/Christoph Hochhäusler/Sebastian Kutzli (Hrsg.): *Revolver 6. Zeitschrift für Film*. Frankfurt am Main: Verlag der Autoren 2002, S. 57–110; hier: S. 64.

GERFILM (1995, Markus Binder/Hans Peter Falkner/Florian Flicker/Wolfgang Murnberger/Bernhard Weirather) beschäftigt. Sein Aufgabengebiet in der *Coop99* definierte der heute als stellvertretender Geschäftsführer des Filmfonds Wien tätige Petutschnig damals folgend:

> [Ich] kümmere mich ausschließlich um die Produktion. Ich sehe meinen Part darin, die anderen von diesen dispositiven und logistischen Aufgaben freizuspielen. Natürlich ist [sic] nicht immer leicht, zu fünft zu einer Entscheidung zu finden, aber natürlich ist es auch ein sehr fruchtbarer Prozess.[110]

Petutschnigs Spuren in der *Coop99*-Chronik verloren sich nach dem AFC-Interview mit Karin Schiefer rasch. Im österreichischen Filmgeschehen tauchte er kurz darauf als Produktionsleiter für die *Allegro Film*-Produktion IKARUS (2002, Bernhard Weirather)[111] wieder auf. Auch wenn dem *Coop99*-Team der (wohl zur personellen Entlastung eingestellte) Produktionsleiter abhanden gekommen war: Allen Unkenrufen zum Trotz standen die Zeichen für die Zukunft des jungen Unternehmens gut und waren geprägt von geschäftiger Betriebsamkeit und dem Wunsch, neue Wege zu beschreiten. In diesen Tagen widmete sich Jessica Hausner in Doppelfunktion als Drehbuchautorin und Regisseurin der Realisierung ihres Spielfilmdebüts LOVELY RITA. Wie bereits in FLORA und INTER-VIEW rückte sie die vertraute Welt einer adoleszenten Protagonistin auf ihrem Weg ins Erwachsenwerden ins Zentrum ihrer ersten abendfüllenden Produktion, die »eine Reihe von Begebenheiten [erzählt], in denen die 14-jährige Rita es wissen will. Es geht um ein Wissen im doppelten Sinn: Rita möchte etwas in Erfahrung bringen und zugleich etwas aufs Spiel setzen.«[112]

---

110 Petutschnig zit. n. Karin Schiefer: Das Team coop99 filmproduktion im Gespräch über LOVELY RITA. [2001], http://www.austrianfilms.com/jart/prj3/afc-new/main.jart?reserve-mode=active&content-id=1422972471829&rel=de&j-cc-node=artikel&j-cc-id=3768, letzter Aufruf: 19.05.2020.
111 Die Dreharbeiten von IKARUS fanden im Sommer 2001 statt. Siehe dazu https://www.filminstitut.at/de/ikarus/?highlight=true&unique=1494067227, letzter Aufruf: 19.05.2020.
112 Bert Rebhandl: Nicht anders möglich. Der neue österreichische Spielfilm und sein Mangel an Realitätssinn. In: Gustav Ernst/Karin Fleischanderl (Hrsg.): *kolik.film*. Sonderheft 1, Wien: Verein für neue Literatur 2004, S. 6–10; hier: S. 9.

1.3.1 Zum Inhalt

Die pubertierende Rita (Barbara Osika) sehnt sich nach Aufmerksamkeit. Doch weder ihre spießigen Eltern noch die mobbenden Schulkolleginnen hören den stillen Ruf der 15-Jährigen. Als dann neue Nachbarn auf der Bildfläche erscheinen, schöpft das Mädchen Hoffnung und versucht, die Neugier des zwei Jahre jüngeren, kränklichen Fexi (Christoph Bauer) zu wecken.

Rita beginnt, sich gegen die starren Regeln der Eltern, der Schule, der Gesellschaft aufzulehnen. Immer häufiger fehlt sie im Unterricht, sie lügt, betrügt und schreckt nicht davor zurück, Schulkollegin Alex (Lili Schageri) in der Garderobe einzusperren, um ihre Rolle in der Schulaufführung übernehmen zu können. Zugleich testet sie ihre erotische Wirkung auf einen Buschauffeur (Peter Fiala), der Höhepunkt der sexuellen Annäherung findet auf der Toilette einer Diskothek statt. Als sie erkennen muss, dass es wohl keine gemeinsame Zukunft mit dem Busfahrer geben wird, entführt sie Fexi, der nach einem akuten Asthmaanfall stationär behandelt wird, aus dem Krankenhaus und flieht mit ihm zum Bahnhof. Doch bei der Fahrkartenkontrolle fallen die beiden Kinder auf, werden von Polizeibeamten gefasst und in Folge in die Obhut ihrer Eltern übergeben. Gerade als der Alltag Rita wieder einzuholen scheint, nimmt sie die Waffe des Vaters (Wolfgang Kostal) in die Hand, spannt den Hahn und drückt ab – mehrfach, beide Eltern sind tot.

Gleichgültig erledigt das Mädchen daraufhin den Abwasch, geht spazieren, fährt mit dem Zug, isst in einem Restaurant und verbringt die Nacht in einem Hotelzimmer. Am nächsten Tag kehrt sie, nach einem kurzen Besuch bei Alex, in ihr Zuhause zurück, bereitet sich eine Brotzeit zu und setzt sich ins dunkle Wohnzimmer. Eine Fliege summt durchs Bild, plötzlich schaltet sich mittels Zeitschaltuhr die Lampe an und Rita blickt ein letztes Mal in die Kamera.

1.3.2 Produktion und Filmförderung

LOVELY RITA ist eine Koproduktion der *Coop99* mit der deutschen *Essential Film*[113] und der österreichischen *Prisma Film*. Die Möglichkeit der internationalen Zusammenarbeit war für die jungen Filmemacher_innen

---

113 Die *Essential Filmproduktions GmbH* ist ein produktionsorientiertes, in Berlin ansässiges Tochterunternehmen des von Philippe Bober gegründeten *Coproduction Office*.

in mehrfacher Hinsicht ein Glücksfall, zumal die veränderte politische Situation in Österreich auch in der Kunst- und Kulturbranche die Fördergelder schmäler werden ließ. Der Kunstbericht 2000 zeichnet diesbezüglich ein deutliches Bild: Wurden im Jahr 1999 noch öS 215.262.894,00 für die Abteilung »Film« zur Verfügung gestellt, so wurde die Fördersumme für das Jahr 2000 auf öS 163.144.857,00 reduziert.[114] Die *Coop99*-Team machten aus der Not, finanzielle Mittel für die Realisierung des Filmes akquirieren zu müssen, über internationale Zusammenarbeit eine Tugend. Jessica Hausner analysierte die schwierige Finanzierungssituation und die daraus resultierenden Anforderungen an Filmschaffende im Gespräch mit Karin Schiefer folgendermaßen:

> Dass man gezwungen ist, international zu arbeiten, das ist ja gut, das sollte man auch tun, wenn man in Österreich die Budgetmittel nicht so drastisch kürzen würde. Man streckt die Fühler in andere Gebiete aus. Als coop 99 haben wir es gut, weil wir nichts zu verlieren haben. Wir haben noch keine Angst, denn wir fangen erst einmal an und es war gut, gleich von Beginn an mit Leuten aus dem Ausland zusammenzuarbeiten.[115]

In Österreich war die *Coop99*-Zusammenarbeit mit der *Prisma Film* essenzielle Voraussetzung, um einen ÖFI-Förderungsantrag stellen zu können. Als etabliertes Unternehmen verbürgte sich die *Prisma Film* für die Jungunternehmer_innen und trug die finanzielle Letztverantwortung; eine Grundbedingung für die positive Erledigung des Antrags. Heinz Stussak und das Team der *Prisma Film* kümmerten sich im Produktionsverlauf um Vertragsangelegenheiten und Förderungsabwicklungen, während die *Essential Film* sich ab dem Zeitpunkt der Postproduktion in Berlin einschaltete. Die Zusammenarbeit mit dem Bober-Unternehmen brachte nicht nur den Benefit des Produktions-Know-hows, sondern auch die Annehmlichkeit der professionellen Vermarktung durch den Weltvertrieb des *Coproduction Office*.[116]

Finanziell wurde Hausners Spielfilmdebüt durch den Wiener Filmfinanzierungsfonds, das Filmboard Berlin-Brandenburg und das ÖFI

---

114 Vgl. *Kunstbericht 2000*. https://www.bmkoes.gv.at/Service/Publikationen/Kunst-und-Kultur/kunst-und-kulturberichte.html, S. 42. Letzter Aufruf: 20.06.2020.
115 Schiefer: Jessica Hausner: LOVELY RITA. [o. D.].
116 Vgl. Schiefer: Das Team coop99 filmproduktion im Gespräch über LOVELY RITA. [2001].

gefördert.[117] Letzteres gewährte für LOVELY RITA eine Herstellungsförderung von € 60.754,34[118], unterstützte den Kinostart im Jahr 2001 mit € 25.435,49[119] und im Jahr 2002 mit € 5.387,96[120], den *Polyfilm*-Verleih mit € 19.985,03[121] und stellte der *Prisma Film* für die Teilnahme an Festivals in Summe € 44.330,43 zur Verfügung[122]. Der ORF unterstützte die Produktion zudem im Rahmen des Film- und Fernsehabkommens.

1.3.3 Festivals und Auszeichnungen

Nach seiner Premiere anlässlich der *54. Internationalen Filmfestspiele von Cannes*[123] wurde LOVELY RITA auf mehreren internationalen Filmfestivals gezeigt. Den größten heimischen Erfolg erzielte die Produktion auf der *Viennale*: Hausners Spielfilmdebüt wurde hier mit dem *Wiener Filmpreis*[124] ausgezeichnet und von der internationalen Filmkritik für die konzentrierte Studie eines verstörten Teenagers, der gegen die Konformität der Mittelklasse rebelliert,[125] lobend erwähnt. Hausner erhielt in Folge den *Thomas-Pluch-Drehbuch-Förderpreis*[126], ihr Film wurde außerdem für den *European Discovery 2001* der *European Film Academy* nominiert.

---

117 Vgl. http://www.filminstitut.at/de/lovely-rita/, letzter Aufruf: 19.05.2020.
118 Vgl. ÖFI: *Förderungsentscheidungen/Förderungszusagen, Förderungsausgaben im Jahr 2001*. Wien: ohne Verlag 2002, S. 20. Der sperrige Titel wurde ab dem Folgejahr durch den Begriff »Tätigkeitsbericht« ersetzt. Die *krummen* Beträge sind der Einführung des Euro als Rechenwährung bzw. der gesetzlich vorgeschriebenen Doppelwährungsphase geschuldet. Die Beträge in der Dokumentation der ÖFI-Förderungsausgaben für das Jahr 2001 sind jeweils sowohl in Schilling als auch in Euro ausgewiesen.
119 Vgl. ÖFI: *Förderungsausgaben im Jahr 2001*. 2002, S. 8.
120 Vgl. ÖFI: *Tätigkeitsbericht 2002*. Wien: ohne Verlag 2003, S. 14.
121 Vgl. ÖFI: *Förderungsausgaben im Jahr 2001*. 2002, S. 21.
122 Vgl. ebd.
123 Hie und da findet sich die fehlerhafte Angabe, dass LOVELY RITA bei der *Quinzaine des réalisateurs* präsentiert wurde. Tatsächlich wurde Hausners Debüt in der Sektion »Un Certain Regard« gezeigt. Vgl. dazu http://www.festival-cannes.com/fr/films/lovely-rita, letzter Aufruf: 19.05.2020.
124 Der Wiener Filmpreis wurde im Jahr 2001 zweigeteilt vergeben, nämlich einerseits an Martina Kudláceks IN THE MIRROR OF MAYA DEREN und andererseits an Jessica Hausners LOVELY RITA. Siehe dazu http://derstandard.at/762654/Die-Viennale-Preise-2001, letzter Aufruf: 19.05.2020.
125 Vgl. http://fipresci.org/awards/lovely-rita/, letzter Aufruf: 19.05.2020.
126 Vgl. https://www.bmkoes.gv.at/Kunst-und-Kultur/preise/thomas-pluch-drehbuchpreis.html, letzter Aufruf: 19.05.2020.

1.3.4 Verwertung

Ab dem offiziellen Kinostart in Österreich am 26. Januar 2001 wurden, so die Angaben des ÖFI, 12.062 Besuche gezählt.[127] Ein Blick in die Lumiere-Datenbank bestätigt diese Angaben und zeigt weiters ein aufschlussreiches Bild hinsichtlich internationaler Verwertung (Tab. 1[128]).

Markt	Verleih	2001	2002	2003	2004	2005–2015	Total
AT	Polyfilm	11.014	948	65		35	12.062
BE	kA				1.354		1.354
CH	kA			1.033			1.033
DE	Alamode Film		3.549	62	106		3.717
DK	Ost for Paradis		6.983			3	6.986
FR	kA				2.690		2.690
IT	kA			1.245		78	1.323
NL	Filmmuseum Distributie		2.385				2.385
SE	Novemberfilm					204	204
	EUR EU	11.014	15.110	4.171	106	320	30.721
	EUR OBS	11.014	16.143	4.171	106	320	31.754

Tab. 1: Filmverwertung LOVELY RITA

Den Weltvertrieb von LOVELY RITA übernahm Philippe Bobers *Coproduction Office*.[129] Martin Gschlacht erinnerte sich in einem Interview:

> Das war auch ein sehr berauschendes Gefühl, vor Drehbeginn schon einen Weltvertrieb zu haben, das ist alles andere als üblich bei österreichischen Filmen. Hier ist ein Kunstfilm entstanden, der sehr wohl kommerziell ausgewertet wird.[130]

Anschließend an die Kinoverwertung am heimischen Markt wurde Hausners Spielfilm ab dem Jahr 2002 in acht weiteren Ländern aufgeführt und

---

127 Vgl. http://www.filminstitut.at/de/lovely-rita/, letzter Aufruf: 19.05.2020.
128 Vgl. http://lumiere.obs.coe.int/web/film_info/?id=19168, letzter Aufruf: 19.05.2020.
129 Vgl. http://coproductionoffice.eu/film/lovely-rita, letzter Aufruf: 19.05.2020.
130 Gschlacht zit. n. Schiefer: Das Team coop99 filmproduktion im Gespräch über LOVELY RITA. [2001].

dabei laut offizieller Angaben von 18.659 Besucher_innen gesehen. Von der Gesamtheit der 30.721 gelösten Karten entfielen somit etwa 39 Prozent auf den österreichischen Markt. Mit seinen von der Lumiere-Datenbank mit 8.103.000 bezifferten Einwohner_innen zählte Österreich zu den zahlenmäßig kleineren Zielmärkten. Betrachtet man die Verwertungsergebnisse des Zeitraumes 2001 bis 2015 unter Berücksichtigung der Einwohnerzahlen der jeweiligen Länder, so zeigt sich eine – wohl durch den Fokus des Bober'schen Filmvertriebes bedingte – auffällig starke Resonanz in Dänemark.[131]

Die ORF-Premiere von LOVELY RITA am 27. April 2003 sahen um 00.22 Uhr laut Unterlagen der Arbeitsgemeinschaft Teletest etwa 25.000 Zuseher_innen.[132] Elf Jahre später flackerte Hausners Spielfilmdebüt erneut über die österreichischen Bildschirme: Am 29. Juli 2014 saßen zu nächtlicher Stunde geschätzte 31.000 Personen vor den Fernsehgeräten.

Hoanzl führt in der Kollektion *Der österreichische Film* seit Oktober 2009 eine DVD unter der Kennung *#138: Lovely Rita (Jessica Hausner)* im Programm.[133]

1.3.5 Die Qual der Wahl: der passende Titel

FLORA, INTER-VIEW, LOVELY RITA, HOTEL, TOAST, RUFUS, LOURDES, AMOUR FOU und LITTLE JOE: Auch ohne fundiertes Wissen zum Hausner'schen Œuvre und selbst ohne Kenntnisse der jeweiligen Filminhalte springen bereits bei der ersten Sichtung der zur Analyse stehenden Filme die auffällig kurzen Titel ins Auge.

Der Titel ist ein wichtiger Hinweis auf die Art der Geschichte und die Absichten des Autors. […] Titel und graphische Umsetzung bieten also

---

[131] Die Lumiere-Datenbank errechnet für Österreich (ausgehend von besagten 8.103.000 Einwohner_innen) eine Marktdurchdringung von 0,149 %, für Dänemark (ausgehend von 5.330.000 Einwohner_innen) sind es 0,131 %. Mit deutlichem Abstand folgen im Ranking die Niederlande mit 0,015 % (von 15.864.000 Einwohner_innen), die Schweiz mit 0,014 % (von 7.164.000 Einwohner_innen) und Belgien mit 0,013 % (von 10.239.000 Einwohner_innen).

[132] E-Mail Sebastian Mackowitz (ORF) vom 18.08.2016.

[133] Vgl. https://www.hoanzl.at/138-lovely-rita-jessica-hausner.html, letzter Aufruf: 19.05.2020.

schon einige Deutungsmöglichkeiten und leisten damit einen wichtigen Beitrag zum geschlossenen Gesamtbild der Geschichte.[134]

Was Vogler in *Die Odyssee des Drehbuchschreibers* derart kompakt auf den Punkt brachte, ist seit geraumer Zeit auch in den Filmwissenschaften von Forschungsinteresse. In Anlehnung an Erkenntnisse aus vergleichbaren sprach- und literaturwissenschaftlichen Studien und Publikationen[135] beschäftigten sich Forschende wie Andreas Schreitmüller in seiner Dissertation *Filmtitel* (1994), Regina Bouchehri in *Filmtitel im interkulturellen Transfer* (2008) oder Alexander Böhnke in *Paratexte des Films: Über die Grenzen des filmischen Universums* (2007) damit, grundlegende Prämissen für die Bedeutung von Filmtiteln zu formulieren. Sich an Genettes Ausführungen orientierend[136], kam Böhnke zu dem Schluss, dass Filmtitel im Wesentlichen drei Aufgaben zu erfüllen hätten:

> 1. Differenzierung – und damit Rechtsanspruch – zu anderen Werken zu signalisieren, 2. das Werk zu kommentieren, also eine Lektüreanweisung zu geben und 3. für das Produkt zu werben.[137]

Diesen Ansprüchen genügen Hausners Filmtitel nur bedingt. Bereits die Abgrenzung von anderen Werken mittels prägnanter Titelwahl misslingt, wie eine entsprechende Suchanfrage in der IMDb verdeutlicht: Die Titelsuche mit dem Wortlaut »Interview« liefert 77 Ergebnisse, von Kurzfilmen über Fernsehserien, -episoden und -filmen bis hin zu Kinoproduktionen reichen die gleichnamigen Produktionen.[138] Lediglich die außergewöhn-

---

134 Christopher Vogler: *Die Odyssee des Drehbuchschreibers*. Frankfurt am Main: Zweitausendeins 2010⁶, S. 163.
135 Eine selektive Bibliografie für das Forschungsfeld der *Titrologie*, die von Weinrich als *Titelforschung* ins Deutsche übersetzt wurde, findet sich beispielsweise bei Gérard Genette: *Paratexte. Das Buch vom Beiwerk des Buches*. Frankfurt am Main: Campus 1989, S. 55. Jüngeren Datums ist die Zusammenschau in Harald Weinrich: Titel für Texte. In: Jochen Mecke/Susanne Heiler (Hrsg.): *Titel – Text – Kontext. Randbezirke des Textes*. Festschrift für Arnold Rothe zum 65. Geburtstag. Glienicke: Galda und Wilch 2000, S. 3–19.
136 Genette spricht den literarischen Titeln drei Funktionen zu, nämlich »[...] 1. das Werk zu identifizieren, 2. seinen Inhalt zu bezeichnen, 3. ihn in ein günstiges Licht zu rücken.« (Genette: *Paratexte*. 1989, S. 77).
137 Alexander Böhnke: *Paratexte des Films: Über die Grenzen des filmischen Universums*. Bielefeld: Transcript 2007, S. 24.
138 Vgl. http://www.imdb.com/find?q=Interview&s=tt&exact=true&ref_=fn_tt_ex, letzter Aufruf: 19.05.2020.

liche Schreibweise sicherte Hausners Titel – zumindest bis zum Jahr 2010 – seine Alleinstellung.¹³⁹ Ähnlich verhält es sich bei Suchanfragen zu FLORA (23 exakte Übereinstimmungen)¹⁴⁰, LOVELY RITA (5 exakte Übereinstimmungen)¹⁴¹, HOTEL (54 exakte Übereinstimmungen)¹⁴², TOAST (52 exakte Übereinstimmungen)¹⁴³, RUFUS (18 exakte Übereinstimmungen)¹⁴⁴, LOURDES (18 exakte Übereinstimmungen)¹⁴⁵, AMOUR FOU (21 exakte Übereinstimmungen)¹⁴⁶ und LITTLE JOE (6 exakte Übereinstimmungen)¹⁴⁷. Die von Rothe für literarischen Titel geforderte Voraussetzung der Einprägsamkeit, welche durch Anschaulichkeit und/oder Kürze und Prägnanz erreicht wird¹⁴⁸, erfüllen Hausners Filmtitel zwar allesamt, doch dazu gesellte sich eben – wie die Suchresultate der IMDb-Recherchen veranschaulichen – auch die Gefahr der Verwechslung, oder mit anderen Worten: Die Filmtitel der Regisseurin hatten und haben – zumindest auf den ersten Blick – nicht das Zeug, zum »Zentrum des Erinnerungsprozesses«¹⁴⁹ und damit zu einer unverkennbaren Marke zu werden.

Auch der Funktion der Lektüreanweisung bzw. einer Kommentierung des Filmes entsprechen Hausners Titel nur mit Einschränkung, denn um – zunächst ohne Kenntnis der Filmhandlungen – etwaige Rückschlüsse auf den möglichen Inhalt oder das zu Grunde liegende Thema ziehen zu können, sind die Titel schlicht zu kurz bzw. zu vage. Die Hausner'schen Filmtitel sind zum einen *thematische Titel*, die »Personen, ihre Namen und

---

139 Die im Schriftbild idente Titulierung nutzt Chia-Chun Hsu im Jahr 2010 für seinen neunminütigen Kurzfilm INTER-VIEW (2010, Chia-Chun Hsu).
140 Vgl. http://www.imdb.com/find?q=Flora&s=tt&exact=true&ref_=fn_tt_ex, letzter Aufruf: 19.05.2020.
141 Vgl. https://www.imdb.com/find?q=Lovely%20Rita&s=tt&exact=true&ref_=fn_tt_ex, letzter Aufruf: 19.05.2020.
142 Vgl. http://www.imdb.com/find?q=Hotel&s=tt&exact=true&ref_=fn_tt_ex, letzter Aufruf: 19.05.2020.
143 Vgl. http://www.imdb.com/find?q=Toast&s=tt&exact=true&ref_=fn_tt_ex, letzter Aufruf: 19.05.2020.
144 Vgl. http://www.imdb.com/find?q=Rufus&s=tt&exact=true&ref_=fn_tt_ex, letzter Aufruf: 19.05.2020.
145 Vgl. http://www.imdb.com/find?q=Lourdes&s=tt&exact=true&ref_=fn_tt_ex, letzter Aufruf: 19.05.2020.
146 Vgl. http://www.imdb.com/find?q=Amour%20Fou&s=tt&exact=true&ref_=fn_tt_ex, letzter Aufruf: 19.05.2020.
147 Vgl. https://www.imdb.com/find?q=little%20joe&s=tt&exact=true&ref_=fn_al_tt_ex, letzter Aufruf: 19.05.2020.
148 Vgl. Arnold Rothe: *Der literarische Titel. Funktionen, Formen, Geschichte.* Frankfurt am Main: Klostermann 1986, S. 100 f.
149 Ebd.

Eigenschaften, Dinge, Vorgänge, Raum und Zeit der Handlung, [oder] Thema und Rahmung«[150] benennen, und zum anderen *Titelidentitäten* und somit sowohl im Original wie auch in der Übersetzung optisch gleich anmuten (wenn auch die Aussprache von den Rezipient_innen in den jeweiligen sprachkulturellen Kontext transferiert wird).[151]

> [In] diesen Fällen [Anm. SG: gemeint sind besagte *Titelidentitäten*] kann auf eine Translation verzichtet werden, da es sich häufig erstens um international bekannte und leicht verständliche Ausdrücke handelt und sie zweitens sowohl im Englischen, als auch im Französischen bzw. Deutschen ihre Wirkung als Exotismen entfalten.[152]

Dieser Aspekt erscheint vor allem in der internationalen Verwertung der Filme bedeutend, da sich damit nicht nur der Wiedererkennungswert am globalen Filmmarkt erhöht, sondern auch von einer nötigen Übersetzung des Filmtitels Abstand genommen werden kann. Mit der Frage, welcher Übersetzungsstrategie man denn beim internationalen Screening folgen solle, musste sich Hausner – im Gegensatz zu vielen ihrer Kolleg_innen[153] – somit nicht auseinander setzen.

Zusammenfassend kann festgehalten werden, dass die Hausner'schen Filmtitel zwar kurz und griffig sind, zugleich aber – ob der zahlreichen gleichnamigen Produktionen – auch beliebig bzw. austauschbar scheinen und dadurch wenig Werbepotenzial aufweisen. Was sich zunächst als marktwirtschaftliche Schwäche darstellt, wird immerhin durch die den Filmtiteln innewohnende Bedeutungspluralität, die sich erst unter Berücksichtigung der jeweiligen Filminhalte erschließt, relativiert. In sei-

---

150 Christiane Nord: *Einführung in das funktionale Übersetzen. Am Beispiel von Titeln und Überschriften.* Tübingen: Francke 1993, S. 113.
151 Vgl. Regina Bouchehri: *Filmtitel im interkulturellen Transfer.* Berlin: Frank & Timme 2008, S. 68.
152 Ebd.
153 Zur Verdeutlichung hier einige Beispiele aus dem *Coop99*-Universum: Barbara Alberts Filmtitel sind *Titelanalogien* und somit wörtliche Übersetzung – aus NORDRAND wurde NORTHERN SKIRTS, aus FALLEN (2006, Barbara Albert) FALLING und aus BÖSE ZELLEN (2003, Barbara Albert) FREE RADICALS – bzw. *Titelvariationen.* So wurde aus DIE LEBENDEN (2012, Barbara Albert) in der englischsprachigen Version THE DEAD AND THE LIVING. Aus DIE WAND (2012, Julian Pölsler) wurde THE WALL, aus OKTOBER NOVEMBER (2013, Götz Spielmann) schlicht OCTOBER NOVEMBER, aus KATER (2016, Klaus Händl) wurde TOMCAT und IMMER NIE AM MEER (2007, Antonin Svoboda) wurde unter dem englischsprachigen Titel FOREVER NEVER ANYWHERE vermarktet.

nen Untersuchungen von deutschen Romantiteln im Zeitraum von 1470 bis 1770 hielt Herbert Volkmann fest:

> Man kann über einen Buchtitel nicht ernsthaft sprechen ohne mit dem Inhalt des Werkes in Grundzügen vertraut zu sein. Je mehr man über den Buchinhalt und über die Person des Schriftstellers weiß, umso gründlicher kann man die Titelsprache auf ihre Beziehung zu Werk und Leserschaft analysieren.[154]

Diesem Befund folgend, zeigt sich die künstlerische Ästhetik von Hausners Filmtiteln einerseits in deren variablen Lesarten, die jedoch zwingend mit dem Filminhalt korrelieren, und andererseits in der indirekten Einladung zu Reflexion und Revision, die nur offensichtlich wird, wenn man die sublime Publikumsaufforderung der Regisseurin zu aktiver Rezeption kennt.

Variable Titel-Assoziationen

Bereits bei FLORA ist der Filmtitel programmatisch: Das Homonym »Flora« steht nicht nur für den Namen der Protagonistin, sondern zudem einerseits als in der Biologie gebräuchliches Synonym für die Gesamtheit aller Pflanzen, die in einem bestimmten Gebiet wachsen, und bezeichnet andererseits die römische Göttin der Blüte und des Frühlings[155]. Genette führte für literarische Werke aus, dass die Wahl eines homonymen Titels die Identifikation des Textes nicht mehr voll gewährleiste.[156] Mit diesem Umstand scheint Hausner bewusst zu taktieren. Von der vor der Schultafel singenden Flora wird hart auf Schwarz geschnitten, dann gleitet das verspielte Titelinsert von links ins Bild. Gegen Ende der Einblendung poppt hinter dem Wort FLORA ein stilisiertes Blümchen auf und bestätigt damit zugleich die Folgerichtigkeit der initialen Vermutung einer biologisch-mythologisch inspirierten Diktion (Abb. 2). Im weiteren Handlungsverlauf wird deutlich, dass die Konnotation zur römischen Mythologie wiederum nicht zufällig gewählt wurde: Die jugendliche Titelheldin öffnet nämlich – einer Blume in der Vegetationsphase gleich –

---

154 Herbert Volkmann: Der deutsche Romantitel (1470–1770). Eine buch- und literaturgeschichtliche Untersuchung. In: *Archiv für die Geschichte des Buchwesens 8*. Frankfurt am Main: Börsenverein des deutschen Buchhandels 1967, Sp. 1145–1324; hier: Sp. 1152.
155 Vgl. Gerhard Fink: *Who's who in der antiken Mythologie*. München: dtv 1998[7], S. 110.
156 Vgl. Genette: *Paratexte*. 1989, S. 76.

langsam ihre Blütenblätter und offenbart ihre innere Schönheit (oder in Floras Fall: die weiße Spitzenunterwäsche).

Für ihren einminütigen Beitrag zu THE MOZART MINUTE wählte Hausner ebenfalls einen Vornamen als Filmtitel, hier wiederum zeigt sich statt der mehrdeutigen Assoziationen eine mehrdeutige Interpretationsoffenheit. Denn wer besagter »Rufus« sein soll, ist – auch in Kenntnis des Filminhaltes – nicht ermittelbar; als Deutungsmöglichkeiten stehen der Name des Hundes oder der Name des (unsichtbaren) Klavierspielers zur Verfügung und selbst die Option, dass Hausner auf eine historische Person aus dem Dunstkreis Mozarts anspielt, wäre denkbar.

Im *Kunst- und Kulturbericht 1997* findet sich Hausners Abschlussfilm INTER-VIEW zunächst als GERTI, GERARD[157], wurde in Folge in GERTI UND GERALD[158] umbenannt und dann als INTER/VIEW veröffentlicht. Deutet man die Diskrepanz zwischen provisorischem Arbeitstitel[159] und veröffentlichtem Filmtitel als bewussten Gestaltungsakt, entschied sich die Regisseurin in der finalen Produktionsphase somit ausdrücklich dafür, nicht die beiden Protagonist_innen (nämlich Gerti und Günter[!]) ins Scheinwerferlicht zu rücken, dagegen aber den *Blick* in das rezeptive Zentrum zu setzen. Hausner spricht außerdem nicht von *Interviews* (Protagonist Günter wird nämlich nicht nur das Gespräch mit einer Person, sondern viele Gespräche mit unterschiedlichen Personen führen) und auch nicht vom *Interviewer* (dieser Rolle entspricht Günter), sondern kommunizierte den Titel zunächst als INTER/VIEW[160] und später als INTER-VIEW[161] (Abb. 3). Durch die Nutzung des Schrägstrichs bzw. des Bindestriches als explizite, visuelle Markierung wird deutlich: Nicht das Wort »Interview«, sondern die beiden Worte »inter« (lat.: dazwischen) und »view« (engl.: Blick, Sicht, Standpunkt) bilden den Titel, und weisen zugleich auf einen stilistischen Kern hin. Eine alternative Lesart des Titels ergibt sich durch

---

157 Vermutlich handelt es sich bei »Gerard« lediglich um einen Tippfehler. Vgl. *Kunstbericht 1997*. [o. D.], S. 196, letzter Aufruf: 20.06.2020.
158 Vgl. Ebd. S. 222.
159 Im *Lexikon der Filmbegriffe* definiert James zu Hüningen den *Arbeitstitel* eines Filmes als »den ersten, oft nur probehaft vergebenen Titel eines Drehbuches.« (https://filmlexikon.uni-kiel.de/index.php?action=lexikon&tag=det&id=2597, letzter Aufruf: 19.05.2020.)
160 Bereits die DVD-Hülle der mir von der *Coop99* zur Verfügung gestellten Kopie weist unterschiedliche Filmtitel auf. Findet sich auf dem DVD-Cover die Beschriftung »Inter/view Ein Film von Jessica Hausner«, sind am Tray »INTER/VIEW« bzw. in der Synopsis »Inter-view« als Filmtitel zu lesen.
161 Vgl. http://www.imdb.com/title/tt0228433/?ref_=ttfc_fc_tt, letzter Aufruf: 05.06.2020.

die Betonung des Singulars, durch welche letztlich mehr Fragen offen bleiben als beantwortet werden.

Der US-amerikanische Schauspieler Michael Horse, der einem breiten Publikum durch seine Rolle als Deputy Hawk in der Fernsehserie *Twin Peaks* (1990–1991/2017, David Lynch/Mark Frost; dt. Titel: *Das Geheimnis von Twin Peaks*) bekannt wurde, erklärte in einem Trailer der Teaser-Kampagne zur Bewerbung der dritten Staffel:

> Location sometimes becomes a character. There's a lot of holy places up here, a lot of sacred places. I can't put my finger on how I would describe it. It just touches something in the psyche. It's almost like being in a moving painting.[162]

So wie David Lynch und Mark Frost, als die geistigen Väter der Kultserie, das beschauliche Örtchen Twin Peaks, irgendwo im Nirgendwo, bereits mit der Titelvergabe zum Zentrum der TV-Serie erklärten, rückte auch Jessica Hausner zwei Schauplätze von Beginn an in den Mittelpunkt: In HOTEL wie auch in LOURDES sind die Handlungsorte mehr als lediglich räumliche Beschränkung des filmischen Spielfelds. Der Titel HOTEL (Abb. 5) beschreibt nicht nur den Arbeitsplatz von Protagonistin Irene, sondern scheint zugleich einen türenversperrenden, Brillen zerbrechenden und Halsketten stehlenden, kurz: lebenden Organismus zu benennen, der dazu in der Lage ist, Angst und Schrecken unter seinen Bewohner_innen zu verbreiten. Neben der Personifizierung des Handlungsraumes ist der Filmtitel zudem dezidierter Verweis auf die Settings der unzähligen Haunted House-Horrorfilme.[163] Ähnlich verhält es sich bei LOURDES (Abb. 7): Wie den zahlreichen Hotels der Horrorfilmtradition eine spezifische Reputation zugesprochen werden kann, weckt der Name des berühmten Pilgerortes ausdrücklich religiöse Assoziationen.

Eine weitere Homonymie findet sich im Titel der Videoinstallation für das Kunsthaus Graz. Kurz und knapp mit TOAST überschrieben (Abb. 6), eröffnen sich für das Publikum mehrere verschiedene Konnotationen und damit verbundene Lesarten. Zum einen ist »Toast« ein

---

162 Horse zit. n. https://www.youtube.com/watch?v=ev3vCxVYPXs (TC: 0:01:29–0:01:49), letzter Aufruf: 19.05.2020. Besagter Trailer war eine von mehreren Werbeaktivitäten zum Launch der dritten Staffel mit dem Titel *Twin Peaks: The Return* (2017).
163 Vgl. Gärtner: Es bleibt ein unbefriedigendes Gefühl zurück. 2017, S. 97–119.

Kopfwort und initiales Segment des Begriffs »Toastbrotlaib« und rückt also Brotscheiben ins Zentrum. Zugleich ist der Ausdruck »Toast« als Synonym für »Trinkspruch« geläufig; dass die Regisseurin mit ihrer Trailer-Version von Toast der *Diagonale* imaginär zuprostet, darf als möglicher Interpretationsansatz betrachtet werden. Zu guter Letzt kann der Betitelung ihres Filmprojekts auch eine schwarz-humoristische Note zugesprochen werden: Der englischsprachige Slangausdruck »to be toast« kann als »erledigt sein«[164] ins Deutsche übersetzt werden und entspricht damit in hohem Maße dem Zustand der Protagonistin, die sich bei der hektischen Zubereitung und dem raschen Verzehr der zahlreichen belegten Toastbrotscheiben exzessiv verausgabt.

Die verrückte Liebe, wie sie der Filmtitel Amour Fou verspricht (Abb. 8), zeigt sich in Hausners Interpretation nicht nur anhand *einer* Spielart von zwischenmenschlicher Zuneigung, sondern es werden vielmehr verschiedene Arten und Formen der Liebe, rund um den Personenkreis der Eheleute Henriette und Louis Vogel sowie ihrem Hausgast Heinrich von Kleist, beleuchtet. Heinrich liebt seine Cousine Marie; er liebt sie so sehr, dass er ihr einen förmlichen Antrag macht. Doch statt sie (im Stil eines Heiratsantrages) darum zu bitten, das restlichen Leben mit ihm zu verbringen, schlägt er ihr vor, gemeinsam in den Tod zu gehen.[165] Marie kann dem Vorschlag nichts abgewinnen, zudem findet sie mehr Gefallen an einem Franzosen, mit dem sie sich kurzerhand verlobt. Kleist, nun ohne die nötige Todesgefährtin, will jedoch nicht alleine aus dem Leben scheiden, deshalb leitet er seine Liebe schließlich zu Henriette um, die ihrerseits doch eigentlich Ehemann Louis lieben sollte. Amour Fou – ver-rückte Liebe eben. Neben den gegengeschlechtlichen Liebesbeziehungen samt Irrungen und Wirrungen ist auch die Mutterliebe Thema und präsentiert sich in einer Drei-Generationen-Konstellation; Protagonistin Henriette ist zum einen Mutter ihrer Tochter Pauline und zum anderen Tochter ihrer eigenen Mutter. Eine weitere Facette der

---

164 Siehe dazu http://dict.leo.org/englisch-deutsch/to%20be%20toast, letzter Aufruf: 19.05.2020.

165 Eine vergleichbare Dekontextualisierung eines Heiratsantrages lässt sich bereits in Flora erkennen: Nachdem die junge Frau ihr Elternhaus verlassen hat und bei Jakob Zuflucht sucht, führt dieser sie durch seine Wohnung. Mit ihr vor der offenen Türe einer vollgeräumten Abstellkammer stehend, äußert er: »Wenn du willst, dann kannst du hierbleiben. Du musst auch nicht sofort etwas bezahlen, wenn du kein Geld hast. Erst mal schauen, wie's dir gefällt. Natürlich nur, wenn du willst. Willst du?«. Mit sicherer Stimme antwortet Flora: »Ja, ich will.« (Flora, 0:10:42–0:11:05)

Liebe implementiert die Regisseurin durch die Vogel'sche Familienhündin Astra, die ihrem Herrchen und Pauline bedingungslos und treu zur Seite steht.

Der Filmtitel LITTLE JOE (Abb. 9) weckt zuvorderst Assoziationen zu englischsprachigen Platzhalternamen, die als fiktive Figuren stellvertretend Individuen benennen. So findet man in den Vereinigten Staaten etwa *Average Joe* und *Joe Ordinary*, während in Großbritannien und Neuseeland *Joe Bloggs* als Gegenstücke des deutschsprachigen *Max Mustermann* bekannt sind.

> Wer sagen wir mal über 40 ist und ein gutes Gedächtnis hat, der denkt, wenn er *little joe* hört, als erstes an »Bonanza«, die Pferde- und Raulederjackenserie. Männer trugen Cowboyhüte und jede Episode endete damit, dass Männer sich an einem Zaun die Arme um die Schultern legten und lachten – meistens stimmte ein Pferd wiehernd mit ein. Mensch und Fauna harmonisch vereint. Mensch und Flora potentiell im Clinch hingegen, das inszeniert die österreichische Regisseurin Jessica Hausner in ihrem Film »Little Joe« [...].[166]

Zur Bekanntheit des Namens »Little Joe« hat – wie es Pia Reiser in ihrer Besprechung von LITTLE JOE ausführt – wohl auch die US-amerikanische Fernsehserie *Bonanza* (1959–1973; Idee: David Dortort) ihren Beitrag geleistet, werden doch augenblicklich Erinnerungen an Joseph Francis (Michael Landon), den jüngsten Sohn der Cartwright-Familie, wach. Im Kontext des Horrorgenres lässt sich Hausners Filmtitel außerdem als deutlicher Verweis auf die leichenfressende Audrey Junior aus THE LITTLE SHOP OF HORRORS (1960, Roger Corman; dt. Titel: KLEINER LADEN VOLLER SCHRECKEN) und Audrey II aus der Musical-Verfilmung LITTLE SHOP OF HORRORS (1986, Frank Oz; dt. Titel: DER KLEINE HORRORLADEN) interpretieren, deren Benennungen – wie Hausners Little Joe – auf die menschlichen Namenspatninnen[167] hinweisen. Zugleich ist der Titel offensichtlich intertextuelle Referenz auf ein filmgeschichtlich relevantes und *Oscar*-nominiertes[168] Musikstück: »It

---

166 Pia Reiser: Die Hirnfresser kommen! (Oder auch nicht). [01.11.2019], https://fm4.orf.at/stories/2993807/, letzter Aufruf: 27.06.2020.

167 Die Schauspielerin Jackie Joseph verkörperte Audrey in der 1960er-Version, im Film aus dem Jahr 1986 mimte Ellen Greene die weibliche Hauptrolle.

168 Vgl. https://www.imdb.com/title/tt0035703/awards?ref_=tt_awd, letzter Aufruf: 22.06.2020.

Abb. 2: Titelinsert FLORA (0:00:30)

Abb. 4: Titelinsert LOVELY RITA (0:00:10)

Abb. 6: Titelinsert TOAST (0:40:36)

Abb. 8: Titelinsert AMOUR FOU (0:00:16)

Abb. 3: Titelinsert INTER-VIEW (0:00:35)

Abb. 5: Titelinsert HOTEL (0:00:18)

Abb. 7: Titelinsert LOURDES (0:02:20)

Abb. 9: Titelinsert LITTLE JOE (0:01:38)

seems like happiness is just a thing called Joe« sang Ethel Waters in ihrer Rolle als Petunia Jackson in CABIN IN THE SKY (1943, Vincente Minelli; dt. Titel: EIN HÄUSCHEN IM HIMMEL). Die US-amerikanische Produktion war »the first of three M-G-M ›all-Negro‹ musicals«[169] und gilt heute als Meilenstein der Filmgeschichte. Mit dem »black casting«[170] ging Minelli in seinem Regiedebüt ein großes Wagnis ein, denn »black performances where scripted to be cut out of movies in order to be shown to white Southern audiences (in fact *Cabin In The Sky* was banned in Memphis).«[171] Wenngleich LITTLE JOE und CABIN IN THE SKY kaum inszenatorische Schnittmengen teilen, so kann doch in Joes Glücksbestrebungen ein verbindendes Moment erkannt werden, das eine etwaige Inspiration nahelegt.

Den bisherige Filmtitel-Höhepunkt im Hausner'schen Œuvre bildet aber zweifelsfrei das Spielfilmdebüt LOVELY RITA (Abb. 4), das als deutliche Referenz auf (zumindest) zwei gleichnamige Kunstwerke verstanden werden kann.

Musikstück – Bühnenwerk – Spielfilm

»Lovely Rita, meter maid / Nothing can come between us« Im Mai 1967 veröffentlichte die britische Kultband The Beatles ihr achtes Studioalbum: *Sgt. Pepper's Lonely Hearts Club* wird seither nicht nur in Kennerkreisen als legendär gehandelt, sondern wurde zudem vom renommierten *Rolling Stone Magazine* (und das immerhin 45 Jahre nach Ersterscheinen) zum »Greatest Album of All Time« geadelt.[172] In *Lovely Rita*, dem zehnten Track der Schallplatte, singt Paul McCartney vom überwältigenden Verlangen, einer Politesse körperlich näher zu kommen bzw. – wie es die

---

169 Patricia King Hanson (Hrsg.): *American Film Institute Catalog of Motion Pictures Produced in the United States.* Berkeley/Los Angeles/London: University of California Press 1999, S. 345 f.
170 Constance Cherise: ›Cabin in the Sky‹ a groundbreaking classic film that delivers star power, timeless music, laughs. [02.06.2018], https://manchesterinklink.com/cabin-in-the-sky-a-groundbreaking-film-that-delivers-star-power-timeless-music-laughs/, letzter Aufruf: 22.06.2020.
171 Ebd.
172 Vgl. https://www.rollingstone.com/music/lists/500-greatest-albums-of-all-time-20120531/the-beatles-sgt-peppers-lonely-hearts-club-band-20120531, letzter Aufruf: 19.05.2020.

Journalistin Katja Lüthge salopp beschrieb – »die Frau vom Ordnungsamt flachzulegen«[173].

»Lovely Rita, meter maid, lovely Rita, meter maid usw.«[174] ist auch als Regiebemerkung in Thomas Braschs gleichnamigem Theaterstück zu lesen. Davor findet sich der inszenatorische Hinweis: »Rita mit Nagelschere vor dem Lautsprecher. Sprung in der Platte.«[175] Auf die deutlich markierte intertextuelle Referenz zum Song der Beatles folgt sodann ein Selbstmordversuch der Protagonistin, die sich zur repetitiv leiernden Musik die Pulsadern aufschlitzt. Den 70. Geburtstag[176] des »enfant terrible des ostdeutschen Literaturbetriebs«[177] nahm der deutsche Autor und Journalist Eckhard Ullrich zum Anlass, sich einer Re-Lektüre von *Lovely Rita* zu widmen. Bei der Annäherung an das Theaterstück verabsäumte er es nicht, ergänzend auf die entsprechenden Beatles-Lyrics zu referenzieren:

> Die Geschichte einer Politesse, die dem guten Paul einen Strafzettel verpassen wollte und wie er davon hörte, dass die Politessen in den USA »Meter Maid« genannt werden, hilft mir am Brasch-Text nicht einen Millimeter weiter. Ich habe beim Wiederlesen den unabweisbaren Eindruck, als Adressat nicht gemeint sein zu können.[178]

Ullrichs Ratlosigkeit ob des Konnexes überrascht zunächst nicht, denn sieht man von den gleichlautenden Titeln ab, scheinen die beiden Werke kaum nennenswerten Gemeinsamkeiten aufzuweisen, und auch Hausners Spielfilm lässt sich auf den ersten Blick kaum harmonisch in diese Reihe stellen.

---

173 Katja Lüthge: 10. Lovely Rita. [27.05.2007], https://www.welt.de/kultur/article8992 23/Sgt-Pepper-s-Die-Songs-in-der-Einzelkritik.html, letzter Aufruf: 19.05.2020.
174 Thomas Brasch: *Lovely Rita, Rotter, Lieber Georg. Drei Stücke.* Frankfurt am Main: Suhrkamp 1989, S. 7–33; hier: S. 31.
175 Ebd.
176 Thomas Brasch wurde am 19. Februar 1945 in Westow geboren und starb am 3. November 2001 in Berlin. Ullrichs Besprechung der *Lovely Rita* war – das sei der Vollständigkeit halber angeführt – folglich eine posthume.
177 Lilla Balint: »Laßt uns doch mal wieder einen ›Nazi‹ verspeisen«: Unverdaute deutsch-jüdische Geschichte bei Barbara Honigmann [2015], http://journals.open edition.org/germanica/3036, letzter Aufruf: 19.05.2020.
178 Eckard Ullrich: Thomas Brasch: Lovely Rita. [19.02.2015], http://www.eckhard-ull rich.de/jahrestage/1682-thomas-brasch-lovely-rita, letzter Aufruf: 20.05.2020.

Auf der Suche nach Schnittmengen

Als McCartney an *Lovely Rita* zu arbeiten begann, hatte er die Idee einer Anti-Autoritätssatire[179] im Kopf; die besungene Politesse sollte dabei als symbolische Stellvertreterin für eine Vielzahl von Autoritäten gelten. Vom ersten Impuls, eine Art Hasslied gegen die »meter maids«[180] zu verfassen, nahm er letztlich nicht nur Abstand, sondern verkehrte die anfängliche Intention ins Gegenteil:

> I was thinking that it should be a hate song but then I thought that it would be better to love her. […] I'd been nicked a lot for parking, so the fun was to imagine one of them was an easy lay… It somehow made them a figure of fun instead of a figure of terror and it was a way of getting me own back.[181]

Aus der unliebsamen Parkscheinkontrolleurin sollte ein »easy lay«, also ein leicht zu erbeutendes Objekt männlicher Begierde, werden. Im Gespräch mit Barry Miles erklärte McCartney:

> ›Lovely Rita‹ was occasioned by me reading that in America they call traffic wardens ›meter maids‹, and I thought, God, that's so American! Also to me ›maid‹ had sexual connotations, like a French maid or a milkmaid, there's something good about ›maid‹ and ›meter‹ made it a bit more official, like the meter in a cab; the meter is running, meter maid.[182]

Die implizierte Sexualisierung der »meter maids« mag aus heutiger Sicht befremdlich wirken, in den 1970er-Jahren wurde sie wohl durchaus belustigt wahrgenommen, wie eine Aussage des Beach Boy-Mitbegründers Brian Wilson vermuten lässt. Dieser erklärte *Lovely Rita* nicht nur zu seinem persönlichen McCartney-Lieblingsstück erklärte, sondern konkretisierte im Interview mit dem *Q magazine*: »[…] Lovely Rita made

---

179 Im englischen Sprachgebrauch ist von einer »anti-authority satire« die Rede. Vgl. dazu https://www.beatlesbible.com/songs/lovely-rita/, letzter Aufruf: 19.05.2020.
180 Der US-amerikanische Ausdruck ›meter maid‹ bezeichnet weibliche Organe der Parkraumüberwachung.
181 McCartney zit. n. https://www.beatlesbible.com/songs/lovely-rita/, letzter Aufruf: 19.05.2020.
182 McCartney zit. n. Barry Miles: *Paul McCartney. Many Years From Now*. New York: Holt Paperbacks 1998, S. 355 f.

me laugh my head of. I love the way it comes floating in. The bassline is great and the lyrics are kind of funny too.«[183]

Hier zeigen sich nun erste Parallelen zwischen Musikstück und filmischem Pendant, denn der Groll und das Aufbegehren gegen Autoritäten, der im Song der Beatles eine humoristische Bearbeitung findet, ist auch in Hausners LOVELY RITA deutlich zu erkennen: Als Adoleszente befindet sich die Protagonistin an der Schwelle zum Erwachsenenalter und sieht sich mit den üblichen Schwierigkeiten dieses Lebensabschnittes konfrontiert; einerseits wird sie von ihrem Umfeld – als besagte Autoritäten nehmen zum einen die Institution Schule und zum anderen die spießbürgerlichen Eltern Gestalt an – noch wie ein Kind behandelt, andererseits soll sie jedoch die Verantwortung für ihre Taten übernehmen.[184] »Die Pubertät ist eine Zeit der Gefahr. Wer nichts riskiert, bleibt ewig im Kinderzimmer. Wer zu viel riskiert, macht sich zum Gespött.«[185] bemerkte Bert Rebhandl LOVELY RITA betreffend. Ihr Dilemma beendet die Jugendliche mit einem radikalen Schritt:

> Ansatzlos ergreift Rita die Hobbywaffe des Vaters und erschießt zuerst ihn und dann die Mutter. [...] Mit zwei Pistolenschüssen kündigt Rita ihre Komplizenschaft mit einer latent gewalttätigen patriarchalen Gesellschaft, in der die Mütter zu Mittäterinnen werden, radikal auf. Die prekäre Position des braven Mädchens wird mit einer unhaltbaren Position vertauscht, ein gesellschaftlicher Konsens gebrochen. In der Schlusseinstellung blickt Rita direkt in die Kamera. Auch sie hat [...] den Tod gesehen – und mit diesem Blick das Erzählsystem gesprengt.[186]

Auch im besagten Widerstand gegen das patriarchal-geprägte Umfeld zeigen die beiden Kunstwerke eine offensichtliche Gemeinsamkeit, denn auch wenn die *liebliche Rita* der Beatles auf den ersten Blick kaum als profeministisches, anti-sexistisches oder gar positiv-assoziiertes Frauen-

---

183   Wilson zit. n. http://www.songfacts.com/detail.php?id=127, letzter Aufruf: 19.05.2020.
184   Vgl. Catherine Wheatley: Not Politics but People: The »Feminine Aesthetic« of Valeska Grisebach and Jessica Hausner. In: Robert von Dassanowsky/Oliver C. Speck (Hrsg.): *New Austrian Film*. New York/Oxford: Berghahn 2011, S. 136–147; hier: S. 142.
185   Rebhandl: Nicht anders möglich. 2004, S. 9.
186   Alexandra Seibel: Frauen im Anderswo. Weiblichkeitsbilder im jüngeren österreichischen Spielfilm. In: Gustav Ernst/Karin Fleischanderl (Hrsg.): *kolik.film*. Sonderheft 1, Wien: Verein für neue Literatur 2004, S. 11–17; hier: S. 17.

bild interpretierbar scheint: Dieser Eindruck täuscht! »When it gets dark I tow your heart away« verspricht der Falschparker. Als aktiv-vorantreibender Part führt er die passiv-empfangende Politesse zum Essen aus und umgarnt sie mit dem Wunsch nach einem Wiedersehen. So weit, so klischeehaft. Doch dann folgt plötzlich ein Bruch der tradierten Geschlechterrollen, denn statt die Rechnung zu begleichen, lässt er sie das Dinner bezahlen: »Got the bill and Rita paid it / Took her home, I nearly made it« gibt er sich selbstbewusst, um letztlich »with a sister or two« auf der Couch zu landen. Es ist besonders diese letzte Anspielung auf möglicherweise anwesende Schwestern, die Rezipient_innen dazu verführt hat, in Rita nicht die explizit benannte »meter maid« zu sehen, sondern auf einen Verweis auf Prostitution zu orten.[187] Eine deutlich davon abweichende Leseart bietet Pauliina Kankainen, die in der *Lovely Rita* der Beatles ein durchaus modernes Frauenbild widergespiegelt sieht:

> Not only is Rita a working class woman but she is also described as someone who even looks a bit masculine; after all, there is hardly anything more predominantly masculine than a military man. The second important notion about Rita is that she is decidedly an independent woman, and this creates an interesting parallel between the song and the 1960s Women's Liberation Movement.[188]

Diesem Befund folgend, rücken die Beatles somit nicht nur einen »easy lay«, sondern zugleich eine emanzipierte, finanziell unabhängige Frau der Arbeiterklasse als Gegenentwurf zu althergebrachten Rollenklischees ins Zentrum ihres Stücks. Bei Hausner stellen Ritas Eltern die klare Verkörperung der vermeintlich tradierten Geschlechterdichotomie dar. Als Patriarch dominiert Vater Norbert den Schabert'schen Haushalt, während Ritas Mutter darum bemüht scheint, der Rolle der *braven Hausfrau* zu entsprechen. Besonders eindringlich wird dieser Umstand in den wiederkehrenden Diskussionen zur Notwendigkeit des geschlossenen Toilettendeckels sichtbar. Tochter Rita verweigert sich; trotz repetitiver Standpauken durch die Mutter ignoriert sie den väterlichen Wunsch und protestiert derart nicht nur gegen den elterlichen Regelkatalog, sondern im übertra-

---

187 Vgl. http://www.songfacts.com/detail.php?id=127, letzter Aufruf: 19.05.2020.
188 Pauliina Kankainen: »*She's Not a Girl Who Misses Much*« – *The Representation of Women in the Beatles' Song Lyrics.* University of Tampere 2008, S. 52.

genden Sinn auch gegen eine behauptete gesellschaftliche Hierarchie der Geschlechter.

Im Bruch von tradierten Rollenbildern wird nun auch die Schnittmenge mit Braschs *Lovely Rita* deutlich. Dessen titelgebende Hauptfigur wirft sich im Verlauf des Theaterstückes variierende Identitätsentwürfe wie Masken über, aus den »Rollenbilder[n] der Protagonistin«[189] lässt sich dabei jedoch kein »Charakter als Substanz der Figur«[190] erkennen. Tatsächlich lassen sich zwischen den Werken von Brasch und Hausner sowohl auf formaler wie auch auf motivischer Ebene zahlreiche Parallelen ziehen, beginnend bei der deutlichen Orientierung an ästhetischen Grundzügen des *Epischen Theaters*, hin zum treibenden Wunsch der beiden Protagonistinnen, als Schauspielerinnen Karriere zu machen, über die Andeutung von möglichen inzestuösen Verhältnissen, bis hin zur radikalen Emanzipation durch Gewalt.

Lovely Rita, ein transmedialer Motivkomplex?

Außergewöhnlich an Hausners LOVELY RITA ist nicht nur, dass die Filmtitelwahl als intertextuelle Referenz auf das Musikstück der Beatles zum einen und zum anderen auf das Theaterstück Thomas Braschs hinweist, sondern dass der Spielfilm vielmehr als dritter Bestandteil eines zu erschließenden transmedialen Motivkomplexes zu verstehen ist.

> Wir sprechen immer dann von Erotik, wenn ein Mensch sich auf eine Weise verhält, die zu den gewöhnlichen Sitten und Meinungen in betontem Gegensatz steht. Die Erotik zeigt die Kehrseite einer Fassade, deren einwandfreies Äußeres nie in Abrede gestellt wird: Auf der Kehrseite enthüllen sich Gefühle, Körperteile und Gewohnheiten, deren wir uns gewöhnlich schämen.[191]

In dieser Beobachtung zeigt sich nun auch die Schnittmenge aller drei *liebreizenden Ritas*, denn sowohl bei den Beatles als auch bei Brasch und Hausner steht eine weibliche Hauptfigur im Zentrum des Geschehens, deren Sexualität auf eine den gesellschaftlichen Konventionen widerspre-

---

189 Jens Ponath: *Spiel und Dramaturgie in Thomas Braschs Werk*. Würzburg: Königshausen & Neumann 1999, S. 126.
190 Ebd.
191 Georges Bataille: *Die Erotik*. München: Matthes & Seitz 1994, S. 106.

chende Art dargestellt wird. Im Musikstück wandelt sich das vermeintlich geschlechtslose Ordnungsorgan zur sexuell begehrenswerten Frau, im Theaterstück wird aus der Jugendlichen einer »geschichtslosen Generation«[192] eine mit sexuell-konnotierten Rollen kokettierende Schauspielerin, im Film erkundet eine Adoleszente ihre erwachende Sexualität und endet als elternmordende Verbrecherin. Eine zukünftige Ausweitung der angestellten Überlegungen könnte sich – etwa unter Einbeziehung von LOVELY RITA, SAINTE PATRONNE DES CAS DÉSESPÉRES (2003, Stéphane Claviers) und des Kriminalromans *Lovely Rita* (1999) von Benjamin Legrand – bei der Erschließung des transmedialen Motivkomplexes rund um die *Lovely Ritas* durchaus lohnend zeigen.

1.4 Horror à la Hausner: HOTEL (2004)

Mit der positiven Resonanz auf die Erstproduktion LOVELY RITA im Rücken, widmeten sich die vier *Coop99*-Gründer_innen mehreren Projektentwicklungen und starteten zeitgleich die Arbeiten an dem Dokumentarfilm DARWIN'S NIGHTMARE (2004, Hubert Sauper), an einem – nach Barbara Alberts Angaben – »sehr eigenwillige[m] Spieldokuprojekt«[193] mit dem Titel TELEKOLLEG POLITIK, an dem Episodenfilm BÖSE ZELLEN und an Valentin Hitz' Spielfilmdebüt KALTFRONT[194]. Unerwartet, aber nicht ungebeten, erhielt die Produktionsfirma im Jahr 2002 personelle Unterstützung: Bruno Wagner[195] übernahm in Auftrag und Namen der *Coop99* ein umfassendes Aufgabengebiet, das von Kalkulationen über Förderanträge, Verträge und Verhandlungen mit ausländischen Partnerunternehmen bis hin zur Gesamtorganisation von Dreharbeiten reichte.[196]

---

192 Brasch zit. n. Christoph Müller: »Eine geschichtslose Generation.« Thomas Brasch im Gespräch über sich und sein Schreiben. In: Martina Hanf (Hrsg.): *Thomas Brasch. »Ich merke mich nur im Chaos« – Interviews 1976–2001.* Frankfurt am Main: Suhrkamp 2009, S. 18–25; hier: S. 19.
193 Albert zit. n. Schiefer: Das Team coop99 filmproduktion im Gespräch über LOVELY RITA. [2001].
194 Vgl. ebd.
195 Vgl. Andreas Ungerböck: Der Mann im Holzfällerhemd. In: Andreas Ungerböck/Mitko Javritchev (Hrsg.): *Ray Filmmagazin: Zehn Jahre coop99*. Sonderheft 2009, S. 88.
196 Vgl. ebd.

Im Jahr 2004 ließ das Kollektiv der *Coop99* dann als Produktionsfirma mit zwei Filmpremieren aufhorchen: DIE FETTEN JAHRE SIND VORBEI (2004, Hans Weingartner) wurde in den offiziellen Wettbewerb der *Internationalen Filmfestspiele von Cannes* eingeladen, gewann als *Bester Spielfilm* den *Deutschen Filmpreis* in Silber und den *Förderpreis Deutscher Film* in der Kategorie »Regie, Drehbuch, Schauspiel« am *Filmfest München*, wurde mit dem Publikumspreis am *Miami International Film Festival 2004* ausgezeichnet und bekam den *Silbernen Giraldillo* beim *Sevilla Festival de Cine Europeo* zugesprochen. Ebenfalls im Jahr 2004 wurde der europäische Kompilationsfilm VISIONS OF EUROPE (2004, diverse) präsentiert, für welchen 25 Regisseur_innen – unter ihnen auch Barbara Albert mit ihrem Beitrag MARS (2004, Barbara Albert) – aus den 25 Mitgliedsstaaten der Europäischen Union ihre Ideen für Europa in Szene setzten.[197]

Zwar hatte Jessica Hausner es mit FLORA, INTER-VIEW und LOVELY RITA bereits zu internationaler Rezeption gebracht und war mit mehreren Filmpreisen bedacht worden, hatte allerdings mit den drei genannten Produktionen vor allem Geschichten erzählt, die ihrer persönlichen Lebenswirklichkeit nahe standen. Die herausfordernde Situation, in der sich Filmschaffende nach der Veröffentlichung ihres Debüts wiederfinden, beschrieb Wolfgang Glück wie folgt:

> Erstlingswerke sind [….] meist autobiographisch. Später, bei der Erfindung der Stoffe, hapert's dann. Mangelndes Vertrauen in Drehbuchschreiberkreativität erzeugt Autorenfilme. Bedingt auch durch zu geringe Gage für Regie alleine. Und: Wir finden nicht einen Stoff und wollen ihn unbedingt verfilmen – wir sehen irgendwann endlich wieder die Möglichkeit, Geld für einen Film zu bekommen, dann denken wir nach: Was könnten wir verfilmen, nach langer Durststrecke. Das ist falsch.[198]

Das geschilderte Dilemma lässt sich am Beispiel von Mirjam Unger deutlich veranschaulichen: Nachdem die Regisseurin zunächst ihre Kurzfilme

---

197 Vgl. https://www.zweitausendeins.de/filmlexikon/?sucheNach=titel&wert=524006, letzter Aufruf: 01.06.2020.
198 Wolfgang Glück: Nach zehn Jahren… In: Gustav Ernst/Gerhard Schedl (Hrsg.): *Nahaufnahmen. Zur Situation des österreichischen Films*. Wien/Zürich: Europa 1992, S. 356–357; hier: S. 356.

SPEAK EASY[199] und MEHR ODER WENIGER (1999, Mirjam Unger)[200] erfolgreich auf nationalen wie internationalen Festivals präsentiert hatte, wirkte sie bei dem im Verlauf des *Internationalen StudentInnen Filmfestivals FAK '99* mit vier Preisen ausgezeichneten 20-minütigen Kurzspielfilm MEINE MUTTER WAR EIN METZGER (1997, Jörg Kalt) als Mitarbeiterin des Sound Departements mit und wurde als eine der zentralen Protagonist_innen der *Nouvelle Vague Viennoise* gehandelt. Doch anders als ihre Mitstreiter_innen entschied sie sich dazu, ein entsprechendes Angebot von Manfred Rebhandl[201] anzunehmen und bei der Produktion ihres Spielfilmdebüts TERNITZ, TENNESSEE (2000, Mirjam Unger) ein fremdes Drehbuch zu verfilmen. Ein Karriereschritt, den sie im *Oktoskop*-Gespräch durchaus kritisch reflektierte:

> Es war die Möglichkeit, weiter Film zu machen – über die Akademie hinaus und das Drehbuch an und für sich war charmant und die Verlockung war da und ich habe wahnsinnig viel gelernt dabei. […] Aber aus heutiger Sicht sage ich: Es war zu früh und vielleicht wäre es besser gewesen, den Weg beizubehalten: Ich schreibe meine Sachen und verfilme die dann auch.[202]

Anders als Unger entschied sich Jessica Hausner an der von Wolfgang Glück beschriebenen Weggabelung dazu, ihrer Hoffnung treu zu bleiben, auch künftig die nötigen Mittel und Möglichkeiten zu finden, um ihre eigenen Drehbuchideen auf die Leinwände zu bringen. Nach drei filmischen Projekten, die sich – verallgemeinernd gesprochen – als Coming-of-Age-Geschichten dargestellt hatten, war nun die Zeit für eine markan-

---

199 Auf der Homepage der für den Verleih verantwortlichen *sixpackfilm* sind für SPEAK EASY insgesamt 21 Festivalteilnahmen dokumentiert. Im Rahmen der *San Francisco Golden Gate Award Competition 1998* wurde der Film mit dem *Golden Spire* in der Kategorie *Film & Video, Short Narrative* ausgezeichnet. Siehe https://www.sixpackfilm.com/de/catalogue/699/, letzter Aufruf: 04.06.2020.

200 Die *sixpackfilm* verzeichnet für MEHR ODER WENIGER in den Jahren von 1999 bis 2004 insgesamt 26 Festivalteilnahmen und die Auszeichnung mit dem *Goldenen Bobby* für die *Beste Regie* anlässlich des *Internationalen StudentInnenFilmfestival FAK '99*. Siehe https://www.sixpackfilm.com/de/catalogue/1050/, letzter Aufruf: 01.06.2020.

201 Vgl. Karin Schiefer: TERNITZ TENNESSEE von Mirjam [sic] Unger. [2000], https://www.austrianfilms.com/jart/prj3/afc-new/main.jart?reserve-mode=reserve&rel=de&content-id=1422972471829&j-cc-id=698&j-cc-node=artikel, letzter Aufruf: 01.06.2020.

202 Mirjam Unger im *Oktoskop*-Gespräch mit Kathrin Resetarits, Lukas Maurer und Robert Buchschwenter vom 11. Juni 2006 (TC 0:53:54–0:54:21).

te Veränderung angebrochen. Mit HOTEL wagte sich Hausner zum ersten Mal ins Horrorfach.

1.4.1 Zum Inhalt

Nachdem Rezeptionistin Eva Steiner spurlos verschwunden ist, wird im Hotel Waldhaus eine neue Mitarbeiterin gesucht. Irene (Franziska Weisz) nimmt die vakante Stelle an und erhält – da ihr Elternhaus zu weit entfernt liegt, um täglich an die Arbeitsstätte zu pendeln – freie Kost und Logis. In ihrer Freizeit besucht sie mit Kollegin Petra (Birgit Minichmayr) die örtliche Diskothek und lernt beim Tanzen Erik (Christopher Schärf) kennen. Ein gemeinsamer Spaziergang durch den Wald führt Irene und Erik in die Grotte der mysteriösen Waldfrau, die angeblich im 16. Jahrhundert verbrannt wurde und schuld am Verschwinden einer Gruppe von Wanderern im Jahr 1962 gewesen sein soll.

Fortan geschehen unheimliche Dinge im und rund um das Waldhaus, für die Irene keine Erklärung findet. Frau Liebigs (Rosa Waissnix) Rat, rasch von hier fortzugehen, und das Auffinden von Evas Leiche durch die ermittelnde Polizei bestärken die junge Frau darin, sich bei Hoteldirektorin Maschek (Marlene Streeruwitz) einige freie Tage zu erbitten. Für den dazu nötigen Schichttausch verlangt Petra im Gegenzug Irenes Halskette inklusive Kreuzanhänger als Leihgabe; eine Forderung, der Irene nur widerwillig zustimmt.

Während der letzten Nachtschicht vor ihrer Heimreise verlässt Irene, nach dem obligaten Kontrollgang durch den Keller, das Hotel wie gewohnt durch den Lieferanteneingang, um eine Zigarette zu rauchen. Doch als sie den Rückweg an die Rezeption antreten will, ist die Tür verschlossen, der Weg zurück ins Hotel versperrt. Irene wendet sich dem angrenzenden Wald zu und verschwindet im Dunklen. Einen Moment herrscht Totenstille, dann erklingt ein durchdringendes Kreischen.

1.4.2 Produktion und Filmförderung

Laut Auskunft der *Coop99* belief sich das Filmbudget auf etwa € 1,7 Millionen Euro.[203] Die Tätigkeitsberichte des ÖFI weisen in den Jahren von 2002 bis 2006 folgende finanzielle Förderungen für HOTEL aus: Für die Herstellung des Filmes wurden im Jahr 2002 € 359.192,00[204], im Jahr 2003 € 279.310,00[205] und im Jahr 2004 € 79.882,00[206] zur Verfügung gestellt, für die Verwertung des Filmes teilte das ÖFI im Jahr 2005 € 63.441,79[207] zu. Außerdem erhielt die *Coop99* im Jahr 2004 finanzielle Unterstützung zur Realisierung von Festivalteilnahmen in Höhe von € 24.000,00[208], bekam per Umlaufbeschluss für die Präsenz auf den *Internationalen Filmfestspielen von Cannes* weitere € 35.000,00[209] und im Jahr 2006 weitere Mittel in Summe von € 8.684,00 für diverse Festivalteilnahmen.[210]

Vom Filmfonds Wien erhielt Hausner € 359.192,00 für die Herstellung[211], die Filmstiftung Nordrhein Westfalen unterstützte die Produktion von HOTEL mit € 140.000,00[212] und auch das Filmboard Berlin-Brandenburg trug sein finanzielles Scherflein bei.

1.4.3 Festivals und Auszeichnungen

Beim Festival des österreichischen Films wurde HOTEL nicht nur mit dem *Großen Diagonale-Preis* als bester österreichischer Spielfilm des Jahres 2005 ausgezeichnet[213], sondern erhielt außerdem den mit € 11.000,00

---

203 Die Angaben sind dem elektronischen Schriftverkehr mit Jana Havlik, vormalige Teamassistentin und Koordinatorin der *Coop99*, vom 21.02.2017 entnommen.
204 Vgl. ÖFI: *Tätigkeitsbericht 2002*. Wien: ohne Verlag 2003, S. 6.
205 Vgl. ÖFI: *Tätigkeitsbericht 2003*. Wien: ohne Verlag 2004, S. 12.
206 Vgl. ÖFI: *Tätigkeitsbericht 2004*. Wien: ohne Verlag 2005, S. 14.
207 Vgl. ÖFI: *Tätigkeitsbericht 2005*. Wien: ohne Verlag 2006, S. 9 und S. 19.
208 Vgl. ÖFI: *Tätigkeitsbericht 2004*. Wien: ohne Verlag 2005, S. 17.
209 Vgl. ebd. S. 8.
210 Vgl. ÖFI: *Tätigkeitsbericht 2006*. Wien: ohne Verlag 2007, S. 20.
211 Vgl. http://www.filmfonds-wien.at/filme/Hotel/herstellung, letzter Aufruf: 28.06.2020.
212 Vgl. http://www.filmstiftung.de/news/undogmatische-pazifisten-und-sieben-zwerge-in-koln/, letzter Aufruf: 01.06.2020.
213 Vgl. http://derstandard.at/1988045/Zwei-Diagonale-Preise-fuer-Jessica-Hausners-Hotel, letzter Aufruf: 01.06.2020.

dotierten *Thomas-Pluch-Drehbuchpreis*[214]. Am *Leeds International Film Festival 2005* gewann der Horrorstreifen den *Grand Prize of European Fantasy Film in Silver* und wurde im gleichen Jahr außerdem für den *Max-Ophüls-Preis* nominiert. Martin Gschlacht erhielt für seine Kameraarbeit bei der 25. Ausgabe des *International Film Camera Festival »Manaki Brothers«* die *Bronze Camera 300*.[215]

1.4.4 Verwertung

Etwa 5.200 Besucher_innen konnte HOTEL seit dem österreichischen Kinostart am 1. April 2005 vor die Leinwände locken. (Das Österreichische Filminstitut vermerkt 5.249 Besuche[216], der Filmwirtschaftsbericht 2004 verzeichnet 5.190 Besuche[217]).

Den Weltvertrieb übernahm erneut Bobers *Coproduction Office*[218], welches Hausners Horrorfilm – neben dem österreichischen Heimspiel – auf den Märkten in acht weiteren europäischen Ländern positionieren konnte. Die Lumiere-Datenbank verzeichnet für den Zeitraum von 2004 bis 2016 die in Tabelle 2[219] festgehaltenen Besuchszahlen.

Wirft man einen Blick auf die harten Zahlen, so ist HOTEL Hausners bisher schwächste wirtschaftliche Performance. Trotz Cannes-Präsenz, trotz Auszeichnung mit Filmpreisen und trotz der damit verbundenen medialen Aufmerksamkeit lieferten die Einspielergebnisse und Kartenverkäufe in Kinos und auf Festivals keinen Grund zum Jubel. Wenn auch das Interesse des österreichischen Kinopublikums gering ausfiel, konnte die Regisseurin speziell in Deutschland und Dänemark (zumindest in absoluten Zahlen) eine größere Zielgruppe erreichen, die mit insgesamt

---

214 Vgl. https://www.bmkoes.gv.at/Kunst-und-Kultur/preise/thomas-pluch-drehbuchpreis.html, letzter Aufruf: 19.05.2020.
215 Vgl. http://filmwirtschaftsbericht.filminstitut.at/04/filmpreise/internationale-filmpreise/, letzter Aufruf: 01.06.2020.
216 Vgl. http://www.filminstitut.at/de/Hotel/, letzter Aufruf: 05.06.2020.
217 Vgl. www.filmwirtschaftsbericht.at/05/verwertung/2-4-besuche/, letzter Aufruf: 01.06.2020.
218 Vgl. http://coproductionoffice.eu/film/Hotel, letzter Aufruf: 01.06.2020.
219 Vgl. http://lumiere.obs.coe.int/web/film_info/?id=22986, letzter Aufruf: 01.06.2020. »EUR EU« entspricht dabei dem Raum der »enlarged European Union« per 1. Januar 2007, »EUR OBS« enthält die Daten der derzeitig 36 Mitgliedsstaaten des *European Audiovisual Observatory*. Siehe dazu http://lumiere.obs.coe.int/web/iso_codes/, letzter Aufruf: 01.06.2020.

Markt	Verleih	2004	2005	2006	2007	2008–2016	Total
AT	Filmladen		5.190	352			5.542
BE	Beeck Turtle			95			95
BG	Big Bang				16		16
DE	Neue Visionen			8.663	185	104	8.952
DK	Ost for Paradis	2.487	2.963		1.022		6.472
EE	Estinfilm		115				115
FR	Equation		3.164		151		3.315
IT	kA		3.393				3.393
SE	Folkets Bio		1.607			30	1.637
EUR EU		2.487	16.432	9.110	1.374	134	29.537
EUR OBS		2.487	16.432	9.110	1.374	134	29.537

Tab. 2: Filmverwertung HOTEL

15.412 dänisch-deutschen Besuchen mehr als 50 Prozent der Gesamtzuseherschaft bildet.

HOTEL schaffte es bisher dreimal ins Programm des ORF: Die TV-Premiere fand am 27. August 2007 statt, erreicht wurden 24.000 Zuseher_innen.[220] Bei der zweiten Ausstrahlung am 10. November 2011 sahen etwa 49.000 Personen zu[221], am 29. Oktober 2013 waren es ca. 27.000 Zuseher_innen, die bis nach Mitternacht vor den Fernsehgeräten dabei waren.[222]

Im Oktober 2006 veröffentlichte *Hoanzl* den Horrorfilm in der Edition *Der Standard* unter dem Titel *#015: Hotel (Jessica Hausner)*.[223]

1.4.5 Das Spiel mit dem Genre

Als Jessica Hausner ihren zweiten abendfüllenden Spielfilm HOTEL am 17. Mai 2004 im Rahmen des *57. Internationalen Filmfestspiele von Cannes* den Premierengästen präsentierte, war die Überraschung bei Kritik und Publikum groß. Die Regisseurin, die mit ihren bisherigen Produktionen

---

220 Vgl. http://filmwirtschaftsbericht.filminstitut.at/07/verwertung/gefoerderte-filme-im-orf/, letzter Aufruf: 01.06.2020.
221 Vgl. http://filmwirtschaftsbericht.filminstitut.at/11/verwertung/gefoerderte-filme-im-orf/, letzter Aufruf: 01.06.2020.
222 Vgl. http://filmwirtschaftsbericht.filminstitut.at/13/fernsehen/gefoerderte-filme-im-orf/, letzter Aufruf: 01.06.2020.
223 Vgl. https://www.hoanzl.at/015-Hotel-jessica-hausner.html, letzter Aufruf: 01.06.2020.

vor allem mit den üblichen Rezeptionsgewohnheiten widersprechenden narrativen Strukturen begeistert hatte, schien sich nun völlig unerwartet an die Umsetzung eines Genrestoffs zu wagen; eine Annäherung, die sie selbst noch wenige Zeit zuvor in einem Interview für die Filmzeitschrift *Revolver* ausgeschlossen hatte. Auf die Frage, ob sie denn – aufgrund der in ihren frühen Produktionen FLORA, INTER-VIEW und LOVELY RITA immer wieder aufflackernden humorigen Momente – daran interessiert sei, sich einmal an einer Komödie zu versuchen, antwortete Hausner im Dezember 2001: »Genres kann ich mir nicht so recht vorstellen […].«[224]. Für die Gemeinschaft der *Coop99* sprechend, konkretisierte Kompagnon Antonin Svoboda:

> Es hat einfach damit zu tun, dass sich keiner von uns als Genreregisseur oder -regisseurin empfindet. Was uns vereint ist die Suche, die Lust am Fragenstellen. Wir empfinden das Kino, glaube ich, als Zweifelanstalt.[225]

Obwohl ihr Film im Wettbewerb von Cannes nicht die erhoffte Auszeichnung erlangen konnte, blieb er à la longue nicht unbeachtet: Auf der *Diagonale*, dem Festival des österreichischen Films, wurde HOTEL im Jahr 2005 mit dem *Großen-Diagonale-Preis* zum besten österreichischen Spielfilm gekürt.[226] Die Jury begründete ihre Entscheidung, HOTEL auszuzeichnen wie folgt: »Der Regisseurin Jessica Hausner ist es gelungen, dem schon von vielen großen Namen ausgeloteten Genre des Horrorthrillers einen Film mit neuer und ganz eigener Handschrift hinzuzufügen.«[227] Diese genrenahe Wahrnehmung ist deutliches Indiz dafür, dass es sich durchaus lohnt, den Film der Autorenfilmerin im Kontext des Genrekonzepts zu betrachten.

In der Filmgeschichtsschreibung wird das Genrekonzept vor allem dem amerikanischen Kino und das Autorenkonzept dem europäischen Kino zugeordnet. Diese Zuordnung ist jedoch nur teilweise zutreffend.[228]

---

224 Hausner zit. n. Börner/Heisenberg/Kutzli: Portrait: Coop99. 2002, S. 95.
225 Svoboda zit. n. ebd. S. 107.
226 Vgl. http://derstandard.at/1988045/Zwei-Diagonale-Preise-fuer-Jessica-Hausners-Hotel, letzter Aufruf: 01.06.2020.
227 http://2005.diagonale.at/releases/de/uploads/pressetexte/filmpreisediagonale2005.pdf, S. 1. Letzter Aufruf: 13.06.2020.
228 Knut Hickethier: Genretheorie und Genreanalyse. In: Jürgen Felix (Hrsg.): *Moderne Film Theorie*. Mainz: Bender 2007³, S. 62–96; hier: S. 74.

Die Ausführungen von Hickethier verweisen einerseits auf die konstruierten Gegenpole des Genre- und Autorenkinos, verdeutlichen aber andererseits durch die abschließende Relativierung latent auf das Filmschaffen von US-amerikanischen Regisseuren wie Howard Hawks, Ethan und Joel Coen, David Lynch oder Quentin Tarantino, denen es gelungen ist, sich mit Genrefilmen mit individueller Handschrift zu etablieren, wie auch europäische Autorenfilmer à la Wim Wenders, Lars von Trier oder Aki Kaurismäki, die in ihren Produktionen gekonnt Genrekonzepte variieren.[229] Doch nicht nur in den filmischen Werken von singulären Regisseur_innen mit unverkennbarer Stilistik kann der Nachweis für den Einfluss des Genrekonzepts erbracht werden, auch die nationalen Kinokulturen als Gesamtkonstrukt reflektieren – einmal mehr, einmal weniger – das (vermeintlich amerikanische) Genrekonzept. Thomas Elsaesser hielt in seinen Ausführungen zum *Neuen deutschen Film* fest:

> Man könnte sagen, daß deutsche Filmemacher über die Beschäftigung mit Genrefilmen für eine neue Form des Realismus sensibilisiert wurden, die nicht nur mit einer neuen Haltung gegenüber dem Protagonisten, sondern auch mit einer neuen Annäherung an die filmische Zeit zu tun hatte.[230]

Diesem Gedanken folgend, beeinflussen und bereichern sowohl der Kontakt wie auch die Beschäftigung mit Genreproduktionen somit das kreative Filmschaffen und das unabhängig davon, ob die Regisseur_innen nun ihrerseits Genremuster in ihre Filmprojekte implementieren oder doch davon Abstand nehmen. Im persönlichen Gespräch erklärte Hausner:

> Ich liebe Horrorfilme schon immer und habe nachts um 4.00 Uhr irgendwelche Horrorfilme geguckt. Ich habe mir gedacht, es wäre interessant für mich, einen Genrefilm zu machen – einen Horrorfilm. Sie kennen ja meinen Film (Anm.: HOTEL) und das, was den Film natürlich speziell macht, ist, dass er nicht einfach ein Horrorfilm aus dem Genre ist, sondern es fehlt ja quasi das Monster. Es ist eine ganz große Lücke gelassen und zwar mit der Absicht, um zu erzählen, dass wir, indem wir

---

229 Vgl. Geoffrey Nowell-Smith: Kunst-Film. In: Geoffrey Nowell-Smith (Hrsg.): *Geschichte des internationalen Films*. Weimar: Metzler 2006, S. 522–529; hier: S. 529.
230 Thomas Elsaesser: *Der neue deutsche Film. Von den Anfängen bis zu den neunziger Jahren*. München: Heyne 1994, S. 186.

dem Monster ein Gesicht zu geben versuchen, das Monster bezwingbar machen. In dem Moment, wo das Monster keinen Namen und kein Gesicht hat, ist es erst schrecklich.[231]

Es lässt sich festhalten, dass sämtliche Spielfilme Hausners (zumindest) Spuren von Genremustern aufweisen. So demonstrieren ihre ersten drei filmischen Projekte FLORA, INTER-VIEW und LOVELY RITA eine deutliche Nähe zu den tradierten Erzählstrukturen der Coming-of-Age-Filme, denen laut Genrekonvention als »Grundthema [...] das Überschreiten einer Entwicklungsschwelle zwischen **Jugend** und **Erwachsensein** [...]«[232] gemein ist. Zugleich könnten Hausners frühe Werke auch im weitesten Sinne in den Bezugsrahmen der Romantischen Komödie, also eines Filmes »which has its central narrative motor a quest for love«[233], gestellt werden, denn in allen drei Beispielen sind die Protagonist_innen auf der Suche nach der Liebe, schwarz-humorige Momente inklusive. Während sich die Frage nach einer Genrelesbarkeit in den Fällen von TOAST, RUFUS und in weiterer Folge von OIDA gattungsbedingt nicht stellt, entzieht sich LOURDES jedwedes Versuchs einer Zuordnung zu klassischen Hollywood-Genres. Ist LOURDES ein Pilgerfilm, eine Art entschleunigtes Road-Movie, vergleichbar mit THE WAY (2010, Emilio Estevez; dt. Titel: DEIN WEG), WILD (2014, Jean-Marc Vallée; dt. Titel: DER GROSSE TRIP – WILD) oder gar den komödiennahen Produktionen A WALK IN THE WOODS (2015, Ken Kwapis; dt. Titel: PICKNICK MIT BÄREN), SAINT-JACQUES... LA MECQUE (2005, Coline Serreau; dt. Titel: SAINT JACQUES... PILGERN AUF FRANZÖSISCH) und ICH BIN DANN MAL WEG (2015, Julia von Heinz)? Erzählt die Regisseurin einen »Wunderfilm«, wie etwa der deutsche Spielfilm DAS WUNDER VON BERN (2003, Sönke Wortmann), der zweiteilige Fernsehfilm DAS WUNDER VON LENGEDE (2003, Kaspar Heidelbach), die österreichischen Produktionen DAS WUNDER VON KÄRNTEN (2011, Andreas Prochaska) und DAS WUNDER VON WÖRGL (2018, Urs Egger), in denen – die jeweiligen Filmtitel lassen es bereits vermuten – wundersame Begebenheiten ins filmische Zentrum rücken? Hausners dritter Spielfilm könnte auch die Nähe zur Romantischen Komödie, des Mystery-Genres, des Melodrams und gewissermaßen auch

---

231 Hausner zit. n. 10.1 Skype-Interview mit Jessica Hausner [15.11.2016].
232 Dennis Maciuszek: *Erzählstrukturen im Coming-of-Age-Film. Eine Genrebeschreibung aus Autorensicht.* Saarbrücken: Dr. Müller 2010, S. 175 [H. i. O.].
233 Tamar Jeffers McDonald: *Romantic Comedy. Boy meets Girl meets Genre.* New York/Chichester: Columbia University Press 2007, S. 9.

zum Coming-of-Age-Cluster nachgesagt werden; ein dominanter oder gar exklusiver Rezeptionsansatz lässt sich jedoch nicht benennen. Die als Romantische Komödie vermarktete Produktion AMOUR FOU, lässt ihrerseits eine starke Nähe zum – bekannter Weise schwer abzugrenzenden Genre des – Historien- und Kostümfilm[234] erkennen. Zu guter Letzt steht am Ende von Hausners bisherigem Filmschaffen mit LITTLE JOE erneut eine Produktion, die zwar horrornahe Assoziationen zu ikonischen *Frankenstein-* und populären *Bodysnatcher-*Filmen weckt, sich aber wie HOTEL der eindeutigen Genrezuschreibung verweigert.

Haunted Hausner Horror

HOTEL polarisierte. Während die einen Hausner ein »souveränes Spiel mit dem Genre«[235] attestierten, »das darüber hinaus geht, seine Regeln bloß kompetent zu exekutieren«[236], waren die anderen von der österreichischen Horrorfilm-Variation wenig begeistert bis enttäuscht.

> Dieser Film klaut wie ein Rabe auf Koks. Nicht nur bedient sich Jessica Hausner schamlos bei anglo-amerikanischen Horror-Größen […], sie stellt sogar deren berühmteste Sequenzen fast Bild für Bild nach.[237]

Die ambivalente Rezeption wirft die Frage auf, wie sich das Hausner'sche Spiel mit dem Genre im konkreten Fall fassen lässt. HOTEL erweckt vor allem den Eindruck, als Dekonstruktion des Horrorgenres verstanden werden zu wollen. Die Regisseurin spürt »inhärente Routinisierungen, aber auch Widersprüche«[238] auf, zerlegt das Horrorgenre in seine Einzelteile und setzt diese dann zu einem neuen Kunstwerk zusammen. Um

---

234 Die Herausgeber des Reclam-Handbuches *Historien- und Kostümfilm* der Reihe *Filmgenres* verwiesen darauf, dass sich eine eindeutige Definition des Gattungsmusters kaum formulieren lässt. Vgl. Fabienne Liptay/Matthias Bauer: Einleitung. In: Fabienne Liptay/Matthias Bauer (Hrsg.): *Historien- und Kostümfilm.* Stuttgart: Reclam 2013, S. 9–31; hier: S. 9.
235 http://2005.diagonale.at/releases/de/uploads/pressetexte/filmpreisediagonale2005.pdf, S. 6. Letzter Aufruf: 13.06.2020.
236 Ebd.
237 Daniel Bickermann: Grauen und Klauen. [o. D.], http://www.schnitt.de/202,1796,01.html, letzter Aufruf: 01.06.2020.
238 Hans Jürgen Wulff: Dekonstruktion. http://filmlexikon.uni-kiel.de/index.php?action=lexikon&tag=det&id=4287, letzter Aufruf: 23.07.2020.

den Film in seinem Anspielungsreichtum und seinen zahlreichen Verweisen und Zitaten vollständig zu decodieren, würde es wohl des fiktiven idealen Rezipienten[239] bedürfen[240], denn es werden etablierte Klischees bedient, mit Konventionen des Horrors jongliert, bekannte Horrorfilm-Klassiker imitiert und zitiert, es wird explizit und deutlich sichtbar auf gruselige Kultfilme verwiesen, aber auch die Genreerwartungen des Publikums gebogen und gebrochen.

Ein in die Jahre gekommenes Hotel, das seine Gäste mit ambivalentem Charme aus alter Bausubstanz und modernisiertem Wellnessbereich anzulocken versucht, bildet den titelgebenden Schauplatz und zugleich filmischen Mikrokosmos in HOTEL und ist dabei – wie es die Horrorgenre-Konvention verlangt[241] – klar überschaubar und von der restlichen Umwelt separiert. Als Drehort für einen Teil der Innenaufnahmen diente – nach umfassenden Recherchen und Hotelbesichtigungen in Südengland und Frankreich – der Thalhof in Reichenau an der Rax: »Weil das ja auch lustig ist, in so einem traditionsreichen Hotel einen amerikanischen Horrorplot zu erzählen«[242], begründete die Regisseurin ihre Wahl.

> In eindringlicher Weise erzählt sich der Film über Räume und lässt so das Unheimliche allgegenwärtig sein. Ohne je auf billige Schockeffekte zu setzen, wird eine verstörende Atmosphäre aufgebaut und auch gehalten.[243]

Das Hausner'sche Horror-Raum-Konzept in und um das Waldhaus entspricht dabei in bester Manier den Haunted-House-Horror-Erwartungen des Publikums: Mit dem Keller, den verwinkelten Gängen, dem grünlich beleuchteten Swimmingpool, den Türen, die sich auf unerklärliche Weise selbst zu verschließen scheinen, dem umliegenden Wald sowie der Grotte der Waldfrau werden zahlreiche Orte des möglichen Schreckens etabliert. Der gruselige Schauplatz ist dabei nur einer von

---

239 Vgl. Manfred Pfister: *Das Drama: Theorie und Analyse.* München: Fink 2001¹¹, S. 21.
240 Eine Annäherung an die zahlreichen intertextuellen Referenzen habe ich in »Es bleibt ein unbefriedigendes Gefühl… Jessica Hausners Spiel mit dem Horrorgenre« in Angela Fabris/Jörg Helbig/Arno Rußegger (Hrsg.): *Horror-Kultfilme* Marburg: Schüren 2017, S. 97–119 gewagt, ohne dabei jedoch Anspruch auf Vollständigkeit zu erheben.
241 Vgl. Ursula Vossen: Einleitung. In: Ursula Vossen (Hrsg.): *Filmgenres: Horrorfilm.* Stuttgart: Reclam 2004, S. 9–27; hier: S. 13.
242 Hausner zit. n. 10.1 Skype-Interview mit Jessica Hausner [15.11.2016].
243 http://2005.diagonale.at/releases/de/uploads/pressetexte/filmpreisediagonale2005.pdf, S. 1. Letzter Aufruf: 13.06.2020.

vielen horrornahen Facetten des Filmes. Die österreichische Regisseurin schickt ihre Zuseher_innen im Filmverlauf durch einen Irrgarten aus populären Horrorbildern; sie bedient bekannte Klischees, Stereotype und Konventionen des Genres, zitiert und imitiert populäre Horrorfilme und deren Regisseure, schafft unzählige intertextuelle Referenzen, lässt das Publikum nach des Rätsels Lösung suchen und verwehrt ihm im großen Finale doch die Antworten auf (fast) alle Fragen.

> Hotel ist ein Genre-Film, der sich über das Genre stellt, ein Horror-Film, den nur die Andeutung von Horror interessiert – ein Kunst-Thriller im eigentlichen Sinn. Unbefriedigend ist er trotz technischer Raffinesse, weil er sich im Akt der Nivellierung erschöpft: Zwar gibt es sorgsam ausgelegte Fährten, schön komponierte Momente, aber sie bleiben reaktionslos nebeneinander stehen.[244]

Mit diesen Worten zeigte sich Christoph Huber enttäuscht und machte damit zugleich auf Hausners Bruch des impliziten Genrevertrags, der unausgesprochen zwischen Produzent_innen und Konsument_innen von Horrorfilmen gelten sollte, aufmerksam.[245]

> Es herrscht ein Einverständnis zwischen den Machern und Publikum, fernab wirklicher Gefahren und Bedrohungen Schauergefühle und Gänsehaut, Schrecken und Angst miteinander zu zelebrieren, den eigenen dunklen Seiten, unausgelebten Begierden, uneingestandenen Neigungen, größten Ängsten zu begegnen.[246]

Die Weigerung der Regisseurin, ihrem Publikum die erwartbaren Inhalte zu zeigen, führt zu »[...] Emotionen, die durch das Abweichen eines Films von Genre-Normen erzeugt werden«[247] und endet letztlich in der Genreenttäuschung der Zuseher_innen. Hausner taktierte vorsätzlich mit den zu erwartenden Reaktionen und verwehrt ihren Zuseher_innen nicht nur die Antworten auf offene Fragen, sondern enthält ihnen auch die Sichtbarmachung des Monsters vor.

---

244 Christoph Huber: Bilder exquisiter Leere. [22.06.2006], http://www.taz.de/!415314/, letzter Aufruf: 13.06.2020.
245 Vgl. Rick Altman: Film und Genre. In: Geoffrey Nowell-Smith (Hrsg.): *Geschichte des internationalen Films*. Weimar: Metzler 2006, S. 253–259; hier: S. 253 f.
246 Vossen: Einleitung. 2004, S. 13.
247 Altman: Film und Genre. 2006, S. 256.

> [Hotel] imitiert absichtlich die Stilmittel eines Horrorfilms, damit sozusagen das Weglassen des Monsters noch ärgerlicher ist. Für mich war es so gedacht: Wenn ich das Genre quasi ärgern will oder eben verändern will, muss ich die Mittel des Genres benutzen – zugleich ist es eine Stilfrage.[248]

Die Reaktionen von Kritik und Publikum fielen gemischt aus. Zwei Kommentare, die im Internet von Zuseher_innen veröffentlicht wurden, sind Hausner im Gedächtnis geblieben:

> Damals war das Posten von Kommentaren noch nicht so üblich, aber von HOTEL habe ich zwei Postings in Erinnerung: Das Eine war »I want my money back!« […] und das Andere war »It is like JAWS [Anm. SG: 1975, Steven Spielberg; dt. Titel: DER WEISSE HAI] without the shark«. […] Das war das beste Kompliment, weil ich das machen wollte – JAWS without the shark.[249]

Die Jury des *Thomas-Pluch-Drehbuchpreises*, der im Rahmen der *Diagonale* für das beste verfilmte Drehbuch eines abendfüllenden Kinospielfilms vergeben wird, benannte in ihrer Entscheidungsbegründung das Zurückspielen der offenbleibenden Fragen als eine ausdrückliche Stärke des Drehbuches und hielt fest, »dass sich keineswegs Frustration einstellt, sondern vielmehr die Bereitschaft, sich auf ganz persönliche Weise auf den anhaltenden Nachklang der Geschichte einzulassen.«[250] Die Genreenttäuschung wird durch diese Betrachtungsweise zum konstruktiven Impulsgeber für die individuelle Rezeption und Reflexion.

> Mich hat das lange nicht in Ruhe gelassen, dass HOTEL auch ziemlich ambivalent rezipiert worden ist. Zuschauer haben gesagt: »Das ist total unbefriedigend! Da fehlt das Ende.« Das hat mich ein bisschen geärgert, da habe ich mir gedacht: »Das hätte ich vielleicht besser machen können.« Und jetzt geht's los, jetzt mache ich's besser! […] Es geht um eine Pflanzenzüchterin, die in einem kommerziellen Pflanzenzüchtungsbetrieb arbeitet und eine spezielle Pflanze züchtet, die dann ein bisschen

---

248 Hausner zit. n. 10.1 Skype-Interview mit Jessica Hausner [15.11.2016].
249 Ebd.
250 http://2005.diagonale.at/releases/de/uploads/pressetexte/filmpreisediagonale2005.pdf, S. 6. Letzter Aufruf: 13.06.2020.

macht, was sie will. Die sich ungut auswirkt auf die Menschen, die ihr zu nahe kommen.[251]

Die (im Jahr 2016 noch geplante) Produktion, auf die Hausner derart anspielte, war ihr mehrfach prämierter, fünfter Spielfilm LITTLE JOE. Wie bereits zuvor HOTEL, spaltete auch ihre jüngste Produktion Kritiker_innen und Publikum. »Leider kommt man recht schnell hinter den Plot, das Geheimnis ist schon bald keines mehr, der Film fällt zusammen wie eine welke Blume.«[252] äußerte sich der Filmkritiker Knut Elstermann enttäuscht, während Donald Clarke in seiner Cannes-Review für *The Irish Times* schrieb: »Dig deeper and Little Joe will give you sleepless nights. […] Many will find Little Joe a bit slow and elliptical, but it gets under your skin and lays eggs there. A standout oddity.«[253] Lars Zwickies bezeichnete LITTLE JOE »[v]ielleicht nicht [als] Hausners bestes, aber auf jeden Fall bisher rundestes Werk«[254], in *The Guardian* war indes als Fazit zu lesen: »It's a quasi sci-fi chiller about people's behaviour and language being creepily altered; perhaps its numb weirdness is down to a director with no instinctive feeling for the English language. […] It is a mood piece. Whose mood leads nowhere.«[255]

A lifeless, tone-deaf variation on *Invasion of the Body Snatchers*, *Little Joe* rots on its own vine. Intended as some sort of cautionary tale about the risks of genetic engineering, Austrian director Jessica Hausner's first English-language outing is loaded with dull expository dialogue, dozens of identical lateral tracking shots, unconvincing casting and even a convenient shrink character who serves only as a faucet for the lead charac-

---

251 Hausner zit. n. 10.1 Skype-Interview mit Jessica Hausner [15.11.2016].
252 Knut Elstermann: »Little Joe«: Schwacher Plot, großes Schauspiel. [09.01.2020], https://www.mdr.de/kultur/empfehlungen/little-joe-filmkritik-elstermann-100.html, letzter Aufruf: 24.07.2020.
253 Donald Clarke: Cannes 2019: Where the rich shell out for big ticket events. [18.05.2019], https://www.irishtimes.com/culture/film/cannes-2019-where-the-rich-shell-out-for-big-ticket-events-1.3897137, letzter Aufruf: 24.07.2020.
254 Lars Zwickies: Die Blume des Bösen. [09.01.2020], https://diezukunft.de/review/film/die-blume-des-boesen, letzter Aufruf: 01.07.2020.
255 Peter Bradshaw: Little Joe review – Ben Whishaw left in the shade by wilting triffid horror. [17.05.2019], https://www.theguardian.com/film/2019/may/17/little-joe-review-cannes-2019, letzter Aufruf: 25.07.2020.

ter's concerns. The utter lack of any suspense or excitement suggests a short commercial life span for this flavorless Euro pudding.[256]

Doch nicht nur in ihren Urteilen waren sich Kritik und Publikum uneins, auch die mannigfaltigen Versuche einer Genre-Zuordnung erzeugten letztlich kein einheitliches Bild. Während die Regisseurin nicht müde wurde, in unzähligen Interviews wiederholt auf den intendierten intertextuellen Bezug auf *Frankenstein*-Interpretationen und -Adaptionen ins Feld zu führen und LITTLE JOE als »Genre-Variations-Film«[257] zu klassifizieren, bezeichneten Filmjournalist_innen den Streifen sowohl als »surreale Science-Fiction-Tragikomödie«[258] wie auch als einen »sehr kalkulierten Psychothriller mit Elementen des Pflanzenhorrors«[259], und Charles Bramesco formulierte gar den Vorschlag, »that *Little Joe* could be fairly termed ›anti-horror‹«[260].

»[T]his movie will do for greenhouses what ›Psycho‹ did for showers.«[261] schrieb *IndieWire*-Redakteur David Ehrlich und Caroline Tsai behauptete, dass LITTLE JOE sich an der Schnittstelle zwischen THE ROCKY HORROR PICTURE SHOW (1975, Jim Sharman) und der Science-Fiction-Serie *Black Mirror* (2011–2019; Idee: Charlie Brooker) positioniere.[262]

> Jessica Hausner spielt in ihrer neuen Mischung aus Biohorror, Scifi und Familiendrama auf genauso kunstvolle Weise mit Genreelementen, wie sie sich Konventionen verweigert. Das Resultat ist eine überaus originelle und schwarzhumorige BODY-SNATCHERS-Variante.[263]

---

256 Todd McCarthy: »Little Joe«: Film Review | Cannes 2019. [17.05.2019], https://www.hollywoodreporter.com/review/little-joe-review-1211652, letzter Aufruf: 23.07.2020 [H. i. O.].
257 Hausner zit. n. Karin Schiefer: Jessica Hausner über Little Joe. [Mai 2019], https://www.austrian-directors.com/jessica-hausner-ueber-little-joe/, letzter Aufruf: 06.05.2020.
258 Christiane Peitz: Der kleine Alltagshorror. [07.01.2020].
259 Wolfgang Nierlin: Blumiges Glück einer dunklen Identität. [o. D.], https://filmgazette.de/2020/01/30/little-joe-glueck-ist-ein-geschaeft/, letzter Aufruf: 25.07.2020.
260 Charles Bramesco: »Little Joe« Isn't a Sci-Fi, Thriller or Horror. So What Is It? [05.12.2019], https://www.insidehook.com/article/arts-entertainment/little-joe-jessica-hausner-interview, letzter Aufruf: 25.07.2020.
261 David Ehrlich: »Little Joe« Review. [17.05.2019].
262 Vgl. Caroline Tsai: Jessica Hausner's »Little Joe«: A Chilling Take On Happiness In The Bioengineering Age (Cannes Review). [21.05.2019], https://theplaylist.net/little-joe-cannes-review-20190521/, letzter Aufruf: 21.07.2020.
263 Florian Widegger: Little Joe. Ein Abend mit Jessica Hausner. [o. D.], https://www.filmarchiv.at/en/program/film/little-joe-2/, letzter Aufruf: 24.07.2020.

Der exemplarische Aufriss der Stimmen zu Hausners LITTLE JOE veranschaulicht eindringlich, dass der Film erstens nicht minder ambivalent als HOTEL rezipiert wurde und zweitens die eindeutige Zuordnung des Streifens zu einem spezifischen Genre schlicht unmöglich scheint.

Wie diffizil sich der Versuch einer exakten Genrezuordnung auch im Fall von HOTEL gestaltet/e, verdeutlicht ein weiterer Auszug aus der Jury-Begründung zur Vergabe des *Thomas-Pluch-Drehbuchpreises 2005*:

> Der Leser [Anm.: des Drehbuchs] glaubt sich in einem Suspense Thriller zu befinden und versucht, diese Hinweise genrespezifisch zu deuten. […] Immer wieder bietet Jessica Hausner bekannte Versatzstücke aus dem Werkzeugkoffer des Thrillers, die eine Erwartungshaltung aufbauen, die nicht eingelöst wird.[264]

Die Mitglieder der Jury verstanden Hausners Drehbuch nicht als Script zu einem Horrorfilm, sondern hatten einen Thriller vor dem inneren Auge. Diese Assoziation entsteht nicht zu Unrecht, denn per Genrekonvention bildet meist die »Geschichte eines möglichen Opfers«[265] das Zentrum der Thriller-Handlung, die Hauptfigur muss sich mit ihren Ängsten und den eigenen psychischen Dispositionen auseinandersetzen, die Handlungsorte sind häufig »einsame alte Häuser, dunkle verfallene Straßen, vergessene architektonische Orte ohne Zukunft«[266]. All diese Aspekte treffen in hohem Maß auf Hausners HOTEL zu, eine Rezeption als Thriller scheint genauso schlüssig wie diejenige als Horrorfilm. Dementsprechend statuiert die Regisseurin mit HOTEL auch ein Exempel und ist eindrucksvolles Beispiel dafür, wie schwierig der Versuch einer verbindlichen Genrezuordnung (zumindest im Hinblick auf Hausners Filme) ist.

Hausners historische Kleist-Komödie

Nachdem AMOUR FOU anlässlich des *67. Internationalen Filmfestspiele von Cannes* am 16. Mai 2014 in der Sektion »Un Certain Regard« seine Premiere absolviert hatte, zeigten sich die Kritiker_innen in ihren ab-

---

264 https://2005.diagonale.at/releases/de/uploads/pressetexte/filmpreisediagonale2005.pdf, S. 5 f.
265 Hans Jürgen Wulff: Thriller. In: Thomas Koebner (Hrsg.): *Reclams Sachlexikon des Films*. Stuttgart: Reclam 2002, S. 612–615; hier: S. 614.
266 Georg Seeßlen: *Thriller. Grundlagen des populären Films*. Marburg: Schüren 2013, S. 30.

schließenden Urteilen erneut uneins. Während die einen sich für »die aussergewöhnliche Schönheit von Bildern und Sprache«[267] begeistern konnten, beanstandeten andere einen »Fall von Leichenfledderei«[268]. »Nichts bewegt sich – weder auf der Leinwand noch beim Zuschauer.«[269] mokierte sich Renée-Maria Richter in ihrer Rezension auf der Online-Kulturplattform *Kunst+Film*, während Alexandra Seitz für das *Ray Filmmagazin* schrieb:

> Die Hunde sind mit das Lebendigste in Jessica Hausners *Amour Fou*, und das ist keine Kritik, sondern eine Feststellung zur gesellschaftlichen Verfasstheit, von der dieser Film erzählt und die Kameramann Martin Gschlacht in Bilder äußerster formaler Strenge fasst.[270]

Uwe Ebbinghaus ging in seiner Filmbesprechung *Marionette und Veilchen gehen sterben* für die *Frankfurter Allgemeine Zeitung* mit Hausners Film noch strenger ins Gericht. Von vergebenen Chancen, unstimmigen Redebeiträgen, der mutwilligen und lieblosen Inszenierung der letzten Stunden Vogels und Kleists sowie einer massiven Entstellung der biografischen Fakten war da zu lesen. Penibel listete der Journalist seine Beweise für die fehlerhafte Umsetzung des historischen Stoffes auf, beginnend bei der Missinterpretation von Kleists Werken, über die faktische Verfälschung der Todesszene bis hin zu den gesungenen Vorträgen des damals noch nicht existenten Musikstücks *Wo die Berge so blau*. Nur für die schauspielerischen Leistungen des Ensembles und das Interieur fand er letztlich wohlwollende Worte.[271] Ebbinghaus' Kritik mag auf den ersten Blick durchaus vermeintliche Berechtigung haben, denn Hausner wich in ihrer Inszenierung in mehrfacher Hinsicht deutlich von den historischen Belegen ab. Tatsächlich schien sie sich kaum um Inhalte aus Kleist-Biografien zu kümmern und gestand in einem Interview mit Catherine Ann Berger freimütig:

---

267 Olivier Père: Amour Fou. [o. D.], https://www.kinok.ch/index/program/movie/2497/premiere/true, letzter Aufruf: 27.06.2020.
268 Renée-Maria Richter: Amour Fou. [13.01.2015]. http://kunstundfilm.de/2015/01/amour-fou/, letzter Aufruf: 20.07.2020.
269 Renée-Maria Richter: Amour Fou. [13.01.2015].
270 Alexandra Seitz: Amour Fou. [o. D.], https://ray-magazin.at/amour-fou-2/, letzter Aufruf: 20.07.2020.
271 Vgl. Uwe Ebbinghaus: Marionette und Veilchen gehen sterben. [18.01.2015], http://www.faz.net/aktuell/feuilleton/kino/amour-fou-kritik-an-hausners-film-ueber-heinrich-von-kleist-13372328.html, letzter Aufruf: 18.07.2020.

> Ich habe als Erstes seine Briefe gelesen und bin dann einzelne Biografien durchgegangen, wobei ich keine einzige fertig gelesen habe. Das ist immer so stark gefärbt, und die Autoren denken, sie wissen, wie das jetzt wirklich war mit dem Kleist, und das ist mir wiederum herzlich egal.[272]

Dass Hausner die Kleist-Biografien weitgehend außen vor ließ, bedeutet nicht, dass dem Filmprojekt keine intensive Recherche vorangegangen wäre. Der Abspann von AMOUR FOU verrät, dass die Regisseurin sich hierzu kompetente Unterstützung gesucht hatte: Uta Motschmann (Wissenschaftliche Mitarbeiterin an der Berlin-Brandenburgischen Akademie der Wissenschaften), Adelheid Müller (freie Wissenschaftsjournalistin mit Schwerpunkten Medizin, Psychologie und Pädagogik), Roman Lach (Privatdozent für deutsche Sprache und Literatur an der Keimyung University), Rebekka Habermas (Professorin für Mittlere und Neuere Geschichte an der Georg-August-Universität Göttingen), Gabriele Gelinek (Vorstandsmitglied der Heinrich-von-Kleist-Gesellschaft), Jens Bisky (Redakteur im Feuilleton der Süddeutschen Zeitung und Kleist-Biograf), Ruth Schilling (Professorin am Institut für Geschichtswissenschaften der Universität Bremen) und Hans Jürgen Rehfeld (Kleist-Museum) standen Hausner bei ihrem Kleist-Projekt beratend zur Seite. In den Closing Credits angeführt sind außerdem Wolfgang Fuhrmann als musikhistorischer und Karl Sablin als medizinhistorischer Recherche-Mitarbeiter, sowie Nina Korecky und Vanessa Euler, die sich explizit der historischen Recherche widmeten. Die umfassenden Angaben zu Beratungs- und Recherchetätigkeiten lassen den Schluss zu, dass es sich bei den kritisierten historisch-faktischen Abweichungen somit um durchwegs bewusste Regieentscheidungen gehandelt haben muss.

Was Ebbinghaus in seinem harschen Verriss völlig außer Acht ließ[273], ist die nötige Einbettung des Filmes in seinen Genrekontext oder anders ausgedrückt: Er ignorierte die Tatsache, dass es sich bei Hausners Film

---

272 Hausner zit. n. Catherine Ann Berger: Was, wenn alles ein Irrtum ist? Ein Skype-Gespräch übers Schreiben zwischen Jessica Hausner in Wien und Catherine Ann Berger in Zürich. In: Gustav Ernst/Karin Fleischanderl (Hrsg.): *kolik.film*. Sonderheft 17, Wien: Verein für neue Literatur 2012, S. 25–33; hier: S. 27.

273 Ebbinghaus' kritischer Zugang entspringt möglicherweise seinem Expertenstatus: Er studierte Germanistik, Kunstgeschichte und Philosophie und promovierte mit einer Dissertation über die »Sprachskepsis im deutschen Drama«. Vgl. dazu http://www.faz.net/redaktion/uwe-ebbinghaus-11104517.html, letzter Aufruf: 18.07.2020.

weder um eine Dokumentation noch um ein *Biopic* handelt. Gegen eine derartige Zuordnung AMOUR FOUS wehrte sich die Regisseurin von Beginn an vehement und erklärte, dass es ihr nicht um einen naturalistischen Ansatz im Sinne der Vermittlung von faktisch-realem Inhalt, sondern vielmehr um ein größeres, allgemeineres Thema gehe, das sie lediglich in einen historischen Kontext gebettet habe.[274] Ausgangspunkt der Filmarbeiten war nicht die Portraitierung einer geschichtlich belegbaren Person, sondern die Inszenierung des Paradoxons des gemeinschaftlichen Sterbens. Doch wenn AMOUR FOU weder *Biopic* noch Dokumentation sein will, wie lässt sich der Film dann hinsichtlich einer Genrezuordnung fassen? Den nötigen Hinweis lieferte Hausner selbst, indem sie den Begriff des Historienfilms bereits in einem frühen Interview fallen ließ[275], und es sprechen durchaus mehrere Aspekte für eine derartige Verortung.

»Das Genre ist beinahe so vielgestaltig wie die Geschichte, die ihren schier unerschöpflichen Gegenstand bildet.«[276] erklärten Mattias Bauer und Fabienne Liptay in ihrer Einleitung des Bandes *Historien- und Kostümfilm* und ebenso polymorph sind auch die bisherigen wissenschaftlichen Auseinandersetzungen und künstlerischen Interpretationen von Kleists Freitod.

Pünktlich zum Kleist-Jubiläum im Jahr 2011[277] veröffentlichten vier Autor_innen biografische Publikationen, welche Heinrich von Kleist ins Zentrum der Aufmerksamkeit rückten. Günter Blamberger, Germanist und langjähriger Präsident der Heinrich-von-Kleist-Gesellschaft, veröffentlichte die umfassende Biografie *Heinrich von Kleist*. Eine weitere Biografie brachte Peter Michalzik, Theaterkritiker und Redakteur der *Frankfurter Rundschau*, unter dem Titel *Kleist. Dichter, Krieger, Seelensucher* auf den Markt. Mit *Kleist. Eine Biographie* sprang auch der C. H. Beck Verlag auf den Kleist-Zug auf und präsentierte eine Sonderausgabe der bereits

---

274 Vgl. Claus Philipp: ... zu zweit, aber nicht gemeinsam. Jessica Hausner im Gespräch mit Claus Philipp. In: *Stadtkino Zeitung Nr. 524*. [November/Dezember 2014], S. 3.
275 Vgl. Berger: Was, wenn alles ein Irrtum ist? 2012, S. 33.
276 Liptay/Bauer: Einleitung. 2013, S. 11.
277 Das Jahr 2011 ist auch in Hausners beruflicher Laufbahn als Regisseurin und Drehbuchautorin von Bedeutung, immerhin wurde just in diesem Jahr die finanzielle Förderung von AMOUR FOU durch das ÖFI und den Filmfonds Wien beschlossen und dem Antrag auf Förderung der Drehbuch- und Konzepterstellung des geplanten Spielfilms ICH-DU-ER-SIE-ES, der in späterer Folge und in überarbeiteter Fassung als LITTLE JOE realisiert wurde, stattgegeben.

im Jahr 2007 erschienenen Publikation von Gerhard Schulz. In *Kleist, ein Leben* nahm sich die italienische Autorin Anna Maria Carpi des Künstlers in Form einer Romanbiografie an. So unterschiedlich die Herangehensweisen und Schwerpunkte der genannten Autor_innen auch sein mögen: Sie alle mussten sich mit der mageren Faktenlage rund um die Person Kleist beschäftigen. Schulz wies zudem explizit auf die zwingend notwendige Beurteilung der Qualität der Quellen hin:

> Die Nachwelt hat viele Urteile der Zeitgenossen über Heinrich von Kleist und Eindrücke von ihm zusammengetragen, die allesamt von der Wesensart der Personen abhängen, die sie abgaben in Gesprächen, Briefen und Erinnerungen, und ebenso abhängen von den jeweiligen Umständen, unter denen sie entstanden.[278]

Tatsächlich ist diese Einschätzung nicht nur für das Nachempfinden von Kleists Lebensweg, sondern auch für die Rekonstruktion seines Todes von Relevanz. Was gegenwärtig als faktisches Wissen über den Aufenthalt Kleists und Vogels im Stimminger Hof gilt, beruht auf Vernehmungsprotokollen und Zeugenaussagen, überlieferten Briefinhalten und Obduktionsergebnissen – also Informationen aus zweiter Hand, die bewertet, interpretiert und in den zeitgeschichtlichen Kontext gestellt werden müssen.

Prägend für die heutige Vorstellung der Abläufe am 20. und 21. November 1811 sind die Aufzeichnungen des Hoffiskals Christian Felgentreu (er übernahm am 21. November die Untersuchungen des Mordes und Selbstmordes) und des Kriegsrats Ernst Friedrich Peguilhen, der Kleist und Vogel freundschaftlich verbunden war und von ihnen als Vollstrecker ihres letzten Willens eingesetzt wurde. Beim Lesen der Zeugenaussagen wird rasch klar, dass mit Hoffiskal Felgentreu kein neugieriger Detektiv im Stil eines Sherlock Holmes an den Tatort entsandt wurde. Viele offensichtliche Fragen, die für die Klärung des Tatbestandes relevant gewesen wären, blieben deshalb für alle Zeit unbeantwortet. Ob Felgentreu lediglich vergessen hatte, bestimmte Fragen zu stellen, ob er die Angaben der Befragten nicht dokumentierte oder gar Weisung von höherer Instanz hatte, den Fall schnell und ohne großes Aufsehen abzuhandeln, bleibt bis heute ungeklärt. Die real-historische Person des Christian Felgentreu inspirierte den deutschen Schriftsteller, Journalist und Drehbuchautor Klaus Schlesinger dazu an, sich zwischen 1975 und 1980 mit seinem

---

278 Gerhard Schulz: *Kleist. Eine Biografie.* München: C. H. Beck 2007, S. 14.

»Kleist-Projekt« zu beschäftigen. Geplant war ein DEFA-Film im Stil eines Krimis, der die Geschehnisse am Wannsee aus Sicht des preußischen Justizbeamten schildert. »Erzählt werden sollte also die Geschichte eines Mannes, der Kleists Tod untersucht.«[279] Der Film blieb letztlich Entwurf und wurde nie realisiert[280], Schlesinger verfasste aber auf Grundlage seiner intensiven Beschäftigung das Hörspiel *Felgentreu* (1986, Robert Matejka), welches am 22. November 1986 im *Sender Freies Berlin* erstmals ausgestrahlt wurde.[281]

> Keine Station auf Kleists Lebensweg ist so gut dokumentiert wie sein Tod am Wannsee. Das Gerichtsprotokoll hält Aussagen über den äußeren Ablauf des Ereignisses fest. Der Obduktionsbericht gibt Auskunft über die Anatomie der Toten. Kleists Auftreten und seine Kleidung, die Entzündung seiner Lunge und der Inhalt seines Magens, über all das wissen wir Bescheid.[282]

Anders als für die meisten Lebensstationen Kleists kann bei der Recherche rund um sein Ableben auf eine Vielzahl an Schriftstücken zurückgegriffen werden. Doch der scheinbar so umfassend dokumentierte »Doppelselbstmord« weist gravierende Überlieferungslücken auf, welche Künstler_innen dazu anregten, die Causa Kleist als Inspirationsquelle zu nutzen. Ingo Breuer meinte dazu:

> Allzu große Freiheiten wurden bei biographisch angelegten Werken häufig bemängelt, doch zugleich fordert die überaus lückenhafte Überlieferung von Kleists Leben und Tod die Phantasie von Dichtern und Wissenschaftlern geradezu heraus.[283]

---

279 Klaus Schlesinger: Kleist. In: Daniel Argelès/Astrid Köhler/Jan Kostka (Hrsg.): *Leben in Berlin – Leben in vielen Welten. Klaus Schlesinger und seine Stadt*. Berlin: Be.Bra 2012, S. 167–173; hier: S. 171.
280 Vgl. Jan Kostka: Zur literarischen Gestaltung des Kleist-Mythos in Klaus Schlesingers *Felgentreu*. In: Brigitte Krüger/Hans-Christian Stillmark (Hrsg.): *Mythos und Kulturtransfer. Neue Figurationen in Literatur, Kunst und modernen Medien*. Bielefeld: Transcript 2013, S. 127–140; hier: S. 131–138.
281 Vgl. http://www.klaus-schlesinger.de/werke/liste/hoerspiel_film, letzter Aufruf: 12.07. 2020.
282 Hans Dieter Zimmermann: *Kleist, die Liebe und der Tod*. Frankfurt am Main: Athenäum 1989, S. 17.
283 Ingo Breuer: *Kleist-Handbuch. Leben – Werk – Wirkung*. Stuttgart: Metzler 2009, S. 431 f.

Autor_innen unterschiedlicher Epochen haben sich an der künstlerischen Darstellung von Kleists Ableben am Wannsee versucht und sich dabei stärker oder auch weniger intensiv an den historisch überlieferten Fakten orientiert: Der wegen seiner Mitgliedschaft in NSDAP und SA umstrittene Dramatiker Hans Rehberg[284] kümmerte sich in seinem Stück *Kleist* kaum um biografische Details. Nach der Uraufführung am 20. Dezember 1958 am Schlosstheater in Oldenburg sah er sich ob seiner Weigerung, der Dichterbiografie mehr Bedeutung zuzumessen, herber Kritik ausgesetzt. Der letzten Stunden von Kleist und Vogel nahmen sich unter anderem auch die Autoren Roman Bösch mit seiner fiktiven Autobiografie *Kleists ›Geschichte meiner Seele‹* (2007), Henning Boëtius mit seiner Novelle *Tod am Wannsee* (2002), Peter Schünemann mit seiner Erzählung *Die Nacht* (1992), Jan Christ mit *Kleist fiktional. 84 Treibsätze* (1999) und Guido Bachmann mit seiner zwanzigseitigen Erzählung *Wannsee* (1967) an.[285] Eine Publikation, die Hausner eigenen Angaben zu Folge in Vorbereitung der Produktion von AMOUR FOU gelesen hatte[286], ist Karin Reschkes *Verfolgte des Glücks. Findebuch der Henriette Vogel* (1982). Der Roman ist in Form eines fiktiven Tagebuchs verfasst: Von den Jahren als junges Mädchen bis hin zum gemeinschaftlichen Tod mit Heinrich von Kleist wird Henriette Vogels Lebensgeschichte aus einer persönlichen Perspektive erzählt.

Doch nicht nur Literaturschaffende, sondern auch Filmemacher_innen widmeten sich – abseits der zahlreichen Verfilmungen seiner Werke – speziell der Thematik von Kleists Sterben: So beschäftigte sich etwa Jonatan Briel[287] in seinem DFFB-Abschlussfilm mit den letzten Tagen Kleists.[288] WIE ZWEI FRÖHLICHE LUFTSCHIFFER (1969, Jonatan Briel) ist ein experimenteller Essayfilm, der mit sprachlosen Hauptdarsteller_innen, akustischen Auszügen aus Briefen und den Polizeiprotokollen, sowie der Einblendung zeitgenössischer Kunstwerke und aktueller Aufnah-

---

284 Vgl. dazu Ernst Klee: *Das Kulturlexikon zum Dritten Reich. Wer war was vor und nach 1945.* Frankfurt am Main: Fischer 2007, S. 476.
285 Vgl. Breuer: *Kleist-Handbuch.* 2009, S. 432.
286 Siehe Berger: Was, wenn alles ein Irrtum ist? 2012, S. 27.
287 Der deutsche Filmschaffende realisierte seine Projekte sowohl unter seinem Geburts-namen Karl Dieter Briel als auch unter Jonatan Briel. Vgl. http://www.imdb.com/name/nm2118152/?ref_=tt_ov_dr, letzter Aufruf: 12.07.2020.
288 Vgl. https://dffb-archiv.de/dffb/wie-zwei-froehliche-luftschiffer, letzter Aufruf: 12.07.2020.

men des Kleistgrabes überrascht.[289] Auf die Suche nach den treibenden Gründen für den Selbstmord wagte sich Helma Sanders-Brahms mit ihrem Spielfilm HEINRICH (1977), das *Biopic* ging als deutscher Beitrag bei den *30. Internationalen Filmfestspielen von Cannes* an den Start und wurde beim *Bundesfilmpreis* mit dem begehrten Wanderpreis *Goldene Schale* prämiert.[290]

Einen weiteren Versuch, Kleists Ableben filmisch darzustellen, unternahm die modern in Szene gesetzte Dokumentation DIE AKTE KLEIST (2011, Simone Dobmeier/Hedwig Schmutte/Torsten Striegnitz), in welcher Schauspielszenen mit Comic-Animationen und Experteninterviews mit Ulrike Landfester, Claus Peyman, Christopher Clark und Alexander Weigel geschickt verwoben wurden. Für diesen kreativen Ansatz wurde DIE AKTE KLEIST beim *Sichuan TV Festival* mit dem *Goldenen Panda* in der Kategorie »most innovative« ausgezeichnet.

Jessica Hausner konnte im Vorfeld und während der Produktion von AMOUR FOU – das sollten die vorangegangen Ausführungen verdeutlicht haben – aus einer Fülle von Informationen und Inspirationen rund um die Person Heinrich von Kleist schöpfen. Ein Aspekt, der sich in Hausners bisherigem Filmschaffen als wesentlich präsentiert, wie ein Rückblick veranschaulicht: Bei ihren Recherchen für LOVELY RITA wurde die Regisseurin etwa in den Akten des Jugendgerichtshofes fündig; hier entdeckte sie Unterlagen zu dem realen Fall eines 16-jährigen Mädchens aus gutem Hause, das scheinbar völlig grundlos ihre Eltern ermordete.[291] Für HOTEL griff sie – bedingt durch eine persönliche Vorliebe für Horrorfilme – auf umfassende Kenntnisse zu zahlreichen Genrefilmen und deren Konventionen zurück. Und auch der Produktion von LOURDES ging eine intensive Phase der Recherche voran, die sowohl mehrtägige Pilgerreisen bis hin zu mehrfachen Treffen mit an Multipler Sklerose Erkrankten umfasste.[292] Um eine realistische Storyline für LITTLE JOE zu finden, suchte Hausner das Gespräch mit Humangenetikern, Pflanzengenetikern und Neurologen; zudem begleiteten zwei Wissenschaftler das gesamte

---

289 Vgl. http://www.zweitausendeins.de/filmlexikon/?sucheNach=titel&wert=55507, letzter Aufruf: 12.07.2020.
290 Vgl. http://www.heinrich-von-kleist.org/europa-universitaet-viadrina/kleistkino/heinrich-der-preisgekroente-kinofilm-aus-dem-kleist-jahr-1977, letzter Aufruf: 12.07.2020.
291 Vgl. Schiefer: Jessica Hausner: LOVELY RITA. [o. D.].
292 Vgl. Karin Schiefer: Jessica Hausner über Lourdes. [September 2009], http://www.austrianfilms.com/news/jessica_hausner_ueber_Lourdes, letzter Aufruf: 18.07.2020.

Projekt und brachten sich mit konkreten virologischen Anregungen in den Entstehungsprozess ein.[293] Die eingehende Beschäftigung, die allen Hausner'schen Filmprojekten vorausgeht, ist dabei symptomatisch für ihre Arbeit als Drehbuchautorin. Im Gespräch mit Sabine Perthold für den *Frauenkulturbericht 2003* der Stadt Wien beschrieb sie ihre individuelle Vorgehensweise – ihren Weg von der Ideensammlung bis zum Drehbuch – folgend:

> Meistens sammle ich solange Szenen und Ideen, bis ich mich sicher fühle, zu schreiben. Beim Schreiben darf der Nachschub nicht ausgehen, sonst falle ich in ein Loch, das kontraproduktiv sein kann. Ich schreibe erst, wenn ich die wichtigen Eckpfeiler meiner Geschichte genau weiß und viele sinnliche konkrete Details zusammengetragen habe, die ein Abdriften verhindern. Die Phantasie ist eigentlich das Kombinieren von gesammelten Details und Szenen. Wenn ich mir zuviel ausdenken muss, gehe ich lieber einen Schritt zurück und recherchiere weiter, sammle mehr Details. […] Danach feile ich noch daran herum – aber prinzipiell muss die erste Version schon den richtigen Fluss und Duktus haben.[294]

Die intensive Recherche, der sich Jessica Hausner und ihr Team widmeten, kam dabei – sowohl in visueller Hinsicht als auch auf sprachlicher Ebene – in der Liebe zum historischen Detail zum Ausdruck. Ganz der Genrekonvention entsprechend, Historien- und Kostümfilme in jene historische Epochen zu betten, die als »Schwellenepochen, Kippmomente und Zäsuren«[295] im »Mittelpunkt der kollektiven Aufmerksamkeit stehen«[296], wählte Hausner einen wichtigen Wendepunkt der europäischen Geschichte, der für unser heutiges Verständnis von Gesellschaft und Politik von entscheidender Bedeutung ist. Immer wieder lässt sie in AMOUR FOU Figuren aus unterschiedlichen Ständen Stellung zu den zeitgenössischen Entwicklungen in Sachen Demokratie beziehen.

---

293 Vgl. Karin Schiefer: Jessica Hausner über Little Joe. [Mai 2019].
294 Hausner zit. n. Sabine Perthold: »Die Zukunft des österreichischen Films ist weiblich…« Eine Präsentation von 10 Kino-Filmregisseurinnen und Drehbuchautorinnen. In: *Frauenkulturbericht der Stadt Wien 2003*. Wien: ohne Verlag 2004, S. 249–290; hier: S. 270.
295 Liptay/Bauer: Einleitung. 2013, S. 14.
296 Ebd. S. 14.

Die manchmal durchaus begründete Vermutung, dass ein Geschehen vielleicht ganz anders abgelaufen sein könnte, als es überliefert wurde, setzte (abenteuerliche) Vorstellungen frei, die auszumalen ein ungeheures Vergnügen bereiten kann. Weil die Überlieferung niemals vollständig ist und immer neue Lesarten erlaubt, kann man die Realhistorie als unendliches Reservoir an virtuellen Geschichten auffassen, die sich mit den Mitteln der literarischen oder filmischen Erzählkunst ausspinnen und in Szene setzen lassen.[297]

AMOUR FOU diskutierte auf einer Metaebene, wie nicht nur das Hausner'sche Publikum, sondern die Menschheit die »vergangene Wirklichkeit« per Geschichtsschreibung wahrnimmt. Henriette Vogel ist hierbei ein exzellentes Beispiel: Das Wenige, was wir von ihr und über sie zu wissen glauben, kommt aus dritter Hand. Wie glaubwürdig, wie wahr können diese Briefe, diese Darstellungen und in endgültiger Instanz unser Bild der Vergangenheit sein? Im persönlichen Gespräch verdeutlichte Jessica Hausner ihre Skepsis hinsichtlich der Wahrhaftigkeit der überlieferten zeitgenössischen Belege und Wortmeldungen, indem sie von einem diesbezüglichen Diskurs mit einem renommierten Kleist-Experten berichtete. Auf seine Kritik, sie habe Henriette Vogel in ihrem Drehbuch inadäquat portraitiert, erwiderte die Regisseurin:

> Darauf habe ich gefragt: »Okay, was meinen Sie damit? Was ist eine freie Frau?« Er hat daraufhin umfassend ausgeführt, wie Henriette Vogel wirklich war. Meine Antwort: »Das ist interessant, weil es gibt ja so wenig Quellen. Oder haben Sie da irgendwie mehr Quellen gefunden?« Es gibt natürlich nicht mehr Quellen! Es gibt diese zwei oder drei Briefe und ganz viel Gequatsche. Es gibt zwar viele Bücher darüber, was die Zeitzeugen über die Henriette Vogel gesagt haben. Aber das soll ich für bare Münze nehmen? Das ist ja wohl lächerlich![298]

Hausner, die von mehreren Kritiker_innen mit dem Vorwurf der Verfälschung und der Verfehlung der *korrekten* Darstellung historischer Geschehnisse konfrontiert wurde, entschied sich – wie die ausführlichen Angaben zu ihren diesbezüglichen Recherchen untermauern – bewusst

---

297 Ebd. S. 24.
298 Hausner zit. n. 10.1 Skype-Interview mit Jessica Hausner [15.11.2016].

dazu, bestimmte Fakten in neuer Weise zu interpretieren. Diese Annahme wurde durch eine weitere Anekdote gestützt, die Hausner im Skype-Interview beschrieb:

> Ich erinnere mich bei der Recherche für den Kleist-Film […] habe ich unter anderen [ein renommiertes Mitglied] der deutschen Heinrich-von-Kleist-Gesellschaft getroffen: ein älterer Herr […] der sich netterweise herabgelassen hat, mein Drehbuch zu lesen und dann mit Rotstift in dem Drehbuch markiert hat, was falsch ist. Ich war total freundlich und habe gemeint: »Naja, das ist jetzt ein Missverständnis. Das ist kein historischer Film, es fällt ja auch nicht der Name Kleist.« Er hat Fehler in der zeitlichen Abfolge angestrichen – dieses Ereignis folgt nach jenem – was für den Film wirklich zweitrangig ist. Es waren nicht einmal grobe biografische Fehler, sondern minimale Fehler. Und da habe ich dann gesagt: »Ich muss zugeben, dass mir die Dramaturgie des Drehbuches wichtiger ist, als die historische Zeitabfolge.« Es ist ja kein Dokumentarfilm, es ist ja nicht mal ein Film über Heinrich von Kleist. Das Treffen hat damit geendet, dass er mich so genervt hat, dass ich mein Drehbuch zugeklappt habe und mit den Worten »Es reicht mir. Ich bedanke mich, aber es bringt mir nichts.« das Zimmer verlassen habe. Als ich die Türe zugemacht habe, hat hinter mir dieser [Professor] gebrüllt vor Wut. »Das ist mir noch nie passiert! So eine Frechheit!« Er hat – glaube ich – nicht verstehen können, in seiner Welt, dass eine relativ junge Frau etwas macht, das komplett eigenständig dasteht und halt leider nichts mit seinem Erfahrungsschatz oder Wissen zu tun hat.[299]

Durch ihre Recherchen sensibilisiert, gelang es Hausner, mit AMOUR FOU einen Historien- und Kostümfilm zu gestalten, der – ganz im Sinne der Genrekonvention – »Vergangenheit und Gegenwart in einen Erkenntniszusammenhang«[300] setzt und der »neue oder ungewohnte Perspektiven in beide Richtungen erschließt.«[301]

---

299 Hausner zit. n. 10.1 Skype-Interview mit Jessica Hausner [15.11.2016].
300 Liptay/Bauer: Einleitung. 2013, S. 25.
301 Ebd. S. 24.

Von einer Tendenz im Kino

Dass sich bereits frühere österreichische Filmemacher_innen dem Sog des Genres nicht völlig entziehen konnten, verdeutlicht eine Beobachtung von Bert Rebhandl, der im Versuch, einen Überblick über das nationale Filmschaffen im Zeitraum von 1968 bis 1995 zu formulieren, feststellte:

> Auffällig ist, daß es in all diesen Erscheinungsformen kaum einmal so etwas wie Genrefilme in einem engeren Sinn gibt (wie etwa Gerald Kargls Splatter-Movie *Angst*, Österreich 1982, oder Florian Flickers Science-fiction-Lichtspiel *Halbe Welt*, Österreich 1989), sondern allenfalls teilweise Übernahmen von Genreelementen in einen reflexiven Kontext (das Science-fiction-Element bei Valie Export, das Horrorelement bei Michael Haneke, vor allem in *Der siebente Kontinent*, Österreich 1989) oder zum Zweck eines filmischen Spezialeffekts (die Actionelemente bei Franz Novotny, die Parodiestrategie bei Niki List).[302]

Als HOTEL acht Jahre später seine Premiere beging, schienen Rebhandls Schlussfolgerungen in ihrer klaren Prägnanz nur noch teilweise zutreffend, korrespondiert der Film zwar nicht mit den engen Vorstellungen einer klassischen Hollywood-Inszenierung, entspricht in seinem »souveräne[n] Spiel mit dem Genre«[303] allerdings der von Rebhandl beschriebenen »teilweisen Übernahme von Genreelementen«[304]. Genrefilm oder Autorenfilm: Ist das hier überhaupt (noch) die Frage? Oder verweisen Hausners Annäherungen an filmische Genres auf eine viel grundlegendere Entwicklung im nationalen wie internationalen Kino?

Die Hausner'schen »Genre-Bastarde«[305], nach Eigendefinition der Regisseurin also »Mischung[en] aus verschiedenen Genres und Nicht-

---

302 Bert Rebhandl: Nachsaison. Zum österreichischen Spielfilm seit 1968. In: Gottfried Schlemmer (Hrsg.): *Der neue österreichische Film*. Wien: Wespennest 1996, S. 17–46; hier: S. 27.
303 http://2005.diagonale.at/releases/de/uploads/pressetexte/filmpreisediagonale2005.pdf, S. 6. Letzter Aufruf: 13.06.2020.
304 Rebhandl: Nachsaison. Zum österreichischen Spielfilm seit 1968. 1996, S. 27.
305 Hausner zit. n. APA: Jessica Hausner: »Little Joe ist ein Bastard«. [25.10.2019], https://k.at/entertainment/jessica-hausner-little-joe-ist-ein-bastard/400657799, letzter Aufruf: 20.07.2020.

Genres«[306], stehen in einer Reihe von zeitgenössischen Produktionen, die einerseits die tradierten Ansprüche an das europäische Filmschaffen erfüllen und andererseits unprätentiös etablierte Genremuster nutzen, um ein intentionales Thema zu kommunizieren. Österreichische Beispiele für diese Tendenzen im Filmschaffen ziehen sich querbeet durch alle denkbaren Genres: In der Kategorie der seit jeher beim österreichischen Publikum beliebten Komödie sind es Produktionen wie DIE WERKSTÜRMER (2013, Andreas Schmied), DIE MAMBA (2014, Ali Samadi Ahadi) oder WILDE MAUS (2017, Josef Hader) und DIE MIGRANTIGEN (2017, Arman T. Riahi), die als genrenahe Spielfilme für volle Kinosäle sorgten.

Ein österreichischer Regisseur, der bemüht scheint, seine ganz persönliche Genreliste abzuarbeiten, ist Andreas Prochaska. Nach dem außergewöhnlichen Erfolg des Horrorfilmes IN 3 TAGEN BIST DU TOT (2006, Andreas Prochaska) und dessen Sequel IN 3 TAGEN BIST DU TOT 2 (2008, Andreas Prochaska) widmete er sich daraufhin dem Genre der Komödie und konnte in qualitativer wie auch in quantitativer Hinsicht überraschen: DIE UNABSICHTLICHE ENTFÜHRUNG DER FRAU ELFRIEDE OTT (2010, Andreas Prochaska) wurde sowohl mit dem *Österreichischen Filmpreis 2011* in den Kategorien »Bester Spielfilm«, »Bestes Drehbuch« und »Beste Musik«[307] ausgezeichnet wie auch mit dem *Austrian Ticket 2010*[308] prämiert. Dem Genre des Westerns näherte er sich mit der österreichisch-deutschen Koproduktion DAS FINSTERE TAL (2014, Andreas Prochaska), die im Jahr 2014 von der *Austrian Film Commission* als österreichischer Kandidat für den Auslands-*Oscar* nominiert wurde und im Folgejahr in acht Kategorien den *Österreichischen Filmpreis* gewann.[309] Mit der dreiteiligen österreichisch-deutschen Fernsehproduktion MAXI-

---

306 Hausner zit. n. ebd.
307 Vgl. https://www.oesterreichische-filmakademie.at/filmpreis/preistraeger/2011, letzter Aufruf: 27.06.2020.
308 Das *Austria Ticket*, vormals als *Österreichischer Filmpreis* bekannt, wird vom *Fachverband der Film- und Musikindustrie* an Filmproduktionen vergeben, die mehr als 75.000 Besucher_innen in die heimischen Kinos locken können. Prochaskas Komödie erreicht laut Auskunft der *Wirtschaftskammer Österreich* (WKO) 217.041 Besucher_innen. Siehe dazu https://www.wko.at/branchen/tourismus-freizeitwirtschaft/kino-kultur-vergnuegungsbetriebe/Aufstellung_Diamond-Super-Golden-Austria_Tickets_2010_final.pdf, letzter Aufruf: 12.07.2020.
309 Vgl. https://www.oesterreichische-filmakademie.at/filmpreis/preistraeger/2015, letzter Aufruf: 27.06.2020.

milian – Das Spiel von Macht und Liebe (2017, Andreas Prochaska) wagte sich Prochaska zuletzt an eine Interpretation des Historien- und Kostümfilms.

Und auch der Regienachwuchs scheut das Genre nicht. Das Coming-of-Age-Genre, das sich häufig bei Jung- und Neo-Regisseur_innen zu Karrierebeginn besonderer Beliebtheit erfreut, fand beispielsweise mit Talea (2012, Katharina Mückstein), Chucks (2015, Sabine Hiebler/Gerhard Ertl) oder Siebzehn (2017, Monja Art) seine heimischen Interpretationen. Im Gespräch mit Karin Schiefer erklärte der steirische Regisseur Dominik Hartl im März 2016: »Mein Steckenpferd ist und bleibt das Genre-Kino. In diese Richtung möchte ich arbeiten […].«[310] Diese Leidenschaft kam nicht nur in seinem am Coming-of-Age-Genre orientierten Spielfilmdebüt Beautiful Girl (2015, Dominik Hartl) zum Ausdruck, sondern zeigte sich weiters in der dem Horrorgenre verpflichteten Folgeproduktion Angriff der Lederhosenzombies (2016, Dominik Hartl).

Selbst in Genres, die als kostspielig in der Herstellung und schwierig in der Verwertung gelten, zeigte sich in jüngerer Vergangenheit eine Häufung von Produktionen. Für den Historien- und Kostümfilm, dem der »Nimbus des Großen und Teuren«[311] anhaftet, können exemplarisch die im 18. Jahrhundert spielenden Handlungen der deutsch-österreichischen Koproduktion Die geliebten Schwestern (2014, Dominik Graf) und das österreichisch-luxemburgisch finanzierte Drama Angelo (2017, Markus Schleinzer) genannt werden. Anfang des 20. Jahrhunderts sind Egon Schiele: Tod und Mädchen (2016, Dieter Berner) und Klimt (2006, Raoúl Ruiz) angesiedelt, die 1960er-Jahre bilden im Spielfilm Deckname Holec (2016, Franz Novotny), einer fiktionalen Geschichte rund um die angeblichen Spionagetätigkeiten von Helmut Zilk für die Tschechoslowakische Sozialistische Republik, den zeitlichen Rahmen. Aktuellste Inszenierung eines historischen Stoffes ist Licht (2017, Barbara Albert); im Zentrum des von der *Nikolaus Geyrhalter*

---

310 Hartl zit. n. Karin Schiefer: »Es gab fast jede Nacht einen Schneesturm.« [März 2016], http://www.austrianfilms.com/news/bodyes_gab_fast_jede_nacht_einen_schnee sturmbody, letzter Aufruf: 12.07.2020.

311 Karin Schiefer: »Wie schauen die Leute, wenn man ans Licht kommt?« [Mai 2016], http://www.austrianfilms.com/news/bodywie_schauen_die_leute_wenn_man_ans_licht_kommtbody, letzter Aufruf: 12.07.2020.

Filmproduktion[312] realisierten Spielfilms steht das blinde, musikalische Wunderkind Maria Theresia Paradis, welches dank der Bemühungen von Franz Anton Mesmer kurzfristig wieder zu sehen beginnt, durch die Heilung jedoch ihre Virtuosität als Pianistin verliert.[313]

Für die Kategorie des Phantastischen Films legte Valentin Hitz mit STILLE RESERVEN (2016, Valentin Hitz) eine genrenahe Produktion vor[314] und auch Michael Ramsauer äußerte im Gespräch mit Doris Piller eine dahingehende Absicht:

> Ich arbeite gerade an einer Science Fiction-Geschichte und es ist sehr angenehm, wenn man sich in so einem Genre durch die ganzen Referenzen bewegt. […] Wenn man in diesem Genre international bestehen will, dann braucht man ein Budgetvolumen, das man in Österreich nur schwer bekommen kann. Deswegen arbeite ich neben dem SciFi-Projekt auch an etwas komplett anderem, das leichter zu verwirklichen ist. Aber ich würde sehr gerne einen Science Fiction-Film machen […], interessanterweise lässt sich meiner Ansicht nach ein Trend in diese Richtung ausmachen. Ich glaube, einige FilmemacherInnen würden gerne die Art von Filmen machen, die sie in den 1980ern geliebt und geprägt haben wie *Close Encounters of the Third Kind, E.T., Die Goonies* oder *Zurück in die Zukunft.*[315]

Unabhängig davon, ob sich Ramsauers Prognose für künftige österreichische Science Fiction-Produktionen bewahrheiten wird: Der Trend zur Genre-Annäherung, der in einer Vielzahl an heimischen Spielfilmproduktionen der jüngeren Vergangenheit erkannt werden kann, darf nicht

---

312 Dass Barbara Albert, deren Name unweigerlich mit der *Coop99* verbunden ist, LICHT als NGF-Produktion realisierte, wirkt auf den ersten Blick befremdlich. Produzent Michael Kitzberger führte im Gespräch mit Karin Schiefer mehrere Gründe für die überraschende Zusammenarbeit ins Feld; neben Alberts Interesse an der Geschichte, der jahrelangen persönlichen Freundschaft und ihrem aktuellen Wohnsitz in Berlin nannte Kitzberger (im Namen Alberts) auch ihren Wunsch, »einmal ›nur‹ als Regisseurin arbeiten [zu wollen], ohne auch die Produktionsagenden mitdenken zu müssen«, als Beweggrund. Siehe Schiefer: »Wie schauen die Leute, wenn man ans Licht kommt?« [Mai 2016].

313 Vgl. ebd.

314 Vgl. http://www.austrianfilms.com/film/stille_reserven, letzter Aufruf: 12.07.2020.

315 Ramsauer zit. n. Doris Piller: Es geht nie nur um das Monster. [22.09.2016], http://www.filmakademie.wien/de/es-geht-nie-nur-um-das-monster/, letzter Aufruf: 12.07.2020 [H.i.O.].

als verspäteter Aufschwung eines österreichischen »Konfektionskinos«[316] verstanden werden.

> [Die Regisseure] bedienen sich [...] mittlerweile aus dem Arsenal von Genre-Elementen und bauen sie um und ein. Um neue, modernere Filme zu machen. Gerade das Crossover aus Genre und Arthouse ist sehr spannend, weil Action auf Intellekt trifft und eine interessante neue Kreatur entsteht.[317]

Aus heutiger Sicht scheint die Schlussfolgerung einleuchtend, dass das Genre – zumindest im Kontext der europäischen Filmkunst – sein tendenziell negativ-besetztes Image allmählich abschüttelt und heute von vielen Regisseur_innen wesentlich wertbefreiter als nützliche Option im künstlerischen Schaffensprozess verstanden wird.

1.5 Verweigerungen

Im *Oktoskop*-Gespräch mit Lukas Maurer und Robert Buchschwenter gab Jessica Hausner im Jahr 2006 ihre Gedanken zur Situation der österreichischen Filmschaffenden wie folgt zu Protokoll:

> Wo geht's eigentlich hin? Wo geht's mit unserer Firma hin? Wo geht's mit unseren eigenen persönlichen Werdegängen hin? [...] Es ist grad wieder so ein Schub, wo das wieder stärker wird und wichtiger wird. [...] Und es ist auch wieder spannend. [...] Es ist grad wieder so ein Moment, glaube ich, wo es interessant ist: Okay, wo geht das jetzt hin?[318]

Weder dieser Phase der Unsicherheit in Bezug auf künftige Entwicklungen noch der nötigen Reflexion der erfolgreichen vergangenen Jahre

---

316 Rudolf Arnheim nutzte in *Film als Kunst* (1932) – in einer Zeit, in welcher der (vorgeblich) genreferne Autorenfilm als Königsdisziplin der Filmkunst galt – den Begriff des »Konfektionskino« durchaus abwertend.
317 Hausner zit. n. Lars Zwickies: »Für mich wird es da spannend, wo ein Film sichere Spuren verlässt.« Im Gespräch mit Jessica Hausner, der Regisseurin von »Little Joe«. [08.01.2020], https://diezukunft.de/interview/film/fuer-mich-wird-es-da-spannend-wo-ein-film-sichere-spuren-verlaesst, letzter Aufruf: 01.07.2020.
318 Hausner zit. n. 10.3 Protokoll Oktoskop-Beitrag [16.06.2006].

konnten sich Filmschaffende und in der Filmbranche Beschäftigte zum damaligen Zeitpunkt entziehen. Die konstruierte Hoffnungsblase der *Nouvelle Vague Viennoise* war scheinbar zerplatzt; sowohl im Kleinen wie auch im Großen, im Individuellen wie im Nationalen waren lediglich vage Zukunftsperspektiven geblieben. Hausner reagierte auf diese herausfordernde Situation mit der vorläufigen Verweigerung des Spielfilmformats. Resultat dessen sind die experimentellen Produktionen TOAST und RUFUS aus dem Jahr 2006.

1.5.1 TOAST (2006)

Im Vorjahr mit zwei *Diagonale*-Preisen für ihren Spielfilm HOTEL ausgezeichnet, wurde Jessica Hausner im Jahr 2006 dazu eingeladen, einen künstlerischen Beitrag für die kommende Ausgabe des Filmfestivals zu gestalten. Unter dem gleichlautenden Titel TOAST entstanden zwei filmische Produktionen, nämlich einerseits ein Experimentalfilm (Dauer: 40 Minuten 56 Sekunden) und andererseits der offizielle *Diagonale*-Trailer 2006 (Dauer: 1 Minute 25 Sekunden).

1.5.1.1 Zum Inhalt

Sowohl der *Diagonale*-Trailer wie auch der Experimentalfilm zeigen eine junge Frau (Susanne Wuest) beim Zubereiten und Essen von unterschiedlich belegten Toastbrotscheiben.

1.5.1.2 Produktion und Filmförderung

Für die Produktion von Hausners beiden filmischen Gattungsexperimenten entschied sich die Geschäftsführung der *Diagonale*, das Kunsthaus Graz und die *Coop99* zum ersten Mal zu einer diesbezüglichen interinstitutionellen Kooperation.[319] Neben den genannten Unternehmen

---

319 Die Information wurde mir per E-Mail von Peter Schernhuber, der seit dem Jahr 2015 zusammen mit Sebastian Höglinger als Intendanten-Duo der *Diagonale* verpflichtet ist, am 24.04.2017 zur Kenntnis gebracht.

war außerdem das Kopierwerk *Synchro Film Video & Audio Bearbeitungs GmbH*[320] an der Realisierung finanziell beteiligt.

Valide Angaben zum tatsächlichen Ausmaß der Produktionskosten wurden nicht verlautbart. Weder Peter Schernhuber in seiner Funktion als Intendant der *Diagonale* noch Katrin Bucher-Trantow als Chefkuratorin des Kunsthauses Graz waren gewillt, für die wissenschaftliche Auseinandersetzung konkrete Zahlen bekanntzugeben. Die Aufzeichnungen des zur Verfügung gestellten Budgets wurden zwar – wie mir schriftlich bestätigt wurde – in den Archiven des Kunsthauses ausgehoben, konnten allerdings (aus nicht näher benannten rechtlichen Sorgen) nicht verfügbar gemacht werden.[321] Lediglich ein Teil der Kosten, nämlich die Investitionssumme seitens des Kunsthauses für die Filmproduktion, wurde von offizieller Seite mit € 17.331,33 beziffert.[322]

1.5.1.3 Festivals und Auszeichnungen

Die beiden Hausner'schen Toast-Varianten wurden vor bzw. während der *Diagonale 2006* gezeigt, waren aber nicht in den Wettbewerb eingeladen. Weder der Experimentalfilm noch der *Diagonale*-Trailer wurden auf weiteren Festivals aufgeführt.

1.5.1.4 Verwertung

Die Videoinstallation Toast war vom 25. Januar bis zum 19. Februar 2006 am Landesmuseum Joanneum zu sehen. Bereits der Weg durch das Kunsthaus hin zu den beiden Ausstellungsräumen ist beeindruckend, hier wirken futuristische Architektur und ein imposantes Lichtkonzept

---

320 Das im Oktober 1989 gegründete Wiener Unternehmen *Synchro Film Video & Audio* musste im Jahr 2016 Insolvenz anmelden. Daran konnte auch die Initiative »SAVE FILM AUSTRIA« und ihre prominenten Vertreter_innen, die für die Erhaltung des letzten analog arbeitenden Kopierwerks Österreichs ihre Stimme erhoben, nichts ändern. Vgl. dazu https://www.ninakreuzinger.com/app/download/10656027821/STATEMENT-AKTION%2C+Stand+6.+Juli+2016.pdf?t=1480436603, letzter Aufruf: 22.06.2020.

321 Zusammenfassung des elektronischen Schriftverkehrs mit der Kuratorin und stellvertretenden Leiterin des Kunsthauses Graz Katrin Bucher-Trentow vom 24.04.2017, 07.06.2017 und 06.08.2017.

322 E-Mail von Katrin Bucher-Trentow vom 23.08.2017.

auf die Besucher_innen.[323] Ein 30 Meter langes, mechanisches Laufband bringt das Publikum in die Ausstellungsebene *Space02* und somit an den Ort des Geschehens: Hier wurde Hausners Experimentalfilm auf einer großen Leinwand (Abb. 10[324]) im Loop, also in einer scheinbaren Endlosschleife und sich ständig wiederholend, gezeigt.

Bedingt durch die Öffnungszeiten der Ausstellung wurde TOAST zwölf bis fünfzehn Mal pro Tag wiederholt.[325] Die Videoinstallation im *Space02* eröffnete den Zuseher_innen eine Rezeptionserfahrung, die bei einem herkömmlichen Projektionen in einem Kinosaal derart nicht geboten hätte werden können.

Als Kuratoren der Ausstellung zeichneten Peter Pakesch (zum damaligen Zeitpunkt künstlerischer Leiter des Universalmuseums Joanneum) und Adam Budak verantwortlich.[326] TOAST wurde im Programm der *Diagonale* zwar dezidiert als Festivalbeitrag der Kategorie »Experimentalfilm« angeführt, kam jedoch im Verlauf des Festivals nicht zur Aufführung[327], sondern war für die Besucher_innen der zeitlich vorangegangenen Ausstellung konsumierbar, nicht aber für das Festivalpublikum im engeren Sinn, denn zur Spielzeit der *Diagonale* war die Ausstellung bereits beendet. Die nachträgliche Rezeption wie auch die wissenschaftliche Auseinandersetzung mit der filmischen Produktion werden durch den Umstand erschwert, dass eine Kopie des Experimentalfilms nicht käuflich erworben werden kann.

Abseits der Ausstellung im Kunsthaus sorgte eine Kooperation mit *Radio Helsinki* zur Einstimmung auf die kommende *Diagonale* dafür, dass die Aufmerksamkeit des Publikums auf Jessica Hausners filmisches Schaffen gelenkt wurde. Im Bemühen, einem interessierten Publikum die »besten Filme der letzten Jahre«[328] zugänglich zu machen, waren am

---

323 Fotos der Architektur und ein virtueller Rundgang durch das Gebäude sind unter https://www.museum-joanneum.at/kunsthaus-graz/ueber-uns/architektur/gebaeude zu finden. Letzter Aufruf: 22.06.2020.

324 https://www.museum-joanneum.at/presse/aktuelle-projekte/events/event/4592/jessica-hausner-toast, letzter Aufruf: 22.06.2020.

325 Interessierte konnten TOAST von Dienstag bis Sonntag (jeweils von 10 bis 18 Uhr) und donnerstags bis 20 Uhr in Augenschein nehmen.

326 Siehe dazu http://www.basis-wien.at/db/object/74932;jsessionid=EBEB28988DB90409013C496B957213FB, letzter Aufruf: 22.06.2020.

327 Vgl. http://2006.diagonale.at/releases/de/uploads/pressetexte%202006/diagonale_pressemappe06mitcover.pdf, letzter Aufruf: 22.06.2020.

328 http://www.spacemovie.mur.at, letzter Aufruf: 22.06.2020. Gemeint sind Filme aus den wichtigsten Filmländern der Welt, die aus diversen Gründen noch nicht in der

Abb. 10: Videoinstallation im Landesmuseum Joanneum

1. Februar 2006 FLORA und HOTEL im Ausstellungsraum *Space04* zu sehen, tags darauf wurden INTER-VIEW und LOVELY RITA gezeigt.[329]

Anders als heute üblich, wurde TOAST als *Diagonale*-Trailer im Verlauf des Festivals, welches von 21. bis 26. März 2006 stattfand[330], vor sämtlichen Projektionen gezeigt.[331]

1.5.1.5 Vom Fehlersuchbild zum Trailer

Obwohl beide TOAST-Fassungen aus demselben Rohmaterial bestehen, adressieren sie unterschiedliche Rezipient_innen, nehmen differente Funktionen ein und variieren in ihrem narrativen Fokus. TOAST als Experimentalfilm unterwirft sich sowohl im Visuellen als auch im Akustischen starren Strukturen und einem spröden Regelkatalog, stellt sich aber trotzdem völlig unvorhersehbar dar. Die Regisseurin spielte sowohl auf struktureller als auch auf narrativer Ebene mit der Balance, mit dem Bewahren eines Gleichgewichts. Dabei trifft vermeintliche Willkür auf

---

steirischen Hauptstadt zu sehen waren. Die vier Filme Hausners sind thematischer Sonderschwerpunkt und daher – obwohl sie schon in Graz gezeigt wurden – Teil des Programms.

329 Vgl. http://spacemovie.mur.at/0602_hausner1.html, letzter Aufruf: 05.06.2020.
330 Vgl. http://2006.diagonale.at/main.jart@rel=de&content-id=1095078528470.htm, letzter Aufruf: 22.06.2020.
331 E-Mail von Peter Schernhuber am 24.04.2017.

scheinbares Muster, Kontrolle auf Kontrollverlust, Hunger auf Völlerei. Was bleibt, ist die völlige Irritation des Publikums, ist die Zerstörung jedweder Erwartung. Toast als *Diagonale*-Trailer entspricht der Vorstellung eines idealen, vermeintlich perfekt inszenierten Werbespots – vergisst aber dabei, für welches Produkt er wirbt.

1.5.1.5.1 Muster im vermeintlichen Chaos

Vier Plansequenzen, drei unsichtbare Schnitte, zwei musikalische Themen, ein Schauplatz – das sind die Hauptzutaten von Hausners Experimentalfilm.

> *Toast* thematisiert Essen als autoaggressiven Vorgang: Eine Perversion des natürlichen Verlangens nach Nahrung, Essen nicht zur Lebenserhaltung, sondern als Akt der Selbstzerstörung – ein fragwürdiges Merkmal unserer Kultur.[332]

Was zunächst als haltloser Lebensmittelkonsum beginnt und damit Tür und Tor für eine gesellschafts- und konsumkritische Interpretation öffnet, wird rasch zur filmischen Irritation – die variierenden Inhalte verhindern jeden Versuch einer Antizipation. Ab der zweiten Plansequenz scheint klar: Dem Film fehlt jedwedes Muster, Prognosen des Kommenden sind unmöglich. Ist Toast folglich ein Film, der mit dem System »Chaos« arbeitet, die Erwartungshaltungen der Zuseher_innen beständig bricht, ohne sie je zu erfüllen? Oder liegt der Inkonstanz doch eine Methode zu Grunde?

Augenscheinliche Besonderheiten

Hausner entschied sich bei der Produktion von Toast dazu, an einem Single Set zu drehen. Schauplatz der Handlung ist eine sterile, moderne Küche, die mit hochwertigen Küchengeräten ausgestattet. Neben der in einen Küchenschrank integrierten Kaffeemaschine und dem großen, freistehenden Kühlschrank wirkt der kleine Plastiktoaster (ein kostengünstiges Modell der Marke Timetron), der in die hinterste Ecke der Küche verbannt ist, nahezu fehl am Platz.

---

332   https://www.diagonale.at/filmarchiv/?fid=9999, letzter Aufruf: 22.06.2020.

Die räumliche Begrenzung wird durch die Kameraposition und -führung verstärkt, erlaubt sie dem Publikum doch lediglich eine eingeschränkte Sicht auf und in die Küche, welche die Protagonistin am Ende jeder Plansequenz verlässt. Die räumlich Enge, die im Zusammenspiel aus architektonischer und filmbildlicher Fokussierung entsteht, erzeugt ein Gefühl, das je nach Kontext »eine Atmosphäre der Beengtheit, der Geborgenheit«[333] auslösen kann. Im Fall TOAST wird aus anfänglicher Vertrautheit beklemmende Isolation entstehen.

Im Experimentalfilm kommen vier einander ähnelnde Plansequenzen zum Einsatz, welche durch unsichtbare Schnitte aneinander gereiht werden. In jeder dieser Plansequenzen werden die Zubereitung und der Verzehr eines viergängigen Fastfood-Menüs, bestehend aus unterschiedlich belegten Toastbroten, gezeigt. Auch wenn sich die Plansequenzen in ihrer Darstellung in wesentlichen Zügen nicht verändern, werden doch Varianzen in der Umsetzung offensichtlich. Diese Abweichungen zeigen sich nicht nur dadurch, dass Zutaten verändert werden, sondern auch in differenten Kameraperspektiven, in anderem Kamerafokus und in unterschiedlichen Handgriffen, welche die Schauspielerin ausführt.

Dass kein Single Set nötig ist, um eine beeindruckende, spannungsgeladene Plansequenz zu filmen, verdeutlichen – um nur zwei Beispiele zu nennen – die vielbesprochene Todessequenz in PROFESSIONE: REPORTER (1975, Michelangelo Antonioni, dt. Titel: BERUF: REPORTER)[334] oder die mit einer Steadicam gedrehte Szene in HUGO (2011, Martin Scorsese, dt. Titel: HUGO CABRET)[335]. Allerdings vereinfacht die Kombination aus Plansequenz und begrenztem Handlungsraum die Machbarkeit und Umsetzung und ist in filmgeschichtlicher Hinsicht keine Neuheit. Aktuelles Beispiel für eine derartige Inszenierung ist die Eingangssequenz im Weltraum-Triller GRAVITY (2013, Alfonso Cuarón), der mit einer 17-minütigen schnittlosen Sequenz beginnt, in welcher Sandra Bullock und George Clooney durchs All wirbeln. Auch der *Master of Suspense*

---

333 Knut Hickethier: *Film- und Fernsehanalyse.* Stuttgart/Weimar: Metzler 1996², S. 47.
334 Vgl. Nils Borstnar/Eckhard Pabst/Hans Jürgen Wulff (Hrsg.): *Einführung in die Film- und Fernsehwissenschaft.* Konstanz: UVK 2008², S. 132 bzw. James Monaco: *Film verstehen. Kunst, Technik, Sprache, Geschichte und Theorie des Films und der Medien.* Reinbek bei Hamburg: Rowohlt 2005⁶, S. 220.
335 Ein sehenswerten Blick hinter die Kulissen der Dreharbeiten zu besagter HUGO-Szene findet man unter https://www.youtube.com/watch?v=d_tzoTHhjFs&feature=youtu.be, letzter Aufruf: 22.06.2020.

experimentierte mit dieser Darstellungsform. Im Gespräch mit François Truffaut äußerte sich Alfred Hitchcock wie folgt:

> Ich weiß eigentlich gar nicht recht, weshalb ich mich auf diese Rope-Masche eingelassen habe. […] Zeit der Handlung und Dauer des Stückes waren identisch, lückenlos von dem Augenblick an, wenn sich der Vorhang hebt, bis zu dem, wenn er fällt. Und ich habe mich gefragt: Wie kann ich das filmen auf eine technisch entsprechende Weise? […] Das hat mich auf die etwas irre Idee gebracht, einen Film zu drehen, der nur aus einer einzigen Einstellung besteht.[336]

Das Projekt, auf welches Hitchcock sich bezog und das ihn auf die »irre Idee« der Plansequenz brachte, ist die filmische Inszenierung des Theaterstücks *Rope* des englischen Schriftstellers Patrick Hamilton. Da die technischen Möglichkeiten der damaligen Zeit, konkret die mangelnde Kassettenkapazität der Filmspule, den Dreh in einer einzigen Einstellung nicht zuließen, musste sich Hitchcock bei der Produktion von ROPE (1948, Alfred Hitchcock; dt. Titel: COCKTAIL FÜR EINE LEICHE) mit unsichtbaren Schnitten behelfen.[337]

Im Interview auf den möglichen Einfluss von Alfred Hitchcocks Werken auf ihr individuelles Filmschaffen angesprochen, erklärte Hausner:

> Hitchcock ist sicherlich ein Regisseur, der mich immer am meisten interessiert hat. Also es ist eine Art Hass-Liebe. Ich finde Hitchcock wahnsinnig spannend, was die filmischen Mittel betrifft. Ich finde, er ist wirklich ein Zauberer. Aber was die Narration betrifft, ist es mir oft zu einfältig. Die Psychologie in der Geschichte ist mir oft zu küchenpsychologisch – gut, das war auch eine andere Zeit –, aber das ist einfach ein bisschen überdeutlich. […] Diese Mischung der Gefühle habe ich für Hitchcock.[338]

Obwohl Experimental- und Kriminalfilm im Normalfall kaum nennenswerte Gemeinsamkeiten teilen, sind in der vergleichenden Analyse von

---

336 Hitchcock zit. n. François Truffaut: *Mr. Hitchcock, wie haben Sie das gemacht?* München: Heyne 2003³, S. 173 f.
337 Vgl. Rudolf Kersting: *Wie die Sinne auf Montage gehen. Zur ästhetischen Theorie des Kinos/Films.* Basel/Frankfurt am Main: Stroemfeld 1989, S. 320.
338 Hausner zit. n. 10.1 Skype-Interview mit Jessica Hausner [15.11.2016].

TOAST und ROPE überraschend viele Übereinstimmungen und Ähnlichkeiten zu finden: Beide Filme wurden an Single Sets gedreht, es kamen Plansequenzen sowie unsichtbare Schnitte zum Einsatz. Zudem wird in beiden Produktionen eine enge Vertrautheit des Publikums mit der Handlungsumgebung des Films erzeugt.[339] Das durch das Single Set beschränkte Platzangebot trägt seinen Teil dazu bei, dass die Zuseher_innen sich intensiv mit dem Handlungsraum auseinandersetzen können, diesen verinnerlichen und sich mit dem Wohnraum identifizieren.[340] Lässt sich das Publikum auf einer persönlichen Ebene auf den Raum ein, wird zudem die Übertragung von Emotionen wie Klaustrophobie, Angst, Beklemmung und Spannung begünstigt.[341]

Auch hinsichtlich der Raumarchitektur finden sich Gemeinsamkeiten. ROPE spielt in einem lichtdurchfluteten, modern eingerichteten Appartement, das mit einem Blick auf die Skyline von Manhattan begeistern kann. Das helle, freundliche Ambiente des Raumes täuscht zunächst darüber hinweg, dass Brandon Shaw und Philip Morgan hier ihren ehemaligen Schulfreund David Kentley stranguliert haben. Ein ähnlich anmutendes Setting findet sich in Hausners TOAST. Auch hier wird ein heller, freundlicher Raum in Szene gesetzt, auch hier wirkt die Ausstattung dank der Küchengeräte, der Lichtspots und der Meranoglasflächen durchwegs modern. Wie in ROPE lässt auch in TOAST die vertrauenerweckende Raumgestaltung nicht vermuten, dass in diesem Raum böse Dinge geschehen, dass eine Todsünde begangen wurde. Während Shaw und Morgan den Mord an ihrem ehemaligen Collegekameraden als intellektuelle Herausforderung betrachten und sich damit der *Superbia*, des Hochmuts, schuldig machen, wird die österreichische Regisseurin *Gula*, die Völlerei, ins Rennen schicken.

Neben der Betonung der Modernität der Raumausstattung als Hinweis auf den sozialen Status der Figuren, scheint die Beleuchtung eine wichtige Rolle zu spielen. Die notwendige ständige Adaption der Lichtverhältnisse stellte Hitchcock und seinen Mitarbeiter_innen bei der Produktion von ROPE vor umfassende Herausforderungen, beginnt die

---

339 Vgl dazu explizit für Hitchcocks ROPE: Franz Everschor: Cocktail für eine Leiche: The Rope. In: Franz Everschor (Hrsg.): *Filmanalysen 2*. Düsseldorf: Altenberg 1964, S. 25–58.
340 Vgl. Steven Jacobs: *The Wrong House: The Architecture of Alfred Hitchcock*. Rotterdam: 010 Publishers 2007, S. 29.
341 Vgl. Juhani Pallasmaa: *The Architecture of Image. Existential Space in Cinema*. Helsinki: Rakennustieto 2001, S. 48.

Handlung doch bei Tageslicht und endet bei Einbruch der Dunkelheit.[342] Die Inszenierung von Raum und Figur durch gezielte Lichtgestaltung unterstützt das Gefühl der Vertrautheit, hilft dem Publikum dabei, sich mit dem Gezeigten zu identifizieren. In ROPE sind die Licht- und Farbgebung der Sequenzen weiters bedeutend, um den Realitätsanspruch der Szenerie zu unterstützen. In TOAST ist die ins rechte Licht gerückte Protagonistin eine blonde, junge Frau, die sehr helle Kleidung (eine zartrosa Zipper-Jacke der Marke »Blutsgeschwister« und eine weiße Trainingshose) trägt.

> Ein ideales High-Key-Objekt ist ein völlig gleichmäßig mit diffusem Licht ausgeleuchtetes Mädchengesicht von heller Hautfarbe und blondem Haar mit weißer Kleidung vor einem weißen Hintergrund, auf dem die gleiche Beleuchtungsstärke herrscht.[343]

Die »freundliche Grundstimmung«[344], die Kandorfer durch diese Form der Beleuchtung dargestellt wissen will, ist nicht nur Indikator für »Hoffnung, Zuversicht, Glück und Problemlosigkeit«[345], sondern damit auch bestens für »Lustspiele und Screwball-Komödien«[346] geeignet. Obschon Komik zwar nicht den dominanten Zug von Hausners Experimentalfilm darstellt, kann TOAST doch mit amüsanten Momenten aufwarten. Wenn das plötzlich aus dem Toaster springende Brot das Publikum auflachen lässt, dann handelt es sich um eine »Erleichterungsreaktion auf einen plötzlich hereinbrechenden Aspekt des Filmes«[347], welche der deutsche Filmwissenschaftler Julian Hanich als charakteristisch für das *befreiende Distanzierungslachen* beschreibt.

> [Dieses] Lachen bedeutet Erleichterung: Als eruptive, nach außen und vorne gerichtete Körperreaktion, verschafft es dem bedrängten und quasi in die Enge getriebenen Leib wieder Freiraum – wer lacht, expandiert. Als wolle der Zuschauer die beklemmenden Fesseln zerreißen,

---

342 Vgl. Truffaut: *Mr. Hitchcock, wie haben Sie das gemacht?* 2003³, S. 174.
343 Pierre Kandorfer: *Lehrbuch der Filmgestaltung. Theoretisch-technische Grundlagen der Filmkunde.* Köln-Lövenich: Deutscher Ärzte-Verlag 1978, S. 286.
344 Ebd. S. 287.
345 Ebd.
346 Hickethier: *Film- und Fernsehanalyse.* 1996², S. 79.
347 Julian Hanich: Laugh is in the Air. Eine Typologie des Lachens im Kino. [22.10.2010], https://nachdemfilm.de/issues/text/laugh-air, letzter Aufruf: 22.06.2020.

die ihm der Film kurzzeitig um den Leib geschlungen hat, explodiert er lachend.[348]

Das Lachen, das beim Sehen des Experimentalfilms aus den Zuseher_innen herausbricht, ist gleichermaßen Konsequenz der bedrückenden Enge, Antwort auf die stetig wachsende Spannung und (kurzfristige) Erlösung aus der Erwartungshaltung.

Akustische Atmosphäre

Die Bedeutung der akustischen Gestaltung wird im Gegensatz zu den optischen Darstellungselementen oft unterschätzt, und das, obwohl die Filmakustik einen starken Einfluss auf die Wahrnehmung ausübt.[349] In TOAST verzichtete Hausner vollständig auf den Einsatz von Lautsprache; Schauspielerin Susanne Wuest äußert im Verlauf der 40 Minuten kein einziges Wort, und scheint solcherart (nach wie vor) der für die *Nouvelle Vague Viennoise*-Filme typischen Bilddominanz verpflichtet, zu welcher sich Isabella Reicher definitorisch äußerte: »Nicht das gesprochene Wort stiftet den narrativen Zusammenhang, vielmehr steht die visuelle Aussage im Vordergrund.«[350]

Zur Bedeutung von Dialogen in Filmen meinte der amerikanische Regisseur Bill Plympton im Gespräch mit Tasha Robinson für den *The Onion A. V. Club*:

> For me, the perfect film has no dialogue at all. It's purely a visual, emotional, visceral kind of experience. And I think one can create wonderful depth and meaning and communication without using words.[351]

Plympton, dessen animierter Kurzfilm YOUR FACE (1987, Bill Plympton) für den *Oscar* nominiert war, arbeitete viele Jahre als Karikaturist, unter anderem für Tageszeitungen wie *The New York Times* – ein Umstand, den er selbst als Erklärung für seine Nähe zum Visuellen ins Feld führte und

---

348 Ebd.
349 Vgl. Werner Kamp/Manfred Rüsel: *Vom Umgang mit Film.* Berlin: Cornelsen 2011, S. 41 ff.
350 Reicher zit. n. Hilgers: *Nouvelle Vague Viennoise – Kurzfilme.* [02.10.2008].
351 Plympton zit. n. Tasha Robinson: Interview. Bill Plympton. [19.04.2000], http://www.avclub.com/article/bill-plympton-13652, letzter Aufruf: 22.06.2020.

der verständlich macht, warum er dem Dialog in seinem kreativen Schaffen eine untergeordnete Rolle zuwies. Plympton plädierte mit seiner Idee des perfekten Films auf Rezeptionsebene für ein unverfälschtes, intuitives Erleben von Film, auf Produktionsebene wies er darauf hin, dass bedeutender Tiefgang auch ohne Worte erschaffen werden kann. In weiterer Folge hob der amerikanische Regisseur die Vorteile der komplikationsfreien internationalen Rezeption hervor, denn Musik und Bild(er) könnten von einem großen Publikum ohne Investitionen in Übersetzungen von Dialogen konsumiert und verstanden werden. Fehlender bzw. minimalistischer Dialog, bedeutungsgeladene Bilder, gezielter Musikeinsatz – Hausners Toast entspricht auffallend dem, was Plympton sich wohl vom perfekten Film erwartet zu haben scheint.

Auch wenn Hausner in Toast völlig auf Äußerungen in Lautsprache verzichtet, kann auf der Tonebene ein durchaus facettenreicher Einsatz von Geräuschen und Musik verzeichnet werden. Wie auf visueller Ebene wird auch auf akustischer Ebene bei genauer Analyse deutlich, dass das Publikum mit konstanten Mustern konfrontiert ist. Wirkt der Musikeinsatz zunächst vollkommen willkürlich, wird bei exakter Transkription sichtbar, dass dieses Chaos durchaus System hat.[352]

> Ja, man könnte sogar noch einen Schritt weitergehen und behaupten, daß sich realistisches Filmerleben und Musik in einer Art Umkehrverhältnis zueinander befinden. Während ein realer Raubüberfall, eine reale Umarmungsszene oder eine reale Streßsituation im Alltag sicherlich ohne musikalische Untermalung stattfindet, verhält es sich im Kino gerade andersherum: je ›echter‹ die Handlung wirken soll, desto mehr bedarf sie der Töne.[353]

Hausners Art und Weise, akustische Atmosphäre zu gestalten, widerspricht Kellers These. Toast nähert sich realen Lebenssituationen an und ist als Replik auf die tradierten Inszenierungsformen à la Hollywood zu sehen. Besonders in Momenten, in denen die musikalische Untermalung fehlt, könnte man sich der Wirklichkeit sehr nahe fühlen – wäre da nicht das überzogene Sound-Design, durch welches alltägliche Geräusche klar und (zu) laut hörbar gemacht werden. So relativiert Hausner sich und die vermeintliche Wirklichkeitsnähe ihres Experimentalfilms wieder. Den

---

352 Vgl. dazu 3.5 Die Wiederholung als charakteristischer Wesenszug.
353 Matthias Keller: *Stars and Sounds. Filmmusik – Die dritte Kinodimension.* Kassel: Bärenreiter 2005³, S. 42.

perfekten Film im Sinne von Bill Plympton hat Jessica Hausner wohl nicht gestalten wollen. Zweifelsohne ist es ihr aber gelungen, eine stilistische Komposition zu realisieren, die verdeckt und doch so offensichtlich mit starren Strukturen arbeitet.

1.5.1.5.2 Ein Toast für und auf die Diagonale

Nach Jahren der Wanderschaft quer durch Österreich fand die *Diagonale* im Jahr 1998 ihre neue Heimat in Graz und wurde ab diesem Zeitpunkt jährlich, unter gleichbleibendem Namen und ebendort veranstaltet. Fixer Bestandteil ist seitdem der sogenannte *Diagonale*-Trailer, der Aufmerksamkeit generieren und Lust auf das Filmfestival machen soll. Den Grundstein für diese anhaltende Tradition legte die Künstlerin Lisl Ponger: Auf ihr PANORAMA (1998, Lisl Ponger) folgen seither weitere Kurzbeiträge von verschiedenen Filmschaffenden.

Betrachtet man das Spektrum der in den Jahren 1998 bis 2017 produzierten *Diagonale*-Trailer,[354] wird rasch deutlich, dass es sich bei den kurzen Filmbeiträgen nicht um Trailer im klassischen Sinn handelt. Nach Klaas Klaassen stellen diese im Normalfall eine »Verdichtung, Verkürzung und Beschränkung«[355] umfassender Inhalte dar, sie bieten dem Publikum eine Kostprobe an.[356] Bei der Produktion von Trailern werden standardisierte Schemata angewandt, um die Herstellung einerseits und die Rezeption andererseits zu vereinfachen.[357] Hickethier erkannte in der modernen Trailer-Gestaltung einen starken Trend zur »Attraktionsmontage«[358] und zum Zusammenschneiden von Höhepunkten, wofür alle zur Verfügung stehenden technischen Möglichkeiten – von Bild über Text bis hin zur Computeranimation – ausgeschöpft werden.

---

354 Eine Sammlung der bisher produzierten Trailer ist auf dem Vimeo-Kanal der *Diagonale* zu finden. Siehe dazu https://vimeo.com/channels/872852, letzter Aufruf: 22.06.2020.
355 Klaas Klaassen: »Morgen, Gleich, Jetzt…« Trailer als Zugpferde für das Programm. In: Knut Hickethier/Joan Kristin Bleicher (Hrsg.): *Trailer, Teaser, Appetizer. Zur Ästhetik und Design der Programmverbindungen im Fernsehen.* Hamburg: Lit. 1997, S. 217–240; hier: S. 236.
356 Vgl. Klaassen: »Morgen, Gleich, Jetzt…« 1997, S. 264.
357 Vgl. Vinzenz Hediger: *Verführung zum Film. Der amerikanische Kinotrailer seit 1912.* Marburg: Schüren 2001, S. 44.
358 Knut Hickethier/Joan Kristin Bleicher (Hrsg.): *Trailer, Teaser, Appetizer. Zur Ästhetik und Design der Programmverbindungen im Fernsehen.* Hamburg: Lit. 1997, S. 20.

Mit herkömmlichen Trailern, die das Publikum aus Kino und Fernsehen kennt, hatten und haben die *Diagonale*-Trailer nur wenig bis nichts gemein – sie bewerben allerdings auch kein homogenes filmisches Produkt. Es wird kein Zusammenschnitt des Programms präsentiert, keine inhaltliche Kostprobe offeriert und auf eine Vorschau der zu erwartenden Festival-Höhepunkte wartet man vergebens. Vielmehr gestalten Filmschaffende jährlich eine Art Signetfilm[359] oder Pre-Opener, welcher stellvertretend für alle Festivalbeiträge steht und vor Veranstaltungsbeginn ausgestrahlt wird.[360]

Vier Sekunden lang prangt ein dominantes Insert auf dem Schirm: »Diagonale – Festival des österreichischen Films« ist in roten Lettern zu lesen, dann wird das Publikum mitten ins Geschehen geworfen: Zarte Frauenhände mit knallroten Fingernägeln sind zu sehen, mit einem Teelöffel wird Majonäse-Salat aus einem gelben Becher auf eine Scheibe Toastbrot gestrichen. Leise setzt Musik ein, die sich langsam und stetig steigert. Immer schneller werden die Handgriffe, eilig werden die letzten Reste aus dem Plastikbehälter gekratzt. Nachdem die Löffel und Finger abgeschleckt sind, landet ein zweites Toastbrot als Deckel auf dem ersten. Mit dem bereitliegenden Tafelmesser wird der Snack diagonal geteilt, hastig findet ein Toastbrot-Eck seinen Weg in den Mund der Protagonistin. Noch kauend schiebt die junge Frau eine weitere Brotscheibe in den Toaster, um sich dann rasch wieder über ihre Mahlzeit herzumachen. Die Kamera bewegt sich stetig zoomend wieder auf das Toastbrot zu, täuscht einen neuen Fokus an, beginnt Hände und Mahlzeit in die Bildmitte zu rücken. Doch dann ändert sich die Bewegungsrichtung, ein leichter Schwenk nach links setzt nun den Toaster als neuen Akteur ins Zentrum. Geräuschvoll springt zum großen Finale eine Scheibe Toastbrot aus dem Schlitz. Der *Diagonale*-Trailer endet mit einem Insert: Auf schwarzem Hintergrund ist in weißer Schrift »© Jessica Hausner 2006« zu lesen.

Die Trailerversion von TOAST hatte eine klar definierte Aufgabe: Sie fungierte als Werbefilm für die *Diagonale*, sollte Interesse und Aufmerk-

---

359 Vgl. Vinzenz Hediger: Trailer. [o. D.], http://filmlexikon.uni-kiel.de/index.php?action=lexikon&tag=det&id=2072, letzter Aufruf: 22.06.2020.
360 Aus ablauftechnischen und finanziellen Gründen etablierte sich in späterer Folge die Usance, zusätzlich zu den *Diagonale*-Trailern auch eine festivaleigene *Signation* zu produzieren, die vor sämtlichen Vorstellungen gezeigt wird. Die Trailer laufen nun nur noch vor ausgewählten Filmen (vornehmlich: Premieren), wie *Diagonale*-Leiter Peter Schernhuber mir in einem E-Mail am 24.04.2017 erläuterte.

samkeit generieren. Raum und Aktrice sind beliebig, farblos, austauschbar – das Hauptaugenmerk des Trailers liegt auf der Sichtbarmachung von Konsum und konsumierbaren Produkten. Fokussiert wurden einerseits das Toastbrot, das wieder und wieder in den Fokus rückt, und andererseits der Toaster, der unübersehbar mit dem Diagonale-Logo versehen ist. Nicht nur visuell, sondern auch akustisch betonte Hausner in ihrem Trailer die explizite Werbeästhetik des filmischen Kurzbeitrages. Die Produkte beherrschen den Raum, Schauspielerin und Handlung rücken in den Hintergrund.

Das Konsumbedürfnis, welches durch das Verschlingen des Toastbrotes zum Ausdruck gebracht wird, kann direkt und komplikationslos auf die Filmfestival-Ebene übertragen werden. So gierig wie die Protagonistin ihr Toastbrot vertilgt, können auf der *Diagonale* eben auch Filme konsumiert werden. Mit ihrem Trailer brachte Hausner sprichwörtlich einen Toast auf die *Diagonale* aus.

1.5.1.5.3 *Von Konstanten, Verlusten und einem Extra*

Offensichtlicher Unterschied zwischen TOAST als Trailer und als Experimentalfilm ist die Dauer. Während die Regisseurin in der Langversion mehr als vierzig Minuten Zeit hatte, das Geschehen zu inszenieren, stand ihr in der Trailer-Version nur etwas mehr als eine Minute zur Verfügung. Hausners *Diagonale*-Trailer ist ein Exzerpt der gleichnamigen Videoinstallation, das trotz unausweichlicher Schnittmengen und Verknappungen mit einer individuellen Ästhetik aufwarten kann. Sowohl in der Lang- als auch in der Kurzversion bleibt eine visuelle Besonderheit erhalten: Hausners TOAST-Variationen sind als Plansequenzen konzipiert und umgesetzt.[361] Präsentiert wird eine vollständige Handlungseinheit, die in einer Einstellung (nicht aber in einer Einstellungsgröße) arrangiert ist und ohne Schnitt auskommt.[362]

> Bei einer Plansequenz […] werden mittels Kamerabewegung – in der Regel einer Kombination komplizierter Schwenks und Fahrten – mehrere

---

361 Während im Trailer eine einzige Plansequenz ins Zentrum der Aufmerksamkeit gesetzt und damit akzentuiert wird, sind in der Experimentalfilmversion mehrere Plansequenzen durch unsichtbare Schnitte montiert.
362 Vgl. Mikos: *Film- und Fernsehanalyse*. 2003, S. 83.

Einstellungen im herkömmlichen Sinne in einem einzigen **take** aufgenommen und entsprechend ohne Unterbrechung durch Schnitt präsentiert.[363]

Um dem Geschehen zu folgen, schwenkt und zoomt die Kamera, rückt von einer Position zur anderen und übernimmt so die Funktion der Montage.[364] Das Spektrum der Einstellungsgrößen in TOAST reicht von Großaufnahmen bis zur halbnahen Aufnahme[365], perspektivisch kommt die Normalsicht zur Anwendung.

Neben dem Einsatz der Plansequenz(en) zeigen beide TOAST-Varianten außerdem eine gleichbleibende Darstellung des Brotanschnitts. Das hastig zubereitete Toastbrot findet nicht sofort seinen Weg in den Mund der hungrigen Protagonistin, sondern wird zuerst geteilt: Susanne Wuest schneidet das Toastbrot nicht längs, sondern *diagonal* in zwei Stücke. Dieser humorige Moment ist allerdings nur im Trailer sinnstiftend. Wirkt das diagonale Teilen des Toastbrots in der experimentellen Version alltäglich und unauffällig, so wird es erst im Diagonale-Kontext zu einer bildwitzigen Komponente.

Doch nicht nur auf visueller sondern auch auf inhaltlicher und akustischer Ebene finden sich Gemeinsamkeiten: So ist der Plot in beiden Varianten in seinen wesentlichen Zügen unverändert. Gezeigt wird eine junge Frau, die sich mit raschen Handgriffen eine bzw. mehrere Mahlzeit/en zubereitet und diese verzehrt, ja nahezu verschlingt. Auch eine akustische Hyperbel ist in beiden Fällen zu erkennen, bedingt durch ein überzogenes Sound-Design: Das Toastbrot ist knuspriger als knusprig – sogar beim Kauen crunckt und knackt es lautstark. Diese völlige Überzeichnung auf Tonebene findet ihren Höhepunkt in der letzten Szene, wenn das Toastbrot zum großen Finale geräuschvoll aus dem Gerät springt.

Gelingt es Hausner, die angeführten Aspekte ihres Experimentalfilms auch in der Kurzversion zu erhalten, so gehen akustische, schauspielerische und stilistische Besonderheiten des 40-minütigen Beitrages dennoch verloren.

Ein kompakter, nahezu reduzierter Einsatz von akustischen Elementen ist charakteristisch für die filmischen Projekte der österreichischen Regisseurin. In Hausner'schen Dialogen fällt kein unnötiges Wort, das

---

363 Benjamin Beil/Jürgen Kühnel/Stefan Neuhaus: *Studienhandbuch Filmanalyse: Ästhetik und Dramaturgie des Spielfilms.* München: Fink 2012, S. 97 [H. i. O.].
364 Vgl. ebd.
365 Vgl. Hickethier: *Film- und Fernsehanalyse.* 1996², S. 59.

Abb. 11: Product Placement einmal anders (TOAST, 0:01:17)

Publikum wird nicht mit bedeutungsloser Musik beschallt, nimmt keine unnützen Geräusche wahr. Jedweder Einsatz von Ton geschieht bewusst und hat einen rezeptiven Mehrwert. Umso überraschender, dass der *Diagonale*-Trailer mit werbetypisch-musikalischer Untermalung aufwartet: Der Beitrag wird von Beginn bis Ende mit einem durchgängigen Musikstück unterlegt. Zwar ist eine Entwicklung zu hören – ein zarter Anfang steigert sich bis ins laute Finale –, doch die akustische Rahmung ist eben nicht mehr als lediglich auditiver Rahmen.

Kann Susanne Wuest im Experimentalfilm ihr schauspielerisches Talent unter Beweis stellen, indem sie mit Mimik und Mikroexpressionen unterschiedliche Stimmungen erzeugt, so gehen diese Ausdrucksfacetten im Trailer verloren. Das Gesicht der Aktrice wirkt unbewegt, unemotional und – passend zu Raumgestaltung und Kostüm – farblos. Abhanden kommen auch die szenischen Wiederholungen, die in Hausners Experimentalfilm ein wesentliches Gestaltungselement darstellen.

Neben dem diagonalen Anschnitt des Toastbrots, der als diskreter Hinweis auf das Filmfestival gesehen werden darf, wird Hausner in der Schlussszene des Trailers offensiv-plakativ: Der Toaster, der im Finale des Beitrags seinen großen Auftritt hat, ist mit den Worten »DIAGONALE 06« gebrandet (Abb. 11). Ein visuelles Extra, das in der Langversion nicht zu finden ist.

Auch im Experimentalfilm gerät der Toaster in den Fokus der Kamera und ist ebenfalls mit einem Werbeschriftzug versehen, jedoch ist nun die Aufschrift »TZS First Austria« zu lesen.

1.5.2 Rufus (2006)

Im Jahr 2006 hätte Wolfgang Amadeus Mozart seinen 250. Geburtstag gefeiert – dieses Jubiläum nahm Peter Marboe, Intendant des Wiener Mozartjahrs, zum Anlass, um österreichische Filmschaffende dazu einzuladen, einminütige Filmbeiträge rund um das musikalische Genie zu gestalten.

> Entstanden ist ein facettenreicher Sampler mit ganz unterschiedlichen formalen und inhaltlichen Positionen hinsichtlich der Person Mozarts und seines Einflusses auf die heutige Gesellschaft, Kunst und Kultur. Der Bogen spannt sich von experimentell-konzeptionellen Statements über gesellschaftskritische und dokumentarische Beobachtungen bis zu pointierten Kurzspielfilmen.[366]

Kuratiert wurde THE MOZART MINUTE, so der offizielle Titel des aus 28 filmischen Beiträgen bestehenden Samplers, von Christine Dollhofer, der Direktorin des Linzer Filmfestivals *Crossing Europe*.

1.5.2.1 Zum Inhalt

Hausners Beitrag RUFUS zeigt einen Hund, eingesperrt und bellend, während im Hintergrund das Thema des ersten Satzes der Klaviersonate Nr. 11 (A-Dur, KV 331) gespielt wird.

1.5.2.2 Produktion und Filmförderung

Im Archiv der Rathauskorrespondenz der Stadt Wien vom 14. September 2005 findet sich der Vermerk, dass die finanzielle Unterstützung mit € 15.000,00 pro Film bemessen wurde.[367] Ob des überraschend hohen Betrags habe ich mehrere öffentliche Stellen der Wiener Stadtverwaltung kontaktiert, um mir die Richtigkeit der Angaben bestätigen zu lassen, darunter die für die Rathauskorrespondenz verantwortliche Magistrats-

---

366 https://www.crossingeurope.at/archiv/filme-2006/film/the-mozart-minute.html, letzter Aufruf: 22.06.2020.
367 Vgl. https://www.wien.gv.at/presse/2005/09/14/mozart-minute-filmische-miniaturen-im-mozartjahr, letzter Aufruf: 22.06.2020.

abteilung 53, die Medienabteilung von Stadtrat Dr. Andreas Mailath-Pokorny sowie die für Filmförderung verantwortliche Kulturabteilung der Magistratsabteilung 7. Die jeweiligen Ansprechpersonen bestätigten mir die Quelle der Angaben als valide, wollten den kommunizierten Betrag aber weder bestätigen noch korrigieren.

Vorab-Berichterstattung: ein kluger PR-Schachzug?

Der öffentlichen Erstaufführung von THE MOZART MINUTE und deren folgender Ausstrahlung im Fernsehprogramm gingen mehrere rechtliche Prüfungen voran, wenn auch Intendant Marboe zu beschwichtigen versuchte:

> Das ist ein ganz normaler Vorgang im Rahmen der Filmabnahme. […] Es gab Gespräche über einzelne Formulierungen, um die Filmemacher vor eventuellen strafrechtlichen Problemen zu schützen. Alles wurde im vollen Einvernehmen gelöst.[368]

Von den Untersuchungen betroffen waren die Beiträge von Barbara Gräftner/David Wagner, Paulus Manker, Anja Salomonowitz und Ulrich Seidl, die mit ihren Kurzfilmen durchaus provokant Stellung zu gesellschaftspolitischen Themen bezogen und dabei zu herausfordernden Bildern griffen. In ihrem Beitrag CODENAME FIGARO zeigt Anja Salomonowitz – mit titularem Verweis auf Mozarts Oper *Die Hochzeit des Figaro* – mittels Split-Screen-Verfahren das Telefonat zwischen einer älteren, deutschsprechenden Frau und einem dunkelhäutigen, jüngeren Mann. Die beiden wollen heiraten und scheinen ihre Aussagen vor der Ausländerbehörde hinsichtlich eines Interviews zur Nachweisung einer Scheinehe abzusprechen. Der Spot endet mit den beiden Inserts »Organisierte Hochzeiten haben in Österreich eine lange Tradition.« und »Heiraten Sie einen Migranten aus Liebe, es ist eine Chance für ihn, legal in diesem Land arbeiten zu dürfen!«. Ulrich Seidl präsentiert in BRÜDER, LASST UNS LUSTIG SEIN zwei Männer, die sich zu den Klängen des Sklavenlieds aus Mozarts *Zaide* in einem altbacken eingerichteten Séparée selbstbefriedigen. Gräftner und Wagner inszenieren unter dem Titel KILLARAT den Überlebenskampf einer Ratte, die sich in einem her-

---

368 http://derstandard.at/2288924/Filmfest-Rotterdam-mit-Weltpremiere-der-Mozart-Minute-Rolle, letzter Aufruf: 22.06.2020.

untergekommenen Industriegebiet gegen einen Schädlingsbekämpfer zur Wehr setzt. Zu einer Techno-Version von Mozarts *Rondo »Alla Turca«* beginnt ein Tanz um Leben und Tod, den die Killerratte letztlich überraschend für sich entscheiden kann. Paulus Mankers MOZART IN AMERICA provoziert mit potenziellen Antwortmöglichkeiten auf die Frage, wie es Mozart wohl im heutigen Amerika ergehen würde und beendet seinen Beitrag mit der Behauptung: »If Mozart had been American, he would have farted on the President.« Hausners Beitrag scheint interessanter Weise in den Prüfungsverfahren rechtlich unauffällig gewesen zu sein. Das Verhalten, das der Hund in RUFUS zeigt, ist kein erlerntes, sondern deutet auf das wiederholte Reizen des Tieres zur Realisierung des Filmbeitrages hin; dass sich diverse Tierschutzorganisationen, die im Regelfall öffentlichkeitswirksame und/oder rechtliche Schritte einleiten, um das Wohl der tierischen Darsteller gewährleistet zu wissen[369], nicht mit einem Ansuchen zur tierschutzrelevanten Prüfung eingeschaltet haben, bleibt überraschend.

Bad publicity is better than no publicity. Dank der medialen Berichterstattung zum Prüfverfahren der Beiträge konnte der Sampler mit einer gesteigerten öffentlichen Aufmerksamkeit aufwarten – und das noch vor seiner Premiere.

1.5.2.3 Festivals und Aufführungen

Im Rahmen des *International Film Festival Rotterdam* feierte THE MOZART MINUTE seine Weltpremiere,[370] im März lief der Sampler, der auch als *Die Mozartrolle* bezeichnet wurde, auf der *Diagonale* in Graz.[371] Während der dritten Ausgabe des internationalen Filmfestivals *Crossing Europe*, das

---

369 Beispiele der jüngeren Gegenwart sind etwa der öffentlichen Aufrufe zum Boykott der österreichischen Filmproduktionen WIE BRÜDER IM WIND (2016, Gerardo Olivares/Otmar Penker) oder der US-amerikanischen Dramedy A DOG'S PURPOSE (2017, Lasse Hallström; dt. Titel: BAILEY – EIN FREUND FÜRS LEBEN). Durch die Nutzung umfassender klassischer und moderner Kommunikationskanäle versuchten Tierschutzorganisationen vehement, die potenziellen Zuseher_innen auf vermutete, aber auch dokumentierte Tierquälereien im Verlauf der Dreharbeiten aufmerksam zu machen.

370 Vgl. https://iffr.com/nl/2006/films/the-mozart-minute, letzter Aufruf: 22.06.2020.

371 Vgl. http://2006.diagonale.at/main.jart@rel=de&content-id=1141385670085.htm, letzter Aufruf: 22.06.2020.

von 25. bis 30. April 2006 in Linz veranstaltet wurde[372], kam THE MOZART MINUTE ebenfalls zur Aufführung und wurde außerdem am 24. Mai am *Vienna Independent Shorts Festival* gespielt. Auch am *23. Kasseler Dokumentarfilm- und Videofest* und in einer für das *Forum Mozartplatz* von Alexander Dumreicher-Ivanceanu kuratierten Veranstaltung wurden die Einminüter gezeigt.[373]

1.5.2.4 Verwertung

THE MOZART MINUTE feierte am 1. Januar 2006 seine Fernsehpremiere: Das öffentlich-rechtliche Programm 3sat sendete die erste Hälfte der Beiträge am Neujahrstag, die zweite wurde am 27. Januar ausgestrahlt. ORF und TW1 zeigten die Kurzfilme im Januar bzw. Februar 2006.[374]

THE MOZART MINUTE ist weder in einer *Hoanzl*-Edition herausgegeben worden, noch findet sich eine Video-Ressource im Internet. Auf Nachfrage bei der für den Verleih verantwortlichen *sixpackfilm* wurde mir eine kostenfreie Kopie übermittelt.

1.6 Der internationale Durchbruch: LOURDES (2009)

Pünktlich zum zehnjährigen *Coop99*-Firmenjubiläum machte das Produzent_innen-Team gleich mit der Partizipation dreier Filmen bei den *66. Internationalen Filmfestspielen von Venedig* von sich reden: Im *Orizzonti*-Wettbewerb, der sich nach eigenen Angaben »the latest aesthetic and expressive trends in international cinema«[375] widmet, lief PEPPERMINTA (2009, Pipilotti Rist), im Rennen um den *Goldenen Löwen* waren sowohl ZANAN BEDUN-E MARDAN (2009, Shirin Neshat; Vermarktungstitel:

---

372 Vgl. http://derstandard.at/2300886/Crossing-Europe-Filmfestival-mit-100-Programmen, letzter Aufruf: 22.06.2020.
373 Vgl. https://www.anjasalomonowitz.com/jart/prj3/salomonowitz/main.jart?rel=de&content-id=1551812741850&reserve-mode=active, letzter Aufruf: 22.06.2020.
374 Vgl. http://derstandard.at/2288924/Filmfest-Rotterdam-mit-Weltpremiere-der-Mozart-Minute-Rolle, letzter Aufruf: 22.06.2020.
375 https://www.labiennale.org/en/news/orizzonti-section, letzter Aufruf: 27.06.2020.

WOMEN WITHOUT MEN) wie auch Hausners LOURDES vertreten. Die beiden letztgenannten Filme konnten insgesamt sieben Preise gewinnen, herausragend waren hierbei die Vergaben des *Silbernen Löwen* für die beste Regie an Neshat[376] und des prestigeträchtigen *FIPRESCI-Preises* der internationalen Filmkritik an Hausner. Auch mit der Fernsehdokumentation WER HAT ANGST VOR WILHELM REICH? (2009, Antonin Svoboda/Nicolas Dabelstein), die mit Hilfe von Originaltexten und Zeitdokumenten sowie aktuellen Interviews mit Ärzt_innen und Therapeut_innen eine Lebenscollage des Begründers der Körpertherapie präsentierte,[377] war eine *Coop99*-Produktion in aller Munde. Neben der Freude über die erfolgreichen Premieren und Prämierungen der Filmprojekte fand zudem *Sauper's Nightmare* (aka *Affäre Darwin*) nach jahrelangen Prozessen ein (zumindest für den Regisseur) glückliches Ende. Rund um den von der österreichischen *Coop99*, der französischen *Mille et une productions* und der belgischen *Saga Film* produzierten Dokumentarfilm DARWIN'S NIGHTMARE (2004, Hubert Sauper), der mit finanzieller Unterstützung des Filmfonds Wien realisiert wurde, entwickelte sich ein Jahr nach der Premiere eine Strafrechtssache, die nicht nur »in Frankreichs Filmwelt und in den Medien hohe Wellen schlug«[378], sondern zudem als Präzedenzfall in die Film- und Rechtsgeschichte eingegangen ist.[379] Im April 2009 konnte die Angelegenheit mit der rechtskräftigen Verurteilung des Filmhistorikers François Garçon wegen Verleumdung endlich zu den Akten gelegt werden.[380]

---

376 Nashat erhielt außerdem den *UNICEF-Award* und den Preis der *Fondazione Mimmo Rotella*. Vgl. http://www.imdb.com/event/ev0000681/2009, letzter Aufruf: 27.06.2020.
377 Vgl. http://tv.orf.at/groups/kultur/pool/wilhelm_reich, letzter Aufruf: 27.06.2020.
378 Ungerböck/Javritchev (Hrsg.): *Zehn Jahre coop99*. 2009, S. 68.
379 Vgl. Karin Schiefer: Ein langer Albtraum. [Juni 2009], https://ray-magazin.at/hubert-sauper-ein-langer-albtraum/, letzter Aufruf: 27.06.2020.
380 François Garçon behauptete in einem Artikel, der ein Jahr nach der offiziellen Premiere des Filmes in der Zeitschrift *Les Temps Modernes* erschien, dass Sauper sich zum einen unlauterer Mittel bedient habe, um die gewünschten Bilder einfangen zu können, und zum anderen unsauber recherchiert habe (vgl. dazu François Garçon: Le Cauchemar de Darwin: allégorie ou mystification? In: *Les Temps Modernes*, Vol. 635–636, Nr. 1, 2006, S. 353–379). Auf die *Oscar*-Nominierung von DARWIN'S NIGHTMARE folgte die Veröffentlichung des Buches *Enquête sur le cauchemar de Darwin*, im November 2006 im Flammarion Verlag erschienen, mit welchem Garçon die Aussagen von Saupers Dokumentarfilm widerlegen wollte. Den unrühmlichen Höhepunkt fand die »Causa Darwin« anschließend in juristischen Verfahren; beginnend mit einer letztlich nicht-stattgegebenen Sammelklage, eingereicht von 40 Klägern, die sich durch Sau-

Anders als Hausners bisherige Filme wurde Lourdes nicht in Cannes uraufgeführt, sondern anlässlich der *66. Internationalen Filmfestspiele von Venedig* am 4. September 2009 seinem Premierenpublikum präsentiert. Hausner bekam im Wettbewerb mit Soul Kitchen (2009, Fatih Akins) und dem Ferraras-Remake The Bad Lieutenant: Port of Call New Orleans (2009, Werner Herzog, dt. Titel: Bad Lieutenant – Cop ohne Gewissen) starke deutschsprachige Konkurrenz.

1.6.1 Zum Inhalt

Christine (Sylvie Testud) leidet an Multipler Sklerose, ist vom Hals abwärts gelähmt und darum auf einen Rollstuhl angewiesen. Weniger der Glaube an Heilung denn die Suche nach Gesellschaft bringt die junge Frau dazu, an einer Pilgerreise nach Lourdes teilzunehmen. Die junge Malteserin Maria (Léa Seydoux) steht ihr als Betreuerin zur Seite und begleitet sie zu den zeremoniellen Bädern und Prozessionen. Als Maria sich zusehends nach mehr privater Aktivität sehnt und ihre Aufgaben immer unachtsamer verrichtet, nimmt sich Frau Hartl (Gilette Barbier) der kranken Christine an. Kommentarlos widmet sie sich der Betreuung und Pflege, beginnt für Christine zu beten und wird erhört: Plötzlich kann Christine wieder gehen.

Das Wunder der Heilung wird von einem ärztlichen Komitee in Lourdes geprüft, denn nicht jede wundersame Begebenheit wird als Wunder anerkannt. Während ein möglicher Rückfall wie das vielzitierte Damoklesschwert über Christine schwebt, genießt diese ihr Glück. Bei der Abschlussveranstaltung wird sie mit dem Preis »Pilgerin des Jahres« geehrt und tanzt mit Kuno (Bruno Todeschini) zu dem Lied *Insieme noi*, als plötzlich ihre Beine nachgeben und sie zu Boden stürzt. Erschreckte und fassungslose Blicke treffen die junge Frau, während sie sich hochrappelt und langsamen Schrittes an den Rand der Tanzfläche tappt. Frau Hartl schiebt pflichtbewusst den Rollstuhl heran, doch Christine will ihn nicht. Die Frage der Echtheit des Wunders steht im Raum, als der Allein-

---

pers Film hinters Licht geführt fühlten, bis hin zum von Sauper angestrengten Prozess wegen öffentlicher Verleumdung gegen François Garçon. Der Filmhistoriker wurde im Januar 2008 verurteilt, legte aber Berufung ein. Ein Jahr darauf bestätigte das Pariser Berufungsgericht die rechtskräftige Verurteilung Garçons wegen öffentlicher Verleumdung. Siehe dazu Schiefer: Ein langer Albtraum. [Juni 2009].

unterhalter den italienischen Schlager *Felicità* intoniert, und Christine letzten Endes wieder in ihrem Rollstuhl Platz nimmt.

1.6.2 Produktion und Filmförderung

Zusammen mit der Berliner *Essential Filmproduktion GmbH* und der Kölner *Thermidor Filmproduktion GmbH* produzierte die *Coop99* Hausners LOURDES als eine multilaterale europäische Koproduktion mit österreichischer Majorität.[381] Das Filmbudget belief sich laut Auskunft der österreichischen Produktionsfirma auf etwa € 3,2 Millionen.[382]

In den Förderzusagen 2005 des ÖFI las sich der Plot zu LOURDES anfangs noch wie folgt:

> Christine, eine unheilbar kranke Frau, reist mit ihrem Mann, Wolf, nach Lourdes. Sie hat sich in den Kopf gesetzt, dort geheilt zu werden. Ist es ihr starker Wille, Zufall oder die geballte Glaubensenergie von Lourdes? – es stellt sich tatsächlich eine Besserung ein, schließlich kehrt Christine geheilt und voll Lebenseuphorie zurück. Nach anfänglichen Schwierigkeiten sich zu orientieren, setzt sich Christines Drang zu leben erneut durch – weder Wolfs Angst vor ihrer Unabhängigkeit noch das zeitweilige Interesse für einen anderen Mann können sie aufhalten. Christine ist dabei, ihren Weg zu finden – aber Gottes Plan sieht anderes vor.[383]

Für diese Idee erhielt Hausner im Jahr 2006 € 8.300,00 zur Projektentwicklung.[384] Im Jahr 2007 stellte sich die Drehbuchidee dann anders dar: Ehemann Wolf und sein Nebenbuhler verschwanden aus der Filmbeschreibung, ebenso wie die geplante Darstellung der Heimkehr als Geheilte. Der erzählerische Fokus liegt nun ausschließlich auf der schwer-

---

381 Vgl. http://www.filmstiftung.de/news/europaische-filmpreise-fur-lebanon-Lourdes-und-nostalgia-de-la-luz/, letzter Aufruf: 27.06.2020.
382 Die Angaben zum Filmbudget wurden von der damaligen *Coop99*-Teamassistentin Jana Havlik am 21.02.2017 per E-Mail bekanntgegeben.
383 Zit. n. Sabrina Gärtner: Wenn Gesunde erkranken, Kranke genesen und Gott zusieht: Von alternierenden Identitätskonstruktionen in Jessica Hausners Lourdes. In: Artur Boelderl (Hrsg.): *Vom Krankmelden und Gesundschreiben: Literatur und/als Psycho-Soma-Poetologie?* Innsbruck: StudienVerlag 2018, S. 180–195; hier: S. 193.
384 Vgl. ÖFI: *Tätigkeitsbericht 2006*. Wien: ohne Verlag 2007, S. 22.

kranken Christine, die sich zwar nach wie vor zur Reise nach Lourdes aufmacht, aber nicht mehr von der fixen Idee der wundersamen Heilung getrieben wird.

Das ÖFI beschloss, für die Herstellung € 275.000,00 aus der selektiven Filmförderung[385] und € 300.000,00 aus der Referenzfilmförderung[386] auszuschütten, im Folgejahr wurde eine Mittelaufstockung zur Herstellung in Höhe von € 194.000,00 zugesagt.[387] Für die Festivalteilnahme in Venedig stellte das ÖFI im Jahr 2009 zunächst € 41.000,00 zur Verfügung[388] und der Kinostart wurde mit € 40.000,00[389] unterstützt. Im Folgejahr wurden für die Teilnahme an den *66. Internationalen Filmfestspielen von Venedig* weitere € 62.000,00 ausgeschüttet.[390]

Der Filmfonds Wien unterstützte die Projektentwicklung im Jahr 2005 zunächst mit € 17.150,00 und erhöhte die Mittel in weiterer Folge um € 5.130,00. Für die Herstellung des Filmes wurden zudem insgesamt € 355.000,00 bereitgestellt.[391]

Von der Filmstiftung Nordrhein Westfalen wurden € 150.000,00 zur Verfügung gestellt.[392] Im Tätigkeitsbericht des Medienboards Berlin-Brandenburg wurden im Jahr 2010 zudem Fördermittel von € 40.000,00 ausgewiesen.[393] Finanzielle Unterstützung erhielt Hausner weiters vom Land Niederösterreich, der Regionalförderung Midi-Pyrenäen und Eurimages[394].

---

385 Vgl. ÖFI: *Tätigkeitsbericht des Österreichischen Filminstituts für das Geschäftsjahr 2007.* Wien: ohne Verlag 2008, S. 14.
386 Vgl. ebd. S. 21.
387 Vgl. ÖFI: *Tätigkeitsbericht des Österreichischen Filminstituts für das Geschäftsjahr 2008.* Wien: ohne Verlag 2009, S. 16.
388 Vgl. ÖFI: *Tätigkeitsbericht des Österreichischen Filminstituts für das Geschäftsjahr 2009.* Wien: ohne Verlag 2010, S. 19.
389 Vgl. ebd. S. 18.
390 Vgl. ÖFI: *Tätigkeitsbericht des Österreichischen Filminstituts für das Geschäftsjahr 2010.* Wien: ohne Verlag 2011, S. 19.
391 Vgl. http://www.filmfonds-wien.at/filme/Lourdes/herstellung, letzter Aufruf: 27.06.2020.
392 Vgl. http://www.filmstiftung.de/news/von-wunden-und-wundern/, letzter Aufruf: 27.06.2020.
393 Vgl. Medienboard Berlin-Brandenburg: *Tätigkeitsbericht 2010.* Potsdam-Babelsberg: ohne Verlag 2011, S. 85.
394 Eurimages wurde im Jahr 1989 als Teilabkommen des Europarates installiert und unterstützt europäische Filmprojekte, an deren Herstellung zumindest zwei Mitgliedsstaaten beteiligt sind. Siehe http://www.coe.int/t/dg4/eurimages/default_en.asp, letzter Aufruf: 27.06.2020.

1.6.3 Festivals und Auszeichnungen

Das ÖFI verzeichnete in seinen Veröffentlichungen für den Zeitraum von September 2009 bis Dezember 2011 insgesamt 59 Festivals, an denen LOURDES teilgenommen hatte.[395]

Bei den *66. Internationalen Filmfestspielen von Venedig* im Jahr 2009 wurde LOURDES gleich mit mehreren Auszeichnungen bedacht: Hausners Film erhielt den *FIPRESCI*-Preis der internationalen Filmkritik, den *SIGNIS*-Preis der ökumenischen Jury sowie den *La Navicella – Venezia Cinema Award* der italienischen *Fondazione Ente dello Spettacolo* und wurde außerdem mit dem von der *Unione degli Atei e degli Agnostici Razionalisti* vergebenen *Brian-Award* ausgezeichnet.[396] Auf der *Viennale 2009* folgte der *Wiener Filmpreis* für den besten Spielfilm[397], am *Warszawski Międzynarodowy Festiwal Filmowy* errang LOURDES im gleichen Jahr mit dem *Warsaw Grand Prix* die höchste Auszeichnung im internationalen Wettbewerb.[398] Auch das *Sevilla Festival de Cine Europeo 2009* verließ Hausner mit dem Hauptpreis; in der *Sección Oficial*, der offiziellen Auswahl der wichtigsten zeitgenössischen europäischen Filme, gewann sie den *Giraldillo de Oro*.[399] Gleich vier Mal wurde LOURDES im Jahr 2011 für den Österreichischen Filmpreis vorgeschlagen. In den Kategorien »Bester Spielfilm«, »Bestes Drehbuch« und »Beste Regie« blieb es bei den Nominierungen, nur Karina Ressler wurde für den »Besten Schnitt« mit der begehrten Trophäe ausgezeichnet.[400] Zum besten Spielfilm erklärte auch die internationale und interreligiöse Jury des *Religion Today Film Festival 2010* Hausners Film,[401] am *WorldFest* in Houston wurde LOURDES mit dem *Silver Remi* bedacht, am *Santa Barbara International Film Fest* in der Kategorie »Bester internationaler Film« nominiert und außerdem für den *LUX-Filmpreis 2010* des Europäischen Parlaments

---

395 Vgl. dazu ÖFI-Tätigkeitsberichte für die Geschäftsjahre 2009 bis 2011.
396 Vgl. https://www.uaar.it/uaar/premio-uaar-venezia/, letzter Aufruf: 27.06.2020.
397 Vgl. http://www.viennale.at/de/archiv/v09-wiener-filmpreis, letzter Aufruf: 27.06.2020.
398 Vgl. http://wff.pl/about-wff/history/25-edition, letzter Aufruf: 27.06.2020.
399 Vgl. http://festivalcinesevilla.eu/en/prize-winners, letzter Aufruf: 27.06.2020.
400 Vgl. https://www.oesterreichische-filmakademie.at/filmpreis/preistraeger/2011, letzter Aufruf: 27.06.2020.
401 Vgl. http://www.religionfilm.com/en/press/winning-films-xiii-religion-today-film-festival-2010-en, letzter Aufruf: 27.06.2020.

vorgeschlagen.⁴⁰² In Schweden wurde LOURDES mit Vergabe des *Guldbagge*-Preises in der Kategorie »Bästa utländska film« zum besten ausländischen Film des Jahres 2010 gekürt⁴⁰³ – Hausner folgte damit Michael Haneke auf dem Fuß, der den *Auslands-Goldkäfer* im Vorjahr für DAS WEISSE BAND – EINE DEUTSCHE KINDERGESCHICHTE (2009, Michael Haneke) bekommen hatte.

Hausner überzeugte die internationale Jury des *Thomas-Pluch-Drehbuchpreises* mit ihrem Entwurf einer »[…] Welt in der die psychologische Subtilität bis in die kleinste Nebenrolle überzeugend ausgearbeitet wurde«⁴⁰⁴ und durfte die mit € 11.000,00 dotierte Auszeichnung mit nach Hause nehmen.⁴⁰⁵ Neben dem Förderpreis der DEFA-Stiftung Saarbrücken⁴⁰⁶, dem Anerkennungspreis des Landes Niederösterreich in der Sparte *Medienkunst* und dem *Österreichischen Kunstpreis 2011* in der Kategorie »Film« erhielt sie außerdem am *Cinedays Festival of European Film* den *Golden Star* für den besten Film, Sylvie Testud wurde mit dem *Blue Star* als beste Schauspielerin prämiert. Für ihre Leistung wurde Testud weiters mit dem *Europäischen Filmpreis* als beste Schauspielerin bedacht und erhielt im Rahmen des *Pula Film Festivals* von der Jury des internationalen Bewerbes einstimmig den *Arena* für die beste schauspielerische Leistung⁴⁰⁷. Bei der *Village Voice Film Poll 2010* landete sie ex aequo mit Annette Bening – für ihre Rolle der lesbischen Mutter Nic in der US-amerikanischen Komödie THE KIDS ARE ALL RIGHT (2010, Lisa Cholodenko) – auf dem achten Platz.⁴⁰⁸ Martin Gschlacht erhielt für seine Kameraarbeit den *Jury-Preis* am *River Run International Film Festival 2010*⁴⁰⁹.

---

402 Vgl. http://www.europarl.europa.eu/news/de/news-room/20100628IPR77108/zehn-filme-für-den-lux-filmpreis-2010-des-europäischen-parlaments-nominiert, letzter Aufruf: 27.06.2020.
403 Vgl. http://www.svenskfilmdatabas.se/sv/item/?type=film&itemid=69911#awards, letzter Aufruf: 27.06.2020.
404 http://www.drehbuchverband.at/pluch-drehbuchpreis/preistraegerinnen-10, letzter Aufruf: 27.06.2020.
405 Vgl. ebd.
406 Vgl. https://www.defa-stiftung.de/stiftung/preise/foerderpreise/2010/, letzter Aufruf: 27.06.2020.
407 Siehe http://arhiv.pulafilmfestival.hr/57/en/indexa03b.html?p=list&group=2, letzter Aufruf: 04.07.2020.
408 Siehe http://www.imdb.com/event/ev0002738/2010?ref_=nmawd_awd_16, letzter Aufruf: 27.06.2020.
409 Vgl. dazu http://www.imdb.com/event/ev0000563/2010?ref_=nmawd_awd_14, letzter Aufruf: 27.06.2020.

1.6.4 Verwertung

Den Kinostart in Österreich gab LOURDES am 11. Dezember 2009. Hausners dritter Spielfilm erfreute sich regen Publikumsinteresses: Das ÖFI zählte mit Ende der Spielzeit 16.269 Besuche[410], die Filmwirtschaftsberichte vermerkten 15.330 Besuche (7.471 Besuche im Jahr 2009, 7.859 Besuche im Jahr 2010)[411]. Im Ausland schaffte es LOURDES mit finanzieller Unterstützung des MEDIA-Programmes (Förderungshöhe: € 30.500,00) in die Kinos von Estland, Frankreich, der Slowakei und Tschechien. Verleihfirmen in Mazedonien erhielten von Eurimages € 6.000,00, um zwei Kopien des Films ins Programm nehmen zu können.[412]

Ein Blick in die Lumiere-Datenbank verdeutlicht, dass Hausner mit LOURDES definitiv der Sprung zur umfassenden internationalen Rezeption gelungen war (Tab. 3[413]). Neben den bewährten Filmmärkten, auf den das *Coproduction Office* ihre Produktionen von Karrierebeginn an konstant zur Verwertung bringen konnte, gesellten sich nun eine Vielzahl an weiteren Zielmärkten.

Im Oktober 2011 veröffentlichte *Hoanzl* Hausners Pilgerfilm unter dem Titel *#178: Lourdes (Jessica Hausner)* in der Produktsparte *Der österreichische Film*.[414]

Im Programm des ORF kam die Produktion erstmals am 31. Januar 2012, 232.000 Personen sahen laut Angaben der Media Control zu. Zur bundesdeutschen TV-Erstausstrahlung gelangte LOURDES am 14. August 2013, gezeigt wurde der Spielfilm in der Prime Time um 20.15 Uhr in ARTE. Am 19. Juni 2014 wurde der Film in ORF III anlässlich eines Cannes-Schwerpunktes ausgestrahlt, am 7. September flimmerte er in ORF 2 zu später Stunde über die Bildschirme von etwa 56.000 Zuseher_innen.[415]

---

410 Vgl. http://www.filminstitut.at/de/Lourdes/, letzter Aufruf: 27.06.2020.
411 Durch den späten Kinostart zu Jahresende verteilen sich die Besucherzahlen für LOURDES auf die Jahre 2009 und 2010, detaillierte Angaben sind in den jeweiligen Tabellen »Besuche Ö Filme« unter http://www.filmwirtschaftsbericht.at/09/verwertung/kinobesuch-und-filmverleih/ und http://www.filmwirtschaftsbericht.at/10/verwertung/oe-filme/ zu finden. Letzter Aufruf: 27.06.2020.
412 Vgl. ÖFI: *facts+figures 11*. Filmwirtschaftsbericht Österreich. Wien: ohne Verlag 2012, S. 87 und S. 89.
413 Vgl. http://lumiere.obs.coe.int/web/film_info/?id=31756, letzter Aufruf: 27.06.2020.
414 Vgl. https://www.hoanzl.at/178-Lourdes-jessica-hausner.html, letzter Aufruf: 27.06.2020.
415 Vgl. http://filmwirtschaftsbericht.filminstitut.at/14/fernsehen/gefoerderte-kinofilme-im-orf/, letzter Aufruf: 27.06.2020.

Markt	Verleih	2009	2010	2011	2012	2013–2018	Total
AT	Stadtkino Filmverleih	7.471	7.859				15.330
BE	Lumiere Publishing		1.034	291			1.325
CH	Xenix Filmdistribution		5.533	1.745		103	7.381
CZ	Film Europe			365	2.617	126	3.108
DE	NFP Marketing & Distribution		53.767			289	54.056
DK	Camera Film		2.854	3.215	205		6.274
EE	MTÜ Otaku			754			754
ES	Alta Classics		12.043	325			12.368
FR	Sophie Dulac Distribution			73.287	760		74.047
GB	Curzon Artificial Eye		33.517			82	33.599
GR	Videorama		6.466	281		95	6.842
HU	Mozinet		3.144	1.101	57	146	4.448
IE	Artificial Eye Film Company		3.079				3.079
IT	Cinecittà Luce		80.452	200		210	80.862
LI	Xenix Filmdistribution		77				77
LU	Lumiere Publishing			123			123
MK	KT Film & Media				824		824
NL	Film Instituut Nederland		15.308	191	38	60	15.597
NO	Fidalgo	1.439	11.113			37	12.589
PL	Gutek Film/ Best Film		21.222	1.062	86		22.370
PT	Alambique			1.047			1.047
RO	Clorofilm		3.021	210			3.231
RU	LeoART		3.767				3.767
SE	Folkets Bio		19.967	1.173	18	87	21.245
SI	Demiurg		545	621	55	36	1.257
SK	Film Europe				2.252	422	2.674
	EUR EU	7.471	264.278	84.246	6.088	1.553	363.636
	EUR OBS	8.910	284.768	85.991	6.912	1.693	388.274

Tab. 3: Filmverwertung LOURDES

1.6.5 Interpretationsoffenes Finale

»Was, wenn alles ein Irrtum ist?« fragte die Schweizer Filmkritikerin Catherine Ann Berger im Skype-Gespräch mit Jessica Hausner und zitierte damit zugleich eine Textpassage aus dem Drehbuch des im Jahr 2012 aktuellen Filmprojektes Hausners, welches im Zentrum dieses digitalen Zusammentreffens stand: In AMOUR FOU sollte – soweit der Plan – Protagonistin Henriette Vogel diese Frage in den filmischen Raum stellen und damit dem inneren Leitmotiv des Filmes Ausdruck verleihen, welches die Regisseurin wie folgt beschrieb:

> Im neuen Film [Anm. SG: AMOUR FOU] sind es zwei Personen, die einsam sind und die denken, sie könnten zu zweit möglicherweise weniger einsam sein – was ihnen aber nicht gelingt. Das zieht sich auf jeden Fall als Motiv durch. Ein Unvermögen, wirklich anzudocken an die Welt. Sich als sinnvoller Teil dieses Ensembles »Leben« zu empfinden.[416]

AMOUR FOU ist ein Film voller Irrtümer. Einer davon zeigt sich in der abstrusen Idee, Hand in Hand die Schwelle des Todes überschreiten zu wollen. In der letzten Sequenz des Filmes erhält die Frage nach der möglichen Fehlerhaftigkeit des Mord- und Selbstmordplanes seine finale Tragik. Nachdem die beiden Todessehnsüchtigen am Ufer des Wannsees aus dem Leben geschieden sind, nimmt das der Hinterbliebenen seinen gewohnten Verlauf: Im Haus der Familie Vogel haben sich wie gehabt Bekannte und Freunde zur nachmittäglichen Matinée im Salon eingefunden, als der Leibarzt überraschend zu Besuch kommt und das gesellschaftliche Zusammensein stört. Vor versammelter Gesellschaft muss er eingestehen, dass im Zuge der Obduktion von Henriettes Leichnam keine körperlichen Erkrankungen nachgewiesen werden konnten und äußert schulterzuckend: »Es war wohl doch ein Irrtum.« In starrer Körperhaltung und scheinbar emotionslos lauschen Louis, Henriettes Mutter und Tochter Pauline sowie die anwesenden Gäste den medizinischen Ausführungen, während zahlreiche offene Fragen wie eine dunkle Wolke im Raum hängen: Wie konnten sich die Ärzte der renommierten Berliner Charité nur so irren? Wieso hat der zu Hilfe gerufene Mesmerist die folgenschwere Fehldiagnose nicht erkannt? Und wohl am Wichtigsten: Warum hat sich die doch völlig gesunde Henriette für den *Doppelselbstmord* mit Kleist

---

416 Hausner zit. n. Berger: Was, wenn alles ein Irrtum ist? 2012, S. 32.

entschieden? Louis Vogel lässt seine Mutmaßung der Beweggründe mit den Worten »Es war wohl doch aus Liebe.« nachhallen.

»Was, wenn alles ein Irrtum ist?« ist eine Frage, die sich auch im Kontext des Vorgängerfilms LOURDES und beim diesbezüglichen Blick auf die Liste der Siegerfilme der *Internationalen Festspiele von Venedig* aufdrängt. Denn neben dem renommierten *FIPRESCI-Preis* der internationalen Filmkritiker- und Filmjournalisten-Vereinigung wurden LOURDES nämlich drei weitere Auszeichnungen zugesprochen, die in ihrer grundlegenden Ausrichtung nicht widersprüchlicher sein könnten. Auf der einen Seite waren es der *SIGNIS-Award* der ökumenischen Jury sowie der *Premio La Navicella – Venezia Cinema*[417], die beide von Vereinigungen gestiftet werden, die mit einer katholisch/religiös-konnotierten Unternehmensgeschichte aufwarten können.

Die Wurzeln des *SIGNIS-Award*, der heute auf mehr als 30 Filmfestivals weltweit vergeben wird[418], liegen in der *International Catholic Organization for Cinema*, einer im Jahr 1928 gegründeten Organisation, die es sich anfänglich zum Ziel gesetzt hatte, speziell die Arbeiten von Katholiken in der Filmbranche aktiv zu koordinieren. Heute liegt der Fokus von SIGNIS nicht mehr ausschließlich in der katholischen Interessensvertretung, sondern hat sich zu einem ökumenischen Verständnis von Religion verschoben, durch welches das transreligiöse Miteinander von Katholiken, Protestanten, Orthodoxen, Juden, Hindus, Muslimen und Mitgliedern anderer Religionen unterstützt und gefördert wird.[419] Die Jury begründete die Auszeichnung von LOURDES mit dem *SIGNIS-Award* im Jahr 2009 wie folgt:

> The SIGNIS Prize is awarded to writer and director Jessica Hausner for *Lourdes*, not because the film is set in an essentially Catholic context but because it raises fundamental human questions: faith, physical suffering, hope, miracles and the inexplicable. With remarkable technical and artistic skills, the director leads us to frontiers of human expectations,

---

417 Der *Premio La Navicella – Venezia Cinema* wird von einer Jury bestehend aus Kritiker_innen und Mitarbeiter_innen der Zeitschrift *Rivista del Cinematografo* für außergewöhnliche filmische Inszenierungen vergeben, welche für die Bewahrung humaner Werte einstehen. Siehe https://www.entespettacolo.org/?s=Navicella, letzter Aufruf: 27.06.2020.
418 Vgl. http://www.signis.net/content/awards, letzter Aufruf: 27.06.2020.
419 Vgl. http://www.signis.net/content/our-action-6/cinema, letzter Aufruf: 27.06.2020.

allowing the audience to discover the meaning of human freedom and divine intervention.[420]

Der Preis, von einem christlich-konnotierten Unternehmen gestiftet und von einer ökumenischen Jury vergeben, erging mit LOURDES an einen Film, der eine der bedeutendsten Pilgerstätten des christlichen Abendlandes ins Zentrum setzt, und der von einer Regisseurin realisiert wurde, welcher dezidiert ein »Catholic background«[421] zugesprochen wurde.[422] Folgt man der Jurybegründung, soll der Umstand, dass die Filmhandlung in einem »essentially Catholic context«[423] gebettet ist, jedoch bei der Entscheidung keine Rolle gespielt haben. Ein Schelm, wer Böses dabei denkt.

In der vergleichenden Betrachtung mit der Jurybegründung des ebenfalls religiös-konnotierten Preises *La Navicella – Venezia Cinema* zeigen sich deutliche Schnittmengen, die sich vor allem mit der Hervorhebung des Göttlich-Wunderbaren als wesentliches Thema von Hausners Spielfilm darstellen.[424] Während die beiden dem katholischen Glauben nahestehenden Jurys wie auch in weiterer Folge die interreligiöse Jury des *Religion Today Film Festivals 2010* – verallgemeinernd ausgedrückt – ihre Preise für den feinfühligen Umgang mit den großen Fragen der Religionsgemeinschaften verliehen, wurde Hausners Film auf der anderen Seite – und begründet durch eine völlig abweichende Lesart – mit dem *Brian-Award* ausgezeichnet, der regelmäßig von der *Unione degli Atei e degli Agnostici Razionalisti* und nach MONTY PYTHON'S LIFE OF BRIAN (1979, Terry Jones) benannt ist.[425] Bereits der intertextuelle Verweis im Namen des Preises, der auf den Kultfilm der britischen Komikergruppe referenziert, lässt erahnen, dass Hausners Film von der Jury des *Brian-Awards*

---

420 http://www.signis.net/news/also-in-the-news/22-09-2009/Lourdes-wins-signis-award-in-venice-2009, letzter Aufruf: 27.06.2020.

421 http://www.signis.net/news/culture/general-2/02-04-2010/signis-statement-Lourdes, letzter Aufruf: 27.06.2020.

422 Hausners katholischer Hintergrund ist – das soll an dieser Stelle nicht unerwähnt bleiben – kein elterlich geprägter, wie sie im Gespräch mit Sabine Perthold offenbarte: »Ich war selbst in einer katholischen Privatschule und war auch gläubig – zu Hause habe ich eine Zeit lang laut ein Tischgebet gesprochen, so dass meine Eltern, eingefleischte Atheisten, richtig besorgt waren, was bloß aus mir werden soll […].« (Perthold: »Die Zukunft des österreichischen Films ist weiblich…« 2004, S. 269).

423 http://www.signis.net/news/also-in-the-news/22-09-2009/Lourdes-wins-signis-award-in-venice-2009, letzter Aufruf: 27.06.2020.

424 Vgl. https://www.entespettacolo.org/2009/09/12/la-navicella-venezia-cinema-2009/, letzter Aufruf: 27.06.2020.

425 Vgl. https://www.uaar.it/uaar/premio-uaar-venezia/, letzter Aufruf: 27.06.2020.

wohl deutlich abweichend rezipiert wurde. Tatsächlich schienen die Juroren vor allem die distanzierte Entzauberung des Phänomens »Lourdes« als auszeichnungswürdig zu betrachten. In der Jurybegründung hieß es:

> La regista esamina lucidamente il fenomeno Lourdes: le motivazioni e le aspettative che muovono i pellegrini, l'atteggiamento degli organizzatori e degli accompagnatori, le strategie argomentative con cui i religiosi affrontano speranze e delusioni. Ne risulta un quadro eminentemente umano, a partire dal quale vengono proposti alcuni dubbi radicali in materia di fede. L'oggettività dello sguardo, la pacatezza dei toni e la capacità di avvicinare senso comune e riflessioni profonde catturano l'interesse non solo dei credenti ma anche di chi è già approdato a una visione disincantata e scettica.[426]

»Was, wenn alles ein Irrtum ist?« möchte man nach dem Blick auf die stark variierenden Lesarten der Jurys fragen. LOURDES ist ein Film, der einem zur Hälfte gefülltem Trinkglas gleicht. Während die einen optimistisch auf ein halbvolles Glas blicken, sehen die Pessimisten ein halbleeres Glas vor sich stehen; fromme Gläubige fühlen ihr Weltbild ebenso bestätigt wie skeptische Agnostiker. Dass selbst in den scheinbar homogenen Anspruchsgruppen die Interpretationen (teilweise stark) abweichen können, soll nachfolgend die nahezu empörte Stellungnahme von Monsieur Jacques Perrier, dem Bischof von Tarbes und Lourdes, belegen. Im Rahmen der langwierigen Recherchen und Anfragen um Drehgenehmigung führte Hausner einige Gespräche mit dem geistlichen Oberhaupt und erörterte mit ihm sowohl Fragen zur Art der Darstellung Lourdes' wie auch zu den offiziellen Wunder-Erklärungen der katholischen Kirche.[427]

Nachträglich zeigte sich Perrier von Hausners Lourdes-Inszenierung durchgehend enttäuscht. »Un film catastrophique«[428] wetterte der christliche Würdenträger, der sich anscheinend vor allem am Verschwimmen der Grenzen von Wirklichkeit und Fiktion stieß:

---

426 https://www.uaar.it/comunicato-stampa-dell1192009-mostra-del-cinema-di-venezia-assegnato-il-premio-brian-al-film-piu-lai/, letzter Aufruf: 27.06.2020.
427 Vgl. http://www.coop99.at/www-Lourdes/dt/int.htm, letzter Aufruf: 27.06.2020.
428 Auf dem YouTube-Kanal des *Le Sanctuaire Notre-Dame de Lourdes* findet sich Perriers kritische Reaktion als Video. Siehe https://www.youtube.com/watch?v=BmdB4BRahF8, letzter Aufruf: 27.06.2020.

> Il mélange deux genres et se présente comme un reportage où tout est fictif. […] Venir á Lourdes ne laisse pas indifférent. C'est en ça que le film est faux, tout est pipé. Dans le film, les garçons ne pensent qu'à draguer, c'est désespérant pour l'humanité.[429]

Hausners distanzierter Blick auf die üblichen Wallfahrtsroutinen und Pilger-Mechanismen entsprach offensichtlich nicht den Wunschvorstellungen des Bischofs, wie er in mehreren Interviews deutlich machte. Statt einer intersubjektiven Reportage oder eines hollywoodesken Märchens verwob die Regisseurin dokumentarisches Material mit Spielfilmsequenzen und ließ so – wie sie es bereits in INTER-VIEW vorgemacht hatte – eine semi-dokumentarische Atmosphäre entstehen; und gerade diese war es, an der sich Bischof Perriers Ärger entzündete.[430] Nichts an diesem Film sei wahr, weder die Darstellung der Malteser, die – bedingt durch die flirtlaunigen jungen Männer – völlig karikiert würden, noch stimme die filmische Inszenierung der traurig-verzweifelten bis emotionslosen Gesichter der Protagonist_innen mit den glücklich-hoffnungsfrohen Pilger_innen der Wirklichkeit überein. Es fehle Hausners Produktion das Lächeln, die menschliche Wärme, die echten Gesten, die innige Kameradschaft und ein Verständnis dafür, was Lourdes wirklich ausmache. Laurent Jarneau, Journalistin im Heiligtum von Lourdes, verknappte ihre ausführliche Besprechung zuletzt auf die Formel: »Ce film est une erreur. Ce film est un mensonge. Ce film est une Interruption Volontaire de Grâce. Dommage. Quelles pertes de temps et d'énergie!«[431]

Anstatt nun den Film im analytischen Bemühen zu examinieren, um so die Lesart einer der beiden Geisteshaltungen zu bestätigen bzw. damit die abweichende zu widerlegen, soll nachfolgend der Frage nachgegangen werden, wie es zu derartigen Varianzen in der Wahrnehmung kommen konnte und kann. LOURDES stellt im Hausner'schen Œuvre nicht den ersten Fall von ambivalenter Rezeption durch differente Anspruchsgruppen dar; vielmehr ist das vieldeutige Interpretationsangebot augenscheinlich symptomatisch für ihr Filmschaffen. Im AFC-Gespräch

---

429 Perrier zit. n. http://www.lepoint.fr/culture/l-eveque-n-a-pas-aime-le-film-Lourdes-12-08-2011-1362217_3.php, letzter Aufruf: 27.06.2020.
430 http://www.Lourdes-infos.com/65100Lourdes/spip.php?article4294&lang=fr, letzter Aufruf: 27.06.2020.
431 Laurent Jarneau: »Lourdes« ou l'art de chasser Dieu du sanctuaire de Lourdes. [28.07.2011], http://www.leforumcatholique.org/printFC.php?num=603377, letzter Aufruf: 27.06.2020.

zu Hotel veranschaulichte Hausner, dass es sich dabei um einen durchaus bewussten Schaffensakt handelt. Anders als bei ihren vorangegangenen Produktionen nutzten Jessica Hausner und ihr Team bei den Arbeiten an Hotel erstmals die Möglichkeiten von Testscreenings[432], um eine Einschätzung des Rezeptionsverhaltens zu erhalten und somit eventuell nötige Bearbeitungen in Betracht ziehen zu können.[433]

> Wir haben bei den Sichtungen den Leuten am Ende immer die Kardinalfrage gestellt – Worum geht es in diesem Film? Mir war wichtig, dass die Zuschauer es schaffen, über die Story hinaus den Film zu lesen. Da gibt es verschiedene Interpretationsmöglichkeiten. Manche Leute sagten, es geht um den Tod – ums Sterben müssen oder wollen, andere fanden, es geht um das sexuelle Erwachen des Mädchens, andere meinten, um das Unbewusste, um das Entdecken der verborgenen, dunklen Seiten von einem selbst. Für mich gelten sie alle. Mir ging es darum, dass jemand, der den Film sieht, vermuten kann, dass sich hinter der Oberfläche der Dinge wirklich anderes befindet und das tut es auch. Was dieses andere ist, das kann weder Namen noch Gesicht haben.[434]

Statt demnach das Testscreening zu nutzen, um entsprechende Adaptionen hinsichtlich einer Bestärkung der dominanten Interpretation vorzunehmen, entschied sich die Regisseurin dazu, variable Lesarten des Filmes nicht nur zuzulassen, sondern sogar explizit zu ermöglichen. Ein analoges Intentionsmuster wird auch in den Folgeproduktionen Lourdes und Amour Fou deutlich, ist aber ebenfalls in Flora, Inter-View und Lovely Rita erkennbar, denn keiner von Hausners Filmen erzählt eine eindeutig interpretierbare Geschichte. In allen Fällen werden Figuren in das Zentrum der Erzählung gerückt, die geheimnisvoll bleiben; über ihre Beweggründe und ihre Vergangenheit bleibt das Publikum weitestgehend im Unklaren und auch als Identifikationsgrößen taugen sie kaum.

---

432 Im Interview mit Karin Schiefer erklärte Hausner: »Wir […] machten regelmäßig Sichtungen mit einem ausgewählten Publikum, das hat gut funktioniert. […] Für mich war das neu, […] ich konnte die Entwicklungen, die Kritik und die Vorschläge gut verwenden.« (Karin Schiefer: Jessica Hausner im Gespräch über Hotel. [2004], http://www.austrianfilms.com/news/bodyjessica_hausner_im_gespraech_ueber_Hotelbody_1, letzter Aufruf: 27.06.2020.)

433 Zum Testscreening und seinen Möglichkeiten für Filmschaffende vgl. Genevieve Jolliffe/Andrew Zinnes: *The Documentary Film Makers Handbook.* London/Oxford/New York/New Delhi/Sydney: Continuum 2006, S. 357.

434 Hausner zit. n. Schiefer: Jessica Hausner über Hotel. [2004].

Im Handlungsverlauf werden unzählige Fragen aufgeworfen, die (fast) alle unbeantwortet bleiben und die Zuseher_innen mit offen gestalteten Schlusssequenzen konfrontieren.

> Ich finde es interessant, die sichtbare Wirklichkeit abzubilden, ohne einen Kommentar oder eine Deutung hineinzumischen. Eine Wirklichkeit, die ein Paradox enthält, das quasi noch roh ist. Uninterpretiert. Denn dadurch entstehen für mich die Spannung und die Frage: Was ist hinter den Bildern? Was bedeuten die Bilder? Aber die sichtbare Realität ist per se ohne Bedeutung. Es gibt also einen seltsamen Widerspruch zwischen der sichtbaren Realität und dem, was dahinter ist, was nicht zeigbar und auch kaum benennbar ist. Diese Dimension zur Assoziation zu bringen, finde ich total spannend. Das ist vielleicht, was man Transzendenz nennen könnte.[435]

Wesentlicher Einflussfaktor hierfür ist der betont distanzierende Blick, welchen die Regisseurin auf ihre filmische Welt inklusive der darin agierenden Figuren gewährt. Wurde diese Inszenierungsform in Hausners frühen Werken noch als charakteristisch für die Annäherung der *Nouvelle Vague Viennoise* an eine neo-realistische Ausdrucksweise verstanden, sollte spätestens ab LOURDES deutlich geworden sein, dass es sich bei einer derartigen Bildgestaltung nicht um eine Modeerscheinung, sondern – in einem durchaus künstlerischen Anspruch – um eine Hausner'sche *Eigen-Art* handelt. Als Paradebeispiel für diese typische stilistische Reduktion, durch die besagte vermeintlich objektive Erzählhaltung entstehen kann, und für die Gestaltung mannigfaltiger Interpretationsangebote soll TOAST ins Feld geführt werden; der Experimentalfilm ist ein konzentrierter Ausdruck der variablen Lesarten, die alle filmischen Projekten Hausners teilen.

Auf den ersten Blick scheint TOAST ein filmisches Projekt zu sein, das einen gesellschafts- und konsumkritischen Blick auf unsere Gegenwart wirft. Logo um Logo wird werbewirksam in den Fokus der Kamera gerückt (*Product placement* par excellence), Toastbrot um Toastbrot verschlingt die Protagonistin, Plastikbecher um Konservendose landet im Mülleimer – unweigerlich drängt sich ein moralisierendes Verdammen des haltlosen Gelages auf. TOAST, ein konsumkritischer Film über unsere

---

435 Hausner zit. n. Cristina Nord: Regisseurin Hausner über Lourdes-Film: »Der Priester war eingeweiht.« [01.04.2010], http://www.taz.de/!5145041/, letzter Aufruf: 27.06.2020.

selbstgerechte Wegwerfgesellschaft? Was Hausner auf die Leinwand bannt, ist Fast Food im wörtlichen Sinn: Die unterschiedlichen Gänge werden rasch zusammengestellt und noch rascher vertilgt, Zubereitung und Verzehr überlappen sich teilweise und führen die dem Fast Food zu Grunde liegende Konsumidee auf das nächste Level. Das *schnelle Essen* wird dabei nicht in Gesellschaft oder an einem Tisch sitzend genossen, sondern zwischendurch, im Gehen oder im Stehen in den Mund geschoben – jedwedes Fehlen von zwischenmenschlicher Interaktion befeuert nahezu die Beschleunigung von Zubereitung und Konsum. Scheint das einsame Mahl isoliert betrachtet nicht außergewöhnlich, erhält es im Werkzusammenhang eine tiefere Bedeutung. Wenn eine Regisseurin, die Essensszenen in ihren Filme meist dazu nutzt, um soziale Gefüge, Beziehungsgeflechte oder gesellschaftliche Positionen sichtbar zu machen,[436] in einem Filmprojekt eine einzelne Figur alleine essen lässt, deutet das auf eine bewusste Inszenierung mit rezeptivem Mehrwert hin. Statt die Protagonistin in einer familienartigen Konstellation zu positionieren, zeigt Hausner die junge Frau einsam und isoliert. Ist Toast folglich ein Film über Beziehungsunfähigkeit? In ihrer Presseaussendung zur Ausstellungseröffnung verwiesen die Intendanten zudem auf eine potenzielle feministische Lesart des Experimentalfilms. Von den unübersehbaren Einflüssen von Semiotics of the kitchen (1975, Martha Rosler) war zu lesen, in der Toast-Protagonistin wurde sogar eine Art Anti-Julia-Child[437] erkannt. Toast, ein feministischer Film, der das Rollenbild der Frau ins Zentrum rückt?

Neben den vorangestellten möglichen Interpretationsangeboten, Toast sowohl als konsumkritischer Filmblick auf unsere Wegwerfgesellschaft, als filmisches Mahnmal des drohenden Verlusts unserer Beziehungsfähigkeit oder als moderne Interpretation feministischen Filmschaffens zu lesen, formuliert Hausner mit Toast in meinen Augen eine eindringliche Anregung zur (Selbst-)Reflexion der Rezeptionserwartung des Publikums. Sobald die Zuseher_innen erkannt haben, dass auf narrativer Ebene keine Überraschungen mehr zu erwarten sind, beginnen sie, ihr Augenmerk auf die Präsentation der Toastzubereitung zu richten und werden zu Beginn der zweiten Plansequenz fündig. Ist das Sichtbare nun neuer Inhalt oder doch nur eine adaptierte Wiederholung? Die Fra-

---

436 Vgl. 4.2 Club Zero.
437 Die im Jahr 2004 verstorbene Julia Child war eine US-amerikanische Köchin und Kochbuchautorin, die u. a. mit der Kochsendung *The French Chef* (Erstausstrahlung 1963) Bekanntheit erlangte. Childs Lebensgeschichte wurde als Julie & Julia (2009, Nora Ephron) verfilmt.

ge führt unweigerlich zu dem Versuch, Ordnung in das filmische Chaos zu bringen. Was auf Rezeptionsebene folgt, wird in der Psychologie als *Clustering-Illusion* beschrieben.

> Die Clustering-Illusion oder Musterillusion bezeichnet die menschliche Tendenz, zufälligen Mustern, die in ausreichend großen Datenmengen zwangsläufig vorkommen, Bedeutungen und Sinn zuzuschreiben. Typisch ist diese Denkfalle bei einer großen Serie von Punkten, die rein zufällig angeordnet sind, während Menschen dennoch dazu neigen, hierin ein Muster erkennen zu wollen.[438]

Menschen tendieren dazu, in einem Analysekorpus nach Mustern zu suchen und ihnen eine Bedeutung zuzuweisen. Einer *Clustering-Illusion*, also einem vermeintlichen Muster in einer völlig willkürlichen Sequenzabfolge, kann man auch bei der Rezeption von Toast erliegen, denn Toast ist nicht nur gesellschaftskritischer Experimentalfilm, sondern auch filmisches Fehlersuchbild. Nach Ende der ersten Plansequenz scheint klar, an welchem Muster sich die Handlungsabläufe orientieren. Doch schon zu Beginn der zweiten Plansequenz wird deutlich: So einfach macht es die Regisseurin ihrem Publikum nicht. Was auf den ersten Blick wie eine Wiederholung des Bekannten scheint, zeigt sich auf dem zweiten Blick als Variation. Sowohl in visueller als auch akustischer Hinsicht wird Hausner den Zuseher_innen immer wieder Anhaltspunkte anbieten und Muster andeuten, nur um diese wenig später wieder zu verwerfen. Am Ende des Experimentalfilmes ist nur gewiss, dass das Muster nicht entschlüsselt werden kann.

Die Anstrengungen des menschlichen Gehirns, sinnstiftende Muster im Chaos auszumachen, sind in der Rezeption von Hausners Filmen von wesentlicher Bedeutung, denn die Regisseurin spielt in sämtlichen Produktionen mit den Erwartungshaltungen ihres Publikums. Besonders intensiv bewusst wird dies in den interpretationsoffen gestalteten Schlusssequenzen, die – statt letztlich alle noch ausständigen Fragen zu beantworten oder zumindest ein geschlossenes Ende der Filmhandlung zu präsentieren – die Zuseher_innen im Finale dezidiert auf große Lücken und ungeklärte Rätsel aufmerksam machen, trotzdem aber zirkuläre Strukturen aufweisen. Christopher Vogler hielt, wenn auch stark

---

438 http://lexikon.stangl.eu/17299/clustering-illusion/, letzter Aufruf: 27.06.2020.

verallgemeinernd, zwei ambivalente Tendenzen zur Gestaltungsweise der Schlusssequenzen im weltweiten Filmschaffen fest:

> Der Abschluß der Reise des Helden kennt zwei mögliche Formen. Die in der westlichen Kultur und damit auch in amerikanischen Filmen übliche Variante ist die zirkuläre Form, die einen Eindruck von Geschlossenheit und Vollständigkeit vermittelt. Der anderen Variante begegnen wir häufiger in asiatischen, australischen und europäischen Filmen: Hier ist das Ende offen, was in uns das Gefühl unbeantworteter Fragen, unaufgelöster Spannungen und schwebender Konflikte hervorruft. In beiden Varianten gibt es Helden mit wachsendem Bewußtsein, doch im Fall des offenen Endes werden sich ihre Probleme nicht so glatt lösen lassen.[439]

So einfach, wie Vogler den Sachverhalt präsentiert, ist er natürlich längst nicht. Weniger plakativ aufgemachte, dafür aber wissenschaftlich fundierte Untersuchungen von Jon Boorstin[440] und David Cook[441] weisen etwa die geschlossene Dramaturgie in den Hollywood-Produktionen der 1930er- bis 1950er-Filme nach. Jedoch handel(t)e es sich bei zirkulären Narrationsformen nicht um eine ausschließlich US-amerikanische Usance, wie diesbezügliche Befunde von Klaus Kreimeier verdeutlichen, der die geschlossene Form in der Dramaturgie des Ufa-Films im Dritten Reich erkannte.[442] Knut Hickethier hielt zu Nutzung und Wirkung der geschlossenen Form fest:

> Die geschlossene Form setzt auf Dominanz des Aufbaus von dramatischen Texten und Filmen, der Tektonik in der Handlungskonstruktion, der Figurenkonstellation. Sie liebt symmetrische Anlagen, das Zurückführen eines Geschehens zu seinem Ausgangspunkt, eine Ähnlichkeit oder gar Wiederholung von Anfangs- und Endbildern.[443]

---

439   Vogler: *Die Odyssee des Drehbuchschreibers.* 2010^6, S. 363 f.
440   Siehe Jon Boorstin: *The Hollywood Eye. What Makes Movies Work.* New York: Cornelia & Michael Bessie Books 1990.
441   Siehe dazu David Cook: *A History of Narrative Film.* New York/London: Norton 1990^2
442   Vgl. Klaus Kreimeier: *Die Ufa-Story. Geschichte eines Filmkonzerns.* München: Hanser 1992, S. 300 ff.
443   Hickethier: *Film- und Fernsehanalyse.* 1996^2, S. 117 f.

Während die geschlossene Dramaturgie sich dementsprechend zirkulär präsentiert und klar definiert erscheint, umfasst die im Gegensatz dazu stehende offene Dramaturgie eine Vielzahl unterschiedlicher Ausdrucksformen, die sich »in der Regel nicht symmetrisch«[444] darstellen. »Rundungen werden nicht angestrebt, statt dessen gibt es eine progressive Struktur, werden häufig episodische Abfolgen, oft auch a-chronologische Folgen gewählt.«[445]

Wenn Vogler in seiner Zuordnung grob vereinfacht und eine simple Dichotomie von geschlossen-amerikanischer und offen-asiatischer/australischer/europäischer Gestaltungsweise erzeugt, lässt er zwar eine ausgewogenen Darstellung vermissen, formuliert damit aber dennoch – sofern man gewillt ist, über die nationale Verortung hinwegzulesen – prägnant eine erkennbare Tendenz:

> Ein offenes Ende bewirkt, daß das Erzählen andauert, obwohl die Geschichte eigentlich aus ist – und zwar in Herzen der Zuschauer, in ihren Gesprächen und Diskussionen, die sie nach dem Film oder der Lektüre noch führen. Wer zu dieser Form greift, will sein Publikum lieber selbst die moralischen Schlüsse aus der Geschichte ziehen lassen. Auf manche Fragen gibt es eben keine Antwort, auf andere eine Vielzahl möglicher Antworten. Und manche Geschichten enden nicht damit, sondern sie stellen neue Fragen, die das Publikum noch lang nach dem Ende der Geschichte beschäftigt.[446]

Interessant an Hausners Gestaltung der finalen Sequenzen ihrer Spielfilme ist, dass sie sich weder exklusiv für die geschlossene noch für die offene Form entscheidet, sondern diese beiden Varianten vielmehr zu einer dritten Alternative verwebt.

In FLORA nutzte Hausner augenscheinlich eine offene Form, um ein Ende für ihren Kurzfilm zu finden. Nachdem die Protagonistin sich zunächst von allen männlichen Bindungen emanzipiert hat – der Vater stirbt nach der *Strapsgürtel-Affäre* im Krankenhaus, Attila weist sie am Gartentor rüde zurück, Jakob treibt sie mit seiner Überfürsorglichkeit aus der Wohnung – tritt Flora ihren Weg in die Zukunft an: Mit nichts als ihrem Lederkoffer und ihrer roten Wollmütze fährt sie in einem Auto

---

444 Ebd. S. 118.
445 Ebd.
446 Vogler: *Die Odyssee des Drehbuchschreibers.* 2010[6], S. 367.

eine einsame Landstraße entlang, vorbei an herbstlich blattlosen Bäumen, welche die Straße säumen. Wohin sie unterwegs ist, bleibt ebenso im Ungewissen wie die Frage, ob sie nun einen konkrete Vorstellung für ihren weiteren Lebensweg vor Augen hat. Lediglich der Schwenk der Kamera in den abendroten Himmel mag als tendenziell positiver Fingerzeig für Floras Zukunft gedeutet werden. Hausner moralisiert nicht, sie hält aber auch keine Antworten auf die aufkeimenden Fragen bereit.

Auch die Zukunft der zwei (bzw. drei) Protagonist_innen in INTER-VIEW bleibt für das Publikum vage Ahnung. Nachdem Günter Gertrude im Müllraum des Wohngebäudes zusammengeschlagen hat, endet dieser Erzählstrang abrupt; das weitere Schicksal der jungen Frau bleibt filmisch unkommentiert. Der Interviewer selbst findet seine erste Gesprächspartnerin im Finale des Filmes wieder, verfolgt sie in eine Diskothek und schafft es, erneut mit ihr ins Gespräch zu kommen. Auf der Tanzfläche verlieren die Zuseher_innen das namenlose Mädchen mit dem gestreiften Pullover aus den Augen, über ihren weiteren Verbleib wird kein zusätzliches Wort oder Bild verloren. Last but not least bewegt sich Günter unrhythmisch zuckend im stroboskopischen Licht. Die Frage, wohin seine Reise gehen wird, lässt Hausner ebenfalls unbeantwortet.[447] Wenn das Filmfinale also letztlich keine endgültigen Antworten liefert und damit im Hinblick auf die dichotomen Varianten zur Gestaltung von Erzählungen tendenziell als offene Form verstanden werden könnte, zeigt sich INTER-VIEW in seiner Form jedoch deutlich zirkulär, denn die für die geschlossene Form charakteristische Wiederholung von Filmanfang und -ende (markiert durch den Auftritt des Pullover-Mädchens, das sowohl in der ersten und in der letzten Sequenz in Szene gesetzt wird) sind durch die formale Gestaltung als Schachtelrahmenerzählung gegeben.

Auch in LOVELY RITA beschreibt Hausner eine kreisförmig geschlossene Erzählung, indem sie ihren Spielfilm mit den Schießübungen von Vater Norbert im Keller des Wohnhauses beginnt und ihn gegen Ende des Filmes an exakt dieser Stelle sterben lässt. Doch damit nicht genug, begleitet die Kamera das Mädchen über den Doppelmord an ihren Eltern

---

447 Christian Cargnelli stellte in seiner Ankündigung des *StudentInnenfilmfestival FAK '99* die Vermutung in den Raum: »Und um das Filmfinale, das hier nicht verraten werden soll, werden sich sicher heiße Diskussionen entspinnen.« (Christian Cargnelli: Nouvelle Vague Viennoise. In: *Falter 18/99* [05.05.1999], S. 62–63; hier: S. 62.) Bedauerlicher Weise blieb es lediglich bei der Ankündigung; die im Rahmen der Veranstaltung erwarteten Stimmen und Diskussionsbeiträge zu INTER-VIEW fanden keine Nachberichterstattung.

hinaus weiterhin, zeigt ihren freiwilligen Strafantritt im Hotelzimmer und die Absolution durch Schulkollegin Alex, bis die gar nicht so liebliche Rita letzten Endes erneut ins heimische Wohnzimmer zurückkehrt. Es sind handlungsspezifische, aber auch gestaltungstechnische Fragen, die im Filmfinale offen zur Diskussion stehen (bleiben).

Im großen Finale von Hausners HOTEL wendet sich Rezeptionistin Irene dem dunklen mysteriösen Wald zu und verschwindet darin. Vorsätzlich verwehrt die Regisseurin ihrem Publikum nicht nur Antworten auf offene Fragen, die im Handlungsverlauf aufgeworfen wurden, sondern enthält ihnen auch die Sichtbarmachung des Monsters vor. Während die letztgültige Schnittversion die Interpretation als offene Form befeuert, war die originale Schnittfassung zirkulär: Darin bekommt das Publikum nach Irenes Verschwinden im Wald ein Bewerbungsgespräch zu sehen. Eine junge Frau spricht für die vakante Position der Rezeptionistin im Waldhaus vor. So schließt sich der Kreis des Grauens: Wie Irene als neue Mitarbeiterin ins Hotel gekommen und in die Fußstapfen ihrer Vorgängerin Eva Steiner getreten ist, tritt nun eine neue Protagonistin auf den Plan und wird (möglicherweise) dasselbe Schicksal wie Eva und Irene erleiden. Obwohl HOTEL bereits in Cannes seine Premiere gehabt hatte, entschied sich Hausner aus ästhetischen Gründen, diese letzte Szene des Films zu entfernen. Unter erheblichen Kosten wurden die Kopien eingesammelt, das Negativ gekürzt und erst dann für den Weltvertrieb freigegeben. Während also das Filmende des Final Cut eine offene Rezeption erlaubt und Schlussfolgerungen Irenes Schicksal betreffend der Phantasie des Publikums überlassen werden, ist das Finale in der Originalversion konkreter. Das entfernte Bewerbungsgespräch hätte verdeutlicht, dass die Stelle der Rezeptionistin im Waldhaus wieder vakant ist. Hausner lässt die Frage nach Irenes Verbleib unbeantwortet, ihr Verschwinden ist aber unweigerliche Gewissheit.

Auch in den Produktionen LOURDES, AMOUR FOU und LITTLE JOE hielt Hausner an der Mischung aus geschlossener und offener Dramaturgie fest. In ihrem Pilgerfilm formen die offiziellen Akte – also der einführende Vortrag von Ordensschwester Cécile im Speisesaal zu Filmbeginn und die abschließende Party am Ende der Wallfahrt zu Filmende – den Anfangs- und Endpunkt der zirkulären Erzählung und deuten damit eine geschlossene Form an, während Christines Sturz beim Tanz und die dadurch befürchtete Möglichkeit eines gesundheitlichen Rückfalls in den letzten Filmminuten zahlreiche ungelöste Rätsel aufgeben. In ihrem Historienfilm sind es Räume im Haus der Familie Vogel, die am Anfang und im großen Finale des Filmes den Kreis schließen, in LITTLE JOE sorgt die titelgebende genmanipulierte Pflanze in unterschiedlichen Entwicklungsstadien – zu Beginn als Zögling im Gewächshaus und am Ende als markttaugliches Massenprodukt – für den geschlossenen Erzählrahmen. Mit einem Schwarzbild als finale Einstellung ist dann im Off Hausners Sohn Iggy zu hören, der Little Joe für den letzten Satz des Filmes seine Stimme lieh: »Goodnight Mom.« Dass die Fähigkeit der Pflanze zur menschlichen Sprachäußerung wohl längst nicht das Ende, sondern vielmehr der Anfang des Grauens sein dürfte, ist Kenner_innen von THE LITTLE SHOP OF HORRORS nur allzu deutlich bewusst, folgten auf Audrey Juniors sprachliche Aufforderung »Feed me!« doch unbändige Gelüste auf menschliches Blut und in Folge auf Leichen.

> Statt wie in der Science Fiction von den Gefahren genmanipulierter Pflanzen zu erzählen, den Plot beständig enger zu fassen und Varianten so lange auszuschließen, bis Evidenz hergestellt ist, geschieht das Gegenteil: Nur die Ungewissheit wächst; nicht nur darüber, ob die Pflanze ein Übeltäter ist, sondern ob sich die Menschen überhaupt verändert haben. […] Die bei Hausner stets so grundlegende Frage nach Inklusion oder Exklusion verschiebt sich in *Little Joe* somit nur dem Anschein nach ins Ungefähre eines monströsen Außens.[448]

Sowohl in LOURDES, AMOUR FOU als auch in LITTLE JOE sind es überraschende Entwicklungen in den letzten Filmminuten, welche ergänzend zur geschlossenen auch eine Lesart im Sinn der offenen Form befördern. Zusammenfassend lässt sich festhalten, dass Hausner sich bei der Gestaltung ihrer Filmfinale nicht an tradierten Gestaltungsusancen orientiert. Vielmehr gelingt es ihr, durch geschickte Kombination von geschlossenen und offenen dramaturgischen Aspekten eine alternative Ausdrucksform zu etablieren, die sich in ihren bisherigen Filmen als durchwegs typisch zeigt. Im Gespräch mit Dominik Kamalzadeh veranschaulichte die Regisseurin ihre Bestrebungen wie folgt:

> Es geht darum, eine Lücke zu schaffen. Und es ist unglaublich schwierig eine Lücke zu schaffen, weil der Zuschauer damit beschäftigt ist, jede Lücke wieder zu schließen. Man will ja, dass eins und eins zwei ergibt.

---

448 Dominik Kamalzadeh: Komische Ungewissheit. Zu den Filmen von Jessica Hausner. In: Isabella Reicher (Hrsg.): *Eine eigene Geschichte. Frauen Film Österreich seit 1999.* Wien: Sonderzahl 2020, S. 40–49; hier: S. 49.

> Ich will dieses Unbehagen, diesen Zwiespalt säen, damit man nicht genau weiß, wie man es interpretieren soll.[449]

Die vagen bis fehlenden narrativen Auflösungen sorgen in der Rezeption für Interpretationsoffenheit und verpflichten die Zuseher_innen zugleich zur aktiven Teilhabe; mit dem Ergebnis teils deutlich divergierender interpretativer Gewichtungen. »[Es] gibt bei **Little Joe** Lösungen, aber jeder kann sich seine aussuchen. Es ist nicht so, dass nur eine die Richtige ist.«[450] In seiner Cannes-Rezension erklärte der US-amerikanische Filmkritiker Charles Bramesco, in LITTLE JOE eine Art filmischen Rorschach-Tests erkannt zu haben.

> The filmmaker errs on the side of what would be more accurately described as anti-horror, defined by a curious artistic switcheroo that gradually reveals how innocent a frightening situation truly is, as opposed to the inverse. Hausner dares us to look past the chilly cinematography and paranoia to the core of her writing, where her ideas take on a **Rorschach**-blot quality. All present terror originates not from the story, but from one person contained within it, and the members of the audience sharing in her limited perspective. It's tricky, beguiling stuff, rendered with an eerie sterilized beauty.[451]

Die treffliche Idee, Hausners Erzählstrategie mit besagten wahrnehmungsdiagnostischen Experimenten zu vergleichen, griffen in weiterer Folge auch Filmjournalist Nick Chen – »[…] *Little Joe* resembles a colourful Rorschach test […]«[452] – und *FM4*-Redakteurin Pia Reiser auf:

> [F]ormal steckt der Film in einem engen und strengen Korsett, auf Erzähl- und erst recht auf Deutungsebene herrscht aber größtmögliche Am-

---

449 Hausner zit. n. Kamalzadeh: Komische Ungewissheit. 2020, S. 45.
450 Hausner zit. n. Karin Schiefer: »Prickelnd und strange …« [Mai 2019], https://www.austrianfilms.com/Interview/jessica_hausner/little_joe_DE, letzter Aufruf: 21.07.2020 [H. i. O.].
451 Charles Bramesco: Cannes 2019 Review: LITTLE JOE Is A Slow-Creeping Horticultural Horror That Will Grow on You. [22.05.2019], https://birthmoviesdeath.com/2019/05/22/cannes-2019-review-little-joe-is-a-slow-creeping-horticultural-horror-that, letzter Aufruf: 27.06.2020 [Hervorhebung SG].
452 Nick Chen: Stop Making Scents: Jessica Hausner On Botanical Thriller »Little Joe«. [21.02.2020], https://thequietus.com/articles/27858-little-joe-jessica-hausner-interview, letzter Aufruf: 27.06.2020.

bivalenz. Das zeigt sich auch in den Texten zu dem Film und den Themen, die darin auftauchen: Glück, Mutter-Kind-Beziehung, Mutterbild, Medikamentensucht. Vielleicht ist »Little Joe« auch ein Rorschach-Test – was man darin sieht, sagt mehr über einen selbst aus, als über den Film.[453]

In ihrem betont distanzierenden Duktus hält die Regisseurin dem Publikum gnadenlos den Spiegel der Erkenntnis vor und drängt – ohne den moralischen Zeigefinger zu erheben – zur kritischen (Selbst-)Reflexion: über den Preis, den man für vermeintliches Glück zu zahlen bereit ist. Über die lockenden Heilsversprechen von messianischen Führern. Über den unbedachten Griff zu Psychopharmaka, um einer vermeintlichen Norm psychischer Gesundheit zu entsprechen. Über die gesellschaftliche Zwickmühle alleinerziehender, voll berufstätiger Frauen, die Nachwuchs und Karriere unter einen Hut bekommen wollen. Über den Umgang mit Andersdenkenden, die gegen populäre Dogmen aufbegehren. Und letztlich gilt es auch, die moralischen und ethischen Grenzen der Wissenschaft zu diskutieren. LITTLE JOE als dystopische Science-Fiction zu klassifizieren würde allerdings bedeuten, die Augen vor der Wirklichkeit zu verschließen, denn noch bevor der Film seine Premiere bei der 72. Ausgabe der *Internationalen Filmfestspiele von Cannes* beging, wurde japanischen Wissenschaftler_innen gesetzlich erlaubt, Mischwesen aus Tier und Mensch zu züchten.[454]

1.7   AMOUR FOU (2014)

Nach der erfolgreichen Premiere und Verwertung ihres vielfach ausgezeichneten Pilgerfilms LOURDES wurde es einige Zeit still um Jessica Hausner. Währenddessen nahm die Produktionstätigkeit der *Coop99* weiterhin an Fahrt auf. Nachdem das Kollektiv sein zehnjähriges Firmenjubiläum begangen hatte und für seine Jahresproduktionen 2009 mit zahlreichen renommierten Auszeichnungen geehrt worden war, wurde die Realisierung des zweiten Spielfilmes einer ehemaligen FAK-Kommilitonin in die Wege geleitet: Jasmila Žbanićs NA PUTU (2010, Jasmila

---

453   Reiser: Die Hirnfresser kommen! (Oder auch nicht). [01.11.2019].
454   Siehe https://www.zeit.de/wissen/gesundheit/2019-07/mischwesen-japan-mensch-tier-organzuechtung-organspende-tierembryo, letzter Aufruf: 18.07.2020.

Žbanić; dt. Titel: ZWISCHEN UNS DAS PARADIES) lief, wie bereits ihr Spielfilmdebüt GRBAVICA, im Wettbewerb der *Berlinale*, wurde am *Yerevan International Film Festival 2010* mit dem *FIPRESCI-Preis* der internationalen Filmkritik ausgezeichnet und erhielt den *Friedenspreis des Deutschen Films – Die Brücke*.[455] Zwei Jahre später folgten die Premieren der beiden *Coop99*-Produktionen DIE WAND – die Literaturverfilmung wurde auf der *Berlinale 2012* mit dem *Preis der Ökumenischen Jury* ausgezeichnet, für den »Besten Ton« mit dem *Deutschen Filmpreis 2013* geehrt und erhielt den Publikumspreis am *8. Internationalen Filmfest Monterrey 2012*[456] – und des autobiografisch inspirierten Familiendramas[457] DIE LEBENDEN, welches im Wettbewerb der 60. Ausgabe der *International Film Festival San Sebastian 2012* in der *Sección Oficial* gezeigt wurde.[458]

Neben der regulären Produktionstätigkeit bewies ein Teil des *Coop99*-Teams kulturpolitisches Engagement: Auf Initiative bekannter Persönlichkeiten der österreichischen Filmbranche wurde im März 2009 die *Akademie des Österreichischen Films* gegründet.[459] Neben den damaligen Präsident_innen Barbara Albert und Karl Markovics fanden sich im Vereinsvorstand auch *Coop99*-Geschäftspartner und Kameramann Martin Gschlacht (als Kassiererinstellvertreter) und Hausners Stamm-Cutterin Karina Ressler (als Obmannstellvertreterin). Zu den weiteren Gründungsmitgliedern zählten unter anderen Josef Aichholzer, Wolfgang Murnberger, Nina Proll, Stefan Ruzowitzky, Harald Sicheritz und Götz Spielmann.[460] Als Aufgaben der *Akademie* definierten die Gründer_innen die jährliche Vergabe des *Österreichischen Filmpreises* inklusive der Organisation einer medienwirksamen Gala-Veranstaltung zur Förderung, Positionierung und Sichtbarmachung der österreichischen Leistungen in der nationalen und internationalen Kulturlandschaft und die Förderung

---

455 Zugleich wurde Neshat für WOMEN WITHOUT MEN (2009, Shirin Neshat/Shoja Azari) von der Jury des *Friedenspreises des Deutschen Films – Die Brücke* mit dem Ehrenpreis 2010 geehrt. Vgl. http://bernhardwickigedaechtnisfonds.de/friedenspreis/, letzter Aufruf: 26.06.2020.
456 Vgl. http://www.coop99.at/web-coop99/?portfolio=the-wall, letzter Aufruf: 26.06.2020.
457 Vgl. Rüdiger Suchsland: Passage in die Vergangenheit. [o. D.], https://www.artechock.de/film/text/kritik/d/dilebe.htm, letzter Aufruf: 26.06.2020.
458 Vgl. https://www.sansebastianfestival.com/2012/sections_and_films/official_selection/7/2205/in, letzter Aufruf: 26.06.2020.
459 Vgl. https://www.oesterreichische-filmakademie.at/ueber-die-akademie, letzter Aufruf: 04.07.2020.
460 Die vollständige Liste der Gründungsmitglieder ist unter https://www.oesterreichische-filmakademie.at/mitgliedschaft-und-mitglieder zu finden. Letzter Aufruf: 26.06.2020.

des österreichischen Films als solches. Zudem setzte man sich zum Ziel, mit der *Akademie* eine Plattform zu etablieren, die Filmschaffende aus aller Welt zum Diskurs und Erfahrungsaustausch anregen und Kontaktaufnahmen betreffend internationaler Zusammenarbeit und Kooperation ermöglichen und erleichtern sollte.[461] Um die Produktionen der österreichischen Filmszene weithin sichtbar zu machen, entschied sich die *Akademie* dazu, einen finanziell nicht-dotierten *Österreichischen Filmpreis* zur Anerkennung und Wertschätzung außergewöhnlicher heimischer Werke zu installieren oder in den Worten von *Akademie*-Geschäftsführerin Marlene Ropac: »Es handelt sich […] um Ehrenpreise von Filmschaffenden für Filmschaffende.«[462] Der *Österreichische Filmpreis* wurde am 29. Januar 2011 erstmals in 13 Kategorien vergeben.[463]

Die Kritik an der *Akademie des Österreichischen Films* und ihrem neuen *Österreichischen Filmpreis* folgte auf dem Fuße: Wie bereits die *Europäischen Filmpreise* – diese werden seit dem Jahr 1988 von der *EFA – European Film Academy* verliehen[464] –, die deutschen *Lolas* oder die französischen *Césars* musste sich auch das österreichische Pendant den Vorwurf gefallen lassen, lediglich eine blasse Imitation der US-amerikanischen *Oscars* auf nationaler Ebene, wo doch mit der regelmäßigen Vergabe des *Wiener Filmpreises* und des *Großen Diagonale-Preises* bereits etablierte heimische Leistungsanerkennung aufgewartet werden, darzustellen. Nicht unproblematisch erwies sich auch die Namenswahl des Neo-Preises, denn im Zeitraum von 1983 bis 2007 vergab der *Fachverband der Film- und Musikindustrie* den gleichlautenden *Österreichischen Filmpreis* an jene österreichischen Filme, die mehr als 75.000 Besucher_innen in die heimischen Kinos locken konnten. Der *Österreichische Filmpreis*, vormals also Auszeichnung für quantitativ-messbaren Erfolg, sollte sich nun im neuen Gewand plötzlich zur Qualitäts-Ehrerbietung wandeln.

Auch die finanziellen Schwierigkeiten, mit denen die engagierten Mitglieder zu kämpfen hatten, blieben nicht verborgen: Nach einer zunächst zugesagten, dann aber gestrichenen finanziellen, staatlichen Unterstüt-

---

461 Vgl. http://www.oesterreichische-filmakademie.at/akademie.html, letzter Aufruf: 26.06.2020.
462 http://diepresse.com/home/kultur/film/594948/Neue-Auszeichnung_Oesterreichischer-Filmpreis, letzter Aufruf: 26.06.2020.
463 Vgl. https://www.oesterreichische-filmakademie.at/filmpreis/archiv/filmpreis-2011, letzter Aufruf: 04.07.2020.
464 Vgl. https://www.europeanfilmacademy.org/Archive.39.0.html, letzter Aufruf: 26.06.2020.

zung, versuchte man wohl, das Beste aus den kargen Möglichkeiten zu machen. Matthias Greuling formulierte es in der *Wiener Zeitung* folgend:

> Bescheiden, aber selbstbewusst: Bei der ersten Verleihung des österreichischen Filmpreises am Wochenende im Wiener Odeon Theater gab es keinen roten Teppich, keine festlich geschmückte Bühne, keine Dankesreden, keine Videoeinspielungen der nominierten Filme und keine musikalische Beschallung. Für die von Valie Export entworfene Preisstatue hatte man kein Geld, stattdessen gab es nüchterne Urkunden.[465]

Während sich ein Großteil von Hausners Stamm-Filmteam an der Entwicklung und Etablierung der neuen Institution und des *Österreich-Oscars* beteiligte, hielt sich die Regisseurin diesbezüglich lange Zeit bedeckt, was auch den Pressevertreter_innen nicht entging. Einer der kritischen Beobachter des Geschehens rund um die *Akademie* und den neugeschaffenen *Österreichischen Filmpreis* war Filmjournalist Stefan Grissemann, der für das Nachrichtenmagazin *Profil* im Jahr 2011 feststellte:

> Die derzeit rund 140 Namen umfassende Liste jener Mitglieder etwa, die für die Preisentscheidungen zuständig sind, ist einstweilen alles andere als erschöpfend: Auch wenn viele verdiente Kino-Kreative der Akademie inzwischen beigetreten sind[,] entscheidende Filmemacher wie Michael Haneke, Ulrich Seidl oder Michael Glawogger, Jessica Hausner, Nikolaus Geyrhalter oder Wolfgang Murnberger fehlen auffällig.[466]

Obgleich sich Hausner somit weder an der Gründung der *Akademie* beteiligte noch für die Einführung des *Österreichischen Filmpreises* engagierte, entschied sie sich in späterer Folge doch noch zur Mitgliedschaft.[467] Darüber, ob ein Zusammenhang zwischen ihrem Beitritt zur *Akademie* und der folgenden Auszeichnung ihres Historienfilms AMOUR FOU mit dem Ös-

---

[465] Matthias Greuling: Österreichischer Filmpreis 2011: Ein Kind, das erst noch wachsen muss. [31.01.2011], http://www.wienerzeitung.at/nachrichten/kultur/film/29658_Oesterreichischer-Filmpreis-2011-Ein-Kind-das-erst-noch-wachsen-muss.html?em_cnt=29658, letzter Aufruf: 26.06.2020.

[466] Stefan Grissemann: Der neue Österreichische Filmpreis dient der Selbstbestätigung der Branche. [29.01.2011], https://www.profil.at/home/der-oesterreichische-filmpreis-selbstbestaetigung-branche-287646, letzter Aufruf: 27.06.2020.

[467] Vgl. https://www.oesterreichische-filmakademie.at/mitgliedschaft-und-mitglieder, letzter Aufruf: 26.06.2020.

terreichischen Filmpreis in den Kategorien »Bestes Drehbuch« und »Bester Schnitt«[468] konstruiert werden könne, darf lediglich gemutmaßt werden.

1.7.1 Zum Inhalt

Berlin, Anfang des 19. Jahrhunderts. Familie Vogel führt ein beschauliches Leben: Friedrich Louis Vogel (Stephan Grossmann) ist als Landschaftsrendant des Königs für die Umsetzung der Steuerreform verantwortlich, seine Frau Henriette (Birte Schnoeink) kümmert sich, unterstützt von Dienstmagd Dörte (Alissa Wilms), um den Haushalt und Tochter Pauline (Paraschiva Dragus). Doch als Sophie Müller (Katharina Schüttler) eines Abends den Dichter Heinrich von Kleist (Christian Friedel) in die gesellschaftliche Runde einführt, gerät das vermeintliche Idyll ins Wanken.

Heinrich leidet am Leben und hat deshalb beschlossen, selbiges zu beenden. Weil er diesen letzten Weg nicht alleine gehen will, sucht er eine Suizidpartnerin. Erste Wahl ist seine Cousine Marie (Sandra Hüller): Ihr unterbreitet er einen förmlichen Todesantrag, bekommt aber eine Absage. Also wendet sich Kleist Henriette zu, trifft sie im Rahmen gesellschaftlicher Abende im Hause der Vogels und legt dann bei einem Spaziergang die Karten auf den Tisch: Eine Partnerin zum Sterben suche er und glaube, sie in ihr gefunden zu haben. Doch auch Henriette weist das merkwürdige Angebot zunächst ausdrücklich zurück.

Erst als die Ärzte der Berliner Charité einen apfelsinengroßen Tumor in ihrem Unterleib diagnostizieren, scheint Henriette der *Doppelselbstmord* mit Heinrich doch eine akzeptable Möglichkeit, um vorzeitig aus dem Leben zu scheiden. Nach mehreren Irrungen und Wirrungen machen die beiden sich per Kutsche zur tödlichen Landpartie auf – daran können auch Louis und ein Pariser Arzt, der Hoffnung auf Heilung verspricht, nichts ändern. In einem Waldstück nahe des Wannsees erschießt Heinrich zunächst Henriette, dann sich selbst.

Überraschend platzt der Hausarzt (Holger Handtke) mit den Obduktionsergebnissen in eine Nachmittagsgesellschaft im Vogel'schen Salon. Vor versammelter Runde muss er eingestehen, dass Henriette körperlich doch völlig gesund war.

---

468 Vgl. https://www.oesterreichische-filmakademie.at/filmpreis/preistraeger/2015, letzter Aufruf: 27.06.2020.

1.7.2 Produktion und Filmförderung

Im Jahr 2011 beschloss das ÖFI, Hausners Kleist-Projekt zunächst mit € 15.000,00 für die Drehbuch- bzw. Konzepterstellung sowie mit € 6.500,00 für die Projektentwicklung zu unterstützen. Zusätzlich zu den genannten selektiven Mitteln wurden aus dem Topf der Referenzfilmförderung € 18.000,00 für die Projektentwicklung und € 203.246,00 für die Herstellung in Aussicht gestellt.[469] Als im darauffolgenden Jahr kurzfristig eine beantragte europäische Förderung ausfiel, erhöhte das ÖFI die finanziellen Mittel und schüttete für die Herstellung weitere € 440.000,00 an selektiven Fördergeldern aus.[470] Im Jahr 2013 folgte eine weitere Mittelerhöhung, diesmal kamen die Gelder aus der Referenzfilmförderung: Für die Herstellung wurden € 175.000,00 zur Verfügung gestellt (Referenzfilm: DIE WAND).[471] Auch die Verwertung von AMOUR FOU wurde vom Österreichischen Filminstitut unterstützt: Für den Kinostart wurden € 35.000,00 (Förderungsempfänger war die Stadtkino Filmverleih und KinobetriebsgesmbH)[472], für die Festivalteilnahme in Cannes € 35.478,00 bereitgestellt.[473]

Vom Filmfonds Wien wurde die Projektentwicklung von AMOUR FOU im Jahr 2011 mit € 21.000,00 gefördert,[474] für die Herstellung gab es im darauffolgenden Jahr weitere € 200.000,00.[475] Zusätzlich wurden € 20.000,00 als Verwertungsförderung und € 9.362,00 für den Auftritt in Cannes zur Verfügung gestellt.[476] Auch der Film Fund Luxembourg beteiligte sich mit Fördermitteln: So wurden im Jahr 2013 zunächst € 1.672.764,00 für die Produktion, ein Jahr später € 5.300,00 für die Verwertung des Filmes ausgeschüttet.[477] Laut der *Förderentscheidung Filmförderung 2014* unterstützte das Medienboard Berlin-Brandenburg den

---

469 Vgl. ÖFI: *Tätigkeitsbericht des Österreichischen Filminstituts für das Geschäftsjahr 2011.* Wien: ohne Verlag 2012, S. 12–16.
470 Vgl. ÖFI: *Tätigkeitsbericht des Österreichischen Filminstituts für das Geschäftsjahr 2012.* Wien: ohne Verlag 2013, S. 16.
471 Vgl. ÖFI: *Tätigkeitsbericht des Österreichischen Filminstituts für das Geschäftsjahr 2013.* Wien: ohne Verlag 2014, S. 14.
472 Vgl. ÖFI: *Tätigkeitsbericht 2014.* Wien: ohne Verlag 2015, S. 22.
473 Vgl. ebd. S. 24.
474 Vgl. Filmfonds Wien: *Jahresbericht 2011.* Wien: ohne Verlag 2012, S. 8.
475 Vgl. Filmfonds Wien: *Jahresbericht 2012.* Wien: ohne Verlag 2013, S. 14.
476 Vgl. http://www.filmfonds-wien.at/foerderung/aktuelle-zusagen/zusagen-2012, letzter Aufruf: 27.06.2020.
477 Vgl. http://www.filmfund.lu/fr/t/documents/(view)/1908, letzter Aufruf: 27.06.2020.

Verleih von AMOUR FOU durch die *Neue Visionen Film Verleih GmbH* mit € 15.000,00 und die Präsentation in Cannes mit € 6.000,00.[478]

Von Fisa, einem Förderprogramm des Bundesministeriums für Wissenschaft, Forschung und Wirtschaft, erhielt Hausner die Fördersumme von € 488.000,00.[479] In Niederösterreich fand sie nicht nur passende Drehorte (wie beispielsweise den Schlosspark Laxenburg), sondern auch finanzielle Unterstützung: Die Filmproduktion wurde vom Land mit € 30.000,00 unterstützt.[480] Die *Coop99* bezifferte das Filmbudget für AMOUR FOU letztlich mit geschätzten € 4,2 Millionen.[481]

1.7.3 Festivals und Auszeichnungen

AMOUR FOU feierte am 16. Mai 2014 im Rahmen der *67. Internationalen Filmfestspiele von Cannes* seine Premiere.[482] Wie bereits LOVELY RITA und HOTEL wurde auch dieser Film in die *Sélection Officielle* der Sektion »Un Certain Regard« aufgenommen, schaffte es somit aber nicht in den Hauptbewerb. Im Interview mit der Tageszeitung *Der Standard* merkte die Regisseurin an, dass sie sich eigentlich den »Sprung in den ›Klub‹ des offiziellen Wettbewerbs«[483] erhofft hatte. Hausner verließ die Croisette erneut ohne Auszeichnung.

Seine Österreich-Premiere beging AMOUR FOU am 23. Oktober 2014 und wurde – nachdem fünf Jahre lang ausländischen Produktionen der Vorzug gegeben wurde[484] – als offizieller Eröffnungsfilm der *Viennale 2014* im Gartenbaukino gezeigt. »Ich freue mich herzlich, dass unser Festival

---

478 Vgl. https://www.medienboard.de/fileadmin/user_upload/pdf/Foerderentscheidungen/Foerderentscheidungen_Gesamt_2014.pdf, S. 6 f. Letzter Aufruf: 27.06.2020.
479 Vgl. https://www.filmstandort-austria.at/projekte/417/, letzter Aufruf: 06.07.2020.
480 E-Mail von Mag. Peter Zanzinger (Land Niederösterreich, Abteilung »Kunst«, Fachbereich »Filmförderung und Kinokultur«) vom 03.08.2016.
481 E-Mail von Jana Havlik (Teamassistentin der *Coop99*) vom 21.02.2017.
482 Vgl. http://www.festival-cannes.fr/fr/article/60843.html, letzter Aufruf: 27.06.2020.
483 Vgl. Dominik Kamalzadeh: Vom Chaos in der Liebe und der Politik. [13.05.2014], http://derstandard.at/1399507399410/Vom-Chaos-in-der-Liebe-und-der-Politik, letzter Aufruf: 27.06.2020.
484 Dass die *Viennale 2009* erstmals mit einer österreichischen Produktion, nämlich mit dem vielfach ausgezeichneten Spielfilm LA PIVELLINA (2009, Tizza Covi/Rainer Frimmel) eröffnet wurde, sorgte in den heimischen Medienberichten vor Veranstaltungsbeginn für gesteigerte Aufmerksamkeit. Vgl. https://derstandard.at/1254310329859/Eroeffnung-Erstmals-mit-oesterreichischem-Film, letzter Aufruf: 27.06.2020.

in diesem Jahr mit der Arbeit einer österreichischen Regisseurin eröffnet wird«[485], gab sich der damalige *Viennale*-Direktor Hans Hurch begeistert.

Es folgten Teilnahmen an zahlreichen Filmfestivals in Deutschland, Frankreich, Tschechien, der Ukraine, Italien, Spanien, Bosnien und Herzegowina, Polen, Kroatien, Griechenland, den Niederlanden, Portugal, Belgien, Israel, Rumänien, Australien, Argentinien, New York, Kanada, Mexiko und Chicago. Bei der Vergabe des *Österreichischen Filmpreises 2015* wurde Hausners Film mit Auszeichnungen in den Kategorien »Bestes Drehbuch« und »Bester Schnitt« bedacht.[486] Auch international fand die Produktion Anerkennung: Am *Lisbon & Estoril Meo Film Festival* wurde AMOUR FOU zum besten Film gekürt[487] und am *Festival Internacional de Cine de la UNAM* mit dem mit 100.000,00 mexikanischen Pesos dotierten *Puma Mejor Director* ausgezeichnet. Zudem wurde AMOUR FOU für den *Lëtzebuerger Filmpraïs 2016* in der Kategorie »Prix du meilleur film de fiction en coproduction« nominiert, musste sich im Wettbewerb jedoch LE TOUT NOUVEAU TESTAMENT (2015, Jaco van Dormael) geschlagen geben.[488]

1.7.4 Verwertung

Hausners Film kam am 7. November 2014 in die österreichischen Kinos und konnte am Ende der Laufzeit 7.046 Besuche vorweisen. In der vom Österreichischen Filminstitut veröffentlichten Liste der meistbesuchten österreichischen Kinofilme 2014 (im Betrachtungszeitraum von 3. Januar 2014 bis 1. Januar 2015) rangierte AMOUR FOU – deutlich abgeschlagen von den Publikumsmagneten DAS FINSTERE TAL, DIE MAMBA und STREIF – ONE HELL OF A RIDE (2014, Gerald Salmina) – auf Platz 21.[489]

Wenn es auch nicht gelang, mit AMOUR FOU an den überwältigenden Erfolg von LOURDES anzuschließen, konnte der Historienfilm – neben der Verwertung auf dem heimischen und den altbewährten *Coproduction Office*-Märkten – letztlich doch in einer beträchtlichen Anzahl von inter-

---

485 Hurch zit. n. http://www.viennale.at/de/blog/der-v14-eroeffnungsfilm-steht-fest, letzter Aufruf: 09.04.2018.
486 Vgl. http://www.amourfoufilm.com/film/amour-fou/, letzter Aufruf: 27.06.2020.
487 Vgl. http://www.leffest.com/en/archives/2014/awards-and-jury, letzter Aufruf: 27.06.2020.
488 Vgl. http://www.dfilmakademie.lu/palmares-2016/, letzter Aufruf: 27.06.2020.
489 Vgl. Statistik Austria: *Kulturstatistik 2014*. Wien: Verlag Österreich 2016, S. 128.

Markt	Verleih	2014	2015	2016	Total
AT	Stadtkino Filmverleih	5.899	774		6.673
BE	Lumiere Publishing (BE)		469	113	582
CH	Cinémathèque Suisse		229	254	483
CZ	Film Europe (CZ)	152	379	176	707
DE	Neue Visionen		7.302	164	7.466
DK	Ost for Paradis		522		522
EE	Must Käsi	337			337
ES	Paco Poch Cinema	623	296	2	921
FR	Jour2fete		13.274		13.274
GB	Arrow Films		2.096		2.096
GR	Feelgood		252		252
HU	Cirko Film		364	12	376
IS	Heimili Kvikmyndanna		110		110
NL	Lumiere Publishing (NL)		3.540		3.540
PL	Spectator	1.319	506		1.825
PT	Alambique		1.266	85	1.351
RO	Clorofilm			1.248	1.248
SE	Folkets Bio		2.768	20	2.788
SK	Film Europe (SK)	39	82		121
	EUR EU	8.369	33.890	1.820	44.079
	EUR OBS	8.369	34.229	2.074	44.672

Tab. 4: Filmverwertung Amour Fou

nationalen Kinos positioniert werden, wie die Daten des entsprechenden Eintrags in der Lumiere-Datenbank verdeutlichen (Tab. 4[490]).

Hoanzl veröffentlichte den Film als DVD in der Edition *Der österreichische Film* im Oktober 2015 als *#251: Amour Fou (Jessica Hausner)*.

Ins österreichische Fernsehen kam Hausners Film am 11. September 2016 und gab damit im Anschluss an die Sondersendung *Löwen am Lido – Preise und Stars der 73. Filmfestspiele Venedig* seine ORF-Premiere.[491] Zur Sendezeit um 23:23 Uhr saßen laut Teletest etwa 46.000 Zuseher_innen vor den Geräten.

---

490 Vgl. http://lumiere.obs.coe.int/web/film_info/?id=49404, letzter Aufruf: 27.06.2020.
491 Vgl. http://tv.orf.at/highlights/orf2/160911_loewen_lido100.html, letzter Aufruf: 27.06.2020 [H.i.O.].

Anlässlich des *Österreichischen Filmpreises 2017* wurde im Programm von ORF III ein dementsprechender thematischer Schwerpunkt unter dem Titel *Achtung! Sondersendung zum Österreichischen Film* präsentiert, im Zuge dessen AMOUR FOU zunächst am 3. Februar ab 22.10 Uhr ausgestrahlt wurde. In den darauffolgenden Tagen folgten mehrere Wiederholungen[492] und erreichten durchschnittlich eine Quote von 0,1 Prozent.[493]

1.7.5 Bewegte Stillleben

»The *tableau vivant* style in cinema is wonderful when it works.«[494] gab sich *Financial Times*-Redakteur Nigel Andrews von der Bilderwelt in Jessica Hausners viertem Spielfilm begeistert. Für den französischen Filmkritiker und ehemaligen künstlerischen Leiter des *Internationalen Filmfestivals von Locarno* Olivier Père ist AMOUR FOU ein »geheimnisvoller Film, der im Zuschauer lange nachklingt und durch die aussergewöhnliche Schönheit von Bildern und Sprache ebenso besticht wie durch die erstklassige Leistung der Interpreten.«[495] In seiner *Cannes Film Review* für die Online-Präsenz der US-amerikanischen Zeitschrift *Variety* erläuterte Justin Chang:

> Hausner's cinema already appeals to a fairly self-selecting arthouse niche, and that seems unlikely to change with »Amour fou,« […]. Key to this are the simplicity of the period mise-en-scene and the static, presentational style of the filmmaking; each scene is staged as a tableau vivant, shot in crisp, deep-focus, high-definition images […], and marked by an abundance of medium shots in which the characters' movements have been blocked with great deliberation within the frame.[496]

---

492 Die Wiederholungen von AMOUR FOU kamen am 4. Februar 2017 um 01.45 Uhr und um 14.05 Uhr, sowie am 5. Februar 2017 um 12.00 Uhr und am 6. Februar 2017 um 13.25 Uhr zur Ausstrahlung.
493 Lediglich für die Ausstrahlung am 6. Februar konnte die 0,1-Prozent-Marke nicht erreicht werden. Die Information wurde mir schriftlich von Isabel Mann, Assistentin des ORF III-Geschäftsführers Peter Schöber, per E-Mail am 17.05.2017 zur Verfügung gestellt.
494 Nigel Andrews: Amour fou – film review. [05.02.2015], https://www.ft.com/content/c554adcc-ad37-11e4-a5c1-00144feab7de, letzter Aufruf: 27.06.2020 [H. i. O.].
495 Olivier Père: Amour Fou. [o. D.].
496 Justin Chang: Cannes Film Review: »Amour Fou«. [16.05.2014], http://variety.com/2014/film/festivals/cannes-film-review-amour-fou-1201182914/, letzter Aufruf: 27.06.2020.

Neben einer Vielzahl an überwiegend euphorisch-begeisterten Kritiken der »vielleicht schwärzestmögliche[n] romantische[n] Komödie, die man sich vorstellen kann«[497] kamen selbst kritische Rezensenten wie etwa Uwe Ebbinghaus nicht umhin, zumindest die kunstvolle Ausstattung des Historienfilms lobend zu erwähnen.[498] Der deutsche Filmkritiker Sven von Reden verwies auf die »minutiös austarierte Bildgestaltung«[499] und die »meist in Innenräumen agierenden Schauspieler[, die] beinahe ebenso statisch [wirken] wie die Möbelstücke, die sie umgeben.«[500] Im Gespräch mit Claus Philipp bestätigte die Regisseurin die Intention dieses Eindrucks:

> [Beim Dreh der Szenen] ging es eigentlich immer nur um das gesamte Ensemble der »theatralischen« Bildausschnitte. Ich sehe sie manchmal wie Seelenräume. Die Personen, die in so einer Szene drin sind, stellen nicht Psychologie aus, sondern sie sind Elemente im Raum, wie ein Sofa oder ein Tisch. Das Ganze ist sozusagen ein Bild, und jeder hat seinen Platz darin. Die Inszenierung ist eine Choreografie; was gesprochen wird, ist ein Text; und das Ganze ist sozusagen wie ein Tableau Vivant.[501]

Folgt man Hausners Ausführungen, sind die Darsteller_innen in besagten »theatralischen« Bildausschnitten also nicht nur entpersonifizierte Möbel-Statist_innen, sondern vor allem Teil einer bis ins Kleinste durchdachten Komposition. Der Beleg dafür, dass sich die Filmschaffende schon in einer frühen Phase der Arbeiten am Filmprojekt bewusst mit der Gestaltung dieser visuellen Inszenierungen beschäftigte, findet sich im Protokoll eines Skype-Gesprächs der Schweizer Filmkritikerin Catherine Ann Berger mit Jessica Hausner, welches im März 2012 im Sonderheft 17 der *kolik.film* veröffentlicht wurde. Zum Status Quo der Arbeiten an AMOUR FOU befragt, verwendete die Regisseurin den (auch im Drehbuch zu findenden) Ausdruck *Escher-Effekt*, um den geplanten

---

497 Sven von Reden: »Amour fou«: Der entlarvende Blick auf die Liebe. [06.11.2014], http://derstandard.at/2000007751342/Amour-fou-Der-entlarvende-Blick-auf-die-Liebe, letzter Aufruf: 27.06.2020.
498 Vgl. Uwe Ebbinghaus: Marionette und Veilchen gehen sterben. [18.01.2015].
499 Reden: »Amour fou«: Der entlarvende Blick auf die Liebe. [06.11.2014].
500 Ebd.
501 Hausner zit. n. Claus Philipp: … zu zweit, aber nicht gemeinsam. Jessica Hausner im Gespräch mit Claus Philipp. In: *Stadtkino Zeitung Nr. 524*. [November/Dezember 2014], S. 3.

Eindruck, den die Einstiegsszene ihres Filmes hinterlassen sollte, zu beschreiben.

> Wir sind gerade dabei, das [Anm. SG: gemeint ist die konkrete Umsetzung des avisierten *Escher-Effekts*] zu entwickeln. Viele von diesen Innenräumen sollen im Studio gemacht werden, um die Freiheit zu haben, die Wände zu tapezieren und die Raumanordnung so zu gestalten, wie wir wollen. […] Es wird charakteristisch für den Film werden, solche Verwirrbilder zu bauen.[502]

Anlässlich der österreichischen Kinopremiere konzentrierte sich die *StadtkinoZeitung* in ihrer November/Dezember-Ausgabe 2014 (fast ausschließlich) auf Hausners Film. Neben umfassender Filmbesprechung und -kritik sowie einem Interview mit der Regisseurin gelangten außerdem exklusive Auszüge und Einblicke in die Inhalte einer AMOUR FOU-Materialienmappe zur Veröffentlichung, welche sie nach eigenen Angaben in einem frühen Projektstadium angelegt hatte. Unter dem Punkt »Ästhetik« definierte Hausner konkrete Gedanken und Vorstellungen zur stilistischen Anmutung des geplanten Filmes:

> Einerseits soll es Bilder geben, die einen Escher-Effekt erzeugen: ein Bild, in dem durch Muster, Farben und Perspektive eine Verwirrung entsteht, die auf den ersten Blick verbirgt, was das Bild eigentlich zeigt. Tapeten und Möbel ergeben zusammen einen Urwald, in dem der Mensch sinnbildlich verschwindet. Andererseits wird auch die Wahl des Bildausschnitts dazu beitragen, ein Gefühl von Halbheit und Unzulänglichkeit zu erzeugen.[503]

Was Hausner im Drehbuch und in der Materialienmappe zu AMOUR FOU derart ausdrücklich als *Escher-Effekt* benannte, ist (behelfsmäßiger) Ausdruck für eine bildästhetische Komposition, die sich bereits in ihrem filmischen Frühwerk zeigt. Den klingenden Namen »Escher« brachte die Regisseurin schon im Jahr 2001 ins Gespräch, als sie versuchte, die ambivalenten Charakterzüge ihrer Hauptfigur in LOVELY RITA in Worte zu fassen:

---

502 Hausner zit. n. Berger: Was, wenn alles ein Irrtum ist? 2012, S. 30.
503 Hausner zit. n. *Stadtkino Zeitung Nr. 524.* [November/Dezember 2014], S. 6.

Es ist wie ein Escher-Wechselbild. Rita ist eine Figur mit der man in gewisser Weise Mitleid empfinden kann, weil sie einer derartigen Grausamkeit begegnet, »lovely« ist sie aber in keiner Weise – sie lügt, sperrt ihre Rivalin in die Theatergarderobe, entführt den kranken Fexi. Ihre Grenzüberschreitungen steigern sich nach und nach.[504]

Hausner nutzte den Ausdruck des *Escher-Wechselbildes*, der auf die Arbeiten des niederländischen Künstlers Maurits Cornelis, kurz: M. C. Escher verweist, somit, um die vielschichtigen und auch widersprüchlichen Facetten ihrer jugendlichen Protagonistin zu benennen und – teils in narrativer, teils in visueller Hinsicht – Verworrenes und Mehrdeutiges für das Publikum (zumindest graduell) nachvollziehbar und begreifbar zu machen.[505] In der medialen Berichterstattung zu AMOUR FOU sollte sich der Begriff jedoch nicht durchsetzen; stattdessen wurde der Ausdruck *Tableau vivant* (dt.: »lebendes Bild«) in einer Vielzahl der Filmbesprechungen zum markanten visuellen Merkmal von Hausners viertem Spielfilm erklärt. So schrieb etwa Christiane Peitz:

> […] Henriette [hat] goldgelbe Fresien in eine große Vase gesteckt, blühende Pracht, nature morte. Jede Einstellung in diesem Film gefriert zum Tableau vivant, zum Guckkasten-Kino im Stil der Zimmerbilder eines Edouard [sic] Gärtner oder Leopold Zielcke, wie sie damals in Mode waren. Die Frauen sticken, musizieren und haben Unpässlichkeiten, während die Männer parlieren und politisieren, sich über diese Revolte in Frankreich aufregen und über die jüngste Nachricht, dass alle jetzt Steuern zahlen sollen, sogar der Adel.[506]

Im *Brockhaus Konversations-Lexikon* werden *Tableaux vivants* als »die Darstellung von Werken der Malerei und Plastik durch lebende Perso-

---

504 Schiefer: Jessica Hausner: LOVELY RITA. [o. D.].
505 Hausner spricht nicht vom durch M. C. Escher geprägten *Dröste-Effekt* (als umgangssprachlicher Entsprechung des *Mise en abyme*). Der Ausdruck *Escher-Effekt* scheint eine (zumindest im ersten Moment) verwirrende Wortwahl, soll aber – darauf lassen die Erläuterungen ihrer Gestaltungsintention schließen – nicht auf den *Dröste-Effekt*, sondern vielmehr auf die Darstellung perspektivisch unmöglicher Figuren und optischer Täuschungen hinweisen, durch welche Escher weitläufige Beachtung erlangte.
506 Christiane Peitz: Eine Liebe? Ein Doppelselbstmord. [14.01.2015], http://www.tagesspiegel.de/kultur/im-kino-amour-fou-eine-liebe-ein-doppelselbstmord/11224864.html, letzter Aufruf: 27.06.2020.

nen«[507] definiert, im entsprechenden Eintrag in *Meyers Konversationslexikon* aus dem Jahr 1890 findet sich ergänzend die praktische Anweisung: »Während der Dauer der Schaustellung eines Bildes ist die richtige unbewegliche Beleuchtung des Hauptpunktes genau zu beachten.«[508] Wenn auch gegen Ende des 19. Jahrhunderts populär und im privaten und öffentlichem Raum dementsprechend omnipräsent, waren die »lebenden Bilder« keine Erfindung der damaligen Zeit, sondern konnten als Gesellschaftsspiel gebildeter Stände auf eine über 100-jährige Tradition zurückblicken.[509] Als »Erfinderin« der *Tableaux vivants* gilt Stephanie Félicité du Crest, Comtesse de Genlis, die in ihrer Funktion als Erzieherin der Kinder des Herzogs von Orléans derartige Darstellungen nutzte, um den adeligen Sprösslingen so gesellschaftliche Konventionen zu veranschaulichen, sie zu belehren, aber auch zu unterhalten.[510]

Sittenbilder hatte auch Jessica Hausner vor dem inneren Auge, als sie nach Fertigstellung des Drehbuches damit begann, das Storyboard für ihren Historienfilm anzufertigen, wie sie Michael Leitner im *Flip the Truck*-Interview verriet:

> Ich zeichne […] mein Storyboard; das ist so nach dem Drehbuch der nächste Schritt zur Realisierung von einem Film bei mir. Und wenn ich das Storyboard zeichne, dann versuche ich einen Stil zu finden oder eine Filmsprache, die über das, was ich geschrieben hab' hinausgeht oder beziehungsweise: die so ist, dass ich dann Teile des Geschriebenen auch wieder streichen kann. Also es geht mir oft so, dass wenn ich das Storyboard gemacht hab', dann fallen automatisch Dialoge und Szenen weg, die ich im Drehbuch geschrieben hatte, weil ich dann merke, dass das Bild es sowieso schon erzählt. Und in dem Fall war es eben so, dass beim Zeichnen dieses Storyboards ich gemerkt habe: Es interessant ist, den gesellschaftlichen Kontext zu erzählen. […] Also ich hab' sozusagen ei-

---

507 *Brockhaus' Konversations-Lexikon.* Band 10, Leipzig/Berlin/Wien: F. A. Brockhaus 1902[14], S. 1029.
508 *Meyers Konversationslexikon. Eine Encyklopädie des allgemeinen Wissens.* Band 10, Leipzig/Wien: Bibliographisches Institut 1890, S. 588.
509 Vgl. Daniel Wiegand: *Gebannte Bewegung. Tableaux vivants und früher Film in der Kultur der Moderne.* Marburg: Schüren 2016, S. 11 ff.
510 Vgl. *Meyers Konversationslexikon. Eine Encyklopädie des allgemeinen Wissens.* Band 10, Leipzig/Wien: Bibliographisches Institut 1890, S. 588.

Abb. 12: (K)ein *Tableau vivant*? (Amour Fou, 0:52:57)

gentlich alles in diesen Alltag reingebettet und daraus hat sich ergeben, dass es plötzlich Sittenbilder geworden sind [...].⁵¹¹

Beispiele für diese Sittenbilder zeigen sich in Amour Fou etwa in jenen Szenen, die in halböffentlichen Wohnbereichen im Haus der Familie Vogel und der Frau von Massow spielen. In beiden Fällen sind die Schauplätze, wie etwa die Salons oder Wohnzimmer, Treffpunkte für Personengruppen, die miteinander essen, trinken oder musikalischen Vorträgen lauschen.

> Ich habe sehr viele Bilder von damals angesehen: Stiche, die irgendwelche Wohnzimmer oder Straßenbilder gezeigt haben, damit ich mir vorstellen kann, was damals wirklich zu sehen war.⁵¹²

Die zahlreichen auffälligen Zimmerbilder, die in Hausners Film für die prägende visuelle Stilistik sorgen, entsprechen dabei längst nicht alle den Anforderungen, die per definitionem an die *Tableaux vivants* gestellt werden. Wenn Henriette etwa, nachdem sie von ihrem Hausarzt über ihren drohenden und rasch herannahenden Tod in Kenntnis gesetzt wurde, an ihrem Spinett sitzt (Abb. 12) und sich zum wiederholten Mal an Beethovens *Wo die Berge so blau* versucht, ist von dem ursprünglichen Verwendungszweck des *Tableau vivant*, im Sinn einer Sichtbarmachung

---

511 Hausner zit. n. Michael Leitner: Flipthetruck Interview: Jessica Hausner. [24.10.2014], http://www.flipthetruck.com/2014/10/24/flipthetruck-interview-jessica-hausner/#t= 9:51.920, (0:08:30–0:09:51), letzter Aufruf: 27.06.2020.
512 Hausner zit. n. 10.1 Skype-Interview mit Jessica Hausner [15.11.2016].

zeitgenössischer Gepflogenheiten bei (teil-)gesellschaftlichen Anlässen kaum noch etwas zu erkennen.

Während sowohl der Begriff des *Escher-Effekts* wie auch die Bezeichnung der Zimmerbilder als *Tableaux vivants* hinsichtlich der Beschäftigung mit Hausners Historienfilm (zumindest partiell) durchaus treffend sind, erscheinen mir diese Ausdrücke nicht stimmig, um ein spezifisches Charakteristikum zu beschreiben, das sich in der Gesamtheit ihres Œuvres allgegenwärtig zeigt. Deshalb schlage ich vor, diese visuelle Besonderheit, die ich als Markenzeichen der Regisseurin verstehe und welches es nachfolgend zu konkretisieren gilt, im weiteren wissenschaftlichen Diskurs als *Bewegte Stillleben* zu bezeichnen. Dabei sind es nicht die häufig proklamierten Bilder von bewegungsarmen Gesichtern der Protagonist_innen und dem damit eng verbundenen »Kino der Blicke«[513], das der Regisseurin von mehreren Seiten attestiert wurde, die im Fokus stehen sollen, sondern vielmehr die nahezu kunstmalerischen Szenen, die sich in all ihren bisherigen Spielfilmproduktionen nachweisen lassen und als charakteristisches Spezifikum verstanden werden können.

Was darf im Hausner'schen Gesamtwerk als *Bewegtes Stillleben* betrachtet werden? Konkret sind es jene Bilder, die in ihrem Anmuten Kunstgemälden ähneln, dabei aber nicht zwingend der Definition der als *Stillleben* etablierten, historisch-europäischen Kunsttradition im Sinne der Darstellung von unbelebten Gegenständen entsprechen.[514] Gemeinsam ist Hausners *Bewegten Stillleben* die (weitgehende) Bewegungslosigkeit der Kamera, die auffällige Geräuscharmut hinsichtlich Filmmusik und Sprache, die kompositorische Gestaltung unter Berücksichtigung des *Goldenen Schnitts* sowie die symbolreiche Bedeutungsbeladung der Bildsequenzen.

»Das Wort verliert allmählich ein wenig an Kredit«[515] erklärte Egon Friedell in einer »aufsehenerregende[n] Rede […], [die] im Juni 1913 in den *Blättern des Deutschen Theaters* abgedruckt«[516] wurde, und verwies

---

513 Den Begriff nutzte Christian Cargnelli, um die »Blick-Bilder« in FLORA zu beschreiben. Vgl. dazu Christian Cargnelli: Flora. [1997], http://www.viennale.at/de/film/flora, letzter Aufruf: 17.06.2018. Reto Baumann verwendete den Ausdruck »Kino der Blicke« im Teasertext für ein TAZ-Interview zu LOVELY RITA. Vgl. Reto Baumann: »Ein Bild von Beengung«. [25.04.2002], http://www.taz.de/!1113477/, letzter Aufruf: 27.06.2020.

514 Zur Definition von *Stillleben* vgl. Wolf Stadler: *Lexikon der Kunst. Malerei, Architektur, Bildhauerei*. Band 11, Erlangen: Karl Müller Verlag 1994, S. 167.

515 Egon Friedell: Prolog vor dem Film [1913]. In: Jörg Schweinitz (Hrsg.): *Prolog vor dem Film. Nachdenken über ein neues Medium 1909–1914*. Leipzig: Reclam 1992, S. 205.

516 Stefan Neuhaus: *Literatur im Film: Beispiele einer Medienbeziehung*. Würzburg: Königshausen & Neumann 2008.

im Folgenden auf die immense »Ausdrucksfähigkeit feinster Mimik und Gestik«[517], mit der man mehr Information vermitteln könne als mit der menschlichen Sprache.[518] Obwohl zwischen Friedells Worten und Hausners Spielfilm ein ganzes Jahrhundert liegt, kann man seinem Befund in der Analyse ihrer Werke folgen. Das weitgehende Fehlen von Sprache und Ton im spezifischen Fall von Hausners *Bewegten Stillleben* ist definitiv stilprägend. Durch die detaillierte, akkurate Gestaltung dieser Bilder wird die Tonspur letztlich obsolet, das Visuelle bedarf keiner akustischen Ausdrucksform, um eine Geschichte erzählen zu können.

In Hausners *Bewegten Stillleben* wird dem Publikum ein vermeintlicher Stillstand vorgegaukelt. Das damit verbundene rezeptive Verweilen ist – folgt man Friedells historischen Ausführungen für das Kino um das Jahr 1913 – damals wie heute längst nicht mehr Usance, wohl aber erstrebenswerte Tugend:

> Für nichts haben wir ja heutzutage weniger Sinn als für jenes idyllische Ausruhen und epische Verweilen bei den Gegenständen, das früher gerade für poetisch galt. […] [Das] Kino hat etwas Skizzenhaftes, Abruptes, Lückenhaftes, Fragmentarisches.[519]

Die Welt verharrt für einen kurzen Moment starr im Augenblick, gleichermaßen in der fiktiven Filmhandlung wie auch in der realen Rezeptionssituation. Wenn diese Wahrnehmung auch letztlich nur Illusion ist – immerhin hat die Kamera im Produktionsverlauf die scheinbar bewegungslose Szene weiterhin aufgenommen (es handelt sich also um keinen *Still* oder *Freeze*) und auch die Rezeption wird nicht durch den visuellen Stillstand auf der Leinwand gebremst oder verhindert –, sorgt sie doch für Entschleunigung und ermöglicht den Zuseher_innen ein intensives, auf das Visuelle fokussierte Betrachten der dargebotenen Szenerie. Das völlige Fehlen von Sprache bzw. die starke Reduktion der Akustik – die *Bewegten Stillleben* werden nicht mit musikalischen Stücken unterlegt, wohl aber sind glaubwürdige Hintergrundgeräusche zu vernehmen – verstärken dabei die visuelle Wahrnehmbarkeit.

---

517 Jörg Schweinitz: *Film und Stereotyp: Eine Herausforderung für das Kino und die Filmtheorie.* Berlin: De Gruyter 2006, S. 147.
518 Vgl. Friedell: Prolog vor dem Film [1913]. 1992, S. 205 f.
519 Friedell: Prolog vor dem Film [1913]. 1992, S. 203 f.

Erste Annäherungen

In FLORA ist die Idee des *Bewegten Stilllebens* zunächst noch zarte Andeutung: Nach der handlungsantizipierenden Eingangssequenz[520] zeigt die Kamera dem Publikum eine mit einer veralteten Blümchentapete ausgekleidete Wand, an der an einem Haken ein Kleiderbügel, bestückt mit weißer Spitzenunterwäsche und einem passenden Strumpfband, hängt (Abb. 13). Zwei Schnitte später ist die Tapetenwand erneut zu sehen, der nun leere Kleiderbügel baumelt lebhaft von links nach rechts (Abb. 14[521]). Ist die starke Bewegung der Requisite – wie sich nachfolgend zeigen wird – zwar nicht typisch für Hausners *Bewegte Stillleben*, so ist die kompositorische Ästhetik sowie die Geschichte, die das Bild erzählt, durchaus charakteristisch. Und auch die zeitliche Dauer der Einstellung – der Kleiderbügel wippt etwa sechs Sekunden – ist eine erste Annäherung an das in den späteren Filmen so typische langatmige Verweilen im Moment.

Ein Aktenraum wird in INTER-VIEW im Verlauf einer abendlichen, drögen Faschings-Büroparty zum Schauplatz eines *Bewegten Stilllebens*: Gertrude, die einen Job in der Kanzlei angenommen hat, in welcher auch ihr Vater tätig ist, mag es nicht so recht gelingen, Anschluss bei den teilweise stark betrunkenen Kolleg_innen[522] zu finden. Verstärkt wird dieser Eindruck – folgt man den Ausführungen von Christian Cargnelli – durch die »subtilen Kamerabewegungen«[523], mit denen der ganze Raum »ins Schwanken gerät – als ob man sich auf einem Schiff befände.«[524] Gertrude verbringt die Dauer der Feier am Rand der Partyzone oder schließt sich zwischenzeitlich in einer der Toiletten ein, um kurz innezuhalten. Als die Veranstaltung schon weit vorangeschritten ist – dafür sprechen die unbeholfen auf der Tanzfläche taumelnden Personen wie auch ihr mit in den Nacken zurückgelegtem Kopf und offenem Mund schlafender Vater, der an einem der bereitgestellten Tische Platz genommen hat –, torkelt ihr Vorgesetzter (Hakon Hirzenberger)[525]

---

520 Vgl. 1.1.5 Ein Beet voller Setzlinge.
521 Dauer des *Bewegten Stilllebens*: ca. sechs Sekunden (FLORA, 0:00:58–0:01:04).
522 Eine der feierlaunigen Kanzlei-Mitarbeiterinnen wurde von Anneliese Weidinger, der damaligen Chefsekretärin der Wiener Filmakademie, dargestellt.
523 Cargnelli: Love is in the air. [23.06.1999], S. 61.
524 Ebd.
525 Auf Hirzenbergers Homepage findet sich der Vermerk, dass der Name des Charakters, den er in INTER-VIEW gespielt habe, »Herbert« laute. Vgl. http://hakon.at/schau spiel/kino-und-fernsehen/, letzter Aufruf: 27.06.2020.

Abb. 13: Bestückter Kleiderbügel (FLORA, 0:00:49)

Abb. 14: Versuch eines *Bewegten Stilllebens* (FLORA, 0:01:00)

Abb. 15: Körperliche Annäherung (INTER-VIEW, 0:22:07)

Abb. 16: Sichtbare Akten, unsichtbarer Akt (INTER-VIEW, 0:22:18)

auf sie zu und streicht ungelenk über ihren Oberarm, um sie daraufhin in einen der Aktenräume der Kanzlei zu führen. Gertrude lässt sich von ihm zwar ohne Begeisterung, aber widerstandslos in ein enges Zimmer ziehen. Der Schwerbetrunkene, dem das Aufrechtstehen sichtlich Probleme bereitet, drängt sie körperlich gegen eine der Aktenwände (Abb. 15); die beiden sinken langsam zu Boden und damit aus dem Blickfeld der Kamera, die das nun figurenleere Bild für weitere zehn Sekunden festhält (Abb. 16[526]).

Dabei werden die lückenlos bestückten Regale mit ihren unzähligen, gleichanmutenden Aktenordnern, die sich nur durch kleine Details voneinander unterscheiden, durchaus zum Symbol für Gertrudes Lebenssituation. Die Protagonistin ist eine von vielen, es will ihr nicht gelingen, aus der homogenen Menge hervorzustechen, wie die Szenen bei der Diplomüberreichung in ihrer Schule und bei ihren Versuchen, eine universitäre Ausbildung anzustreben, verdeutlichen. Auch hier ist Gertrude nur

---

526 Dauer des *Bewegten Stilllebens*: ca. zehn Sekunden (INTER-VIEW, 0:22:18–0:22:28).

unauffälliger Teil einer vermeintlich kongruenten Gemeinschaft, eben ein fad-brauner Aktenordner im vollgefüllten Regal.

Die Sexszenen, die in FLORA und INTER-VIEW eben nicht explizit gezeigt werden, weisen gewisse Ähnlichkeiten, aber auch einen markanten Unterschied auf: Gemein ist ihnen, dass die beiden Protagonistinnen zum Akt *überredet* werden. Weder Flora noch Gertrude scheinen glückselig auf Wolke Sieben zu schweben – Flora äußert sogar explizit: »Nein, wart'!« –, dennoch lassen die jungen Frauen die Männer letzten Endes gewähren. Hausner nimmt in beiden Fällen sowohl von der Visualisierung wie auch von der akustischen Untermalung des sexuellen Geschehens Abstand und lässt die Kamera stattdessen die Umgebung einfangen. Hier offenbart sich zugleich der deutliche Unterschied, der in der Dynamik der jeweiligen Szene zu finden ist. Während Attilas und Floras Aktivitäten die ausgemusterte Schaukel eines Vergnügungsparks, die zur Bühne ihres Tête-à-Têtes wird, zum Schwingen bringen und die Kamera sich von links nach rechts bewegt, sinken Gertrude und ihr Vorgesetzter zu Boden, im Fokus der Kamera bleiben – ganz der Stilistik des *Bewegten Stilllebens* verpflichtet – die fein säuberlich in die Regale geschlichteten Aktenordner.

Ein weiteres *Bewegtes Stillleben*, wenngleich in anderem stilistischen Gewand, zeigt sich nur wenige Momente später. Die Mitarbeiter_innen der Kanzlei haben ihre Arbeit nach der feucht-fröhlichen Partynacht wieder aufgenommen, im Großraumbüro herrscht rege Betriebsamkeit. Der Vorgesetzte betritt wortlos die Kanzlei und schreitet schnellen Schrittes auf sein separates Büro zu. Gertrude, die sich neben der Tür zu selbigem der Ablage von Unterlagen widmet, würdigt er weder eines Blickes noch eines Wortes. Hier wird der Konnex zur Symbolik der stereotypen Aktenordner erneut deutlich: Die Nichtbeachtung von Gertrude durch ihren Chef macht nachdrücklich spürbar, dass der verstohlene Akt im Archiv für ihn wohl ein Quickie gewesen sein dürfte; die junge Frau ist – nachdem er seine sexuellen Bedürfnisse befriedigt hat[527] – keiner weiteren Beachtung würdig und – das lassen die Flirtversuche des Vorgesetzten,

---

527 Die Frau, die sich nach einem One-Night-Stand mehr von ihrem Sexualpartner erhofft, letztlich aber einsam zurückbleibt, ist ein wiederkehrender Figurentypus in Hausners Œuvre: Nach der gemeinsamen Nacht steht Flora mit ihrem gepackten Koffer vor Attilas Haustür, Rita wartet an der Bushaltestelle sehnsüchtig auf ihren Buschauffeur, der jedoch nach den vorangegangenen sexuellen Aktivitäten in der Toilette einer Diskothek plötzlich wie vom Erdboden verschwunden ist und auch Irene wird Erik, der sie doch so heldenhaft vor aufdringlichen Verehrern geschützt hat, nach dem Auffliegen des verbotenen Stelldicheins im Mitarbeiterzimmer nicht wiedersehen.

der sein Glück im Verlauf der Büroparty auch bei einer weiteren Dame versucht hatte, vermuten – reiht sich in eine Reihe von trivialen sexuellen Episoden ein; Gertrude wird zu einer von vielen.

Der nächste Schnitt versetzt das Publikum ins Chefbüro: Der Mann sitzt regungslos an seinem Schreibtisch, die Unterarme liegen steif auf der Tischplatte, vor ihm befindet sich ein dicker Stapel mit Papieren. Die Kamera beschreibt eine langsame, umrundende Bewegung um den Tisch und behält dabei den scheinbar erstarrten Mann für fünfzehn Sekunden konstant im Fokus. Seine Augen scheinen geschlossen zu sein und während sich die Zuseher_innen noch fragen, ob er nach durchzechter Nacht nun im Büro den nötigen Schlaf nachholt, blinzelt der Mann unerwartet und klickt mit der Druckhülse seines Kugelschreibers, wohl um eine Korrektur an dem Schriftstück vorzunehmen.

Rasante Bildwiederholungen

Hektische Bildfolgen gepaart mit rasanten Schnitten machen Lovely Rita zu Hausners bisher wohl unruhigstem Film, doch obwohl die Geschichte rund um die Teenagerin Rita Schabert in eiligem Tempo erzählt wird, finden sich doch vereinzelt entschleunigte Szenen, die in ihrem ästhetischen Anmuten der späteren Stilistik der *Bewegten Stillleben* sehr nahe kommen. Zwei sich im Filmverlauf wiederholende Bildkompositionen drängen sich dominant in den Fokus, nämlich zum einen das Türschnalle-Motiv[528] (Abb. 17) und zum anderen das Fenster-Motiv[529] (Abb. 18). Beide sind unweigerlich mit der bevorzugten Strafe im Haushalt der Familie Schabert verbunden; verhält sich Rita nicht den Regeln ihrer Eltern entsprechend, wird sie in ihrem Zimmer eingesperrt. Als strenge *Gefängniswärterin* fungiert die Mutter, die als Herrin über den stets außen steckenden Jugendzimmerschlüssel peinlich darauf achtet, das Zimmer nie unverschlossen zu lassen. Sie ist auch diejenige, die Rita ihre Mahlzeiten auf einem Plastiktablett in ihre *Zelle* serviert und stets dafür sorgt, dass die Beleuchtung eingeschaltet ist; es scheint, als wolle sie damit gewährleisten, dass das Kind seine Fehler im richtigen Licht betrachte und nicht in der Dunkelheit (fest)sitze.

---

528   Die Türschnalle wird im Filmverlauf zwei Mal als *Bewegtes Stillleben* in Szene gesetzt (Lovely Rita, 0:19:45–0:19:58 und 0:20:26–0:20:28).
529   Auch der Blick aus dem Fenster in Ritas Kinderzimmer wird zwei Mal als *Bewegten Stilllebens* gezeigt (Lovely Rita, 0:47:35–0:47:51 und 0:58:07–0:58:27).

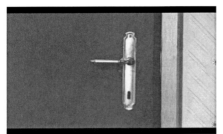 

Abb. 17: Die Türschnalle
(Lovely Rita, 0:20:26)

Abb. 18: Zimmer mit Aussicht
(Lovely Rita, 0:47:35)

In Lovely Rita stellen die beiden Motive unübersehbar die Assoziation zur verwehrten Freiheit her. Die Türschnalle markiert dabei optisch den möglichen Weg aus der Gefangenschaft (Abb. 17), der Blick aus dem Fenster gewährt die Sicht auf das Nachbarhaus und einen sich im leichten Wind bewegenden Baum (Abb. 18). Interessant ist, dass bei Betrachtung der Bildkomposition eine Spiegelung sichtbar wird. Während durch die tapezierte Wand, die baulich an den Türrahmen anschließt, einerseits ein heller Kontrast am rechten Bildrand entsteht, bildet andererseits der hellere Fensterrahmen am linken Bildrand das optische Gegenstück. Die Türklinke als Symbol der Gefangenschaft und der Baum als Symbol der Freiheit sind dabei jeweils mittig positioniert und können so deutlich als dualistische Pendants erkannt werden. Egal ob mit künstlicher Beleuchtung oder in Dunkelheit, ob in der Dämmerung oder der finsteren Nacht: Diese *Bewegten Stillleben* veranschaulichen wiederholt, dass es für Rita kein Entkommen aus der elterlich verhängten Gefangenschaft gibt.

Das Waldmotiv als visuelles Konglomerat

Stand in Lovely Rita noch ein solitär gesetzter Baum im Bildfokus eines *Bewegten Stilllebens*, wird in Hotel eine mit »Holzgewächsen […] bestockte Grundfläche«[530] zum dominanten Motiv. Das Hotel Waldhaus, in welchem Irene als Rezeptionistin arbeitet, trägt das bildprägende

---

530 Die offizielle Definition des Begriffes »Wald«– zumindest das österreichische Staatsgebiet betreffend – findet sich im »Bundesgesetz vom 3. Juli 1975, mit dem das Forstwesen geregelt wird (Forstgesetz 1975)«, einzusehen in: https://www.ris.bka.gv.at/GeltendeFassung.wxe?Abfrage=Bundesnormen&Gesetzesnummer=10010371, letzter Aufruf: 27.06.2020.

Motiv der *Bewegten Stillleben* in Hausners Horrorfilm bereits im Namen. Tatsächlich lässt sich in HOTEL eine Vielzahl von nahezu bewegungslosen und geräuscharmen Szenen nachweisen, welche den an das Hotel angrenzenden Wald in das Betrachtungszentrum setzen (Abb. 19[531] und 20[532]). Dass der Wald dabei aber nicht – und das ist bei der Wahl des Hotelnamens doch überraschend – den Geschmack der Gäste trifft, verdeutlicht ein Kundengespräch an der Hotelrezeption:

Irene:	Die Balkonzimmer sind halt immer sehr schnell weg, aber ich werd' schauen, was sich da machen lässt. Wollten Sie lieber Talblick oder Waldblick?
Hotelgast:	Natürlich möchte ich Talblick haben.
Irene:	Ich check' das gleich nach. Darf ich mir noch Ihre Zimmernummer notieren?
Hotelgast:	311.
Irene:	Wenn Sie noch ein Momenterl Platz nehmen bitte.
Hotelgast:	Danke, danke vielmals. (HOTEL, 0:08:05–0:08:29)

Der mit französischem Akzent sprechende Hotelgast wünscht sich »natürlich« – als wäre es das Selbstverständlichste der Welt – ein Zimmer mit Talblick; ein deutlicher Hinweis darauf, dass der Blick in den Wald als unattraktive zweite Wahl gilt. Noch bevor man desselbigen erstmalig ansichtig wird, macht die Regisseurin mit dieser kurzen Szene an der Hotelrezeption bereits klar, dass die landschaftliche Schönheit der Gegend eben nicht im Dickicht der Bäume zu finden ist.

Die im Filmverlauf mehrfach in Szene gesetzten Bilder des Waldes sind weitaus mehr als geräuscharme und bewegungslose Landschaftsdarstellungen. Sie sind viel eher ästhetische Bildinszenierung mit symbolischem Aussagegehalt und nähern sich dergestalt unübersehbar der künstlerischen Tradition der *Waldstillleben* – einer besonderen Form der Stilllebenmalerei, deren Ursprung in den Niederlanden des 17. Jahrhunderts gefunden werden kann – und deren Visualisierungen des »Kampfes ums Überleben«[533] bzw. deren Darstellung einer »Arena für den Kampf widerstreitender metaphysischer Prinzipien«[534].

---

531 Dauer des *Bewegten Stilllebens*: zwölf Sekunden (HOTEL, 0:17:22–0:17:34).
532 Dauer des *Bewegten Stilllebens*: zwölf Sekunden (HOTEL, 0:25:30–0:25:42).
533 Sybille Ebert-Schifferer: *Die Geschichte des Stillebens*. München: Hirmer 1998, S. 115.
534 Norbert Schneider: *Stilleben. Realität und Symbolik der Dinge; die Stilllebenmalerei der frühen Neuzeit*. Köln: Taschen Verlag 1989, S. 198.

Abb. 19: Zigarettenpause mit Waldblick (HOTEL, 0:17:22)

Abb. 20: Auf dem Weg zum ersten Date (HOTEL, 0:25:30)

Abb. 21: Zwei *Bewegte Stillleben* ... (HOTEL, 1:01:44)

Abb. 22: ... erzählen Irenes Geschichte. (HOTEL, 1:01:54)

Wie bereits in INTER-VIEW dienen die *Bewegten Stillleben* in HOTEL dazu, die gegenwärtige Lebenssituation der Protagonistin in übertragender Weise zu visualisieren; das Waldmotiv kann dabei als Konglomerat der Aktenordnerszene aus INTER-VIEW und dem Fensterblick aus LOVELY RITA betrachtet werden. Wie die einheitlichen Aktenordner symbolisch für Gertrude stehen, sind die Bäume als Stellvertreter für Irene zu betrachten: Beide Protagonistinnen finden in der Gemeinschaft – im Bild durch den Baumverbund bzw. die Aktenordnerwand dargestellt (Abb. 21[535]) – keinen Platz; obwohl sie Teil einer Gruppe sind (in Irenes Fall ist die Gruppe die Belegschaft des Hotels), bleiben sie doch Außenseiterinnen, oder in einem anderen Wort: Solitärgewächse (Abb. 22[536]).

Anders als in den vorangegangenen Produktionen kann in HOTEL ein wesentlich bewussterer Umgang mit der atmosphärischen Hintergrund-

---

535 Dauer des *Bewegten Stilllebens*: ca. neun Sekunden (HOTEL, 1:01:44–01:01:53).
536 Dauer des *Bewegten Stilllebens*: ca. acht Sekunden (HOTEL, 1:01:54–01:01:02). Versteht man die beiden direkt aufeinanderfolgenden Bilder als zusammenhängendes Konstrukt, beträgt die Gesamtdauer des zweiteiligen *Bewegten Stilllebens* somit etwa 17 Sekunden.

akustik erkannt werden. Beim Betrachten der *Bewegten Stillleben* mit Waldmotiv wird die Rezeption nun durch eine dem Horrorgenre nahe Gestaltung der Tonebene beeinflusst, die unter anderem durch unheimliches Blätterrascheln und nicht explizit zuordenbare Schreie in der Ferne[537] zum Ausdruck kommen. Selbst für das große Finale griff die Regisseurin auf eine Variante dieser Inszenierungsform zurück: Nachdem Irene ihre Nachtschicht-Zigarette geraucht hat und erkennen muss, dass der Rückweg ins Hotel durch die nun auf unerklärliche Weise versperrte Tür des Lieferanteneingangs unmöglich ist, wendet sie sich dem angrenzenden Wald zu und verschwindet im Dunklen. Was von da an bis zur Einblendung der Closing Credits bleibt, ist ein erneutes Verharren im Moment, das auf Tonebene lediglich durch das wohlbekannte gruselige Kreischen unterbrochen wird. Still sind die *Bewegten Stillleben* in HOTEL trotz Blätterrascheln und undefinierbarer Schreie immer noch, doch durch die Ausformung der Geräuschkulisse hin zur stimmungsvollen akustischen Atmosphäre zeigt sich eine Weiterentwicklung von Hausners bildkompositorischen Markenzeichen. Eine gleichartige Entwicklung lässt sich auch in visueller Hinsicht festhalten: Waren die *Bewegten Stillleben* in FLORA, INTER-VIEW und LOVELY RITA noch Versuchsanordnungen, sind selbige in HOTEL bereits von jener prägnanten Ästhetik, wie sie in den Folgeproduktionen LOURDES und AMOUR FOU zu sehen sein wird.

Durchkomponierte Bildästhetik

Obschon LOURDES als Hausners bisher bildgewaltigster Spielfilm wahrgenommen wurde, der mit einer Vielzahl ästhetisch durchkomponierter Einstellungen begeistern konnte, sind die *Bewegten Stillleben* überraschend rar gesät. Statt der geräuscharmen, bewegungslosen Bilder finden sich wesentlich häufiger optisch zwar ähnlich anmutende Inszenierungen, die jedoch mit pathetischen, religiös konnotierten Musikstücken

---

537 Die mehrdeutigen Schreie sind in HOTEL intertextuelle Referenz auf Filme des Horror-Genres: »Während in THE BLAIR WITCH PROJECT nachts Geräusche durch den Wald hallen, die wie verzweifelte Kinderschreie klingen, sind es in Hotel vermeintliche Tierstimmen, die auch als das panische Kreischen einer Frau gedeutet werden könnten. Ein ambivalentes Geräusch, das sowohl als Heulen eines wilden Tieres wie auch als Kriegsruf eines Indianers verstanden werden kann, lässt übrigens auch Kubrick in THE SHINING ertönen.« (Gärtner: Es bleibt ein unbefriedigendes Gefühl zurück. 2017, S. 69 f.)

überfrachtet werden. Beispiele dafür sind mannigfach, ziehen sich durch den gesamten Film und zeigen sich bereits in der Eingangssequenz.

Nachdem Christine sich auf wundersame Weise aus ihrem Rollstuhl erheben kann, begibt sie sich, begleitet von Frau Hartl und dem Priester, in ein in Lourdes ansässiges medizinisches Büro, das sich der Gesuche zur offiziellen kirchlichen Anerkennung von Wunderheilungen widmet. Die absurde Komik, die dieser Vorgehensweise zugrunde liegt, zeigt sich bereits, als der Priester der Rezeptionsdame das Anliegen schildert:

Priester:	Wir kommen in einer wichtigen Angelegenheit. Wir haben Grund zu der Annahme, dass diese junge Dame hier geheilt worden ist, aber wir sind nicht sicher. Und jetzt wollten wir uns erkundigen, was man in so einem Fall …
Rezeptionistin:	Sie sind heute aber nicht die einzigen. (LOURDES, 1:02:42–1:03:04)

Christine durchläuft im Anschluss einige seltsame Testungen: Sie muss unter den Augen des Büroleiters, eines beigezogenen Arztes und des Priesters auf wackeligen Beinen im Raum geradeaus gehen und einem Stift, der vor ihrem Gesicht hin- und herbewegt wird, mit den Augen folgen. Mit guten Ratschlägen – »Sie haben Ruhe nötig.« und »Gehen Sie an die Luft!« – und mit der Aussicht, dass sich ein medizinisches Komitee der überraschenden Verbesserung ihres Gesundheitszustandes näher widmen werde, entlässt der Verantwortliche Christine aus der Erstuntersuchung. Die »medizinisch-fundierten« Tipps setzt die Frau kurz darauf in die Tat um; nun wird auch das *Bewegte Stillleben* sichtbar.

Es ist ein *Bewegtes Stillleben*, das vor Sarkasmus trieft. Die Dichotomie des Bildes ergibt sich durch ein symbolisches Oben und Unten, durch die auf Erlösung hoffenden Menschen im Tal einerseits und die angedeutete göttliche Präsenz am Berg andererseits (Abb. 23[538]). Im Tal und damit in der touristischen Atmosphäre Lourdes, wo sich die Pilger_innen und Begleiter_innen dicht an dicht durch die Straßen und Gassen drängen, die heiligen Basiliken und Grotten aufsuchen, Lourdes-Wasser trinken und sich mit selbigem waschen lassen, liegt – zumindest legt das Bild diese Interpretation nahe – das *Paradi(e)s*; sowohl überdimensionierte Hotelreklame wie Signal für die im Wallfahrtsort omnipräsente Ver-

---

538 Dauer des *Bewegten Stilllebens*: ca. zehn Sekunden (LOURDES, 1:07:08–1:07:18).

Abb. 23: Blick vom Paradi(e)s zum Berggipfel (LOURDES, 1:07:08)

marktung der religiös ideologischen Vorstellung eines himmlischen Ortes gleichermaßen. Am rechten Bildrand hebt sich der Pic du Jer wie ein Mahnmal für jene Menschen empor, die glauben, die göttliche Gnade in Lourdes empfangen zu können oder gar verdient zu haben. Zugleich kann das Bild als symbolische Entsprechung von Christines Geschichte verstanden werden, denn nach der wundersamen Genesung nicht mehr an den Rollstuhl gefesselt, nimmt sie in Folge an der Wanderung auf den Berggipfel teil, wo sie den ersehnten Moment zwischenmenschlichen Glücks beim Kuss mit dem Malteserritter Kuno erfährt; eine amouröse Eskapade, die ihr im Lourdes'schen *Paradies* am Fuß des Berges versagt war.

Sind die *Bewegten Stillleben* in LOURDES im Vergleich zu den weiteren Filmen von Hausners Œuvre quantitativ zwar deutlich unterrepräsentiert, zeigen sich doch klar erkennbare Parallelen: Wie in den vorangegangenen Produktionen sind die Trends zur geräuscharmen Inszenierung – lediglich zartes Vogelgezwitscher ist zu vernehmen – wie auch die Bewegungslosigkeit und der interpretatorische Bedeutungsgehalt des Bildes hervorstechend.

Landschaft mit Leichen

Als sich Henriette und Heinrich in AMOUR FOU zu ihrer ersten Landpartie aufmachen, um gemeinsam den Tod zu suchen, fährt ihre Kutsche eine Straße entlang, die durch ein Waldstück führt (Abb. 24[539]). Die Analogien zu HOTEL sind unübersehbar: Wie sich Irene in der Schluss-

---

[539] Dauer des *Bewegten Stilllebens*: ca. fünf Sekunden (AMOUR FOU, 0:47:35–0:47:40).

Abb. 24: Durch den Wald in Richtung Tod (AMOUR FOU, 0:47:35)

sequenz des Hausner'schen Horrorfilms dem Wald zuwendet, in der Dunkelheit verschwindet und das *Bewegte Stillleben* als letztes Bild des Filmes auf das Publikum wirkt, sehen die Zuseher_innen die Kutsche um die Kurve und damit aus dem Bild verschwinden. Lediglich leise, typische Geräusche des Waldes und das sich akustisch entfernende Klappern der Pferdehufe sind zu hören.

Doch anders als in HOTEL ist der Wald nicht letzter Handlungsschauplatz; nachdem die Todessehnsüchtigen beim Abendessen im Gasthof auf Adam Müller treffen, verwirft Kleist seine Pläne. Das Pärchen kehrt daraufhin unverrichteter Dinge nach Berlin zurück.

Henriette, die einen Abschiedsbrief für ihren Ehemann auf dessen Schreibtisch deponiert hatte, muss diesen nach ihrer Heimkehr schleunigst beseitigen. Erneut zeigt sich ein *Bewegtes Stillleben*, doch diesmal in einer deutlichen Adaption. Hausner beginnt die Sequenz mit einem bewegungsarmen Zimmerbild (Abb. 25[540]) – im Hintergrund bellt der Familienhund der Vogels – und leitet sie ebenso wieder aus (Abb. 27[541]). Zwischen diesen beiden statischen Bildmomenten unterbricht Henriette die Starre der Szenerie, in dem sie für einen kurzen Moment durch das Bild huscht (Abb. 26[542]) und dadurch das rezeptive Verharren im Moment stört.

Alle »Elemente im Bild erhalten ihren Stellenwert aus der Bildgrenze«[543] postulierte Marlene Schnelle-Schneyder im Jahr 1990. Pragmatisch

---

540 Dauer des *Bewegten Stilllebens*: ca. zwei Sekunden (AMOUR FOU, 0:52:38–0:52:39).
541 Dauer des *Bewegten Stilllebens*: ca. fünf Sekunden (AMOUR FOU, 0:52:51– 0:52:56).
542 Dauer der Unterbrechung: ca. zwölf Sekunden (AMOUR FOU, 0:52:39–0:52:51).
543 Marlene Schnelle-Schneyder: *Photographie und Wahrnehmung – am Beispiel der Bewegungsdarstellung im 19. Jahrhundert*. Marburg: Jonas 1990, S. 35.

Abb. 25: Statischer Szenenbeginn (Amour Fou, 0:52:38)

Abb. 26: Bruch durch Bewegung (Amour Fou, 0:52:49)

Abb. 27: *Bewegtes Stillleben* (Amour Fou, 0:52:52)

betrachtet, ergibt sich dies vorweg aus jenen Begrenzungen, die das Fernsehgerät vorgibt, soll heißen: Der Fernsehapparat per se ist bereits ein Rahmen, an einer Wand hängend oder vor einer Wand stehend, auf einem Fernsehtisch oder ähnlichem positioniert. »Im täglichen und tätigen Leben beachten wir die Bilder der Außenwelt nur flüchtig und nur daraufhin, wie wir uns in der Außenwelt orientieren, wie wir Dinge angreifen, benutzen können.«[544] Die Trennung des Fernsehbildes von der Realität markiert quasi eine Isolierung von Fiktion und Wirklichkeit.

Die Funktion des Rahmens wird im Film häufig noch dadurch betont, daß in speziellen Situationen, in denen innerhalb des Filmgeschehens ein besonderer Teilbereich isoliert werden soll, ein innerer Rahmen (Fenster, Spiegel, Türen) geschaffen wird, der das Gezeigte je nach Kontext in eine Atmosphäre der Beengtheit, der Geborgenheit versetzt.[545]

---

544 Richard Hamann: *Theorie der Bildenden Künste.* Berlin: Akademie 1980, S. 8.
545 Hickethier: *Film- und Fernsehanalyse.* 1996², S. 47.

Hausner implementiert in ihrem *Bewegten Stillleben* nahezu spielerisch einen »Rahmen im Rahmen«; denn neben der Rahmung, die durch den Fernsehapparat entsteht, entwickelte sie eine weitere Bildgrenze im Bild, die eine »konzentrierende, das Auge auf das Bild lenkende und heftende Wirkung«[546] erlangt und durch die gezielte Farbgestaltung offensichtlich unterstützt wird: Sowohl die Tapete am linken Bildrand wie auch die in das Bild ragende Zwischenwand am rechten Bildrand sind in den selben rosa und blauen Pastelltönen gehalten. Hausner zwingt den Blick auf das Zentrum des Bildes und fokussiert somit einen inneren Teilbereich, der farblich von einem grasgrünen Vorhang dominiert wird.

Nachdem Henriette heimlich ihren Abschiedsbrief vom Schreibtisch des Ehemanns entfernt hat und den Bildraum wieder verlässt, sorgt nur der sich leicht schwingende Vorhang für Bewegung im sonst regungslosen *Bewegten Stillleben*. Der Bruch, der durch Henriettes Auftritt und Abgang entsteht, ist dabei symbolisch für ihre innere Zerrissenheit und ihr hektisches Pendeln zwischen den sich ihr bietenden Optionen zu verstehen. Leben oder Tod, Hoffnung oder Gewissheit, bodenständiger Beamter oder melancholischer Dichter, Vogel oder Kleist; im Filmverlauf tendiert Henriette sowohl in diese als auch in jene Richtung. Der Riss im *Bewegten Stillleben* verdeutlicht, dass es eben keine einfachen oder gar eindeutigen Antworten geben kann.

Während die in den vorangegangenen Filmen dargestellten *Bewegten Stillleben* vor allem menschenleere Räume in den Fokus setzten, änderte sich das durch Henriettes Zwischenspiel im angeführten Beispiel.

Der Blick auf die zahlreichen *Tableaux vivants* in AMOUR FOU verdeutlicht, wie schwierig es ist, menschliche und/oder tierische Statist_innen zum regungslosen Verharren zu bewegen: Die lebensnotwendige Atmung oder auch das Blinzeln mit den Augenlidern machen ein solches Vorhaben schlicht unmöglich. Trotzdem fand die Regisseurin einen Weg, um (zumindest anscheinend) starre menschliche Körper mit der Kamera einzufangen.

Die Logline »Doppelselbstmord aus Liebe«, die am Anfang der Arbeiten zu AMOUR FOU stand[547], wirft augenblicklich mehrere Fragen auf: War die Art und Weise, wie Kleist und Vogel aus dem Leben schieden, wirklich ein »Doppelselbstmord«? Oder doch eher Mord und Selbstmord? Kann man aus Liebe gemeinsam sterben wollen? Kann man

---

546 Hamann: *Theorie der Bildenden Künste*. 1980, S. 9.
547 Vgl. Berger: Was, wenn alles ein Irrtum ist? 2012, S. 25.

Abb. 28: Landschaft mit Leichen (AMOUR FOU, 1:21:26)

überhaupt gemeinsam sterben oder ist man im Moment des nahenden Todes doch stets allein? Im Interview mit Catherine Ann Berger gab die Regisseurin zu Protokoll, dass »klar war, dass dieses romantische Motiv eigentlich absurd oder paradox ist.«[548] Es ist diese Zwiespältigkeit, die im *Bewegten Stillleben* ihren Ausdruck findet: Eine deutlich erkennbare räumliche Lücke trennt die toten Körper, die den Zuseher_innen vor Augen führt, dass jede_r letztlich für sich alleine sterben musste. Dass es sich bei der visuellen Inszenierung der Leichen (Abb. 28[549]) um eine durchaus bewusste Regieentscheidung handelt, kann zum einen durch die intensive Recherche sowie die damit verbundene Beratung durch mehrere renommierte Kleist-Forscher_innen, und zum anderen durch die wissentliche Abweichung von der historischen Überlieferung belegt werden. Hausner hatte durchaus Kenntnis von den Inhalten der Protokolle der polizeilichen Einvernahmen vom 22. November 1811, im Zuge welcher Friederike Stimming, Ehefrau des Gasthofbetreibers am Wannsee, folgende Aussage tätigte:

> Die Dame und der Herr saßen Fuß an Fuß in der auf dem Hügel befindl. kleinen Grube, die Dame lag aber mit dem Oberleib rückwärts auf dem Boden, hatte die Hände über den Leib gefaltet, und gab durchaus kein Zeichen des Lebens von sich. […] Der Herr saß ihr gegenüber, jedoch so, als wenn er in die Knie gesuncken oder vor die Dame niedergekniet wäre. Sein Kopf und Ober Körper war vorne über nach der lincken Seite

---

548 Hausner zit. n. ebd.
549 Dauer des *Bewegten Stilllebens*: ca. elf Sekunden (AMOUR FOU, 1:21:26–1:21:37).

überhängend, und der erstere schien auf einer Pistole zu ruhen, die er noch in der Hand hielt. [...] Der Riebisch war der Meynung, daß man ihn in dieser Stellung nicht belassen könnte, und legte den Ober Körper des Entleibten ebenso rückwärts über, wie den der Dame.[550]

In ihrer filmischen Inszenierung wand sich Hausner deutlich aber wohlüberlegt von der Darstellung der Zeitzeugin ab. Statt auf historische Korrektheit zu pochen, verlieh sie – mit entsprechender künstlerischer Freiheit in der Interpretation der Geschehnisse – der in der Logline beinhalteten Absurdität des Kleist'schen Vorhabens visuellen Ausdruck. Das *Bewegte Stillleben* macht damit nicht nur die Einsamkeit im Tode sichtbar und ist nicht nur ein kunstvoll gestalteter Moment im Filmverlauf, sondern regt auf einer Metaebene durchaus kritisch zur Reflexion der Glaubwürdigkeit der historisch-belegten *Fakten* an.

In seiner *The A. V. Club*-Besprechung von LITTLE JOE warf Cheffilmkritiker Alex Dowd einen Blick zurück auf Hausners bisheriges Filmschaffen und kam dabei zu folgendem Schluss:

> Ambivalence is a core tenet of Hausner's work. Her earlier films, like the religious drama *Lourdes* and the period piece *Amour Fou*, built carefully constructed and framed dollhouse worlds around characters whose motivations and feelings remained fascinatingly un-clarified. That, of course, is a perfect approach to a story of someone trying to figure out why everyone around them suddenly seems vaguely off.[551]

Mit seinem Vergleich der Hausner'schen Filmwelten mit Puppenhäusern ist Dowd längst nicht alleine; auch in deutschsprachigen Kritiken war von »Puppenhäuser oder Schuhkartons«[552] zu lesen, »in denen ein mit diabolischer Scharfsicht begabtes Mädel böse kleine Schauspiele aufführt.«[553] Ferner bemerkte die für ihre schauspielerische Leistung in LITTLE JOE aus-

---

550 Peter Michalzik: Wie Kleist und Henriette Vogel als Tote sich befanden. Eine Vergegenwärtigung. In: Günter Blamberger/Ingo Breuer/Wolfgang de Bruyn/Klaus Müller-Salget (Hrsg.): *Kleist-Jahrbuch 2012*. Stuttgart/Weimar: Metzler 2012, S. 381–385, hier: S. 383.
551 Alex A. Dowd: *Little Joe* puts a creepily mundane art-house spin on *Invasion Of The Body Snatchers*. [06.12.2019], https://film.avclub.com/little-joe-puts-a-creepily-mundane-art-house-spin-on-in-1840276871, letzter Aufruf: 04.07.2020 [H. i. O.].
552 Nino Klingler: Amour Fou – Kritik. [17.05.2014], https://www.critic.de/film/amour-fou-6725/, letzter Aufruf: 04.07.2020.
553 Ebd.

gezeichnete Aktrice Emily Beecham in einem Interview: »Even though we wanted Alice to be real and instinctive, […] [t]here are deliberately artificial aspects […]. Some parts of Alice's home look like a dollhouse.«[554]

Betonung findet besagter Eindruck einer Puppenhaus-Ästhetik in einem aussagekräftigen *Bewegten Stillleben*. Alice und ihr Sohn Joe nehmen abends am Esstisch in der Küche ihres Hauses Platz, um gemeinsam asiatisches Take-away zu verzehren. Während der Mahlzeit entspinnt sich eine Konversation, in der unter anderem die familiäre Konstellation zur Sprache gebracht wird. Joes leiblicher Vater Ivan wünscht sich mehr Kontakt zum Spross und hat seine Exfrau um Intervention gebeten. Doch der Junge weist den mütterlichen Vorschlag, künftig mehr Zeit mit dem Vater zu verbringen, von sich.

Alice:	Dad would really like you to spend next weekend with him. I told him, I'd ask you.
Joe:	Do I have to?
Alice:	He really wants to see more of you.
Joe:	He's so … different.
Alice:	From who?
Joe:	From you. And me!
Alice:	So, get to know something different! Believe me Joe: It would do you good to spend more time with your father.
Joe:	So you'd have more time for your work.
Alice:	What? No! – Shit. (LITTLE JOE, 0:06:06–0:06:38)

Mit Alices Kraftausdruck, der dem Beflecken ihrer Kleidung geschuldet ist, ändert sich sodann das Filmbild, das mit einem harten Schnitt von der Innenaufnahme zu einer Außenaufnahme wechselt (Abb. 29[555]).

Die Stimmen von Mutter und Sohn sind nun lediglich gedämpft zu hören, den Zuseher_innen wird eine voyeuristische Perspektive außerhalb des Puppenhaus-Kosmos angeboten. Durch die visuelle Separation der beiden Protagonist_innen durch das Mauerwerk und die durch die Fenstersprossen entstehende Zersplitterung antizipiert das *Bewegte Stillleben* sowohl den zwischenmenschlichen Konflikt, der im weiteren Filmverlauf zwischen Mutter und Sohn aufflammt, als auch die innere Zerrissenheit der Figuren.

---

554 Beecham zit. n. Kee Chang: Q&A with Emily Beecham. [02.12.2019], http://anthemmagazine.com/qa-with-emily-beecham/, letzter Aufruf: 04.07.2020.
555 Dauer des *Bewegten Stilllebens*: ca. sieben Sekunden (LITTLE JOE, 0:06:39–0:06:46).

Abb. 29: Puppenhaus-Ästhetik (Little Joe, 0:06:43)

Der Sohn, der bei der Mutter lebt, zeigt nach und nach Tendenzen, sich eher zum Vater hin zu wenden. Es entsteht zum einen ein Konflikt zwischen Mutter und Sohn, zum anderen besteht immer schon ein Konflikt zwischen Alices Muttersein und ihrer Karriere. Sie arbeitet unheimlich viel und gern, kocht nicht selbst, holt gerade mal ihren Sohn von der Schule ab und verbringt die Abende mit ihm. Sie kann anfänglich gar nicht verstehen, warum der Sohn sich anders entwickelt, als sie es erwartet hätte. Möglicherweise hat diese Entfremdung zwischen Mutter und Sohn aber auch mit Effekten zu tun, die von der neu kreierten Pflanze ausgehen, die möglicherweise Dinge bewirkt, die man nicht vorhersehen kann.[556]

Im Puppenhaus-Motiv lässt sich eine Ähnlichkeit[557] zu den Motiven der Türschnalle und des Fensters in Lovely Rita (Abb. 17 und 18) erkennen, die ebenfalls wiederholt und zu jeweils unterschiedlichen Tageszeiten in Szene gesetzt werden. In Little Joe wird die Fassade des Hauses in Folge weitere zwei Male (jedoch nicht als *Bewegte Stillleben*)[558] zu sehen sein, nämlich zum einen bei Tageslicht (Little Joe, 0:24:23–0:24:30)

---

556 Wagner zit. n. Karin Schiefer: »Wir sind viel stärker auf den Inhalt orientiert.« [September 2018], https://www.austrianfilms.com/interview/bruno_wagner/little_joe_dreh arbeiten_DE, letzter Aufruf: 19.07.2020.

557 Während in Lovely Rita die subjektive Kameraposition den Zuseher_innen einen Blick durch Ritas Augen (vom Kinderzimmer hinaus in die Freiheit) ermöglicht, wird die Blickrichtung in Little Joe umgekehrt, nämlich vom Außen ins Innen.

558 Die Szene, in der abrupt die Hausfassade in das Zentrum des Filmbildes rückt, ist akustisch mit einem irritierenden Sirren unterlegt, das deutliche Assoziationen zu dem vergleichbaren Geräusch in Hotel weckt.

und zum anderen erneut im Schein der nächtlichen Straßenbeleuchtung (Little Joe, 1:10:55–1:11:10).

Wie bereits in Lourdes findet sich in Little Joe neben den *Bewegten Stillleben* eine Vielzahl von bewegungslosen Filmbildern, die in diesem Fall mit den expressiven Tonschöpfungen des japanischen Komponisten Teiji Ito unterlegt wurden; besonders in der Inszenierung der titelgebenden Pflanze sind wiederholt bewegungsarme Bildsequenzen in nahezu leitmotivischer Anmutung mit Musikstücken aus dem Album *Watermill* (1971) verwoben. Nichtsdestotrotz wird die Glückspflanze ergänzend mehrfach als *Bewegtes Stillleben* in den Fokus gerückt. Auffällig ist in diesen Filmmomenten die Bewegung im Bild, die durch das Öffnen des Blütenkopfes entsteht.

Erstmals sind die Little Joes als *Bewegtes Stillleben* zu sehen, als es zum Zusammentreffen des vermeintlichen ersten und zweiten Opfers der pollenverbreitenden Pflanze im Gewächshaus kommt. Im für die Mitarbeiter_innen zur Verfügung stehenden Garderobenbereich von Planthouse Biotechnologies klagt Bella den Kolleg_innen ihr Leid: Hund Bello ist in einem unbeobachteten Moment von ihrer Seite gewichen und nun unauffindbar. Chris erklärt sich dazu bereit, in den strikt zugangsbeschränkten Pflanzzuchtbereichen Nachschau zu halten. Zunächst noch forschen Schrittes betritt er das Gewächshaus und verschiebt einige Edelstahltische inklusive der darauf befindlichen Pflanzbehältnisse, um sich einen Durchgang zu schaffen. Während der wissenschaftliche Mitarbeiter zunächst noch rufend nach dem Hund sucht, verharrt die Kamera auf einem der vollbestückten Tische. In der plötzlichen Stille beginnen sich die Little Joes im rot-schimmernden Licht zu regen, ein leises Rascheln wird vernehmbar, als die Pflanzen langsam ihre Blütenköpfe öffnen (Abb. 30[559]). Chris scheint in seiner konzentrierten Suche nach dem Vierbeiner von den Veränderungen kaum Kenntnis zu nehmen, als Bello ihn völlig unerwartet anspringt. Überrascht durch die Attacke fällt der Mann vornüber in die Blütenpracht, verliert dabei seinen Mund-Nasen-Schutz und atmet so – wie wohl bereits der Hund zuvor – eine gehörige Portion der Pollen ein.

Die Hervorhebung der von der Schar Little Joes ausgehenden Gefahr durch die Inszenierung als *Bewegtes Stillleben* wird Hausner im Filmverlauf ein weiteres Mal nutzen, um Bella – die sich erfolgreich vor der befürchtete Infiltration gerettet hat – den Pflanzen scheinbar ausweglos

---

559 Dauer des *Bewegten Stilllebens*: ca. zehn Sekunden (Little Joe, 0:18:39–0:18:49).

Abb. 30: Im Gewächshaus (LITTLE JOE, 0:18:45)

Abb. 31: Stille Gefahr? (LITTLE JOE, 1:06:19)

auszuliefern. Nachdem die Wissenschaftlerin wiederholt versucht hat, mit Kassandrarufen auf die Gefahren des Zuchtprogrammes aufmerksam zu machen, bittet ihr (vermeintlich infizierter und assimilierter) Kollege Ric (Phénix Brossard) sie unerwartet, an seiner Statt die abendliche Verpflegung der Little Joes zu übernehmen und gibt ihr seinen Zutrittscode für das Gewächshaus bekannt. Mit einem Mund-Nasen-Schutz und medizinischen Handschuhen ausgestattet, erledigt Bella die Aufgabe, doch nach Beendigung selbiger ist plötzlich die Tür versperrt und sie hoffnungslos in einem Raum mit den Pflanzen gefangen, die nun beginnen ihre Blütenköpfe zu öffnen. Angetrieben von Angst, Panik und Verzweiflung gelingt es der Wissenschaftlerin, ein schmales Fenster aufzumachen und sich durch die enge Öffnung zu zwängen. Kaum hat ihr Oberkörper das Gewächshaus verlassen, verändert sich die akustische Gestaltung der Szenerie. Die angstnährende Musik verstummt abrupt und das *Bewegte Stillleben* (Abb. 31[560]) kann lautlos seine Wirkung entfalten.

Die beiden *Bewegten Stillleben* der Little Joe-Zuchtgruppe (Abb. 30 und 31) eint die per definitionem erforderliche Bewegungslosigkeit der Kamera, die auffällige Geräuscharmut in Hinblick auf das Fehlen von Filmmusik und Sprache sowie die künstlerisch-kompositorisch anmutende Anordnung der Pflanzen. Lag bei Betrachtung des ersten *Bewegten Stilllebens* noch der Verdacht nahe, dass die Little Joes – wie im Zuchtprogramm vorgesehen – auf menschliche Sprachäußerungen reagieren, wird mittels des zweiten *Bewegten Stilllebens* deutlich, dass das Öffnen der Blüten wie auch die anschließende Pollenemission doch vielmehr auf die emotionale Verfassung der Menschen rekurrieren. In

---

560 Dauer des *Bewegten Stilllebens*: ca. sieben Sekunden (LITTLE JOE, 1:06:18–1:06:25).

übertragender Weise verdeutlichen die derart gestalteten Bilder, dass durch einen Mangel Gefahr für die Protagonist_innen erwächst; es sind nicht nur die Absenzen von Kamerabewegung und von akustischem Input, sondern vor allem das Fehlen sämtlicher Emotionen abseits des Glücksempfindens, das so als drohende Zukunftsperspektive in den Raum rückt.

Auch ein eingangs erwähntes *Escher-Wechselbild* findet in LITTLE JOE als *Bewegtes Stillleben* seinen rechten Platz. Die von Hausner als *Escher-Effekt* bezeichnete Inszenierungsform genoss bereits Mitte der 1990er-Jahre eine gewisse Popularität unter Student_innen der FAK, wie ein Blick auf die Arbeit eines Kommilitonen vermuten lässt. Jörg Kalt sinnierte über die mögliche Nutzung derartiger Täuschungen bei der Realisierung von Filmprojekten. Im Rahmen seiner Recherchen und Auseinandersetzungen mit dem »Phänomen Zeit« stieß Kalt in der Publikation *Die Zeit: vertraut und fremd* von Julius Thomas Fraser auf das *Escher*-Bild *Treppauf, treppab*. Die schwarz-weiße Lithographie, als geometrisch-optische Täuschung konzipiert, zeigt mehrere Mönche, die eine scheinbar unendliche Treppe auf- und abgehen.

> Escher Bilder [sic] haben eine seltsame Stimmigkeit, eine Logik, die bei genauerem Hinschauen nicht nachvollziehbar ist, uns aber trotzdem – oder gerade deswegen – fasziniert. Jeder einzelne Schritt, jeder Szenenübergang, jedes Stück Treppe, das ein Mönch hinabgeht, ist – für sich genommen – verständlich. Als Ganzes, von einer Distanz aus betrachtet, bleibt es aber ein Rätsel.[561]

In RICHTUNG ZUKUNFT DURCH DIE NACHT (2002, JÖRG KALT) adaptierte der Regisseur die Funktionsweise der *Escher-Bilder* zur Gestaltung der narrativen Struktur des Filmes. Eine weitere Interpretation hatte er für seine Drehbuchidee zu TIERE ins Auge gefasst. Dieser Film blieb zwar zu Kalts Lebenszeit unrealisiert, das Drehbuch sowie ergänzende Produktionsmaterialien seines letzten Filmprojekts wurden jedoch erhalten und fanden nach Kalts Suizid im Jahr 2007 ihren Weg in die *Coop99*. Der polnische Regisseur Greg Zglinski wagte sich in Folge erfolgreich an die Umsetzung des Projekts. Mit Birgit Minichmayr als Anna und Philipp Hochmair als Nick in den Hauptrollen, feierte TIERE (2017, Greg

---

561 Kalt zit. n. Stöger: *Die falsche Einstellung ist die richtige.* 2012, S. 57.

Zglinski) seine Weltpremiere in der Sektion *Berlinale Forum*[562] im Rahmen der *49. Internationalen Filmfestspiele Berlin*.[563]

In Hausners LITTLE JOE wird gegen Ende des Filmes eine bedeutungsvolle Treppenszene, die deutliche Anklänge an Eschers Werk aufweist, zum *Bewegten Stillleben*. Nachdem Bella in der Cafeteria von Planthouse Biotechnologies eine erregte Ansprache gehalten hat, flüchtet sie – verfolgt von Chris und Karl – in das Treppenhaus. Auch Alice nimmt, nachdem sie kurzfristig von Ric (Phénix Brossard) aufgehalten wird, die Verfolgung auf und bewegt sich eilenden Schrittes ihren drei Kolleg_innen hinterher.

Wie in AMOUR FOU (Abb. 25 bis 27) sorgt auch in LITTLE JOE die weibliche Protagonistin für die Momente der Bewegung im sonst statischen Stillleben (Abb. 32 bis 35[564]). Nur das hallende Klappern ihrer Schuhabsätze ist zu hören, als Alice auf ihrem Weg in die obere Etage wiederholt durch den Bildraum hastet. Dabei wirkt sie *treppauf, treppab* in einem auswegslosen Kreislauf gefangen und scheint trotz allem Körpereinsatzes nicht aufschließen zu können; ein visueller Eindruck, der sich auch auf die Ebene der Filmhandlung übertragen lässt, denn auch hier tritt die Wissenschaftlerin auf der Stelle.

»Die Zeit ist […] für jeden Menschen subjektiv, aber da das Zeitbewußtsein für das Überleben notwendig ist, wird die Zeit damit auch etwas Objektives.«[565] Im Kampf gegen die Zeit nimmt Alice die Treppen im Laufschritt, doch Bellas Lebenszeit scheint unaufhaltsam abgelaufen. Streitende Stimmen werden laut, ein gellender Schrei hallt durch das Stiegenhaus. Als die Wissenschaftlerin endlich ihre Arbeitskollegen erreicht, liegt Bellas Körper bereits stockwerketiefer am Boden. Ob der Sturz von den beiden Männern mutwillig herbeigeführt wurde oder doch als unglücklicher Unfall bewertet werden muss, lässt Hausner ebenso unbeantwortet wie die Frage, ob Bella letztlich ihren Verletzungen erliegt; nur einen Schnitt nach dem tragischen Geschehen erklärt Karl mit leiernder Stimme:

---

562 Das *Berlinale Forum*, auch als *Internationales Forum des Jungen Films* bekannt, ist eine Sektion der *Berlinale* mit Schwerpunktsetzung auf die »neue Strömungen des Weltkinos und innovative Erzählformen«. (http://www.arsenal-berlin.de/ueber-uns/geschichte/berlinale-forum.html, letzter Aufruf: 27.06.2020.)

563 Vgl. https://www.berlinale.de/de/archiv/jahresarchive/2017/02_programm_2017/02_Filmdatenblatt_2017_201713967.php#tab=video, letzter Aufruf: 27.06.2020.

564 Dauer des *Bewegten Stilllebens*: ca. zwölf Sekunden (LITTLE JOE, 1:23:09–01:23:21).

565 Julius Thomas Fraser: *Die Zeit: vertraut und fremd*. Basel: Birkenhäuser 1988, S. 63.

1 Das filmische Œuvre der Jessica Hausner   185

Abb. 32: Treppe 1 (Little Joe, 1:23:11)   **Abb. 33:** Treppe 2 (Little Joe, 1:23:13)
Abb. 34: Treppe 3 (Little Joe, 1:23:18)   **Abb. 35:** Treppe 4 (Little Joe, 1:23:22)

What can I say? I'm absolutely shaking. Bella was … is my closest colleague. Her dedication and empathy; absolutely valuable to the work we do here. So all our thoughts are with our dear colleague who is at this moment fighting for her life. And as soon as we know more we'll post this information on the internal newsletter. But now – in-spite of today's tragic events – we must carry on. The fair is approaching. (Little Joe; 1:24:12–1:24:57)

Hausners *Bewegte Stillleben* müssen als ein konstant wiederkehrendes visuelles Charakteristikum ihrer Bildsprache betrachtet werden, die wohl der biografisch belegbaren Sozialisation im Verbund der renommierten Künstlerfamilie geschuldet sein dürften. Sie bilden, wie das für ihre Produktionen so typische »Kino der Blicke«, einen auffälligen Teilaspekt der besonderen visuellen Ästhetik ihres Filmschaffens. Während die *Tableaux vivants* und *Escher-Bilder* nur im Kontext spezifischer Filme treffend zur Anwendung gebracht werden können, sind die *Bewegten Stillleben* im bisherigen Werk der Regisseurin omnipräsent.

Wenn sich in der Erscheinungsform auch Variationen zeigen, die vor allem die Weiterentwicklung der zugrundeliegenden Rezeptionsintention verdeutlichen, kann festgehalten werden, dass mit den *Bewegten Stillleben* ein langatmiger starrer Blick auf eine nahezu regungslose Szenerie gewährt wird und dabei auf den Einsatz von Filmmusik – nicht aber auf eine glaubwürdig-realitätsnahe Hintergrundakustik – verzichtet wird. In Hausners Œuvre zeigen sich die *Bewegten Stillleben* bisher vor allem in den in Szene gesetzten Räumen (wie etwa in FLORA, INTER-VIEW und LITTLE JOE) und Landschaften (allen voran die Waldmotive in HOTEL und AMOUR FOU) als dominant. Gemein ist ihnen außerdem, dass die Bilder nicht nur *Ab-Bilder* sind, sondern stets einen für die Filmhandlung relevanten symbolbeladenen Kontext verdeutlichen.

Im Gegensatz zu zahlreichen ähnlichen Bildkompositionen, die jedoch mit tragenden Musikstücken unterlegt werden, ist die Stille – nicht mit Geräuschlosigkeit zu verwechseln – entscheidend für das beim Publikum zu erwartenden Rezeptionsverhalten. Durch den Mangel an akustischem Input werden die Zuseher_innen gezwungen, sich mit dem visuell Präsentierten intensiv zu beschäftigen. In seinen *Notizen zum Film* benannte Michael Haneke das Aufbrechen der Rezeptionsgewohnheiten als explizite Aufgabe der Filmemacher_innen. Das Publikum, so seine These, erwarte vom Film und Fernsehen, dass die Welt möglichst erklärbar vorgestellt wird. Diesem insgeheimen Verlangen sollen sich Filmschaffende verweigern.

> Sobald sich der Zuschauer mit den Fragen, die ihm durch die erzählte Geschichte gestellt sind, ohne gleichzeitig mitgelieferte Interpretationsanleitung allein findet, fühlt er sich bedrängt und beginnt, sich dagegen zu wehren. Ein produktiver Konflikt, wie ich denke.[566]

Erst wenn die »klassische Kette der Abwehrreaktion«[567] – bestehend aus Irritation, Langeweile und Verärgerung – durchbrochen ist, werden »Inhalte wieder empfindbar statt als bloße Informationen abgehakt zu werden.«[568] Mit der Weigerung, die auditive Wahrnehmung zu bedienen, zwingt Hausner ihr Publikum zum genauen Betrachten; es scheint, als wolle sie ihre Zuseher_innen aus den Kinosesseln reißen und atmosphärisch in ein

---

566 Michael Haneke: Notizen zum Film. In: Christian Dewald (Hrsg.): *Filmhimmel Österreich, VII. Das Eigene/Das Offene*. Heft 91, Wien: Filmarchiv Austria 2008, S. 10–14, hier: S. 12 f.
567 Ebd. S. 13.
568 Ebd. S. 13 f.

Museum oder eine Kunstgalerie versetzen, um sie vor einem Gemälde in Position zu bringen und eine engagierte Rezeption zu fordern.

Jessica Hausners *Bewegte Stillleben* sind in meinen Augen sowohl in biografischer, kunstästhetischer wie auch in rezeptionsrelevanter Hinsicht außergewöhnlich und sollten – wie auch das »Kino der Blicke« – in der künftigen Auseinandersetzung mit ihren filmischen Produktionen einen festen Platz einnehmen.

1.8 Essenzielles Intermezzo: Oida (2015)

Seit dem Jahr 2016 würdigen die Veranstalter der *Diagonale* in der Programmschiene »Zur Person« herausragende Persönlichkeiten der heimischen Filmszene. Nach dem Auftakt mit Filmproduzentin Gabriele Kranzelbinder (2016) wurden in Folge »Integrationsfigur«[569] Adi Winter (2017), das »Kollektiv« *Filmladen*[570] – bestehend aus Franz Grafl, Michael Stejskal, Josef Aichholzer und Ruth Beckermann – (2018) und »Ausnahmeschauspieler«[571] Hanno Pöschl (2019) ins Zentrum der Reihe gerückt. Für das Jahr 2020 war dann eine Fokussierung auf Jessica Hausner und ihr Filmschaffen geplant, die tatsächliche Umsetzung scheiterte jedoch aufgrund des behördlichen Erlasses der »Maßnahmen gegen das Zusammenströmen größerer Menschenmengen nach § 15 Epidemiegesetz«[572] zur Eindämmung der Coronavirus-Pandemie. Die *Diagonale 2020* wurde am 10. März offiziell abgesagt und in Folge zumindest teilweise als Onlinefestival konsumierbar gemacht. Heute dokumentieren die offizielle Homepage des Festivals und der im Czernin Verlag erschienene *Diagonale*-Katalog 2020 das projektierte Programm der *Unvollendeten*. Das Festivalpublikum hätte sich unter anderem auf das Screening des Musikvideos Oida (2015, Jessica Hausner) freuen dürfen.[573]

Die nachfolgende Inklusion des Musikvideoclips Oida in das Hausner'sche Œuvre geschieht weder im Bemühen um Vollständigkeit noch aus dem Streben nach Aktualität. Vielmehr muss die 3-minütige Produktion

---

569 Vgl. https://www.diagonale.at/zur-person-andi-winter/, letzter Aufruf: 05.06.2020.
570 Vgl. https://www.diagonale.at/zum-kollektiv-filmladen/, letzter Aufruf: 05.06.2020.
571 Vgl. https://www.diagonale.at/zur-person-hanno-poeschl/, letzter Aufruf: 05.06.2020.
572 https://www.diagonale.at/statement-zur-absage-der-diagonale20/, letzter Aufruf: 06.06.2020.
573 Vgl. https://www.diagonale.at/zur-person-jessica-hausner/, letzter Aufruf: 05.06.2020.

als eine konzentrierte Essenz aus – für die Arbeiten der Regisseurin charakteristischen – filmischen Mitteln verstanden werden und verlangt deshalb dringend nach Berücksichtigung in der wissenschaftlichen Erörterung.

Für das oberösterreichische Musiker-Duo *Attwenger*, bestehend aus Hans-Peter Falkner und Markus Binder, verwirklichte die Regisseurin den Videoclip zur Single *Oida* aus dem im März 2015 veröffentlichten Album *Spot*. Das Video wurde am 14. Februar 2016 auf YouTube online gestellt. Bei dem von Hausner gestalteten Clip handelt sich um die offizielle Version des Musikvideos, das von der *Coop99* unter der Mitarbeit von Antonin Svoboda und Lisa Geretschläger produziert wurde. Musik und Text stammen aus der Feder von Markus Binder.

Wie bereits RUFUS und TOAST wurde auch OIDA als Plansequenz realisiert. Als wolle sie diese Inszenierungsform betonen, äußert Hausner zu Beginn des Musikvideoclips Regieanweisungen und lässt das Schauspiel mit einem knappen »Danke« enden – dazwischen konkurrieren der eigenwillig-amüsante Text des modernen Mundartmusikstücks und der völlig überzeichnete Tanzstil von Pierre-Emmanuel Finzi um die Aufmerksamkeit des Publikums.

1.8.1 Sachen zum Lachen: Insiderwitze

Bei der Gestaltung des Videoclips ließ sich Hausner offenbar von LONELY BOY (2011, Jesse Dylan)[574], dem Musikvideo zur gleichnamigen Single von *The Black Keys* (Abb. 36[575]), inspirieren und schuf derart nicht nur eine intertextuelle Referenz, sondern zog – wie sie es bereits mit den populär-kulturellen Horrorgenre-Klischees bei HOTEL vorgemacht hatte[576] – ein audiovisuelles Vorbild heran, um es in seine Bestandteile zu destruieren, diese zu adaptieren und letztlich zu einem neuen Kunstwerk zu arrangieren.

Hausner überträgt den visuellen Stil vom Amerikanischen ins Europäische und versorgt die Zuseher_innen ganz nebenbei mit einer guten Portion schwarzen Humors. Sie lässt den Darsteller nicht vor einem Büroraum tanzen, sondern verbannt ihn zu den Toiletten, fügt dem Setting neben Mülltonnen noch einen Wischmop samt Eimer hinzu. Statt des Automaten hängt ein roter Feuerlöscher inklusive obligatem Hin-

---

574 Vgl. https://imvdb.com/video/the-black-keys/lonely-boy, letzter Aufruf: 05.06.2020.
575 https://www.youtube.com/watch?v=a_426RiwST8, letzter Aufruf: 05.06.2020.
576 Vgl. Gärtner: Es bleibt ein unbefriedigendes Gefühl zurück. 2017, S. 97–119.

1 Das filmische Œuvre der Jessica Hausner 189

Abb. 36: Der tanzende *Lonely boy* (LONELY BOY, 0:11)   **Abb. 37:** Hausners Variation (OIDA, 0:25)

weisschild an der Wand, ein an der Ausgangstür befestigter Zettel verweist auf das herrschende Rauchverbot (Abb. 37[577]).

»Komik ist grundsätzlich ein Spiel mit dem Wissen der Zuschauer.«[578] schrieb der Film- und Fernsehwissenschaftler Lothar Mikos und verwies darauf, dass die Wahrnehmung von Komik nicht nur mit der jeweiligen Plotstruktur des Filmes und dem narrativen Wissen des Zusehers_der Zuseherin, sondern außerdem mit einem »generellen Weltwissen«[579] korrespondiere. Im Fall von OIDA ist es nicht nur eine prinzipielle Rezeptionserfahrung in Sachen Situationskomik, die das Publikum zum Lachen reizen soll. Dass Hausner in dem Videoclip einen Insiderwitz[580] implementiert, der nur von jener Sparte der Zuseher_innen verstanden werden kann, die mit dem LONELY BOY von *The Black Keys* vertraut sind, ist mit Blick auf ihr bisheriges Œuvre keine Ausnahme.

Im *Oktoskop*-Gespräch mit Robert Buchschwenter findet sich eine erhellende Passage, in welcher Hausner zu ihrem selbstsinnigen Humor wie folgt Stellung bezog:

Robert Buchschwenter:
Ich lese den Humor in deinen Filmen ja seit Beginn an, bis hin zu HOTEL. Glaubst du, der kommt überall dort an, wo du ihn hintragen möchtest?

---

577 https://www.youtube.com/watch?v=yRtdT8SYZOY, letzter Aufruf: 05.06.2020.
578 Mikos: *Film- und Fernsehanalyse*. 2003, S. 143.
579 Ebd. S. 139.
580 Als Insiderwitz wird nachfolgend jene Art von Witz bezeichnet, die meist nur von einer (kleinen) Teilgruppe der Gesamtheit der Rezipient_innen zum einen erkannt und zum anderen als amüsant empfunden wird, denn zur Entschlüsselung der humorigen Botschaft muss auf entsprechendes Spezial- und/oder Hintergrundwissen zurückgegriffen werden können.

Jessica Hausner:
[…] Also bei LOVELY RITA war es so, dass manche irgendwie gedacht haben, dass es eigentlich ein tragischer Film ist und andere haben sozusagen den Humor darin irgendwie stärker gelesen. Das ist irgendwie auch kulturell sehr unterschiedlich. Ich erinnere mich noch, glaube ich, dass in England die irgendwie sehr viel gelacht haben und dass es auch in den Rezensionen verstanden worden ist, wo dieser böse, lakonische Humor liegt.[581]

Die zwischen den Zeilen wahrnehmbare Behauptung Buchschwenters, dass die feine Humor-Note, die in allen Produktionen der Regisseurin eruiert werden kann, möglicherweise nicht zu den nationalen wie internationalen Anspruchsgruppen durchdringen könnte, hat – das indiziert Hausners Erwiderung – durchaus seine Berechtigung. Humor ist gesellschaftlicher, kultureller sowie individueller Divergenz unterworfen, weshalb sich eine grundsätzliche Standardisierung dessen, was tatsächlich als lustig empfunden wird, als äußerst schwierig gestaltet.

Der amerikanische Humor wird von manchen Kulturen als banal empfunden, der britische als sarkastisch oder der ostasiatische als kindisch. Viele Europäer finden, dass die Deutschen keinen Sinn für Humor besitzen, aber das bedeutet lediglich, dass sie einen anderen Sinn für Humor haben. […] Humor ist unbestritten ein heikles Thema.[582]

An den Versuch einer (in den Wissenschaften nicht gänzlich unumstrittenen) nationalen Kontextualisierung von Hausners Humor wagte sich Martina Knoben in ihrer LOURDES-Filmbesprechung für die *Süddeutsche Zeitung*:

Wenn Jessica Hausner den Leib Christi als goldglänzende Statue, eine in den Tod geflossene Pietà zeigt, dann steckt darin auch die ganze Ambivalenz einer Religion, die vom körperlosen, vom »eigentlichen« Leben im Jenseits predigt, dabei aber einen ekstatisch leidenden, halbnackten Mann am Kreuz ansieht. Der grausame Humor, den Jessica Hausner in

---

581 Buchschwenter und Hausner zit. n. 10.3 Protokoll Oktoskop-Beitrag [16.06.2006].
582 Martin Grolms: *Kulturelle Determinanten in der Werbung: Eine kontrastive Analyse südafrikanischer und deutscher Werbeanzeigen.* Hamburg: Diplomica 2010, S. 29.

einigen Szenen offenbart, wirkt typisch österreichisch, gen[a]
Ernst, mit dem die Regisseurin ihrem Thema grundsätzlich

Trotz der Einschränkung durch die Beschreibung einer spezifischen Szene, ist Knobens Zuschreibungsvorschlag des Hausner'schen Humors als »typisch österreichisch« nicht nur gewagt, sondern letztlich haltlos. Vielmehr scheinen es doch renommierte internationale Film-Doyens zu sein, in deren Arbeiten die Regisseurin Inspiration findet, um Humor in ihre Filme zu implementieren. Im Rahmen der zahlreichen Interviews anlässlich der Premiere von AMOUR FOU benannte Hausner etwa den spanisch-mexikanischen Filmschaffenden Luis Buñuel als wichtigen Impulsgeber:

> Sometimes I have the feeling that when I'm making a film, on the one hand, I try to focus on very existential or brutal or homicidal topics, but on the other hand, I need this sort of lightheaded and slightly distant point-of-view, and I think humor is the sort of glasses that I like to put on. Otherwise, for me it would not be bearable, and I love Luis Buñuel very much – he has this sort of humor that inspires me a lot, and it's a lot about absurdity. And this idea that you were talking about – »Oh would you like to die with me in front of a group of old ladies who drink their tea?«- this is a sort of humor that comes out of absurdity, because if you put the rules of society upside down, like Buñuel very often does, then automatically you feel uneasy as a spectator. You have to laugh while he's saying it in front of everyone.[584]

Mit einem behaupteten charakteristisch »österreichischen Schmäh« hat das freilich wenig zu tun. Diesen könnte man wohl eher in den österreichischen Komödien der 1990er-Jahre – Rebhandl erkannte in den an den Kinokassen durchaus erfolgreichen Produktionen von Regisseuren wie Harald Sicheritz oder Reinhard Schwabenitzky einen gesellschaftlichen Trend, den er auf eine »spezifische Allianz von Kabarett und Kino«[585] zurückführt[586] – und gleichartigen Nachfolgeproduktionen verorten.

---

583 Martina Knoben: Gottes linker Haken. [30.03.2010], http://www.sueddeutsche.de/kultur/im-kino-Lourdes-gottes-linker-haken-1.6576, letzter Aufruf: 05.06.2020.
584 Hausner zit. n. David Gregory Lawson: Interview: Jessica Hausner. [20.03.2015], http://www.filmcomment.com/blog/interview-jessica-hausner-amour-fou/, letzter Aufruf: 05.06.2020.
585 Bert Rebhandl: Nachsaison. Zum österreichischen Spielfilm seit 1968. 1996, S. 27.
586 Vgl. ebd.

Hausners Art, amüsante Szenen auf die Leinwand zu bannen, hat mit derartigen Spielformen weder ästhetische noch inszenatorische Gemeinsamkeiten.

> Humor liebe ich total, aber vor allem den Humor, der sich tatsächlich abspielen kann, wenn man irgendwo versehentlich in der Bank Austria steht, und jemanden beobachtet. Aber nicht so in gebauten Pointen, oder Wortwitz, das interessiert mich alles nicht so.[587]

Wie kommt nun die Entsprechung des hypothetischen, wirklichkeitsnah-konstruierten »Bank Austria-Witzes« in ihren Filmen zum Ausdruck? Ein Teilaspekt des Hausner'schen Humors zeigt sich – wie vorangehend am Beispiel OIDA angedeutet – in der Inszenierung bildstarker Insiderwitze, die in den Filmprojekten der Regisseurin erfasst werden können. In FLORA sorgt ein überdimensioniertes Superman-Schild, welches als visueller Verweis auf einen damaligen Studienkollegen verstanden werden kann, für ein belustigtes Schmunzeln der Insider. Um den Gag als solchen identifizieren zu können, bedarf es impliziter Kenntnisse zur Person Jörg Kalt und seiner filmischen wie literarischen Tätigkeiten: In seinem Diplomfilm RICHTUNG ZUKUNFT DURCH DIE NACHT – »eine[r] Geschichte über die Liebe und die Zeit«[588] – verschaffen sich Vorspeisenkoch Nick und Filmstudentin Anna unberechtigt Zutritt zu seinem ehemaligen Arbeitsplatz und spinnen beim romantischen Dinner gemeinsam Ideen für potenzielle Filme und Superheld_innenidentitäten. Dass Superhelden für Jörg Kalt schon vor der Realisierung seines Diplomfilms von Relevanz waren, zeigte sich bereits in einer im Jahr 2000 erschienenen Kolumne *Moussaker*[589] für die Schweizer *Du – Zeitschrift für Kultur*. Der Held in Kalts Geschichte ist Sensibel Boi, welchem Weich-Schal-Hart-Kern-Man[590] als Gehilfe zur Seite steht bzw. in textanalytischer Hinsicht als Alter Ego identifiziert werden kann. Im Fiktionalen wird Protagonist Nick den Namen des Sidekicks in RICHTUNG ZUKUNFT DURCH DIE NACHT als seinen Superheldennamen wählen, im Realen wird Kalt seine

---

587 Hausner zit. n. Börner/Heisenberg/Kutzli: Portrait: Coop99. 2002, S. 95.
588 Jörg Kalt: Richtung Zukunft durch die Nacht. In: *Diagonale-Katalog 2006*, Wien: Diagonale 2006, S. 242.
589 Siehe dazu Jörg Kalt: Moussaker. In: *du – Die Zeitschrift der Kultur 706*, Mai 2000, S. XXII–XXV. Zit. n. Katharina Stöger: *Die falsche Einstellung ist die richtige. Jörg Kalt, Filmemacher*. Diplomarbeit, Universität Wien 2012.
590 Vgl. Kalt: Moussaker. S. XXII.

Abb. 38: Superman Jörg Kalt (FLORA, 0:15:13)

Abb. 39: Hotelhunde (HOTEL, 0:10:04)

Abb. 40: Diagonaler Anschnitt (TOAST, 0:17:33)

Abb. 41: Blickduell der Dichter (AMOUR FOU, 0:42:42)

Selbstwahrnehmung als Sensibel Boi gegenüber Barbara Albert äußern.[591] Superhelden und Jörg Kalt – das gehört unweigerlich zusammen und diesen Umstand macht Hausner in FLORA mit einem riesigen Requisit in Form des Superman-Logos sichtbar (Abb. 38).

Ähnliche Bildwitze finden sich auch in darauffolgenden filmischen Projekten der Regisseurin: In HOTEL sind es die beiden Terrier der Hoteldirektorin Maschek (Abb. 39), in TOAST ist es der diagonale Anschnitt der Toastbrotscheiben, der erst durch den *Diagonale*-Kontext amüsant wird (Abb. 40), in LOURDES benötigt das Publikum eine ungefähre Ahnung der christlichen Dreifaltigkeit, um die Figurenkonstellation und den verbal präsentierten Witz dechiffrieren zu können, in AMOUR FOU ist das stumme Blickduell von Heinrich von Kleist und einer Goethe-Büste ohne ein rudimentäres Wissen zu den Biografien der beiden Dichter kaum verständlich (Abb. 41). Bei der Realisierung von LITTLE JOE entschied sich Hausner dann dazu, den Humor nicht mehr

---

591 Vgl. Stöger: *Die falsche Einstellung ist die richtige.* 2012, S. 21.

sublim zu verpacken, sondern expliziter auszustellen. Im Gespräch mit Adam Woodward[592] erklärte sie:

> [A]ctually I always thought my films were funny. At a certain point I had to acknowledge that not everyone perceived the humour, so I thought this time I had to make it more obvious. But also, shooting in English, I suddenly became aware of why the British are known for their dark humour. It works well in that language.[593]

Ein Beispiel für diesen dunklen Humor ist eine (als Brexit-Anspielung rezipierbare) Äußerung von Karl, der gegen Ende des Filmes der Crew von Wissenschaftler_innen mit stolzgeschwellter Brust verkündet, dass die *Little Joe*s für den *European Herb and Health Award* nominiert wurde. Nun ist alles möglich – im Anschluss an die avisierte Zwangsbeseelung von nationalen Kindergärten und Krankenhäusern stehe der Eroberung der ganzen Welt nichts mehr im Weg. »[W]e will receive orders from all over the world; even the EU.« (LITTLE JOE, 0:1:31:58–0:1:32:04). Diese hoffnungsfroh vorgetragene Botschaft sorgt nicht nur on-screen für Erheiterung, sie brachte auch die Menschen in den Kinosälen zum Lachen. Um die Andeutung, dass erst die bewusstseinsverändernden Sporen einer Pflanze in einer möglichen nahen Zukunft, die Hausner in LITTLE JOE skizziert, die durch den Brexit entstandenen Gräben in Europa überwindbar machen könne, verstehen zu können, bedarf es zumindest grundlegender Kenntnisse hinsichtlich des langwierigen Austrittverfahrens Großbritanniens aus der Europäischen Union.

Nicht nur aufgrund seiner dekonstruktiven Stilistik darf OIDA als eine für Hausner typische Produktion betrachtet werden; auch im Vergleich mit ihren filmischen Experimenten TOAST und RUFUS zeigen sich unübersehbare Gemeinsamkeiten: Auf akustischer Ebene ist das Abweichen von der Norm – oder zumindest der Erwartungen an diese – auffällig: Sind im Musikvideo eingangs überraschend Regieanweisungen zu hören, überlagern sich in der RUFUS-Kakophonie Klaviergeklimper und Hundegebell, während TOAST mit variierenden Stellen des Musikeinsatzes irritiert. Auf visueller Ebene setzt Hausner in allen drei filmischen

---

592 Amüsanter Zufall: Woodwards Nachname weist eine überraschende Ähnlichkeit mit dem von Alice Woodard, der von Emily Beecham verkörperten Protagonistin in LITTLE JOE, auf.
593 Adam Woodward: Jessica Hausner: ›Happiness is overrated‹. [18.02.2020], https://lwlies.com/interviews/jessica-hausner-little-joe/, letzter Aufruf: 05.06.2020.

Projekten auf ein Zusammenspiel von Plansequenzen, Single Set und nur einem Protagonisten bzw. einer Protagonistin. Die junge Frau, der geifernde Hund und der zuckende Tänzer – sie alle stehen im Rampenlicht der filmischen Kurzbeiträge, haben einen beschränkten Aktionsradius und ihre Darbietungen werden in einer einzigen Sequenz auf die Leinwand gebracht.

1.9 Little Joe – Glück ist ein Geschäft (2019)

Sporen aus dem Weltall befallen die Menschheit und fressen die Erdenbewohner_innen von innen heraus auf – erste Spuren zu Hausners fünftem Spielfilm lassen sich bis in das Jahr 2011 zurückverfolgen, als ein initiales Förderansuchen an das ÖFI gerichtet wurde. Der zunächst unter dem Arbeitstitel Ich-Du-Er-Sie-Es geplante Film sollte – so die ursprüngliche Idee – auf Jack Finneys Roman *Invasion of the Body Snatchers* basieren. Zu diesem Zeitpunkt waren mit dem in Schwarzweiß gedrehten Invasion of the Body Snatchers (1956, Don Siegel; dt. Titel: Die Dämonischen) und dem (zumindest im englischsprachigen Original) gleichnamigen Remake (1978, Philip Kaufman; dt. Titel: Die Körperfresser kommen) bereits filmische Adaptionen der literarischen Vorlage vorhanden. Das ÖFI signalisierte Interesse an Hausners Plot-Skizze und sprach dem geplanten Filmprojekt € 10.500,00 zu[594], die jedoch nicht zur Auszahlung kamen. Die Regisseurin zog ihren Förderantrag zurück, da eine gravierende Rechteproblematik nicht zufriedenstellend gelöst werden konnte. Darauf angesprochen, ob sie denn mit dem Gedanken an ein klassisches Remake der filmischen Vorläufer gespielt habe, erklärte sie: »[…] Warner Bros owns the rights. I knew I'd change the story so much that they wouldn't want to produce it. Maybe I should've tried. But I don't want studio bosses telling me what to do.«[595]

Acht Jahre nach besagtem ersten Förderansuchen und fünf Jahre nachdem Amour Fou seine Premiere begangen hatte, wurde Little Joe – Glück ist ein Geschäft dann am 18. April 2019 in das Line-up des Hauptbewerbs der 72. Ausgabe der *Internationalen Filmfestspiele von Cannes* aufgenommen. Im Anschluss an die offizielle Programmvorstel-

---

594 Vgl. Gärtner: Es bleibt ein unbefriedigendes Gefühl zurück. 2017, S. 113.
595 Hausner zit. n. Nick Chen: Stop Making Scents. [21.02.2020].

lung wurden mit ONCE UPON A TIME ... IN HOLLYWOOD (2019, Quentin Tarantino) und MEKTOUB, MY LOVE: INTERMEZZO (2019, Abdellatif Kechiche) zwei Nachreichungen für den Hauptbewerb zugelassen, sodass letztlich 21 Filme – unter ihnen Produktionen von Pedro Almodóvar, den Dardenne-Brüdern, Jim Jarmusch, Terrence Malick und Xavier Donlan – in Konkurrenz um die *Goldene Palme* traten.

Obwohl das Festivalplakat 2019 in Huldigung ihrer Verdienste für die Filmkunst ein großflächiges Bild der verstorbenen Agnès Varda zierte und damit ein deutlicher Versuch der Sichtbarmachung weiblichen Filmschaffens unternommen wurde, mussten sich die Veranstalter des renommierten Filmfestivals Kritik an der mageren Frauenquote sowie Spott über eine behauptete »Gerontokratie«[596] gefallen lassen. Neben LITTLE JOE partizipierten lediglich drei weitere Filme von Regisseurinnen an der *Compétition Officielle*, nämlich ATLANTIQUE (2019, Mati Diop), PORTRAIT DE LA JEUNE FILLE EN FEU (2019, Céline Sciamma) und SIBYL (2019, Justine Triet). Mit der Einladung dieser vier Produktionen in den Hauptbewerb wurde eine 19-prozentige Frauenquote erreicht, im gesamten Programm waren 18 Beiträge, die federführend von Frauen gestaltet wurden, präsent.

1.9.1 Zum Inhalt

Alice Woodard (Emily Beecham) ist als leitende Wissenschaftlerin bei Planthouse Biotechnologies für die Entwicklung einer neuen Pflanzenspezies verantwortlich. Das Ergebnis ihrer Bemühungen ist eine rote Blume, die nicht nur nett anzusehen ist, sondern außerdem therapeutischen Nutzen verspricht. Bei optimaler Pflege und Zuwendung bedankt sich diese nämlich, indem sie die Oxytocin-Ausschüttung anregt und ihrer_ihrem Besitzer_in so Glücksgefühle beschert. Entgegen dem strikten Verhaltenskodes ihres Arbeitsgebers entwendet Alice heimlich eines der Exemplare, überantwortet es ihrem pubertierenden Sohn (Kit Connor) und gibt ihrer Schöpfung den Namen »Little Joe«.

Doch nach und nach kommen Zweifel an der Natur des Gewächses auf, das scheinbar mittels seines Pollens massiven Einfluss auf Menschen

---

596 Axel Rahmlow: Filmfestspiele in Cannes: Zu wenig Frauen, zu viele alte Männer. [14.05.2019], https://www.deutschlandfunkkultur.de/filmfestspiele-in-cannes-zu-wenig-frauen-zu-viele-alte.1008.de.html?dram:article_id=448696, letzter Aufruf: 20.07.2020.

und Tiere in seinem Dunstkreis nimmt, und diese dazu bewegt, seinen Fortbestand trotz genetisch programmierter Sterilität zu sichern. Beunruhigt durch die warnenden Worte ihrer Kollegin Bella (Kerry Fox) beginnt Alice, in ihrem Umfeld nach Anzeichen von Verhaltensänderungen Ausschau zu halten. Von Zweifeln geplagt, gesteht Alice ihrem Kollegen Karl (David Wilmot), dass sie bei der genetischen Programmierung unzulässige Methoden angewandt habe und konfrontiert ihn mit den beobachteten Nebenwirkung. Doch Kassandrarufe gegen die fortgeschrittenen Vermarktungspläne sind zwecklos, wie nicht nur Alice, sondern auch Bella, die im Treppenhaus ihres Arbeitsplatzes auf ungeklärte Weise verunfallt, am eigenen Leib erfahren müssen.

Durch ihre Beobachtungen und besorgniserregende Ereignisse alarmiert, ringt Alice sich dazu durch, ihre Schöpfung durch die Veränderung der klimatischen Bedingungen im Gewächshaus zu vernichten, wird aber von ihrem Teamkollegen Chris (Ben Whishaw) beim Versuch der Umsetzung ihres Planes überrascht und – da sie sich für seine verbal geäußerten Argumente unempfänglich zeigt – mit einem Faustschlag zu Boden geschickt. Nachdem er das Überleben der Pflanzen gesichert hat, zieht er der Bewusstlosen die schützende Maske vom Gesicht und setzt sie so den Pollen der Little Joes aus.

Tags darauf verkündet Karl der Wissenschaftscrew mit stolzgeschwellter Brust, dass Little Joe für den »European Herb and Health«-Award nominiert sei. Danach ist alles möglich – im Anschluss an die avisierte Bestückung von Kindergärten und Krankhäusern steht der weltweiten Vermarktung nichts mehr im Weg. Nach der unfreiwilligen Inhalation der Pollen ist Alice ein völlig veränderter Mensch: Von allen Zweifeln, Sorgen und Befürchtungen befreit, kann sie Chris nicht nur den gewalttätigen Übergriff verzeihen, sondern gibt auch dessen Annäherungsversuchen nach. Zudem überantwortet die Wissenschaftlerin ihrem Ex-Partner Ivan (Sebastian Hülk) die Obsorge für Joe, um sich fortan gänzlich auf ihre Arbeit und Little Joe konzentrieren zu können.

1.9.2 Produktion und Filmförderung

Nachdem Hausner ihre Vision einer filmischen Neuinterpretation von Jack Finneys Roman *Invasion of the Body Snatchers* zunächst aufgeschoben hatte, tauchte der nun nicht mehr ganz so außerirdische Sporen-Horror in den ÖFI-Förderzusagen 2016 unter neuem Arbeitstitel auf: Für die

Realisierung von LITTLE JOE wurden zur Drehbuchentwicklung im Team einerseits € 15.000,00 und zur Drehbuch- und Konzepterstellung andererseits weitere € 15.000,00 an Fördermitteln zur Verfügung gestellt.[597] Im Folgejahr fand sich im Tätigkeitsbericht des ÖFI eine Förderung der Projektentwicklung in Höhe von € 25.500,00[598], die Herstellung wurden im Jahr 2018 mit € 600.000,00[599] und im Jahr 2019 mit € 80.000,00[600] gefördert. Die Teilnahme an den *Internationalen Filmfestspiele Cannes* unterstützte das ÖFI mit € 38.000,00[601], den Kinostart mit € 44.000,00[602].

Hausner erhielt außerdem die Zusage des Filmfonds Wien zur finanziellen Unterstützung der Projektentwicklung mit € 15.000,00 und der Herstellung mit € 350.000,00.[603] Euroimages kommunizierte im März 2018 eine Förderzusage von € 450.000,00[604], das Medienboard Berlin-Brandenburg wies in seinem Tätigkeitsbericht 2018 eine Produktionsförderung von € 150.000,00 aus[605], Fisa beteiligte sich mit € 580.000,00.[606] Aus dem *Production Fund* des *British Film Institute* erhielt Hausner zudem £ 500,000.[607]

In der 172. Sitzung der gemeinsamen Kommission von ÖFI und ORF wurde LITTLE JOE im Rahmen des Film-/Fernsehabkommens zudem € 590.000,00[608] der gesamt rund € 2,6 Millionen schweren Projekt- und Innovationsförderung zugesprochen.[609]

LITTLE JOE, dessen Budget sich letztlich »auf etwas mehr als vier Millionen Euro belief«[610], wurde erneut als multinationale Koproduktion

---

597 Vgl. ÖFI: *Tätigkeitsbericht 2016*. Wien: ohne Verlag 2017, S. 16 f.
598 Vgl. ÖFI: *Tätigkeitsbericht 2017*. Wien: ohne Verlag 2018, S. 17.
599 Vgl. ÖFI: *Tätigkeitsbericht 2018*. Wien: ohne Verlag 2019, S. 20.
600 Vgl. ÖFI: *Tätigkeitsbericht 2019*. Wien: ohne Verlag 2020, S. 20.
601 Vgl. ÖFI: *Tätigkeitsbericht 2019*. Wien: ohne Verlag 2020, S. 24.
602 Vgl. ebd. S. 25.
603 Vgl. http://www.filmfonds-wien.at/filme/little-joe/herstellung, letzter Aufruf: 18.07.2020.
604 Vgl. http://cineuropa.org/en/newsdetail/350725/, letzter Aufruf: 01.06.2020.
605 Vgl. Medienboard Berlin-Brandenburg: *Tätigkeitsbericht 2018*. Potsdam-Babelsberg: ohne Verlag 2019, S. III.
606 Vgl. https://www.filmstandort-austria.at/projekte/599/, letzter Aufruf: 06.07.2020.
607 Vgl. Tom Grater: BFI production funding: new stats reveal focus on debut directors, diversity data. [05.06.2019], https://www.screendaily.com/news/bfi-production-funding-new-stats-reveal-focus-on-debut-directors-diversity-data/5140115.article, letzter Aufruf: 15.07.2020.
608 Vgl. https://www.filminstitut.at/de/little-joe/?highlight=true&unique=1591619963, letzter Aufruf: 07.06.2020.
609 Vgl. http://der.orf.at/unternehmen/aktuell/oefi106.html, letzter Aufruf: 01.06.2020.
610 Grissemann: »Little Joe« in Cannes. [17.05.2019].

realisiert. Neben der federführenden *Coop99* waren das englische *The Bureau London*, die deutsche *Essential Film* und die französische *Société Parisienne de Production de Films* an der Verwirklichung des Steifens beteiligt.[611] Im Gespräch mit Karin Schiefer veranschaulichte Bruno Wagner die herausfordernde Situation, welche durch die erstmalige Kooperation mit den britischen Institutionen entstand:

> Es war eine unheimliche Anstrengung, [BFI und BBC] zu versichern, dass wir die gesamte Finanzierung haben und Förderer bei uns termingerecht die Verträge einhalten. […] Die Krönung ist nun das Interparty-Agreement, wo alle englischen Geldgeber, die Koproduktionspartner und der Weltvertrieb einen Vertrag machen, der rund vierzig Seiten umfasst und auch all das beinhaltet, was zwischen einzelnen Partnern festgehalten wurde. […] Auch die rechtliche Komponente hat im angelsächsischen Raum ein viel stärkeres Gewicht. Trotz eines bestehenden Drehbuchvertrags mussten wir erneut eine Erklärung abgeben, dass wir *wirklich* die Rechte am Drehbuch haben und die Regisseurin auch *wirklich* den Film fertig stellen wird. Es wird auf Dinge wertgelegt, über die bei uns nicht einmal nachgedacht wird. Wir sind viel stärker auf den Inhalt und den kreativen Aspekt orientiert.[612]

1.9.3 Festivals und Auszeichnungen

Die Uraufführung von LITTLE JOE im Rahmen der *Internationalen Filmfestspiele Cannes* im Jahr 2019 stellte einen wichtigen wie feierlichen Meilenstein in Jessica Hausners Karriere dar: Nachdem sie im Jahr 1999 für ihren Diplomfilm INTER-VIEW die begehrte Einladung in den Nachwuchswettbewerb *Cinéfondation* erhalten hatte und in Folge der Großteil ihrer Spielfilmproduktionen in die Sektion »Un Certain Regard« aufgenommen wurde, gelang der österreichischen Regisseurin anlässlich ihres 20-Jahr-Jubiläums an der Croisette endlich der ersehnte Sprung in den Hauptbewerb des Festivals. Emily Beecham wurde infolgedessen für ihre Verkörperung der weiblichen Hauptfigur mit dem *Prix d'interprétation féminine* geehrt.

---

611 Vgl. https://www.ots.at/presseaussendung/OTS_20171123_OTS0108/neue-filme-von-jessica-hausner-und-sabine-derflinger-gefoerdert, letzter Aufruf: 01.06.2018.
612 Wagner zit. n. Schiefer: »Wir sind viel stärker auf den Inhalt orientiert.« [September 2018], [H. i. O.].

Diesem gelungenen Auftakt folgten zahlreiche Teilnahmen an internationalen Filmfestivals, zudem durfte sich Hausner über Nominierungen anlässlich des *Faro Island Film Festivals 2020*, des *Ghent International Film Festivals 2019*, des *Lisbon & Estoril Film Festival 2019* und des *Seville European Film Festival 2019* freuen.

Seine Österreich-Premiere beging LITTLE JOE auf der *Viennale 2019*; Hausners »Thriller mit Science-Fiction-Elementen«[613] wurde am 26. und 27. Oktober im Gartenbaukino gezeigt. Es folgten die Nominierungen für den Hauptpreis und den Spezialpreis der Jury des *Thomas-Pluch-Drehbuchpreiseses 2020*.[614] LITTLE JOE wurde als einer der Favorit des *Österreichischen Filmpreises 2020* gehandelt, immerhin war der Film gleich in zehn Kategorien vorgeschlagen worden; ausgezeichnet wurde er zuletzt für »Beste Maske« (Heiko Schmidt), »Bester Schnitt« (Karina Ressler) und »Bestes Szenenbild« (Katharina Wöppermann).[615]

Erhofften weiteren Projektionen auf internationalen Filmfestivalbühnen wurde durch den Ausbruch der Corona-Pandemie ab März 2020 ein jähes Ende bereitet. Weltweite Veranstaltungsverbote und Einreisebeschränkungen zur Eindämmung der Verbreitung des Virus sorgten dafür, dass zahlreiche geplante Vorführungen abgesagt und/oder auf unbestimmten Zeitpunkt in die Zukunft verschoben werden mussten

> Festival ist ein gemeinsames Erleben, ein Austausch, eine Zusammenkunft. Ein soziales Ereignis also, das sich im Umkehrschluss nicht so leicht ins Netz übertragen lässt. Dennoch wollen wir Teile des Festivalprogramms sowie ergänzende Lektüre nun auf die eine oder andere Art und Weise zugänglich machen.[616]

Allem Unbill zum Trotz wagten diverse Veranstalter_innen den Versuch, ihre jeweiligen Festivals als Online-Ausgaben zu realisieren; in Österreich wurden ausgewählte Filme des geplanten *Diagonale*-Programms kurzerhand zum *Flimmit-Diagonale-Online-Festival* adaptiert. Von 24. März bis 24. April 2020 konnte unter anderem eine Vielzahl von Hausners

---

613 Sonia Neufeld: Wenn das Grauen Blüten treibt. [25.10.2019], https://orf.at/viennale19/stories/3141816/, letzter Aufruf: 03.06.2020.
614 http://www.drehbuchverband.at/pluch-drehbuchpreis/nominierungen, letzter Aufruf: 15.07.2020.
615 Vgl. https://www.oesterreichische-filmakademie.at/filmpreis/archiv/filmpreis-2020, letzter Aufruf: 03.06.2020.
616 https://www.diagonale.at/, letzter Aufruf: 08.07.2020.

Produktionen über Flimmit, der Video-on-Demand-Plattform des ORF, gesehen werden.[617] Wenn auch ohne feierlichen Akt wurde die Vergabe der *Diagonale*-Preise der abgesagten Edition ferner über digitale Aussendungen realisiert. Infolgedessen erhielt Katharina Wöppermann die mit € 3.000,00 dotierte Auszeichnung für das beste Szenenbild in der Kategorie Spielfilm. In der Jury-Begründung hieß es:

> An entire world is created in this film, as delicate and precise as the high-tech greenhouse at the center of the narrative. Through an expressive array of colors, objects, and rooms, *Little Joe* is a wonderful offering of building and design in dialogue with film form.[618]

Zudem wurde die *Coop99* als Produktionsfirma von LITTLE JOE mit dem von der Verwertungsgesellschaft für Audiovisuelle Medien gestifteten Preis für *Außergewöhnliche Produktionsleistungen* geehrt.[619]

1.9.4 Verwertung

LITTLE JOE kam am 1. November 2019 in die österreichischen Kinos und konnte zu Ende der Spielzeit 5.728 Besuche vorweisen (Tab. 5[620]).

Die Release-Einträge in der IMDb veranschaulichen die (für österreichische Verhältnisse) weitläufige internationale Filmverwertung in über 30 Länder, von Amerika über Europa bis nach Asien und Australien.[621]

In seinem *Vulture*-Beitrag zu LITTLE JOE hielt Nate Jones zur Präsenz von Hausners bisherigen Filmen am US-amerikanischen Markt wie folgt fest:

> As an American moviegoer, there is little shame in not having seen a Jessica Hausner film before. Though her previous efforts have premiered

---

617 https://www.flimmit.com/specials/festivals-awards/diagonale-online-festival/diagonale-online-festival2/, letzter Aufruf: 08.07.2020.
618 https://www.diagonale.at/preis-szenenbild_kostuembild-20/, letzter Aufruf: 04.07.2020 [H. i. O.].
619 Vgl. https://www.diagonale.at/preis-aussergewoehnliche-produktionsleistungen-20, letzter Aufruf: 04.07.2020.
620 Vgl. http://lumiere.obs.coe.int/web/film_info/?id=85511, letzter Aufruf: 17.05.2020.
621 Vgl. https://www.imdb.com/title/tt9204204/releaseinfo?ref_=tt_dt_dt, letzter Aufruf: 16.05.2020.

Markt	Verleih	2019	Total
AT	Filmladen	5.628	5.628
BE	Lumiere Publishing	754	754
FR	Bac Films	22.544	22.544
LU	kA	89	89
ME	MCF	31	31
SI	Fivia	22	22
TR	BS Dagitim	4.629	4.629
	EUR EU	29.037	29.037
	EUR OBS	33.697	33.697

Tab. 5: Filmverwertung LITTLE JOE

at prestigious European festivals like Venice and Cannes, *Little Joe* is her first English-language project, and the first to get a proper U.S. release. (Her previous film, 2014's *Amour Fou*, played three theaters over here, grossing slightly more than $13,000.) Her work is not very popular at home either. »Austrians are educated to love opera and theater,« she says, not arthouse cinema.[622]

Wohl als Konsequenz aus der Zusammenarbeit mit dem US-amerikanischen Filmverleih *Magnolia Pictures* konnte der Film ab dem 1. Mai 2020 nicht nur als DVD käuflich erworben werden, sondern außerdem als kostenpflichtiges *Video on Demand* via Apple TV, Prime Video, AT&T U-verse, Cablevision, Charter Spectrum, Cox, DirecTV, Fandango Now, Google Play, Suddenlink, Verizon FIOS, VUDU, Xbox, xfinity und YouTube gesichtet werden.[623]

1.9.5 Sprach-Welten-Wanderung: Vom Finden der Heimat

Ist in der journalistischen wie wissenschaftlichen Beschäftigung von Hausners *Filmsprache* die Rede, wird in der Regel eine Vielzahl inszenatorischer Aspekte thematisiert. Die Sprache in ihren und rund um ihre

---

622 Nate Jones: The Dark, Deadpan Fairy Tales of Jessica Hausner. [06.12.2019], https://www.vulture.com/2019/12/jessica-hausner-little-joe-interview.html, letzter Aufruf: 18.06.2020.
623 Siehe http://www.magpictures.com/littlejoe/watch-at-home, letzter Aufruf: 07.07.2020.

Filme steht hingegen verhältnismäßig selten im Zentrum. Die nachfolgenden Ausführungen fragen nach der Bedeutung von Sprache(n) in den Kontexten von Produktion, Narration, Rezeption und Verwertung. Mittels Skizzierung dreier Stufen – nämlich der Stilisierung des Dialekts als ästhetisches Charakteristikum, der Reduktion des Mundartlichen und der letztlichen Abkehr vom Österreichischen – soll so die Hausner'sche Wanderung durch verschiedene Sprach-Welten sichtbar gemacht werden.

Österreichischer Dialekt als Charakteristikum

»Es ist eine bis zur Phrasenhaftigkeit bekannte Tatsache, daß Film von seiner optischen Ebene, den Bildern, bestimmt und geprägt wird, das wissen wir alle, das bezweifelt niemand.«[624], behauptete der österreichische Regisseur und Drehbuchautor Götz Spielmann und führte weiter aus:

> Dennoch ist der Großteil der Spielfilme, egal welchen Anspruchs und welcher Qualität, sehr dialogreich erzählt, scheint also das Dogma von der dominanten Bedeutung des Bildes ständig, in praxi sozusagen, zu widerlegen.[625]

Dieser These scheint Hausner mit ihrem Filmschaffen von Beginn an in aller Deutlichkeit entgegentreten zu wollen. Ihren sämtlichen Filmen kann eine kompakte, nahezu reduzierte Gestaltung der akustischen Ebene, also von Sprache, Geräuschen und Musik[626], attestiert werden. In den Dialogen fällt kaum ein unnötiges Wort, das Publikum wird nicht mit bedeutungsloser Musik beschallt und nimmt darüber hinaus keine entbehrlichen Geräusche wahr; jedweder Einsatz von Ton geschieht scheinbar im Bemühen um rezeptiven Mehrwert.

FLORA bildet in dieser Hinsicht keine Ausnahme, kann aber einen bemerkenswerten Sonderstatus für sich behaupten, da – und das ist in dieser Form einmalig – die jeweiligen Ausdrucksfähigkeiten der Figuren der stereotypisierten Charakterisierung dienen. Flora, die Tochter aus gutbürgerlichem Hause, und Attila, der Tango tanzende Vorstadt-Casanova, repräsentieren im Zusammenspiel aus Ikonischem und Audi-

---

624 Götz Spielmann: Sprache im Film: Dialog und Bild. In: Gustav Ernst (Hrsg.): *Sprache im Film*. Wien: Wespennest 1994, S. 109–115; hier: S. 109.
625 Ebd.
626 Vgl. Borstnar/Pabst/Wulff: *Einführung in die Film- und Fernsehwissenschaft*. 2008², S. 137 ff.

Abb. 42: Zeile des Abschieds (FLORA, 0:20:40)

Abb. 43: Vorstadt-Casanova (FLORA, 0:21:48)

tivem[627] die tradierten Klischees zweier unterschiedlicher sozialer Realitäten[628]; die beiden Figuren sind aufeinanderprallende Entsprechungen zweier Wort-Welten. Eindringlich lässt sich das am Beispiel eines konkreten Satzes veranschaulichen, der in Flora zwei Mal in Szene gesetzt wird, nämlich zum einen als in der Standardsprache verfasste Zeile in einem Abschiedsbrief (Abb. 42) und zum anderen als dialektale Wortäußerung (Abb. 43).

Wie ihr stiller Vater, ein offenbar belesener Akademiker mit gerahmter Auszeichnung im überfüllten Bücherregal, der in hohem Maß der stereotypen Vorstellung eines Intellektuellen entspricht und im gesamten Filmverlauf nur ein einziges Wort von sich gibt, wird auch Flora als bewusst und bedacht artikulierend in Szene gesetzt. Mit ihrem Umfeld kommuniziert sie vorwiegend in sehr kurzen Sätzen, wobei eine auffällige Tendenz zur Holophrase, die als »Erstarrung der signifikanten Kette, […] den Diskurs blockier[t]«[629], bemerkenswert ist. Nur für Attila findet die junge Frau für einen kurzen Moment zu einem breiteren Wort-Repertoire, als sie ihn an einer Theke anspricht und im blechernen Hochdeutsch mit langen Sprechpausen zwischen den Sätzen meint: »Hallo. – Wir haben zusammen getanzt. – Ich bin Flora.« (FLORA, 0:15:00–0:15:14) Nachdem sie sich ihm körperlich hingegeben hat, beschließt sie tags darauf, sich von ihrem Freund Jakob zu trennen und verfasst handschriftlich einen Abschiedsbrief. Dass Flora letztlich im Schriftlichen die einzig gangbare Möglichkeit findet, um sich verständlich zu machen, befeuert die kli-

---

627 Vgl. ebd. S. 139.
628 Vgl. 10.3 Protokoll Oktoskop-Beitrag [16.06.2006].
629 Barbara Fasolato: *Bernhard: eine holophrastische Verstörung als Antwort auf den Verrat des Vaters*. Dissertation, Università Ca' Foscari Venezia 2015, S. 27.

schierte Inszenierung der Gebildeten. Ihre Zeilen sind dabei – wie es die Anforderung an die Schriftsprache verlangt[630] – frei von dialektaler Variation, als sie mit der Füllfeder »Wir passen doch gar nicht zusammen.« zu Papier bringt.

Während Floras Ausdrucksfähigkeit sich also im Filmverlauf von hochdeutschen Einwortsätzen hin zum schriftlichen Abschiedsbrief entwickelt, vollzieht sich Attilas sprachlicher Wandel vom Nonverbalen über das Hochdeutsche hin zum Dialektalen. Lässt der »lässige Kavalier«[631] in der Tanzschule noch seinen Körper und im Speziellen seine Augen für sich sprechen, äußert er später mit österreichischer Intonation in monologischer Manier: »Du hast was Spezielles an dir. – Das gewisse Etwas. – Du hast schöne Augen. – Tanzen?« (FLORA, 0:15:34–0:15:54) Das routinierte Abspulen beliebig-wirkender Komplimente lässt ihn näher an das Ziel seiner Begierde rücken und mit den letzten Hemmungen fällt auch die hochsprachliche Maske, denn Attila wechselt überraschend in eine stark dialektal gefärbte Ausdrucksweise. Den Endpunkt findet das Sprach-Spiel dann an einem vorstädtischen Gartenzaun, an welchem Flora mit Sack und Pack auf Einlass wartet. Vom eleganten Kavalier, den das Volkslied zu Filmbeginn in Aussicht gestellt hatte, seinen perfekt sitzenden Sakkos und den standardsprachlich-schönen Worten ist nichts geblieben, als er der jungen Frau entgegenbellt: »Wos gibt's? – I glab' I muss do wos kloarstell'n. Zwisch'n uns lauft nix. – Wir pass'n doch goa net z'somm, oda? – Du, wia ess'n grod. Olso, moch's guat.« (FLORA, 0:21:24–0:22:04)

Auch wenn sie vermeintlich nicht zusammenpassen, stehen die stereotypen Klischees der Hochsprache als Kennzeichen des gebildeten Bürgertums und des Dialekts als sprachlicher Ausdruck der Arbeiterschicht in FLORA noch bereichernd nebeneinander. Bei der Realisierung ihres mittellangen Diplomfilms INTER-VIEW und ihres Spielfilmdebüts LOVELY RITA billigte Hausner dem Mundartlichen, genauer gesagt: dem Wienerischen, eine dominante Präsenz zu und ermöglichte derart nicht nur die territoriale Verortung des jeweiligen Filmgeschehens, sondern setzte zudem einen österreichischen Dialekt in Szene, dem (wie jüngste soziolinguistische Studien veranschaulichen) unangenehme Konnotationen beigeordnet sind.

---

630 Vgl. Rosina Lippi-Green: *English with an Accent. Language, Ideology, and Discrimination in the United States*. London/New York: Routledge 2012², S. 18.
631 Büttner: Der Blick der Liebe. 2005, S. 3.

> Overall, Viennese dialect was judged to sound **not** very tolerant, kind-hearted, friendly, likeable, or honest (in addition to sounding not very intelligent). And although Viennese dialect is particularly and notoriously unpopular all across Austria, due to the fact that unlike other dialects it is perceived as indicative of low social class rather than rural provenance […], intolerance, ridiculing, and negative attitudes have also been reported regarding Austrian dialect usage in general, be it rural or urban […].[632]

Im Gespräch mit Claus Philipp erklärt Hausner ihren bewussten Einsatz der Mundart mittels angedeuteter Referenz auf Martin Luthers *Sendbrief vom Dolmetschen*[633]: »Den Leuten aufs Maul zu schauen, ist auch etwas, das ich gerne mag. Und das passiert bei uns im Kino eher selten.«[634] Die »Mutter im Hause, die Kinder auf der Gassen [und] de[r] gemeine[…] Mann auf dem Markt«[635] sind es dann auch, die in FLORA, INTER-VIEW und LOVELY RITA als Darsteller_innen die Filme bevölkern, engagierte die Regisseurin für ihre drei frühen Filme doch explizit Laien, um im Sprachlichen eine spezielle Ästhetik zu erzielen.

> Laien sind sich ihrer selbst nicht so bewusst, kontrollieren und stilisieren sich selber nicht so. Professionelle Schauspieler haben eine Präzision, die ich vermeiden wollte. […] Bei den Erwachsenen ging es eher darum, überhaupt jemanden zu finden, der spielen kann. […] In erster Linie bin ich unterwegs gewesen und hab die Leute auf der Straße angesprochen. […] Den Vater hab ich auf einem Schulball gefunden, wo ich eigentlich wegen der Kinder war, die Mutter kam auf eine Annonce hin. Es hat jedenfalls unheimlich viel Zeit und Energie gekostet.[636]

---

632 Barbara Soukup: *Dialect use as interaction strategy. A sociolinguistic study of contextualization, speech perception, and language attitudes in Austria*. Wien: Braumüller 2009, S. 128 [Herv. SG].
633 Im *Sendbrief vom Dolmetschen* heißt es: »Denn man muß nicht die Buchstaben in der lateinischen Sprache fragen, wie man soll Deutsch reden, wie diese Esel tun, sondern man muß die Mutter im Hause, die Kinder auf der Gassen, den gemeinen Mann auf dem Markt drum fragen und denselbigen auf das Maul sehen, wie sie reden, und darnach dolmetschen; da verstehen sie es denn und merken, daß man deutsch mit ihnen redet.« (Luther, Martin: Sendbrief vom Dolmetschen [1530]. In: Kähler, Ernst (Hrsg.): *Martin Luther. Schriften*. Stuttgart: Reclam 2004, S. 151–173; hier: S. 159.)
634 Hausner zit. n. Claus Philipp: »Lovely Rita«: Jessica Hausner im Interview. [02.08.2004], https://derstandard.at/763630/Jessica-Hausner-im-Interview, letzter Aufruf: 30.06.2020.
635 Luther: Sendbrief vom Dolmetschen [1530]. 2004, S. 159.
636 Hausner zit. n. Schiefer: Jessica Hausner im Gespräch über LOVELY RITA. [2001].

Abseits dieses künstlerischen Anspruchs muss ergänzend bedacht werden, dass die Besetzung der Rollen in ihren ersten Filmprojekten auch einen (mit verhältnismäßig geringen finanziellen Mitteln zu bewältigenden) Kostenfaktor dargestellt haben dürfte.

Sprachliche Experimente

»Am 2. September 1999 feierte Nordrand seine Weltpremiere im Hauptwettbewerb der Mostra del'Arte Cinematografica in Venedig. Das Langfilmdebüt von Barbara Albert ist die erste Produktion einer österreichischen Regisseurin, die in diese bedeutende Festivalsektion eingeladen wird.«[637] Nach seiner erfolgreichen Weltpremiere wurde NORDRAND als Zäsur im österreichischen Filmschaffen, als »international breakthrough«[638] und als »point of departure«[639] gehandelt. In der Hoffnung, nun endlich eine Antwort auf die lange gewälzte Frage der »Austriazität«[640] des österreichischen Films vor Augen zu haben, wurde dem Filmland Österreich wie auch dem *Neuen österreichischen Film* verstärkte Aufmerksamkeit zuteil, die in Form von Festivaleinladungen, Retrospektiven, Ausstellungen und dem Erlangen renommierter Filmpreise ihren Ausdruck fand und selbst in Übersee interessiert beobachtet wurde.

> It is often said that artists represent the conscience of a nation. In Austria that conscience tends to be expressed with a certain amount of contempt. […] In recent years this tiny country with a population the size of New York City's has become something like the world capital of feel-bad cinema.[641]

---

637 Isabella Reicher: Eine eigene Geschichte. Vorbemerkungen. In: Isabella Reicher (Hrsg.): *Eine eigene Geschichte. Frauen Film Österreich seit 1999*. Wien: Sonderzahl 2020, S. 9–23; hier: S. 9.
638 Dassanowsky/Speck: New Austrian Film: The Non-exceptional Exception. In: Robert von Dassanowsky/Oliver C. Speck (Hrsg.): *New Austrian Film*. New York/Oxford: Berghahn 2011, S. 1–17; hier: S. 9.
639 Thomas Ballhausen/Katharina Stöger: Asking the Girls Out: Reverse Engineering and the Rewriting of Austrian Film History. In: Günter Friesinger/Jana Herwig (Hrsg.): *The Art of Reverse Engineering: Open, Dissect, Rebuild*. Bielefeld: Transcript 2014, S. 159–176; hier: S. 161.
640 Wulff zit. n. Schlemmer: Das Alte vertreiben! 1996, S. 10.
641 Dennis Lim: Greetings From the Land of Feel-Bad Cinema. [26.11.2006], https://www.nytimes.com/2006/11/26/movies/greetings-from-the-land-of-feelbad-cinema.html, letzter Aufruf: 04.06.2020.

Der *Neue österreichische Film* war – so der einhellige Tenor – zurück auf den Leinwänden der Welt und »schaffte es [...] kurzzeitig, zu einer adäquaten Sprachform zu finden [...].«[642] Die Bedeutung des Sprachlichen für den und im *Österreichischen Film* ließe sich wohl historisch in der Geschichte des vormaligen Vielvölkerstaats begründen, folgerten Robert von Dassanowsky und Oliver C. Speck in ihrer Publikation *New Austrian Film* und führten dazu aus:

> Each time creative risk became a factor in Austrian filmmaking, it had something to do with the disruption of the very concept of the nation. Perhaps this makes its cinema all the more demonstrative of what Austria is: as a multicultural melting-pot that attempted cultural homogeneity, and not without lingering debate, it is embracing its difference from the linguistically based nation-states and collected regions that surround it, a difference it already represented as a polyglot dynastic empire that colonized itself, [...].[643]

Der neue Ton im *Neuen österreichischen Film* erlangte auch durch die filmischen Projekte der *Nouvelle Vague Viennoise*, deren experimenteller Umgang mit *Sprache im Film* durchaus als gemeinsame Schnittmenge benannt werden kann, zusätzliche Beachtung. Während Barbara Albert, Mirjam Unger und Jessica Hausner »schnörkellose[...] Milieustudie[n] [präsentierten], die lakonische Beobachtungen am Rande der Ereignislosigkeit offenbaren«[644] und dazu – in unverkennbarer Anlehnung an die Filme des *Italienischen Neo-Realismus*[645] – auf einen authentisch wirkenden dialektalen Sprachstil ihrer Protagonist_innen bauten, verwirklichten Jörg Kalt in MEINE MUTTER WAR EIN METZGER und Nina Kusturica in WISHES fremdsprachige Konzepte und Kathrin Resetarits rückte in ÄGYPTEN gar die Gebärdensprache ins Zentrum ihrer filmischen Arbeit.

---

642 Martin Hasenöhrl: *Vom Realismus zur Realitätsversuchsanordnung – Realitätskonzeptionen im Neuen Österreichischen Film.* Diplomarbeit, Universität Salzburg 2004, München/Ravensburg: Grin 2004, S. 79.
643 Dassanowsky/Speck: New Austrian Film: The Non-exceptional Exception. 2011, S. 5.
644 Hilgers: *Nouvelle Vague Viennoise – Kurzfilme.* [02.10.2008], S. 1.
645 Franco Fortini bescheinigte dem *Italienischen Neo-Realismus* »eine Sicht der Welt, die auf dem Vorrang des Populären aufbaut – mit einer natürlichen Folge eines Regionalismus und der Verwendung von Dialekten [...].« (Fortini zit. n. Morando Morandini: Italien: Vom Faschismus zum Neo-Realismus. In: Geoffrey Nowell-Smith (Hrsg.): *Geschichte des internationalen Films.* Stuttgart/Weimar: Metzler 2006, S. 318–326; hier: S. 323.)

Für die frühen Projekte der *Nouvelle Vague Viennoise* kann demnach ein durchwegs experimenteller Umgang mit Sprache im Film behauptet werden. Dass in Hausners ersten Filmen dialektale Ausdrucksweisen zu hören sind, ist also in doppelter Hinsicht als charakteristisch zu bewerten, nämlich zum einen als wiederkehrendes Merkmal ihres individuellen Frühwerks und zum anderen als (temporäres) Kennzeichen des zeitgenössischen österreichischen Filmschaffens.

Hoamat light oder: Die Reduktion des Dialektalen

Als Jessica Hausner HOTEL im Rahmen der *Internationalen Filmfestspiele Cannes* präsentierte, konnte sie noch nicht ahnen, dass sie just einen Markstein ihrer Karriere erreicht hatte. Obwohl auf zahlreichen Festivals präsent und mit Auszeichnungen sowie umfassender medialer Aufmerksamkeit bedacht, blieb ihr »Genre-Film der sich zugleich über das Genre stellt«[646] jedoch hinter den Erwartungen zurück. Anders als ihre vorangegangenen Filmprojekte löste Hausners zweiter Spielfilm höchst unterschiedliche und teils widersprüchliche Reaktionen bei den Zuseher_innen aus: Während die einen in HOTEL ein »souveränes Spiel mit dem Genre«[647] erkannten[648], musste sich die Regisseurin eine Vielzahl kritischer Stimmen aus Presse und Publikum gefallen lassen, denen konzeptionelle und ästhetische Aspekte des Filmes offensichtlich missfielen.

Rückblickend zeigt sich, dass die Regisseurin bei der Realisierung von HOTEL in mehrerlei Hinsicht vom bisherigen Erfolgsrezept abgewichen war. Im persönlichen Gespräch erinnerte sie sich, auf der Suche nach möglichen Filmlocations kurzzeitig sogar eine nicht-österreichische Umsetzung in Betracht gezogen zu haben:

> Wir haben ganz viele Hotels angeschaut, unsere erste Hotelreise ging nach Südengland und Nordfrankreich. Es stand die Idee im Raum, den Film vielleicht auf Französisch oder Englisch zu drehen. Weil die Geschichte universell ist [...]. Ich kann nicht mehr genau sagen, warum wir uns dann nicht dafür entschieden haben.[649]

---

646 Christoph Huber: Bilder exquisiter Leere. [22.06.2006].
647 http://2005.diagonale.at/releases/de/uploads/pressetexte/filmpreisediagonale2005.pdf, letzter Aufruf: 13.06.2020.
648 Vgl. dazu 1.4.5 Das Spiel mit dem Genre.
649 Hausner zit. n. 10.1 Skype-Interview mit Jessica Hausner [15.11.2016].

Statt ihren Spielfilm erneut dezidiert in einem österreichisch-konnotierten Setting zu positionieren, setzte sie bei der Inszenierung von HOTEL auf ein Zusammenspiel von US-amerikanischer Horrortradition mit österreichischen Akzenten.[650] Doch nicht nur im Filmästhetischen lässt sich eine Abkehr vom Bewährten beschreiben, obendrein sind produktions- und verwertungstechnische Entwicklungen zu benennen, die eben im Sprachlichen ihren Ausdruck finden.[651] So castete Hausner für die Hauptrolle der Irene mit Franziska Weisz erstmals eine österreichische Schauspielerin mit Dreherfahrung; Weisz hatte es zuvor mit Nebenrollen in HUNDSTAGE (2001, Ulrich Seidl) und DIE KLAVIERSPIELERIN (2001, Michael Haneke) zu erster Bekanntheit gebracht.

> Ich versuche mit den Darstellern – Schauspieler wie Laien – zu dem Punkt zu kommen, wo ein Blick unbedacht wirkt und ein Wort »herausrutscht«. Das ist ein ziemlich schwieriger und langer Prozess – manchmal geht es über oftmaliges Wiederholen, manchmal ist es eben der erste Take. Aber in erster Linie geht es um eine gewisse Selbstvergessenheit im Moment des Spielens, wenn keine Absicht mehr spürbar ist, sondern eine momentane Glaubwürdigkeit funktioniert.[652]

Wenngleich die Film Credits veranschaulichen, dass die Regisseurin vom Engagement von Laiendarsteller_innen weitgehend absah, zeigte sich unter anderem mit Rosa Waissnix erneut eine ungelernte Aktrice in einer Nebenrolle vor der Kamera.[653] Mit ihren (wenigen) Sprechpassagen, in denen sie sich offensichtlich um hochdeutsche Artikulation bemüht, weckt sie vage Erinnerungen an den außergewöhnlichen wie hölzernen Sprech-Charme, der zuvor bereits in FLORA und INTER-VIEW erkennbar war. Einen mundartlichen Moment des Filmes steuert – das soll nicht unerwähnt bleiben – Alexander Lugonja als namenloser Hotelkoch bei, der Irene im Rahmen einer kleinen nächtlichen Party im Gemeinschaftsraum des Mitarbeitertrakts stark alkoholisiert eine Drohung im Dialekt entgegenschleudert.

---

650 Vgl. Gärtner: Es bleibt ein unbefriedigendes Gefühl zurück. 2017, S. 100–105.
651 Siehe dazu: Jane Hodson: *Dialect in Film & Literature*. London: Palgrave MacMillan 2014, S. 61–65.
652 Hausner zit. n. Perthold: »Die Zukunft des österreichischen Films ist weiblich…« 2004, S. 271.
653 Vgl. Renate Just: Hochkultur und Höhenluft. [31.07.2008], https://www.zeit.de/2008/32/Oesterreich-Semmering, letzter Aufruf: 17.05.2020.

Neben produktionsspezifischen Besetzungsüberlegungen lässt sich hinter dem Zurückdrängen des österreichischen Sprachgebrauchs außerdem eine explizite Vermarktungsstrategie vermuten. Wie Gertrud Steiner für das Genre des Heimatfilms ausführte, ist die Frage, ob Dialekt in eine Filmproduktion Einzug halten soll, letztlich von verwertungstechnischer Bedeutung:

> Obwohl das bei Heimatfilmen überraschen mag, wird kaum jemals Dialekt gesprochen. Das rührt daher, daß die Handelnden sehr oft keine Einheimischen sind. Aber sogar schon die rein österreichische Klangfarbe wurde von manchem bundesdeutschen Verleiher als Geschäftshindernis betrachtet. So mußten sich die Österreicher auch in diesem Punkt mehr und mehr anpassen, von ihrer Identität etwas aufgeben.[654]

Steiners Beobachtungen finden in der Dialektologie im *Kriterium der kommunikativen Reichweite* ihre Bestätigung. Während – so die These – durch den Einsatz von Dialekt die kommunikative Reichweite und der Verständigungsradius reduziert werden, kann durch die Nutzung von Hochsprache ein optimale(re)s Ergebnis erzielt werden.[655] Es gilt für Filmschaffende demzufolge, behutsam und bedacht abzuwägen, ob die Implementierung dialektaler Sprechakte das damit einhergehende Risiko einer unter Umständen eingeschränkten Verbreitung letztlich wert ist.

HOTEL stellt im Kontext des Hausner'schen Œuvres somit einen linguistischen Zwischenraum dar, in dem die Figurenreden weitgehend ohne Dialekt auskommen, die Sprachäußerungen aber mit einer deutlichen österreichischen Sprachfärbung versehen sind. In Kombination mit sublimen Anspielungen in Narration und Setting entsteht so der Hauch eines österreichischen Lokalkolorits, obschon – bemüht man den Vergleich mit den vorangegangenen Produktionen – eine deutliche Reduktion des national-charakteristisch Konnotierten zu bemerken ist.

---

654 Gertraud Steiner: Die fünfziger Jahre gehören dem Heimatfilm. In: Gustav Ernst (Hrsg.): *Sprache im Film*. Wien: Wespennest 1994, S. 57–69; hier: S. 68.

655 Vgl. Heinrich Löffler: *Dialektologie. Eine Einführung*. Tübingen: Gunter Narr 2003, S. 7.

Die Abkehr vom Österreichischen

> Die wahre Heimat ist eigentlich die Sprache. [Die] Entfremdung vom Heimischen geht immer durch die Sprache am schnellsten und leichtesten, wenn auch am leisesten vor sich.[656]

Der drängende Wunsch, Dialektales in Filme einzubetten, darf – trotz beachtlicher Erfolge der zahlreichen mundartlichen Film- und Fernsehproduktionen der Gegenwart – nicht als zeitgenössischer Trend verstanden werden, sondern lässt sich vielmehr bis in die Stummfilm-Ära nachverfolgen. Da es die technischen Möglichkeiten zur Jahrhundertwende nicht erlaubten, Filmbild und Filmton tatsächlich synchron wiederzugeben, mussten Filmschaffende abseits des Akustischen nach praktikablen Lösungsansätzen suchen, um regionale oder nationale Varietäten (wenn zwar nicht hörbar, dann zumindest) sichtbar zu machen. So plädierte der deutsche Regisseur und Journalist Herbert Jhering etwa, es sollen in der schauspielerischen Darstellung originärer »Körperdialekte«[657] etabliert werden, um »spezifisch österreichische, spezifisch wienerische Bewegungen«[658] von anderen optisch unterscheidbar zu machen.

Knapp hundert Jahre später weist die Entwicklung im Hausner'schen Œuvre in die gegenläufige Richtung – nämlich hin zu einer sowohl darstellenden als auch sprachlichen Denationalisierung. In ihren großen Spielfilmproduktionen kehrte die Regisseurin ab dem Jahr 2009 heimischem Dialekt und Akzent vollends den Rücken; dem sprachlich typisch Österreichischen wird ab diesem Zeitpunkt ganz offensichtlich keine gravierende Rolle mehr zugedacht.

Ihren ersten fremdsprachigen Regieversuch unternahm Hausner mit ihrem vielfach ausgezeichneten und weithin rezipierten Spielfilm LOURDES, der gleichwohl als ihr internationaler Durchbruch gewertet werden kann. Die Geschichte der an Multipler Sklerose erkrankten und an den Rollstuhl gefesselten Christine, die im Verlauf einer Wallfahrt in Lourdes unvermittelt geheilt wird, wurde bilingual – jedoch nicht völlig friktionsfrei – realisiert, wie Hausner im Interview erklärte:

---

656 Humboldt zit. n. Albert Leitzmann (Hrsg.): *Humboldts Briefe an eine Freundin.* Leipzig: Insel-Verlag 1912, S. 127.
657 Herbert Jhering: Der Schauspieler im Film. [1920] In: Herbert Jhering: *Von Reinhardt bis Brecht.* Band 1, Berlin: Aufbau-Verlag 1961, S. 378–413; hier: S. 389.
658 Ebd.

> Beim Drehen ging alles sehr glatt. Die Schwierigkeiten tauchten erst […] in der Synchronisation auf, als es galt, die beiden Sprachen auf gleich zu bringen. Es hat mich überwältigt, wie schwierig das war und zu erkennen, was so ein O-Ton eigentlich bedeutet. Da merkt man erst, wie toll und untrügerisch eine Stimme ist.[659]

Bei der Verwirklichung ihres Folgefilmes AMOUR FOU wandte sich Hausner wieder dem Deutschen zu. Hinsichtlich der sprachlichen Inszenierung des Historienfilms, der Anfang des 19. Jahrhunderts in Berlin spielt und sich lose an den überlieferten Aufzeichnungen zu den letzten Lebenstagen von Heinrich von Kleist und Henriette Vogel orientiert, entschied sich die Regisseurin bewusst zu einer künstlerischen Stilisierung, der eine intensive Phase der Recherche voran ging.

> Es gibt ja nur das, was man lesen kann. Wie die Leute wirklich gesprochen haben, das kann man leider nicht wissen. Womit ich mich daher beschäftigt habe, das sind Briefe, überlieferte Tagebücher, politische Schriften, die damals veröffentlicht wurden, oder Zeitungsartikel, wie […] man über die französische Revolution diskutiert [hat].[660]

Hausners Interpretation der »Sprache dieser Zeit«[661] rief bei Kritik und Publikum diskrepante Reaktionen hervor. Während sich die einen in hohem Maße am konstruiert-wirkenden Sprachkonzept stießen – »Der Eröffnungsfilm der Viennale besticht mit langatmigen Sätzen, die kein Mensch so sagen würde und die eher wie aus einem Roboter geschissen rüberkommen.«[662] –, würdigten andere die »artifizielle[…] Kunstsprache«[663] als deutliches Zeichen der konzeptionellen Qualität.

---

659 Hausner zit. n. Schiefer: Jessica Hausner über Lourdes. [September 2009].
660 Hausner zit. n. Peter Angerer: Die banalen Aspekte der Liebe. [10.11.2014], https://www.tt.com/artikel/9144324/die-banalen-aspekte-der-liebe, letzter Aufruf: 06.05.2020.
661 Hausner zit. n. Tobias Kessler: »Ich meine es ja nicht böse« – Jessica Hausner über ihren Film »Amour Fou«. [28.01.2015], https://www.saarbruecker-zeitung.de/ich-meine-es-ja-nicht-boese_aid-1442937, letzter Aufruf: 06.05.2020.
662 Fabian Bazant-Hegemark: »Amour Fou« ist wie ein genialer Loriot-Sketch. [05.11.2014], https://www.vice.com/de/article/yvkw7w/film-amour-fou-ist-ein-genialer-loriot-sketch-kleist-hausner-022, letzter Aufruf: 06.05.2020.
663 Rüdiger Suchsland: Amour Fou (2014). [o. D.], https://www.filmdienst.de/film/details/545195/amour-fou-2014, letzter Aufruf: 17.05.2020.

> Die Schauspieler sind sehr unterschiedlich in ihrem Ton – schwankend zwischen einem Bressonschen ›leer sprechen‹, einer Rohmerschen Zurückhaltung, und unvermitteltem Overacting, wie man es von Kameraungeübten Theaterschauspielern kennt. Dies ist aber kein Fehler, sondern Konzept, das die Isolation der Figuren noch steigert. Gewissermaßen befindet sich hier jeder auch sprachlich in seiner eigenen Welt.[664]

Mit der österreichisch-britisch-deutschen Koproduktion LITTLE JOE gab die Regisseurin dann im Jahr 2019 ihr englisches *Language Debut*. Nicht nur der Dreh selbst, sondern bereits das Drehbuch und die darin festgehaltenen Dialoge wurden (in bewährter Zusammenarbeit mit Géraldine Bajard) in der *Weltsprache*[665] realisiert.

> Wir haben sehr lange an der Übersetzung gearbeitet. […] Danach bin ich mit einem Autor, der Englisch als Muttersprache spricht, nochmal über den Text gegangen. Es wurde so viel hin und her gewendet, bis ich das Gefühl hatte, dass die Dialoge funktionieren und dass sie den Subtext und den Humor ähnlich rüberbringen wie in der deutschen Version.[666]

Wie schon in diversen Interviews zu LOURDES, betonte die Regisseurin auch im Fall ihres jüngsten Filmes die positiven Effekte, die durch die sprachliche Distanzierung von der Muttersprache für sie entstanden seien:

> Die englische Sprache kommt mir sehr entgegen, weil sie knackig und präzise, schlicht und trocken ist. Es lassen sich Dinge einfach und witzig sagen, ohne pathetisch zu sein. Etwas, was mir im Deutschen schwieriger vorkommt. Man flüchtet sich dann im Österreichischen in Dialekt und Umgangssprache, um diese Art von trockenem Witz herzustellen. Die englische Sprache liefert das von vornherein und eignet sich daher für meine Art von Humor.[667]

---

664 Rüdiger Suchsland: Über die allmähliche Verfertigung eines Marionettentheaters beim Filmen. [o. D.].
665 David Crystal: *English as a Global Language*. Cambridge: Cambridge University Press 2003², S. 1–28.
666 Hausner zit. n. Matthias Hopf: Little Joe: Jessica Hausner im Interview über Maya Deren, Teiji Ito und ihre erste englischsprachige Regiearbeit. [09.01.2020], https://dasfilmfeuilleton.de/little-joe-interview-jessica-hausner/, letzter Aufruf: 21.07.2020.
667 Hausner zit. n. Karin Schiefer: Jessica Hausner über Little Joe. [Mai 2019].

Dass die Wahl der Sprache nicht nur im Narrativen, sondern auch im Kontext der Verwertung von Bedeutung ist, veranschaulichte die Regisseurin im Gespräch mit Thomas Abeltshauser, dem sie ihre der Produktion vorausgegangene Überlegungen zum Sprachlichen wie folgt erläuterte:

> Für diese Variation auf Genrefilme fand ich die deutsche Sprache nicht naheliegend, weil die Vorbilder meist amerikanische Filme waren, mit denen ich aufgewachsen bin. Aus finanziellen Gründen wäre es wahrscheinlich klüger gewesen, auf Französisch zu drehen wie bei meinem Film »Lourdes«, das wurde mir so auch ans Herz gelegt, weil Frankreich ein großer Markt für Arthousekino ist. Aber das hätte einfach nicht gut zur Geschichte gepasst.[668]

Film und Dialekt: »Wia pass'n doch goa net z'somm, oda?«

Wie der Streifzug durch das Hausner'sche Œuvre veranschaulicht hat, lässt sich ein deutlicher Sinneswandel im Umgang mit dem Sprachlichen behaupten. Spielte das Dialektale im Frühwerk in den Kontexten von Produktion, Narration, Rezeption und Verwertung noch eine bedeutsame Rolle, kann in den späteren Produktionen eine klare Abkehr von nationalen Charakteristika nachgewiesen werden. Besonders die hochkarätigen Auszeichnungen und internationalen Verwertungsziffern ihrer Erfolgsproduktionen LITTLE JOE und LOURDES scheinen die Sprachstrategie der Regisseurin zu bestätigen bzw. vielmehr noch: deren Notwendigkeit zu bekräftigen. Passen (österreichischer) Dialekt und (international erfolgreicher) Film also einfach nicht zusammen? Oder anders gefragt: Ist die mundartliche Sprache im Film à la longue mehr Karriere-Hemmnis als -Chance?

Der Blick auf eine exemplarisch gezogene Auswahl zeitgenössischer österreichischer Filmproduktionen, die ein nationales und/oder deutschsprachiges Publikum adressieren, zeigt, dass Figuren mit dialektal-österreichischem Sprachgebaren besonders in heimischen Komödien, Krimis und Horrorfilmen erfolgreich ihre Stellung bezogen haben. Um einige Beispiele zu nennen: In der in drei Kategorien mit dem *Österreichischen Filmpreis 2011* ausgezeichneten Komödie DIE UNABSICHTLICHE ENTFÜHRUNG DER ELFRIEDE OTT geben die Darsteller_innen – allen voran Elfrie-

---

668 Hausner zit. n. Thomas Abeltshauser: »Eine Art weiblicher Frankenstein«. [09.01.2020], https://taz.de/Regisseurin-Hausner-ueber-Horrorfilm/!5651291/, letzter Aufruf: 15.06.2020.

de Ott – beispielsweise ihre jeweils individuellen Mundarten zum Besten. Eine deutlich extremere Variation des Dialektalen ist in HARRI PINTER, DRECKSAU (2017, Andreas Schmied) zu vernehmen: Der in der Kärntner Eishockeyszene angesiedelte Spielfilm ist in weiten Strecken in der regionalen Sprachvariante umgesetzt und bietet selbst weniger geläufigen lokalen Mundartausdrücken wie »[...] ›Tschriasche‹, ›Tuppe‹, ›Toka‹ oder ›Pliatz‹ (vier Ausdrücke für ›Depp‹)«[669] ihren Platz. Im bundesdeutschen Sprachraum wurde die Produktion – trotz scheinbar unüberbrückbarer Sprachbarrieren – gar als »kleines Meisterwerk aus Österreich«[670] rezipiert. Als eine weitere Erfolgsgeschichte in Mundart darf WILDE MAUS betrachtet werden: Mit mehr als 279.500 verkauften Tickets avancierte der Film zum erfolgreichsten des österreichischen Kinojahres 2017[671], parallel dazu gelang der »Rekordstart« eines österreichischen Films in Deutschland.[672] Zudem erwiesen sich der Horrorthriller IN 3 TAGEN BIST DU TOT, der als eine »Österreichisierung des amerikanischen Slasher-Genre«[673] klassifiziert wurde, oder auch der Haunted-House-Horrorfilm ICH SEH, ICH SEH (2015, Severin Fiala/Veronika Franz) als dialektale Höhepunkte im neueren österreichischen Filmschaffen. Im Genre des Krimis sorgte beispielsweise die *Brenner-Tetralogie* (2000–2015, Wolfgang Murnberger)[674] mit Josef Hader in der Rolle des Ermittlers Simon Brenner international für reges Publikumsinteresse. Österreichisch ging es zuletzt auch in der Fernsehproduktion *Freud* (2019, Marvin Kren) zu. Der »Meilenstein für die österreichische Filmwirtschaft«[675], der bei seiner Premiere im Rahmen

---

669 Oliver Mark: Bei den Kärntner »Pliatzen«: ORF-Stadtkomödie »Harry Pinter, Drecksau«. [28.12.2018], https://www.derstandard.at/story/2000094866278/bei-den-kaerntner-pliatzen-orf-stadtkomoedie-harri-pinter-drecksau, letzter Aufruf: 16.05.2020.
670 Wilfried Geldner: »Harri Pinter, Drecksau«: »A Puck« ist nicht einfach »a Puck«. [o. D.], https://www.prisma.de/news/Harri-Pinter-Drecksau-ein-kleines-Meisterwerk-aus-Oesterreich,23314176.amp, letzter Aufruf: 17.05.2020.
671 Vgl. http://www.filmaustria.com/kino-charts.htm, letzter Aufruf: 20.05.2020.
672 Vgl. Blickpunkt:Film: Rekordstart für »Wilde Maus« in Deutschland. [14.03.2017], http://www.mediabiz.de/film/news/rekordstart-fuer-wilde-maus-in-deutschland/416377, letzter Zugriff: 20.05.2020.
673 Rafaela Khodai: Horror made in Austria. [24.11.2015], https://thegap.at/horror-made-in-austria/2/, letzter Aufruf: 15.05.2020.
674 Die *Brenner-Tetralogie* formt sich aus KOMM, SÜSSER TOD (2000), SILENTIUM (2004), DER KNOCHENMANN (2009) und DAS EWIGE LEBEN (2015). Es handelt sich bei allen vier Produktionen um Verfilmungen der gleichnamigen Kriminalromane des österreichischen Schriftstellers Wolf Haas.
675 Ambrosch zit. n. https://der.orf.at/unternehmen/aktuell/berlinale126.html, letzter Aufruf: 30.05.2020.

der Berlinale medien- und publikumswirksam ins Scheinwerferlicht gerückt wurde[676], gilt als erste Zusammenarbeit des ORF und des US-amerikanischen Streaming-Portals Netflix. In einer fiktionalen Kriminalgeschichte, die rund um den jungen Sigmund Freud gesponnen wird, sind mit Deutsch, Ungarisch und Wienerisch gleich drei Sprachvariationen präsent.

Hausners Umgang mit Sprache – das sollte der exemplarische Exkurs veranschaulicht haben – lässt sich nicht als repräsentativ für den *Neuen österreichischen Film* bewerten, sondern muss demnach als künstlerisch individuelle Inszenierungsstrategie verstanden und verhandelt werden. Mit wachsendem Renommee und internationaler Bekanntheit wich die Regisseurin immer weiter von akustischen Inszenierungen sprachlichen Lokalkolorits ab, um zum einen eine nationale Verortung der Filmhandlung zu verweigern und sich so der angestrebten parabelhaften, universell interpretierbaren Stilistik anzunähern, und zum anderen ihre Filme auf die Rezeption durch ein breites multinationales Publikum abzustimmen.

Die Entfremdung vom Heimischen – so scheint es – hat die Regisseurin zugunsten einer ästhetischen Stilisierung längst vollzogen. Was jedoch bleibt, ist ihre repräsentative Wirkung als österreichische Filmemacherin, wie zuletzt im Mai 2020 bei der Verleihung des Preises für *Außergewöhnliche Produktionsleistungen* der Verwertungsgesellschaft für Audiovisuelle Medien deutlich wurde: Der *Coop99* als Produktionsfirma von LITTLE JOE wurde da nämlich »ein weiterer Beitrag […] zur Festigung des internationalen Rufs und des Ansehens des österreichischen Films in der Welt«[677] beschieden; und das *trotz* – oder vielleicht gerade *wegen* – des fehlenden Österreichischen.

1.10 Zusammenfassende Betrachtungen

Die Interpretation der im Analysekorpus erhobenen Daten erlaubt an dieser Stelle die Formulierung von deutlich nachweisbaren Trends. Abseits jeglicher ästhetischer Überlegungen zu *Referenzen, Kontexten* und *Mus-*

---

676 https://www.berlinale.de/de/archiv-2020/programm/detail/202001330.html, letzter Aufruf: 26.05.2020.
677 https://www.diagonale.at/preis-aussergewoehnliche-produktionsleistungen-20/, letzter Aufruf: 26.05.2020.

tern lassen sich im Bereich des Operativen richtungsweisende Entwicklungen eruieren, die sich zum Ersten in der Etablierung eines nationalen Netzwerkes, zum Zweiten in den deutlichen Fortschritten hinsichtlich der Verwertungskette der Filme und zum Dritten in den Veränderungen die Akquisition finanzieller Mittel betreffend zeigen.

1.10.1 Trend zur Etablierung eines Stammteams

Unter dem Motto »Inspiration« organisierte die *European Federation of Cinematographers* gemeinsam mit der *AAC Österreichischer Kameraverband* im Oktober 2014 eine *Imago Masterclass* in Wien. Im Rahmen dieser Veranstaltung war neben dem australischen Regisseur Peter Weir (als einem der prägenden Akteure der *Australian New Wave*) und seinem jahrzehntelangen Weggefährten und Kameramann Russell Boyd unter anderem auch der »legendäre britische Filmemacher«[678] und »Ausnahme-Regisseur«[679] Sir Alan Parker eingeladen, um vor dem illustren Publikum, bestehend aus 150 internationalen Kameraleuten, unter ihnen Oscar-, Golden Globe- und Emmy-Preisträger_innen, zu sprechen:

> Als ich meinen langjährigen Kameramann Michael Seresin bei Werbeaufnahmen Ende der sechziger Jahre zum ersten Mal sah, […] mochte [ich] ihn sofort. Wir stellten auch bald fest, dass wir das gleiche Interesse an Fotografie, Malerei, Kunst im Allgemeinen hatten. Aber am wichtigsten war vielleicht unser ähnlicher Sinn für Humor, denn ohne diesen kommt man kaum durch einen ganzen Film, ohne einander die Köpfe einzuschlagen. Wenn Dinge schief gehen, und das tun sie garantiert, das war noch bei jedem meiner Filme zu irgendeinem Zeitpunkt so, hilft es enorm, wenn man nicht nur einen guten Kameramann an seiner Seite hat, sondern auch einen guten Freund. Ich arbeite überhaupt gerne immer mit den gleichen Leuten zusammen. Gerry Hambling schnitt alle meine Filme, die Operatoren, Production Designer, Kostümbildner wechselten kaum. Diese Kontinuität ist sehr wichtig für mich. Erstens, weil diese Leute einfach gut sind, zweitens, weil sie deine Vertrauten sind.[680]

---

678 Günter Pscheider: Einfach vermeiden, was falsch ist. [2014], https://ray-magazin.at/einfach-vermeiden-was-falsch-ist/, letzter Aufruf: 02.06.2020.
679 Ebd.
680 Parker zit. n. Pscheider: Einfach vermeiden, was falsch ist. [2014].

Die bewusste Entscheidung für die Zusammenarbeit mit einem konstanten, qualitativ hochwertig arbeitenden, vertrauenswürdigen Stammteam zeigt sich nicht nur in der Zusammensetzungen der Filmcrew rund um Alan Parker; so sind es im zeitgenössischen Kino etwa die deutschen Regisseure Tom Tykwer und Uwe Boll, der spanische Regisseur Pedro Almodóvar oder die US-Amerikanerin Kathryn Bigelow[681], die auf die Expertise von beständigen Ansprechpartner_innen setzen. Auch Film-Visionäre wie Sergei Eisenstein und Bernardo Bertolucci, Federico Fellini, der als Drehbuchautor des Oscar-nominierten Spielfilm ROMA CITTÀ APERTA (1945, Roberto Rossellini) zum Durchbruch des *italienischen Neorealismo* beitrug, Miloš Forman als bedeutender Akteur der *Tschechoslowakischen Neuen Welle* in den 1960er-Jahren, der vielfach ausgezeichnete Kanadier David Cronenberg, der griechische Autorenfilmer Theo Angelopoulos, Robert Aldrich, Sir Ridley Scott und Brian De Palma[682] – um exemplarisch einige wenige Beispiele zu nennen – bauten beständig auf das Fingerspitzengefühl ihrer Vertrauten. Selbiges lässt sich auch bei Jessica Hausner beobachten, die sich im Verlauf ihres Werdeganges als Regisseurin bewusst für die wiederholte Zusammenarbeit mit bestimmten Personen entschieden hat.

Kostüm: Tanja Hausner. Wegbegleiterin der ersten Stunde ist die zwei Jahre ältere Schwester Tanja, sie zeichnet für den definierten Analysekorpus für sämtliche Kostümdesigns verantwortlich. Die Regisseurin erklärte: »Es geht um eine gemeinsame Sprache. Tanjas Einfluss wurde im Lauf der Jahre […] immer wichtiger. Ihre visuellen Ideen prägen die Grundästhetik meiner Arbeit.«[683]

> Ich kann mit Tanja so sprechen wie mit niemand anderem. Wir merken, dass uns dieselben Erfahrungen geprägt haben. Dadurch haben wir ein klares Einverständnis darüber, was wir lustig finden und dieselben Vorstellungen davon, wie die Kostüme ausschauen sollen.[684]

---

681 Im Jahr 2010 wurde Bigelow – als erste Frau in der Geschichte der *Academy Awards* – mit dem Regie-Oscar für ihr Kriegsdrama THE HURT LOCKER (2008, Kathryn Bigelow; dt. Titel: TÖDLICHES KOMMANDO – THE HURT LOCKER) ausgezeichnet.
682 Vgl. Kai Mihm: Wer macht hier die Arbeit? [20.05.2014], https://www.epd-film.de/themen/wer-macht-hier-die-arbeit, letzter Aufruf: 02.06.2020.
683 Hausner zit. n. Grissemann: »Little Joe« in Cannes. [17.05.2019].
684 Ute Karen Seggelke: *Schwestern*. Hildesheim: Gerstenberg 2002², S. 49.

Auch abseits der Zusammenarbeit mit ihrer Schwester ist es Tanja Hausner gelungen, sich in der österreichischen Filmbranche Renommee zu erarbeiten. So sorgte sie in der *Paradies-Trilogie*[685] (2012/2013, Ulrich Seidl), bei den *Coop99*-Produktion THE STRANGE CASE OF WILHELM REICH (2012, Antonin Svoboda), TIERE, DREI EIER IM GLAS (2015, Antonin Svoboda) und KATER, der *Dor-Film*-Produktion SPANIEN (2012, Anja Salomonowitz), ICH SEH ICH SEH, STILLE RESERVEN (2016, Valentin Hitz) sowie bei ANGELO (2018, Markus Schleinzer) für das Kostümbild. Die IMDb listet Tanja Hausner bei insgesamt 23 Filmen als Costume Designer.[686]

Kamera: Martin Gschlacht. Hausner lernte Gschlacht während ihrer Zeit an der Wiener Filmakademie kennen und gewann ihn zunächst als Produzent für FLORA. In weiterer Folge wurde er als Gesellschafter der *Coop99* nicht nur ihr Geschäftspartner, sondern stand ihr seitdem bei sämtlichen Filmprojekten als bildgestaltender Kameramann zur Seite.

Gschlacht studierte Betriebswirtschaftslehre an der Wirtschaftsuniversität Wien, absolvierte dann einen Lehrgang an der Graphischen Lehr- und Versuchsanstalt und versuchte sich in Folge als Kameramann für Musikvideos und Werbefilme. Er entschied sich hiernach für ein Studium an der Filmakademie Wien und gründete – zwei Jahre nach seinem Abschluss – zusammen mit Valentin Hitz und Markus Wogrolly – die *Martin Gschlacht Filmproduktion*.[687] In den kommenden Jahren war er in verschiedenen Funktionen bei diversen Produktionen für Kino und Fernsehen aktiv: Als Kameramann arbeitete er an dem Kurzfilm SUSHI (1992, Stephan Wagner), war Regieassistent bei LENI (1992, Rena Pogner) und Produktionsleiter bei GROSSWILDJAGD (1992, Stephan Wagner) und ZAHN UM ZAHN (1993, Alexander Hahn/Florian Grünmandl). Gschlacht fungierte als Kameraassistent bei der Fernsehproduktion

---

685 Seidls Paradies-Trilogie erzählt die Geschichten dreier Frauen: Im ersten Teil PARADIES: LIEBE (2012, Ulrich Seidl) steht die 50-jährige Theresa im Mittelpunkt, die als Sextouristin nach Kenia reist, um die »Wa(h)re Liebe« zu finden. In PARADIES: GLAUBE (2012, Ulrich Seidl) versucht Röntgenassistentin Anna Maria, ihre Nachbarschaft zum Katholizismus zu missionieren. Ihre Bemühungen werden empfindlich gestört, als ihr querschnittgelähmter Ehemann aus Ägypten zurückkehrt. Im dritten Teil PARADIES: HOFFNUNG (2013, Ulrich Seidl) kämpft die übergewichtige Teenagerin Melanie in einem Diätcamp gegen ihre Pfunde und verliebt sich zum ersten Mal.
686 https://www.imdb.com/name/nm1003249/?ref_=fn_al_nm_1, letzter Aufruf: 02.06.2020.
687 Vgl. http://kinountersternen.at/2012/07/18/der-kameramann-martin-gschlacht-im-gesprach/, letzter Aufruf: 02.06.2020.

CAPPUCCINO MELANGE (1992, Paul Harather) und beim Dokumentarfilm AKTION K (1994, Bernhard Bamberger), zudem war er Material-Assistent bei 71 FRAGMENTE EINER CHRONOLOGIE DES ZUFALLS (1994, Michael Haneke). Im Jahr 1995 übernahm er für die Fernsehsendung *Phettbergs nette Leit Show* (1995–1996, Sparverein Die Unz-Ertrennlichen) in sechs Episoden die Kameraarbeit.

Nach der *Coop99*-Gründung brachte Gschlacht sein Know-how als bildgestaltender Kameramann[688] und Produzent[689] bei mehreren Filmprojekten des Unternehmens ein und fungierte bei einer Vielzahl von weiteren *Coop99*-Filmen in beruflicher Doppelfunktion.[690] Trotz seiner umfassenden Aufgaben für diese Projekte fand Gschlacht Zeit und Muße für die Arbeit an zusätzlichen Filmen. Die IMDb weist für den Zeitraum von 1992 bis 2020 insgesamt 57 Produktionen aus – darunter neben Spiel-, auch Kurz-, Experimental- und Dokumentarfilme sowie TV-Filme und -Serien –, bei welchen Gschlacht als bildgestaltender Kameramann tätig war.[691]

Zwei Mal wurde er im Rahmen der *Diagonale* vom Verband österreichischer Kameraleute ausgezeichnet: Im Jahr 2006 erhielt er den Preis für die beste Kameraarbeit in der Kategorie »Spielfilm« für SPIELE LEBEN. Zwei Jahre später folgte die Auszeichnung für die beste Bildgestaltung für REVANCHE (2008, Götz Spielmann). Bei der Vergabe der *Romy 2010* bekam er für GELIEBTER JOHANN GELIEBTE ANNA (2009, Julian Pölsler) den Preis für die beste Kamera in einem TV-Film überreicht. Gleich vier Mal durfte sich Martin Gschlacht über den Österreichischen Filmpreis für die beste Kamera freuen. Für seine Arbeit bei ICH SEH ICH SEH wurde er am *Buenos Aires International Festival of Independent Cinema 2015*

---

688 Gschlacht sorgte in den *Coop99*-Produktionen LOVELY RITA, MARS und TEHERAN TABOO (2016, Ali Soozandeh) für die Bildgestaltung. Bei der Produktion von DIE WAND arbeitete er mit den Kameramännern Markus Fraunholz, Bernhard Keller, Helmut Pirnat, Hans Selikovsky zusammen.

689 Sein Know-how als Produzent brachte Gschlacht bei der Realisierung von DARWIN'S NIGHTMARE, SCHLÄFER (2005, Benjamin Heisenberg), FALLEN und MÄRZ (2008, Klaus Händl) ein.

690 In der Doppelfunktion als Produzent und bildgestaltender Kameramann fungierte Gschlacht bei KALTFRONT (2003, Valentin Hitz), BÖSE ZELLEN, HOTEL, SPIELE LEBEN (2005, Antonin Svoboda), SLUMMING (2006, Michael Glawogger), IMMER NIE AM MEER, WOMEN WITHOUT MEN, LOURDES, THE STRANGE CASE OF WILHELM REICH, AMOUR FOU, OKTOBER NOVEMBER, DREI EIER IM GLAS, AUF DER SUCHE NACH OUM KULTHUM (2017, Shirin Neshat) und LITTLE JOE.

691 Vgl. https://www.imdb.com/name/nm0345116/?ref_=fn_al_nm_1, letzter Aufruf: 02.06.2020.

von der *Asociación de Argentina de Autores de Fotografía Cinematográfica* ausgezeichnet und von der *European Film Academy* mit dem *Prix Carlo di Palma* bedacht. Im Jahr 2017 erhielt er für STILLE RESERVEN den *Österreichischen Filmpreis* in der Kategorie »Beste Kamera«.

Szenenbild: Katharina Wöppermann. Bei der Realisierung von LOVELY RITA stieß Katharina Wöppermann zur Crew und unterstützt das *Team Hausner* ab diesem Zeitraum konstant mit ihrer Expertise in Sachen Szenenbild und Produktionsdesign.

Die IMDb führt Wöppermann in 35 Fällen als Production Designer an – darunter eine Vielzahl an Produktionen, in denen sie zwar nicht mit Jessica Hausner, aber mit Martin Gschlacht und Karina Ressler zusammen gearbeitet hat. Zehn Credits weisen sie als Art Director aus, darunter auch die beiden *Coop99*-Produktionen BÖSE ZELLEN und NORDRAND. Als Costume Designer wirkte sie bei der Produktion von IMMER NIE AM MEER und drei Spielfilmen des deutschen Regisseurs Jan Schütte[692] mit.

Für ihre Leistungen wurde Wöppermann insgesamt acht Mal für Auszeichnungen vorgeschlagen: Bei AMOUR FOU und THE STRANGE CASE OF WILHELM REICH blieb es bei den Nominierungen für den *Österreichischen Filmpreis*, doch für ihre außergewöhnliche künstlerische Leistung in TEMPO (1998, Laurits Munch-Petersen) gewann sie den *Femina Film Award* auf dem *Max-Ophüls-Festival*, erhielt den *Production Design Award 2004* für ANTARES (2004, Götz Spielmann) am *Hof International Film Festival*[693] und wurde für das beste Szenenbild in WOMEN WITHOUT MEN, in LICHT und LITTLE JOE mit den *Österreichischen Filmpreisen 2011, 2018* und *2020* geehrt.[694] Für ihr Szenenbild in LITTLE JOE erhielt sie im Jahr 2020 einen der von der Verwertungsgesellschaft der Filmschaffenden gestifteten *Diagonale-Preise*.[695]

---

692 Gemeint sind die drei Schütte-Filme ABSCHIED – BRECHTS LETZTER SOMMER (2000, Jan Schütte), FETTE WELT (1998, Jan Schütte) und WINCKELMANNS REISEN (1990, Jan Schütte).

693 Vgl. Sara F. Hall: The Lady in the Lake: Austria's Images in Götz Spielmann's *Antares*. In: Robert von Dassanowsky/Oliver Speck (Hrsg.): *New Austrian Film*. New York/Oxford: Berghahn 2011, S. 356–367; hier: S. 367.

694 Vgl. https://www.imdb.com/name/nm0562545/awards?ref_=nm_awd, letzter Aufruf: 03.06.2020.

695 Vgl. https://www.diagonale.at/preis-szenenbild_kostuembild-20/, letzter Aufruf: 04.07.2020.

Schnitt: Karina Ressler. Die mehrfach ausgezeichnete Filmeditorin unterstützt das Team rund um Jessica Hausner seit den Arbeiten an Hotel. Während Hausner bei Lovely Rita viel Zeit in den Schnitt investiert hatte, ging die Montage des Horrorfilms wesentlich schneller vonstatten. Nach dem Rohschnitt, den Ressler bereits im Verlauf der Dreharbeiten angefertigt hatte, gingen die beiden Frauen in Paris bei Philippe Bober in Klausur und widmeten sich im Januar und Februar 2004 ausschließlich der Aufgabe des Feinschnitts. Anders als bei ihren bisherigen Produktionen, wurden regelmäßig Screenings mit einem ausgewählten Publikum realisiert – ein Novum für Hausner, die bisher darauf bedacht war, ihre Filmprojekte vor Veröffentlichung wie »den eigenen Schatz«[696] zu hüten.[697]

Als Ressler und Hausner einander kennenlernten, hatte die Cutterin bereits umfassende Berufserfahrung gesammelt. Im Jahr 1992 veröffentlichte Ressler Robertas Sohn (1992, Karina Ressler), einen Kurzfilm, der mit seinen – aus heutiger Sicht prominenten – Darstellern überraschte, denn mit Roland Düringer und Alfred Dorfer gewann sie zwei Schauspieler für ihre Produktion, die in den kommenden Jahren national Karriere machten.[698] Bis dato ist Robertas Sohn Resslers einziger Film, in dem sie als Regisseurin, Drehbuchautorin und Produzentin agiert. Als Cutterin war sie zwischen den Jahren 1981 bis 2020 an der Realisierung von 71 filmischen Projekten beteiligt.[699]

Gleich drei Mal konnte Ressler den *Österreichischen Filmpreis* für den besten Schnitt in Empfang nehmen: im Jahr 2011 für Lourdes, im Jahr 2015 für Amour Fou und im Jahr 2020 für Little Joe. Im Rahmen der

---

696 Hausner zit. n. Schiefer: Jessica Hausner im Gespräch über Hotel. [2004].
697 Vgl. ebd.
698 Alfred Dorfer wurde in folgenden Jahren einerseits in der Triple-Rolle als Mischa Neugebauer, Polizisten Gerry Gratz und Inselurlauber in Muttertag – die härtere Komödie (1992, Harald Sicheritz) und andererseits als biederer Yuppie Kurt Fellner in Indien (1993, Paul Harather) einem breiten Publikum bekannt. Auch Roland Düringer ist in Muttertag zu sehen und verkörpert eine unglaubliche Vielzahl an Charakteren: er ist Opa Neugebauer, spielt außerdem einen Drogeriemarkt-Kunden und den Briefträger, mimt einen der Nachbarsjungen wie auch eine ältere Nachbarsfrau und einen Nachbarn mit Kinnbart. Zudem spielt er den Pfarrer und den Radfahrer an der Tankstelle. Auf Muttertag folgten Engagements für die Fernsehproduktionen *Kaisermühlen Blues* (1992–1999, Idee: Ernst Hinterberger) und *MA 2412* (1998–2002, Idee: Alfred Dorfer/Roland Düringer/Harald Sicheritz) sowie Rollen in diversen Sicheritz-Spielfilmen wie Freispiel (1995, Harald Sicheritz) und Hinterholz 8 (1998, Harald Sicheritz).
699 Vgl. http://www.imdb.com/name/nm0720395/?ref_=fn_al_nm_1, letzter Aufruf: 05.06.2020.

Diagonale 2014 wurde ihr Schnitt von OKTOBER NOVEMBER mit dem Preise für die beste künstlerische Montage prämiert. Außerdem wurde Ressler im Jahr 2010 mit dem Würdigungspreis des Landes Kärnten für elektronische Medien, Fotografie und Film ausgezeichnet. Mit TIERE, STILLE RESERVEN, MA FOLIE (2015, Andrina Mračnikar) und GRENZGÄNGER (2012, Florian Flicker) schaffte es die Cutterin zudem wiederholt auf die Nominierungsliste für den *Österreichischen Filmpreis*. Für ihre Arbeit an der Dokumentation OH YEAH, SHE PERFORMS (2012, Mirjam Unger) wurde sie im Jahr 2013 für den *Schnitt Preis* des *Kölner Filmplus Festivals* und für den *Österreichischen Filmpreis* in der Kategorie »Schnitt« vorgeschlagen.

Dramaturgie: Géraldine Bajard. Die in der Schweiz geborene und in Saudi-Arabien, Marokko, Indien und Frankreich aufgewachsene Géraldine Bajard gab mit LA LISIÈRE (2010, Géraldine Bajard; dt. Titel: LA LISIÈRE – AM WALDRAND) ihr Regiedebüt. Der Spielfilm brachte ihr zwei Nominierungen ein: Am *Internationalen Filmfestival von Locarno* wurde sie im Jahr 2010 für den *Goldenen Leoparden*, am *Buenos Aires International Festival of Independent* im Folgejahr in der Kategorie »Bester Film« vorgeschlagen. In den Closing Credits zu LA LISIÈRE findet sich eine Danksagung an Jessica Hausner – und damit ein erster Hinweis auf die Bekanntschaft der beiden Frauen.

Anders als Gschlacht, Wöppermann und Ressler schien Bajards berufliche Fokussierung anfangs nicht eindeutig. Sie versuchte sich zunächst als Kamerafrau bei der Realisierung des Kurzfilms MEXICO CITY (2001, Christiane Lilge), wirkte dann als Erste Regieassistentin bei MARSEILLE mit, agierte bei DIE UNERZOGENEN (2007, Pia Marais) und KARGER (2007, Elke Hauck) als Casting Direktrice und bei LAYLA FOURIE (2013, Pia Marais) als Casting Supervisor für die Kinderrollen, um letztlich den Bereich der Dramaturgie für sich zu entdecken. Bei den Arbeiten zu LOURDES war sie als Script Editor engagiert, bei AMOUR FOU und DEADWEIGHT (2016, Axel Koenzen) zeichnete sie als Script Consultant für die Dramaturgie verantwortlich. Sie unterstützte Katharina Copony und Hannes Held als Dramaturgin bei der Drehbuchgestaltung zur Dokumentation SPIELER (2014, Katharina Copony) und wirkte außerdem am Drehbuch zu LAMB (2015, Yared Zeleke; dt. Titel: EPHRAIM UND DAS LAMM) mit.

Doch nicht nur Tanja Hausner, Martin Gschlacht, Karina Ressler, Katharina Wöppermann und Géraldine Bajard sind wiederkehrende Mitglieder des Hausner'schen Filmstabs. Auch in weniger illustren Positionen werden konstante Akteure ersichtlich; so agierte etwa Markus Schleinzer[700] bei Lovely Rita, Hotel und Lourdes als Casting Direktor, Nino Volpe war – nach seinem Komparsenauftritt in Flora – bei Inter-View, Lovely Rita, Hotel, Lourdes und Amour Fou als Kameraassistent tätig, Uwe Haußig sorgte bei Lourdes und Amour Fou für den richtigen Ton und auch auf Valentin Hitz' Namen stößt man, wenn auch in variierenden Funktionen, immer wieder.

Die augenscheinliche Etablierung eines Stammteams ist nicht nur akzidentelle Auffälligkeit, auf die man in der Auseinandersetzung mit Hausners Filmschaffen unweigerlich stößt, sondern ist auch Fingerzeig auf eine nationale Besonderheit der Branche, die in der Entwicklung eines kooperativen Netzwerkes zum Ausdruck kommt.[701] Das eingangs angeführte Zitat Alan Parkers wieder aufgreifend, scheint ein Erfolgsgarant von Hausners Filmen im Vertrauen auf das qualitativ-anerkannte, vielfach prämierte Können der Mitglieder ihres Stammteams determiniert zu sein.

1.10.2 Erfolgsmomente

Im Vorfeld der Berichterstattung rund um die *Viennale 2009* suchten Christoph Huber und Christina Böck das Gespräch mit österreichischen Filmschaffenden, unter ihnen auch Jessica Hausner, die von den beiden mit dem Beinamen die »Vielgelobte«[702] bedacht wurde. Die zusammenfassende Darstellung ihrer bisherigen »Schritteauf der Karriereleiter«[703] las sich wie folgt:

---

700 Im österreichischen Filmgeschehen ist Schleinzer sowohl als Schauspieler, Regisseur und Drehbuchautor wie auch als Casting Direktor einen bekannte Größe. In der Funktion als Casting Direktor war er – um einige Beispiele anzuführen – an Quintett komplett (1998, Wolfgang Murnberger), Suzie Washington (1998, Florian Flicker), Ternitz, Tennessee, Die Klavierspielerin, Hundstage, Ikarus, Le temps du loup (2003, Michael Haneke), Crash Test Dummies (2005, Jörg Kalt), Schläfer, Spiele Leben, Slumming, Die Fälscher (2007, Stefan Ruzowitzky), Das weisse Band – eine deutsche Kindergeschichte, Women Without Men, Die unabsichtliche Entführung der Frau Elfriede Ott, Vielleicht in einem anderen Leben (2011, Elisabeth Scharang), Wie man leben soll (2011, David Schalko) und Grenzgänger beteiligt.
701 Vgl. dazu 2.1 Die *Nouvelle Vague Viennoise* ist tot?!
702 Huber/Böck: Viennale: Österreichische Filmemacher empfehlen ... [16.10.2009].
703 Ebd.

> [Die] 1972 in Wien geborene[...] Tochter des bekannten Malers Rudolf Hausner [...] [etablierte sich] mit Flora (1995) und Inter-View (1999) [...] in der Gruppe Wiener Filmakademiestudentinnen, die schon in den Neunzigerjahren mit Kurzfilmen auffielen und frischen Wind ins heimische Kino brachten. [...] Nachdem ihre ersten beiden Spielfilme im Zweitwettbewerb von Cannes liefen, ist Hausner mit ihrer Venedig-Teilnahme im dritten Anlauf nun in der Oberliga der A-Wettbewerbe angekommen: Von der Jury wurde LOURDES zwar übergangen, wiewohl der Film als einer der Favoriten gehandelt wurde, aber es gab einige Nebenpreise [...].[704]

Was nach der Lektüre des kompakten Fazits bleibt, ist ein fahler Beigeschmack. Hausners Weg in besagte »Oberliga der A-Wettbewerbe« begann mit dem preisgekrönten Auftakt von FLORA am *Internationalen Filmfestival von Locarno*, zwei Jahre darauf erhielt sie die offizielle Einladung zum Nachwuchswettbewerb der *Internationalen Filmfestspiele von Cannes* und wurde für ihren Beitrag INTER-VIEW zwar nicht mit einer der begehrten Prämien, wohl aber mit einer lobenden Erwähnung der prominent besetzten Jury unter Präsident Thomas Vinterberg ausgezeichnet. An der Croisette war die österreichische Regisseurin in Folge regelmäßig zu Gast; mit Ausnahme von LOURDES wurden ihre Filme zuverlässig in die offizielle Auswahl der Kategorie »Un Certain Regard« aufgenommen, mit LITTLE JOE schaffte sie es dann in den Hauptbewerb des Festivals. Für den *Max-Ophüls-Preis* am Saarbrücker Filmfestival, das als eine der »ältesten und erfolgreichsten Filmschauen in Deutschland«[705] gilt, wurden zwei von Hausners Filmen nominiert: LOVELY RITA im Jahr 2002 und HOTEL im Jahr 2005. Auf nationaler Ebene waren die Auszeichnungen ihrer Produktionen mit dem *Wiener Filmpreis*, dem *Großen-Diagonale-Preis*, dem *Thomas-Pluch-Drehbuchpreis* und dem *Österreichischen Filmpreis* wichtige Meilensteine auf Hausners Weg an die Spitze.

Bemerkenswert ist zudem die umfangreiche Liste an nationalen und internationalen Festivalteilnahmen, auf denen Hausners Filme im Verlauf der vergangenen Jahre gezeigt wurden. Auch hier lässt sich eine richtungsweisende Entwicklung erkennen: Während ihre frühen Filme auf wenigen, ausgewählten Festivals liefen, beeindrucken die entsprechenden Partizipationen von HOTEL, LOURDES und AMOUR FOU durch Quantität. Konstan-

---

704 Ebd.
705 Thomas Reinhardt: 30 Jahre Festival der blauen Herzen. [23.01.2009], https://www.saarbruecker-zeitung.de/politik/themen/30-jahre-festival-der-blauen-herzen_aid-234307, letzter Aufruf: 05.06.2020.

te Veranstaltungsnamen, die sich in den Hausnerschen Festivalteilnahmelisten finden, sind allen voran die *Internationalen Filmfestspiele von Cannes* und die österreichische *Viennale*. In Deutschland waren Hausners Filme wiederholt in Saarbrücken sowie auf dem *Internationalen Filmfest Braunschweig* und den *Regensburger Heimspiel*-Filmfesten zu sehen. Bei den europäischen Filmfestivals sind es das schwedische *International Film Festival Göteb*org, das finnische *Espoo Ciné International Film Festival*, das spanische *Festival de Cine Europeo de Sevilla* und das *International Film Festival* im griechischen Thessaloniki, die regelmäßig Hausner'sche Einreichungen zugesandt bekamen. Mehrfach dokumentiert wurden weiters Teilnahmen in Sarajewo, Rotterdam, Pula, Reykavik, Wroclaw und Karlsbad. Auf internationales Parkett wagte sich Hausner außerdem mit Teilnahmen an Filmfestivals in Israel, Amerika, Argentinien, Kanada, Australien und China.

So erfreulich die Präsenz von österreichischen Produktionen auf den großen und kleine(re)n Festivals dieser Welt ist – immerhin rücken dadurch nicht nur die Regisseur_innen, sondern auch das Filmland Österreich in das internationale Scheinwerferlicht –, darf dabei nicht außer Acht gelassen werden, dass die Festivalteilnahmen für Filmschaffende einen erheblichen Kostenfaktor darstellen. Selbst wenn Produzent_innen, Drehbuchautor_innen, Filmcast und/oder Filmcrew nicht persönlich vor Ort sind, sind bereits die Einreichungen mit administrativen, personellen und finanziellen Aufwendungen verbunden. Wird eine Produktion dann (überraschend oder nicht) in den offiziellen Wettbewerb eingeladen, kann dadurch eine herausfordernde Situation entstehen. Im Jahr 1997 rechnete Veit Heiduschka, als Produzent von Hanekes FUNNY GAMES, vor:

> Zweier zusätzlicher Millionen, wie Produzent Heiduschka habe verlautbaren lassen, bedurfte es, um *Funny Games* im Wettbewerb laufen zu lassen – der Kostenaufwand streckt sich zum damaligen Zeitpunkt vom Engagement einer internationalen sowie einer nationalen *Promotion*-Firma, über den Druck von 4500 Presseheften in drei Sprachen, die Beschaffung des Fotomaterials, einer Kopie mit französischen Untertiteln in dreifacher Ausführung und einer zusätzlichen, englisch untertitelten sowie von 15 Videokassetten, ebenfalls englisch unterlegt und in TV-Qualität, bis hin zum Empfang im *Carlton*-Hotel, das für die 250 geladenen Gäste weitere 1000 Schilling pro Person verrechnet.[706]

---

706 Katharina Müller: *Michael Haneke: Keine Biografie.* Bielefeld: Transcript 2014, S. 155 f. [H. i. O.].

Dass sich an dem finanziellen Druck, dem eine offizielle Einladung zu einem der Wettbewerbe in Cannes unweigerlich folgt, in den vergangenen Jahren kaum etwas geändert hat, lässt sich am Beispiel des Regisseurs Patrick Vollrath nachvollziehen. Vollrath, der nach einer Ausbildung zum Film- und Videoeditor bei der *Arri Film & TV* in München ein Bachelor-Studium im Fachbereich »Regie« an der FAK absolvierte, wurde im Jahr 2015 mit seinem Kurzfilm ALLES WIRD GUT (2015, Patrick Vollrath) in die *Sélection Officielle* der *Semain de la Critique* eingeladen. Nach der ersten Euphorie, den darauffolgenden Interviewanfragen zahlreicher Journalist_innen und den Kontaktaufnahmen von mehreren *Sales Agents*, sah sich der junge Filmemacher jedoch mit den (kosten-)intensiven Vorbereitungstätigkeiten für seinen ersten Cannes-Auftritt konfrontiert.

> Cannes stellt hohe Forderungen an die ausgewählten Filme und deren Filmemacher. Alle Filme müssen französisch untertitelt werden, 2.000 Pressehefte sollen angeliefert werden, dazu Poster, Website und weitere Werbematerialien. Außerdem muss die Reise organisiert und finanziert werden, denn trotz der offiziellen Einladung wird einem weder Flug noch Unterkunft gestellt. Ganz nach dem Motto: »Es ist Cannes, ihr kommt auch so.« Und das alles muss natürlich irgendwie finanziert werden. Denn billig ist sowas für einen Studenten wie mich natürlich nicht.[707]

Dass sich der »harte Teil […] [seiner] Cannes-Erfahrung«[708] in weiterer Folge lohnen sollte, konnte der Jungregisseur zum damaligen Zeitpunkt nur erahnen. Was im Anschluss an die erfolgreiche Premiere an der Croisette folgte, war ein Effekt, der aus einer von Thomas Elsaesser wie folgt beschriebenen Wechselwirkung entsteht:

> […] a festival is an apparatus that breathes oxygen into an individual film and the reputation of its director as potential auteur, but at the same time it breathes oxygen into the system of festivals as a whole, keeping the network buoyant and afloat.[709]

---

707 Patrick Vollrath: Mein erstes Cannes. [27.01.2016], https://mdw.ac.at/international blog/2016/01/27/mein-erstes-cannes/, letzter Aufruf: 05.06.2020.
708 Ebd.
709 Thomas Elsaesser: *European Cinema. Face to Face with Hollywood*. Amsterdam: Amsterdam University Press 2005, S. 97.

Filme und Festivals bestätigen einander gegenseitig, indem sie sich wechselseitigen Wert verleihen[710], dies wird am Beispiel Vollraths eindrucksvoll deutlich: Zu dem erfolgreichen Cannes-Auftakt reihten sich die Nominierung für den *Discovery Award* im Jahr 2015, die Auszeichnung als *Bester Mittellanger Film* am *Filmfestival Max Ophüls,* die Auszeichnung mit dem *Student Academy Award* in Bronze für ausländische Produktionen und im Jahr darauf die Oscar-Nominierung in der Kategorie »Short Film (Live Action)« sowie die Auszeichnung als »Bester Kurzfilm« anlässlich des *Österreichischen Filmpreises.*

Eine ähnliche Wechselwirkung lässt sich unter anderem auch für Lourdes nachweisen: Nach der Premiere in Venedig und den daraus resultierenden Auszeichnungen wurde Hausners Film im Zeitraum von September 2009 bis inklusive Dezember 2011 auf insgesamt 59 Filmfestivals auf der ganzen Welt gezeigt. Damit österreichische Produktionen auf nationalem und internationalem Parkett präsentiert werden können, ohne sich durch die Festivalteilnahme an den Rand des Ruins zu treiben, springt das ÖFI für definierte Veranstaltungen finanziell-unterstützend ein, wie es in den Fällen von Jessica Hausners Hotel, Lourdes und Amour Fou anhand der Mittelzuweisungen für Festivalteilnahmen offensichtlich wird. Der Trend, der sich beim Betrachten der Hausner'schen Teilnahmelisten an Filmfestivals abzeichnet, ist deutlich: Durch eine Vielzahl von Screenings auf nationalen und internationalen Festivals, deren variierende thematische Schwerpunkte von Indie-Filmen über einen europäischen Fokus bis hin zu internationalem Flair reichen, werden ihre Produktionen einem breiten Publikum mit differenten Rezeptionsvorlieben vorgestellt.

Die erhöhte Festival-Präsenz sowie die Nominierung und Prämierung mit verschiedenen Preisen und Auszeichnungen können sich in weiterer Folge auch positiv auf die Filmverwertung auswirken, wie sich erneut am Beispiel Lourdes nachzeichnen lässt (Abb. 44[711]). Während Hausners vorangegangene Produktionen im europäischen Raum im Wesentlichen auf einem kleinen, aus sieben Ländern bestehenden Stammmarkt zur Verwertung gebracht werden konnten, schaffte sie es mit Lourdes zu umfassenderer Verbreitung in insgesamt 26 europäischen Ländern.

---

710 Vgl. ebd. S. 101.
711 Der Hausner'sche Stammmarkt ist in der Abbildung dunkel eingefärbt, die mit Lourdes neu hinzugewonnenen Märkte sind hell eingefärbt. Dementsprechend ergibt die Gesamtheit aller farbig markierten Länder das europäische Verwertungsgebiet von Hausners viertem Spielfilm.

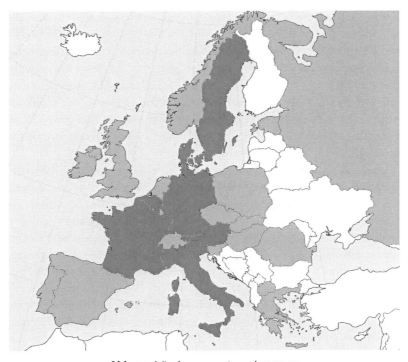

Abb. 44: Länderverwertung LOURDES

Doch nicht nur die gelungene Diversifikation der Verwertungsmärkte lässt sich am Beispiel LOURDES belegen; der Film ist im Hausner'schen Œuvre außerdem der bisherige Höhepunkt hinsichtlich der Ticketverkäufe. Die Lumiere-Datenbank dokumentiert für den Zeitraum von 2009 bis 2018 insgesamt 388.274 gelöste Karten im erweiterten europäischen Gebiet.[712] Der Eindruck, dass Hausners Filme im Ausland in absoluten Zahlen erfolgreicher sind als in Österreich, täuscht nicht, wie ein Blick auf die Zahlen verdeutlicht (Tab. 6[713]).

Bewertet man die gelösten Tickets in Relation zu den Einwohnerzahlen der jeweiligen Länder ergibt sich ein abweichendes Bild (Tab. 7[714]),

---

712 Vgl. http://lumiere.obs.coe.int/web/film_info/?id=31756, letzter Aufruf: 27.06.2020.
713 Die in der Tabelle angeführten Zahlen dienen vor allem einer ersten Veranschaulichung, sind den entsprechenden Einträgen der Lumiere-Datenbank entnommen und umfassen dabei den Zeitraum von 2001 bis 2018.
714 Die Bevölkerungsdichte jedes Landes wird dabei mit einem konstanten Wert benannt, entsprechende Bevölkerungsentwicklungen werden bisher nicht berücksich-

welches das Filmland Österreich in einem anderen Licht zeigt, denn sowohl für Lovely Rita, Hotel wie auch für Amour Fou präsentiert sich das Heimatland der Regisseurin als starker Zielmarkt.

Die prozentualen Penetrationsraten weisen im Durchschnitt dementsprechend Österreich und Dänemark als jene Filmländer aus, in denen die höchste Marktdurchdringung vermerkt werden kann.

Abschließend muss eingeräumt werden, dass die Zusammenschau der Verwertungsdaten lediglich als erste Annäherung verstanden werden kann und darf. Wenngleich sich die Lumiere-Datenbank meiner Meinung nach künftig wohl zu einem wichtigen Instrument in der Auseinandersetzung mit der Verwertung des europäischen Films etablieren könnte, so krankt das transnationale Projekt derzeit noch an Problemen der Datenerhebung, welche eine valide Bewertung von Filmen im übernationalen Kontext momentan nur orientierend möglich machen.

1.10.3 Filmförderung(en)

Für den Frauenkulturbericht 2003 führte Sabine Perthold, in ihrer Funktion als Geschäftsführerin des Drehbuchforums Wien, Interviews mit zehn österreichischen Filmemacherinnen, um eine Grundlage für die Auseinandersetzung mit der »speziella[n] Lage weiblicher Filmschaffender in Österreich«[715] zu schaffen. Im Gespräch gab Jessica Hausner zu Protokoll:

> Filmemachen besteht zu 100 Prozent aus dem Wunsch, die Idee realisiert auf der Leinwand zu sehen. Dieser Wunsch muss tausend Hindernisse überwinden, davon ist Geldaufstellen eines. Die Motivation ist der Wunsch, diesen Film zu machen, die Lust darauf. Im Verhältnis dazu werden die Hürden bezwingbar. Das ist so, wie wenn man verliebt ist und nächtelang nicht schlafen muss – es fällt einem nicht auf – man tut es dann einfach, oder anders gesagt: das Geldaufstellen ist eben Teil des Berufs.[716]

---

tigt. So legt die Lumiere-Datenbank beispielsweise für Österreich seit Beginn der Aufzeichnungen bis hin ins Jahr 2018 eine Bevölkerungsdichte von 8.103.000 Einwohner_innen zu Grunde.
715 Perthold: »Die Zukunft des österreichischen Films ist weiblich…« 2004, S. 249.
716 Ebd. S. 270.

	FLORA	INTER-VIEW	LOVELY RITA	HOTEL	LOURDES	AMOUR FOU	Tickets pro Land
FR		234	2.690	3.315	74.047	13.526	93.812
IT			1.323	3.393	80.862		85.578
DE			3.717	8.952	54.056	7.517	74.242
AT			12.062	5.542	15.330	6.673	39.607
GB	596				33.599	2.165	36.360
SE			204	1.637	21.245	2.788	25.874
PL					22.370	1.825	24.195
NL			2.385		15.597	3.540	21.522
DK			6.986	6.472	6.274	522	20.254
ES					12.368	921	13.289
NO					12.589		12.589
CH			1.033		7.381	485	8.899
GR					6.842	252	7.094
HU					4.448	376	4.824
RO					3.231	1.248	4.479
CZ					3.108	707	3.815
RU					3.767		3.767
BE			1.354	95	1.325	582	3.356
IE					3.079		3.079
SK					2.674	121	2.795
PT					1.047	1.351	2.398
SI					1.257		1.257
EE				115	754	337	1.206
MK					824		824
LU					123		123
IS						110	110
LI					77		77
BG				16			16
Summe	596	234	31.754	29.537	388.274	45.046	

Tab. 6: Summe der Ticketverkäufe, gereiht nach Ländern

	Lovely Rita[717]	Hotel[718]	Lourdes[719]	Amour Fou[720]	
AT	0,149 %	0,068 %	0,189 %	**0,082 %**	0,122 %
BE	0,013 %	0,001 %	0,013 %	0,006 %	0,008 %
BG		0,000 %			0,000 %
CH	0,014 %		**0,103 %**	0,007 %	0,031 %
CZ			0,030 %	0,007 %	0,009 %
DE	0,005 %	0,011 %	0,066 %	0,009 %	0,023 %
DK	0,131 %	**0,121 %**	0,118 %	0,010 %	**0,095 %**
EE		0,008 %	0,052 %	0,023 %	0,021 %
ES			0,031 %	0,002 %	0,008 %
FR	0,005 %	0,006 %	0,125 %	0,023 %	0,040 %
GB			0,053 %	0,003 %	0,014 %
GR			0,065 %	0,002 %	0,017 %
HU			0,044 %	0,004 %	0,012 %
IE			0,082 %		0,021 %
IS				0,039 %	0,010 %
IT	0,002 %	0,006 %	0,140 %		0,037 %
LI			0,241 %		0,060 %
LU			0,028 %		0,007 %
NL	0,015 %		0,098 %	0,022 %	0,034 %
NO			**0,281 %**		**0,070 %**
PL			0,058 %	0,005 %	0,016 %
PT			0,010 %	0,014 %	0,006 %
RO			0,014 %	0,006 %	0,005 %
RU			0,003 %		0,001 %
SE	0,002 %	0,018 %	0,240 %	0,031 %	**0,073 %**
SI			0,063 %		0,016 %
SK			0,050 %	0,002 %	0,013 %

Tab. 7: Prozentuale Erfassung der Ticketverkäufe in Relation zur Bevölkerungsdichte

---

717 Vgl. http://lumiere.obs.coe.int/web/film_info/?id=19168&graphics=on, letzter Aufruf: 05.06.2020.
718 Vgl. http://lumiere.obs.coe.int/web/film_info/?id=22986&graphics=on, letzter Aufruf: 05.06.2020.
719 Vgl. http://lumiere.obs.coe.int/web/film_info/?id=31756&graphics=on, letzter Aufruf: 05.06.2020.
720 Vgl. http://lumiere.obs.coe.int/web/film_info/?id=49404&graphics=on, letzter Aufruf: 05.06.2020.

Unbestreitbares Fundament für diesen »Teil des Berufs« ist die österreichische Filmförderung, die durch das ÖFI als bundesweite Filmförderungseinrichtung auf Rechtsgrundlage des Filmförderungsgesetzes[721] »das österreichische Filmwesen nach kulturellen und wirtschaftlichen Aspekten«[722] unterstützt. Als förderungswürdige Bereiche definiert sind die Stoff- und Projektentwicklung, die Herstellung, Verwertungs- und Verbreitungsmaßnahmen programmfüllender österreichischer Kinofilme sowie berufliche Weiterbildungen. Beginnend bei der Drehbuchphase bis hin zu Festivalteilnahmen und Kinostarts werden österreichische Filmproduktionen (bzw. im Fall von internationalen Koproduktionen der österreichische Anteil) durch finanzielle Mittel gefördert.[723] Nicht nur Filmschaffende, sondern auch Filmfestival-Veranstalter_innen, Verleih-Unternehmen, der Verein für neue Literatur als Herausgeber der kolik.film-Sonderhefte, die verschiedenen Filmkommissionen, das Drehbuchforum Wien, die Akademie des Österreichischen Films, der Verband Österreichischer Filmschauspieler sowie (neben vielen anderen) das Unternehmen *Hoanzl* (u. a. als Herausgeber der Reihe *Der Österreichische Film – Edition Der Standard*) finden durch sogenannte »Förderungen der Strukturmaßnahmen« finanzielle Unterstützung.

Das ÖFI differenziert zwischen zwei Arten der Filmförderung, nämlich zum einen die selektive Filmförderung bzw. Projektförderung und die erfolgsorientierte Referenzfilmförderung zum anderen. Während um die selektiven Fördermittel per Antrag angesucht werden muss, über deren positiven oder negativen Beschied die jeweiligen Gremien bzw. Projektkommissionen der Filmförderungsanstalten entscheiden, ist die Referenzfilmförderung eine automatische Förderung.[724]

> Voraussetzung für die Herstellungsförderung nach dem **Erfolgsprinzip** (Referenzfilmförderung) ist, dass der Förderungswerber einen künstlerisch und/oder wirtschaftlich erfolgreichen Referenzfilm vorweisen kann. Als künstlerisch erfolgreich gilt ein Film, der von einem internationalen Filmfestival zur Teilnahme ausgewählt oder ausgezeichnet wurde. Als wirtschaftlich erfolgreich gilt ein Film, der die in den Förderungsricht-

---

721 Siehe dazu Bundesgesetz vom 25. November 1980 über die Förderung des österreichischen Films (Filmförderungsgesetz), BGBl. Nr. 557/1980 idF. BGBl. I Nr. 81/2014.
722 http://filmwirtschaftsbericht.filminstitut.at/06/foerderungen-und-finanzierungen/beschreibung-der-foerderinstitutionen/, letzter Aufruf: 05.06.2020.
723 Vgl. https://www.filminstitut.at/de/richtlinien/, letzter Aufruf: 05.06.2020.
724 Vgl. https://www.filminstitut.at/de/antragstellung/, letzter Aufruf: 05.06.2020.

linien festzulegenden Besucherzahlen in den österreichischen Kinos erreicht hat.[725]

Besonders die grundlegende Idee der Referenzfilmförderung verdeutlicht, dass man als Einzelkämpfer_in im System der Österreichischen Filmförderung viel geringere Aussichten auf Zusprechung höherer finanzieller Mittel hat.

Im Jahr 2008 wurden die beiden *Coop99*-Produktionen ESMAS GEHEIMNIS – GRBAVICA (2006, Jasmila Žbanić) durch die Teilnahme an der *Berlinale 2006* und der Auszeichnung mit dem *Goldenen Bären* sowie DARWIN'S NIGHTMARE durch mehr als 40.000 Besuche, die Teilnahme am *European Film Academy Documentary 2004* und dem gewonnenen *Prix ARTE* referenzauslösend.[726] Die daraus resultierenden Referenzmittel werden unter anderem für die Herstellung von IM KELLER (2014, Ulrich Seidl), LOURDES, FREE RAINER – DEIN FERNSEHER LÜGT (2007, Hans Weingartner) und DIE WAND verplant. Pölslers Spielfilm wurde im Jahr 2013 seinerseits mit mehr als 82.500 Besuchen und der Teilnahme an der *Berlinale 2012* zum Referenzfilm.[727] Hausners LOURDES konnte über 10.000 Besuche verzeichnen, lief bei den *66. Internationalen Filmfestspielen von Venedig* im Jahr 2009 und wurde dadurch ebenfalls referenzauslösend.[728] Nun schließt sich der Kreis, denn Teile der Referenzmittel von DIE WAND wurden in Folge für die Herstellung von AMOUR FOU verwendet,[729] Teile der Referenzmittel von LOURDES dienten dem *Incentive Funding* der Drehbuch- und Konzepterstellung von Hausners Projekten MEDEA und ICH-DU-ER-SIE-ES.[730]

Die finanzielle Vernetzung der angeführten Beispiele verdeutlicht, welche Möglichkeiten und Chancen sich durch die Referenzfilmförderung eröffnen; vorausgesetzt, es gelingt einer Produktionsfirma, die nötigen Erfolge für ein oder mehrere Filmprojekt/e vorweisen zu können, entsteht eine Win-Win-Situation – sowohl für die Produktionsfirma und die Filmschaffenden wie auch für das ÖFI und den Standort Österreich.

---

725 Werner Müller: Filmförderung. [2005], http://www.filmabc.at/documents/filmfrderunginsterreich.pdf, S. 2. Letzter Aufruf: 05.06.2020 [H. i. O.].
726 Vgl. ÖFI: *Tätigkeitsbericht 2008*. 2009, S. 22 f.
727 Vgl. ÖFI: *Tätigkeitsbericht 2013*. 2014, S. 24.
728 Vgl. ÖFI: *Tätigkeitsbericht 2010*. 2011, S. 23.
729 Vgl. ÖFI: *Tätigkeitsbericht 2013*. 2014, S. 14 und S. 24.
730 Vgl. ÖFI: *Tätigkeitsbericht 2011*. 2012, S. 12 und S. 24.

Für viele österreichische Filmschaffende bilden die Finanzierungszusagen des ÖFI die Grundlage für die weitere Geldmittelakquisition. Mit offizieller Bestätigung dieser Basisfinanzierung können in Folge zusätzliche regionale bis multinationale Förderungen angesucht werden.

[Es] wird sich weisen müssen, ob die verbesserten Möglichkeiten in der europäischen Film(co)produktion für den österreichischen Autorenfilm von Nutzen sein werden. Von drei Regisseuren weiß man zur Zeit, daß sie sich mit vergleichsweise großzügig budgetierten, internationalen Plänen tragen: Michael Haneke, Wolfgang Murnberger, Andreas Gruber. Das Beispiel Peter Patzaks, der mehr oder weniger im Alleingang mehrmals mit internationalen Koproduktionen auf größere Märkte reflektiert hatte, war seit 1968 die Ausnahme.[731]

Rebhandls Worte klangen im Jahr 1996 noch nach einer vagen, teils skeptischen Prognose. Heute machen sich österreichische Filmschaffende die Möglichkeiten der europäischen Zusammenarbeiten gekonnt zu Nutze; so auch Jessica Hausner. Bereits während der Arbeiten an HOTEL hatte sie die Chancen der multilateralen Gemeinschaftsproduktionen für sich entdeckt. Ihr Horrorstreifen entstand in Koproduktion mit der *Berliner Essential Filmproduktions GmbH*, die von Philippe Bober als produktionsorientierte Zweigstelle der Vertriebsgesellschaft *Coproduction Office* gegründet wurde. Ergänzend zur finanziellen Unterstützung aus Österreich erhielt Hausner Fördermittel vom Filmboard Berlin-Brandenburg und der Filmstiftung Nordrhein Westfahlen, neben dem Film- und Fernsehabkommen mit dem ORF wurden Fernsehbeteiligungen mit dem deutsch-französischen Kultursender ARTE und dem Westdeutschen Rundfunk vereinbart.[732]

Das Filmbudget für LOURDES errechnet sich einerseits aus den finanziellen Mitteln des Österreichischen Filminstituts, des Filmfonds Wien und des Landes Niederösterreich und andererseits aus den Fördertöpfen der Eurimages, der Regionalförderung Midi-Pyrenäen, des Medienboards Berlin-Brandenburg und der Filmstiftung Nordrhein Westfalen. Für den Film wurden vier Fernsehbeteiligungen, nämlich mit dem ORF, mit ARTE France und ARTE Deutschland und der französischen *Télé-*

---

731 Rebhandl: Nachsaison. Zum österreichischen Spielfilm seit 1968. 1996, S. 45.
732 Siehe https://www.filminstitut.at/de/Hotel, letzter Aufruf: 05.06.2020.

vision Par Satellite Star verhandelt.⁷³³ Für AMOUR FOU konnte die *Amour Fou Luxembourg* und die *Berliner Essential Filmproduktion GmbH* als Koproduktionsfirmen gewonnen werden. Finanzielle Unterstützung auf österreichischer Seite kam von ÖFI, Filmfonds Wien und Fisa, nicht-österreichische Finanzquellen waren der Film Fund Luxembourg und das Medienboard Berlin-Brandenburg. Zum Film- und Fernsehabkommen mit dem ORF gesellten sich Fernsehbeteiligungen mit ARTE Deutschland und ARTE France. An der Finanzierung der multinationalen Koproduktion LITTLE JOE waren neben ÖFI, Filmfonds Wien, Fisa und dem Land Niederösterreich zudem das Medienboard Berlin-Brandenburg, das British Film Institute und Eurimages maßgeblich beteiligt. Neben dem ORF Film- und Fernsehabkommen wurden weiters Verwertungsvereinbarungen mit BBC Films, ARTE und dem Bayerischen Rundfunk getroffen.

Durch die grenzüberschreitende Zusammenarbeit öffnen sich neue Zugänge zu Förderungen – und Jessica Hausner stellte bei der Akquisition der finanziellen Mittel für LOURDES, AMOUR FOU und LITTLE JOE gekonnt unter Beweis, dass sie die transnationalen Systeme für sich zu nutzen wusste und weiß.

---

733   Siehe https://www.filminstitut.at/de/Lourdes, letzter Aufruf: 27.06.2020.

2 Verortungsversuch

»For immediate release« prangt als dringliche Empfehlung in Großbuchstaben unter dem goldenen Logo der *Academy of Motion Picture Arts and Sciences*, darunter heißt es: »Academy invites 774 to membership«[734]. Der Inhalt der von den Veranstalter_innen der *Oscar*-Verleihung veranlassten Presseaussendung hatte beachtliches Potenzial: Als Reaktion auf die immer lauter werdenden Vorwürfe der »Vormacht weißer Nominierter«[735], die damit verbundene Kritik an der Zusammensetzung der Jury[736] und die breite Diskussion von »sexuellen Übergriffe[n], Sexismus und letztendlich [...] [der] Benachteiligung von Frauen im Filmgeschäft«[737], die es unter den Hashtags #OscarsSoWhite und #MeToo zu weltweiter Rezeption gebracht hatten, lud die *Academy* im Bemühen um mehr Diversität insgesamt 774 Personen aus 57 Ländern dazu ein, Mitglied der *Oscar*-Jury zu werden.[738]

Auf die Verkündung, dass es auch zwei Österreicherinnen, nämlich Jessica Hausner in der Sektion »Directors« und Schnittmeisterin Monika Willi in »Film Editors«, auf die Einladungsliste geschafft hatten, reagierte die heimische Presse überraschend verhalten. Während deutsche Boulevardmedien ihrerseits umfassend von der »[g]roßen Ehre«[739] für Regisseur Fatih Akin und Schauspieler Daniel Brühl berichteten, verklang die Einladung an Hausner und Willi leise, wenn auch nicht gänzlich ungehört. Die wenigen Zeitungen, die sich für eine entsprechende Veröffentlichung entschieden, publizierten den exakten Wortlaut der APA-Aussendung;

---

734 http://www.oscars.org/sites/oscars/files/microsites/class2017/2017_New_Members.pdf, letzter Aufruf: 04.06.2020.
735 Gasteiger: Wie sich »Me Too« auf die Oscars auswirkt. [04.03.2018].
736 Vgl. Rebecca Keegan/Sandra Poindexter/Glenn Whipp: 91 % white. 76 % male. Changing who votes on the Oscars won't be easy. [26.02.2016], http://graphics.latimes.com/oscars-2016-voters/, letzter Aufruf: 20.04.2020.
737 Gasteiger: Wie sich »Me Too« auf die Oscars auswirkt. [04.03.2018].
738 Vgl. http://www.app.oscars.org/class2017/#international-stat, letzter Aufruf: 04.06.2020.
739 https://www.gala.de/stars/news/daniel-bruehl---fatih-akin--sie-duerfen-jetzt-ueber-die-oscars-mitbestimmen-21395952.html, letzter Aufruf: 04.06.2020.

lediglich in der Wahl der Headline zeigen sich marginalen Varianzen. So überschrieb *Die Presse* in ihrer Printausgabe vom 30. Juni 2017 die kurze Meldung mit »Jessica Hausner wird Mitglied der Oscar-Academy«[740], die Redakteure der *Salzburger Nachrichten* betitelten ihren Beitrag mit »Zwei Österreicherinnen neue Mitglieder der Oscar-Akademie«[741] und *Der Standard* wählte die Überschrift »Zwei Österreicherinnen unter neuen Mitgliedern der Oscar-Akademie«[742]. Inhaltlich fanden jedoch weder Hausners noch Willis Leistungen, die ihnen letztlich die Nominierungen eingebracht hatten, Erwähnung; stattdessen war zu lesen:

> Insgesamt hat die Academy of Motion Picture Arts and Sciences die Rekordanzahl von 774 Filmschaffenden aus 57 Ländern als neue Mitglieder eingeladen […]. Die Academy war zuvor immer wieder in Kritik geraten, weil ihre (nicht offiziell einsehbare) Mitgliederliste von weißen Männern geprägt war. Mit dem neuen Schub an Mitgliedern hat sich der Frauenanteil im Vergleich zu 2015 um drei Prozentpunkte auf 28 Prozent und der Anteil an »people of color« von acht auf 13 Prozent erhöht, rechnete der Verband vor. Sieben Sparten haben nun mehr Frauen als Männer eingeladen, darunter jene der Schauspieler, der Dokumentarfilmer und der Kostümdesigner.[743]

Erst im Rahmen der Vorberichterstattung zu den *Oscars* im Jahr 2018 wurde Hausner dann zur *person of interest*, von der sich Journalist_innen einen Blick hinter die Kulissen und Insider-Informationen zum geheimnisumwitterten Abstimmungsprozedere erhofften.[744] Sogar in das Radioformat *Ö3-Wecker*, das nationale Popularität genießt, schaffte sie es und stellte sich im Interview den neugierigen Fragen von Anchorman Robert Kratky.[745]

---

740 https://www.pressreader.com/austria/die-presse/20170630/282127816492189, letzter Aufruf: 04.06.2020.
741 http://www.salzburg.com/nachrichten/welt/kultur/sn/artikel/zwei-oesterreicherinnen-neue-mitglieder-der-oscar-akademie-254149/, letzter Aufruf: 04.06.2020.
742 https://derstandard.at/2000060506135/Jessica-Hausner-unter-neuen-Mitgliedern-der-Oscar-Akademie, letzter Aufruf: 04.06.2020.
743 Ebd.
744 Vgl. dazu etwa http://wien.orf.at/news/stories/2898897/; https://www.sn.at/kultur/kino/oscar-jurorin-jessica-hausner-im-sn-interview-verraten-wird-nichts-24856960; http://www.vienna.at/oscars-2018-so-werden-die-preistraeger-ausgewaehlt/5685108; letzter Aufruf: 04.06.2020.
745 Vgl. http://oe3.orf.at/stories/2898507/, letzter Aufruf: 04.06.2020.

Vor allem in ihren Anfangsjahren haftete Jessica Hausner bisweilen das Stigma an, meist als Teil einer größeren Gruppe wahrgenommen zu werden; ein Umstand, der wohl auch in der skizzierten Berichterstattung zur Berufung in die *Oscar*-Jury seine Wiederholung findet, denn selbst hier wurde sie eben als eines von etwa 6.000-*Academy*-Mitgliedern gehandelt.

Um Hausners Bedeutung für den *Neuen europäischen Film* im Speziellen und das weltweite Kino im Gesamten fassen zu können, darf ein Blick auf eben jene filmischen Bewegungen nicht fehlen, denen sie in unterschiedlichen Phasen ihrer Karriere zugeordnet wurde. Diesen Verortungsversuch wagt die nachfolgende Abhandlung, die ihr bisheriges Filmschaffen zum einen in den Kontext der österreichischen *Nouvelle Vague Viennoise* und zum anderen in den der *Berliner Schule* stellt.

2.1 Die *Nouvelle Vague Viennoise* ist tot?!

In der journalistischen Berichterstattung konnte man Hausners Namen erstmals zum Jahrtausendwechsel gewahr werden, als eine Gruppe junger österreichischer Filmemacher_innen ins Scheinwerferlicht der öffentlichen Aufmerksamkeit rückte. Sie alle hatten zeitnah eine Ausbildung an der FAK absolviert und ihre ersten Filmprojekte waren auf unterschiedlichen internationalen Festivals scheinbar völlig überraschend mit Auszeichnungen sämtlicher Couleurs prämiert worden.

Unter dem Titel *Nouvelle Vague Viennoise* erschien im Jahr 1999 in der Wiener Wochenzeitung *Falter* ein Artikel des Filmwissenschaftlers Christian Cargnelli, der in seiner Veröffentlichung nicht nur die tagesaktuellen Geschehnisse rund um das *Internationale StudentInnenfilmfestival '99* der FAK zur Sprache brachte, sondern außerdem kritische Stimmen der Studierenden einfing und sie zu kontrovers diskutierten Themen wie der Filmförderung, der Neubesetzung des Rektorats der FAK und der Entwicklung des österreichischen Films zu Wort kommen ließ. Im Ringen um einen passenden Ausdruck, der die zeitgenössischen Tendenzen im *Neuen österreichischen Film* treffend beschreiben könnte, zitierte Cargnelli einen namentlich nicht genannten »Kenner der Szene«[746], welcher diese »Entwicklung in einer Mischung aus Ironie und Bewunderung«[747] als

---

746 Cargnelli: Nouvelle Vague Viennoise. [05.05.1999], S. 62.
747 Ebd.

Nouvelle Vague Viennoise – also als *Neue Wiener Welle* – apostrophierte. Im Gespräch mit Claudia Lenssen erinnerte sich Barbara Albert Jahre später daran, dass der deutsche Regisseur und Drehbuchautor Michael Klier den Begriff, der unübersehbar auf die französische *Nouvelle Vague* referenziert, ins Spiel gebracht hätte:[748]

> »Nouvelle Vague Viennoise« nannte uns der Regisseur Michael Klier damals, ein Kompliment, das die Regisseure der Berliner Schule in der Filmzeitschrift *Revolver* aufgriffen. Mir gefiel der Ausdruck, weil ich den neuen Realismus, die neue Tonlage im österreichischen Kino bemerkte.[749]

In der Hoffnung, nun endlich eine Antwort auf die lange gewälzte Frage der »Austriazität«[750] des österreichischen Films vor Augen zu haben, setzte ein »beachtliche[r] mediale[r] Hype«[751] in der Berichterstattung rund um die heimischen Filmschaffenden und ihre Werke ein.

> Zwischen 1999 und 2002 bebten die Feuilletons vor Stolz über bisher nicht gekannte Festivalerfolge von Albert, Haneke, Seidl, Geyrhalter und einer ganz neuen Generation von AutorInnenfilmerInnen. Sie entwickelten strikte ästhetische Bildsprachen, aber auch andere produktionstechnische Ansprüche, indem sie starre Positionen der ProduzentInnen (Hierarchie zur Regie, Urheberrecht, nationaler Fokus) erschütterten.[752]

Als initialer Markstein dieser neuen Welle im österreichischen Filmschaffen wird Barbara Alberts Spielfilmdebüt NORDRAND gehandelt, das in der wissenschaftlichen Wahrnehmung als »international breakthrough«[753]

---

748 Isabella Reicher hat explizit darauf hingewiesen, dass Cargnelli sich mit seinem Verweis auf den anonymen Kenner nicht auf Michael Klier bezog. Vgl. Isabella Reicher: Eine eigene Geschichte. Vorbemerkung. 2020, S. 17.
749 Albert zit. n. Claudia Lenssen/Bettina Schoeller-Bouju (Hrsg.): *Wie haben Sie das gemacht? Aufzeichnungen zu Frauen und Filmen.* Marburg: Schüren 2014, S. 456–461, hier S. 459 [H. i. O.].
750 Den Begriff der »Austriazität«, also dessen, was am österreichischen Film denn nun spezifisch österreichisch sei, brachte der deutsche Filmwissenschafter Hans Jürgen Wulff in einem Brief an Gottfried Schlemmer in den Diskurs rund um das »kleine Filmwunder an der Donau« ein (zit. n. Schlemmer: Das Alte vertreiben! 1996, S. 10).
751 Gunnar Landsgesell: Kampfzone Film. In: Konrad Becker/Martin Wassermair (Hrsg.): *Kampfzonen in Kunst und Medien. Texte zur Zukunft der Kulturpolitik.* Wien: Löcker 2008, S. 89–97; hier: S. 89.
752 Ebd.
753 Dassanowsky/Speck: New Austrian Film: The Non-exceptional Exception. 2011, S. 9.

bzw. als Zäsur im österreichischen Filmschaffen[754] bezeichnet wird. Robert von Dassanowsky schrieb gar: »A new era in Austrian film was heralded at the 1999 Venice Film Festival, when critics praised the work of emerging filmmaker Barbara Albert.«[755]

> Während der Film [Anm. SG: NORDRAND] in Österreich eher zögerlich Beachtung fand, wurde er auf internationalen Filmfestivals mit Prämierungen gefeiert. Seither entstand eine Vielzahl bemerkenswerter Filme; ihnen eilt in der internationalen Filmszene der Ruf von gesellschaftskritischem »feel bad cinema« voraus – wohlmeinendere Stimmen bezeichnen diese Art des Filmschaffens als »nouvelle vague viennoise«.[756]

Flicker verweist so auf den vielzitierten *The New York Times*-Artikel von Dennis Lim, in welchem – unter Bezugnahme auf Filme von Michael Haneke, Nikolaus Geyrhalter, Michael Glawogger, Ulrich Seidl, Ruth Mader und Barbara Albert – zu lesen war: »In recent years this tiny country with a population the size of New York City's has become something like the world capital of feel-bad cinema.«[757]

Dass Flicker die Zuschreibungen des »feel bad cinema«[758] und der »nouvelle vague viennoise«[759] parallel nutzt, um so zwei unterschiedliche Gewichtungen einer Sichtweise auf das neue österreichische Filmschaffen zu eröffnen, macht an dieser Stelle die Notwendigkeit einer versuchsweisen Definition bzw. Abgrenzung deutlich. Denn eine klare Bestimmung dessen, was nun als *Nouvelle Vague Viennoise* gelte, sucht man in wissenschaftlichen Publikationen bis dato vergeblich und auch die Fragen, wer denn dieser neuen Welle zugeschlagen werden könne und welche charakteristischen Ausprägungen für zurechenbare Filme beschrieben werden könnten, blieben bisher weitgehend ungeklärt.

---

754 Vgl. Eva Flicker: »Nouvelle Vague Viennoise« – der österreichische Kinofilm zwischen visueller Kultur und Gesellschaftsanalyse. Lehrveranstaltung an der Universität Wien, Institut für Soziologie [Wintersemester 2012/2013], https://www.soz.univie.ac.at/fileadmin/user_upload/inst_soziologie/Forschung/Visuelle_Soziologie/Vortrag_Flicker__Okt_2012.pdf, letzter Aufruf: 28.04.2018.

755 Robert von Dassanowsky: Austria. In: Jill Nelmes/Jule Selbo (Hrsg.): *Women Screenwriters: An International Guide*. Basingstoke: Palgrave MacMillan 2015, S. 214–237; hier: S. 231.

756 Flicker: »Nouvelle Vague Viennoise« [Wintersemester S 2012/2013].

757 Dennis Lim: Greetings From the Land of Feel-bad Cinema. [26.11.2006].

758 Flicker: »Nouvelle Vague Viennoise« [Wintersemester S 2012/2013].

759 Ebd.

Die nachfolgenden Erörterungen basieren auf der grundlegenden Annahme, dass besagte *Nouvelle Vague Viennoise* eine Welle in der Welle bezeichnet und somit einen Teilaspekt dessen darstellt, was unter den Bezeichnungen *Neuer österreichischer Film*, »Austrian New Cinema«[760] oder auch »Vienna's Po-mo Neo-realism«[761] – allesamt mit besagtem Label des »feel-bad cinema« markiert – Einlass in den filmwissenschaftlichen Diskurs gefunden hat. Jene Regisseur_innen, die nachfolgend als Vertreter_innen der *Nouvelle Vague Viennoise* betrachtet werden, sind – wie Haneke, Seidl, Glawogger oder Geyrhalter – zwar der Hauptströmung des *Neuen österreichischen Films* zuzuordnen, bilden aber innerhalb selbiger eine Untergruppierung. Die Filmschaffenden der *Nouvelle Vague Viennoise* eint, dass a) sie zeitnah an der FAK studierten, b) ihre Filmprojekte auf verschiedenen internationalen Filmfestivals mit zahlreichen Preisen ausgezeichnet wurden, c) sie einen regen Austausch untereinander pflegten und konstant zusammenarbeiteten und d) ihre filmischen Projekte unverkennbar ästhetische und thematische Schnittmengen aufweisen.

2.1.1 Vorboten der Welle in der Welle

Noch 1995 zogen Christian Cargnelli und Michael Omasta in einem Artikel mit dem anspielungsreichen Titel »Der österreichische Film kann gar nicht besser sein« offensichtliche Parallelen zum Dilemma des deutschen Films in den Nachkriegsjahren: »Er ist schlecht. Es geht ihm schlecht. Er macht uns schlecht. Er wird schlecht behandelt. Er will auch weiterhin schlecht bleiben.«[762]

Das Potenzial der aufstrebenden österreichischen Filmemacher_innen, die in späterer Folge unter dem Sammelbegriff der *Nouvelle Vague Viennoise* gebündelt wurden, hätte man bereits in der ersten Hälfte der 1990er-Jahre erahnen können: So wurde im Jahr 1992 ENDSTATION OBDACHLOS (1992, Ruth Mader) mit dem Dokumentarfilmpreis des *Öster-*

---

760 Dassanowsky/Speck: New Austrian Film: The Non-exceptional Exception. 2011, S. 5.
761 Ebd.
762 Hans-Jörg Marsilius: Unbestechlich, unbequem, unverkrampft. Der österreichische Filmnachwuchs macht auf sich aufmerksam. [o. D.], http://f-films.deutsches-filminstitut.de/zusatzinfos/film_dienst.htm, letzter Aufruf: 04.06.2020.

reichischen Schülerfilmfestivals[763] ausgezeichnet, zwei Jahre später gewann Albert mit NACHTSCHWALBEN am renommierten *Filmfestival Max-Ophüls-Preis* den Preis für den besten Kurzfilm.[764]

Rückblickend bezeichneten Jessica Hausner und Ruth Mader das *Internationale StudentInnenfilmfestival '95* der Wiener FAK als Initialzündung der neuen Welle im österreichischen Filmgeschehen. Im Rahmen dieser Veranstaltung sorgten die Premieren von SEEMANNSBEGRÄBNIS (1995, Valentin Hitz)[765] und BETONGRÄSER (1995, Antonin Svoboda)[766] dafür, dass »eine jahrelange Flaute an interessanten Akademiefilmen«[767] beendet wurde. Außergewöhnlich ist zudem, dass die Studierenden der Filmakademie den offenen Diskurs mit Gästen und Kritiker_innen suchten.[768]

An die Emotionen, welche die beiden Kurzfilme anlässlich der Projektionen im Salzburger Central-Kino A beim Publikum auslösten, erinnerte sich Peter Zawrel, vormals Geschäftsführer des *Filmfonds Wien*, anlässlich des zehnjährigen Firmenjubiläums der *Coop99* wie folgt:

> Nach zwei Kurzfilmen […] entstand im Saal während der Projektionen der Kurzfilme *Seemannsbegräbnis* (Valentin Hitz) und *Betongräser* (Antonin Svoboda) eine Spannung, wie ich sie während 23 Österreichischen Filmtagen und Diagonalen nur selten erlebt habe […]. Als Svoboda […] die Stufen zur Leinwand hinunterspringt, ist das Publikum in der Stimmung wie bei einem Rockkonzert, und das entspricht durchaus auch dem Aussehen des jungen Wilden.[769]

---

763   Vgl. http://derstandard.at/567291/Ruth-Mader-greift-die-Tradition-des-Propagandafilms-auf, letzter Aufruf: 04.06.2020.

764   Vgl. https://www.imdb.com/title/tt0107649/awards?ref_=tt_awd, letzter Aufruf: 15.07.2020.

765   SEEMANNSBEGRÄBNIS war in den Jahren 1995 und 1996 auf insgesamt neun Filmfestivals zu sehen. Vgl. https://www.sixpackfilm.com/de/catalogue/549/, letzter Aufruf: 04.06.2020.

766   *sixpackfilm* konnte BETONGRÄSER in den Jahren 1995 und 1996 auf sieben Filmfestivals positionieren; neben den nationalen Screenings am *Internationalen StudentInnenfestival '95* der FAK und der *Viennale 1995* wurde Svobodas Kurzfilm in Hof, München, Ankara, Leipzig und Triest gezeigt. Vgl. https://www.sixpackfilm.com/de/catalogue/558/, letzter Aufruf: 04.06.2020.

767   Cargnelli: Nouvelle Vague Viennoise. [05.05.1999], S. 62.

768   Vgl. ebd.

769   Peter Zawrel: Über die realen Verhältnisse hinaus. In: Andreas Ungerböck/Mitko Javritchev (Hrsg.): *Ray Filmmagazin: Zehn Jahre coop99*. Sonderheft 2009, S. 20–22; hier: S. 20.

Die beiden »Wurstsemmelproduktionen«[770] waren ein erstes, aber deutliches Signal, dass sich »im österreichischen Film etwas Neues abzeichnen sollte.«[771] Die Serie von erfolgreichen *Nouvelle Vague Viennoise*-Produktionen, die auf nationalen und internationalen Festivals überzeugen konnten, fand damit allerdings erst ihren Anfang. In weiterer Folge nahm Barbara Albert mit ihrem autobiografisch inspirierten Kurzfilm DIE FRUCHT DEINES LEIBES an 32 Festivals teil[772], SONNENFLECKEN wurde zumindest auf zwölf Filmfestivals präsentiert[773]. Außergewöhnliche Resonanz erzeugte Kathrin Resetarits' auf 47 Festivals gezeigte, zehnminütige Dokumentation ÄGYPTEN, welche auf der *Diagonale 1998* mit dem Preis für »Innovatives Kino«, am *Humboldt International Film Festival* mit dem Preis als »Best Documentary«, auf der *New York – Expo of Short Film & Video* mit dem *First Prize for Experimental*, am *Golden Gate Award International Film Festival* in San Francisco mit dem *Golden Spire* und im Folgejahr mit einer Auszeichnung für »Best Sound Design« am *Ann Arbor – Film Festival* und dem *Directors Choice Award* am *Black Maria Festival* in New Jersey prämiert wurde.[774] Auch SPEAK EASY hatte mit seinen 20 nationalen und internationalen Filmfestivalteilnahmen im Zeitraum von 1997 bis 2000 deutlich Anteil daran, dass die mediale Aufmerksamkeit auf österreichische Produktionen gelenkt wurde.[775] Der 60-minütigen Dokumentarfilm SOMEWHERE ELSE (1998, Barbara Albert), ein filmisches Portrait von vier jungen Erwachsenen, die vier Monate nach Beendigung des Jugoslawienkrieges von ihren traumatisierenden Erlebnissen berichten,[776] wurde unter anderem auf der *Diagonale 1998* und am *Festival der Menschenrechte* in Leipzig gezeigt. Der im selben Jahr veröffentlichte dreiteilige Episodenfilm SLIDIN' – ALLES BUNT UND WUNDERBAR (1998, Reinhard Jud/Barbara Albert/Michael Grimm) lief am *Rotterdam International Film Festival 1999* im Wettbewerb um den *Tiger Award*.[777] Für ihren Kurzfilm GFRASTA (1998, Ruth Mader) erhielt Mader – nunmehr Studentin an der FAK – am *Filmfestival Max-Ophüls-*

---

770 Ebd.; Zawrel spezifizierte diesen Ausdruck in seinen Ausführungen folgend: »Die Begriffe High Budget, Low Budget und No Budget waren uns damals in Österreich noch ungeläufig; ›Wurstsemmel‹ bedeutete: No Budget.«
771 Ebd.
772 Vgl. https://www.sixpackfilm.com/de/catalogue/696/, letzter Aufruf: 04.06.2020.
773 Vgl. https://www.sixpackfilm.com/de/catalogue/1042/, letzter Aufruf: 04.06.2020.
774 Vgl. https://www.sixpackfilm.com/de/catalogue/698/, letzter Aufruf: 04.06.2020.
775 Vgl. https://www.sixpackfilm.com/de/catalogue/699/, letzter Aufruf: 04.06.2020.
776 Vgl. https://www.sixpackfilm.com/de/catalogue/1345/, letzter Aufruf: 04.06.2020.
777 Vgl. http://www.imdb.com/event/ev0000569/1999, letzter Aufruf: 04.06.2020.

Preis im Jahr 1999 den Preis für den besten Kurzfilm.[778] 22 Festivalteilnahmen hielt die verleihende *sixpackfilms* für FREMDE fest, für ihren 29-minütigen Kurzspielfilm wurde die Regisseurin auf der *Viennale 1999* mit dem Preis »Bester Kurzfilm« ausgezeichnet und im Rahmen der *Internationalen Kurzfilmtage 2000* in Oberhausen mit dem *Großen Preis der Stadt Oberhausen* geehrt.[779]

Auch wenn es auf den ersten Blick den Anschein hat – Stöger bestätigt diesen Eindruck, wenn sie schreibt: »[…] es handelt sich hier tatsächlich um eine vorherrschend weibliche Bewegung, [zu deren Hauptvertreterinnen] unter anderem Barbara Albert, Jessica Hausner, Kathrin Resetarits und Mirjam Unger zählen.«[780] –, waren es längst nicht nur Regisseurinnen, die in dieser Periode mit ihren Produktionen auf sich und das heimische Filmschaffen aufmerksam machten. So wurde Valentin Hitz' FAK-Diplomfilm RAT RACE (1998, Valentin Hitz) mit einer lobenden Erwähnung der Jury der *Viennale 1998* geehrt[781] und gewann am *San Francisco International Film Festival 1999* den *Silver Spire* in der Kategorie »Film & Video – Short Narrative«[782].

Als »Unbekannter im österreichischen Kino«[783], der Zeit seines viel zu kurzen Lebens mit medialem Desinteresse bedacht wurde und dessen Werk erst nach seinem Tod im Jahr 2007 zunehmende Aufmerksamkeit zuteil wurde[784], war Jörg Kalt »ein wichtiger Bestandteil der Wiener Filmszene […], sei es durch seine eigene Arbeit oder durch die Mitarbeit an Projekten anderer Regisseure.«[785] Im Jahr 1999 nahm er mit seinem – zuvor von Filmkritiker Christian Cargnelli harsch kritisierten[786] – Kurzfilm MEINE MUTTER WAR EIN METZGER am *Internationalen StudentInnenfilmfestival* der Wiener FAK teil und wurde mit Preisen für die beste Kamera und den besten Schnitt sowie dem Publikumspreis und dem Sonderpreis für Regie bedacht.[787] Regisseur

---

778 Vgl. https://www.austrian-directors.com/mitglieder/mader-ruth/, letzter Aufruf: 15.07.2020.
779 Vgl. https://www.sixpackfilm.com/de/catalogue/1081/, letzter Aufruf: 04.06.2020.
780 Stöger: *Die falsche Einstellung ist die richtige.* 2012, S. 101.
781 Vgl. http://www.viennale.at/de/film/rat-race-0, letzter Aufruf: 28.04.2018.
782 Vgl. http://www.imdb.com/title/tt0177159/awards?ref_=tt_awd, letzter Aufruf: 04.06.2020.
783 Stöger: *Die falsche Einstellung ist die richtige.* 2012, S. 147.
784 Vgl. ebd. S. 147 f.
785 Ebd. S. 148.
786 Vgl. Cargnelli: Nouvelle Vague Viennoise. [05.05.1999], S. 63.
787 Vgl. Stöger: *Die falsche Einstellung ist die richtige.* 2012, S. 105.

und Autor Hubert Canaval, an der FAK als außerordentlicher Universitätsprofessor für Regie beschäftigt[788], erklärte LESEN MACHT TOT (1999, Jörg Kalt) zu seinem Lieblingsfilm des Regisseurs und äußerte: »Ich finde es irgendwie schade, dass dieser Film, im Verhältnis zu den anderen Sachen, so wenig Aufmerksamkeit bekommen hat [...].«[789] Zwar erhielt Kalts Kurzfilm am *Internationalen StudentInnenfilmfestival 2001* der FAK den Preis für das beste Drehbuch, er wurde in der medialen Berichterstattung jedoch völlig außer Acht gelassen.[790] Neben den Arbeiten von Jörg Kalt sorgten die bereits erwähnten Regisseure Valentin Hitz und Antonin Svoboda in weiterer Folge mit den Kurzfilmen LOVED IN SPACE (1996, Valentin Hitz) und GROSSE FERIEN (1997, Antonin Svoboda) für Produktionen, die bemerkenswert gewesen wären, aber kaum gewürdigt wurden.

2.1.2 Auszeichnungen schaffen Aufmerksamkeit

Im Jahr 2001 beschrieb Hans-Jörg Marsilius in seinem Artikel *Unbestechlich, unbequem, unverkrampft. Der österreichische Filmnachwuchs macht auf sich aufmerksam* seine Wahrnehmung der Situation des *Neuen österreichischen Films* retrospektiv wie folgt:

> Nach vielen Jahren der Abwesenheit von den Wettbewerbs-Programmen der großen internationalen Filmfestivals durchbrach erstmals Michael Haneke mit »Funny Games« mit seiner Einladung nach Cannes 1997 diese peinliche Situation. Auch im Alpenland selbst tat sich in den 90er-Jahren nicht viel.[791]

Um etwaigen Missverständnissen den Nährboden zu entziehen, muss an dieser Stelle definiert werden, was als Teilnahme am Wettbewerb verstanden werden kann. Während Marsilius seinen engen Fokus ausschließlich auf den Hauptbewerb der Filmfestivals richtet, können Wettbewerbsteilnahmen in den Diskussionen und Publikationen zum *Neuen österreichischen Film* durchaus auch in einem weiteren Sinn gefasst werden, wo-

---

788 Siehe http://www.filmakademie.wien/de/lehrende/, letzter Aufruf: 04.06.2020.
789 Canaval zit. n. Stöger: *Die falsche Einstellung ist die richtige.* 2012, S. 105.
790 Vgl. Stöger: *Die falsche Einstellung ist die richtige.* 2012, S. 105.
791 Marsilius: Unbestechlich, unbequem, unverkrampft. [o. D.].

durch sich die Wahrnehmung der Festivalpräsenz von österreichischen Beiträgen deutlich ändert. Denn obschon österreichische Produktionen zwar nicht um die *Goldene Palme* mitkonkurrierten, waren sie auf internationalen Filmfestivals durchaus präsent. Um das Beispiel der *Internationalen Filmfestspiele von Cannes* zu bemühen, wurden in der Sektion »Un Certain Regard« – anschließend an den im Wettbewerb außer Konkurrenz laufenden Beitrag ANIMA – SYMPHONIE FANTASTIQUE (1981, Titus Leber) – in der zweiten Hälfte der 1980er-Jahre die österreichischen Filme DAS MAL DES TODES (1985, Peter Handke)[792], WELCOME IN VIENNA (1986, Axel Corti)[793] sowie DAS WEITE LAND (1987, Luc Bondy)[794] gezeigt. Michael Schottenbergs Drama AVERILLS ANKOMMEN (1992, Michael Schottenberg) fand ebenfalls Aufnahme in »Un Certain Regard«[795].

Auch in der Cannes-Parallelveranstaltung *La Quinzaine des Réalisateurs*, die von der Vereinigung der Regisseure *Société des Réalisateurs de Films* durchgeführt wird, stellten Österreicher_innen ihre filmischen Werke zur Schau: In den 1980er-Jahren waren es DIE ERBEN (1983, Walter Bannert)[796], LIEBER KARL (1985, Maria Knilli)[797], SCHMUTZ (1986, Paulus Manker; als Autor der Dialoge zeichnete Michael Haneke verantwortlich)[798] und DER SIEBENTE KONTINENT[799]. Michael Schottenberg nahm mit CARACAS (1989, Michael Schottenberg) nicht nur am Wettbewerb teil, sondern gewann den *Prix de la jeunesse film étranger*, also den Preis für den besten jungen Auslandsfilm.[800] In der ersten Hälfte der 1990er-Jahre folgten die Projektionen von BENNY'S VIDEO

---

792 Vgl. http://www.festival-cannes.com/fr/films/das-mal-des-todes, letzter Aufruf: 04.06.2020.
793 Vgl. http://www.festival-cannes.com/fr/films/welcome-in-vienna, letzter Aufruf: 04.06.2020.
794 Vgl. http://www.festival-cannes.com/fr/films/das-weite-land, letzter Aufruf: 04.06.2020.
795 Vgl. http://www.festival-cannes.com/fr/films/averills-ankommen, letzter Aufruf: 04.06.2020.
796 Vgl. http://www.quinzaine-realisateurs.com/qz_film/die-erben/, letzter Aufruf: 04.06.2020.
797 Vgl. http://www.quinzaine-realisateurs.com/qz_film/lieber-karl/, letzter Aufruf: 04.06.2020.
798 Vgl. http://www.quinzaine-realisateurs.com/qz_film/schmutz/, letzter Aufruf: 04.06.2020.
799 Vgl. http://www.quinzaine-realisateurs.com/qz_film/der-7-kontinent/, letzter Aufruf: 04.06.2020.
800 Vgl. http://www.quinzaine-realisateurs.com/qz_film/caracas/, letzter Aufruf: 04.06.2020.

(1992, Michael Haneke)[801], 71 FRAGMENTE EINER CHRONOLOGIE DES ZUFALLS[802] und DER KOPF DES MOHREN (1995, Paulus Manker)[803].

Ergänzend findet im Rahmen der internationalen Filmfestspiele außerdem *La Semaine Internationale de la Critique* statt, die von der Kritikervereinigung *Syndicat français de la critique de cinéma* veranstaltet wird. Mit DIE TOTEN FISCHE (1989, Michael Synek), DIE MYSTERIÖSEN LEBENSLINIEN (1991, David Rühm) und DIE FLUCHT (1992, David Rühm) waren Österreicher in dieser spezifischen Cannes-Nebenschiene – und damit bereits vor Hanekes Erfolg mit FUNNY GAMES – vertreten.[804]

Dass Österreicher_innen also durch angebliche »Abwesenheit von den Wettbewerbs-Programmen der großen internationalen Filmfestivals«[805] glänzten, kann – das sollten die angeführten Wettbewerbsbeiträge verdeutlicht haben – nicht behauptet werden. Allerdings gelang es – nach JULIA, DU BIST ZAUBERHAFT (1962, Alfred Weidenmann) – zunächst keinem österreichischen Film mehr, in den Hauptbewerb an der Croisette geladen zu werden.

Im Jahr 1997 stand dann der damals 55-jährige Michael Haneke »zum ersten Mal im Wettbewerb um die *Goldene Palme* bei den *Internationalen Filmfestspielen von Cannes*; die Uraufführung bildet den ersten österreichischen Wettbewerbsbeitrag nach 35 Jahren […].«[806] Dass er zum damaligen Zeitpunkt als der international bekannteste österreichische Filmschaffende wahrgenommen wurde, lag zum Teil wohl auch an der umfassenden Festivalpräsenz seiner Werke: 71 FRAGMENTE EINER CHRONOLOGIE DES ZUFALLS wurde auf 40 Festivals, BENNY'S VIDEO auf 34 Festivals gezeigt.[807] Haneke führte zum damaligen Zeitpunkt nicht nur die inoffizielle Rangliste der österreichischen Festivalteilnahmen an[808], sondern bereitete mit seinem Streben, ein internationales Pub-

---

801 Vgl. http://www.quinzaine-realisateurs.com/qz_film/bennys-video/, letzter Aufruf: 04.06.2020.
802 Vgl. http://www.quinzaine-realisateurs.com/qz_film/71-fragmente-einer-chronologie-des-zufalls/, letzter Aufruf: 04.06.2020.
803 Vgl. http://www.quinzaine-realisateurs.com/qz_film/der-kopf-des-mohren/, letzter Aufruf: 04.06.2020.
804 Vgl. http://www.semainedelacritique.com/en/archives-en, letzter Aufruf: 04.06.2020.
805 Marsilius: Unbestechlich, unbequem, unverkrampft. [o. D.].
806 Müller: *Haneke. Keine Biografie.* 2014, S. 152.
807 Vgl. ebd. S. 153.
808 Vgl. ebd. S. 152 f.

likum zu erreichen, auch den Weg für die folgende Generation von Filmschaffenden.[809]

Als die Studierenden der FAK Ende der 1990er-Jahre mit ihren Kurzfilmen die Aufmerksamkeit der internationalen Medienvertreter_innen auf sich ziehen konnten und plötzlich begeistert von einer *Nouvelle Vague Viennoise* die Rede war, flammte die Hoffnung auf ein (wenn auch verspätet auftretendes) österreichisches Äquivalent zum italienischen *Neorealismo*, zur französischen *Nouvelle Vague,* zum *Neuen deutschen Films* wieder auf. Das blieb auch auf den Filmfestivalbühnen der Welt nicht unbeachtet. In den Jahren von 1999 bis 2009 wurde dem *Neuen österreichischen Film* starke Aufmerksamkeit zuteil, die in Form von Festivaleinladungen und der Erlangung von renommierten Filmpreisen ihren Ausdruck fand.

> Hinsichtlich der Auszeichnungen können neben Michael Haneke etwa Barbara Albert, Nikolaus Geyrhalter, Jessica Hausner, Stefan Ruzowitzky, Hubert Sauper, Ulrich Seidl und Götz Spielmann Erfolge verzeichnen. Besonders erwähnenswerte Höhepunkte […] waren u. a. 1999 222 Festivaleinladungen an »österreichische« Filme, 2005/06 der Filmschwerpunkt Österreich beim *Festival de Cannes* (*Tous les cinémas du monde*), die Verleihung der *Goldenen Palmen* für *Caché* (2005) und *Das weiße Band* (2009) an Michael Haneke sowie des »Auslands-Oscars« 2008 für *Die Fälscher* (2007) an Stefan Ruzowitzky und die Oscar-Nominierung 2009 von Götz Spielmanns *Revanche* (2008).[810]

Wie Müller andeutete, trugen die Präsenz wie auch die Erfolge von Barbara Alberts und Jessica Hausners Filmen – als Vertreterinnen der *Nouvelle Vague Viennoise* – im Rahmen der Festivalwettbewerbe durchaus ihren Teil zur internationalen Sichtbarmachung des österreichischen Filmschaffens bei.

---

809 Vgl. Eva Kuttenberg: Allegory in Michael Haneke's *The Seventh Continent*. In: Robert von Dassanowsky/Oliver C. Speck (Hrsg.): *New Austrian Film.* New York/Oxford: Berghahn 2011, S. 151–165; hier: S. 151. Kuttenberg verwies im Besonderen auf die hohe Relevanz von DER SIEBENTE KONTINENT in Hanekes Schaffen. Der Film brachte ihm nicht nur den Ruf als provokanter Gestalter ein, sondern führt auch zu der Wahrnehmung, dass der Regisseur »[…] set the stage for a new generation of filmmakers, from Barbara Albert to Jessica Hausner […].«

810 Müller: *Haneke. Keine Biografie.* 2014, S. 19.

2.1.3 Bewegung mit weiblichem Motor

Für die Publikation *Wie haben Sie das gemacht? Aufzeichnungen zu Frauen und Filmen* von Claudia Lenssen und Bettina Schoeller-Bouju gab Erika Gregor, Mitbegründerin des Arsenal-Kinos Berlin, zu bedenken: »Ich fand wichtig, dass es immer kreative Regisseurinnen gegeben hat, die à la longue aber von der männlich dominierten Filmindustrie ›vergessen‹ wurden.«[811]

Diesem Missstand wurde in jüngerer Vergangenheit auf wissenschaftlicher Ebene mit entsprechenden Publikationen entgegengewirkt. So trug Robert von Dassanowsky den Werken österreichischer Drehbuchautorinnen Rechnung und präsentierte in seinem Beitrag für die Publikation *Women Screenwriter* das weibliche Schaffen im heimischen Filmgeschäft, beginnend mit den Erfolgen der Pionierin Louise Kolm-Fleck, über die außergewöhnlichen Experimente von Valie Export bis hin zu den Leistungen von Albert, Unger, Mader und Hausner.[812] Dass die vier prominentesten Vertreterinnen der *Nouvelle Vague Viennoise* Einlass in diese Veröffentlichung, die immerhin mehr als 300 weibliche Filmschaffende aus 60 Nationen – aus Stummfilmzeiten wie auch aus jüngerer Vergangenheit – in einem historischen Überblick vereint, gefunden haben, ist bemerkenswert und darf zugleich als Beleg für Bedeutung und Relevanz ihrer Werke verstanden werden. Und auch im von Dassanowsky und Speck herausgegebenen Band *New Austrian Film* ist eine Vielzahl an Beiträgen zu finden, in denen das Filmschaffen von Österreicherinnen – unter ihnen Valie Export, Ruth Beckermann, Barbara Albert, Kathrin Resetarits, Valeska Grisebach und eben Jessica Hausner – in den Fokus gerückt wurde.[813] Mit ihrem Sammelband *Eine eigene Geschichte. Frauen Film Österreich seit 1999*, in welchem mittels Werkporträts, Interviews, Filmlektüren und wissenschaftlicher Erörterungen »Rückschau auf das, was in den zwei Jahrzehnten seither geschah«[814] betrieben wird, hat Herausgeberin Isabella Reicher einen weiteren bedeutsamen Beitrag zur Sichtbarmachung wie Schließung der klaffenden Forschungslücke geleistet.

---

811 Gregor zit. n. Lenssen/Schoeller-Bouju (Hrsg.): *Wie haben Sie das gemacht?* 2014, S. 25.
812 Vgl. Dassanowsky: Austria. 2015, S. 214–237.
813 Vgl. Robert von Dassanowsky/Oliver C. Speck (Hrsg.): *New Austrian Film*. New York/Oxford: Berghahn 2011.
814 Reicher: Eine eigene Geschichte. Vorbemerkung. 2020, S. 9.

Auf dem Dach eines Autobusses befestigt, fährt die Kamera in die Stadt Wien ein, Endpunkt der Fahrt und gleichzeitig Anfang der Geschichte ist der Bahnhof Wien Mitte. In Jörg Kalts Episodenfilm CRASH TEST DUMMIES wird diese transitorische Sequenz von *Woman driving, man sleeping* der Band *Eels* begleitet, das auch als Titellied der Situation fungieren kann, in der sich Kalt befunden hat, als er an die Wiener Filmakademie kam. Die Frauen übernehmen das Lenkrad und somit die Führung, während die Männer am Beifahrersitz schlafen und im Hintergrund bleiben. So weit, so oberflächlich.[815]

Stöger legte treffsicher ihren Finger in einen wunden Punkt der journalistischen wie auch wissenschaftlichen Beschäftigung mit dem Kunstschaffen der Vertreterinnen der *Nouvelle Vague Viennoise*. Denn so einseitig, wie es manche Publikationen zur »weiblichen Welle« im *Neuen österreichischen Film* weismachen wollen, stellte sich die Situation Ende der 1990er-Jahre letztlich nicht dar.

> [Dass] die Mitte der neunziger Jahre ausgerufene Wellenbewegung des neuen österreichischen Films eine rein weibliche gewesen ist, kratzt nur an der Schale des wahren Kerns. Richtig ist, dass das weibliche Filmschaffen, nachdem es Jahrzehnte davor weitestgehend ignoriert wurde, nun mit der neuen Generation von Regisseurinnen auch eine neue Öffentlichkeit erfährt – und das zu Recht.[816]

Mit dem Einsetzen der Wahrnehmung der *Nouvelle Vague Viennoise* wendete sich das Blatt, die von Gregor konstatierte Problematik verkehrte sich ins Gegenteil. Nun waren es die Regisseure, die durch eine (vermeintlich) weibliche Dominanz verdrängt wurden. Während den Frauen der *Nouvelle Vague Viennoise* eine umfassende Bühne geboten wurde, gerieten die durchaus beachtenswerten Filmproduktionen der Männer ins Hintertreffen. Plötzlich waren es nicht die Regisseurinnen, die von den Kritiker_innen, Rezensent_innen und Wissenschaftler_innen »übersehen« wurden, sondern es waren ihre Kollegen, deren Filmproduktionen

---

815 Katharina Stöger: Living in a box. Jörg Kalt im Kontext historischer Diskurse und aktueller Forschung. In: Anja Hartung/Thomas Ballhausen/Christine Trültzsch-Wijnen/Alessandro Barberi/Katharina Kaiser-Müller (Hrsg.): *Filmbildung im Wandel.* Beiträge zur Medienpädagogik, Band 2, Wien: New Academic Press 2015, S. 57–64; hier: S. 60.
816 Ebd. S. 60 f.

aus der Berichterstattung und dem zeitgenössischen Kinodiskurs ausgeklammert wurden.

Da der behauptete weibliche Kern der *Nouvelle Vague Viennoise* umfassende mediale Aufmerksamkeit genossen hat, sollen – im Sinne einer gendersensitiven, balancierten Darstellung – die Filmproduktionen der Regisseure in dieser Phase des *Neuen österreichischen Films* nicht völlig in Vergessenheit geraten und nachfolgend (zumindest im Abriss) ihre Erwähnung finden.

Für das männliche Gegengewicht sorgten im direkten Umfeld von Hausner, Albert und ihren Kolleginnen etwa die bereits genannten Filmemacher Antonin Svoboda, Valentin Hitz und Jörg Kalt. Neben Ted Schuler legte Kris Krikellis[817] – er hatte in SEEMANNSBEGRÄBNIS und in DER OLYMPISCHE SOMMER (1993, Gordian Maugg) als Darsteller agiert – als ein weiterer Mann, der mit den Vertreterinnen der *Nouvelle Vague Viennoise* an der Filmakademie Wien studiert hatte, mit seinen Kurzfilmen EIN GEFRÄSSIGES TIER (DAS LEBEN) (1993, Kris Krikellis), THIS IS NOT A POSTCARD (1996, Kris Krikellis), DIE WEICHE (1997, Kris Krikellis) und GERMANIA (1998, Kris Krikellis) beachtenswerte Filmprojekte vor.

Nicht alle »vergessenen Männer«, die der *Nouvelle Vague Viennoise* zugerechnet werden könnten, ließen die einseitig wahrgenommene Berichterstattung kommentarlos über sich ergehen, wie ein schriftstellerisches Aufbegehren Jörg Kalts veranschaulicht. Nachdem Cargnelli sich in seinem *Falter*-Artikel kritisch zu einigen Wettbewerbsbeiträgen anlässlich des *Internationalen StudentInnenfilmfestivals '99* der FAK geäußert hatte[818], konterte Kalt in seiner Kolumne in der Schweizer Kulturzeitschrift *du*:

> Im Vorfeld des Festivals hatte uns der Journalist eines Stadtmagazins bereits zu Verlierern gestempelt, wir nannten ihn »die Nase« […]. Er war verbandelt, wie man hier sagt, mit einigen anderen, weiblichen Wettbewerbsteilnehmern, schrieb in grossem Bogen bloss über sie, erwähnte uns, namenlos, abschätzig in einem Nebensatz. Ich sass jeden Abend im Foyer

---

817 Heute schreibt sich Krikellis nicht mehr Kris, sondern man findet ihn als Chris Krikellis, wie unter https://www.regieverband.de/mitglieder/profile-der-mitglieder/ ersichtlich. Letzter Aufruf: 04.06.2020.

818 Ohne Namen oder Filmtitel zu nennen, schrieb Cargnelli: »Der konventionelle, formal klug erzählte Kurzfernsehfilm der siebziger Jahre steht neben dem patschert-bemühten Flüchtlingsdrama, das früher dominante skurrile ›Buberlkino‹ in Schwarzweiß neben höchst unterschiedlichen Dokumentarfilmen.« (Cargnelli: Nouvelle Vague Viennoise. [05.05.1999], S. 62.)

des Festivalkinos, nagte an den Hälsen von Bierflaschen und schwor öffentliche Rache. Dann kam der Abend, an dem wir gewannen.[819]

Für seinen Beitrag MEINE MUTTER WAR EIN METZGER erhielt Kalt nicht nur den begehrten Publikumspreis, sondern außerdem die Auszeichnungen für die beste Kamera, den besten Schnitt wie auch den Sonderpreis für Regie.[820] Trotz der positiven Resonanz von Festivaljury und anwesendem Publikum wurde Kalt in weiterer Folge nicht dem Zirkel der *Nouvelle Vague Viennoise* zugerechnet; diesen Umstand kritisierte Stöger nachdrücklich:

> Unter Rückbezug auf erfolgreiche Beispiele wird eine homogene und auf Kontinuität verweisende Wellenbewegung konstruiert. Anstatt Individualität zu betonen, wird lieber nach Gemeinsamkeiten gesucht. Interessant ist, dass Barbara Albert mit *Nordrand* die Filme Hanekes und Seidls als Vorbildwirkung ersetzt, was auf ihren internationalen Erfolg zurück zu führen ist. Deutlich wird dieser Homogenisierungsversuch, wenn dabei Arbeiten – wie die von Jörg Kalt – ausgeschlossen werden, die sich nicht in eine Wellenbewegung eingliedern lassen wollen.[821]

Stögers Befunde lassen sich auch für die filmischen Arbeiten der damaligen Kommilitonen wie Antonin Svoboda und Valentin Hitz anwenden. Obwohl die Filme der »vergessenen Männer« der *Nouvelle Vague Viennoise* durchaus beachtenswert sind, sucht man in Publikationen bis dato vergebens nach entsprechenden Erörterungen.

So erfreulich und wichtig die Wertschätzung für das weibliche Filmschaffen war und ist: Die ›wundersame Entdeckung‹ der Frau als Regisseurin mutet aus heutiger Perspektive als seltsames Relikt an, das jedoch seinen Weg in zahlreiche wissenschaftliche Veröffentlichungen gefunden hat. Es liegt nahe, diesbezüglich von einer modischen Zeiterscheinung zu sprechen, denn nicht nur im Film, sondern auch in der Literatur, ließ sich im gleichen Zeitraum eine ähnliche Konzentration beobachten.

»Die deutsche Literatur ist wieder im Gespräch und im Geschäft […].«[822] frohlockte Literaturkritiker Volker Hage in seinem für das

---

819 Jörg Kalt: Die Leiche lebt. In: *du Die Zeitschrift der Kultur 697*, Juli 1999, S. XIX. Zit. n. Stöger: *Die falsche Einstellung ist die richtige.* 2012, S. 106.
820 Vgl. Stöger: *Die falsche Einstellung ist die richtige.* 2012, S. 105.
821 Stöger: *Die falsche Einstellung ist die richtige.* 2012, S. 102.
822 Volker Hage: Ganz schön abgedreht. In: *Spiegel 12/1999*, S. 244–246; hier: S. 244.

deutsche Magazin *Der Spiegel* verfassten Artikel *Ganz schön abgedreht* und schob die Frage »Wird die deutsche Literatur am Ende des Jahrhunderts doch noch munter?«[823] hinterher.

> Ist es Zufall, daß die weiblichen Debütanten zumeist weniger verzagt und umstandskrämerisch als ihre männlichen Kollegen daherkommen – ohne die erzähltechnischen Absicherungsstrategien, die doch längst geläufig und in diesem Jahrhundert beliebig verfügbar sind? Das literarische Fräuleinwunder ist jedenfalls augenfällig. Plötzlich gibt es in deutscher Prosa wieder ganz hinreißende Kurzgeschichten […].[824]

Dem *literarischen Fräuleinwunder* ordnete Hage vor allem junge Autorinnen zu, welche mit ihren Debüts bei Kritik und Publikum für Begeisterung gesorgt hatten, und fasste sie unter »außerliterarischen, stereotyp geschlechtsbezogenen Faktoren zusammen«[825], indem er dem literarischen Schaffen von Karen Duve, Judith Hermann, Zoë Jenny, Birgit Vanderbeke und Kolleginnen erotisch-konnotierte Attribute wie »wild«, »naiv« oder »raffiniert« zuschrieb. Nachdem der Begriff sich in deutschsprachigen Feuilletons nicht nur etabliert hatte, sondern überproportional zur Anwendung kam, reagierte die Literaturwissenschaft prompt und widmete sich in mehreren Artikeln und Abhandlungen der Beschreibung, der Inszenierung wie auch der Destruktion des Labels des *literarischen Fräuleinwunders*.[826]

»Die Erfindung griffiger Etiketten ist für den Verkauf heute fast noch wichtiger als die Entdeckung guter literarischer Texte«[827] äußerte sich Sigrid Löffler kritisch und nannte die plakativen Bezeichnungen beim

---

823 Ebd.
824 Ebd. S. 245.
825 Friederike Schwabel: Fräuleinwunder? Zur journalistischen Rezeption der Werke deutscher Gegenwartsautorinnen von Judith Hermann bis Charlotte Roche in den USA. [29.05.2017], http://www.komparatistik-online.de/index.php/komparatistik_online/article/view/119, S. 302–326, hier: S. 303. Letzter Aufruf: 04.06.2020.
826 Vgl. dazu exemplarisch: Katrin Blumenkamp: *Das »Literarische Fräuleinwunder«. Die Funktionsweise eines Etiketts*. Münster: LIT 2011; Christiane Caemmerer/Walter Delabar/Helga Meise (Hrsg.): *Fräuleinwunder literarisch. Literatur von Frauen zu Beginn des 21. Jahrhunderts*. Frankfurt am Main: Peter Lang 2005; Heidelinde Müller: *Das »literarische Fräuleinwunder«. Inspektion eines Phänomens der deutschen Gegenwartsliteratur in Einzelstudien*. Frankfurt am Main: Peter Lang 2004.
827 Sigrid Löffler: *Im Sog der Stromlinie*. In: *literaturen*. Januar/Februar 2008, S. 6–13, hier: S. 9.

Namen: *Generation Berlin*, *Debütantenwelle*, *Ostalgie-Welle* und eben auch *Fräuleinwunder* hießen die gängigen Trends des deutschen Literaturmarktes rund um die Jahrtausendwende.[828] Durch die Etablierung eines indifferenten Markennamens wurde – sowohl hinsichtlich des *literarischen Fräuleinwunders* wie auch der *Nouvelle Vague Viennoise* – jeweils eine Gruppe von Frauen unter einer Dachmarke zusammengepfercht und ihr individuelles Kunstschaffen im Bemühen um eine vereinheitlichende These kurzerhand über den Stereotypen-Kamm geschoren.

> Kaum mehr als Geschlecht und Jugend verbindet die Autorinnen. Jugend, weil sie entweder jung an Lebensjahren oder jung an Jahren ihrer Veröffentlichungen, meist unverheiratet, in jedem Fall aber kinderlos sind.[829]

Dass die Entdeckung der Frau als Kunstschaffende gegen Ende des 20. Jahrhunderts scheinbar als en vogue galt, darf heute – das gilt meines Erachtens nicht nur für das *literarische Fräuleinwunder*, sondern auch für die behauptete *écriture féminine*[830] der *Nouvelle Vague Viennoise* – wohl »endgültig als überholt«[831] betrachtet werden.

---

828 Vgl. ebd. S. 10.
829 Julia Franck/Alexandra Merley Hill: The Wonder (of) Woman. In: *Women in German Yearbook 24*: Feminist Studies in German Literature & Culture. 2008, S. 229–240; hier: S. 233.
830 Den Begriff der *écriture féminine* führte Catherine Wheatley in den Diskurs rund um die Vertreterinnen der *Nouvelle Vague Viennoise* ein und erläuterte: »I do not believe that Grisebach, Hausner, or even Mader, see themselves as being specifically part of a woman's «counter cinema» […] What I have in mind rather is a form of cinematic *écriture féminine*, which seeks to disrupt traditional oppositions […]; it privileges feminine agency but offers us a male protagonist; and it uses documentary techniques to tell a fictional narrative – itself based on a true story.« (Wheatley: The »Feminine Aesthetic« of Valeska Grisebach and Jessica Hausner. 2011, S. 145.) Die Festlegung auf eine angeblich »weibliche Schrift« nimmt Wheatleys Beobachtungen die Kraft, zumal lassen sich das Durchbrechen tradierter Gegensatzpaare und der Einsatz von dokumentarfilmischen Techniken in Spielfilmen – im Kontext des *Neuen österreichischen Films* – durchaus auch in Werken von Regisseuren, die nicht der *Nouvelle Vague Viennoise* zugeordnet werden – man denke etwa an Ulrich Seidl –, nachweisen. Siehe ergänzend dazu Philipp Blum: *Experimente zwischen Dokumentar- und Spielfilm. Zur Theorie und Praxis eines ästhetisch ›queeren‹ Filmensembles.* Marburg: Schüren 2017.
831 Schwabel: Fräuleinwunder? [29.05.2017], S. 303.

2.1.4 Mangelnder Box-Office-Erfolg

Obwohl es den Vertreter_innen der *Nouvelle Vague Viennoise* zuverlässig gelang, auf kleineren wie größeren, auf nationalen wie internationalen Filmfestivals eine Bühne zu finden, und ihre Produktionen außerdem zahlreiche Filmpreise gewannen, fällt doch auf, dass sie in den heimischen Kinosälen selten ein breites Publikum erreichen konnten. Ein exemplarisch gezogener Überblick der Spielfilm-Ticketverkäufe von einigen als populär gehandelten *Nouvelle Vague Viennoise*-Regisseurinnen, ergänzt um einige als erfolgreich kolportierte Produktionen österreichischer Regisseure, im Zeitraum von 1999 bis 2019 (Tab. 8[832]) veranschaulicht die mageren Besucherzahlen eindringlich.

Schafft es Hausner in dieser Auswahl hinsichtlich der Ticketverkäufe in Österreich noch nicht einmal in die Top-5, ist es im Kreis der *Nouvelle Vague Viennoise*-Kolleg_innen nur ihr und Jasmila Žbanić bisher gelungen, am internationalen Markt die 100.000-Ticket-Marke deutlich zu überschreiten. Mit 363.636 Tickets im als »EUR EU« definierten Beobachtungsraum bzw. 388.274 Tickets im weiter gefassten »EUR OBS« ist Lourdes ein sich markant aus der Masse abhebender Leuchtturm.

> Meine Filme waren im Ausland immer erfolgreicher als in Österreich. Auch von den Kinozuschauern her, von den Fernseheinschaltungen her, in jeglicher Hinsicht. Der Grund dafür ist glaube ich schon darin zu suchen, dass Österreich kein Filmland ist. Es ist nicht so, dass wir Film als Teil unserer Kultur begreifen, sondern in Österreich wird Film rein als Popcorn begriffen […], aber es ist eben auch eine Kunstform, diese Art und Weise, wie ich Filme mache. Andere Länder der Welt haben da ein breiteres Publikum und sind auch neugieriger auf Filme aus anderen Ländern. […] Insofern bin ich da immer relativ gelassen – ich mache mir also nichts daraus, wenn die Zuschauerzahlen in Österreich nicht gut sind, weil ich weiß: woanders sind sie besser![833]

---

832 Die in der tabellarischen Auflistung getätigten Hervorhebungen markieren zum einen die Höchstwerte am österreichischen Markt und zum anderen die Spitzenwerte im europäischen Umfeld.

833 Hausner zit. n. 10.1 Skype-Interview mit Jessica Hausner [15.11.2016].

Filmtitel (Erscheinungsjahr, Regisseur_in)	Lumiere-Datenbank[834]			ÖFI[835]
	EUR EU[836]	EUR OBS[837]	davon AT	AT
NORDRAND (1999, Barbara Albert)	85.082	88.688	54.670	54.670
MAIKÄFER FLIEG! (2016, Mirjam Unger)	45.945	45.945	40.019	51.198
DER FALL WILHELM REICH (2012, Antonin Svoboda)	49.949	49.949	21.834	24.844
FALLEN (2006, Barbara Albert)	25.454	25.454	22.559	24.543
IMMER NIE AM MEER (2007, Antonin Svoboda)	79.665	80.889	22.669	22.945
ESMAS GEHEIMNIS – GRBAVICA (2006, Jasmila Žbanić)	249.646	279.174	17.743	17.743
LOURDES (2009, Jessica Hausner)	363.636	388.274	15.330	16.269
BÖSE ZELLEN (2003, Barbara Albert)	20.735	20.794	16.214	16.214
LOVELY RITA (2001, Jessica Hausner)	30.721	31.754	12.062	12.062
LICHT (2017, Barbara Albert)	33.917	33.917	10.744	12.015
SPIELE LEBEN (2005, Antonin Svoboda)	10.071	10.150	10.071	10.269
DREI EIER IM GLAS (2015, Antonin Svoboda)	8.593	8.593	8.593	9.308
TERNITZ, TENNESSEE (2000, Mirjam Unger)	8.753	8.753	8.753	8.753
AMOUR FOU (2014, Jessica Hausner)	44.451	45.046	6.673	7.046
LIFE GUIDANCE (2017, Ruth Mader)	6.198	6.198	6.198	6.087
LITTLE JOE (2019, Jessica Hausner)	29.037	33.697	5.628	5.728
HOTEL (2004, Jessica Hausner)	29.537	29.537	5.542	5.249
WESTERN (2017, Valeska Grisebach)	77.896	88.362	3.212	3.730
CRASH TEST DUMMIES (2005, Jörg Kalt)	6.070	6.763	3.688	3.626
DIE LEBENDEN (2012, Barbara Albert)	8.122	8.122	2.899	3.604
STILLE RESERVEN (2016, Valentin Hitz)	5.210	5.515	3.446	3.446
STRUGGLE (2003, Ruth Mader)	2.911	2.911	2.911	1.615

Tab. 8: Ticketverkäufe; gereiht nach ÖFI-Daten, absteigend

834 Die Ticketzahlen sind den jeweiligen Filmeinträgen in der Lumiere-Datenbank entnommen. Siehe http://lumiere.obs.coe.int/web/search/, letzter Aufruf: 04.06.2020.
835 Zur Kontrolle dienen die Daten des ÖFI, die den Filmen in den jeweiligen Homepage-Einträgen auf https://www.filminstitut.at entnommen sind; letzter Aufruf: 04.06.2020. Erneut zeigt sich, wie schwierig sich die Handhabe der Angaben gestaltet, weichen die Zahlen doch voneinander ab – und das, obwohl das ÖFI die Lumiere-Datenbank mit offiziellen Zahlen bedient.
836 »EUR EU« formiert sich aus Österreich, Belgien, Bulgarien, Zypern, Tschechische Republik, Deutschland, Dänemark, Estland, Spanien, Finnland, Frankreich, Vereinigtes Königreich, Griechenland, Kroatien, Ungarn, Irland, Italien, Litauen, Luxemburg, Lettland, Malta, Niederlande, Polen, Portugal, Rumänien, Schweden, Slowenien, Slowakei. Vgl. dazu http://lumiere.obs.coe.int/web/iso_codes/, letzter Aufruf: 04.06.2020.
837 Dem Beobachtungsraum »EUR OBS« sind neben den Ländern der »EUR EU« ergänzend Albanien, Armenien, Bosnien-Herzegowina, Schweiz, Georgien, Island,

In dieselbe Kerbe schlug auch Veronika Franz in ihrem Eingangsstatement zum *Diagonale Film Meeting* im Jahr 2017. Als Side-Event des Filmfestivals stand die Veranstaltung unter dem Titel *Wen interessiert's? Popularität und Potenzial des österreichischen Films im Inland* und fand am 29. und 30. März 2017 im Hotel Wiesler in Graz statt. »[Mit] dem «Diagonale Film Meeting» ist die alte Streitkultur wieder an die Mur zurückgekehrt, […], um über ein heißes Eisen zu debattieren: Es geht um nichts weniger als den publikumsmäßigen Misserfolg des österreichischen Films im eigenen Land […].«[838]

> Ich stelle mir Fragen. Zählen 6.000 österreichische Zuschauer, die sich beim Besuch von Jessica Hausners »Amour Fou« mit Heinrich Kleist befassen, nicht mindestens genauso viel wie 200.000 Zuschauer, die einen Dokumentarfilm über die Streif anschauen? Bewirkt Jessica Hausners Film in manch einem sogar mehr als ein populärer Sportfilm in vielen? Und ist nicht genau das der Kulturauftrag, den wir als Gesellschaft als Österreich, als Land, das sich ja so gerne eine Kulturnation nennt, haben? […] Kino ist eine Kunstform, auch wenn das immer noch nicht in den Köpfen der meisten Österreicher angekommen ist. Eine Kunstform wie die Musik, die Literatur, die Bildhauerei. Eine Kunstform, die nicht populär sein muss, sondern die populär gemacht werden muss. Und zwar als Kunst und nicht als Quotenkuh. Das, finde ich, ist unsere Aufgabe.[839]

Die Worte der beiden Filmemacherinnen lassen ad hoc an René Girards *Sündenbockmechanismus* denken; neben der These, dass Österreicher_innen Film als Kunstform nicht ausreichend zu würdigen wüssten, und den häufig ins Feld geführten Kritiken an strukturellen und finanziellen Bedingungen, mag schlicht in der mangelnden Größe des Filmmarktes ein Erklärungsgrund gefunden werden. In der Lumiere-Datenbank findet sich, die Exportquote betreffend, folgender Hinweis:

> Im Hinblick auf die [fünf] großen Produktionsländer der Europäischen Union, in denen auch die meisten Menschen in die Kinos gehen, unter-

---

    Fürstentum Liechtenstein, Montenegro, Ehemalige Jugoslawische Republik Mazedonien, Norwegen, Russische Föderation und die Türkei zugeordnet. Vgl. http://lumiere.obs.coe.int/web/iso_codes/, letzter Aufruf: 04.05.2018.
838 Matthias Greuling: »Wer soll das alles anschauen?« [30.03.2017], https://www.wienerzeitung.at/nachrichten/kultur/film/882859_Wer-soll-das-alles-anschauen.html, letzter Aufruf: 04.06.2020.
839 Franz zit. n. http://www.diagonale.at/film-meeting17/, letzter Aufruf: 04.06.2020.

scheidet sich die Exportquote in die Gemeinschaft erheblich: die britischen Filme erzielen zwischen 55 und 70 % ihrer EU-Besuche außerhalb des Heimatmarktes. Das andere Extrem sind die deutschen Filme, die nur 5 bis 17 % ihrer Besuche in der Gemeinschaft außerhalb des Heimatmarktes erzielen. Die Ergebnisse der französischen, spanischen und italienischen Filme variieren viel mehr, was üblicherweise auf den Erfolg eines einzigen Films zurückzuführen ist [...]. Es ist daher nicht unlogisch, dass die Exportquote in die Gemeinschaft bei kleinen Ländern eher hoch ist: sobald die Filme aus diesen Ländern auf den Gemeinschaftsmarkt kommen, sind die relativen Besucherzahlen sehr schnell größer als im Heimatland. Allerdings hängt die Exportquote üblicherweise, noch deutlicher als bei den großen Ländern, mit dem Erfolg eines einzigen Films zusammen.[840]

Dieser beschriebene Effekt lässt sich besonders am Beispiel von Hausners LOURDES eindrucksvoll veranschaulichen: Wurden in Österreich im Zeitraum von 2009 bis 2018 lediglich 15.330 Tickets verkauft (immerhin eine prozentuale Marktdurchdringung von 4,216 %), konnten in Großbritannien 33.599 Tickets, in Deutschland 54.056 Tickets, in Frankreich 74.047 Tickets, in Spanien 12.368 Tickets und in Italien 80.862 Tickets abgesetzt werden.[841] Doch nicht nur in absoluten Zahlen, sondern auch prozentual im Verhältnis zur jeweiligen Bevölkerungsdichte des Landes zeigt sich ein interessantes Bild betreffend die Marktdurchdringung: Während in Österreich also 4,216 % der Einwohner_innen erreicht wurden, waren es in Deutschland 14,865 %, in Großbritannien 9,240 %, in Frankreich 20,363 %, in Spanien 3,401 % und in Italien 22,237 %.[842]

Man möchte Katharina Müller zustimmen, wenn sie bemerkt, dass »ein ›Österreichisches Kino‹ wie auch sein landläufig zitierter ›Aufschwung‹ [...] als Realität [...] nur in Verflechtungen mit der Bastion des *Europäischen Kinos* im Kontext der Profilierung und Vermarktung seiner kontinentalen Produktionen möglich [...]«[843] sei. Letztlich zeigt sich LOURDES im Umfeld der *Nouvelle Vague Viennoise*-Produktionen hinsichtlich des Publikumserfolges als die rühmliche Ausnahme. Müller äußerte sich zu den messbaren Resultaten der filmischen Bewegung im *Neuen österreichischen Film* kritisch:

---

840 http://lumiere.obs.coe.int/web/sources/analyse.html.de, letzter Aufruf: 04.06.2020.
841 Vgl. http://lumiere.obs.coe.int/web/film_info/?id=31756, letzter Aufruf: 04.06.2020.
842 Vgl. http://lumiere.obs.coe.int/web/film_info/?id=31756&graphics=on, letzter Aufruf: 04.06.2020.
843 Müller: *Haneke. Keine Biografie.* 2014, S. 79 [H. i. O.].

[Das] sogenannte *Autorenkino* [erfuhr] durch eine junge Generation von FilmemacherInnen einen so vielzitierten wie fragwürdigen Aufschwung, allerdings ohne vergleichbaren Erfolg an den nationalen Kinokassen und ohne grundlegende finanzielle Anerkennung auf nationaler Ebene.[844]

Trotz umfassender medialer Berichterstattungen, trotz eines nahezu frenetischen Hypes, spielten die Filme der ehemaligen FAK-Student_innen an den Kinokassen nur magere Ergebnisse ein; ein Schicksal, das sie – wie in weiterer Folge ausgeführt wird – mit den Filmen der *Berliner Schule* teilen.

2.1.5 Positive Impulse

Wenn es auch zahllose Kritikpunkte am bisherigen journalistischen wie wissenschaftlichen Umgang mit der *Nouvelle Vague Viennoise* zu äußern gibt, lassen sich dennoch positive Entwicklungen der jüngeren Vergangenheit benennen, die offenbar im direkten Zusammenhang mit dieser Bewegung im *Neuen österreichischen Film* zu verstehen sind.

2.1.5.1 Ein Netzwerk von und für Filmschaffende

Um den Pressewirbel, den die Gruppe der jungen Filmschaffenden zur Jahrtausendwende ausgelöst hatten, und die Hoffnungen, welche Journalist_innen und Filmwissenschaftler_innen in die aufkeimende *Nouvelle Vague Viennoise* gesetzt hatten, verstehen zu können, lohnt ein Rückblick in die Geschichte des *Neuen österreichischen Films*.

Robert von Dassanowsky und Oliver Speck merkten in ihrer Publikation *New Austrian Film* treffend an: »The desire to develop a new wave in Austrian cinema has been active since the postwar era.«[845] Während man sich in der Filmwissenschaft weitgehend darüber einig ist, dass MOOS AUF DEN STEINEN (1968, Georg Lhotsky) mit seiner ungewöhnlichen formalen und ästhetischen Inszenierung als erster *Neuer österreichischer Film* betrachtet werden kann und somit als definierter Ausgangspunkt jedweder weiterer chronologischer Betrachtungen gilt, herrscht(e) über die treffende Darstellung des Darauffolgenden kein Konsens. »Für einen

---

844 Ebd. S. 77 [H. i. O.].
845 Dassanowsky/Speck: New Austrian Film: The Non-exceptional Exception. 2011, S. 5.

Überblick über den ›Neuen österreichischen Film‹ stellt sich zuerst das Problem der Übergänge.«[846] hielt Bert Rebhandl im Jahr 1996 resignierend fest und führte weiters aus:

> Eine neorealistische Wende (wie in Italien noch während des Zweiten Weltkrieg[s] eingeleitet), eine »Nouvelle Vague« (wie in Frankreich Ende der fünfziger Jahre), ein »Free Cinema« (wie in Großbritannien in den sechziger Jahren) oder ein »Neuer deutscher Film« (nach dem Oberhausener Manifest 1962) – all diese mehr oder weniger epochalen filmhistorischen Umschwünge finden in Österreich keine vergleichbare Manifestation auf dem Feld des Spielfilms.[847]

Noch fünfzehn Jahre später verwiesen von Dassanowsky und Speck auf diesen Umstand.[848] Die Feststellung, dass dem *Neuen österreichischen Film* der Wille zur Wende samt einer öffentlichkeitswirksam kommunizierten Absichtserklärung im Stil eines *Oberhausener Manifests* oder eines dänisch-dogma'schen *Codes of Conduct* fehle, erweist sich nur oberflächlich betrachtet als korrekt und wird den langwierigen, engagierten Kämpfen nicht gerecht, welche die österreichischen Filmschaffenden Ende der 1970er-Jahre bis Anfang der 1980er-Jahre ausgefochten hatten.

Tatsächlich legte eine Gruppe österreichischer Filmschaffender rund um Franz Fallenberg im Jahr 1968 anlässlich der *Zweiten Maraisiade – Junger Film*[849] ein neun Punkte umfassendes Manifest vor[850], welches es jedoch kaum zu öffentlicher Wahrnehmung brachte. Das »Wiener Manifest«[851] wurde mit Ignoranz gestraft, der Forderungs- und Maßnahmenkatalog blieb weitgehend unbeachtet. Als historisches Dokument der ös-

---

846 Rebhandl: Nachsaison. Zum österreichischen Spielfilm seit 1968. 1996, S. 18.
847 Ebd.
848 Vgl. Dassanowsky/Speck: New Austrian Film: The Non-exceptional Exception. 2011, S. 8.
849 Erich Felix Mauthner veranstaltete die *Zweite Maraisiade – Junger Film* von 9. bis 11. November 1968 in Wien.
850 Vgl. Dominik Kamalzadeh/Vrääth Öhner/Michael Pekler/Isabella Reicher/Dietmar Schwärzler: Vorwort. In: Gustav Ernst/Karin Fleischanderl (Hrsg.): *kolik.film*. Sonderheft 17, Wien: Verein für neue Literatur 2012, S. 5.
851 Der Ausdruck »Wiener Manifest« wird nachfolgend bewusst unter Anführungszeichen gesetzt, da es sich hierbei bis dato nicht um einen etablierten Begriff im Kontext der Filmgeschichte handelt. In Anlehnung an das *Oberhausener Manifest* und die darauffolgenden Kärntner Pendants, die jeweils ebenfalls eine Ortsbezeichnung im Namen tragen, habe ich mich dazu entschlossen, das »Wiener Manifest« parallel dazu namentlich geografisch zu markieren.

terreichischen Filmgeschichte fand das »Wiener Manifest« anlässlich des 50-jährigen Jubiläums des *Oberhausener Manifests* seinen Weg in die *kolik. film*-Sonderausgabe 17[852] und veranschaulichte die unübersehbaren Parallelen: Wie die 26 Filmschaffenden, die am 28. Februar 1962 anlässlich der *8. Westdeutschen Kurzfilmtage* in einer »bewusst konfrontativen Mischung aus niederschmetternder Diagnose der deutschen Filmwirtschaft und ungestümem Pathos die Lizenz zur Schaffung des neuen deutschen Spielfilms«[853] forderten, versuchten die österreichischen Filmemacher_innen, auf den Zug der »neuen Welle« im deutschsprachigen Raum aufzuspringen. Doch während das *Oberhausener Manifest* sich zu einem Meilenstein in der deutschen Filmgeschichte entwickelte, blieb das erhoffte Echo auf das österreichische Pendant aus. Auch wenn das »Wiener Manifest« im Jahr 1968 als solches kaum Resonanz erzeugte, markiert es zeitlich den Ausgangspunkt für weitere Entwicklungen im heimischen Filmgeschehen. Als Zeitzeuge und direkt involvierter Akteur erinnerte sich der Filmkritiker Horst Dieter Sihler an die damalige, problematische Situation:

> Die Situation war desolat. Opas Kino hatte es in Österreich geschafft, sich selbst umzubringen. Danach kam nichts mehr, außer einem ungezogenen Wechselbalg, der sich eine Zeit lang im Untergrund herumtrieb. Dem Aufschwung des schweizerischen und des deutschen Films hatte die wandelnde »Vulgärleiche« des österreichischen Spielfilms nichts entgegenzusetzen, und die Erneuerungswelle, die Anfang der [19]70er durch das europäische Film- und Kinowesen ging, blieb unbeachtet. Der Film war im öffentlichen Bewusstsein abgeschrieben.[854]

Wichtige Argumente in den Diskussionen rund um die verheerende Situation des *Neuen österreichischen Films* waren das Fehlen der von Bundeskanzler Bruno Kreisky im Jahr 1970 in seiner ersten Regierungserklärung versprochenen gesetzlich verankerten Filmförderung[855] bzw. die Intransparenz der Vergabemechanismen der *kleinen Filmförderung*. Diese war im

---

852 Vgl. Franz Fallenberg u. a.: Manifest. [1968], zit. n. Gustav Ernst/Karin Fleischanderl (Hrsg.): *kolik.film*. Sonderheft 17, Wien: Verein für neue Literatur 2012, S. 6 f.
853 https://www.kurzfilmtage.de/archiv/manifest/, letzter Aufruf: 04.06.2020.
854 Andreas Ungerböck/Günter Pscheider/Horst Dieter Sihler: Macher, Märtyrer, Mimosen. [2007], http://www.ray-magazin.at/magazin/2007/03/diagonale-07-macher-maertyrer-mimosen?&parent=0, letzter Aufruf: 04.06.2020.
855 Vgl. Anna Katharina Wohlgenannt: Zäher Neuanfang. [2007], http://www.ray-magazin.at/magazin/2007/09/filmfoerderung-zaeher-neuanfang, letzter Aufruf: 04.06.2020.

Oktober 1973 im Unterrichtsministerium als »interimistische, provisorische Förderung bis zur Verabschiedung des Filmförderungsgesetzes von Fred Sinowatz konzipiert […]«[856] worden, als Entscheidungsorgan fungierte ein Filmbeirat, der »dem Unterrichtsminister bei Entscheidungen über die Förderungswürdigkeit einzelner Projekte in beratender Funktion zur Seite stand.«[857] Nach und nach wurde Kritik an der Förderungsvergabe durch das Unterrichtsministerium und das Kulturamt der Stadt Wien sowie an der Auftragsvergabe des ORF an einige wenige alteingesessene Produzenten laut und gipfelte in der von Regisseur Hannes Zell und Kameramann Dieter Wittich verfassten Flugschrift *Der Film als soziale Handlung*, die an etwa 100 Personen der Film- und Fernsehbranche versandt wurde. Dieser Versuch, die freien Filmschaffenden unter einer Flagge zu versammeln und gemeinsam gegen die Missstände vorzugehen, führte in weiterer Folge in Wien zur Gründung des *Syndikats der Filmschaffenden Österreichs*, einem etwa 80-köpfigen Verein, dem sich unter anderem auch Kitty Kino, Lukas Stepanik und Ernst Josef Lauscher anschlossen.[858]

Währenddessen solidarisierten sich im Rahmen einer Filmförderungstagung im Oktober 1976 in Klagenfurt eine Gruppe von Betroffenen aus allen Lagern, die sich gemeinsam auf ein *Klagenfurter Manifest 1976* verständigten. Auf besagtes Manifest und seine explizite Forderung nach einem Filmförderungsgesetz, das »strukturverändernde Aufgaben in Produktion, Vertrieb, Präsentation und in der Aneignung des Films durch das Publikum«[859] zum Inhalt haben solle, folgte die *Innsbrucker Erklärung 1977* und mit ihr die Idee einer neuzugründenden *Kino-Kooperative*, um auf den eruierten desolaten Zustand der Kino- und Verleihwirtschaft Österreichs reagieren zu können und sich für die »Wiedererweckung des Films und gleichwertiger audiovisueller Einrichtungen«[860] einzusetzen.

Im selben Jahr organisierten Horst Dieter Sihler und Regisseur Gerald Kargl die *1. Österreichischen Filmtage* in Velden: Im nationalen Kontext sollte die Veranstaltung als Plattform für Filmschaffende, Journalisten, Verleihfirmen, Kinobetreiber und Publikum dienen, im internationalen sollte sie dem österreichische Filmschaffen erhöhte Präsenz und verbes-

---

856 Anna Katharina Wohlgenannt: *Die Entstehung des österreichischen Filmförderungsgesetzes im Spannungsfeld zwischen Kunst und Kommerz*. Diplomarbeit, Universität Wien 2007, S. 94.
857 Ebd. S. 94.
858 Vgl. Wohlgenannt: Zäher Neuanfang. [2007].
859 http://www.kinogeschichte.at/filmtage_velden_77.htm, letzter Aufruf: 04.06.2020.
860 Ebd.

serte Verwertungsmöglichkeiten im Ausland verschaffen. Zudem erhofften sich die Initiatoren eine Neu-Orientierung der österreichischen Filmbranche, die mittel- und langfristig zum erhofften Erfolg führen sollte.

> Gerade weil Österreich als Filmland national und international nicht mehr existent erscheint, sind »Österreichische Filmtage« dieser Art als Bestandsaufnahme und Diskussionsforum für alle anfallenden Probleme notwendig. Sie sind aber nur sinnvoll, wenn sie zur permanenten Einrichtung und dadurch langfristig wirksam werden können. Nur Konzepte, die mit Geduld und Zähigkeit fünf oder sechs Jahre vorausschauen, können dem österreichischen Film wieder zur überregionalen Bedeutung verhelfen.[861]

Lange hatte die österreichische Filmwirtschaft vergeblich auf das im Jahr 1970 versprochene Filmförderungsgesetz gewartet, zehn Jahre später folgten den Worten endlich Taten: Einstimmig verabschiedete das Parlament am 25. November 1980 das Bundesgesetz über die Förderung des österreichischen Films, das per 1. Januar 1981 in Kraft trat. Auf die Schaffung der gesetzlichen Grundlage folgte die Errichtung des *Österreichischen Filmförderungsfonds* als ausführendes Organ, bestehend aus einer fünfköpfigen Auswahlkommission sowie einer geschäftsführenden Person.[862] Darüber hinaus wurde im Oktober 1981 das sogenannte »Film- und Fernseh-Abkommen« mit dem ORF beschlossen, das bis heute – wenn auch in adaptierter Form – Bestand hat. Damit wurde graduell der vierten Forderung des »Wiener Manifests«[863] und dem damit verbundenen Ruf nach einer staatlichen Finanzierungsunterstützung des Filmschaffens entsprochen; auch wenn es nicht zur im Jahr 1968 geforderten Steuerermäßigung auf Bundesländerebene kam, entscheidet heute (abseits der Referenzfilmförderung) eine Kommission über die Förderung qualitativ-hochwertiger Kurz- wie Langfilme.

Doch nicht nur das Filmförderungsgesetz war nun endlich auf Schiene gebracht und der ORF zur Verantwortung gezogen worden, auch die geplante *Kino-Kooperative* nahm im Folgejahr konkrete Formen an. Dass die von 2. bis 5. Juni 1982 in der kleinen, zweisprachigen Kärntner Ortschaft Tainach/Tinje veranstaltete *1. Österreichische Kino-Tagung*

---

861 Ebd.
862 Vgl. Josef Villa: *Die österreichische Filmförderung 1981–2010*. Diplomarbeit, Universität Wien 2013, S. 42 f.
863 Vgl. Fallenberg u. a.: Manifest. [1968], 2012, S. 6.

kein regionales Kuriosum darstellte, sondern dass die verhandelten Inhalte, Standpunkte und Forderungen durchaus von nationalem Interesse waren, verdeutlicht ein Blick auf die im Rahmen der Veranstaltung anwesenden Gründungsmitglieder der *Kino-Kooperative*: Sowohl das *Stadtkino* (Wien), *Das Kino* (Salzburg), die *Medienagentur* (Salzburg), der *Humboldt-Filmclub* (Salzburg), *Das andere Kino* (Linz), das *Alternativkino* (Klagenfurt), der *Cinematograph* (Innsbruck), der *Cineclub Zoom* (Bregenz), das *KIZ – Kritische Informationszentrum* (Graz), das *Forum Stadtpark* (Graz) wie auch das *Koordinationsbüro Film* (Graz) entsandten Vertreter zur Unterzeichnung der *Tainacher Resolution*.[864] Erklärte Ziele waren zum einen die Gründung besagter *Kino-Kooperative* als »Zusammenschluss aller betroffenen nichtkommerziell orientierten Kinos und Spielstellen«[865] und zum anderen der Aufbau eines eigenen Verleihs, welchem von Seiten des Bundesministeriums für Unterricht und Kunst vorab eine finanzielle Unterstützung als Starthilfe zugesagt worden war.

Rückblickend könnte man den Akteuren der österreichischen Wellenbemühung zum Vorwurf machen, dass es an der Befähigung gemangelt habe, an einem gemeinsamen Strang zu ziehen, um im kooperativen Miteinander ein übergeordnetes Ziel zu erreichen. Statt eines aufsehenerregenden *Oberhausener Manifests* ergriffen die heimischen Filmschaffenden – zumindest aus heutiger Sicht – mehrere, scheinbar unkoordinierte Maßnahmen, die – und das ist die besondere Tragik – nicht wahrgenommen wurden; die potenzielle »neue Welle« im österreichischen Film verebbte schlichtweg unbeachtet.

Für die *Frankfurter Allgemeine Zeitung* verfasste der Journalist Kraft Wetzel im Oktober 1977 unter dem Titel *Österreichs Kino lebt vom Fernsehen* eine Berichterstattung zu den *1. Österreichischen Filmtagen* in Velden und kam zu der Schlussfolgerung:

> Dem österreichischen Kino wieder auf die Beine zu helfen, scheint jedoch der einheimischen Fachpublizistik vergebliche Liebesmüh': die österreichischen Filmkritiker, im Gegensatz zu bundesdeutschen und Schweizer Kollegen, glänzten durch Abwesenheit.[866]

---

864 Vgl. http://www.kinogeschichte.at/filmtage_velden_77.htm#tainach, letzter Aufruf: 04.06.2020.
865 Ebd.
866 Kraft Wetzel in: *Frankfurter Allgemeine Zeitung*, Oktober 1977, zit. n. http://www.kinogeschichte.at/filmtage_velden_77.htm, letzter Aufruf: 04.06.2020.

Wenn sie auch nicht die gleiche öffentliche Aufmerksamkeit wie ihre europäischen Pendants erhalten hatten, erzielten das *Klagenfurter Manifest*, die *Innsbrucker Erklärung* und die *Tainacher Resolution* im Zusammenspiel mit den Aktivitäten des von Filmkünstler Michael Pilz und Journalisten Bernhard Frankfurter gegründeten *Syndikats der Filmschaffenden Österreichs* durchaus nachhaltigen Effekt auf die künftigen Entwicklungen in der österreichischen Filmbranche: Neben dem Inkrafttreten des Österreichischen Filmförderungsgesetzes und der Gründung des *Syndikats der Filmschaffenden Österreichs* als Interessensvertretung folgte im Jahr 1979 die Gründung des *Verbands der Filmregisseure Österreichs*. Mit der Durchführung der *1. Österreichischen Filmtage* fiel außerdem der Startschuss zur Etablierung eines heimischen Filmfestivals mit internationalem Potenzial; die heute als *Diagonale* bekannte Veranstaltung fand nach Jahren der Wanderschaft quer durch Österreich im Jahr 1998 ihre Heimat in Graz und wird seit diesem Zeitpunkt jährlich, unter gleichbleibendem Namen und konstanter geografischer Lage veranstaltet und sorgt seither für die »differenzierte, vielschichtige und kritische Auseinandersetzung mit dem heimischen Kino […] [und rückt] dieses Filmschaffen stärker in die mediale Aufmerksamkeit und damit in den öffentlichen Diskurs […].«[867]

Raschere Fortschritte als bei der Verabschiedung des Filmförderungsgesetzes wurden im Bereich des Filmverleihs durch die Initiative der Filmschaffenden Ruth Beckermann, Josef Aichholzer und Franz Grafl erzielt, die im Jahr 1978 den Filmverleih *Filmladen* gründeten[868]. Grafl erinnerte sich, erste Gründungsgedanken im Rahmen der *1. Österreichischen Filmtage* gehegt zu haben:

In Velden 1977 wurde mir die Notwendigkeit klar, den Verleih und Vertrieb des österreichischen Films mit zu organisieren. In Folge davon entstand der Verleih Filmladen, eine Initiative des Syndikats der Filmschaffenden Österreichs, der zum Ziele hatte, für internationale und österreichische Filmdokumentationen über Apartheid, über Dritte-Welt-Unabhängigkeitsbewegungen, über Frauenemanzipation, über die Anti-AKW-Bewegung etc. und für den neuen österreichischen Spielfilm außerhalb und innerhalb der Kinos Platz in den Köpfen und Herzen des

---

867 http://www.diagonale.at/rueckblick/, letzter Aufruf: 04.06.2020.
868 Vgl. dazu http://www.ruthbeckermann.com/home.php?il=4, letzter Aufruf: 04.06.2020.

Publikums zu schaffen. 1977, im Festsaal des Casinos von Velden, begann dieses Projekt konkret zu werden.[869]

Durch die Gründung und den darauffolgenden Aufbau einer professionellen österreichischen Verleih- und Vertriebsinstitution wurden – zehn Jahre nach der Proklamation – endlich auch die siebte und achte Forderung des »Wiener Manifests« aus dem Jahr 1968 erfüllt.[870] Heute zählt das Unternehmen *Filmladen* zu den größten Verleihern österreichischer Spiel- und Dokumentarfilme und hat neben erfolgreichen US-amerikanischen wie auch österreichischen Produktionen zudem unter anderem die *Coop99*-Produktionen DIE FETTEN JAHRE SIND VORBEI, DARWIN'S NIGHTMARE, SLUMMING, IMMER NIE AM MEER oder DREI EIER IM GLAS im Verleihsortiment.

Dass es dem *Neuen österreichischen Film* also an einer engagierten Gruppierung gefehlt hätte, die ihre Forderungen ausdrücklich kommunizierte, sollte hiermit als widerlegt gelten. Von Dassanowsky, Speck und Rebhandl behielten jedoch mit ihren Befunden hinsichtlich der fehlenden Vision einer filmästhetischen Neuausrichtung Recht. Zu sehr waren die österreichischen Filmschaffenden mit den drängenden Fragen der Finanzierung, des Vertriebs und der Verwertung befasst gewesen, um ›ihrer Welle‹ eine in den Filmproduktionen erfahrbare Ausdrucksform zu verleihen. Das Filmland Österreich musste die sprichwörtliche rote Laterne tragen, denn während die österreichischen Filmschaffenden bis ins Jahr 1980 um die gesetzliche Verankerung einer staatlichen Finanzierung kämpften, wurden in Italien, Frankreich und Großbritannien die staatlichen Förderungsinstitutionen im Verlauf der 1950er-Jahre eingerichtet, und in der Schweiz im Jahr 1962, in Schweden im Jahr 1963 und in der Bundesrepublik Deutschland im Jahr 1967 entsprechende Förderstellen aufgebaut.[871]

In seinem Text *Der Traum vom Haus* warf der österreichische Regisseur und Drehbuchautor Caspar Pfaundler einen zynischen Blick auf das Miteinander in der heimischen Filmszene, indem er die Figur des »Mon-

---

869 Grafl zit. n. Ungerböck/Pscheider/Sihler: Macher, Märtyrer, Mimosen. [2007].
870 Vgl. Fallenberg u. a.: Manifest. [1968], 2012, S. 7.
871 Vgl. Monika Mokre: Kostet der österreichische Film zuviel? In: Gustav Ernst/Gerhard Schedl (Hrsg.): *Nahaufnahme – zur Situation des österreichischen Kinofilms.* Wien: Europa 1995, S. 173–186; hier: S. 179.

sieur F., der bedeutendste französische Filmfestivaldirektor«[872], nachdem dieser durch das neuerrichtete Filmhaus Wien geführt wurde, sagen lässt:

> Und ich habe immer gedacht, ihr Österreicher seid völlig untereinander zerstritten, habt keinen Blick mehr für eure gemeinsamen Interessen und könnt daher nicht wirksam für den Film und seine Notwendigkeiten auftreten![873]

Dass die FAK-Student_innen der späteren *Nouvelle Vague Viennoise* als sich gegenseitig unterstützende und zusammenarbeitende Gruppe von Filmschaffenden wahrgenommen wurden, widerlegte mitunter auch die landläufige These, dass im Filmgeschäft tätige Österreicher_innen nicht zur Kooperation fähig wären.

> [...] [W]hile the prevalence of women in this group is acknowledged fairly widely, the fact that a remarkable amount of networking takes place among these filmmakers is rarely mentioned.[874]

Erfolgten die ersten Zusammenarbeiten zunächst noch aufgrund der Notwendigkeit, im Rahmen des Studiums an der FAK ressourcenschonend zu agieren, entwickelte sich nach Ende der Studienzeit ein weitverzweigtes, multiprofessionelles Netzwerk. In ihrem Beitrag *Connecting with Others, Mirroring Differences: The Films of Kathrin Resetarits* fasste Mund die komplexe Vernetzung der Akteure der *Nouvelle Vague Viennoise* in folgende Worte:

> [Jasmila] Žbanić, for example, made short appearances [...] in Barbara Albert's *Sonnenflecken/Sunspots* (1998), as well as in her short documentary *Somewhere Else* (1996/97). Nina Kusturica, best known for her feature *Auswege/Sign of Escape* (2003), also worked as an editor and producer on Mirjam Unger's *Wiens verlorene Töchter/Vienna's Lost Daughters* (2007). In 2003 she founded the production company Mobilefilm to-

---

872 Caspar Pfaundler: Der Traum vom Haus. In: Gustav Ernst/Gerhard Schedl (Hrsg.): *Nahaufnahmen. Zur Situation des österreichischen Kinofilms.* Wien/Zürich: Europa 1992, S. 69–71; hier: S. 69.
873 Ebd. S. 71.
874 Verena Mund: Connecting with Others, Mirroring Difference: Films by Kathrin Resetarits. In: Robert von Dassanowsky/Oliver Speck (Hrsg.): *New Austrian Film.* New York/Oxford: Berghahn Books 2011, S. 122–135; hier: S. 122.

gether with Eva Testor, who besides directing films is a cinematographer and shot Jörg Kalt's *Richtung Zukunft durch die Nacht/Direction Future Through the Night* (2002) and *Crash Test Dummies* (2005). Cinematographer Christine A. Maier shot Jasmila Žbanić's *Grbavica* (2006) and all of Albert's short films as well as her famous *Nordrand/Northern Skirts* (1999), and also shares the credit for cinematography in Resetarits's *Egypt*. Albert herself wrote the script of Kusturica's *Sign of Escape* and produced Žbanić's *Grbavica* as well as Hausner's debut feature, *Lovely Rita* (2002). Hausner, in turn, together with Albert, Martin Gschlacht and Antonin Svoboda, cofounded the production company Coop99, produced films by Svoboda and Hans Weingartner, and operated as assistant director on Resetarits's *Eygpt* and *fremde/Strangers* (1999), as did Valeska Grisebach on Resetarits's *Ich bin Ich/I am Me* (2006). And Resetarits herself had prominent acting roles in Albert's *Sunspots, Böse Zellen/Free Radicals* (2003) and *Fallen/Falling* (2006), as well as in Kalt's *Direction Future Through the Night* and *Crash Test Dummies*.[875]

Tatsächlich ist Munds Darstellung des Netzwerkes der bisher umfassendste Abbildungsversuch[876]; und doch ist der sich dadurch eröffnende Einblick letztlich nur ein fragmentarischer. Bereits im ersten Teil dieses Buches wurde eine Annäherung anhand der Darstellung des Hausner'schen Stammteams versucht;[877] schon bei der Fokussierung auf lediglich eine Vertreterin der *Nouvelle Vague Viennoise* wird offensichtlich, wie verzahnt und vernetzt die Akteure miteinander sind.

> The similarities between the films arise in part from the fact that they are made by a small and tightly-knit group of filmmakers who frequently collaborate with one another as directors, producers and writers. It's common to see these directors show up in each other's closing credits. This cinema is also geographically coherent; it might be called New Aus-

---

875   Ebd. S. 122 f. [H. i. O.]
876   Anders als in Deutschland fand und findet in Österreich keine offizielle archivarische Dokumentation der bzw. zu den Studienfilmen statt. Während das Archiv der Deutschen Film- und Fernsehakademie Berlin also akkurate Informationen zu Studienfilmen verfügbar macht, sind im Nachbarland teils deutlich divergierende Angaben im Umlauf, die sich unter anderem in einer intransparenten Vermengung von Produktions- und Verwertungsjahren manifestieren. Sofern möglich, weise ich jeweils das eruierbare Erstjahr der Verwertung aus.
877   Vgl. 1.10.1 Trend zur Etablierung eines Stammteams.

trian Film, but it rarely ventures beyond Vienna's outer districts [...].
One could call New Austrian Film the Vienna School – and mean it
pretty much literally.[878]

Der Aufbau eines Netzwerkes von und für Filmschaffende ist zweifellos
eine der bedeutendsten Entwicklungen, die sich rund um die *Nouvelle
Vague Viennoise* beschreiben lässt. Das kooperative Miteinander der Ver-
treter_innen wird – das darf an dieser Stelle nicht unerwähnt bleiben –
nach wie vor *gelebt* und findet seinen Ausdruck in filmischen Projekten wie LICHT: Das Drehbuch verfasste Kathrin Resetarits, die Kamera
führte Christine A. Maier, für die Kostüme sorgte Veronika Albert, das
Szenenbild gestaltete Katharina Wöppermann[879]; sie alle sind in der Zeit
der *Nouvelle Vague Viennoise* zu ersten Ehren gekommen. Doch nicht
nur in den jeweiligen *Cast*-Angaben der österreichischen Produktionen
der jüngeren Vergangenheit lässt sich besagtes Netzwerk erkennen, auch
im Internationalen ist diese Tendenz fassbar, wie die folgenden Ausführungen betreffend die Zusammenarbeit mit Vertreter_innen der *Berliner
Schule* zeigen werden.

2.1.5.2 Strukturelle Entwicklungen

Noch im Jahr 1991 äußerte sich Veit Heiduschka, Gründer und Leiter der
WEGA Filmproduktionsges. m. b. H., skeptisch:

> Niemand vermag exakt zu sagen, wie die Zukunft für die österreichischen
> Produzenten aussieht. Der Kampf wird sicherlich härter, das Produzieren
> von Filmen noch schwieriger. Der rasche Wandel in allen Bereichen der
> Audiovisionsindustrie fordert flexibles Eingehen auf veränderte Rahmen-
> bedingungen, ständiges Weiterlernen, nicht Stehenbleiben.[880]

---

878 Todd Herzog: The Newest New Wave: *New Austrian Film* edited by Robert von Das-
     sanowsky and Oliver C. Speck. Buchbesprechung [März 2012]. In: *Senses of Cinema*.
     Ausgabe 62 [April 2012], http://sensesofcinema.com/2012/book-reviews/the-newest-
     new-wave-new-austrian-film-edited-by-robert-von-dassanowsky-and-oliver-c-speck/,
     letzter Aufruf: 04.06.2020.
879 Vgl. https://www.filminstitut.at/de/licht/, letzter Aufruf: 04.06.2020.
880 Veit Heiduschka: Die Situation der österreichischen Produzenten. In: Gustav Ernst/
     Gerhard Schedl (Hrsg.): *Nahaufnahmen. Zur Situation des österreichischen Kinofilms*.
     Wien/Zürich: Europa-Verlag 1992, S. 28–34; hier: S. 34.

Dass sich Albert, Hausner, Gschlacht und Svoboda trotz der zu erwartenden Herausforderungen dazu entschieden, ein eigenes Filmproduktionsunternehmen zu gründen, muss dementsprechend als durchaus selbstbewusster Schritt gewichtet werden. Während Albert ihren ersten abendfüllenden Spielfilm NORDRAND noch mit der Wiener *Lotus-Film* als majoritäre Produktionsfirma und in Koproduktion mit der Schweizer *FAMA FILM* und der deutschen *Zero Film* realisierte, konnte Hausners Spielfilmdebüt LOVELY RITA bereits durch die im Jahr 1999 gegründete *Coop99* in Zusammenarbeit mit der deutschen *Essential Film* und der österreichischen *Prisma Film* verwirklicht werden. In Folge wagten weitere Protagonistinnen der *Nouvelle Vague Viennoise* sich an die Gründung von Filmproduktionsfirmen. Im Jahr 2003 gründete beispielsweise Nina Kusturica gemeinsam mit Eva Testor die *Mobilefilm* und produziert heute mit *Nina Kusturica Projects* zahlreiche Kinofilme[881] und Jasmila Žbanić rief (zusammen mit Freund_innen) die Künstlervereinigung *Deblokada* ins Leben, um unter anderem Dokumentarfilme, Videoarbeiten und Kurzfilme zu produzieren.[882]

An seine Gesprächspartnerinnen Mirjam Unger und Kathrin Resetarits gewandt, wies Robert Buchschwenter im *Oktoskop*-Interview auf eine weitere positive Entwicklung hin, die durch die Gruppenwahrnehmung der *Nouvelle Vague Viennoise* angeschoben wurde:

> [M]it euch hat das angefangen, dass *sixpack* […] als Avantgarde-Verleih/-Vertrieb, [etwas getan hat, das] sie bisher nicht getan hatten: Kurzspielfilme, Kurzdokumentarfilme aufzunehmen ins Programm. Bis dahin waren es wirklich Experimentalfilme in einem Hardcore-Sinn […] und das waren so die ersten Filme, die *sixpack* ins Programm genommen hat, ganz regulär, obwohl es eigentlich doch irgendwo klassische Erzählfilme oder Dokumentarfilme waren; auch wenn sie dann nicht klassisch funktioniert haben.[883]

Der im Jahr 1990 als Non-Profit-Organisation gegründete Verein ist mittlerweile zu einem relevanten Akteur im Filmgeschehen gewachsen, kooperiert mit über 200 Filmfestivals und vermittelt jährlich rund 500

---

881 Siehe dazu https://www.nk-projects.com/, letzter Aufruf: 04.06.2020.
882 Vgl. http://www.komplizenfilm.de/e/dir/jasmila-zbanic.html, letzter Aufruf: 04.06.2020.
883 Buchschwenter in: *Oktoskop*, *Nouvelle Vague Viennoise 2*, Ausstrahlung am 11.06.2006, 20:15 Uhr, (TC: 0:09:53–0:10:28).

Einladungen an österreichische Filme.[884] Neben der Beschickung der Festivals hat sich die *sixpackfilm* außerdem als Filmverleih sowie als Veranstalter filmnaher Events etabliert und fungiert als informierender, beratender und unterstützender Partner. Hinsichtlich des Hausner'schen Œuvres ist die *sixpackfilm* nach wie vor für den Verleih von FLORA, INTER-VIEW und RUFUS verantwortlich.[885]

Die Gründung der *Coop99* und die Programmausweitung der *sixpackfilm* stehen stellvertretend für eine Vielzahl an strukturellen Fortschritten im Filmland Österreich, welche im direkten Konnex mit den Entwicklungen rund um die *Nouvelle Vague Viennoise* zu stehen scheinen und die für wichtige Impulse in der österreichischen Filmbranche gesorgt haben.

2.1.5.3 Gender-Budgeting

Im Jahr 2004 zeigte sich ÖFI-Direktor Roland Teichmann ob der internationalen Präsenz einer neuen Generation von österreichischen Filmemacher_innen begeistert und hielt in einem Interview mit Karin Schiefer fest: »Momentan sieht es so aus, dass die Zukunft des österreichischen Films jung und weiblich ist. Das finde ich toll.«[886] Was sich am Papier wie der Aufbruch in eine glorreiche geschlechtergerechte Zukunft präsentierte, hatte und hat mit der beruflichen Realität von in der Filmbranche tätigen Frauen – von der Jahrtausendwende bis zum heutigen Tag – jedoch wenig gemein.

> [Frauen] agieren meist als kontributive ›Dienstleistende‹ in der ansonst [sic] männlichen Domäne. Im Filmbereich ist der Zugang und Aufstieg für weibliche Arbeitskräfte ungleich schwieriger als für Männer; Frauen werden häufig als Masken-, Kostümbildnerinnen oder Cutterinnen, ein-

---

884 Vgl. https://www.sixpackfilm.com/de/page/about_sixpack/, letzter Aufruf: 05.06.2020.
885 Zur besonderen Situation der Distribution österreichischer Kinofilme siehe Barbara Langl/Karl-Gerhard Straßl/Christina Zoppel: *Film Made in Austria. Finanzierung – Produktion – Verwertung.* Innsbruck: StudienVerlag 2003, S. 138–177.
886 Teichmann zit. n. Karin Schiefer: Roland Teichmann, Direktor des ÖFI, im Gespräch. [2004], http://www.austrianfilms.com/news/news_article?j-cc-node=artikel&j-cc-id=8826, letzter Aufruf: 04.06.2020.

gesetzt; ziemlich rar sind Film-Regisseurinnen, noch seltener Kamerafrauen und Tontechnikerinnen.[887]

Nach ersten strukturellen Schritten, welche für Frauen in der österreichischen Filmbranche zunächst keine spürbaren Auswirkungen hatten[888], beschloss der Aufsichtsrat des ÖFI am 21. Dezember 2016 »Maßnahmen zur stärkeren Beschäftigung von weiblichen Filmschaffenden«[889], die dem dokumentierten Missstand konstruktiv entgegenwirken sollen. Neben den bestehenden speziellen Fördermaßnahmen für Frauen in der Filmwirtschaft, der Fortführung des Weiterbildungsprogrammes für Produzentinnen und dem Drehbuchwettbewerb werden seit 1. Januar 2017 alle Fördereinreichungen einem sogenannten *Gender Budgeting* unterzogen.[890] Zentraler Punkt des Maßnahmenkatalogs ist außerdem das Angebot der *Gender Incentives*; in den Jahren 2017 und 2018 wurden der Fokus zunächst auf eine Mindestanzahl an Mitarbeiterinnen in den Sparten Produktion, Regie, Drehbuch, Herstellungsleitung, Produktionsleitung, Kamera, Schnitt, Dramaturgie, Szenenbild und Kostümbild gerichtet.

> Sollte in den einzelnen Sparten zumindest eine Frau vertreten sein, gibt es Punkte – und bei Erreichung des Maximalwerts von elf Punkten für Spiel- respektive neun für Dokumentarfilme das zusätzliche Geld, das für neue Projekte zu verwenden ist, die eine weibliche Beteiligung in zumindest einer der drei Hauptkategorien Produktion, Regie oder Drehbuch vorweisen können.[891]

Im Dezember 2019 beschloss der Aufsichtsrat des ÖFI – nach Evaluierung der *Gender Incentives 2017–2018* und unter Berücksichtigung der Ergebnisse des *Österreichischen Film Gender Reports 2012–2016* – eine überarbeitete Fassung, die mit 1. Januar 2019 in Kraft trat (Tab. 9[892]). Bedingung für das automatische *Gender Incentive* von € 30.000,00 ist seit-

---

887 Perthold: »Die Zukunft des österreichischen Films ist weiblich...« 2004, S. 249.
888 Siehe https://equality.filminstitut.at/de/was-bisher-geschah/, letzter Aufruf: 08.05.2018.
889 https://equality.filminstitut.at/de/menu108/news17/, letzter Aufruf: 08.05.2018.
890 Vgl. https://equality.filminstitut.at/de/gender-incentive-2019/?highlight=true&unique=1594831045, letzter Aufruf: 15.07.2020.
891 https://www.diepresse.com/5141711/filmforderung-neues-anreizsystem-fur-mehr-frauen-im-film, letzter Aufruf: 15.07.2020.
892 Siehe https://equality.filminstitut.at/de/view/files/download/forceDownload/?tool=12&feld=download&sprach_connect=135, letzter Aufruf: 15.07.2020.

Spiel- und Dokumentarfilme		Animationsfilme	
Produktion	16 Punkte	Produktion	14 Punkte
Regie	14 Punkte	Regie	14 Punkte
Drehbuch	14 Punkte	Drehbuch	14 Punkte
Herstellungsleitung	7 Punkte	Design	5 Punkte
Produktionsleitung	6 Punkte	Character Design	13 Punkte
Kamera	9 Punkte	Environments	4 Punkte
Schnitt	4 Punkte	Props	4 Punkte
Dramaturgie	6 Punkte	Storyboard (Leica/Animatic)	5 Punkte
Szenenbild	5 Punkte	Animation	5 Punkte
Musik	9 Punkte	Compositing	5 Punkte
Original-Ton	9 Punkte	Sprachaufnahmen	4 Punkte
Sound Design	8 Punkte	Schnitt	4 Punkte
Tonschnitt	8 Punkte	Musik	5 Punkte
Licht	10 Punkte	Sound Design	4 Punkte
VFX, Animation, Visual Effects	8 Punkte		
Maximale Punkteanzahl	133 Punkte	**Maximale Punkteanzahl**	100 Punkte
Zielwert	44 Punkte	**Zielwert**	20 Punkte

Tab. 9: Punktesystem der ÖFI-*Gender Incentives* 2019

dem ein Herstellungsvertrag eines referenzmittelfähigen Projekts[893], das einen signifikanten Anteil an weiblichen Beschäftigten aufweist.
Im Gespräch mit Christiane Peitz erklärte Jessica Hausner: »Unsere Bewertung von Dingen ist von unbewussten Vorurteilen gelenkt. Ich war lange nicht für Quoten, aber Qualität ist ein wandelbares, subjektives Chamäleon. Irgendwer sagt, was gut ist, und dann finden es alle gut.«[894] Die neue Facette der Österreichischen Filmförderung in Form der *Gender Incentives* könnte auch für die Finanzierung von Hausners kommenden Spielfilmen relevant werden. Sofern sie bei der Realisierung ihrer nächsten Projekte auf ihre bewährte Stammcrew setzen sollte, würde sie mit

---

893 Damit ein Filmprojekt als referenzmittelfähig gilt, müssen zwei der folgenden drei Kriterien erfüllt sein: »1) österreichische Mehrheitsbeteiligung, 2) österreichische Regie [und/oder] 3) zumindest zwei der drei Bereiche Drehbuch, Kamera oder Schnitt werden von Österreicher*innen geleitet.« (https://equality.filminstitut.at/de/gender-incentive-2019/, letzter Aufruf: 15.07.2020).
894 Christiane Peitz: Der kleine Alltagshorror. [07.01.2020].

den Punkten für die weibliche Besetzung von Regie (14 Punkte), Drehbuch (14 Punkte), Dramaturgie (6 Punkte), Schnitt (4 Punkte) und Szenenbild (5 Punkte) die geforderte Mindestpunkteanzahl zur Auslösung der *Gender Incentives* bereits beinahe erreichen (43 von 44 Punkten).

2.1.6 Totgesagte leben länger

Anlässlich ihres Spielfilmdebüts TALEA erklärte Regisseurin Katharina Mückstein im Gespräch mit Beate Hausbichler für die Tageszeitung *Der Standard*:

> Für mich war diese Welle, als in Österreich endlich Regisseurinnen auftauchten – Jessica Hausner, Barbara Albert -, sehr wichtig. Damals beschloss ich, Filmemacherin zu werden. Zwar konnten wir zu der Zeit nicht wissen, dass das nur eine kurze Welle war. Aber immerhin ist mittlerweile eine filmgeschichtliche Referenz auf diese Zeit der Regisseurinnen mit ihren Filmen möglich.[895]

Mücksteins Worte sind in zweierlei Hinsicht von Bedeutung, zeigen sie doch zum einen, dass das Filmschaffen von Hausner und Albert Vorbildfunktion für eine nachfolgende Generation von Filmemacher_innen hatte, und veranschaulichen zum anderen, dass gemeinhin der Eindruck entstanden ist, die *Nouvelle Vague Viennoise* sei lediglich eine »kurze Welle« gewesen. Noch bevor die wissenschaftliche Beschäftigung überhaupt Fahrt aufnehmen konnte, wurde sie jäh zur »filmgeschichtlichen Referenz«. Braucht es überhaupt eine wissenschaftliche Neujustierung? Leben Totgesagte wirklich länger?

Bisher ist es nicht gelungen, eine thematisch-ästhetische Beschreibung der Filme der *Nouvelle Vague Viennoise* zu formulieren.[896] Die zudem einseitige Konzentration auf die weiblichen Beiträge sowie der übermäßig präsente Verweis auf den »Schmelztiegel der Diversität«[897] haben die Diskussion um diesen Meilenstein im *Neuen österreichischen Film* in (zu) enge Bahnen geleitet, aus denen es auszubrechen gelten sollte. Betrachtet man

---

895 Mückstein zit. n. Beate Hausbichler: Katharina Mückstein: »Die Discoszene mit Nina Proll ist natürlich ein Zitat« [12.09.2013], http://www.derstandard.at/1378248793610/Grossartig-eine-Discoszene-mit-Nina-Proll, letzter Aufruf: 04.06.2020.
896 Vgl. Müller: *Haneke. Keine Biografie.* 2014, S. 79.
897 Ebd.

ähnlich gelagerte Erörterungen im Zuge der *Berliner Schule*[898], so könnte der wissenschaftliche Umgang mit der *Nouvelle Vague Viennoise* durchaus anders gestaltet werden. Verstünde man diese nämlich als bis heute andauernde Bewegung, bezöge die männlichen Filmbeiträge mit ein und würde man – statt sich in der diskursiven Beschäftigung ab initio eines vermeintlichen Realitätsaspekts als Gemeinsamkeit der Filmprojekte zu verschreiben[899] – nach motivischen Schnittmengen suchen[900], hätte die *Nouvelle Vague Viennoise* durchaus das Potenzial, als nationaler Ausdruck einer internationalen Bewegung filmwissenschaftlich erforscht und erschlossen zu werden. Hausners Relevanz in einem derartigen Diskurs wäre höchst beachtenswert, stellt sie doch mit LOURDES die erfolgreichste *Nouvelle Vague Viennoise*-Produktion und agiert bis dato als einzige Vertreterin nach wie vor in der Doppelrolle als Drehbuchautorin und Regisseurin.

2.2 Annäherung an die *Berliner Schule*

»Es gibt ein deutsches Kino, das man nicht kennt, oder jedenfalls viel zu wenig.«[901] schrieb Rüdiger Suchsland als Geleit seiner »kleinen Gebrauchsanweisung für die ›Berliner Schule‹«[902] und deutete damit auf eine junge Tendenz im neuen deutschen Filmschaffen hin, die – so seine Einschätzung – »[…] abseits der wenigen Filmfestivals fast unsichtbar ist […]«[903], dafür aber in Frankreich, Österreich und New York »[…] als kraftvolles Zeugnis einer starken Tradition, künstlerischer Konsequenz

---

898 Vgl. dazu nachfolgend 2.2 Annäherung an die *Berliner Schule*.
899 Vgl. dazu exemplarisch Rebhandl: Nicht anders möglich. 2004, S. 6–10 und Hasenöhrl: *Vom Realismus zur Realitätsversuchsanordnung* 2004.
900 Vergleichbare Ansätze haben beispielsweise Elisabeth Büttner und Christian Dewald in *Anschluß an Morgen. Eine Geschichte des österreichischen Films von 1945 bis zur Gegenwart* und für den *Neuen österreichischen Film* und Roger F. Cook, Lutz Koepnick, Kristin Kopp, Brad Prager u. a. in *Berlin School Glossary. An ABC of the New Wave in German Cinema* verfolgt.
901 Rüdiger Suchsland: Seismografen in Zeiten der Krise. [o. D.], https://www.goethe.de/resources/files/pdf8/pk4070502.pdf, letzter Aufruf: 04.06.2020.
902 Ebd.
903 Suchsland zit. n. Thomas Schick: *Filmstil, Differenzqualitäten, Emotionen. Zur affektiven Wirkung von Autorenfilmen am Beispiel der Berliner Schule*. Dissertation, Filmuniversität Babelsberg 2015, Wiesbaden: VS 2018, S. 294.

und des intensiven Dialogs mit dem zeitgenössischen Weltkino […]«[904] rezipiert würde.

> Mitte der 1990er Jahre sind auf Festivals zum ersten Mal Arbeiten von den Filmemachern zu sehen, die heute als Begründer einer »Berliner Schule« bezeichnet werden: *Mach die Musik leiser* von Thomas Arslan im »Panorama« der Berlinale 1994, *Das Glück meiner Schwester* von Angela Schanelec im »Forum« der Berlinale 1995 und *Pilotinnen* von Christian Petzold auf dem »Max Ophüls Festival« 1995 in Saarbrücken. Die drei Regisseure haben nahezu zeitgleich an der Deutschen Film- und Fernsehakademie Berlin (DFFB) studiert.[905]

Die Zuschreibung der ad hoc missverständlichen Gruppenbezeichnung – immerhin hat es das Label der *Berliner Schule* im Verlauf der vergangenen Jahrzehnte in zahlreichen Handwerken, Künsten und Wissenschaften zu leidlicher Rezeption gebracht – wird häufig, jedoch fälschlicher Weise, dem Filmkritiker Rainer Gansera zugeschrieben.

> However, the film journalist Rainer Gansera is widley credited with coining the term. A few weeks after Worthmann's use of it, in a review of Thomas Arslan's *A Fine Day* he wrote: ›Increasingly, something like a »Berlin School« has begun to emerge. It includes three directors, Thomas Arslan, Angela Schanelec and Christian Petzold, whose similarities are becoming more evident even as they begin to develop their own particular style.‹[906]

Tatsächlich nutzte Merten Worthmann den Ausdruck *Berliner Schule* wenige Monate zuvor in seiner Filmbesprechung von Mein langsames Leben (2001, Angela Schanelec).[907] Im Versuch, die ästhetischen Gemeinsamkeiten der Filme der neuen deutschen Welle zu beschreiben, erklärte James zu Hüningen:

---

[904] Ebd.
[905] Baute/Knörer/Pantenburg/Pethke/Rothöhler: »Berliner Schule«2006, S. 7.
[906] Roger F. Cook/ Lutz Koepnick/Brad Prager: Introduction: The Berlin School – Under ObservationIn: Roger F. Cook/Lutz Koepnick/Kristin Kopp/Brad Prager (Hrsg.): *Berlin School Glossary. An ABC of the New Wave in German Cinema*. Chicago: Intellect 2013, S. 1–25; hier: S. 3.
[907] Vgl. Merten Worthmann: Mit Vorsicht genießen. [27.09.2001], http://www.zeit.de/2001/40/200140_langs._leben.xml/komplettansicht, letzter Aufruf: 04.06.2020.

Gemeinhin werden die Filme der Gruppe als Kino der Ruhe und lichten Klarheit gelobt, in dem es immer eher um die Intensität und Komposition des einzelnen Moments gehe als um das Primat der Geschichten. Sie beziehen sich explizit auf französische Vorbilder.[908]

Hier zeigt sich nun eine deutliche Schnittmenge mit den Produktionen der *Nouvelle Vague Viennoise,* denen in diversen Publikationen gleiches attestiert wurde. Weitere Parallelen der beiden deutschsprachigen Wellen können im mangelnden Box-Office-Erfolg, der verhaltenen heimischen Rezeption und den gelungenen Festivalteilnahmen ausgemacht werden:

> […] [T]he Berlin School has not had much market success. Their films have, with few exceptions, performed poorly at theaters [sic] in Germany. Only *The State I Am In,* Petzold's film about the legacy of German terrorism, and *Everybody Else,* Maren Ade's drama about marital relationships, have attracted more then 100,000 viewers domestically (121,000 and 186,000 theatergoers, respectively). For the most part their films have premiered at film festivals and played only on television […]. Despite their failure at the box office, and mixed critical reception at home, Berlin School films have had relatively good success at film festivals and with film enthusiasts abroad.[909]

Doch welche weiteren Berührungspunkte hat Jessica Hausner nun mit besagter *Berliner Schule*? Bereits im Juni 2006 äußerte die Regisseurin im Rahmen des *Oktoskop*-Interviews zur *Nouvelle Vague Viennoise* beiläufig ein Gefühl der Zugehörigkeit:

> [Gerade] in Berlin gibt es fünf, sechs Regisseure, […] mit denen wir […] gut befreundet sind, auch oft Austausch haben und […] ich irgendwie auch das Gefühl hätte, dass […] wir […] zu der Gruppe [gehören].[910]

Dass dieses Gefühl durchaus auf Gegenseitigkeit beruhte, zeigte eine Wortmeldung Christoph Hochhäuslers, der in einem *Revolver-Selbstgespräch* auf das Kennenlernen mit Hausner zu sprechen kam:

---

908 James zu Hüningen: Berliner Schule. [o. D.], http://filmlexikon.uni-kiel.de/index.php?action=lexikon&tag=det&id=1388, letzter Aufruf: 04.06.2020.
909 Cook/Koepnick/Prager: Introduction: The Berlin School – Under Observation. 2013, S. 4.
910 Hausner zit. n. 10.3 Protokoll Oktoskop-Beitrag [16.06.2006].

Jessica Hausner war mit »Lovely Rita« auf dem Münchener Filmfest. Ich habe mich vorgestellt und sie sagt, »Aaah, ihr seid das!« Und sofort kannte man sich, weil sie unsere Hefte kannte. Dann waren wir am gleichen Tag noch schwimmen (lacht). Das war sehr lustig, weil es gleich eine ganz andere Ebene hatte, dieses quasi-revolutionäre Ideal – ohne das überstrapazieren zu wollen.[911]

Neben der angedeuteten Sympathie und der scheinbaren Übereinstimmung in ideellen wie filmpolitischen Angelegenheiten zeigt sich außerdem eine enge ästhetische und motivische Verwandtschaft von Hausners Filmen mit jenen der *Berliner Schule*; ein Umstand, dem auch die Herausgeber_innen des *Berlin School Glossary – An ABC of the New Wave in German Cinema* Rechnung trugen, wie ihre Argumentation zur Auswahl des getroffenen Analysekorpus veranschaulicht:

The connection and similarities extend as well to Austrian cinema, and to the Vienna film production collective *coop99*, in particular. Its members have collaborated on Berlin School films, including *Sleeper* and *Longing*, particularly as producers and cinematographers, and their work often reflects a shared set of aesthetic and thematic concerns. Given the fluidity of the Berlin School label, we have decided to include the *coop99* films that display the closest affinity to their German counterparts, those of Barbara Albert and Jessica Hausner, in this project.[912]

Dabei sind es längst nicht nur die *Coop99*-Produktionen bzw. das individuelle Filmschaffen von Hausner und Albert, die eine Nähe zur neuen deutschen Welle erkennen lassen; vielmehr können zwischen der *Berliner Schule* und der *Nouvelle Vague Viennoise* deutliche Analogien benannt werden, die Hinweis darauf sind, dass es sich bei den beiden zeitgenössischen Bewegungen nicht nur um jeweils nationale Entsprechungen von Filmkunst handelt, sondern dass diese vielmehr Zeichen eines größeren, internationalen Wandels sind.[913]

---

911 Hochhäusler zit. n. Marcus Seibert: Revolver Selbstgespräch. In: Marcus Seibert (Hrsg.): *Revolver. Kino muss gefährlich sein.* Frankfurt am Main: Verlag der Autoren 2006, S. 9–30; hier: S. 17.
912 Cook/Koepnick/Prager: Introduction: The Berlin School – Under Observation. 2013, S. 4.
913 Vgl. 2.3 Das europäische Kino ist tot, es lebe das europäische Kino!

2.2.1 Bedeutsame Zeit, bedeutsame Orte

Bereits die zeitliche Simultanität, mit der die öffentliche Wahrnehmung der beiden Wellenbewegungen einsetzte, ist einer von besagten Schnittpunkten: Während im Verlauf der 1990er-Jahren auf österreichischer Seite junge Filmemacher_innen wie Barbara Albert, Valentin Hitz, Antonin Svoboda, Jessica Hausner, Jörg Kalt, Kathrin Resetarits und Mirjam Unger als Student_innen der FAK mit ihren Kurzfilmproduktionen erste Erfolge erzielten[914], erregten auf deutscher Seite Thomas Arslan, Angela Schanelec und Christian Petzold, als Student_innen der DFFB, mit ihren prämierten Spielfilmdebüts erste Aufmerksamkeit. Filmjournalistin Anke Leweke erinnerte sich:

> It was a revelation. As if *in* the cinema, my eyes were being opened *by* cinema. You just had to watch and see what was happening on the screen. At a Berlinale screening in the mid-1990s, suddenly there was this group of young people on screen, just graduated from school. Silently lounging around in ice-cream shops, in front of service stations, sitting on walls and railings, waiting for whatever may come.[915]

Die drei Filmemacher_innen der neuen Welle im neuen deutschen Film hatten zuvor im Rahmen ihrer Ausbildung mit interessanten Kurzfilmproduktionen aufhorchen lassen: So realisierte Thomas Arslan nach dem Kurzfilm 19 PORTRÄTS (1990, Thomas Arslan), der Kurz-Dokumentation AM RAND (1991, Thomas Arslan) und seinem DFFB-Abschlussfilm IM SOMMER – DIE SICHTBARE WELT (1991, Thomas Arslan) als Drehbuchautor und Regisseur mit MACH DIE MUSIK LEISER (1994, Thomas Arslan) seine erste abendfüllende Fernsehproduktion für die ZDF-Sendereihe *Das kleine Fernsehspiel*[916]. Das Langfilmdebüt fand seinen Weg in die

---

914 Vgl. 2.1.1 Vorboten der Welle in der Welle.
915 Anke Leweke: The Beginning. In: Rajendra Roy/Anke Leweke (Hrsg.): *The Berlin School. Films From The Berliner Schule*. New York: The Museum of Modern Art 2013, S. 14–17; hier: S. 15 [H. i. O.].
916 *Das kleine Fernsehspiel* ist eine Sendereihe des öffentlich-rechtlichen *Zweiten Deutschen Fernsehens* (ZDF), die es sich unter anderem zur Aufgabe gemacht hat, junge Film- und Fernsehtalente zu fördern und ihnen eine Bühne für ihre ersten filmischen Projekte zu bieten. Vgl. https://www.zdf.de/filme/das-kleine-fernsehspiel/das-kleine-fernsehspiel-stellt-sich-vor-100.html, letzter Aufruf: 04.06.2020.

Panorama-Sektion der *44. Internationalen Filmfestspiele Berlin*[917] und erfuhr damit internationale Beachtung.

Ihrem »Einführungskursfilm«[918] SCHÖNE, GELBE FARBE (1991, Angela Schanelec) an der Deutschen Film- und Fernsehakademie Berlin ließ Angela Schanelec die Produktionen ÜBER DAS ENTGEGENKOMMEN (1992, Angela Schanelec), PRAG, MÄRZ 1992 (1992, Angela Schanelec) und ICH BIN DEN SOMMER ÜBER IN BERLIN GEBLIEBEN (1994, Angela Schanelec) folgen. Ihr DFFB-Abschlussfilm DAS GLÜCK MEINER SCHWESTER (1995, Angela Schanelec) wurde im Veröffentlichungsjahr als bester Spielfilm mit dem *Preis der deutschen Filmkritik* ausgezeichnet.[919]

Als erste individuelle Arbeit an der DFFB realisierte Christian Petzold den Kurzfilm SÜDEN (1989, Christian Petzold), welchem der schwarz-weiß-gehaltene Kurzfilm WEIBER (1989, Christian Petzold), die Kurzdokumentation OSTWÄRTS (1990, Christian Petzold) und der Kurzfilm DAS WARME GELD (1992, Christian Petzold) folgten. Mit seinem Abschlussfilm PILOTINNEN (1994, Christian Petzold) legte der Regisseur zugleich sein Fernsehdebüt vor. Erste Anerkennung für sein Filmschaffen erhielt er für den Fernsehfilm CUBA LIBRE (1996, Christian Petzold), der am *Filmfestival Max Ophüls Preis 1996* mit dem *Förderpreis Langfilm* prämiert wurde.[920]

Es lässt sich an dieser Stelle festhalten, dass den Produktionen der beiden Filmwellen – unabhängig davon, ob sie denn nun als Kurz- oder Spielfilme realisiert wurden – also etwa Mitte der 1990er-Jahre verstärkte Anerkennung und Aufmerksamkeit zuteil wurde. Wie bei den Vertreter_innen der *Nouvelle Vague Viennoise* galt auch den Regisseur_innen der *Berliner Schule* die Ausbildungsstätte als (zumindest durch den Städtenamen) in der Strömungsbezeichnung verankerter, anfänglicher Treffpunkt: Arslan absolvierte sein Regiestudium von 1986 bis 1992[921], Schanelec war von 1990 bis 1995 Studentin der DFFB[922] und Christian Petzold besuchte die Institution von 1988 bis 1994[923].

---

917 Vgl. https://www.berlinale.de/de/archiv/jahresarchive/1994/02_programm_1994/02_Filmdatenblatt_1994_19941422.php, letzter Aufruf: 04.06.2020.
918 https://dffb-archiv.de/dffb/schoene-gelbe-farbe, letzter Aufruf: 04.06.2020.
919 Vgl. http://www.vdfk.de/118-preistrager-seit-1956, letzter Aufruf: 04.06.2020.
920 Vgl. https://ffmop.de/das_festival/preistraeger_innen, letzter Aufruf: 24.04.2020.
921 Vgl. https://www.udk-berlin.de/personen/detailansicht/person/thomas-arslan/, letzter Aufruf: 04.06.2020.
922 Vgl. https://dffb-archiv.de/dffb/angela-schanelec-0, letzter Aufruf: 04.06.2020.
923 Vgl. https://dffb-archiv.de/dffb/christian-petzold, letzter Aufruf: 04.06.2020.

2.2.2 Kooperative Netzwerke

Selbst hinsichtlich der studentischen Kooperation zur Umsetzung ihrer Filmprojekte sowie im nach der Studienzeit anhaltenden Kontakt zeigen sich deutliche Ähnlichkeiten. So verantwortete Petzold etwa bei Arslans Kurzfilm 19 Porträts – einer Art Hommage an Andy Warhols experimentelle *Screen Tests* der 1960er-Jahre – den Ton und war (wie auch der Regisseur und Drehbuchautor selbst) als einer der Darsteller_innen in der Produktion zu sehen. In Im Sommer – Die sichtbare Welt übernahm Petzold erneut eine mimende Rolle, während Schanelec bei dieser Produktion als Regieassistentin tätig war. Schanelec zeigte sich darüber hinaus in den eigenen Filmprojekten – was in Anbetracht ihres Erststudiums wenig verwundert[924] – nicht nur als Regisseurin, sondern auch als Schauspielerin: In das Das Glück meiner Schwester gab sie die »Isabel«, in Ich bin den Sommer über in Berlin geblieben war sie als »Nadine« zu sehen, in Prag, März 1992 sowie in Schöne, gelbe Farbe verkörperte sie eine namenlose Figur.

> While at the dffb, they had studied under Harun Farocki and Hartmut Bitomsky, teachers and filmmakers noted for their political approach to the visual image. The teachers and students found a certain affinity, and, together with Michael Baute and Ludger Blanke, both noted film critics and publicists, an informal group referring to itself as the ›Politbüro‹ coalesced around an alternative film-political agenda.[925]

Dass das kooperative Miteinander die Studienzeit überdauerte, lässt sich nicht nur in der Beschäftigung mit der *Nouvelle Vague Viennoise*, sondern auch für die *Berliner Schule* konstatieren und noch mehr: Denn während das mediale Interesse an den österreichischen Filmschaffenden nach einer euphorischen Berichterstattungs-Hochphase abflachte, entwickelte sich in Deutschland eine zweite Generation der Filmbewegung.

---

924 Tatsächlich war das Schauspielstudium Schanelecs erste Wahl; sie absolvierte in den Jahren von 1982 bis 1984 eine Ausbildung an der *Hochschule für Darstellende Kunst* in Frankfurt am Main und erhielt nach dem Studium Theaterengagements in Köln, Hamburg, Berlin und Bochum.

925 Cook/Koepnick/Prager: Introduction: The Berlin School – Under Observation. 2013, S. 3.

While the commonalities in the work of the original trio of directors arose out of this shared context of influence and personal exchange, a second wave of filmmakers hailing from other cities and film schools began to produce films in the same basic mold. Film reviewers and publicists thus extended the ›Berlin School‹ label to include this group that became known as its second generation of filmmakers.[926]

»As the compass of the Berlin School has continued to expand, it has become difficult to determine exactly which directors belong to it.«[927] erklärten Cook, Koepnick und Prager und hielten sich hinsichtlich einer Zuordnung von expliziten Regisseur_innen bedeckt, verwiesen aber vorsichtig auf die mögliche Zugehörigkeit von Christoph Hochhäusler, Benjamin Heisenberg, Valeska Grisebach[928], Ulrich Köhler, Henner Winckler und Maren Ade zur zweiten Generation der *Berliner Schule*.[929] Den Diskurs um das verzweigte Netzwerk, das sich rund um die erste und zweite Generation der *Berliner Schule* entwickelt hatte, hat der Filmwissenschafter Marco Abel vorzüglich beschrieben; auf Grundlage seiner Analysen lässt sich so eine deutliche Analogie zum Netzwerk der *Nouvelle Vague Viennoise* erkennen.[930]

In einem von Marcus Seibert für die Filmzeitschrift *Revolver* moderierten *Selbstgespräch* erklärten Christoph Hochhäusler und Jens Börner:

Hochhäusler: Das Stichwort Politik hat auch viel zu tun mit dem Stichwort »gemeinsam«. […] Wir hatten immer die Vorstellung eines gesellschaftlichen Ganzen. Von der Mikrogesellschaft zur Gesellschaft. Wir wollten nicht alleine sein, sondern gemeinsam gestalten. […] Film ist quasi die soziale Skulptur, von der Beuys immer nur reden konnte, weil sie wirklich nur im Moment entsteht, in dem sie gesehen wird.

---

926 Ebd.
927 Ebd.
928 Die deutsche Regisseurin nahm ihr Regiestudium an der FAK im Jahr 1993 auf und wird demzufolge häufig als Vertreterin der *Nouvelle Vague Viennoise* angeführt. Vgl. dazu Wheatley: Not Politics but People: The »Feminine Aesthetic« of Valeska Grisebach and Jessica Hausner. 2011, S. 136–147.
929 Cook/Koepnick/Prager: Introduction: The Berlin School – Under Observation. 2013, S. 3.
930 Abels Expertise begründet sich auf der jahrelangen Auseinandersetzung mit dem Filmschaffen der *Berliner Schule*. Vgl. dazu Marco Abel: *The Counter-Cinema of the Berlin School*. Rochester: Camden House 2013.

Börner: Ich habe von Anfang an das große Bedürfnis gehabt, diese Gemeinschaft ganz wörtlich zu nehmen, bis hin zu diesem »nur gemeinsam können wir es schaffen«. Es gibt ja diese schönen Gutenachtgeschichten, die später zu uns drangen. Die Coops [Anm. SG: gemeint sind Albert, Gschlacht, Hausner und Svoboda] haben sich in der Gründungsphase gegenseitig aus unseren Heften vorgelesen, um sich genau das zu zeigen: Schaut her, wir sind nicht allein.[931]

2.2.3 Die fehlenden Manifeste

Zwar teilen sowohl die Filme der *Berliner Schule* als auch jene der *Nouvelle Vague Viennoise* ästhetische Schnittmengen mit den Produktionen der dänischen *Dogma 95*-Bewegung, doch in einem wesentlichen Punkt unterscheiden sie sich deutlich davon, denn: Ihnen fehlt das obligate Manifest.

> Es gab einen Nachmittag bei der Valeska Grisebach, da saßen wir dann alle. Einer von diesen heißen Berliner Sommertagen mit offener Balkontür, es war Erdbeerzeit, und das Verhältnis Erdbeeren zu Tortenboden war 4:1, und für einen Moment lang gab es die Idee, eigene Positionen zu formulieren, Manifest und so, und dann gab es sofort Reaktionen, och nööö, und das war so ungeheuer sympathisch.[932]

Hausner und Albert erklärten im *Oktoskop*-Gespräch, dass sie zwar über die Verfassung eines derartigen Schriftstückes nachgedacht, sich aber letzten Endes dagegen entschieden hätten.[933] Demzufolge sind strenggenommen weder die *Berliner Schule* noch die *Nouvelle Vague Viennoise* »begründet« worden. Während Lars von Trier und Thomas Vinterberg für *Dogma 95* am 13. März 1995 in Kopenhagen ihren *Vow of Chastity* verkündeten und damit einen bewussten, filmpolitischen Akt setzten, verweigerten sich die deutschsprachigen Regisseur_innen einem entspre-

---

931 Hochhäusler und Börner zit. n. Seibert: Revolver Selbstgespräch. 2006, S. 16 f.
932 Petzold zit. n. Dominik Graf/Christian Petzold/Christoph Hochhäusler: Mailwechsel »Berliner Schule«. In: Jens Börner/Benjamin Heisenberg/Christoph Hochhäusler/Nicolaus Wackerbarth/Franz Müller (Hrsg.) *Revolver 16. Zeitschrift für Film.* Frankfurt am Main: Verlag der Autoren 2007, S. 7–39; hier: S. 9.
933 Vgl. 10.3 Protokoll Oktoskop-Beitrag [16.06.2006].

2.2.4 *Revolver*, Zeitschrift für Film

chenden Regelkatalog. Ist die *Dogma 95*-Bewegung von den Begründern – hier stimmt der Ausdruck – selbstinitiiert, entwickelte und etablierte sich die Wahrnehmung der *Berliner Schule* sowie der *Nouvelle Vague Viennoise* durch journalistische und filmwissenschaftliche Fremdzuschreibung.

Den beiden deutschsprachigen Filmbewegungen ist zudem der Wunsch nach diskursiver Reflexion ihres Filmschaffens gemein; so hielt Thomas Schick für die Vertreter_innen der *Berliner Schule* fest, dass »[…] die Filmemacher […] häufig über ihre Arbeit [reflektieren], auch in schriftlicher Form.«[934] Besonders eindringlich lässt sich dieser Umstand anhand der Filmzeitschrift *Revolver* verdeutlichen. Von Benjamin Heisenberg, Christoph Hochhäusler und Sebastian Kutzli noch zu deren Studienzeit im Jahr 1998 gegründet, werden die Hefte »[…] mittlerweile als ›Sprachrohr‹ der Berliner Schule angesehen […].«[935] Ihre Zielvorgaben definierten die Herausgeber wie folgt:

> Revolver ist eine Zeitschrift für Film. Sie passt [Anm. SG: dank des DIN-A6-Formats] in jede Tasche und kann überall gelesen werden. Sie versammelt Gedanken, Ansichten und Träume filmschaffender und filmschauender Leute. Sie will direkt, präzise und ehrlich über den Film der Zukunft sprechen.[936]

Die »Theorie der Praxis«[937] steht im Mittelpunkt des halbjährlich erscheinenden *Revolver*, in denen »alle am Prozess Kino Beteiligten – insbesondere aber Filmschaffende aller Gewerke und Schulen […] Auskunft und Beispiel geben [sollen]«[938] und diese Filmemacher_innen »in Form von Interviews oder eigenen Texten […] zu Wort [kommen].«[939]

Mit der Etablierung der Filmzeitschrift – im Dezember 2019 kam Heft Nummer 41 auf den Markt –, deren Mitarbeiter_innen ausschließ-

---

934 Schick: *Filmstil, Differenzqualitäten, Emotionen.* 2018, S. 296.
935 Ebd.
936 http://www.revolver-film.com/wir/, letzter Aufruf: 04.06.2020.
937 Schick: *Filmstil, Differenzqualitäten, Emotionen.* 2018, S. 296.
938 http://www.revolver-film.com/wir/, letzter Aufruf: 04.06.2020.
939 Schick: *Filmstil, Differenzqualitäten, Emotionen.* 2018, S. 296.

lich ehrenamtlich tätig sind, befeuern die Herausgeber_innen[940] die öffentliche Diskussion über Film und Kino in Deutschland. Eine derartige Initiative, die deutlich an die französische *Cahiers du cinéma* erinnert, fehlt den Vertreter_innen der österreichischen *Nouvelle Vague Viennoise*, wenngleich mit den von Karin Fleischanderl und Gustav Ernst herausgegebenen Sonderheften der *kolik.film* diese Lücke zumindest ansatzweise gefüllt werden kann.

2.2.5 Die Angst vor dem Label

Wie es Landsgesell für das österreichische Gegenstück festhielt[941], entwickelte sich auch rund um das Filmschaffen der *Berliner Schule* ein regelrechter medialer Hype.

> Die Recherche in einem Zeitungsarchiv ergibt eine geradezu inflationäre Verwendung des Terminus (236 Nennungen 2006 gegenüber nur 54 im Jahr davor). Seitdem ist es um die *Berliner Schule* einerseits wieder stiller geworden, andererseits wabert der Begriff weiter durch die Filmdiskurse, auch als Kampfformel der Gegner.[942]

Ob der Reduktion auf das Label *Berliner Schule* – die Regisseur_innen hatten sich dieser Zuschreibung mehrfach vehement verweigert – befürchtete Graf im Jahr 2007 ein »Phänomen des drohenden thematischen und formalen Stillstands«[943]; die Wahrnehmung einer gemeinschaftlichen Filmstilistik würde die Gefahr bergen, die künstlerische Individualität aus den Augen zu verlieren und könne zu filmkünstlerischer Bewegungslosigkeit führen.[944] Grafs Sorgen haben sich bis dato nicht erfüllt, wie ein exemplarischer Blick in die Filmografien einiger prominenter Vertre-

---

940 Neben den beiden Gründern Heisenberg und Hochhäusler sowie Franz Müller, Marcus Seibert und Nicolas Wackerbarth ist mit Saskia Walker auch eine Herausgeberin vertreten.
941 Vgl. Landsgesell 2008, S. 89.
942 Rüdiger Suchsland: Eine gewisse Idee des Kinos. Die Berliner Schule zwischen Ausnahmeerscheinung und Symptom des deutschen Kinos der Nullerjahre. In: Chris Eschhofen/Linda Kujawski (Hrsg.): *Die Nullerjahre. Zwischen Stagnation und Innovation.* Marburg: Schüren 2012, S. 87–102; hier: S. 98.
943 Graf zit. n. Graf/Petzold/Hochhäusler: Mailwechsel »Berliner Schule«. 2007, S. 13.
944 Vgl. ebd.

ter_innen der *Berliner Schule* veranschaulicht: So wurde UNTER DIR DIE STADT (2010, Christoph Hochhäusler) im Jahr 2010 und die deutsch-bulgarisch-österreichische Koproduktion WESTERN[945] zur Teilnahme in der Sektion »Un Certain Regard« bei den *Internationalen Filmfestspielen von Cannes* eingeladen; zwar blieb es für beide Produktionen an der Croisette bei den Nominierungen, letztlich erhielt Grisebach aber für ihren nunmehr dritten Spielfilm dreizehn Auszeichnungen und wurde mit weiteren vierzehn Nominierungen bedacht.[946]

Auch die *Berlinale* wurde konstant mit Produktionen der *Berliner Schule* bespielt; neben der Konkurrenz im Hauptbewerb, an der ALLE ANDEREN (2009, Maren Ade), GOLD (2013, Thomas Arslan) und HELLE NÄCHTE (2017, Thomas Arslan) partizipierten, wurde in der *Berlinale*-Sektion »Forum« ORLY (2010, Angela Schanelec) und in der Reihe »Panorama Spezial« ÜBER-ICH UND DU (2014, Benjamin Heisenberg) gezeigt. Ebenfalls im Rahmen der *Berlinale* uraufgeführt wurde die deutsch-österreichische Koproduktion DER RÄUBER (2010, Benjamin Heisenberg). Der Kriminalfilm erhielt den *Bayerischen Filmpreis 2009* für die beste Nachwuchsregie, wurde für den *Deutschen Filmpreis 2010* nominiert und mit drei Auszeichnungen beim *Österreichischen Filmpreis 2011*, nämlich in den Kategorien für »Beste Regie«, »Bester männlicher Darsteller« und »Beste Tongestaltung«, geehrt.[947] BARBARA (2012, Christian Petzold) wurde im Wettbewerb der *Berlinale 2012* gezeigt, erhielt den *Silbernen Bären* für die »Beste Regie«[948] und wurde als offizieller deutscher Kandidat für die *Oscar*-Nominierung als bester fremdsprachiger Film gehandelt, scheiterte aber zuletzt im Auswahlverfahren. Nicht zu vergessen Maren Ades komödiantisches Familiendrama TONI ERDMANN (2016, Maren Ade), das seine Premiere anlässlich der *69. Internationalen Filmfestspiele von Cannes* feierte, mit zahlreichen Auszeichnungen[949]

---

945 Die *Coop99* agierte bei WESTERN als minoritäre Produktionsfirma. Vgl. dazu https://www.filminstitut.at/de/western/, zuletzt aufgerufen: 04.06.2020.

946 Vgl. https://www.imdb.com/title/tt5157326/awards?ref_=tt_awd, letzter Aufruf: 04.06.2020.

947 Vgl. https://www.oesterreichische-filmakademie.at/filmpreis/preistraeger/2011, letzter Aufruf: 04.07.2020.

948 Vgl. https://www.berlinale.de/de/archiv/jahresarchive/2012/08_pressemitteilungen_2012/08_pressemitteilungen_2012-detail_14169.html?openedFromSearch=true, letzter Aufruf: 04.06.2020.

949 Die IMDb verzeichnet 56 gewonnene Preise sowie weitere 79 Nominierungen. Vgl. https://www.imdb.com/title/tt4048272/, letzter Aufruf: 04.06.2020.

bedacht und mit einer *Oscar*-Nominierung als »Bester fremdsprachiger Film« geehrt wurde.[950]

2.3 Das europäische Kino ist tot, es lebe das europäische Kino!

Im Jahr 2017 beging die *Diagonale* feierlich ihr 20. Jubiläum; als Eröffnungsredner wurde der österreichische Bundespräsident Alexander Van der Bellen geladen, um staatstragende Worte an das Publikum zu richten. Während sich die heimische Tagespresse in ihrer Berichterstattung über die Auftaktveranstaltung vor allem auf eine dargebrachte persönliche Anekdote stürzte[951], blieb der für die ARD tätigen Online-Redakteurin Christine Dériaz eine Wortspende in Erinnerung, die sie ihrem Blogbeitrag *Diagonale 2017 – Was ist österreichisch am österreichischen Film?* voranstellte: »Ein nationales Festival, aber national, was heißt das schon?«[952] soll Van der Bellen zur Eröffnung rhetorisch-provokant in den Raum gefragt haben. Im Rahmen seiner *Cinema Moralia*, im Titelzusatz als *Tagebuch eines Kinogehers* ausgewiesen, dokumentierte der deutsche Filmjournalist und -kritiker Rüdiger Suchsland den präsidialen Auftritt in seinem 152. Eintrag *Diagonal ist besser* wie folgt:

> »Dieses nationale Ding ist ja, also vielleicht a bisserl, aber auch nicht zu ernst zu nehmen...« Also sprach Alexander van der Bellen, Bundespräsident der Republik Österreich, und erklärte vor eintausendzweihundert, vor allem österreichischen Filmschaffenden, warum man den österreichischen Film mal nicht zu wichtig nehmen sollte, vor allem nicht in Österreich. So eine Rede eines Politikers wäre in Deutschland vollkommen undenkbar, wie überhaupt alles, was man am Dienstag Abend erleben konnte.[953]

---

950 Vgl. http://oscar.go.com/news/nominations/oscar-nominations-2017-view-the-complete-list-of-nominees, letzter Aufruf: 04.06.2020.

951 Siehe etwa Matthias Greuling: »Zur rechten Zeit einen Tritt in den Arsch«. [29.03.2017], http://www.wienerzeitung.at/dossiers/diagonale/882458_Zur-rechten-Zeit-einen-Tritt-in-den-Arsch.html, letzter Aufruf: 04.06.2020.

952 van der Bellen zit. n. Christine Dériaz: Was ist österreichisch am österreichischen Film? [01.04.2017], https://www.ard-wien.de/2017/04/01/diagonale-2017-in-graz/, letzter Aufruf: 04.06.2020.

953 Rüdiger Suchsland: Diagonal ist besser. [30.03.2017], https://www.artechock.de/film/text/special/2017/cinema_moralia/03_30.html, letzter Aufruf: 04.06.2020.

Wenn auch Van der Bellens Worte im Rahmen der *Diagonale* – in ihrer vollständigen Bezeichnung dezidiert als »Festival des österreichischen Films« ausgewiesen – höchst unpassend erscheinen, so lässt sich zumindest die Idee der Blickrichtung aufnehmen, der bei näherer Betrachtung ein richtungsweisendes Potenzial für eine zukünftige Beschäftigung mit österreichischen, mit europäischen, ja sogar mit weltweiten *Arthouse Filmen* innewohnt.

Pragmatisch betrachtet wäre durch eine fakultative Abkehr von einem nationalen Verständnis des »österreichischen« Filmschaffens wohl auch eines der drängenden Probleme in der bisherigen wissenschaftlichen Auseinandersetzung mit dem *Neuen österreichischen Film* obsolet. Bereits im Jahr 1996 fragte Bert Rebhandl:

> Schwierig bleibt dabei stets die Definition des »Österreichischen«, ein Problem, das etwa in der Literaturwissenschaft erschöpfend und weitgehend ergebnislos verhandelt wurde. Anders als der Spielfilm vermag die österreichische Literatur immerhin gelegentlich eine Bedeutung im Betrieb der gesamten deutschsprachigen Literatur anzunehmen, sodaß Heinrich Vormweg sogar einmal von deren Verösterreicherung gesprochen hat. Worin denn das Österreichische dieser Verösterreicherung bestünde, wenn es nicht nur soziologisch im Sinn einer bloßen Reisepaß-Identität von Autoren begriffen werden soll, bleibt offen.[954]

Die vorangegangene Erörterung zahlreicher Parallelen, die zwischen der *Nouvelle Vague Viennoise* und der *Berliner Schule* gezogen werden können, sollten verdeutlicht haben, dass durchaus berechtigt die Frage gestellt werden muss, ob die Filmwissenschaft es hier überhaupt mit zwei unterschiedlichen filmischen Bewegungen zu tun hat. Eine erste Annäherung dazu hat Robert von Dassanowsky in seinem Text *Countercinematic Reflections and Non/National Strategies: New Austrian Film and the Berlin School* vorgelegt; sind die beiden *neuen Wellen* – trotz ihrer höchst unterschiedlichen Ausgangslagen[955] – vielleicht vielmehr der jeweilige nationale Ausdruck einer weltweiten Entwicklung?

---

954 Rebhandl: Nachsaison. Zum österreichischen Spielfilm seit 1968. 1996, S. 25.
955 Vgl. Robert von Dassanowsky: Countercinematic Reflections and Non/National Strategies: New Austrian Film and the Berlin School. In: Jaimey Fisher/Marco Abel (Hrsg.): *The Berlin School and Its Global Contexts: A Transnational Art Cinema*. Detroit: Wayne State University Press 2018, S. 79–98.

Wie Henner Winckler verstehe auch ich die *Berliner Schule* als einzelnen Puzzlestein einer größeren internationalen Bewegung[956], der die Arbeiten von Filmschaffenden in Deutschland, Österreich, Dänemark, Belgien, Frankreich und zahlreichen weiteren Ländern zugeordnet werden sollten und die als Reaktion auf die Künstlichkeit des Weltkinos der 1980er- und 1990er-Jahre verstanden werden könnten[957]; der *New York Times*-Cheffilmkritiker Anthony Oliver Scott bezeichnete den *Neo-Neo Realism*, der in den Filmen besagter Filmschaffender zu erkennen ist, als Weigerung, sich der durch Hollywood aufgezwungenen »tyranny of fantasy«[958] zu unterwerfen.[959]

> In fact, the Berlin School, despite what the label suggests, is not a specifically German phenomenon. All over the world there are filmmakers exploring related terrain. In Austria (Jessica Hausner), in Argentina (Lisandro Alonso, Lucrecia Martel), in the United States (Lance Hammer, Kelly Reichardt), in Japan (Naomie Kawase, Hirokazu Kore-eda), and in many other places. But just what is this terrain? I feel it would be mistaken to focus on formal decisions, such as long takes. More important, it seems to me, is a certain approach to narrative and specific concept of characters, both of which have formal consequences.[960]

»Mittlerweile wird der Begriff Berliner Schule kaum mehr verwendet.«[961], schrieb Anke Leweke und meinte weiter: »Die Jahre, in denen die Regisseure mit diesem Kritikerlabel noch Rückendeckung auf ihren neuen Wegen brauchen, sind längst vorbei.«[962]

---

956 Vgl. Henner Winckler: Neue realistische Schule? In: Marcus Seibert (Hrsg.): *Revolver: Kino muss gefährlich sein*. Frankfurt: Verlag der Autoren 2006, S. 342–363; hier: S. 354.
957 Vgl. Cook/Koepnick/Prager: Introduction: The Berlin School – Under Observation. 2013, S. 14.
958 Anthony Oliver Scott: Neo-Neo Realism. [17.03.2009], http://www.nytimes.com/2009/03/22/magazine/22neorealism-t.html, letzter Aufruf: 04.06.2020.
959 Vgl. ebd.
960 Christoph Hochhäusler: On Whose Shoulders: The Question of Aesthetic Indebtedness. In: Rajendra Roy/Anke Leweke (Hrsg.): *The Berlin School. Films from the Berliner Schule*. New York: The Museum of Modern Art 2013, S. 20–28; hier: S. 25.
961 Anke Leweke: Berliner Schule. Das Kino, überraschend und gefährlich. [Oktober 2016], https://www.goethe.de/de/kul/flm/20838234.html, letzter Aufruf: 04.06.2020.
962 Ebd.

»Das europäische Kino gibt es nicht mehr.«[963] erklärte Volker Schlöndorff, die *Nouvelle Vague Viennoise* sei »nur eine kurze Welle«[964] gewesen meinte Katharina Mückstein und im Katalog zur Filmreihe der *Berliner Schule* im New Yorker Museum of Modern Art[965] wurde Christoph Hochhäusler das Zitat »Die Schule ist aus, und jetzt wird's spannend.«[966] zugeschrieben. Die drei Statements eint, dass zum einen jeweils ein Ende deklariert und zum anderen zugleich ein (hoffnungsvoller) Blick in die Zukunft angedeutet wurde. Letztlich scheint es unerheblich, unter welcher Flagge die Arbeiten der Filmschaffenden wahrgenommen werden. Unterstützung findet diese These in einer Aussage von ÖFI-Direktor Robert Teichmann, der sich im Gespräch mit Katharina Müller wie folgt äußerte:

> Diese ganze Nationalisierungsdiskussion […], die halte ich wirklich für extrem kleinkariert. Ich kann dem überhaupt nichts abgewinnen, das Ganze auf Finanzierungsbeiträge zu reduzieren und zu sagen: »Naja, die haben so viel bezahlt, oder die sind ja französische Schauspieler« … Da greift dann diese Diskussion viel zu kurz und ist viel zu schwarz-weiß […]. Letzten Endes geht's um Filme eines Regisseurs. Also diese Nationalität spielt für mich eigentlich keine Rolle.[967]

Ob *Nouvelle Vague Viennoise*, *Berliner Schule* oder *Neo-Neo-Realismus*: Weniger das Etikett – und sei es für die Vermarktung der Filmproduktionen noch so förderlich – schafft die Bedeutung im wissenschaftlichen Kontext, sondern vielmehr die internationale, vernetzende Zusammenarbeit von Forschenden und der damit verbundene wissenschaftliche Austausch und möglicherweise entstehende Diskurs. Der nachfolgende drit-

---

963 Christiane Peitz: »Das europäische Kino gibt es nicht mehr.« [03.02.2013], http://cicero.de/kultur/das-europaeische-kino-gibt-es-nicht-mehr/53145, letzter Aufruf: 25.07.2020.

964 Mückstein zit. n. Hausbichler: »Die Discoszene mit Nina Proll ist natürlich ein Zitat.« [12.09.2013].

965 Die von Rajendra Roy und Anke Leweke kuratierte Ausstellung war von 20. November bis 6. Dezember 2013 im Museum of Modern Art zu sehen. Vgl. https://www.moma.org/calendar/film/1399?locale=ko, letzter Aufruf: 04.06.2020.

966 Hochhäusler zit. n. Susanne Burg: »Manchmal ist das Leben eben auch langweilig.« Filmreihe zur »Berliner Schule« im MoMA. [19.11.2013], http://www.deutschlandfunkkultur.de/deutsches-kino-manchmal-ist-das-leben-eben-auch-langweilig.954.de.html?dram:article_id=269428, letzter Aufruf: 04.06.2020.

967 Teichmann zit. n. Müller: *Haneke. Keine Biografie.* 2014, S. 351.

te Teil dieses Buches verpflichtet sich diesem Gedanken und untersucht Hausners bisheriges Filmschaffen mit Fokus auf eine spezifische Ästhetik, die unter anderem auch in mehreren Produktionen der *Berliner Schule* als auffallend gehandelt wird.

3 Eine märchenhafte Welt

Bei der Lektüre der Vielzahl von Kritiken zu zeitgenössischen europäischen Filmen sticht in den vergangenen Jahren ein mit unerwarteter Verlässlichkeit bedienter Vergleich auffällig ins Auge: Denn obwohl dem europäischen Film gemeinhin unter anderem komplizierte Erzählstrukturen[968] und deutliche Abweichungen von einer angeblichen Hollywood-Ästhetik[969] attestiert werden, ist immer wieder von modernen Märchen, filmischen Märchenerzähler_innen und der Nähe zu den Märchen aus der Sammlung der Brüder Grimm zu lesen und damit zu einem klaren Erzähltypus, dessen charakteristische Kennzeichen sich in der »Neigung zu einem bestimmten Personal, Requisitenbestand und Handlungsablauf«[970] und zu einer »bestimmten Darstellungsart (Stil)«[971] zeigen.[972]

»Was in der Wirklichkeit schwer ist und vielschichtig, unübersichtlich in seinen Bezügen, wird im Märchen leicht und durchsichtig und fügt sich wie in freiem Spiel in den Kreis der Dinge.«[973] schrieb der Schweizer Literaturwissenschaftler Max Lüthi. Die klischeebehafteten Vorstellungen des *Neuen europäischen Films* lassen sich auf den ersten Blick mit den

---

968 Siehe dazu Dennis Eick: *Drehbuchtheorien. Eine vergleichende Analyse.* Konstanz: UVK 2006 oder Dagmar Benke: *Freistil. Dramaturgie für Fortgeschrittene und Experimentierfreudige.* Bergisch Gladbach: Bastei Lübbe 2002.

969 Thomas Elsaesser identifizierte für den europäischen Film unterschiedliche ästhetische Ausprägungen, die er mit den Begriffen des klassischen »Art Cinema«, das mit den tradierten Konventionen des Realismus breche, und dem »Cinéma du look«, das vor allem die audiovisuelle Komposition betonen und ausstellen würde. Vgl. Elsaesser: *European Cinema. Face to Face with Hollywood.* 2005.

970 Max Lüthi: *Märchen.* Stuttgart/Weimar: Metzler 2004[10], S. 25.

971 Ebd.

972 André Jolles Versuch, Märchen als einfache Form der Erzählung zu klassifizieren, sorgte für rege Diskussionen. In wissenschaftlichen Kreisen widersprachen Albert Wesselski, Robert Petsch, Friedrich Ranke und Lutz Mackensen Jolles diesbezüglichen Ausführungen vehement. Vgl. dazu Max Lüthi: *Das europäische Volksmärchen.* Tübingen/Basel: UTB 2005[11], S. 122.

973 Lüthi: *Das europäische Volksmärchen.* 2005[11], S. 79.

klaren Strukturen der europäischen Volksmärchen scheinbar kaum in Einklang bringen; und doch gibt es sie, die zahlreichen Verweise, die eine deutliche Nähe der beiden vermeintlichen Gegensätze zueinander veranschaulichen: Um einige intensiv rezipierte Filme der jüngeren Vergangenheit anzuführen – und zugleich einem Regisseur Raum zu geben, mit dessen »lakonische[m] und puristische[m] Inszenierungsstil«[974] Hausners selbiger vermehrt verglichen wurde[975] –, trugen etwa Produktionen wie LE HAVRE (2011, Aki Kaurismäki), ein »modernes Märchen über die illegale Einwanderung nach Europa«[976], wie TOIVON TUOLLA PUOLEN (2017, Aki Kaurismäki; dt. Titel: DIE ANDERE SEITE DER HOFFNUNG), ein Film, der »[m]ärchenüblich mit Aufbrüchen [beginnt] und […] mit Ankünften [endet]«[977], oder wie TULITIKKUTEHTAAN TYTTÖ (1990, Aki Kaurismäki; dt. Titel: DAS MÄDCHEN AUS DER STREICHHOLZFABRIK), das im Filmtitel an Hans Christian Andersens *Das Mädchen mit den Schwefelhölzern* erinnert[978], dazu bei, dass Kaurismäki der Ruf des »traurige[n] Märchenerzähler[s] aus Finnland«[979] anhaftet.

Zu HEAVEN (2002, Tom Tykwer), dem Eröffnungsfilm der *Berlinale* im Jahr 2002, hieß es: »Nun hat Tykwer […] ein weiteres Mal ein Märchen von der Suche nach der großen Liebe und ihrer Erfüllung (!) inszeniert.«[980] Und auch den Dardenne-Brüdern wurde für ihren, bei den *64. Internationalen Filmfestspielen von Cannes* im Jahr 2011 mit dem ge-

---

974 Hilgers: Nouvelle Vague Viennoise – Kurzfilme. [02.10.2008], S. 9.
975 Vgl. dazu Stefan Grissemann: Inter-View. [o. D.], http://www.sixpackfilm.com/de/catalogue/show/1360; Daniel Kasman: TIFF 09: »Lourdes« (Jessica Hausner Austria). [19.09.2009], https://mubi.com/de/notebook/posts/tiff-09-Lourdes-jessica-hausner-austria; https://derstandard.at/2480583/Nachtschwalben-ueber-Wien, letzter Aufrufe: 28.06.2020. Der *Standard*-Artikel ist zugleich Oktoskop-Sendehinweis und auch in angekündigter Sendung fehlt der Kaurismäki-Vergleich nicht. Siehe dazu 10.3 Protokoll Oktoskop-Beitrag [16.06.2006].
976 http://cinema.arte.tv/de/artikel/es-war-einmal-le-havre-von-aki-kaurismaeki, letzter Aufruf: 28.04.2018.
977 Elmar Krekeler: Was heißt Einwanderungsbehörde auf Finnisch? [30.03.2017], https://www.welt.de/kultur/kino/article163258578/Was-heisst-Einwanderungsbehoerde-auf-Finnisch.html, letzter Aufruf: 28.06.2020.
978 Vgl. Christine Scheffler: *Melancholie und Versöhnung – Die Filme von Aki Kaurismäki*. Diplomarbeit, Universität Augsburg 2004. Hamburg: Diplomica 2006, S. 41.
979 Stefan Stosch: Warum sind Ihre Filme so traurig? Interview mit Aki Kaurismäki. [24.03.2017], http://www.haz.de/Sonntag/Promi-Talk/Warum-sind-Ihre-Filme-so-traurig, letzter Aufruf: 28.06.2020.
980 Bernhard Groß: Schule der Empfinsamkeit [sic]. [08.02.2002], https://www.freitag.de/autoren/der-freitag/schule-der-empfinsamkeit, letzter Aufruf: 28.06.2020.

teilten »Großen Preis der Jury«[981] prämierten Spielfilm LE GAMIN AU VÉLO (2011, Jean-Pierre und Luc Dardenne; dt. Titel: DER JUNGE MIT DEM FAHRRAD) bescheinigt, dass sie »eine märchenhaft anmutende Geschichte mit einer ebenso klaren wie sachlichen Bildsprache [verbinden].«[982] Selbst in der Besprechung von HAPPY END (2017, Michael Haneke) konnte man von dem vorgeblichen Gefühl lesen, »als wollte der Realist Haneke diesmal ein Märchen über Selbstbehauptung und Selbstbefreiung erzählen [...].«[983]

Die damit exemplarisch aufgezeigte Präsenz des Märchenhaften im zeitgenössischen europäischen Filmschaffen darf nicht lediglich als geschickt platzierter Marketinggag missverstanden werden, um Menschen mit dem Versprechen auf Vertrautes in die leeren Säle der Kinos zu locken und sich derart vom anhaftenden »Verlorenheitsgefühl in der globalisierten Welt«[984] wegzubewegen, sondern ist zugleich wichtiges Postulat gegen das Klischee eines europäischen Kinos, für das behauptet wird »mit einer gewissen Sturheit auf eigensinnige Bilder [zu] beharren, auf künstlerische Unschuld und Unabhängigkeit vom Markt.«[985]

Das Märchenhafte der Berliner Schule

Die europäischen Volksmärchen – ihnen allen voran jene aus der umfangreichen wie stark rezipierten Sammlung der Brüder Grimm – haben durchaus das Potenzial, sich von einer lediglichen Inspirationsquelle zu einem stilistischen Aspekt einer Filmbewegungen zu erheben, wie sich am Beispiel der *Berliner Schule* veranschaulichen lässt.

In seinem Regiestatement zu GESPENSTER (2005, Christian Petzold) verwies der Regisseur, der in der bewährten Zusammenarbeit mit Harun Farocki das Drehbuch schrieb, explizit auf die Inspiration durch ein Grimm'sches Märchen:

---

981 https://www.festival-cannes.com/en/69-editions/retrospective/2011/palmares/competition, letzter Aufruf: 28.06.2020. Der »Grand Prix« erging in diesem Jahr außerdem ex aequo an BIR ZAMANLAR ANADOLU'DA (2011, Nuri Bilge Ceylan; Alternativtitel: ONCE UPON A TIME IN ANATOLIA).
982 https://www.cinema.de/film/der-junge-mit-dem-fahrrad,4793398.html, letzter Aufruf: 28.06.2020.
983 Michaela Mottinger: Die staubtrockene Heiterkeit von Selbstmord. Michael Hanekes »Happy End«. [05.10.2017], http://www.mottingers-meinung.at/?p=26499, letzter Aufruf: 28.06.2020.
984 Peitz: »Das europäische Kino gibt es nicht mehr.« [03.02.2013].
985 Ebd.

> In diesem Jahr las ich meiner Tochter an jedem Abend ein Märchen der Gebrüder Grimm vor. Viele dieser Märchen sind brutal, sie entstanden während des dreißigjährigen Krieges, in einer furchtbaren und haltlosen Welt. Die Märchen erzählen diese Welt. Und versuchen, Trost zu spenden. Ein Märchen hieß *Das Totenhemdchen*. […] Ein furchtbares Märchen.[986]

Anke Leweke griff Petzolds Aussage für ihre Filmkritik auf: »Ein Wald, in dem Träume wahr werden, Ängste lauern, sich Bewohner des heutigen Berlin mit Motiven von Grimms Märchen *Das Totenhemdchen* verbinden.«[987] Auch Georg Seeßlen implementierte die märchenhafte Inspiration in seine Besprechung des Filmes, hob jedoch – statt *Das Totenhemdchen* zu zitieren – die frappierende Ähnlichkeit von Petzolds Figuren zum Geschwisterpaar Hänsel und Gretel hervor:

> Nina und Toni sind die verlorenen Märchenkinder in der Wirklichkeit. Immer gibt es da dieses Paar. Zaudernder Hänsel und tatkräftige Gretel. Das Sehen und das Handeln, Geben wollen und Nehmen müssen, Peter Pan und Wendy, und immer zeigt sich im Verlauf der Geschichte, dass eines nicht besser ist als das andere, dass aber auch keine Verschmelzung möglich ist.[988]

Petzold ist nicht der einzige Regisseur aus dem Zirkel der *Berliner Schule*, dem märchenhafte Anleihen zugesprochen werden. So liegen beispielsweise den Spielfilmen MILCHWALD[989] mit *Hänsel und Gretel* und DIE GESCHWISTER (2016, Jan Krüger)[990] mit *Brüderchen und Schwesterchen* ausdrücklich von den Regisseuren benannte Märchenmotive zugrunde. Auch in Kothenschultes leidenschaftlicher Empfehlung von Heisenbergs DER RÄUBER findet sich der entsprechende Hinweis auf die Grimm'sche Referenz: »Wie in seinen früheren Filmen findet Heisenberg Gelegenheiten, über seinen

---

986 Christian Petzold: Director's Note. [Dezember 2004], http://www.gespenster-der-film.de/download/pdf/PH_Gespenster_D.pdf, letzter Aufruf: 28.06.2020.
987 Anke Leweke: Berliner Phantome. In seinem großartigen Film »Gespenster« erzählt Christian Petzold von unerlösten Heldinnen. [15.09.2005], in: *Die Zeit*. Ausgabe 38/2005 [H. i. O.].
988 Georg Seeßlen: Gegen die Verhältnisse. [14.09.2005], http://www.taz.de/!546030/, letzter Aufruf: 28.06.2020.
989 Vgl. Bert Rebhandl: Mit der Wünschelrute durch die fremde Heimat. [17.07.2013], http://www.faz.net/aktuell/feuilleton/kino/neu-als-video-on-demand/milchwald-von-christoph-hochhaeusler-mit-der-wuenschelrute-durch-die-fremde-heimat-12285 835.html, letzter Aufruf: 28.06.2020.
990 Vgl. http://www.salzgeber.de/diegeschwister, letzter Aufruf: 28.06.2020.

bedächtigen Realismus Momente einer romantischen Märchenhaftigkeit zu legen, die eine wahre Gänsehaut erzeugen […].«[991] Olaf Möller, Filmkritiker und Kommissionsmitglied der *Internationalen Kurzfilmtage Oberhausen*, führte die Auffälligkeit der märchenhaften Aspekte in einer Zusammenschau prominenter Beispiele der *Berliner Schule* wie folgt aus:

> Erstaunlich viele Filme der Revolver beziehen sich auf Märchen, deren Strukturen: Hochhäuslers *Milchwald* (2003) und Ades *Der Wald vor lauter Bäumen* (2004) – wie im übrigen auch Petzolds *Gespenster* (2005) – adaptieren Märchen – während Polat die Gebrüder Grimm als eine ihrer Hauptinspirationsquellen nennt –, Grisebachs *Sehnsucht* (2006) hat einen Erzählton, den man als mal kunst- mal volksmärchenhaft empfinden kann, *Montag kommen die Fenster* und Hochhäuslers *Falscher Bekenner* (2005), schließlich, leben von Augenblicken bzw. narrativen Bewegungen, die etwas von Träumen haben darin, wie sie von Ausbrüchen erzählen […].[992]

Die Folgerichtigkeit von Möllers Beobachtungen wird durch die wissenschaftlichen Ausführungen von Thomas Schick untermauert, der den Märchenaspekten, die er in einer beträchtlichen Anzahl von Filmen der *Berliner Schule* aufgegriffen sieht, in seiner Publikation *Filmstil, Differenzqualitäten, Emotionen*[993] einen eigenen Abschnitt widmete.

Wie passen nun der für die Filme der *Berliner Schule* behauptete – wenn auch zu hinterfragende – »neue Realismus«[994] und die fantastischen Aspekte der Grimm'schen Märchenwelt zusammen? Vor allem bereichernd, glaubt man den Ausführungen Seeßlens, der für Petzolds GESPENSTER festhielt: »Verrückterweise aber ist es gerade diese Märchenkonstruktion

---

991 Daniel Kothenschulte: Was für ein Juwel von einem Film. [16.02.2010], http://www.fr.de/kultur/spezials/benjamin-heisenbergs-der-raeuber-was-fuer-ein-juwel-von-einem-film-a-1047640, letzter Aufruf: 28.06.2020.
992 Olaf Möller: Die gemeinsame Sache, die sich versteht. [o. D.], https://www.goethe.de/resources/files/pdf8/pk4070504.pdf, letzter Aufruf: 28.06.2020 [H. i. O.].
993 Vgl. dazu Schick: *Filmstil, Differenzqualitäten, Emotionen.* 2018.
994 Seeßlen bemerkte zum ›Realismus‹ der *Berliner Schule* treffend: » Missverständlich, gewiss, auch das Schlagwort vom ›Realismus‹, denn es hat so viele Formen von Realismus gegeben, seit es das Kino gibt, wie es Formen der Propaganda gegeben hat.« (Georg Seeßlen: Die Anti-Erzählmaschine. Ein Gegenwartskino in der Zeit des audiovisuellen Oligopols oder der Versuch, die »Berliner Schule« zu verstehen. [14.09.2007], https://www.freitag.de/autoren/der-freitag/die-anti-erzahlmaschine, letzter Aufruf: 28.06.2020. Zur ›Realismus‹-Debatte vgl. u. a.: Roger F. Cook/Lutz Koepnick/Brad Prager: Introduction: The Berlin School – Under Observation. 2013, S. 13–18; Baute/Knörer/Pantenburg/Pethke/Rothöhler: »Berliner Schule« – Eine Collage. 2006, S. 7–14.

des Filmes, die den Blick für das Wirkliche schärft.«[995] Allgemeingültiger formulierte es die Mainzer Filmwissenschaftlerin Fabienne Liptay:

> In dem Bestreben, eine märchenspezifische Filmästhetik zu entwickeln, wurde auch im realfilmischen Bereich nach Analogien der Abstraktheit gesucht. Hierbei hat die reduktive Stilisierung von Schauplätzen und Figuren vornehmlich als Mittel der Verfremdung gedient, um den fotografischen Realismus des Filmbildes zu durchbrechen und eine dem Märchen entsprechende Wirklichkeitsferne zu konstruieren.[996]

Der Trend zum Märchenvergleich zeigt sich auch beim Streifzug durch die Kritiken und Rezensionen zu Hausners bisherigem Filmschaffen; teilweise wurde diese Rezeption mittels Regiestatements oder entsprechenden Aussagen in Interviews durch die Regisseurin befeuert. »Eigentlich erzähle ich in meinen Filmen immer Märchen. Und die könnten vor oder nach unserer Zeit spielen.«[997] erklärte sie vor der Cannes-Premiere von LITTLE JOE. Von AMOUR FOU behauptete sie, der Film sei »[…] ein Märchen, in dem verschiedene Arten von Liebe durch verschiedene Menschen verkörpert werden.«[998] LOURDES wiederum bezeichnete Hausner selbst in mehreren Interviews als »böses Märchen«[999].

Zu HOTEL, einem Film, der sich in der »Welt der Märchen, Sagen und Mythen«[1000] bewegt, äußerte Rüdiger Suchsland: »[…] ›Hotel‹ [bleibt] immer in der Mitte unserer europäischen Wirklichkeit, verbindet diese Alltäglichkeit mit der geheimnisvollen Atmosphäre eines Grimmschen Märchens.«[1001] Und auch Elterlein verwies auf eine filmimplizite »[…] Schauerromantik, mit Mystery- und Märchenelementen.«[1002]

---

995 Seeßlen: Gegen die Verhältnisse. [14.09.2005].
996 Fabienne Liptay: *WunderWelten. Märchen im Film.* Remscheid: Gardez 2004, S. 81 f.
997 Hausner zit. n. Stefan Grissemann: »Little Joe« in Cannes: Jessica Hausner kämpft um die Goldene Palme. [17.05.2019].
998 Hausner zit. n. Ralf Krämer: Jessica Hausner: »Ich finde es menschlich und nachvollziehbar, nicht leben zu wollen.« [18.01.2015], http://www.planet-interview.de/interviews/jessica-hausner/47187/, letzter Aufruf: 28.06.2020.
999 Hausner zit. n. Helene Sorgner: Wunderwerk Lourdes. [o. D.], http://www.ray-magazin.at/magazin/2009/12/wunderwerk-Lourdes, letzter Aufruf: 28.06.2020.
1000 https://www.filmfonds-wien.at/filme/Hotel, letzter Aufruf: 28.06.2020.
1001 Rüdiger Suchsland: Eiskaltes Matriarchat. [23.06.2006], https://www.heise.de/tp/features/Eiskaltes-Matriarchat-3406775.html, letzter Aufruf: 28.06.2020.
1002 Eberhard von Elterlein: Wen die Ruhe stört. [22.06.2006], https://www.welt.de/print-welt/article224540/Wen-die-Ruhe-stoert.html, letzter Aufruf: 28.06.2020.

Die nachfolgende Abhandlung trägt dieser Besonderheit in der Beschreibung und Rezeption von Hausners Filmen Rechnung und nähert sich sowohl in struktureller als auch in motivischer Hinsicht der märchenhaften Welt der Jessica Hausner.

3.1 Wenn Gut und Böse gemeinsame Sache machen: Märchenhafte Mutterfiguren

> *Aber sie sprach »es hilft dir alles nichts:*
> *du kommst nicht mit,*
> *denn du hast keine Kleider*
> *und kannst nicht tanzen;*
> *wir müssten uns deiner schämen.«*[1003]

Während jene Filmschaffende der *Berliner Schule*, die sich von Märchen aus der Sammlung der Brüder Grimm inspirieren ließen, diesen Umstand in ihren Regiestatements und Interviews explizit benannten, liest man im Kontext des Hausner'schen Œuvre zwar wiederkehrend von märchenhaften Anlehnungen, den Hinweis auf ein spezifisches Märchen – wie etwa bei Petzold auf *Das Totenhemdchen* oder bei Hochhäusler auf *Hänsel und Gretel* – sucht man dabei aber vergebens. Das Auffinden der einzig benennbaren Ausnahme – nämlich dem ausdrücklich kommunizierten Konnex zwischen FLORA und *Aschenputtel* – ist einem glücklichen Zufall im Rahmen der Recherche geschuldet. Während zu Rezeptions- und Forschungszwecken normalerweise auf die am Markt erhältliche DVD zurückgegriffen werden müsste – FLORA wurde im November 2006 (und damit deutlich nach den Festivalerfolgen in den Jahren von 1997 bis 1999) als Teil einer Kurzfilmsammlung in der Edition *Der österreichische Film* auf DVD veröffentlicht – wurde mir seitens der *Coop99* eine betriebsinterne Kopie zur Verfügung gestellt; diese liefert den relevanten Hinweis auf das Grimm'sche *Aschenputtel*, der in der Filmsynopsis auf der Rückseite des DVD-Covers zu finden ist.

1003 Aschenputtel. [1857], zit. n. Heinz Rölleke (Hrsg.): *Brüder Grimm. Kinder- und Hausmärchen*. Ausgabe letzter Hand mit den Originalanmerkungen der Brüder Grimm, Band 1, Ditzingen: Reclam 2016, S. S. 131–139; hier: S. 134.

Englisch	Deutsch
Flora likes to dance, but nobody wants to dance with Flora. She doesn't fit anyone, except Jacob. But she thinks they don't fit together. Flora is waiting for Prince Charming to arrive. Jacob is waiting for Flora. A tragic love story with synthetic tango, gloomy dance-floors and pathetic wallpapers. The story of a young Austrian Cinderella who forgot to meet the fairy.	Flora geht gerne in die Tanzstunde, wo sie allerdings meistens unaufgefordert sitzen bleibt. Insgeheim schwärmt sie für den selbstbewussten Attila, der blendend aussieht und ein hervorragender Tänzer ist. Der einzige aber, bei dem Flora selbst eine Chance hat, ist der unscheinbare Jakob.

Tab. 10: Zwei Varianten einer Filmsynopsis

Wie die Gegenüberstellung (Tab. 10) verdeutlicht, wurde – statt die deutsche Synopsis, die einen Film über eine Dreiecksgeschichte von Flora, dem »selbstbewussten Attila« und dem »unscheinbare[n] Jakob« verspricht, wörtlich zu übersetzen – für das englischsprechende Publikum eine deutlich abweichende Textvariante gestaltet, die sich im Duktus wesentlich märchenhafter präsentiert: Eine tragische Liebesgeschichte wird da in Aussicht gestellt, von synthetischem Tango, düsteren Tanzflächen und pathetischer Tapete ist die Rede. Flora wird zum jungen österreichischen Aschenputtel stilisiert, das auf ihren namenlosen Märchenprinzen wartet und dabei das »… und sie lebten glücklich bis an ihr Ende« verpasst.

Dass der englischsprachige Abriss des Filminhaltes mit *Cinderella* und *Prince Charming* dezidiert Märchenfiguren benennt, ist – obschon der derartige Hinweis im Hausner'schen Œuvre bislang als unikal zu bewerten ist – doch deutlicher Fingerzeig auf die Nähe zur Grimm'schen Sammlung der Kinder- und Hausmärchen. Im persönlichen Gespräch erklärte Hausner: »Die Figuren, die ich wähle, sind ja auch nicht individuell oder psychologisch, sondern sie sind Stellvertreter. Sie fungieren eher wie in Märchen, ganz archaische Typen.«[1004] Auch in einem Interview für das Filmmagazin *artechock* ließ die Regisseurin den Hinweis fallen, sich bei der Gestaltung ihres Figurenensembles an den Märchen der Brüder Grimm zu orientieren:

> Beim Casting fällt mir immer wieder auf, dass ich bei der Besetzung oft an Märchen denke. Die Qualität, die eine Märchenfigur hat, suche ich auch bei einem Schauspieler: Dass möglichst einfach und schlicht sich so

---

1004 Hausner zit. n. 10.1 Skype-Interview mit Jessica Hausner [15.11.2016].

ein bestimmter Wesenszug oder ein bestimmtes Merkmal in den Vordergrund setzt, und die Figur so ein Prototyp wird. Naja, Prototyp ist jetzt wieder ein komisches Wort... Aber ja: Also nicht etwas Widersprüchliches. Das Eindeutige. [...] Das hilft [...] eben auch, eine Gesellschaft zu beschreiben. Daher kommt es ja: Was für Rollen stehen zur Verfügung in einer Gesellschaft.[1005]

»Was man der Handlung gibt, nimmt man den Charakteren«[1006] schrieb Gerhart Hauptmann und Lüthi ergänzte: »[...] dieses Gesetz gilt auch für das Märchen; es verzichtet konsequent auf individualisierende Charakteristik.«[1007] Im europäischen Volksmärchen sind die Held_innen als »flächenhafte Figuren, nicht [als] Menschen mit lebendiger Innenwelt«[1008] gestaltet, die in den Erzählungen »ohne Körperlichkeit, ohne Innenwelt, ohne Umwelt«[1009] auskommen. »[Ihnen] fehlt die Beziehung zur Vorwelt und zur Nachwelt, zur Zeit überhaupt.«[1010] »Märchenfiguren sind demnach stets *types*, keine *tokens*, und können so stets Mehr-als-Einen meinen, sind oft sogar als *everyman* auffassbar.«[1011] Hierin zeigt sich eine deutliche Parallele von Grimm'schen Märchen und Hausners Spielfilmen, denn auch die Regisseurin verzichtet bewusst auf eine vertiefende Psychologisierung ihrer Figuren.

[Ich möchte] halt keine überflüssigen Details haben [...]. [S]obald ich anfange, psychologisch zu denken, bei meinen Figuren, denke [ich]: Naja also... Was interessiert das mich? Darum geht's eigentlich nicht. Ich merke, dass es in meinen Filmen um Ideen geht. Also um bestimmte allgemeine Fragen über das Leben. Und die werden anhand der Geschichte und der Figuren auserzählt.[1012]

1005 Hausner zit. n. Suchsland: »Das war wahnsinnig verführerisch für eine Filmemacherin.« [01.04.2010].
1006 Gerhart Hauptmann: *Ausblicke*. Berlin: Fischer 1924, S. 22.
1007 Lüthi: *Das europäische Volksmärchen*. 2005[11], S. 26.
1008 Ebd. S. 16.
1009 Ebd. S. 13.
1010 Ebd.
1011 Gert Reifarth: *Die Macht der Märchen: Zur Darstellung von Repression und Unterwerfung in der DDR in märchenhafter Prosa (1976–1985)*. Würzburg: Königshausen & Neumann 2003, S. 49.
1012 Hausner zit. n. Suchsland: »Das war wahnsinnig verführerisch für eine Filmemacherin.« [01.04.2010].

»Das Märchen begründet und erklärt nicht; aber es stellt dar.«[1013] und ebenso verfährt Hausner mit ihren Figuren, die alle seltsam zeitlos wirken. Nach Gründen in Vergangenem wird (wie in den Erzählungen der Brüder Grimm) nicht gesucht; weder das Gestern noch das Morgen der Protagonist_innen rücken ins Zentrum der filmischen Erzählung. Und selbst im Hinblick auf die Darstellung der emotionalen Verfassung der Figuren stehen sich Märchen und Hausners Filme sehr nahe.

> Märchenfiguren handeln im Grunde immer kühl. Selbst wo Zorn, Ärger, Eifersucht, Besitzwunsch, Liebe und Sehnsucht genannt werden, kann von eigentlichen Gefühlswallungen, von Gier, von Leidenschaft nicht die Rede sein.[1014]

Dieser Befund lässt sich auf sämtliche Spielfilmproduktionen Hausners übertragen. Die Protagonist_innen wirken überwiegend – dazu trägt die bewegungsarme Mimik der Darsteller_innen wesentlich bei – emotionsfrei. Nur in wenigen Momenten lassen sie ihre nahezu starren Masken fallen: Etwa dann, wenn Flora ein leichtes Zucken der Mundwinkel zeigt, als Jakob ihr unterwürfig seine bedingungslose Liebe gesteht, dann wenn Rita ein triumphierendes Lächeln über das Gesicht huscht, als sie erkennt, dass die dicke Schicht Lidschatten den gewünschten Effekt erzielt hat und sie die angestrebte Aufmerksamkeit des Buschauffeurs auf sich ziehen konnte, dann wenn Irene im Traum schreiend der unsichtbaren Gefahr begegnet, oder Christine bei der wiederholten Aufnahme des Gruppenfotos vor der Rosenbasilika breit grinsend in die Kamera blickt. Die wenigen Emotionen, die den Protagonist_innen aus dem Gesicht gelesen werden können, wirken deshalb so intensiv, weil sie vom üblichen Verhalten im Filmverlauf abweichen.

Im Gespräch mit Claus Philipp deutete Hausner, die bei der Realisierung von LOVELY RITA mit einem gemischten Cast aus professionellen Schauspieler_innen und Laien zusammenarbeitete, indirekt ihren Märchenanspruch an: In einem langwierigen Castingverfahren fand sie mit Hauptdarstellerin Barbara Osika »den richtigen Typ [...], die den komischen Wahnsinn spielen kann.«[1015]

1013 Lüthi: *Das europäische Volksmärchen.* 2005[11], S. 56.
1014 Ebd. S. 17.
1015 Hausner zit. n. Schiefer: Jessica Hausner im Gespräch über LOVELY RITA. [2001].

> Es gibt da diese Stelle, wo sie sagen muss: »Es tut mir leid.« Alle anderen Mädchen haben das irgendwie klar interpretierbar ausgesprochen: Betroffen oder patzig. Aber bei ihr weiß man eigentlich nie, woran man ist und wie sie das jetzt meint.[1016]

Doch nicht nur hinsichtlich der Hausner'schen Protagonist_innen zeigt sich deutlich die Inspiration durch die Sammlung der Brüder Grimm, auch im restlichen Figurenensemble – Lüthi spricht diesbezüglich von »Personal«[1017] – lassen sich markant märchenhafte Stereotype erkennen. Ob heldenmutiger Prinz, gute Fee, unheimliche Hexe, böse Stiefmutter, garstige Stiefschwester oder todkranker König: Sie alle finden auf exzeptionelle Weise in moderner Interpretation und in ambivalenten Kombinationen ihren Weg in Hausners Spielfilme.

Märchenhafte Frauenfiguren

»Ist es Zufall, dass wir in unseren Betrachtungen häufiger auf weibliche als auf männliche Hauptgestalten gestoßen sind?«[1018] schickte Max Lüthi seinen Ausführungen zum *Menschenbild des Märchens* fragend voraus.

> Wenn wir fragen, welches denn in der Allgemeinheit die bekanntesten Märchenfiguren seien, so kommen uns sofort Dornröschen und Aschenputtel in den Sinn, Schneewittchen und Rotkäppchen, Rapunzel, Allerleihrauh [sic] und Goldmarie aus der »Frau Holle« – alles weibliche Gestalten. Auch bei Hänsel und Gretel und bei Brüderchen und Schwesterchen spielt das Mädchen die Hauptrolle.[1019]

Ein vergleichbares Phänomen lässt sich in Hausners Spielfilmen aufzeigen, denn auch sie scheint den Fokus verstärkt auf die Protagonistinnen zu legen. Selbst in INTER-VIEW, AMOUR FOU und LITTLE JOE – und damit in jenen Produktionen, in denen zwei gegengeschlechtliche Hauptfiguren auftreten – spielen Frauen die tragende Rolle. Im Gespräch mit Sarah Al-Hashimi erklärte die Regisseurin diese Gewichtung wie folgt:

1016 Hausner zit. n. Philipp: »Lovely Rita«: Jessica Hausner im Interview. [02.08.2004].
1017 Vgl. Lüthi: *Märchen.* 2004¹⁰, S. 27 ff.
1018 Max Lüthi: *Es war einmal. Vom Wesen des Volksmärchens.* Göttingen: Vandenhoeck & Ruprecht 2008, S. 107.
1019 Ebd.

> Ich habe Frauenfiguren bis jetzt deshalb erzählt, weil das meine Erfahrungswelt ist. Und ich halte das nicht für völlig austauschbar. Der Blick und die Erlebnisse einer Frau sind andere als die eines Mannes. Außerdem war ich immer unzufrieden mit den Frauenfiguren in Filmen. Ihnen fehlte das, womit ich als Frau mich hätte identifizieren können.[1020]

Wie lautet nun Hausners Antwort auf die unbefriedigenden Frauendarstellungen im Film? Wie die nachfolgenden Ausführungen am Beispiel mütterlich anmutender Figuren veranschaulichen, lässt sich hinsichtlich der Gestaltung des weiblichen *Personals* eine Orientierung an tradierten Märchenstereotypen erkennen, die in zeitgemäßer Auslegung inszeniert werden.

Die helfende Mutter

In den wissenschaftlichen Diskursen herrscht weitgehend Konsens darüber, dass die *eine* Darstellung eines märchenhaft stereotypen Frauenbildes nicht existiert; kurzum: »Die Frau im Märchen gibt es nicht«[1021], wohl aber ist ein breites Spektrum von differenten Weiblichkeitsentwürfen eruierbar.[1022] Die Untersuchungsergebnisse aus allerlei Forschungsdisziplinen, die sich teils verschiedener Methoden und Bewertungskriterien bedienen[1023], machen deutlich, wie facettenreich sich die Mädchen und Frauen in den Märchen der Brüder Grimm darstellen. Selbst in den

---

1020 Hausner zit. n. Sarah Al-Hashimi: Das Fräulein Wunder. [23.10.2014], https://thegap.at/das-fraeulein-wunder/2/, letzter Aufruf: 23.05.2020.
1021 Rainer Wehse: Die Prinzessin. In: Sigrid Früh/Rainer Wehse (Hrsg.): *Die Frau im Märchen*. Kiel: Königsfurth-Urania 2005, S. 9–17; hier: S. 5.
1022 Vgl. Nina Heidrich/Michael Schulz-Jarek: Schön, fleißig, sittsam … Zur Darstellung von Weiblichkeit in den Kinder- und Hausmärchen der Brüder Grimm. In: Monique Jucquois-Delpierre (Hrsg.): *Frauenfiguren in Kunst und Medien*. Frankfurt am Main: Peter Lang 2010, S. 153–164; hier: S. 153.
1023 Während gerade diese multidisziplinären Zugänge und divergenten Forschungsinteressen in meinen Augen Aktualität und Bedeutung der Grimm'schen Märchen hervorheben, bewertet Maria Tatar diesen Umstand durchaus kritisch, wenn sie schreibt: »Wenn es um Märchen geht, hat fast jeder etwas zu sagen, und alle haben etwas anderes zu sagen. Volkskundler, Kulturanthropologen, Historiker, Soziologen, Erzieher, Literaturwissenschaftler, Psychologen, sogar Kriminologen – sie alle haben den Anspruch erhoben, als Sachverständige und Interpreten der Märchen eine herausragende Stellung einzunehmen.« (Maria Tatar: *Von Blaubärten und Rotkäppchen. Grimms grimmige Märchen*. Salzburg/Wien: Residenz 1990, S. 69.)

Interpretationen zu den jeweiligen Protagonistinnen zeigen sich variationsreiche Ansätze, denn

> […] [f]ür die einen deutet alles auf eine antiemanzipatorische Tendenz, auf Systemverstärkung, auf Konservatismus, für die andern deutet just das gleiche auf Gesellschaftsveränderung, auf fortschrittliche, ja revolutionäre Tendenzen.[1024]

Bereits die ersten beiden Sätze im Grimm'schen *Aschenputtel* rücken eine Frau ins Zentrum und sind zugleich Musterbeispiel für die von Lüthi konstatierte Handlungsfreudigkeit des Märchens:

> Einem reichen Manne dem wurde seine Frau krank, und als sie fühlte dass ihr Ende heran kam, rief sie ihr einziges Töchterlein zu sich ans Bett und sprach »liebes Kind, bleib fromm und gut, so wird dir der liebe Gott immer beistehen, und ich will vom Himmel auf dich herabblicken, und will um dich sein.« Darauf tat sie die Augen zu und verschied.[1025]

Kaum in die Erzählung eingeführt, reißt der Tod die Mutter schon wieder aus dem Text und lässt ein trauerndes Kind zurück, das drei Mal täglich am Grab weint. Später pflanzt Aschenputtel einen dünnen Haselzweig an dieser Stelle und begießt den Steckling mit ihren Tränen, woraufhin ein schöner Baum heranwächst.

> Der Baum, den Aschenputtel auf das Grab der Mutter pflanzt und mit seinen Tränen begießt, ist einer der poetisch rührendsten und psychologisch bedeutsamsten Züge des Märchens. Er ist ein Symbol dafür, daß die Erinnerung an die idealisierte Mutter der Kindheit dann, wenn sie als wichtiger Teil der inneren Erfahrung lebendig erhalten wird, uns selbst im schlimmsten Unglück stützt und trägt.[1026]

Im Grimm'schen Märchen ist es aber längst nicht nur die Erinnerung an die idealisierte tote Mutter, aus der Aschenputtel Kraft zieht; vielmehr erhält sie von einem weißen Vogel, der regelmäßig bei dem Baum erscheint,

---

[1024] Heinz Rölleke: Die Frau in den Märchen der Brüder Grimm. In: Heinz Rölleke (Hrsg.): *Die Märchen der Brüder Grimm – Quellen und Studien. Gesammelte Aufsätze.* Trier: WVT 2000; S. 196–210; hier: S. 209 f.
[1025] Aschenputtel. [1857], 2016, S. 131.
[1026] Bruno Bettelheim: *Kinder brauchen Märchen.* München: DTV 2013^{32}, S. 300.

Abb. 45: Helfende Mutter (FLORA, 0:03:42)   **Abb. 46:** Verwandlung (FLORA, 0:03:44)

tatkräftige Unterstützung, erfüllt er ihr doch alle geäußerten Wünsche. »Man kann in dem weißen Vogel leicht den Geist der Mutter wiedererkennen, den sie ihrem Kind durch ihre Fürsorge übermittelt.«[1027] Selbst der Tod hält – so scheint es – die leibliche Mutter nicht davon ab, ihrer Tochter helfend zur Seite zu stehen. Das Stereotyp der helfenden Mutter hält auch in Jessica Hausners FLORA Einzug: Als das Mädchen nach ihrer Tanzstunde heimkommt, sucht sie die Nähe ihrer Mutter, die in der Küche der Wohnung mit dem Schälen von Äpfeln beschäftigt ist. Im Gegensatz zu ihrem märchenhaften Pendant ist die Filmfigur quicklebendig, sie laboriert aber an einer körperlichen Beeinträchtigung in Form von Schwerhörigkeit. Ihre fürsorgliche Hilfsbereitschaft zeigt sich im Folgenden in der Unterweisung der Tochter in der Kunst der Make-up-Magie.

Zu den einsetzenden Klängen von Elton Johns *Your Song*, interpretiert vom Tanzorchester Klaus Hallen, nimmt die Mutter einen Lidschattenapplikator zur Hand (Abb. 45) und zaubert der Tochter großzügig Farbe ins Gesicht (Abb. 46). Die Musik im Off bildet die Brücke zur nächsten Szene; es folgt der erneute Besuch der Tanzschule.

Die Analogie zum Grimm'schen Märchen ist unverkennbar: Wie die tote Mutter ihrer Tochter mit Hilfe bzw. in Gestalt des weißen Vogels ein »golden und silbern Kleid [...] und mit Seide und Silber ausgestickte Pantoffeln«[1028] zukommen lässt, um ihr so einen glamourösen Auftritt auf dem Fest des Königs zu ermöglichen, staffiert auch Floras Mutter ihr Kind nach bestem Wissen aus, um ihr die Kontaktaufnahme mit dem anderen Geschlecht zu erleichtern.

1027 Ebd. S. 303.
1028 Aschenputtel. [1857], 2016, S. 135.

Mütterliche Helferinnen sind im Hausner'schen Œuvre durchaus repetitiv auftretend. Wenn sie auch nicht in sämtlichen Produktionen nachgewiesen werden können, zeigen sie sich in Hotel sowohl in Gestalt von Rezeptionschefin Karin, die Irene in die beruflichen Pflichten einweist und anleitet, wie auch in Frau Liebig, die sich um die junge Frau besorgt zeigt und ihr den klugen Ratschlag erteilt, das Hotel Waldhaus so rasch wie möglich hinter sich zu lassen. In Lovely Rita ist es Alex' Mutter, die sich um das leibliche Wohl ihrer Tochter bemüht, in Lourdes versucht Frau Hartl unter Einsatz sämtlicher ihr zur Verfügung stehenden Mittel ihr Möglichstes, um Christines Chancen auf eine wundersame Heilung zu verbessern, während die jugendliche Ordensschwester Maria ihr dabei behilflich ist, sich hübsch zu machen. Die singende Frau von Krahl ist in Amour Fou ein positives besetztes weibliches Vorbild; ihr Auftritt im Vogel'schen Salon wird Henriette darin bestärken, durch harte Arbeit – nämlich regelmäßiges Proben – »seine Persönlichkeit voll zu entwickeln.«[1029], worin Bettelsheim eine der hervorstechenden Lehren des *Aschenputtel*-Komplexes benennt. Und auch Alice bemüht sich in Little Joe wiederholt darum, ihren Sohn Joe im Rahmen ihrer Möglichkeiten in seiner Entwicklung zu unterstützen.

An dieser Stelle soll nicht unerwähnt bleiben, dass der beschriebene Figurentypus der helfenden Mutter eine deutliche Schnittmenge mit der gängigen Vorstellung der märchenhaften guten Fee aufweist. Anders als in der *Aschenputtel*-Fassung der Brüder Grimm erzählt Charles Perrault in seiner Version des Märchens von einer Feen-Patin, die für Cendrillon aus einem Kürbis, sechs Mäusen und sechs Eidechsen eine prachtvolle Kutsche mit Pferden und Lakaien zaubert, ihre »Lumpen […] zu prächtigen Kleidern aus Gold- und Silbertuch [werden lässt], und […] gläserne Pantoffel«[1030] aus dem Nichts erscheinen lässt.[1031]

> In Perraults Geschichte und Versionen, welche sich direkt auf sie gründen, ist der Charakter der Heldin völlig anders als bei allen anderen Versionen. Perraults Cendrillon ist zuckersüß und langweilig brav, und es geht ihr jegliche Initiative ab. (Was vermutlich Disney dazu veranlaßt hat, sich bei seinem Cinderella-Film auf Perraults Version zu beziehen.)[1032]

1029 Bettelheim: *Kinder brauchen Märchen.* 2013[32], S. 320.
1030 Ebd. S. 305.
1031 Vgl. Charles Perrault: Cendrillon. La petite pantoufle de verre. In: Charles Perrault: *Histoires ou Contes du temps passé.* Paris: Claude Barbin 1697, S. 126–131.
1032 Bettelheim: *Kinder brauchen Märchen.* 2013[32], S. 293.

Bettelheim hat umfassend Kritik an der Stoffbearbeitung durch Perrault geübt; aus *Aschenputtel* sei ein »gefälliges Phantasieprodukt [geworden], das uns innerlich in keiner Weise«[1033] berühre. Auch wenn ich seine Ausführungen nicht vollumfänglich teile, sind Bettelheims Befunde im Hinblick auf Hausners Adaption insofern von Belang, als ihre Produktion eben wegen der mütterlichen Unterstützung bei der Partnersuche eine deutliche Nähe zum Grimm'schen Märchen zeigt.

Die böse Stiefmutter

»Kaum eine Märchengestalt ist so viel umrätselt und von pädagogischer wie moralischer Seite vorurteilt worden wie die der Stiefmutter.«[1034] Die Darstellung selbiger in *Aschenputtel* hat zweifelsohne einen beachtlichen Beitrag zu diesem Status geleistet. Nachdem der Frühling ins Land gezogen ist, beendet der Witwer seine Trauerzeit und vermählt sich abermals. Die neue Frau an seiner Seite zieht alsbald mit ihren beiden Töchter, die (ganz dem dichotomen Märchenduktus entsprechend) »schön und weiß von Angesicht waren, aber garstig und schwarz von Herzen«[1035] sind, ein. »Es ist jetzt nicht mehr die Mutter, die im Leben des Mädchens die entscheidende Rolle spielt, sondern die Stiefmutter. Die Mutter wird durch eine Stellvertreterin ersetzt.«[1036] Nun beginnt eine schwere Zeit für Aschenputtel: Ihrer Statussymbole beraubt, wird sie zur Küchenmagd degradiert, arbeitet hart von morgens bis abends und lässt demütig alle Schmach über sich ergehen.

Zum Plot-Twist kommt es erst, als der König ein Fest ausrufen lässt, auf dem sein Sohn sich unter »alle[n] schönen Jungfrauen im Lande«[1037] eine »Braut aussuchen möchte.«[1038] Die Veranstaltung will sich Aschenputtel auf keinen Fall entgehen lassen und nimmt dafür in Kauf, dass sie zusätzliche Arbeiten übernehmen muss. In dieser Situation tritt die »Bosheit der Stiefmutter und der Stiefschwestern«[1039] besonders deutlich

---

1033 Ebd. S. 306.
1034 Ingeborg Weber-Kellermann: Die Stiefmutter im Märchen. In: Ingeborg Weber-Kellermann (Hrsg.): *Die deutsche Familie. Versuch einer Sozialgeschichte*. Frankfurt: Suhrkamp 1974, S. 32–37; hier: S. 32.
1035 Aschenputtel. [1857], 2016, S. 132.
1036 Bettelheim: *Kinder brauchen Märchen*. 2013^{32}, S. 290.
1037 Aschenputtel. [1857], 2016, S. 133.
1038 Ebd.
1039 Bettelheim: *Kinder brauchen Märchen*. 2013^{32}, S. 280.

zu Tage, die das Mädchen zunächst mit den Forderungen »kämm uns die Haare, bürste uns die Schuhe und mache uns die Schnallen fest […]«[1040] auf Trab halten. Letzten Endes soll Aschenputtel wiederholt und in einem eng gesteckten Zeitfenster verstreute Linsen aus der Asche[1041] lesen. Mit Hilfe zahmer Tauben gelingt es, die scheinbar unlösbaren Aufgaben zu bewältigen, trotzdem verwehrt ihr die Stiefmutter die versprochene Teilnahme am königlichen Fest.

> Die Falschheit der Stiefmutter, die zweimal ihr Versprechen bricht, wird so Aschenputtels Erkenntnis gegenübergestellt, daß es not tut, das Gute vom Schlechten zu trennen. Nachdem es spontan die Aufgabe in ein moralisches Problem von Gut und Böse umgewandelt hat und das Böse eliminiert hat, geht es zum Grabe der Mutter und bittet den Baum: »Wirf Gold und Silber über mich!«[1042]

Das märchenhafte Stereotyp der Usurpatorin als personeller Gegenpol zur helfenden Mutter kann auch in Jessica Hausners Filmen nachgewiesen werden und lässt sich etwa anhand der Verhaltensweisen von Inge Schabert in LOVELY RITA, Hoteldirektorin Maschek in HOTEL, Cécile in LOURDES oder von Henriettes Mutter[1043] in AMOUR FOU aufzeigen. Interessanterweise – und hierin zeigt sich die künstlerische Qualität von Hausners Umgang mit den märchenhaften Archetypen – werden besagte Figuren jedoch nicht, wie es die Stilistik des Märchens verlangen würde, eindimensional gestaltet. Bei Lüthi heißt es dazu:

> Die Figuren [Anm. SG: des Märchens] scheiden sich scharf in gute und böse, schöne und häßliche […], in groß und klein, vornehm und niedrig usw. Schon die hier aufgezählten Kontraste zeigen, daß vom König, Grafen oder reichen Kaufmann bis zum Bettler, zum Schweinehirten, zur Gänsemagd, von der tugendhaften Dulderin bis zum schlimmsten

---

1040 Aschenputtel. [1857], 2016, S. 133.
1041 Zunächst schüttet die Stiefmutter eine Schüssel Linsen in die Asche und steckt den Zeitraum für die Bewältigung der Aufgabe fest, in der Wiederholung der Szene sind zwei Schüsseln Linsen, die aufgelesen werden müssen.
1042 Bettelheim: *Kinder brauchen Märchen.* 2013³², S. 304 f.
1043 Gerade Henriettes Mutter vermittelt bisweilen eher das klischeebehaftete, negativ konnotierte Bild der Schwiegermutter als jenes der fürsorglichen und liebenden leiblichen Mutter.

Bösewicht die wesentlichen Erscheinungen der menschlichen Welt umspannt werden.[1044]

Statt die »dualistischen Züge unserer Natur«[1045] durch das Splitten von negativen und positiven Eigenschaften in zwei (oder mehreren) Figuren auf die Leinwand zu bringen, bricht Hausner mit der märchenhaften Tradition und vereint die disparaten Extrempositionen in einzelnen Charakteren.

Während in *Aschenputtel* die helfende Mutter und die böse Stiefmutter ein untrennbares, sich bedingendes Gegensatzpaar bilden – »In keinem anderen Volksmärchen sind die gute und die böse Mutter einander so klar gegenübergestellt«[1046], sie »[b]eide zusammen erst machen die Aschenputtel-Geschichte aus«[1047] –, revidiert Hausner diese Trennung und fügt zusammen, was zusammen gehört, wie sich am Beispiel von Floras Mutter veranschaulichen lässt.

Beim Sortieren der Wäsche findet diese einen weißen Strapsgürtel (Abb. 47), welchen die Tochter hinter anderen Kleidungstücken im Schrank versteckt hat. Nachdem die Mutter im Eingangsbereich der Wohnung darauf gewartet hat, dass das Mädchen von seiner Tanzstunde heimkehrt, führt sie diese alsdann in das Arbeitszimmer des Vaters und steckt sich das Hörgerät ins Ohr, um kein Wort des Kommenden zu verpassen. Der Mann hat, die Beweisstücke vor sich auf dem Tisch liegend (Abb. 48), nur ein Wort für Flora übrig: »Hure.« Die Gründe für das Verhalten der Eltern kommentiert Hausner nicht; lediglich eine Ahnung davon, dass Flora mit dem Besitz der Reizwäsche eine Grenze übertreten habe bzw. eine – nicht zwingend nachvollziehbare – Regel gebrochen habe, klingt in der Szene an.

Wenn Floras Mutter ihr Kind auch nicht vor die Bewältigung unlösbarer oder sinnloser Aufgaben stellt, bricht sie doch – wie die böse Stiefmutter des Märchens – das in sie gesetzte Vertrauen. Die Figur verkörpert somit zwei dichotome Züge, nämlich jene der helfenden Mutter sowie der bösen Stiefmutter, in einer Person: Zum einen protegiert sie die Suche der Tochter nach *Prince Charming* (Abb. 45 und 46), zum anderen scheint sie jedoch die Unterwäsche, die letztlich synonym zum Make-up als erotisches Lockmittel verstanden werden könnte, zu verteufeln. In

---

1044 Lüthi: *Märchen.* 2004[10], S. 28.
1045 Bettelheim: *Kinder brauchen Märchen.* 2013[32], S. 92.
1046 Ebd. S. 320 f.
1047 Ebd. S. 321.

Abb. 47: Fundstück (FLORA, 0:09:03)   **Abb. 48:** Der Verrat (FLORA, 0:09:35)

psychologischer Deutung zeigt das Märchen von Aschenputtel, folgt man den Ausführungen Bettelheims, dass

> […] zur Erlangung der persönlichen Identität und zur Selbstverwirklichung auf der höchsten Stufe beide notwendig sind: die ursprünglichen guten Eltern und später die »Stief«eltern, die »grausam« und »gefühllos« unmögliche Forderungen zu stellen scheinen. […] Würde sich die gute Mutter nicht eine Zeitlang in die böse Stiefmutter verwandeln, so gäbe es keinen Anreiz, ein eigenes Selbst zu entwickeln, den Unterschied zwischen Gut und Böse zu entdecken und Initiative und Selbstständigkeit zu entwickeln.[1048]

Im Gespräch mit Petra Erdmann äußerte sich Hausner zu den Frauenfiguren in ihren Filmen wie folgt:

> Meine Frauenfigur[en] haben Ähnlichkeit mit mir. Sie wirken brav und scheu wie Rehleins, wie ich ja vielleicht auch scheine. Sie haben aber die Faust in der Tasche, so wie ich, und dann ist man plötzlich erschrocken über ihre und meine Radikalität.[1049]

Diese mütterliche Dualität wird ebenfalls in den weiteren Produktionen der Regisseurin sichtbar: So ist etwa die strenge Hoteldirektorin Maschek nicht nur Usurpatorin, sondern teilt ihr Leben mit – man denke an die Anzahl der Stiefschwestern! – zwei Hunden. Frau Hartl,

---

1048 Bettelheim: *Kinder brauchen Märchen*. 2013³², S. 321.
1049 Hausner zit. n. Petra Erdmann: FM4 Filmgeschichten mit Jessica Hausner. [16.11.2014], http://fm4v3.orf.at/stories/1749526/index.html, letzter Aufruf: 23.05.2020.

von Katja Nicodemus als »knorrige Alte«[1050] beschrieben, »die so zuvorkommend Christines Rollstuhl schiebt«[1051], agiert nicht völlig mütterlich selbstlos, sondern hofft, »auf diese Weise beim Gottesdienst nach vorne [zu] gelang[en], zur günstigeren Startposition für den Segen.«[1052] Auch in Maria werden die miteinander kämpfenden Dispositionen sichtbar, denn einerseits will sie, wie sie selbst behauptet, karitativ wirken, dabei aber andererseits nicht auf den Spaß, den die attraktiven Malteserritter versprechen, verzichten. Am deutlichsten lässt sich das Spiel mit den märchenhaften Archetypen in der Figur der Cécile veranschaulichen, die anfangs als selbstlose Wohltäterin in Szene gesetzt wird, dann zur arroganten, Ge- und Verbote kommunizierenden, selbsternannten Sprecherin Gottes auf Erden mutiert, um zuletzt auf einer Krankenbahre abtransportiert zu werden. Im Interview mit Karin Schiefer erklärte die Regisseurin:

> Es ist ungerecht, denn Cécile, die als einzige ihre Aufmerksamkeit den guten Taten gewidmet hat, ist genau die, die sterben muss. Cécile wirkt am Anfang unsympathisch. Als man aber entdeckt, dass sie krank ist, kann man das noch einmal anders sehen. Es geht mir um die zwei Gesichter und auch um die Ambivalenz in den Menschen – heute bist du geheilt und morgen bist du krank, heute ist er freundlich und karitativ, morgen zerreißt er sich das Maul. Heute ist einer aggressiv und morgen erkennst du, er konnte nicht anders.[1053]

Die Verquickung der beiden märchenhaften Stereotype der bösen Stiefmutter und der helfenden Mutter finden in Alice, der Protagonistin in LITTLE JOE, eine exzeptionelle Entsprechung. Hausner erzählt in ihrem fünftem Spielfilm vom Zwiespalt »alleinerziehender, voll berufstätiger Frauen, die Nachwuchs und Karriere unter einen Hut bekommen wollen«[1054] und lässt die weibliche Hauptfigur zwischen den Aufgaben und Pflichten als leibliche Mutter ihres Kindes Joe und als geistige Mutter

---

1050 Katja Nicodemus: Einmal Wunder und zurück. [31.03.2010], http://www.zeit.de/2010/14/Kino-Lourdes, letzter Aufruf: 19.06.2020.
1051 Ebd.
1052 Ebd.
1053 Hausner zit. n. Schiefer: Jessica Hausner über Lourdes. [September 2009].
1054 Gärtner: Das Glück lässt sich (nicht) pflanzen. 2019, S. 35.

ihrer Schöpfung Little Joe hin- und herpendeln. Der Spagat fällt der Wissenschaftlerin im Filmverlauf zusehends schwer; wiederholt hinterfragt sie ihre Rolle(n) selbstkritisch und sucht in ihrem Umfeld nach Bestätigung und Akzeptanz. Im Gespräch mit Lars Zwickies veranschaulichte Hausner ihre differenzierte wie reflektierte Wahrnehmungen zu Mutterschaft wie folgt:

> Das gesellschaftliche Bild einer Mutter heutzutage ist noch sehr veraltet. Immer noch soll eine Mutter ihr Kind MEHR lieben als alles andere. Ich denke hingegen, eine Mutter ist ähnlich wie ein Vater: Ja, sie liebt ihr Kind, doch sie interessiert sich auch für andere Dinge, zum Beispiel für ihren Beruf. Aber immer noch umgibt die in Vollzeit arbeitende Mutter der Hauch einer Rabenmutter. Daher entsteht das schlechte Gewissen bei Müttern, die sich ihrem Beruf widmen. Das muss man als Frau endlich durchschauen und sich dann dagegen verhalten. Das tut die Hauptfigur Alice in *Little Joe* am Ende. Sie tut das, wofür sie sich interessiert, und der Sohn ist bei seinem Vater sehr gut aufgehoben.[1055] [1056]

Neben Alice vereint auch Arbeitskollegin Bella dualen Facetten der märchenhaften Mutter. Nach eigenen Angaben liebt die Figur ihren wohlerzogenen, Bälle apportierenden und sie zur Arbeit begleitenden Hund Bello wie ein Kind. Doch als das Tier nach Inhalation von Little Joes Glückspollen unerwünschte Verhaltensweisen an den Tag legt, lässt sie ihn ohne lange zu zögern einschläfern.

Die Vereinigung scheinbar disparater Facetten in einer Figur lässt sich ferner im Experimentalfilm TOAST nachvollziehen. Die Presseaussendung des Kunsthauses Graz verdeutlicht, wie schwer sich die Klassifizierung der Protagonistin gestaltet, kann sie doch offenbar keinem klischierten Stereotyp zugeordnet werden:

> Her (quite ambiguous) female character, not really a house-wife type, neither glamorous teen-ager, is passionately engaged (not to say devoted)

[1055] Hausner zit. n. Zwickies: »Für mich wird es da spannend, wo ein Film sichere Spuren verlässt.« [08.01.2020] [H. i. O.].
[1056] Die Darstellung einer Mutter, die sich vor die Wahl gestellt sieht, sich entweder für Kind oder Beruf entscheiden zu müssen, zeigt sich im zeitgenössischen europäischen Film beispielsweise auch in der isländischen Produktion KONA FER Í STRÍÐ (2018, Benedikt Erlingsson; dt. Titel: GEGEN DEN STROM).

in preparing the most ordinary piece of food: a (morning) toast-sandwich [...].[1057]

Es scheint, als würde Susanne Wuest zwei Figuren verkörpern, als würden zwei Persönlichkeiten in ihr miteinander ringen: Einerseits mimt sie eine kontrollierte, penible Frau, die mit routinierten Handgriffen Kühlschrank, Laden und Schränke öffnet und schließt, sich mit einem Stück Küchenrolle die Mundwinkel abtupft und die Lebensmittel nach Gebrauch sofort wieder in den Kühlschrank stellt. Die Käseverpackung wird sorgsam gefaltet, der Deckel ordnungsliebend auf den Becher gesteckt. Im Gegensatz dazu spielt sie aber außerdem ein gieriges Mädchen, das hinsichtlich ihrer Tischmanieren jedweden Benimm vermissen lässt. Beide Facetten der Figur – sowohl die kontrollierte Neurotikerin als auch die nimmersatte Jugendliche – legen ein hohes Maß von Zwanghaftigkeit an den Tag. »Alles geht gut, solange das Es tut, was das Ich befiehlt.«[1058] deklariert Bettelheim für das *Personal* des Märchens und liefert damit wohl auch einen relevanten Interpretationsansatz für die Mutterfiguren des Hausner'schen Œuvres.

3.2 Rotkäppchens Schwestern

> *Einmal schenkte sie ihm*
> *ein Käppchen aus rotem Sammet,*
> *und weil ihm das so wohl stand,*
> *und es nichts anders mehr tragen wollte,*
> *hieß es nur das Rotkäppchen.*[1059]

Farben – sie spielen im Hausner'schen Œuvre eine wichtige Rolle. Bereits in einem frühen AFC-Gespräch zu LOVELY RITA gab die Regisseurin zu Protokoll, bei der Realisierung ihres Spielfilmdebüts einem konkreten Farbkonzept gefolgt zu sein:

1057 http://www.basis-wien.at/db/object/74932;jsessionid=EBEB28988DB90409013C496B957213FB, letzter Aufruf: 22.06.2020.
1058 Bettelheim: *Kinder brauchen Märchen.* 2013[32], S. 95.
1059 Rotkäppchen. [1857], zit. n. Heinz Rölleke (Hrsg.): *Brüder Grimm. Kinder- und Hausmärchen.* Ausgabe letzter Hand mit den Originalanmerkungen der Brüder Grimm. Band 1, Ditzingen: Reclam 2016, S. 150–153; hier: S. 150.

> Wir verwendeten […] klare Grundfarben – rot, grün, gelb, blau –, um eine gewisse Stilisierung zu erreichen, die einen Gegensatz zum Realismus der Erzählweise bildet, der sich daraus ergab, dass wir auf Video und mit Laien drehten. Es ist der intuitive Versuch, der Realität etwas Allgemeingültiges, Zeitloses, das über die Geschichte der Rita hinausgeht, zu entlocken.[1060]

Die eindringliche Farbgestaltung blieb auch den Kritiker_innen nicht verborgen; so schrieb etwa Maya McKechneay, dass LOVELY RITA »[…] in kühlen Farben und langen Einstellungen ›sketches of life‹ [liefert], scheinbar zufällige Momentbeobachtungen aus dem Leben eines jungen Mädchens.«[1061] Die besagte kühle Farbenwelt der grau-blauen winterlichen Landschaft vermittelt emotionale Kälte und kontrastiert zugleich die kräftigen, grellen Farben, die im Haushalt der Familie Schabert vorherrschen.[1062]

Dass Jessica Hausner bedeutungsschwangere Farbkonzepte nutzt, verwundert – mit Blick auf ihr familiäres Umfeld und ihre Sozialisation, aber in Hinsicht ihres Selbstverständnisses als visuelle Gestalterin[1063] – nicht. Sowohl in den vorangegangenen als auch folgenden Produktionen lässt sich konstant ein sehr bewusster, umsichtiger Einsatz von abgestimmten Farbschemata nachweisen. So bekundet Rüdiger Suchsland für HOTEL eine

> präzise[…] Farbdramaturgie: Irénes hellblondes Haar, ihr rotweißes Kostüm steht dem grün-braun des übrigens [sic] Hotels komplementär entgegen, ansonsten sind die Bilder von im Übergang diffusen Weiß-Schwarz[-] und Hell-Dunkel-Oppositionen geprägt.[1064]

Hingegen wurde LOURDES mit einer »heavily restricted colour palate consisting of muted colours with strong elements of fire engine red and cerulean blue: the red of the uniforms of the Order of Malta and the blue of the Virgin Mary«[1065] gestaltet. Bei der Konzeption von AMOUR

1060 Hausner zit. n. Schiefer: Jessica Hausner: LOVELY RITA. [o. D.].
1061 Maya McKechneay: Lovely Rita. [o. D.], http://www.viennale.at/de/film/lovely-rita, letzter Aufruf: 10.05.2018.
1062 Vgl. Schiefer: Jessica Hausner: LOVELY RITA. [o. D.].
1063 Vgl. 10.1 Skype-Interview mit Jessica Hausner [15.11.2016].
1064 Suchsland: Eiskaltes Matriarchat. [23.06.2006].
1065 Catherine Wheatley: »Present Your Bodies«: Film Style and Unknowability in Jessica Hausner's *Lourdes* and Dietrich Brüggemann's *Stations of the Cross*. [27.05.2016], http://www.mdpi.com/2077-1444/7/6/63/htm, letzter Aufruf: 19.06.2020.

Fou ließ Hausner sich dann von historischen Bildern inspirieren. Die veröffentlichten Inhalte einer Arbeitsmappe, die der *Stadtkino*-Zeitung zur Verfügung gestellt wurden, veranschaulichen die intensive Befassung:

> Das nicht ganz so gerade gestrickte Innenleben der Protagonisten verleitet uns, Un-ebenheiten stilistisch und so auch kostümlich herauszuarbeiten: Farben beißen sich, Muster schlagen sich, Kombinationen wirken grotesk – eine viel spannendere Reise als das bloße Kopieren der damaligen Salonbilder: unser Salon in Amour Fou wird bei aller Wildheit wunderschön, weil lebendig sein.[1066]

Den Anstoß für die Farbkonzeption in LITTLE JOE gab das Foto eines rothaarigen Models, bekleidet mit einer rosafarbenen Bluse und einem beigen Trenchcoat, das *Costume Designer* und Schwester Tanja Hausner in einer Ausgabe der *Vogue* entdeckt hatte,[1067] woraus sich in Folge das markante Farbschema von Hausners fünftem Spielfilm entwickelte.

> All of this is bathed in a strange, pastel palette of hospital green (canteen chairs, lab coats, rubber gloves) and Elastoplast peach-putty (Beecham's satin blouses, her smooth bowl haircut), against which Little Joe's crimson fronds make a violent smear.[1068]

Am Rand dieser farblichen Gesamtkonzeptionen sticht eine wiederkehrende Besonderheit ins Auge, welcher das Potenzial innewohnt, sich à la longue als spezifisches Markenzeichen Hausners zu etablieren. In seinen *Neue Überlegungen zur Signifikation und Dramaturgie der Farben im Film* konstatierte Hans Jürgen Wulff:

> Farben [müssen] als eine Funktion des Inhalts analysiert werden; sie *indizieren* und *instantiieren* Artikulationen und Strukturen des Textes. Darum müssen die Elemente des Textes untersucht werden mit Blick darauf,

---

1066 Tanja Hausner zit. n. *Stadtkino Zeitung 524*. [November/Dezember 2014], S. 6.
1067 Jones: The Dark, Deadpan Fairy Tales of Jessica Hausner. [06.12.2019].
1068 Catherine Wheatley: Little Joe review: Jessica Hausner's floral Frankenstein horror. [19.02.2020], https://www.bfi.org.uk/news-opinion/sight-sound-magazine/reviews-recommendations/little-joe-jessica-hausner-emily-beecham-ben-whishaw-flower-horror, letzter Aufruf: 21.07.2020.

wie die Farben mit ihnen korrespondieren oder von ihnen funktionalisiert werden.[1069]

Der von Wulff geforderten Deutungspflicht soll nachfolgend an einer farblichen Markierung entsprochen werden, die sich im Hausner'schen Œuvre bisher in sämtlichen Spielfilmen nachweisen lässt.

Der Rotkäppchen-*Effekt*

Das Zaubermärchen *Rotkäppchen* zählt zu den »am meisten ausgedeuteten Märchen«[1070] und »gehört seit vielen Jahrzehnten international zu den Lieblingsmärchen.«[1071] schrieb Uther in seinem Handbuch zu den *Kinder- und Hausmärchen* der Brüder Grimm. Markantes Accessoire der titelgebenden Hauptfigur ist ein »Käppchen von rotem Sammet«[1072] – ein Geschenk der liebenden Großmutter –, welches für das Mädchen eine identitätsstiftende, da den Rufnamen prägende, Funktion erfüllt. Dieser Umstand hat wohl Forscher_innen dazu verführt, sich an der Dechiffrierung des vermuteten Rätsels der roten Mütze zu versuchen:

Man erblickte darin die Menstruation, die verfrühte Übertragung sexueller Anziehungskraft, die Revolte gegen die elterliche Autorität, die Lebenslust, das aus dem Blut sprechende Ichgefühl, die Abschließung der Menschenseele nach oben hin, die rote Sonnenscheibe, die Morgenröte, den Frühling, das deutsche Recht, ein Koboldattribut, ein Mondattribut, das Nachbild eines Fliegenpilzes undsoweiterundsofort.[1073]

Heute gelten viele der Befunde und Interpretationsversuche als überholt[1074], verbirgt die rote Kopfbedeckung doch längst kein ominöses Geheimnis, sondern darf und muss vor allem als erzählerische Hervor-

---

1069 Hans Jürgen Wulff: Die Unnatürlichkeit der Filmfarben: Neue Überlegungen zur Signifikation und Dramaturgie der Farben im Film (Zwei Werkstücke). [o. D.], http://www.derwulff.de/files/2-25.pdf, letzter Aufruf: 18.06.2020.
1070 Ebd. S. 66.
1071 Ebd. S. 65.
1072 Rotkäppchen. [1857], 2016, S. 150.
1073 Hans Ritz: *Die Geschichte vom Rotkäppchen. Ursprünge, Analysen, Parodien eines Märchens*. Kassel: Muri 2013[15], S. 26 f.
1074 Vgl. Hans-Jörg Uther: *Handbuch zu den »Kinder- und Hausmärchen« der Brüder Grimm. Entstehung, Wirkung, Interpretation*. Berlin/Boston: De Gruyter 2013[2], S. 66.

hebung betrachtet werden.[1075] Hier zeigt sich nun die Parallele von *Rotkäppchen* und ihren Schwestern in Jessica Hausners Œuvre, denn auch für die roten Kleidungsstücke in ihren Filmen gilt: Sie weisen das Publikum zwar auf keine geheimen Codes oder Insider-Lesarten hin, fungieren dafür aber als visuelle Markierungen, die sich im Gesamtwerk der österreichischen Regisseurin konstant wiederholen und wesentlich optische Aufmerksamkeit generieren.

Der Rotkäppchen-*Pullover der Passivität*

Für den Band *Schwestern*, in dem Fotografin Ute Karen Seggelke in zahlreichen Interviews und Fotografien elf *Schwesternschaften* porträtierte, gewährten Jessica und Tanja Hausner einen seltenen Einblick in ihr Privatleben. Zur familiären Konstellation befragt, erklärte die Regisseurin:

> Wir sind eine Ansammlung von Eigenbrödlern [sic]. Meine Eltern waren sehr mit ihrer Arbeit beschäftigt und in sich selbst versunken [...]. Mein Gefühl in der Familie hat viel mit Einsamkeit zu tun; [...].[1076]

»Eigenbrötlerin« scheint auch eine durchaus passende Bezeichnung für die Figur der Gertrude in INTER-VIEW zu sein. Das Gefühl von Einsamkeit, das Hausner im Gespräch mit Seggelke beschrieb, bannte sie mit ihrer Darstellung eines gemeinsamen Abendessens von Familie Kleiner eindrucksvoll auf den Bildschirm. Die Figuren sind hierbei nicht als filmbildliche Einheit visualisiert, sondern zeigen sich in vier Einzelbildern, die erst durch die Montage zu einem Gesamten werden. Die familiäre Zusammengehörigkeit wird dabei einerseits durch den gleichbleibenden Bildaufbau, andererseits durch die Kleidung zum Ausdruck gebracht: Sowohl der Vater, die Mutter als auch der Sohn (Abb. 49 bis 51) fallen durch ihre Uniformität auf – alle drei tragen ein hellblaues Hemd und eine dunkle Weste. Aus der Rolle fällt lediglich Gertrude (Abb. 52), die mit ihrem rot-weiß-gestreiften Oberteil so gar nicht in die Szenerie (und die Familie) passen will.

Die Mahlzeit im Kreis der Familie – der *Rotkäppchen*-Pullover dient hier (anders als in den folgenden Szenen) vor allem dazu, um Gertrude optisch als isoliert zu markieren – ist im Filmverlauf zwar der eindring-

---

1075 Vgl. Ritz: *Die Geschichte vom Rotkäppchen*. 2013[15], S. 27.
1076 Hausner zit. n. Seggelke: *Schwestern*. 2002[2], S. 49.

Abb. 49: Vater (INTER-VIEW, 0:16:53)   **Abb. 50:** Mutter (INTER-VIEW, 0:17:05)
Abb. 51: Bruder (INTER-VIEW, 0:17:18)   **Abb. 52:** Gertrude (INTER-VIEW, 0:17:33)

lichste, jedoch nicht der erste *Rotkäppchen*-Moment: Nachdem die junge Frau die berufliche Reife schriftlich bekundet in der Tasche hat, muss sie in Folge eine Entscheidung hinsichtlich ihres weiteren Karrierewegs treffen. Dazu sucht sie bei einer Berufsberatung professionelle Unterstützung; in dieser im Schuss-Gegenschuss-Verfahren gestalteten Sequenz trägt die Protagonistin erstmals ihren rot-weiß-gestreiften Pullover. Von der Beraterin erhält sie die eindringliche Empfehlung, ein Studium zu wählen, das »breit angelegt ist« (INTER-VIEW, 0:14:48–0:14:50). Zunächst noch unentschlossen, vertraut Gertrude letztlich dem Ratschlag und inskribiert an der Universität, bricht das Studium aber nach kurzer Zeit wieder ab.

Mit ihrem *Rotkäppchen*-Pullover bekleidet, tendiert Gertrude dazu, sich mit Geschehnissen, die letztlich sie und ihre Zukunft betreffen, passiv abzufinden. Das wird im Filmverlauf im Anschluss an die Faschingsbüroparty, während der sie in einem Aktenraum Sex mit ihrem Vorgesetzten hatte[1077], deutlich. Am Tag danach ist wieder der Alltag im Großraumbüro der Kanzlei eingekehrt. Es herrscht rege Betriebsamkeit,

---

1077 Vgl. 1.7.5 Bewegte Stillleben.

die junge Frau – sie trägt erneut ihren rot-weiß-gestreiften Pullover – steht an einem Wandregal und ist damit beschäftigt, Dokumente abzulegen. Als ihr Chef den Raum betritt, schweben drängende Fragen in der Luft: War das sexuelle Miteinander bloß ein belangloses Abenteuer? Oder kann aus einem ersten Mal mehr entstehen? Bevor Gertrude sich zu einer Reaktion entschließen kann, bevor sie aktiv werden muss, löst der Kanzleiinhaber ihr inneres Dilemma, indem er wort- und blicklos an ihr vorbei in sein Büro eilt und so jede Hoffnung auf die Fortführung des Tête-à-Tête im Keim erstickt.

Im weiteren Handlungsverlauf entwickelt sie Interesse an einem Kollegen an ihrer neuen Arbeitsstelle, die beiden gehen miteinander aus. Die behutsame, wortkarge Annäherung findet ihren Höhepunkt bei seinem nächtlichen Besuch in ihrer Wohnung und dem Austausch vorsichtiger Küsse. Gemeinsam suchen die beiden ein kleines Lokal auf, in dem sie bereits ihre erste Verabredung hatten; wieder trägt Gertrude ihren gestreiften Pullover. Bei Eisbecher und Bier schweigen die beiden zunächst, er zieht an seiner Zigarette und äußert unvermittelt: »Ich liebe dich.« Abermals befindet sich Gertrude am Scheideweg: Ist eine Beziehung mit ihrem Arbeitskollegen Teil dessen, was sie Günter zuvor im Aufzug als Vorstellung ihrer Zukunft beschrieben hat? Da meinte sie nämlich: »Vielleicht ein eigenes Geschäft. Vielleicht heiraten. Ja, dann möcht' ich Kinder. […] Das klingt jetzt alles so banal.« (INTER-VIEW, 0:32:20–0:33:32) Die junge Frau bleibt ihrem Gegenüber eine Antwort auf das Liebesgeständnis schuldig.

Zusammenfassend lässt sich festhalten, dass der *Rotkäppchen*-Pullover in INTER-VIEW in ebenjenen Szenen zum Einsatz kommt, in denen sich die Protagonistin an einer Wegkreuzung befindet. Rückblickend erkennt sie, dass sie sich für die falsche Richtung entschieden hat und korrigiert ihre Marschroute, indem sie zum einen das Studium aufgibt und aus der elterlichen Wohnung auszieht, zum anderen den Job in der Kanzlei und damit auch die Hoffnung auf eine mögliche Beziehung mit dem Vorgesetzten fallen lässt und eine Stelle in einem Blumengroßmarkt annimmt. Doch damit nicht genug: Denn auch ihr Arbeitskollege nimmt ihr mit seinem unvermittelten Liebesgesändnis die Chance auf eine aktive Rolle.

Rotkäppchens Schwestern

Der Hausner'sche Rotkäppchen-Effekt, also die visuelle Markierung der Protagonistin mit einem roten Kleidungsstück, ist eine in ihrem Œuvre mit verlässlicher Konstanz wiederkehrende Besonderheit.

In FLORA ist es eine rote Wollmütze (Abb. 53), von der sich die Protagonistin lediglich in wenigen Szenen – etwa in der Tanzschule, auf der »White Trash Bad Taste«-Modeschau oder beim Besuch des sterbenden Vaters im Krankenhaus – trennt.

Rita, die jugendliche Delinquentin in LOVELY RITA, trägt ihrerseits das Rot an den Füßen, nämlich in Form von roten Stiefeletten (Abb. 54). Neben der visuellen Markierung der Hauptfigur á la *Rotkäppchen* scheint hier auch eine deutliche intertextuelle Referenz auf die rotglitzernden Halbschuhe aus THE WIZARD OF OZ (1939, Victor Fleming; dt. Titel: DER ZAUBERER VON OZ) verborgen, mit denen sich Dorothy (Judy Garland) aus dem wundersamen Oz – nachdem sie dreimal die Hacken zusammengeschlagen hat – zurück nach Kansas wünscht.

Auch in HOTEL spielt die Farbe Rot eine wichtige Rolle, wie Eberhard von Elterlein in seiner Filmbesprechung aufzeigte:

> Rot, das ist die Farbe von Blut und von Leben, die vitale Welt, die hier in Gefahr ist. Nicht umsonst rückt Jessica Hausner vermehrt einen roten Alarmknopf ins Bild, trägt ihre Heldin die rote Brille ihrer spurlos verschwundenen Vorgängerin, der Eve, die aus ihrem Paradies hier draußen im Walde vertrieben wurde, wieso weshalb warum, das verrät nur das Schweigen und vielleicht das Rauschen der Wälder.[1078]

Weder das unerwähnte rote Angestelltenkostüm noch der besagte Alarmknopf sorgen in HOTEL für den *Rotkäppchen*-Moment; wohl aber die auffällige Brille mit rotem Rahmen, die Irene in ihrem Mitarbeiterzimmer in einer Schublade findet. Mit dem Anprobieren und Tragen des Sehbehelfs nähert sich die Rezeptionistin in Folge der Identität ihrer Vorgängerin Eva an und beginnt, »mit den Augen der Anderen zu sehen […]«[1079] (Abb. 55).

1078 Elterlein: Wen die Ruhe stört. [22.06.2006].
1079 Suchsland: Eiskaltes Matriarchat. [23.06.2006].

Abb. 53: Wollmütze (Flora, 0:21:18)
Abb. 55: Brille (Hotel, 0:35:01)
Abb. 57: Kalpak (Amour Fou, 1:19:21)
Abb. 54: Stiefeletten (Lovely Rita, 0:18:33)
Abb. 56: Fischerhut (Lourdes, 0:16:58)
Abb. 58: Bowl Cut (Little Joe, 0:57:23)

In Toast dient die Farbe Rot zur auffälligen Akzentuierung von Lippen und Fingernägeln – sie sind die Werkzeuge, mit denen die Protagonistin ihre Lust befriedigt (Abb. 40).

Ein roter Fischerhut wird in Lourdes zum *Rotkäppchen*-Accessoire (Abb. 56). Christine, die körperlich nicht dazu in der Lage ist, ihre Kopfbedeckung nach Belieben aufzusetzen oder abzunehmen, trägt diesen im Verlauf der Pilgerreise in teils völlig unpassenden Momenten, wie etwa im Rahmen der religiösen Zeremonie in der unterirdischen Basilika

Pius X. Erst als die wundersame Heilung eintritt, kann Christine sich selbst ihres roten Hutes entledigen und entscheidet sich letztlich sogar dazu, vollends auf ihr ›Rotkäppchen‹ zu verzichten. Sowohl beim ersten Ausflug zum Eis essen in ein Café als auch bei der Wanderung auf den Pic du Jer samt Picknick, dem darauffolgenden Stelldichein mit Bruno am Berggipfel und auf dem großen Abschlussfest ist der Fischerhut nicht mehr präsent, als hätte Christine ihn – wie ihre Krankheit – abgelegt und hinter sich gelassen.

In AMOUR FOU zeigt sich die so charakteristische Ausstattung der weiblichen Hauptfigur gegen Ende des Filmes mittels eines roten Kalpaks, einer hohen Kopfbedeckung aus Pelz (Abb. 57): Heinrich von Kleist und Henriette Vogel haben sich zum zweiten Mal zu einer Landpartie aufgemacht, um erneut den Versuch zu wagen, gemeinsam in den Tod zu gehen. Durch das Dickicht des Waldes stolpernd, trägt Henriette besagten roten Kalpak, den sie zu einem blassgelben Mantel kombiniert hat. Hausner verknüpft hier geschickt den *Rotkäppchen*-Effekt mit einer weiteren märchenhaften Farbreferenz, die sich in den Grimm'schen Märchen *Allerleirauh* im Sonnenkleid[1080] und in den Disney-Inszenierungen[1081] des französischen Volksmärchens *La Belle et la Bête* im gelben Ballkleid der Protagonistin wiederfindet. Die Farbe Gelb »führt in ihrer höchsten Reinheit immer die Natur des Hellen mit sich und besitzt eine heitere, muntere, sanft reizende Eigenschaft. […] In diesem Grade ist sie als Umgebung, es sei als Kleid, Vorhang, Tapete, angenehm.«[1082] schrieb Johann Wolfgang von Goethe in seinem Entwurf einer Farbenlehre. Zu einem ganz ähnlichen Befund kam auch Kieser, der mit Verweis auf die Farbpsychologie erklärt, dass die Farbe »[…] Gelb mit der Erwartung von Glück und der Hoffnung auf Befreiung verbunden [ist].«[1083] Hausner setzte folglich in der Gestaltung des Kostüms von Henriette auf gleich zwei märchenhafte Farbassoziationen: Mit dem roten Kalpak

---

1080 Vgl. Allerleirauh. [1857], zit. n. Heinz Rölleke (Hrsg.): *Brüder Grimm. Kinder- und Hausmärchen.* Ausgabe letzter Hand mit den Originalanmerkungen der Brüder Grimm. Band 1, Ditzingen: Reclam 2016, S. 335–341; hier: S. 338.
1081 Vgl. dazu den Zeichentrickfilm BEAUTY AND THE BEAST (1991, Gary Trousdale, Kirk Wise; dt. Titel: DIE SCHÖNE UND DAS BIEST) und die als Realfilm ungesetzte Neuinterpretation BEAUTY AND THE BEAST (2017, Bill Condon; dt. Titel: DIE SCHÖNE UND DAS BIEST).
1082 Goethe zit. n. Gerhard Ott/Heinrich Oskar Proskauer (Hrsg.): *Johann Wolfgang Goethe. Farbenlehre.* Mit Einleitungen und Kommentaren von Rudolf Steiner. Band 1, Stuttgart: Freies Geistesleben 1984³, S. 277.
1083 Günter Kieser: *Wörterbuch der Märchensymbolik.* Ahlerstedt: Param 2014², S. 62.

wird die Protagonistin deutlich visuell hervorgehoben, der gelbe Farbton des Mantels antizipiert auf paradoxe Weise das Kommende; denn die »Erwartung von Glück« und die »Hoffnung auf Befreiung« bedeuten in Henriettes Fall den nahenden Tod.

Als »fast ikonografische[n] rote[n] Pilz«[1084] hat Hausner die Frisur von Protagonistin Alice (Abb. 58) in ihrem Regiestatement zu LITTLE JOE bezeichnet. Neben dem roten Haar der weiblichen Hauptfigur, das ganz offensichtlich als *Rotkäppchen*-Akzentuierung interpretiert werden kann, springen auch die – laut Catherine Wheatley seitens des Publikums intensiv kommentierten – knallroten Turnschuhe Joes[1085] und die Farblichkeit der titelgebenden Pflanze mit ihren unübersehbaren Rottönen ins Auge. Doch damit nicht genug: »Autos, Sessel, Logos, in fast jedem Bild springt einem etwas Rotes entgegen.«[1086] führte Pia Reiser exemplarisch aus. Die Farbe findet sich zudem in diversen Jacken und T-Shirts, in Labor-Handschuhen und Eimern, in Vorhängen und Wänden in Joes Kinderzimmer und im Behandlungsraum von Alices Therapeutin. Rot sind Bellos Halstuch und Ball, Rot ist die Kirsche, die das Sahnehäubchen eines Cafeteria-Getränks ziert, und auch das Gewächshaus selbst glimmt des Nachts in rotem Licht. Die angeführten Beispiele verdeutlichen, dass die Regisseurin sich bei der Gestaltung von LITTLE JOE zu einem deutlich exzessiveren Einsatz der Farbe Rot (in auffälligen Varianzen) entschied. In Anlehnung an Barbara Flückigers Ausführungen zu den Funktionen von Farbe in LES PARAPLUIES DE CHERBOURG (1964, Jacques Demy; dt. Titel DIE REGENSCHIRME VON CHERBOURG) und LES DEMOISELLES DE ROCHEFORT (1967, Jacques Demy; dt. Titel: DIE MÄDCHEN VON ROCHEFORT) lässt sich auch in Hausners kontrollierten Farbkonzepten in artifiziellen Schauplätzen eine bedeutungsbeladene Dimension von Farbtönen, Sättigungen und Helligkeiten in Mustern und Texturen vermuten.[1087]

Wenn zur Bedeutung der gesteigerten Präsenz der Farbe Rot an dieser Stelle zwar kein abschließendes Urteil gefällt werden kann, so darf

---

1084 Hausner zit. n. https://www.filminstitut.at/files/downloads/little_joe.pdf, S. 6. Letzter Aufruf: 18.06.2020.
1085 Wheatley: Little Joe review: Jessica Hausner's floral Frankenstein horror. [19.02.2020].
1086 Pia Reiser: Die Hirnfresser kommen! (Oder auch nicht). [01.11.2019].
1087 Siehe dazu Barbara Flückiger: Farbe und Ausdrucksbewegung. Jacques Demys Musicals LE PARAPLUIES DE CHERBOURG und LES DEMOISELLES DE ROCHEFORT. In: Kristina Köhler (Hrsg.): *Film-Konzepte. Jacques Demy*. Heft 56, München: Edition Text+Kritik 2020, S. 31–42.

jedenfalls festgehalten werden, dass es Jessica Hausner mit der farblichen Hervorhebung von *Rotkäppchens* Schwestern wiederholt gelungen ist, ein wiederkehrendes Moment in ihren Filmen zu etablieren, das durchaus das Potenzial hat, als märchenhaftes Charakteristikum wahrgenommen zu werden.

3.3 Märchenhafte Eingangs- und Schlussformeln

> *Es war einmal ein Förster,*
> *der gieng in den Wald auf die Jagd, […]*
> *[…] und wenn sie nicht gestorben sind,*
> *leben sie noch.*[1088]

Seinen Anfang nimmt das Märchen *Fundevogel,* die »Kurzfassung eines Märchens aus dem Zyklus der sogenannten Magischen Flucht«[1089], in einem Wald:

> Es war einmal ein Förster, der gieng in den Wald auf die Jagd, und wie er in den Wald kam, hörte er schreien, als ob's ein kleines Kind wäre. Er gieng dem Schreien nach und kam endlich zu einem hohen Baum, und oben darauf saß ein kleines Kind.[1090]

Der Förster befreit das Kind aus seiner misslichen Lage, nimmt es zu sich und zieht es mit seiner leiblichen Tochter Lenchen zusammen auf. Jagdliche Ambitionen beweist auch Norbert Schabert, der Vater von Hausners titelgebender Protagonistin in LOVELY RITA. Zusammen mit Ehefrau, Tochter und der vierköpfigen Nachbarsfamilie verbringt er seine Freizeit – wie in mehreren, zeitlich voneinander separierten Szenen zu sehen – auf der Pirsch oder auf dem Hochsitz, und übt sich im Erlegen von Wild, indem er auf naturnah gestaltete Tierattrappen feuert. Außerdem hat er sich im Keller seines Hauses zu Trainingszwecken einen kleinen

---

1088 Fundevogel. [1857], zit. n. Heinz Rölleke (Hrsg.): *Brüder Grimm. Kinder- und Hausmärchen*. Ausgabe letzter Hand mit den Originalanmerkungen der Brüder Grimm, Band 1, Ditzingen: Reclam 2016, S. 250–252; hier: S. 250 und S. 252.
1089 Uther: *Handbuch zu den »Kinder- und Hausmärchen« der Brüder Grimm*. 2013², S. 119.
1090 Fundevogel. [1857], 2016, S. 250.

Abb. 59: Schützenscheibe (LOVELY RITA, 0:00:17)

Abb. 60: Vater Norbert beim Training (LOVELY RITA, 0:00:22)

Schießstand eingerichtet, der – nachdem die Opening Credits verblasst sind – den Schauplatz des Establishing Shots bildet.

Fünf Sekunden lang steht die Schützenscheibe mit menschlicher Silhouette (Abb. 59) im Zentrum des Kamerablickfeldes, dann rückt Norbert Schabert durch einen harten Schnitt ins Bild (Abb. 60).

> Sowohl für die Filmnarration als auch für die Figurenanalyse ist entscheidend, was wann geschieht, welche Figuren wann auftreten, wie ihr Auftritt begründet und kontextualisiert ist, an welchen Schauplätzen und in welcher Figurenkonstellation sie auftreten. Da die wichtigen Figuren oft in Filmanfängen eingeführt werden, ist dieser Moment für die Figurenanalyse bedeutsam.[1091]

Zunächst deutet alles darauf hin, dass mit dem trainierenden Schützen die Hauptfigur der Filmhandlung präsentiert wird. Vor allem die Kombination aus gedämpfter Geräuschkulisse – dass seine Ehefrau ihn zum Abendessen ruft, ist akustisch nur undeutlich zu vernehmen – und dem Kapselgehörschutz, den Ritas Vater trägt, vermitteln offenbar eine subjektive Erzählperspektive. Rückblickend wird jedoch erkennbar, dass Hausner mit dieser Gestaltung der Eröffnungsszene deutlich von der tradierten filmischen Figureneinführung abweicht. Stattdessen scheint sie sich stärker an einem formelhaften Muster zu orientieren, welches sich in einer Vielzahl der Grimm'schen Märchen finden lässt, so etwa auch in *Fundevogel*. In der vergleichenden Betrachtung lässt sich erkennen, dass

---

1091 Susann Täschler: *Vaterfiguren. Die Entwicklung der dokumentarischen Filmanalyse für die erziehungswissenschaftliche Untersuchung generativer Verhältnisse im Schweizer Spielfilm von 2000 bis 2014.* Münster/New York: Waxmann 2017, S. 72.

beide Geschichten mit der Exposition einer männlichen Vaterfigur und das Geschehen zunächst aus deren Perspektive geschildert wird. Während die Implementierung des märchenhaften Figurentypus des Jägers in Hausners Œuvre als Sonderfall betrachtet werden muss, zeigt sich in der formelhaften Gestaltung der Eingangs- und Schlusssequenzen jedoch eine stilistische Parallele, die in sämtlichen Spielfilmen der Regisseurin nachgewiesen werden kann.

»Die Nachwirkung von KHM 51 hält sich in Grenzen.«[1092] resümierte Hans-Jörg Uther in seinen Ausführungen zu *Fundevogel* knapp. Zwar hat es die Geschichte zweier Ziehgeschwister, die der alten Köchin Sanne einen Strich durch die mörderische Rechnung machen, nicht zu umfassender künstlerischer Bearbeitung oder Adaption gebracht[1093], dennoch nimmt das kurze Märchen in der Grimm'schen Sammlung eine besondere Position ein:

> Der bekannte schöne, das Irreale als Realität darstellende Märchenabschluss »Und wenn sie nicht gestorben sind, dann leben sie heute noch« begegnet [man] bei Grimm nur ein einziges Mal, und zwar in KHM 51: *Fundevogel* […].[1094]

In *Fundevogel* zeigen sich im Zusammenspiel des anfänglichen »Es war einmal […]« und des finalen »[…] und wenn sie nicht gestorben sind, leben sie noch.« zwei geflügelte Wendungen, die gemeinhin und im expliziten Wortlaut als für die Gattung Märchen charakteristisch gehandelt werden.

Eine kleine, zugegebenermaßen unrepräsentative Umfrage unter Märchenexperten, Halbexperten und Laien ergab, dass die Wendung »Und wenn sie nicht gestorben sind, dann leben sie heute noch« und ihre Varianten von fast allen als *die* klassische deutsche Märchenschlussformel

---

1092 Uther: *Handbuch zu den »Kinder- und Hausmärchen« der Brüder Grimm.* 2013², S. 120.
1093 Uther verwies auf bildliche Darstellungen von Leopold Völlinger (vgl. Uther: *Handbuch zu den »Kinder- und Hausmärchen« der Brüder Grimm.* 2013², S. 120). Im Literarischen widmete sich der deutsche Schriftsteller Peter Härtling einer modernen Interpretation; siehe dazu Peter Härtling: Fundevogel. In: Jochen Jung (Hrsg.): *Bilderbogengeschichten. Märchen, Sagen, Abenteuer. Neu erzählt von Autoren unserer Zeit.* München: dtv 1976, S. 101–103.
1094 Christine Shojaei Kawan: Grimms Verse. In: Rolf Wilhelm Brednich (Hrsg.): *Erzählkultur. Beiträge zur kulturwissenschaftlichen Erzählforschung.* Berlin/New York: De Gruyter 2009, S. 423–442; hier: S. 438 [H. i. O.].

angesehen wird. Das Internet ist voll davon; Bücher der verschiedensten Art greifen im Titel darauf zurück. Doch woher ist diese Schlussformel so bekannt, wenn nicht von Grimm? Auch die Märchen des Erfolgsautors Bechstein enthalten lediglich drei Beispiele dafür.[1095]

Folgt man Shojaei Kawans Überlegungen, muss dem *Fundevogel* in künftigen Diskursen wohl eine erweiterte Bedeutung zugesprochen werden. Derart prädestiniert, könnte das Zaubermärchen zweifelsohne als Stellvertreter für die formelhaften Anfänge und Enden der in der Sammlung der Brüder Grimm erfassten Erzählungen fungieren.

> When we hear or read the phrase »once upon a time,« we immediately and naturally think that we are about to hear a fairy tale. We are disposed to listening and reading in a particular way and register metaphors in our brain so that they make sense and we can replicate them in our own way and in our own time. […] It is almost as if certain fairy tales were stored in our brains and have evolved as we humans have evolved.[1096]

Ein ähnlicher, wenn längst nicht so stark in den Köpfen der Rezipient_innen verankerter Effekt kann auch für die Hausner'schen Eingangssequenzen behauptet werden, denn auch für sie gilt, dass

> [t]hese few, simple words […] have a profound ability to shape the meaning of the text for the rest of the reading. As a result, the first few sentences of a text communicate more than just the literal written words; they are also generic cues […] that create a pathway for meaning for a text, thereby shaping and constraining its reading and interpretation.[1097]

Wie in den Erörterungen zu den außergewöhnlichen Spielfilmanfängen des Hausner'schen Œuvres dargestellt, eröffnet sich in ihren jeweiligen Eingangsszenen eine bedeutungsgeladene Metaebene, die sich in FLORA in der Handlungsantizipation durch Musik und in INTER-VIEW durch

---

1095 Ebd. S. 439 [H. i. O.].
1096 Jack Zipes: *Why fairy tales stick. The evolution and relevance of a genre*. New York/London: Routledge 2006, S. XI.
1097 Douglas Estes: Rhetorical Peristaseis (Circumstances) in the Prologue of John. In: Kasper Bro Larsen (Hrsg.): *The Gospel of John as Genre Mosaic*. Studia Aarhusiana Neotestamentica, Ausgabe 3, Göttingen: Vandenhoeck & Ruprecht 2015, S. 191–207; hier: S. 191 f.

eine *Nebelkerze*, die durchaus mit jener in LOVELY RITA vergleichbar ist, zeigt. Ebenso sind der Bruch der tradierten Konventionen des Horrorgenres in HOTEL, die visuelle Umsetzung der Idee eines göttlichen Blicks in LOURDES sowie eines überwachenden Blickes in LITTLE JOE und das Verbergen der Protagonistin hinter einem üppigen Blumenbouquet in AMOUR FOU als Szenen nicht ausschließlich ›wörtlich‹ zu nehmen, sondern kommunizieren deutliche Hinweise auf das Kommende und wecken explizite Erwartungshaltungen.[1098]

Vater Norbert, dem die ersten Sekunden von LOVELY RITA gelten, ist es dann, der die brückenschlagende, weil eine Verbindung zum Filmende herstellende, Konstante bildet. Als vermeintlicher Antagonist – immerhin machen er und seine Frau Rita mit ihren Regeln und den Strafen bei Nichtbefolgung das Leben schwer – erhält er seine im märchenhaften Sinn durchaus gerechte Strafe. Bruno Bettelheim räumte der »grausamen Bestrafung«[1099], die in einer Vielzahl der Grimm'schen Märchen ausgemacht werden kann, eine für Kinder entwicklungsrelevante Bedeutung ein:

> Das Kind fühlt sich häufig von den Erwachsenen und der Welt im allgemeinen ungerecht behandelt und hat den Eindruck, daß niemand diesem Mißstand abhilft. Schon auf der Grundlage dieser Erfahrung wünscht es, daß diejenigen, die es betrügen und herabwürdigen […], schwer bestraft werden. […] [Je] schwerer die Bösen bestraft werden, umso sicherer fühlt sich daher das Kind.[1100]

Im Märchen *Die Gänsemagd* fragt der alte König die Kammerfrau, die der als Gänsemagd dienenden Königstochter die Identität gestohlen hat, welches Urteil ihres Erachtens jemand zu erwarten hätte, der seinen Herrn betrogen habe.

> Da sprach die falsche Braut »die ist nichts besseres wert, als dass sie splitternackt ausgezogen und in ein Fass gesteckt wird, das inwendig mit spitzen Nägeln beschlagen ist: und zwei Pferde müssen vorgespannt werden, die sie Gasse auf Gasse ab zu Tode schleifen.« »Das bist du«, sprach der

---

1098 Vgl. dazu 1.2.5. Der Anfang mit den Anfängen.
1099 Bettelheim: *Kinder brauchen Märchen*. 2013[12], S. 163.
1100 Ebd.

alte König, »und hast dein eigen Urteil gefunden, und danach soll dir widerfahren.«[1101]

Bettelheim wies ausdrücklich darauf hin, dass Art und Ausmaß der Strafe dabei nicht von außen auferlegt seien, sondern dass der »Usurpator sich selbst das Urteil spricht.«[1102] Als die ungesicherte und geladene Waffe in Ritas Reichweite gerät, scheint Norbert sein Todesurteil durch die eigene Nachlässigkeit und Unverantwortlichkeit unterschrieben zu haben; er endet, erschossen von der eigenen Tochter, als Leiche im Keller. Auch Mutter Inge wird nicht verschont, Rita richtet sie im Wohnzimmer mit der Schusswaffe hin.

> [Kein] einziger Schlusssatz scheint dem anderen genau zu gleichen. Bei den Zaubermärchen herrschen drei Grundmuster vor: erstens dynastische Gesichtspunkte (z. B.: »Also erhielt er die Krone und hat lange in Weisheit geherrscht« [KHM 53: *Die drei Federn*]), zweitens private Glücksaspekte (z. B.: »Darauf ward die Hochzeit gefeiert, und sie lebten vergnügt bis an ihren Tod« [KHM 65: *Allerleirauh*]) und drittens der strenge Vergeltungsgedanke (z. B.: »Die böse Stiefmutter [...] ward vor Gericht gestellt und in ein Faß gesteckt, das mit siedendem Öl und giftigen Schlangen angefüllt war, und starb eines bösen Todes« [KHM 9: *Die zwölf Brüder*]).[1103]

Doch mit dem Mord an ihren Eltern ist Ritas Geschichte längst nicht beendet. Die Jugendliche zieht hernach durch die Stadt, quartiert sich in einem Hotel ein, besucht am nächsten Morgen ihre Schulkollegin Alex. Erst als der Jingle der Fernsehsendung *Seniorenclub* zu hören ist, nimmt sie wieder auf der Couch des elterlichen Wohnzimmers Platz. Als dann die zeitprogrammierte Lampe am Beistelltisch angeht, ist das Filmende nahe, doch eine Antwort auf die Frage, wie es um Ritas Zukunft bestellt sei, lässt die Regisseurin unbeantwortet. Die interpretationsoffenen Filmfinale des Hausner'schen Œuvres scheinen mit den vermeintlich absoluten Märchenschlusswendungen auf den ersten Blick kaum in Einklang zu stehen.

1101 Die Gänsemagd. [1857], zit. n. Heinz Rölleke (Hrsg.): *Brüder Grimm. Kinder- und Hausmärchen*. Ausgabe letzter Hand mit den Originalanmerkungen der Brüder Grimm, Band 2, Ditzingen: Reclam 2016, S. 23–30; S. 29 f.
1102 Bettelheim: *Kinder brauchen Märchen*. 2013³², S. 163.
1103 Shojaei Kawan: Grimms Verse. 2009, S. 438.

Daß sich die Märchenerzähler des fiktiven Charakters ihrer heilen und geordneten Welt im Märchen wohl bewußt waren, davon zeugt unter anderem schon die übliche Einleitung »Es war einmal…« (sprich: die Welt ist nicht [mehr] so, sie war es allerhöchstens in einer weit zurückliegenden Vergangenheit) und eine ähnlich bewußte Distanzierung in der geläufigen Schlußwendung [...].[1104]

In diesem Moment der abschließenden Distanzierung spiegelt sich nun aber erneut eine klare Analogie von Hausners Filmen und den Märchen der Brüder Grimm, denn

> [...] [w]äre die Formel nicht distanzierend gedacht, so könnte es der Märchenerzähler bei der Feststellung des wunderbaren Glückes seiner Helden bewenden lassen »… sie lebten glücklich und zufrieden…«; doch setzt er meist hinzu »…bis an ihr Ende.«[1105]

Exakt in diesem Befund zeigt sich auch eine der märchenhaften Qualitäten von Hausners Filmfinalen. Nachdem die Hauptfiguren ihre jeweiligen *Questen* absolviert haben und alles auf ein Happy End hindeutet, beendet die Regisseurin ihr filmische Erzählung nicht; vielmehr lässt sie die Kamera weiterhin und darüber hinaus das Geschehen dokumentieren und gestaltet so eine – wenn auch ausführlichere und letztlich doch ungenügende – Entsprechung des Märchenzusatzes »[…] bis an ihr Ende«.

> Wenn der Märchenerzähler seine Geschichte mit den allbekannten Worten »Und wenn sie nicht gestorben sind, so leben sie noch heute« beendet, so nimmt er ironisch Abstand von dem soeben Erzählten. Mit einem Augenzwinkern gibt er zu verstehen, daß er nicht von wirklichen Menschen und Geschehnissen gesprochen hat. Doch schwingt in seinen Worten zugleich etwas anderes mit: Die Gestalten des Märchens sind zwar nicht individuelle Personen, die irgendwo leibhaftig ihre Zeit gelebt haben. Aber gerade deshalb »leben sie noch heute«.[1106]

1104 Hermann Hubert Wetzel: *Märchen in den französischen Novellensammlungen der Renaissance.* Berlin: Erich Schmidt 1974, S. 14 f.
1105 Ebd. S. 15.
1106 Lüthi: *So leben sie noch heute. Betrachtungen zum Volksmärchen.* Göttingen: Vandenhoeck & Ruprecht 1989³, S. 5.

Auch in ihrer Universalität – denn Hausners Filme erzählen nach Selbstauskunft der Filmschaffenden nicht von Individuen oder Einzelschicksalen[1107] – lässt sich eine weitere Gemeinsamkeit mit den Grimm'schen Märchen erkennen. Flora wie Aschenputtel, Gertrude wie Rotkäppchen, Rita wie die Gänsemagd, Irene wie Rapunzel, Christine wie Allerleirauh, Henriette wie Sneewittchen, Alice wie Jorinde – sie alle »stehen außerhalb der Zeit, sie repräsentieren den Menschen als solchen.«[1108]

3.4 Räumliche Isolation

Als es zwölf Jahre alt war,
schloß es die Zauberin in einen Turm [...].[1109]

Waldhaus heißt das Hotel, in dem Irene in Hausners zweitem Spielfilm als Rezeptionistin anheuert; diese explizite intertextuelle Referenz auf *Das Waldhaus* aus der Sammlung der Brüder Grimm ist dabei jedoch nur einer von zahlreichen Hinweisen, die auf das Märchen als Inspirationsquelle hindeuten. Statt diesem offensichtlichen Pfad zu folgen – denn sowohl der Vergleich mit *Hänsel und Gretel* wie auch die Fokussierung auf das märchentypische Waldmotiv, das sich in Hausners Spielfilmen omnipräsent zeigt, lägen wohl auf der Hand –, widmet sich die folgende Ausführung der Sichtbarmachung der Nähe von Hausners Spielfilmen zum *Rapunzel*-Märchen und deckt dabei eine Vielzahl teils überraschender Schnittmengen auf.

Bereits der erste Blick in den Aarne-Thompson-Uther-Index liefert einen wichtigen Hinweis für die thematische Zuordnung des Grimm'schen *Rapunzel*-Märchens: In der Kategorie der Zaubermärchen ist neben der Chiffre ATU 310 die Beschlagwortung »Jungfrau im Turm« zu finden, welche (neben typischen Märchenmotiven wie dem zauberhaften Garten, dem Ignorieren und/oder Übertreten deutlich kommunizierter Verbote, sowie dem Versprechen, das Kind nach der Geburt einem dämonischen

---

1107 Vgl. Suchsland: »Das war wahnsinnig verführerisch für eine Filmemacherin.« [01.04. 2010].
1108 Lüthi: *So leben sie noch heute.* 1989³, S. 5.
1109 Rapunzel. [1857], zit. n. Heinz Rölleke (Hrsg.): *Brüder Grimm. Kinder- und Hausmärchen.* Ausgabe letzter Hand mit den Originalanmerkungen der Brüder Grimm, Band 1, Ditzingen: Reclam 2016, S. 84–88; hier: S. 85.

Akteur zu überlassen, um einer drohenden Strafe zu entgehen) auf ein zentrales Moment der Erzählung – nämlich der Isolation besagter jungfräulicher Protagonistin im Turm – verweist.

> Das Eingesperrtsein in einen Turm [...] ist aus verschiedenen Mythen wie dem Danae-Mythos bekannt. Die Zeit der unfreiwilligen Gefangenschaft gilt als Teil von Reifeprüfungen in Epen, Legenden, in französischen Lais, in der italienischen Novellistik, im mittelhochdeutschen Roman und in jüdisch-orientalischer Überlieferung.[1110]

Trotz des Hinweises auf die Vielzahl an literarhistorischen Referenztexten, der eine gewisse Popularität vermuten ließe, ist die Geschichte des jungen Mädchens, deren »lange prächtige Haare, fein wie gesponnen Gold«[1111] als Aufstiegshilfe zweckentfremdet werden, gegenwärtig »im deutschsprachigen Gebiet innerhalb einer ›Hitliste‹ der Märchen erst auf Platz zwölf oder noch später«[1112] zu finden. Dennoch lassen sich einige moderne Bearbeitungen des Stoffes, sowohl in literarischer wie auch in illustrierender und karikierender Form, eruieren.[1113] Im Filmischen findet das *Rapunzel*-Märchen beispielsweise in der DEFA-Produktion RAPUNZEL ODER DER ZAUBER DER TRÄNEN (1988, Ursula Schmenger), im Animationsfilm BARBIE AS RAPUNZEL (2002, Owen Hurley; dt. Titel: BARBIE ALS RAPUNZEL) oder auch im für die Fernseh-Märchenfilmreihe *Acht auf einen Streich* produzierten RAPUNZEL (2009, Bodo Fürneisen) seinen Ausdruck. Den aktuellsten Erfolg erzielte die von den *Disney Animation Studios* realisierte Interpretation TANGLED (2010, Nathan Greno/Byron Howard; dt. Titel: RAPUNZEL – NEU VERFÖHNT), dessen Titelsong *I See the Light* im Jahr 2011 unter anderem für einen *Golden Globe*[1114] und den *Oscar* als »Best Original Song«[1115] nominiert wurde.

Obwohl die genannten filmischen Versionen des Märchens durchaus divergieren, halten sie der Grimm'schen Vorlage doch alle in einer Hinsicht die Treue, nämlich in der Darstellung der (zumindest kurzzeitigen)

1110 Uther: *Handbuch zu den »Kinder- und Hausmärchen« der Brüder Grimm.* 2013², S. 27 ff.
1111 Rapunzel. [1857], 2016, S. 85.
1112 Uther: *Handbuch zu den »Kinder- und Hausmärchen« der Brüder Grimm.* 2013², S. 30.
1113 Eine kompakte Zusammenfassung besagter Neubearbeitungen und -interpretationen finden sich bei Uther: *Handbuch zu den »Kinder- und Hausmärchen« der Brüder Grimm.* 2013², S. 30.
1114 Vgl. http://www.goldenglobes.com/film/tangled, letzter Aufruf: 28.06.2020.
1115 Vgl. https://www.oscars.org/oscars/ceremonies/2011, letzter Aufruf: 28.06.2020.

Isolation der jeweiligen Protagonistin in einem turmartigen Gebäude.[1116] In der in den *Kinder- und Hausmärchen* zu findenden Fassung heißt es:

> Rapunzel ward das schönste Kind unter der Sonne. Als es zwölf Jahre alt war, schloss es die Zauberin in einen Turm, der in einem Wald lag, und weder Treppe noch Türe hatte, nur ganz oben war ein kleines Fensterchen.[1117]

So karg, wie die Brüder Grimm Rapunzels Turm schilderten, inszenierte Jessica Hausner in HOTEL die filmische Raumentsprechung: Irenes Mitarbeiterzimmer im Hotel Waldhaus entspricht dabei in mehrerer Hinsicht den Erfordernissen des märchenhaften Vorbildes. Bevor Rezeptionistin Irene ihren Dienst antritt, bezieht sie – nachdem der Hoteldirektor sie mittels Rundgang durch das Gebäude mit ihren künftigen Aufgaben und Pflichten vertraut gemacht hat – ein Mitarbeiterzimmer, das sich als karger, in die Jahre gekommener Raum präsentiert, der mit seiner spartanischen Ausstattung weder zum Ankommen noch zum Wohlfühlen einlädt (Abb. 61). Bröselnder Verputz und tiefe Risse zieren die Wände, die Tür des Kleiderschrankes quietscht, die Ablagefläche im Möbel wie auch die Schubladen in einer Kommode sind mit tapetenartigen Folien ausgekleidet und ein schwerer, dunkler Vorhang verhindert den Blick nach draußen (Abb. 62).

Während Rapunzel in einem versteckten, unzugänglichen Turm von ihrem sozialen Umfeld isoliert wird, steckt Hausner ihre Protagonistin in ein Zimmer, das lediglich über die nötigsten Möbelstücke verfügt. Das kleine Fenster, welches der Märchenfigur zumindest einen Blick in die Freiheit ermöglicht, verweigerte die Regisseurin der Rezeptionistin jedoch. Stattdessen hängt ein dominanter Vorhang von der Decke, der »kein Oben und Unten zu habe[n] schein[t]«[1118] und augenblicklich Assoziationen zu gleichartigen Raumausstattungen in *Twin Peaks*, LOST HIGHWAY (1997, David Lynch) oder MULHOLLAND DRIVE (2001, David Lynch; dt. Titel: MULHOLLAND DRIVE – STRASSE DER FINSTERNIS) weckt.

1116 Der Vollständigkeit halber sei an dieser Stelle auf einen Film verwiesen, der eine stark verfremdete Version des *Rapunzel*-Turms präsentiert: In THE BROTHERS GRIMM (2005, Terry Gilliam) wurde das Turm-Motiv zwar bildstark in Szene gesetzt. Doch statt der unfreiwillig isolierten Protagonistin ist es hier die Usurpatorin, eine eitle und selbstsüchtige ehemalige Monarchin (gespielt von Monica Bellucci), die sich aus freien Stücken in den Turm sperren ließ.
1117 Rapunzel. [1857], 2016, S. 85.
1118 Suchsland: Eiskaltes Matriarchat. [23.06.2006].

Abb. 61: Zimmerausstattung (Hotel, 0:06:00)

Abb. 62: Aussichtslos (Hotel, 0:06:04)

Eine weitere Gemeinsamkeit von Grimm'schem Märchen und Hausners Horrorfilm zeigt sich in der beschränkten Zugänglichkeit des *Rapunzel*-Raumes, denn anfänglich können sich nur die (vermeintlichen) Antagonist_innen Zutritt zu den Gefängnissen der weiblichen Figuren verschaffen. In der von den Brüdern Grimm erfassten Erzählung ist es zunächst nur die Zauberin, die das Mädchen mit der Rufformel »Rapunzel, Rapunzel, lass mir dein Haar herunter.«[1119] dazu auffordert, ihre Zöpfe zu öffnen, die Haare zu Boden fallen zu lassen und der Ziehmutter so eine improvisierte Leiter zum Aufstieg zu bieten. In Hotel stehen die Arbeitskolleg_innen – ihnen voran Petra und Hausmeister Liebig – in dringendem Verdacht, für die mysteriösen Geschehnisse im Waldhaus verantwortlich zu sein. Als Gruppe wahrgenommen, kommen sie der Idee einer_eines märchenhaften Antagonist_in am nächsten.

Plötzlich versperrte Türen, das Verschwinden des Glücksbringers samt Kette, der eigenartige Geruch im Mitarbeiterzimmer, das Zerbrechen der Brille und die unerwartet in Irenes Schoß liegende Puppe der Waldfrau, die doch eigentlich an ihrem angestammten Platz in einer Glasvitrine in der Hotellobby zu finden sein sollte, sorgen für eine unbehagliche Atmosphäre; die Verursacher_innen der unheimlichen Aktivitäten können im Filmverlauf nicht überführt werden, auf der Liste möglicher Verdächtiger stehen die undurchsichtigen Kolleg_innen jedoch weit oben. Analog zur bösen Zauberin in *Rapunzel* haben bzw. verschaffen sich Petra und Hausmeister Liebig Zutritt zu Irenes Mitarbeiterzimmer. Sie sind somit diejenigen, die komplikationslos in den Isolationsraum der Protagonistin eindringen können.

1119 Rapunzel. [1857], 2016, S. 85.

Statt wie Rapunzel einen männlichen Retter mittels Sirenengesang[1120] anzulocken, bedient sich Irene einer modernen Strategie der Kontaktanbahnung: Gemeinsam mit Arbeitskollegin Petra besucht sie eine fußläufig erreichbare Diskothek und wird auf der Tanzfläche auf Erik aufmerksam. Nachdem zarte Bande geknüpft wurden und die erste schleppend-wortkarge Verabredung überstanden ist, suchen die beiden das Tanzlokal erneut auf. Hier stellt der junge Mann alsdann seine ritterlichen Qualitäten unter Beweis, indem er Irene vor aufdringlichen Konkurrenten beschützt und dabei in einen groben Raufhandel verwickelt wird.

Im Folgenden wird eine weitere Parallele des Turms im Grimm'schen *Rapunzel* und dem Mitarbeiterzimmer im Hausner'schen HOTEL offensichtlich, denn sowohl dem Königssohn wie auch Erik gelingt es – dem einen durch eine List, dem anderen durch Heldenmut –, sich Zutritt zu den Isolationsräumen der Protagonistinnen zu verschaffen. In beiden Fällen bleibt das Tête-à-Tête nicht ohne Folgen: Die Zauberin bemerkt Rapunzels Schwangerschaft und schickt das Mädchen in eine Wüstenei, wo sie Zwillinge zur Welt bringt. Auch Hoteldirektorin Maschek, als oberste Instanz der Hotelhierarchie, muss erkennen, dass ihre Regeln gebrochen wurden: Trotz explizitem Hinweis auf das Verbot, betriebsfremde Männer ins Mitarbeiterzimmer einzuladen, hat sich Irene über die Regelung hinweggesetzt und Erik in ihr Bett gelassen. Da dieser unbeabsichtigt den leuchtenden Notfallknopf drückt und der ausgelöste schrillende Alarm die Ehefrau des Hausmeisters spätnachts in Aufregung versetzt, bleibt das Stelldichein nicht verborgen und bringt Irene sowohl eine strenge Rüge der Chefin als auch hämische Blicke der Arbeitskolleg_innen ein.

Die Gefangenschaft im *Rapunzel*-Turm stellt eine wichtige Phase der märchenhaften Figurenentwicklung dar. Wie das Mädchen ihre Kindheit in der Obhut der Zauberin verbracht hat, verschweigt das Grimm'sche Märchen seinen Zuhörer_innen und Leser_innen und setzt – nachdem die Eltern der Antagonistin das namenlose Neugeborene überlassen haben – übergangslos mit der Isolation der nunmehr zwölfjährigen Rapunzel in dem Turm ein. Über die näheren Umstände der Gefangenschaft ist kein weiteres Wort zu lesen, nahtlos vergehen erneut mehrere Jahre.

1120 Im Märchen heißt es: »Nach ein paar Jahren trug es sich zu, dass der Sohn des Königs durch den Wald ritt und an dem Turm vorüber kam. Da hörte er einen Gesang, der war so lieblich, dass er still hielt und horchte. Das war Rapunzel, die in ihrer Einsamkeit sich die Zeit damit vertrieb, ihre süße Stimme erschallen zu lassen.« (Rapunzel. [1857], 2016, S. 85.)

»Eine beträchtliche Zahl psychologisierender Deutungen«, schrieb Hans-Jörg Uter, »beschäftigt sich mit der Figur Rapunzel und stellt deren Entwicklung als Reifeprozeß in den Mittelpunkt ihrer Überlegungen«.[1121] Rapunzel wird vor Beginn der Pubertät von ihrem sozialen Umfeld abgeschnitten und in den Turm gesperrt; Lüthi erinnert diesbezüglich an »[a]lte *Riten, Sitten, Gebräuche*«[1122] wie etwa »Pubertätshütten primitiver Kulturen«[1123], die im Märchen sublim ihren Ausdruck finden. In der »stufenweisen Entwicklung der Heldin«[1124] und dem damit verbundenen »Prozess der Selbstwerdung«[1125] markiert die Gefangenschaft den Beginn der Adoleszenzphase.

Der Übergang vom Jugend- in das Erwachsenenalter wird im Märchen zum einen durch den Auftritt des Königssohns – »Nach ein paar Jahren trug es sich zu, dass der Sohn des Königs durch den Wald ritt und an dem Turm vorüber kam.«[1126] –, der sich listig Zutritt zum *Rapunzel-Turm* verschafft, und zum anderen durch die aus diesem Zusammentreffen resultierende Schwangerschaft markiert. Noch in ihrem Turm eingesperrt, wechselt Rapunzel die Rollen: Aus dem schreckhaften Kind wird die sexuell-interessierte Jugendliche und in weiterer Folge die schwangere Frau.

Auch in Hausners HOTEL ist Irenes Mitarbeiterzimmer ein Ort des Reifungsprozesses und der Schauplatz, an dem die Figurenentwicklung ihren Anfang nimmt. Die Übernahme der neuen Identität und der damit verbundene Rollenwechsel, den Irene durchläuft, werden in HOTEL durch das Anlegen einer rotgerahmten Brille markiert. Nachdem ihr eigener Sehbehelf auf unerklärliche Weise zerbrochen ist, setzt die Rezeptionistin jenen ihrer Vorgängerin Eva Steiner auf, welchen sie in einer Kommode ihres Mitarbeiterzimmers gefunden hat. In ihrem Artikel *Film und Maskerade: Zur Theorie des weiblichen Zuschauers* widmete sich Mary Ann Doane ausführlich dem filmischen Klischee der »Frau mit Brille« und kam zu dem Schluss:

1121 Uter: *Handbuch zu den »Kinder- und Hausmärchen« der Brüder Grimm.* 2013², S. 29.
1122 Lüthi: *Das europäische Volksmärchen.* 2005¹¹, S. 65 [H. i. O.].
1123 Ebd.
1124 Uter: *Handbuch zu den »Kinder- und Hausmärchen« der Brüder Grimm.* 2013², S. 29.
1125 Bengt Holbek: *Interpretation of Fairy Tales: Danish folklore in a European perspective.* Helsinki: Suomalainen Tiedeakatemia 1987, S. 298.
1126 Rapunzel. [1857], 2016, S. 85.

> Die Brille, die die Frau im Film trägt, bezeichnet im allgemeinen keine
> Sehschwäche, sondern steht eher für das aktive Sehen oder einfach nur
> für den Akt des Sehens im Gegensatz zum Gesehenwerden. Die intellek-
> tuelle Frau sieht und analysiert; indem sie sich den Blick zu eigen macht,
> stellt sie eine Bedrohung für das ganze Repräsentationssystem dar.[1127]

Doanes Erkenntnis ist für Irenes Identitätswechsel von entscheidender Relevanz; nämlich in der Feststellung, dass die Frau sich a) den Blick zu eigen macht (ein Umstand, den ich auch in Irenes Fall bestätigt sehe, beginnt sie doch ab diesem Moment, »mit den Augen der Anderen zu sehen [...]«[1128]) und b) zur Bedrohung für das System – im Sinn der Unterwanderung des strikten Verhaltenskodexes für Hotelmitarbeiter_innen durch Erwachen und Befriedigung der weiblichen sexuellen Bedürfnisse – entwickelt.

Rapunzel-*Räume in Hausners Filmen*

Die Implementierung eines *Rapunzel*-Raumes in die filmische Erzählung ist in Hausners Œuvre keine Ausnahme, sondern lässt sich vielmehr als konstant präsentes Muster rezipieren. Dabei sind es vor allem die reduzierte Raumausstattung, die beschränkte Zugänglichkeit des Zimmers sowie der hier seinen Anfang findende Identitätswechsel, welche die Anlehnung an die Grimm'sche Vorlage verdeutlichen.

In den Coming-of-Age-Filmen FLORA, INTER-VIEW und LOVELY RITA finden die *Rapunzel*-Räume in den Kinder- bzw. Jugendzimmer der Protagonistinnen ihre Entsprechung. Floras Zimmer in der elterlichen Wohnung wird lediglich fragmentarisch präsentiert: Eine mit Blümchen-Tapete ausgekleidete Wand samt Kleiderhaken[1129] sowie ein leerer Schreibtisch mit Lampe sind die wenigen Ausstattungsgegenstände, derer das Publikum ansichtig wird. Ein großes Fenster, dem noch die in späterer Folge für Hausners Filme so typischen schweren Vorhänge fehlen, gibt – bedingt durch die filmische Montage – den Blick auf die vis-à-vis liegende Häuserfront frei; in einer der gegenüberliegenden Wohnungen feiern Jugendliche – bei offenen Fenstern, wodurch das dumpfe Wum-

---

1127 Mary Ann Doane: Film und Maskerade: Zur Theorie des weiblichen Zuschauers. In: Karola Gramann/Gertrud Koch/Heide Schlüpmann (Hrsg.): *Frauen und Film*. Heft 38, Frankfurt: Stroemfeld/Roter Stern 1985, S. 4–19, hier: S: 13.
1128 Suchsland: Eiskaltes Matriarchat. [23.06.2006].
1129 Vgl. dazu 1.7.5 Bewegte Stillleben.

mern der Musik ins Freie tönt – eine ausgelassene Party. Mehrere Personen haben sich an einem Fenster versammelt und werfen den Blick nach oben, Richtung Floras Kinderzimmer. Die probiert weiße Spitzenunterwäsche an und posiert vor einem Spiegel, ohne sich der ungebetenen Voyeure anfangs bewusst zu sein.

In INTER-VIEW tauscht Gertrude das Jugendzimmer im Elternhaus gegen die erste eigene Wohnung; gelingt ihr der Ausbruch aus dem *Rapunzel*-Turm vorerst aus eigenen Stücken und ohne Hilfe eines ritterlichen Helden, findet sie sich alsbald erneut in Isolationshaft – doch diesmal ist es eine selbstgewählte. Die beiden räumlichen Turm-Analogien sind trostlos-kühl ausgestattet und schotten die junge Frau von ihrem sozialen Umfeld ab. Diesen Umstand weiß sie letztlich zu ändern, indem sie ihrem Arbeitskollegen Zugang in ihr kleines Reich gewährt. Mit ihm tauscht sie im blauflackernden Licht des Fernsehgeräts erste Küsse auf ihrem Bett aus und schafft so den Rollenwechsel vom orientierungslosen Sonderling zur geliebten und liebenden Frau.

Sexuelles Begehren spielt auch in Ritas Kinderzimmer eine bedeutende Rolle. Wie der Königssohn in *Rapunzel* verschafft sich Nachbarsjunge Fexi mit einer List (in Form einer Schachtel Pralinen) Zutritt. Obwohl die Pubertierende unter Hausarrest steht, darf sie ihren Besucher empfangen; die beiden tanzen und tollen ausgelassen durch den Raum, bis die aufgeladene Stimmung ihren Höhepunkt im ersten Sexualkontakt auf Ritas Bett findet[1130]; in ihrem Kinderzimmer entdeckt sie eine neue Rolle für sich – nämlich die der Verführerin.

In ihrer vergleichenden Analyse von Weiblichkeitsbildern im *neuen österreichischen Film* eruierte Alexandra Seibel in Hausners LOVELY RITA und Maders STRUGGLE den Figurentypus des »angry girl«:

Sowohl Rita als auch die namenlose Teenagerin in *Struggle* sind beide »daddy's girl«; ihre Väter versuchen, die Sexualität der Töchter zu kontrollieren. Die Mädchen werden wiederholt zum töchterlichen Pflicht-

---

1130 Besagte Szene in LOVELY RITA lässt einigen Deutungsspielraum. Sicht- und hörbar sind schnelle Handbewegungen Ritas und der keuchende Atem des unter Asthma leidenden Fexi. Im Gespräch mit den *Revolver*-Autoren erklärte die Regisseurin ihre Intention, eine sexuelle Handlung der beiden in Szene zu setzen, wie folgt: »Also die Kinder tanzen miteinander, wie sie eben tanzen, und sie greift ihm an den Schwanz, wie sie es gemacht hat […]. Das sind Fundstücke, die ich nicht künstlich fröhlich machen kann und will.« (Hausner zit. n. Börner/Heisenberg/Kutzli: Portrait: Coop99. 2002, S. 93 f.)

kuss aufgefordert [...] und legen gegenüber ihren Vätern eine Mischung aus Unterwerfung und Renitenz an den Tag.[1131]

Wenn die Inszenierung der inzestuösen Vater-Tochter-Beziehung in LOVELY RITA lediglich vage Andeutung bleibt, zeigt sich darin ein weiterer Konnex zum Grimm'schen Märchen. Der Psychoanalytiker Otto Rank erklärte *Rapunzel* zu einem jener Märchen, die inzestuöse Vorgänge thematisieren und in denen dem Vater die Rolle des verschmähten Liebhabers zugeschrieben wird.[1132] Rank spannt in seiner Erörterung einen motivischen Bogen bis hin zu Sagen des 19. und 20. Jahrhunderts, in denen der eifersüchtige Vater seine Tochter präventiv in einem tür- und treppenlosen Schloss versperrt.[1133]

Auch Ritas Vater reagiert auf die sexuellen Eskapaden seiner Tochter mit dem Einsperren: Wie bereits für ihre Schulschwänzerei wird Rita auch für ihr *Schäferminütchen* mit dem kindlichen Nachbarsjungen mit der üblichen Strafe belegt: Hausarrest lautet der Urteilsspruch für pubertäre Vergehen. Rita muss nicht nur ihre Freizeit im Zimmer verbringen, sondern hier auch ihre Mahlzeiten getrennt von den Eltern zu sich nehmen. Die Schabert'sche Standardstrafe imitiert die Jugendliche in weiterer Folge im Rahmen der Schultheateraufführung von John Boynton Priestleys Sozialdrama *An Inspector calls*. Von Vater und Mutter hat sie gelernt, dass ungewünschtes Verhalten mit Isolation geahndet wird; dass Alex die Rolle der Sheila Birling spielen darf, missfällt Rita. Kurzerhand schließt sie die Konkurrentin in die Garderobe und übernimmt ihre Rolle auf der Bühne. An das bekannte Vorgehen hält Rita sich auch nach dem Doppelmord an ihren Eltern: Als selbstauferlegte Strafe checkt sie in ein Hotel ein und nutzt das Zimmer als Isolationsraum.

Die höchste ästhetische Schnittmenge mit dem *Rapunzel*-Zimmer aus HOTEL haben die chronologisch folgenden Pendants in LOURDES und AMOUR FOU: Das Fremdenzimmer, das sich Christine in LOURDES mit Frau Hartl und deren Marienstatue teilt (Abb. 63), und das elterliche Schlafzimmer von Louis und Henriette Vogel in AMOUR FOU (Abb. 64) entsprechen dabei nicht nur optisch, sondern auch funktional der

---

1131 Seibel: Frauen im Anderswo. 2004, S. 16 [H. i. O.]
1132 Vgl. Otto Rank: *Das Inzest-Motiv in Dichtung und Sage. Grundzüge einer Psychologie des dichterischen Schaffens.* Leipzig/Wien: Deuticke 1926², S. 358 f.
1133 Vgl. Uther: *Handbuch zu den »Kinder- und Hausmärchen« der Brüder Grimm.* 2013², S. 29.

Abb. 63: Fremdenzimmer (Lourdes, 0:08:41)

Abb. 64: Schlafzimmer (Amour Fou, 0:05:28)

Abb. 65: Therapieraum (Little Joe, 1:09:07)

Grimm'schen Vorlage. Beide Räume sind auffallend schmucklos, werden lediglich der Praktikabilität gerecht, sind nur für eine beschränkte Personenanzahl zugänglich und verwehren durch die schweren, ›lynchigen‹ Vorhänge sowohl den Blick nach draußen wie auch nach innen.

Ihr »statische[s] Grusel-Kammerspiel«[1134] Little Joe inszenierte die Regisseurin »fast ausschließlich in Innenräumen, die in ihren Farbkontrasten fast schon an Theaterkulissen erinnern.«[1135] In diesem filmischen Mikrokosmos, der sich zwischen Gewächshaus, Laboratorien und privatem Wohnhaus eröffnet, kann die Entsprechung des *Rapunzel*-Turms im Behandlungszimmer von Alices Psychotherapeutin erkannt werden (Abb. 65).

1134 Dieter Oßwald: Little Joe – Glück ist ein Geschäft: Gefährliche Pflanze. [o. D.], http://www.schaedelspalter.de/film/little-joe-glueck-ist-ein-geschaeft-gefaehrliche-pflanze/, letzter Aufruf: 28.06.2020.

1135 Maria Wiesner: Gefühle aus dem Gewächshaus. [10.01.2020], https://www.faz.net/aktuell/feuilleton/kino/horrorthriller-little-joe-im-kino-gefuehle-aus-dem-gewaechshaus-16571514.html, letzter Aufruf: 28.06.2020.

> Anything definite that we learn about her [Anm. SG: Alice] comes during visits to a therapist […], where she expresses the fear that something bad will happen to Joe. Bringing the boy into contact with Little Joe, however, is an act of sabotage, suggesting she would rather muffle whatever problems there are than deal with them.[1136]

Obwohl sich der Raum in Größe und Ausstattung von Hausners bisherigen *Rapunzel*-Zimmern unterscheidet, teilt er doch die Gemeinsamkeit, dass nur eine begrenzte Personenanzahl – nämlich lediglich Alice und ihre Therapeutin – beim Aufenthalt darin gezeigt wird. Die wiederholt in Szene gesetzten Sitzungen weisen dabei ganz offensichtlich eine Ähnlichkeit mit dem Mutter-Tochter-Zwiegespräch in AMOUR FOU (Abb. 69) auf. Auf der niedrigen Couch vor einer roten ochsenblutroten Wand sitzend[1137], versprachlicht die Wissenschaftlerin ihre Bedenken, Sorgen und Ängste, sie nimmt zugleich ihre Forschung und Little Joe in Schutz, zieht Bellas Argumente ernsthaft in Betracht und dann wiederum ins Lächerliche, bringt ihre eigenen Beobachtungen zu den Auswirkungen der Pollen zu Sprache und zweifelt diese daraufhin wieder an. Nachdem sie mehrere Phasen der therapeutischen Selbstreflexion durchlaufen hat, wird in ihrem letzten Gespräch mit dem fachlich geschulten Gegenüber gegen Filmende deutlich, dass Alice in ihrem *Rapunzel*-Turm nicht nur den ersten Impuls für einen Rollenwechsel gefunden hat, sondern diesen bereits vollständig abgeschlossen hat.

Während sich Hausners Protagonistinnen in ihren Rapunzel-Zimmern aufhalten, wird also die jeweilige Persönlichkeitsentwicklung initiiert: Die gelähmte Christine, der im Traum die Mutter Gottes erschienen sein will, kann sich auf wundersame Weise und aus eigener Kraft aus ihrem (körperlichen) Gefängnis befreien. Sie wird von der Kranken zur Geheilten, von der Passiven zur Aktiven, von der bedauernswerten Pilgerin zum begehrenswerten Star der Reisegruppe. Henriette entscheidet

---

1136 Ryan Gilbey: Jessica Hausner's Little Joe: haunting and impressive. [19.02.2020], https://www.newstatesman.com/Jessica-Hausner-Little-Jo-review, letzter Aufruf: 18.07.2020.

1137 Alice rote Haare und die dahinter befindliche Wand scheinen in einigen Momenten beinahe zu einer Einheit zu verschmelzen und wecken derart (und im Zusammenspiel mit der Dreiecksbeziehung) augenblicklich Assoziationen zu Ingeborg Bachmann *Malina* (1971) und dem Verschwinden der Ich-Erzählerin in der Wand (vgl. Gudrun Kohn-Waechter: *Das Verschwinden in der Wand. Destruktive Moderne und Widerspruch eines weiblichen Ich in Ingeborg Bachmanns »Malina«*. Stuttgart: Metzler 1992.).

sich, dem Leben in ihrer engen Welt und ihren Aufgaben als Ehefrau, Mutter, Tochter und Salonière den Rücken zuzukehren und stattdessen dem *gemeinsamen* Tod mit Heinrich von Kleist den Vorzug zu geben. Die bewusste Entscheidung, die sie in ihrem *Rapunzel*-Turm trifft, ist ein Votum gegen das Leben und für den Tod, gegen Louis und für Heinrich, gegen die Fremd- und für die Selbstbestimmung.

3.5 Die Wiederholung als charakteristischer Wesenszug

> *Wendungen wie: »Alles geschah wie das erstemal«*
> *tun dem echten Märchenerzähler nicht Genüge.*
> *Es gilt, das Bild vor unser Auge zu zaubern,*
> *sei es dasselbe Bild [...] oder ein ähnliches.*[1138]

Ein misslicher Zwischenfall bei der Einreise in die Schweiz wirft James Larkin White aus der Bahn: Nachdem es bei der Passkontrolle zu Handgreiflichkeiten gekommen ist, wird der Protagonist in Max Frischs Roman *Stiller* in einem Zürcher Gefängnis in Untersuchungshaft genommen. In Wirklichkeit – so lautet der Vorwurf – sei er nämlich der seit Jahren verschollene Bildhauer Anatol Stiller. Die Vehemenz, mit der der Beklagte dies bestreitet, weckt behördliches Misstrauen, die in der Unterstellung einer vermeintlichen Spionagetätigkeit gipfelt. Von da an fristet White/Stiller, wenn er denn nicht seinen Freigang außerhalb der Gefängnismauern verbringt, einen Großteil seiner Zeit in einer Zelle und hält Tagesereignisse sowie Gedanken in einem tagebuchartigen Heft fest. Unter anderem notiert er:

> Meine Angst: die Wiederholung -! [...] Wiederholung! Dabei weiß ich: alles hängt davon ab, ob es gelingt, sein Leben nicht außerhalb der Wiederholung zu erwarten, sondern die Wiederholung, die ausweglose, aus freiem Willen (trotz Zwang) zu seinem Leben zu machen, indem man anerkennt: Das bin ich![1139]

1138 Lüthi: *Das europäische Volksmärchen.* 2005[11], S. 49.
1139 Max Frisch: *Stiller.* Frankfurt am Main: Suhrkamp 1974, S. 68 f.

Die Angst vor der Wiederholung, vor »[dem] Alltag, [dem] Übliche[n]«[1140] kennt nicht nur Frischs Hauptfigur. Die Sorge, sich zu wiederholen und/oder keinen neuen Ansatz für filmische Erzählungen zu finden, scheint auch Jessica Hausner nicht gänzlich fremd. Im Verlauf eines Vortrages an der Kunstuniversität Linz im Jahr 2009 erzählte sie ihren Zuhörer_innen:

> Am Anfang ist es meistens bei mir so, dass aus einer gewissen Verzweiflung heraus eine Idee entsteht. Die Verzweiflung besteht meistens darin, dass ich mir Sorgen mache, dass mir nie wieder etwas einfallen wird, wenn der vorige Film vorbei ist und ich mir denk': »Um Gottes Willen, du musst' den Beruf wechseln.« oder so. Und dann, wenn die Verzweiflung groß genug ist und mir nichts eingefallen ist, dann kommt – bis jetzt war's zumindest so [*klopft auf Holz*] – kommt wieder der Tag, wo mir dann wieder was einfällt.[1141]

Beschäftigt man sich mit Hausners Filmen, wird rasch deutlich, dass die Wiederholung in ihrem Œuvre eine herausragende Rolle einnimmt. Die immer wiederkehrenden Muster, die sich stetig in ihren Produktionen zeigen, setzen – wie Lăcan in ihren diesbezüglichen Ausführungen zur Funktion der Wiederholung in Frischs Roman folgerte – »eine Verankerung in der Vergangenheit und zugleich eine Verfestigung in einem unwandelbaren Kern voraus [...]«[1142], indem sie auf bereits Bekanntes rückverweisen. Der mutmaßlichen »Angst vor der Wiederholung« scheint Hausner seit Karrierebeginn mit einem klugen Kunstgriff zu begegnen: Statt sich von der Furcht des Wiederkehrenden lähmen zu lassen, etablierte sie mit inszenierten Wiederholungen, die »ihren Reiz aus dem Spannungsfeld zwischen Repetition und Variation, zwischen Bekanntem und Neuem«[1143] ziehen, einen als charakteristisch zu rezipierenden Wesenszug ihres Filmschaffens. In ihrem bisherigem Gesamtwerk sticht dabei eine Produktion mit experimentellem Kunstanspruch deutlich

---

1140 Michael Butler: Das Problem der Exzentrizität in den Romanen Frischs. In: Heinz Ludwig Arnold (Hrsg.): *Max Frisch*. Text+Kritik, Zeitschrift für Literatur. Heft 47/48, München: Edition Text + Kritik 1983³, S. 13–26; hier: S. 20.
1141 Hausner zit. n. 10.2 Protokoll FROzine-Beitrag [18.12.2009].
1142 Carmen Lăcan: Zeit und Figur. In: Antonius Weixler/Lukas Werner (Hrsg.): *Zeiten erzählen. Ansätze – Aspekte – Analysen*. Berlin/Boston: De Gruyter 2015, S. 291–315; hier: S. 311.
1143 Ursula Vossen: Die zweite Chance. Wiederholungen und Zeitschleifen im Spielfilm. In: Jürgen Felix/Bernd Kiefer/Susanne Marschall/Marcus Stiglegger (Hrsg.): *Die Wiederholung*. Marburg: Schüren 2001, S. 461–478; hier: S. 462.

hervor, die hinsichtlich des Einsatzes von visuellen und akustischen Wiederholungen als filmisches Stilmittel eine herausragende Qualität aufweist.

Wiederholungen auf visueller Ebene

In TOAST kommen vier einander ähnelnde Plansequenzen zum Einsatz, die durch unsichtbare Schnitte montiert wurden. Bereits hierin deutet sich die Nähe zum europäischen Volksmärchen an, denn dessen »schlank gezogene Handlungslinie zerfällt […] in einzelne Teilstrecken […]. Die *Episoden sind in sich verkapselt.*«[1144] In jeder der Plansequenzen werden die Zubereitung und der Verzehr eines viergängigen Fastfood-Menüs, bestehend aus unterschiedlich belegten Toastbroten, gezeigt. Während die erste und die dritte Plansequenz etwa zwölf Minuten dauern, sind die zweite und vierte Sequenz mit einer Länge von je acht Minuten deutlich kürzer.

Wie das Märchen, erlaubt sich auch Hausner »inhaltlich gleiche Situationen zu erzählen und sie mit genau denselben Worten zu berichten.«[1145] und wie im literarischen Vorbild kommen »[l]eichte Variationen […] häufig vor, bei gewandten Erzählern, die ihren reichen Wortschatz gerne zur Geltung bringen, sind sie geradezu beliebt.«[1146] Die zarten Abweichungen zeigen sich in TOAST nicht nur durch veränderte Zutaten (Tab. 11), sondern auch in differenten Kameraperspektiven, im wechselnden Kamerafokus und in unterschiedlichen Handgriffen, welche die Schauspielerin ausführt.

Wiederholungen auf akustischer Ebene

Obwohl TOAST ohne sprachliche Äußerungen auskommt, ist auf Tonebene ein durchaus facettenreicher Einsatz von Geräuschen und Musik zu verzeichnen. Neben der ›natürlichen‹ Geräuschkulisse im On kommen zwei musikalische Themen im Off zur Anwendung, die zwar unterschiedliche Funktionen erfüllen, dabei aber durchaus denselben Effekt erzielen: Sie sorgen für Publikumsirritation.

Hausners Experimentalfilm beginnt still, aber nicht geräuschlos, immerhin wartet die Szenerie mit einer alltagstypischen Geräuschkulisse

---

[1144] Lüthi: *Das europäische Volksmärchen.* 2005[11], S. 38 [H. i. O.].
[1145] Ebd. S. 48.
[1146] Ebd. S. 49.

	Plansequenz 1	Plansequenz 2	Plansequenz 3	Plansequenz 4
Erster Gang	Schinkentoast mit Essigzwiebeln und Majonäse-Tupfen	Schinkentoast mit Essiggurken und Majonäse-Tupfen	Käsetoast mit Essigzwiebeln	Schinkentoast mit Essiggurken
Zweiter Gang	Thunfischtoast mit Majonäse	Thunfischtoast mit Majonäse	Thunfischtoast mit Majonäse	Thunfischtoast mit Majonäse
Dritter Gang	Toast mit Majonäsesalat	Toast mit Majonäsesalat	Toast mit Majonäsesalat	Toast mit Majonäsesalat
Vierter Gang	Toast mit Schokoladenrippe und Sprühsahne	Toast mit Schokoladenrippe und Sprühsahne	Toast mit Schokoladenrippe und Sprühsahne	Toast mit Schokoladenrippe und Sprühsahne

Tab. 11: Die Menüfolgen im Überblick

auf. In den ersten 34 Sekunden des Filmes sind im narrativen Kontext zu erwartende Geräusche hörbar: das Schließen einer Tür, eines Küchenkästchens, das Klappern von Schuhabsätzen auf dem Boden, das Knistern der Toastbrot-Verpackung, das Summen des sich erhitzenden Toasters. Erst als die Protagonistin ihre Fingernägel einer intensiven Begutachtung unterzieht, setzt leichte Musik ein: Es erklingt ein musikalisches Thema, das vage an die Beschallung in Fahrstühlen erinnert. In Folge ist zudem ein Jingle mit hohem Wiedererkennungswert zu hören, der – anders als das Fahrstuhl-Thema – durch den Einsatz der Blasinstrumente, die akustisch einen nahenden Höhepunkt in Aussicht stellen, und so eine Erwartungshaltung weckt. Im Gegensatz zum Fahrstuhl-Thema, das in sämtlichen Plansequenzen an variierenden Stellen zu hören ist, weist Hausner dem Highlight-Thema eine (wenn auch vage) Position – nämlich den dritten Gang, bestehend aus dem Majonäsesalat-Toast – zu.

Wie auf visueller Ebene wird auch auf akustischer Ebene bei genauer Analyse deutlich, dass die Rezipient_innen mit gleichbleibenden Mustern konfrontiert sind. Wirkt der Musikeinsatz in der Erstrezeption willkürlich, wird bei exakter Transkription deutlich, dass das vermeintliche Chaos durchaus System hat (Tab. 12). Wenn die musikalischen Themen auch nicht an fixen Positionen eingesetzt werden, so sind sie doch in ihrer zeitlichen Länge überraschend konstant.

Mit ihrer Langversion von TOAST ist es Jessica Hausner zweifelsfrei gelungen, eine stilistische Komposition zu kreieren, der eine deutliche Nähe zur Sammlung der Brüder Grimm attestiert werden kann, immerhin bedient der Experimentalfilm auf struktureller und auf narrativer

	Geräusche (On) bzw. Stille (Off)	Fahrstuhl-Thema (Off)	Highlight-Thema (Off)
Plansequenz 1	00:00 bis 00:34 (00:34)	00:34 bis 02:39 (02:05)	
	02:39 bis 03:32 (00:53)	03:32 bis 05:37 (02:05)	
	05:37 bis 07:07 (01:30)		07:07 bis 10:23 (03:16)
	10:23 bis 11:24 (01:01)	11:24 bis 13:29 (02:05)	
		11:24 bis 13:29 (02:05)	
Plansequenz 2	13:29 bis 14:14 (00:45)	14:14 bis 16:19 (02:05)	
	16:19 bis 16:44 (00:25)		16:44 bis 20:00 (03:16)
Plansequenz 3	20:00 bis 20:40 (00:40)	20:40 bis 22:45 (02:05)	
	22:45 bis 23:50 (01:05)	23:50 bis 25:55 (02:05)	
	25:55 bis 28:15 (02:20)	28:15 bis 30:20 (02:05)	
	30:20 bis 31:49 (01:29)	31:49 bis 33:54 (02:05)	
		31:49 bis 33:54 (02:05)	
Plansequenz 4	33:53 bis 34:32 (00:39)	34:32 bis 36:37 (02:05)	
	36:37 bis 37:21 (00:44)		37:21 bis 40:37 (03:16)
	40:37 bis 40:56 (00:19)		

Tab. 12: Akustische Elemente in TOAST (jeweilige Dauer in Klammern)

Ebene märchenhafte Aspekte. TOAST veranschaulicht auf exzeptionelle Weise den abstrakten Stil des europäischen Volksmärchens, der durch die klare Struktur, die Eindimensionalität, die Wiederholungen und die räumliche Isolation der Figur zum Ausdruck kommt.

> Die schlanke Linie der Märchenhandlung lebt von der Mehrzahl der Episoden. Jedes Ineinander und Miteinander wird gelöst, isoliert und durch Projektion auf die Handlungslinie zum Nebeneinander.[1147]

Die sequenzielle Isolation, die durch die Inszenierung in Plansequenzen entsteht, bedingt dabei die fehlende Entwicklung der Figur: Die Protagonistin »achte[t] nicht auf die Ähnlichkeit der Situationen, sondern handel[t] immer wieder neu aus der Isolation heraus«.[1148] Im europäischen Volksmärchen sind deshalb nicht nur die Held_innen, sondern auch die Antagonist_innen in ihren unreflektierten Verhaltensmustern gefangen: So kümmert sich etwa Aschenputtels Stiefmutter nicht darum,

---

1147 Ebd. S. 34.
1148 Ebd. S. 38.

wie es dem Mädchen beim ersten Versuch gelungen ist, die Linsen aus der Asche zu picken. Statt sie in Folge beim Lösen der Aufgabe zu beobachten oder ihr Fragen zur Problemlösung zu stellen, verdoppelt sie einfach die Menge der zu sammelnden Linsen.«[1149] Auch Hausners Protagonistin lernt nichts aus ihren kulinarischen Experimenten. In jeder Plansequenz kostet sie das Schinken- bzw. Käsebrot, um dann zu erkennen, dass eine Geschmacksnote fehlt, und gleicht diesen Mangel anschließend durch Essiggurken bzw. Essigzwiebeln aus. Angewidert kostet sie ihre Thunfisch-Majonäse-Toast-Variante stets aufs Neue, um sie letztlich ein aufs andere Mal in den Abfalleimer zu werfen.

Nicht nur stilistisch, sondern auch thematisch scheint Hausner eine märchenhafte Inspirationsquelle gefunden zu haben, ist TOAST doch deutlich als moderne Inszenierung des Schlaraffenland-Motivs zu rezipieren, welches sich in der Sammlung der Brüder Grimm beispielsweise in *Das Märchen vom Schlauraffenland*, in *Tischlein deck dich, Goldesel und Knüppel aus dem Sack*, in *Der süße Brei*, aber auch als Andeutung im Knusperhäuschen in *Hänsel und Gretel* zeigt.[1150]

Märchenhafter Dreischritt mit Achtergewicht

»Wendungen wie: ›Alles geschah wie das erstemal‹ tun dem echten Märchenerzähler nicht Genüge.«[1151] behauptete Lüthi und erläuterte, dass ein_e Märchenerzähler_in ein Bild für sein Publikum erschaffen wolle, das mit einem bloßen Rückverweis auf bereits Erzähltes nicht ausreichend gestaltet sei. Es braucht demzufolge also eine konkrete Ausformung, die durch eine exakte Wiederholung des Wortlautes, aber auch durch sprachliche Variationen und Implementierung neuer Wörter erreicht werden kann.[1152]

Der stilistische Gebrauch der Wiederholung muss im Kontext des Hausner'schen Œuvres als deutlicher Hinweis auf die märchenhafte Inspiration durch die Sammlung der Brüder Grimm verstanden werden. Die sich teilweise bis in die Einstellungsgröße ähnelnden Inszenierungen – und damit das filmbildliche Pendant zu Lüthis Forderung nach einer exakten Wiederholung des Wortlautes[1153] – führen dem Publikum

---

1149 Vgl. ebd. S. 40 f.
1150 Siehe dazu 4.2 CLUB ZERO.
1151 Lüthi: *Das europäische Volksmärchen*. 2005[11], S. 49.
1152 Vgl. ebd. S. 48 f.
1153 Vgl. ebd.

gerade durch die visuellen Ähnlichkeiten immer ein Voranschreiten der Handlung oder eine Weiterentwicklung der Figur vor Augen, können die Szenen doch so bestens miteinander verglichen werden.

»Das Märchen arbeitet mit starren Formeln«[1154] stellte Lüthi fest und führte weiter aus: »Es liebt Einzahl, Zweizahl, Dreizahl, Siebenzahl und Zwölfzahl: Zahlen von fester Prägung und ursprünglich magischer Bedeutung und Kraft.«[1155] Einen Hang zur märchenhaften Zahlensymbolik kann auch in Hausners Filmen erkannt werden; besonders die Zahlen Zwei und Drei fallen als charakteristisch auf. So ist in ihren frühen Werken die Affinität zur Zahl Drei etwa häufig in der Anzahl der auftretenden männlichen Figuren zu erkennen: In FLORA sind die handlungsbeeinflussenden Männer der Vater, Jakob und Attila. In INTER-VIEW emanzipiert sich Gertrude zuerst von ihrem Vater, wirft sich dann in die Arme des Kanzleiinhabers und landet zu guter Letzt bei ihrem Arbeitskollegen. Ebenfalls dreiteilig gestaltet sich Ritas Beziehungsgeflecht: Will sie zunächst vor allem die Aufmerksamkeit von Vater Norbert erregen, buhlt sie in Folge um den Nachbarsjungen Fexi, dem der namenlose Buschauffeur folgt.

Die einfache Wiederholung (und damit das zweimalige Darstellen einander ähnlicher Szenen) zeigt sich in LOURDES im Betten der bewegungsunfähigen Christine. Unterstützt von Maria wird Ordensschwester Cécile die Kranke zwei Mal auf die Nachtruhe vorbereiten. In AMOUR FOU wiederum unterbreitet Heinrich von Kleist zwei Frauen, nämlich einerseits seiner Cousine Marie und andererseits Henriette Vogel, seinen Todesantrag. Analog dazu führt er auf seinem letzten Weg zwei Pistolen mit sich. Zwei Kinder sind es in LITTLE JOE, für die Wissenschaftlerin Alice zu sorgen hat, nämlich ihren biologischen Sohn Joe und ihres Geistes Kind Little Joe. Auch akustische Wiederholungen präsentieren sich in Hausners Filmen gerne im Doppelpack: In FLORA ist im Off zwei Mal das Geräusch eines Flugzeuges zu hören, und auch der handlungstreibende Satz »Wir passen doch gar nicht zusammen« wird zwei Mal in Szene gesetzt.[1156] In INTER-VIEW wird Gertrude zwei Mal von einem Hund außerhalb des Kamerablickfeldes vor der drohenden Gefahr gewarnt. Stellvertretend für die schiere Vielzahl an wörtlichen Wiederholungen, die in LITTLE JOE allerorts auszumachen sind, soll an

---

1154 Ebd. S. 33 [H. i. O.].
1155 Ebd. S. 33.
1156 Siehe dazu 1.9.5 Sprach-Welten-Wanderung: Vom Finden der Heimat.

dieser Stelle eine Formulierung hervorgehoben werden, die in Alice den Verdacht der von den Pollen ausgehenden Gefahr verfestigen. Als die Wissenschaftlerin abends an ihrem Computer sitzt, um Interviews mit Proband_innen der ersten Testreihen zu sichten, wird sie auf eine Aufzeichnung aufmerksam, in der ein Ehepaar die Wirkung von Little Joes Pollen wie folgt beschreibt:

Mrs Simic:	Well, I really don't know what my husband is trying to say. I'm absolutely fine.
Mr Simic:	That's exactly the problem. She was to complain about me all the time. Nothing was ever good for her […]. Now she's gonna be nicer to me but…
Mrs Simic:	Because you deserve it, Harry.
Mr Simic:	I don't know this woman anymore. This isn't my wife.
Mrs Simic:	My god. Please don't take my husband seriously. (LITTLE JOE, 0:49:10–0:49:44)

Harry Simic gibt (nahezu) wörtlich eine Formulierung Bellas wieder, die ihren Hund nach dessen überraschender Beißattacke auch nicht wiedererkennen wollte.[1157]

Dass es sich bei den starren Formeln, die Hausner bei der Umsetzung ihrer Filme nutzt, nicht lediglich um tradierte filmische Erzählstrukturen handelt, sondern dies offensichtliche Stilisierung ist, der ein durchaus märchenhafter Zug zugesprochen werden muss, lässt sich vortrefflich am Beispiel der »wohlbekannte[n] Dichtung zur stilisierenden Steigerung, zum sogenannten Achtergewicht«[1158] veranschaulichen, welche der dänische Folklorist Axel Olrik gar als »das vornehmste Merkmal der Volksdichtung«[1159] bezeichnete. Der für das europäische Volksmärchen als durchaus charakteristisch beschriebene Dreischritt, bei dem »das letzte Abenteuer […] das gefährlichste [ist]«[1160], stellt sich im Hausner'schen Œuvre omnipräsent dar.

Während andere Rundzahlen (sieben, hundert) nur Figuren, Dinge oder Fristen bezeichnen, wirkt die Dreizahl handlungsbildend, und zwar so,

---

1157 Vgl. 3.6 Tierische Kommentare.
1158 Lüthi: *Es war einmal.* 2008, S. 42.
1159 Olrik zit. n. Lüthi: 2004¹⁰, S. 30.
1160 Lüthi: *Es war einmal.* 2008, S. 42.

daß oft schon bei der zweiten, fast immer aber bei der dritten Episode eine Steigerung eintritt (drei-, sechs-, neunköpfiges Untier, drei immer schönere Prinzessinnen); [...].[1161]

In FLORA zeigt sich besagter Dreischritt in seiner kontrastierten Form, wie er sich auch im europäischen Volksmärchen nachweisen lässt:

> Statt einer Steigerung kann der dritte Ablauf einen Kontrast (Umkehr, Wende) bringen: Zwei Brüder versagen, der dritte hat Erfolg, oder der Held selber versagt in den ersten zwei Episoden, in der dritten erst glückt sein Unternehmen [...].[1162]

Das dreimalige Präsentieren von Tanzszenen formt in FLORA den handlungsbildenden Antrieb: Im Verlauf zweier voneinander isoliert inszenierter Einheiten in der Tanzschule versagt Flora; beim ersten Mal verwehrt ihr Attila den gemeinsamen Tanz, beim zweiten Mal stürzt sie vor den Augen aller Anwesenden zu Boden und verlässt daraufhin fluchtartig das Parkett. Nach den Misserfolgen, die in einem durchaus märchenhaften Sinn »als quasi obligate Vorläufer des Erfolgs«[1163] betrachtet werden dürfen, findet die filmische Erzählung ihren Höhepunkt in der dritten, das Achtergewicht darstellenden Episode, denn auf der »White Trash Bad Taste«-Modeschau bewegen sich Flora und Attila dann endlich zu Tangotönen in harmonischem Einklang.

In INTER-VIEW lässt sich der Dreischritt mit Achtergewicht in zweifacher Hinsicht, nämlich zum einen in Günters und zum anderen in Gertrudes jeweiligem Erzählstrang nachweisen: Imitation ist das treibende Thema des Handlungsbogens der männlichen Hauptfigur. Zunächst büßt er das Benutzen öffentlicher Verkehrsmittel ohne gültige Fahrkarte mit einer Geldstrafe, die Nachahmung der Essensbestellung eines Kommilitonen dann mit sozialer Isolation. Als er jedoch wenig später das Verhalten eines Passanten, der bei rotem Ampelsignal die Straße überquert, nachstellt, verursacht er beinahe einen Verkehrsunfall – die Gefahr für Leib und Leben bildet so den erzählerischen Höhepunkt der drei Episoden. Auch im Erzählstrang, der das Leben von Gertrude schildert, zeigt sich das märchenhafte Muster: Die junge Frau inskribiert zuerst für ein

---

1161 Lüthi: *Märchen.* 2004[10], S. 30.
1162 Ebd.
1163 Ebd.

Studium, bricht dieses jedoch ab, um daraufhin in einer Kanzlei beruflich unterzukommen. Das Achtergewicht ihrer Laufbahn findet seinen Ausdruck in der Beschäftigung als Arbeiterin in einem Blumengroßhandel.

Die Verwendung des Stilelements kann ebenfalls in LOVELY RITA aufgezeigt werden; hier dient der märchenhafte Dreischritt mit Achtergewicht – in Anlehnung an Thomas Braschs *Lovely Rita* – offensichtlich dazu, das Streben der Protagonistin nach Sichtbarwerdung in Szene zu setzen. Zunächst zeigt sich dies in Ritas Bemühungen, sich im Rahmen der schulischen Theaterproben in den Vordergrund zu spielen: Als Schulkollegin Alex, die eine der Hauptrollen ergattert hat, ihren Text nicht auswendig aufsagen kann, beweist Rita ihre profunde Textkenntnis, indem sie die Worte laut und deutlich – und mit dem nörgelnd-anklagenden Nachsatz: »Frau Professor, sie kann ihren Text nicht! Was kann ich dafür?« (LOVELY RITA, 0:03:51–0:03:54) – kundtut. In der zweiten Episode sind die Schüler_innen – und damit wird der märchenhaften Forderung nach Steigerung Rechnung getragen – bei ihren Proben teilweise kostümiert. Doch anders als in der vorangegangenen Szene ist Alex nun textsicher, ein soufflierender Einsatz Ritas ist unnötig. Den Höhepunkt findet der Dreischritt, den tradierten Rezeptionserwartungen entsprechend, in der zweiten Wiederholung im Rahmen der offiziellen Aufführung des Stückes: Rita, die ihre Konkurrentin um die Rolle der Sheila Birling vorab in einer improvisierten Garderobe eingesperrt hat, tritt kostümiert, wenn auch ungeschminkt, auf die Bühne, um den einstudierten Text darzubieten.

Auch in der Inszenierung der Liebesgeschichte Ritas und des namenlosen Buschauffeurs nutzt Hausner die dreiteilige Gliederung und lässt in der letzten Episode eine Steigerung eintreten. Während die ersten beiden Annäherungsversuche der Jugendlichen – beim ersten Mal deponiert sie ihren Pullover absichtlich unter den Busbänken, um diesen anschließend im Fundbüro abzuholen und ihren Traumprinzen wiederzusehen; beim zweiten Mal nimmt sie in der winterlichen Kälte auf einem Fahrradständer Platz (Abb. 54) und beobachtet sein Verhalten vor Dienstantritt – keinen Erfolg haben. Erst in der dritten Szene gelingt es ihr, seine ungeteilte Aufmerksamkeit zu erregen. Was folgt, ist das Angebot, seine Wurstsemmel mit ihr zu teilen.

In HOTEL wird der Lieferanteneingang im Keller des Hotels zur Konstanten der Wiederholung. Eine von Irenes Aufgaben im Rahmen der Nachtschicht ist der Kellerrundgang und die Überprüfung der ordnungsgemäßen Versperrung der Tür. »Der Teufel schläft nicht«, begründet der

Hotelmanager diese Aufgabe geheimnisvoll, erklärt aber nicht explizit, welche Gefahr durch die geöffnete Tür zu erwarten sein könnte. Als Irene sich der ominösen Tür zum ersten Mal alleine nähert, geschieht dies im Verlauf ihres ersten nächtlichen Arbeitseinsatzes. Steten Schrittes durchquert sie die Kellerflure, tastet sich von einem Lichtschalter zum nächsten und tritt, nachdem sie den versperrten Lieferanteneingang geöffnet hat und die Türe sperrangelweit offenstehen lässt, ins Freie um eine Zigarette zu rauchen. Die Szenerie wiederholt sich in Folge: Nachdem die Rezeptionistin wie gefordert den Keller kontrolliert hat, begibt sie sich für ihre Rauchpause erneut ins Freie. Doch als die Zigarette fertig geraucht ist, bemerkt sie, dass die Türe plötzlich, wenn auch unversperrt, geschlossen ist. Die zweite Wiederholung der Episode folgt im Filmfinale: Wie gewohnt verbringt Irene ihre Pause rauchend am Lieferanteneingang und sieht in den dunklen Wald. Als sie sich zum Haus umdreht, ist die Tür erneut geschlossen, doch diesmal lässt sie sich trotz aller Bemühungen nicht mehr öffnen.

Hausner lässt Irene in ihren Träumen außerdem zwei Mal durch das Waldhaus wandeln. Die Rezeptionistin passiert uneinsehbare Ecken und verschwindet in der Finsternis der partiell unbeleuchteten Flure. In der Wiederholung ihres Traumes findet sich die junge Frau – ganz im Sinne der Steigerung – plötzlich und völlig unerwartet im dunklen Wald wieder; die intertextuelle Referenz zu David Lynch, dem unter anderem das Zitat »Ich liebe es, wenn Menschen aus der Dunkelheit hervortreten«[1164] zugesprochen wird, und Filmen wie LOST HIGHWAY liegt auf der Hand. Und wie Lynch die Figur des FBI-Agenten Dale Cooper in der Fernsehserie *Twin Peaks* im Schlaf nach Antworten suchen lässt, die den grauenvollen Mord an Laura Palmer aufklären könnten, schickt auch Hausner ihre Protagonistin auf eine Traumreise, lässt sie jedoch ohne konkrete Erkenntnisse wieder erwachen. Die zweite Wiederholung mit dem obligaten Achtergewicht spielt sich letztlich nicht in der nebulösen Anderswelt des Traumes ab: Bei einem Besorgungsgang, der sie durch die Hotelflure wandeln lässt, erkennt Irene unvermittelt den mysteriösen Gang aus ihren Träumen wieder, betritt diesen ohne zu zögern, kommt aber in einer Sackgasse vor einer massiven Wand zum Stehen. Hausner bricht so die tradierte Erwartungshaltung und verweigert Irene derart die erfolgreiche Absolvierung ihrer vermeintlichen *Queste*.

1164 Lynch zit. n. Helen Donlon: *David Lynch: Talking*. Berlin: Schwarzkopf & Schwarzkopf 2007, S. 58.

Nachdem Frau von Krahl mit ihrem musikalischen Vortrag von Mozarts *Das Veilchen* im Salon der Vogels den Anstoß gegeben hat, versucht sich Henriette zwei Mal an der Darbietung von Beethovens *Wo die Berge so blau*, einmal hört ihr dabei ein kleiner Gästekreis im heimischen Salon zu, das andere Mal singt sie das Lied alleine am Sonnet sitzend. Den märchenhaften Dreischritt vollendet – nachdem Henriette mit Heinrich in den Tod gegangen ist, und damit der Ehemann zum Witwer und die Tochter zur Waisen gemacht wurden – die kleine Pauline, die sich im Vogel'schen Salon an einer Interpretation des auch als *An die ferne Geliebte* bekannten Opus versucht.

Wenngleich nicht handlungstreibend, kann der märchenhafte Dreischritt mit finalem Achtergewicht zudem in der Selbstmordszene des Heinrich von Kleist eruiert werden: Nach dem Mord an Henriette lädt er seine Waffe nach, hält sich den Lauf an die Schläfe und drückt ab. Als das nicht den gewünschten Effekt bringt, hantiert er abermals mit der Pistole, wiederholt den Vorgang; doch erneut ist nach Betätigen des Abzuges nur ein Klicken zu hören. Auf das, das Achtergewicht schaffende, dritte Abbilden seiner Bemühungen verzichtet die Regisseurin jedoch. Erst als Louis Vogel die beiden im Dickicht des Waldes liegenden Leichen begutachtet, wird klar, dass Heinrich mit der zweiten Wiederholung endlich Erfolg gehabt hat – drei Anläufe waren nötig, um ihn von seinem Lebensleid zu befreien.

Derlei erzählstrategische Analogie zeigt sich auch in LITTLE JOE: So wiederholen sich drei einander gleichende Außenansichten des Woodard'schen Hauseingangs, die in Puppenhaus-Ästhetik sowohl zu Tages- als auch zu Nachtzeit in Szene gesetzt werden. Ist die Hausfront in der ersten Darstellung noch bildgewaltiges *Bewegtes Stillleben* (Abb. 29), wird in der ersten Wiederholung durch den Einsatz von Teiji Itos Musik ein bedrohlicher Unterton etabliert. In der zweiten Wiederholung nähert sich Alice ihrem Zuhause von der gegenüberliegenden Straßenseite aus, als sie auf eine ungewöhnliche Bewegung im Inneren aufmerksam wird. Heimlich und peinlich darum bemüht, von den Personen im Wohnraum nicht entdeckt zu werden, lugt sie durch ein Fenster und betritt ihre eigenen vier Wände erst nach langem Zögern. Im Gespräch mit Stefan Grissemann äußerte Hausner: »[I]m Unheimlichen steckt ja auch das Heimelige; das Bekannte wird einem plötzlich fremd.«[1165] Diese Beobachtung findet im märchenhaften Dreischritt rund um das Haus von Fa-

---

1165 Hausner zit. n. Grissemann: »Little Joe« in Cannes. [17.05.2019].

milie Woodard – das sich vom behaglichen Heim zu einem Ort, an dem eine suspekte Gefahr lauert, wandelt – augenscheinlich seinen Ausdruck.

Der märchenhafte Dreischritt mit Achtergewicht wird außerdem im Kontext von Joes Formicarium samt darin lebender Ameisenkolonie erkennbar, welches erstmalig ins Bild rückt, als Alice Little Joe mit nach Hause bringt und ihrem Sohn, der gerade eifrig mit der Pflege seiner tierischen Schützlinge beschäftigt ist, überantwortet. Ihre Wiederholung findet die Inszenierung der Ameisenfarm, als der Junge im weiteren Filmverlauf mit erkennbarem Besitzerstolz mittels Smartphone einen Schnappschuss vom Lebensraum seiner Tiere anfertigt und die Fotografie an Schulkollegin Selma sendet. Die Reaktion des Mädchens lässt nicht lange auf sich warten: »NERD« antwortet sie ihm in einer Textnachricht, gefolgt von einem Thumbs-Down-Emoji als Symbol der Missbilligung, Abneigung oder Ablehnung. Als Joe erkennt, dass er zwar nicht mit seinen Ameisen, wohl aber mit Little Joe ihr Interesse wecken kann, verschieben sich seine Prioritäten, was zur Vernachlässigung und letztlich zum Tod der Ameisen führt. In der zweiten Wiederholung entdeckt Alice dann, dass alle Tiere verendet sind. Als sie ihren Sohn, der sich just in diesem Moment mit Selma intensiv um die Pflege Little Joes kümmert, zur Rede stellt, reagiert dieser mit »Can't take care of everything around here.« (LITTLE JOE, 0:54:29–0:54:33) – und zitiert damit indirekt und unwissentlich die Aussage seiner Mutter im Rahmen eines ihrer Therapiegespräche.[1166]

Scheint Joes Ameisenfarm für die Filmhandlung auf den ersten Blick kaum von Belang, so zeigt sich deren Bedeutung bei interpretativer Übertragung von der filmischen Mikro- auf die Makro-Ebene. Der märchenhaft-anmutende Dreischritt mit Achtergewicht veranschaulicht die (vermeintliche) Notwendigkeit, sich auf eine Betreuungspflicht zu konzentrieren; ein Dilemma, mit dem sich Alice in Folge im Hauptstrang der filmischen Erzählung auseinandersetzen muss, und das auch der Regisseurin selbst nicht fremd ist, wie sie im Gespräch mit Anke Sterneborg erklärte:

Meine eigene Erfahrung als Mutter und auch das Hin- und Hergerissensein war sicherlich eine sehr persönliche Motivation, diese Geschichte zu schreiben. Ich bin gerne Regisseurin, ich bin aber auch gerne Mutter.

1166 In einer ihrer Sitzungen richtet Alice die rhetorische Frage »I can't control everything, can I?« an ihre Therapeutin (LITTLE JOE, 0:07.32–0:07:34).

Dass man sich teilweise für das eine oder das andere entscheiden muss, weil nicht immer alles unter einen Hut zu bringen ist, das ist ein massiv wichtiges Thema in meinem Leben geworden.[1167]

Die wiederholte Darstellung des Formicariums und das letztlich tödliche Ende für seine Bewohner_innen dienen als narratives Vorbild zur Unterstützung der Handlungsantizipation. Wie es Joe nicht gelingt, sich sowohl um die Ameisenfarm als auch um Little Joe zu kümmern, wird Alice in Folge den Spagat zwischen leiblichem und geistigen Sohn nicht meistern und sich letztlich zur Fokussierung auf eine Betreuungspflicht entscheiden.

3.6 Tierische Kommentare

> *[O] du Jungfer Königin, da du gangest,*
> *wenn das deine Mutter wüsste,*
> *das Herz tät ihr zerspringen.*[1168]

Mit den Worten »Es lebte einmal eine alte Königin, der war ihr Gemahl schon lange Jahre gestorben, und sie hatte eine schöne Tochter.«[1169] beginnt das Grimm'sche Zaubermärchen *Die Gänsemagd*. Als das Mädchen ein heiratsfähiges Alter erreicht hat, verspricht die Mutter es an einen Königssohn und schickt sie, von einer Kammerzofe begleitet, auf den Weg in die Fremde. Mit im Gepäck haben die beiden jungen Frauen einen »königlichen Brautschatz«[1170] und »[…] jede bekam ein Pferd zur Reise, aber das Pferd der Königstochter hieß *Falada* und konnte sprechen.«[1171]

Die Geschichte der Königstochter, die sich – von ihrer Mutter mit einer großzügigen Aussteuer, einem Tuch mit drei ihrer Blutstropfen und dem sprechenden Pferd ausgestattet – auf den Weg zur eigenen Hoch-

---

1167 Hausner zit. n. Anke Sterneborg: Unheimliche Blüten der Mutterliebe. [09.01.2020], https://www.zeit.de/kultur/film/2020-01/little-joe-jessica-hausner-film/komplettansicht, letzter Aufruf: 07.07.2020.
1168 Die Gänsemagd. [1857], 2016, S. 26.
1169 Ebd. S. 23.
1170 Ebd.
1171 Ebd. S. 24 [H. i. O.].

zeit macht, auf der Reise jedoch von der Magd ihres identitätsstiftenden Status beraubt wird und sich nach der Ankunft im fremden Königreich unter Stand als einfache Gänsemagd verdingen muss, wurde mehrfach verfilmt: Unter dem Titel DIE GÄNSEMAGD realisierte zum einen Fritz Genschow (1957) eine 76-minütige operettenähnliche Verfilmung[1172], zum anderen näherte sich Rudolf Jugert (1977)[1173] im Auftrag des Schweizer Fernsehens für die deutsche und rätoromanische Schweiz mit einer Adaption »zwischen Märchen- und Erotik-Genre«[1174] dem Stoff. In Folge setzte die DEFA mit zwei Produktionen – einem elfminütigen Animationsfilm (1986, Horst Tappert) und dem Spielfilm DIE GESCHICHTE VON DER GÄNSEPRINZESSIN UND IHREM TREUEN PFERD FALADA (1988, Konrad Petzold) – *Die Gänsemagd* in Szene. Für die ARD-Märchenfilmreihe *Acht auf einen Streich* wurde im Auftrag des Hessischen Rundfunks der 60-minütige Spielfilm DIE GÄNSEMAGD (2009, Sibylle Tafel) abgedreht. In allen filmischen Inszenierungen – das kann an dieser Stelle festgehalten werden – übernimmt Falada, das sprechende Pferd der Königstochter, eine bedeutende Funktion, immerhin ist es doch seine Wortäußerung, die den alten König dem Geheimnis der Gänsemagd auf die Spur bringt.

Doch zurück zur Grimm'schen Vorlage: Seiner laut Aarne-Thompson-Uther-Index definierten Aufgabe des übernatürlichen Helfers wird Falada in den ersten drei Episoden des Märchens zunächst nicht gerecht[1175]; wortlos vernimmt er, wie die Kammerjungfer die Königstochter demütigt und schließlich ihre Rolle – und damit auch den Platz auf seinem Rücken – einnimmt. »Aber Falada sah das alles an und nahm's wohl in Acht.«[1176] heißt es im Märchen.

Erst nachdem das Tier auf Befehl der falschen Braut getötet wird und der Abdecker, auf Bitte der echten Königstochter und mit der Aussicht auf Bezahlung seiner Dienste, den Pferdekopf unter ein finsteres Tor nagelt, findet der vierbeinige Protagonist seine Sprache wieder. Jeden Mor-

---

1172 Vgl. Steffen Wolf: *Kinderfilm in Europa: Darstellung der Geschichte, Struktur und Funktion des Spielfilmschaffens für Kinder in der Bundesrepublik Deutschland, ČSSR, Deutschen Demokratischen Republik und Großbritannien 1945–1965*. München-Pullach/Berlin: Dokumentation 1969, S. 311.
1173 Vgl. Achim Klünder: *Die Fernsehspiele 1973–1977*. Band 2: Register. Bild- und Tonträger-Verzeichnisse, Frankfurt: Deutsches Rundfunkarchiv 1973, S. 314.
1174 http://maerchen-im-film.de/maerchenhafte-drehorte-wo-sich-die-gaensemagd-in-ihren-prinzen-verliebt/, letzter Aufruf: 28.06.2020.
1175 Vgl. Uther: *Handbuch zu den »Kinder- und Hausmärchen« der Brüder Grimm*. 2013², S. 195.
1176 Die Gänsemagd. [1857], 2016, S. 25.

gen hält die Prinzessin nun, während sie die Gänse durch das Tor auf die
Wiese treibt, Zwiesprache mit dem Pferdekopf:

> Des Morgens früh […] sprach sie im Vorbeigehen
> »o du Falada, da du hangest,«
> da antwortete der Kopf
> »o du Jungfer Königin, da du gangest,
> wenn das deine Mutter wüsste,
> ihr Herz tät ihr zerspringen.«[1177]

Dass der Kopf des toten Falada die Situation der Königstochter kommentiert, trägt offensichtlich der Kategorisierung im ATU-Index Rechnung, wird *Die Gänsemagd* doch hier unter dem Titel *Der sprechende Pferdekopf* (ATU 533) geführt. An dieser Stelle zeigt sich nun die Parallele zu Hausners filmischem Universum, denn wie Falada, der nachfolgend als Stellvertreter für die schiere Vielfalt an helfenden und sprechenden Tieren des europäischen Volksmärchens verstanden werden soll, übernehmen märchenhaft konnotierte tierische Protagonisten im Œuvre der Regisseurin auf unterschiedliche Weise wiederholt eine Kommentarfunktion. Zwar sind die sprechenden Tiere in Hausners Filmen nicht zur menschlichen Lautäußerung fähig, und doch kommentieren sie die Handlung. Sie nehmen damit ihre märchenhafte Aufgabe der akustischen Illustration des Geschehens deutlich wahr, bloß findet sich kein Franz von Assisi, kein Dr. John Dolittle[1178] und eben auch kein_e Märchenheld_in, um die Sprache der Tiere zu verstehen oder gar zu erwidern.

In RUFUS, dem einminütigen Beitrag zu THE MOZART MINUTE, ist ein Schäferhund-Mischling der einzig sichtbare Akteur. In der als Plansequenz gefilmten Szene gewährt die Kamera einen Blick in einen Zwinger, in welchem der tierische Protagonist verwahrt ist. Im Hintergrund erklingt der erste Satz von Mozarts Klaviersonate Nr. 11 (A-Dur, KV 331), die Tonquelle bleibt jedoch unsichtbar. Die Kamera rückt den Kopf und die Schulter- bzw. Brustpartie des Hundes in einer Großaufnahme, also einer durchaus »intime[n] Einstellung«[1179], in den Fokus.

1177 Ebd. S. 26.
1178 Im Oscar-prämierten Filmmusical DOCTOR DOLITTLE (1967, Richard Fleischer) lernt Dr. John Dolittle (Rex Harrison) mit Unterstützung der Papageienhenne Polynesia die Sprache von 498 Tierarten.
1179 Mikos: *Film- und Fernsehanalyse*. 2003, S. 189.

Die tierische Körpersprache in Hausners Mozart-Miniatur vermittelt ein klares Bild: Der Hund zeigt deutliche Anzeichen von Stress, die in den weit nach hinten gezogenen Lefzen, dem Präsentieren des Gebisses, der Haltung der Ohren und der körperlichen Unruhe erkannt werden können. Das penetrante Kläffen des Vierbeiners darf dabei nicht als Aggression missgedeutet werden, sondern ist Ergebnis der belastenden Situation, aus der das Tier keinen Ausweg findet und die scheinbar durch die Interpretation von Mozarts Klaviersonate ausgelöst wird. Hausner erklärte, dass eine persönliche Erfahrung sie zu ihrem Beitrag zur *Mozartrolle* inspiriert habe:

> Als Teenager habe ich bei einer alten Dame Klavier gelernt, die eine Warze auf der Nase hatte und uns am Anfang der Stunde brennheißen Tee, ein Stück Bitterschokolade und ein Arosa-Zuckerl verabreichte. Wenn man ein neues Stück lernte, war der große Augenblick der, wenn sie sagte: ›und jetzt mit Vortrag‹. Das hieß, sie setzte sich ans Klavier, versank in einer meditativen Haltung, holte dann tief Luft und spielte das jeweilige Stück mit voller Inbrunst und tiefer Hingabe. Man war dann aufgefordert es ihr gleichzutun.[1180]

Wie die junge Jessica Hausner in ihren Klavierstunden gefangen war und sich den Wünschen und Forderungen ihrer Lehrerin fügen musste, gibt es auch für den Hund in RUFUS kein Entkommen; der Vierbeiner ist hilflos in der Situation isoliert und kommentiert lautstark das Klavierspiel. »Geht Ihnen das Mozartjahr auch schon so auf die Nerven?« fragte der Tenor Herbert Lippert im Jahr 2005 im Rahmen eines Interviews mit Stefan Ender und schickte hinterher: »Aber das Mozartjahr, das ist ja eine reine Melkkuh, eine einzige Selbstinszenierungsaktion […].«[1181] Betrachtet man RUFUS im Vergleich mit weiteren Filmbeiträgen der MOZART MINUTE, so kann Hausners einminütige Miniatur durchaus als kritische Stellungnahme zur »permanenten ›Ausschlachtung‹ Mozarts«[1182] verstanden werden, wie es sich etwa auch für die filmischen Beiträge MOZART SELLS (2006, Michael Palm), DIE MOZARTS (2006, Hanna Schimek/Gustav Deutsch), MOZART PARTY '06 (2006, Thomas Renoldner), BRÜ-

---

1180 https://www.sixpackfilm.com/de/catalogue/1552/, letzter Aufruf: 28.06.2020.
1181 Lippert zit. n. Stefan Ender: »Aber das Mozartjahr … !« [10.12.2005], https://derstandard.at/2270691/Aber-das-Mozartjahr--, letzter Aufruf: 28.06.2020.
1182 Produktionsnotiz zu Thomas Renoldners MOZART PARTY '06; zit. n. https://www.sixpackfilm.com/de/catalogue/1563/, letzter Aufruf: 28.06.2020.

der, Lasst Uns Lustig Sein oder Roll Over Mozart (2006, Bady Minck) attestieren ließe.

Bedeutungsvolle Tierstimmen

In Flora ist es ebenfalls das laute Gebell eines Hundes, welches einem märchenhaften Tierkommentar entspricht. Nach dem sexuellen Stelldichein mit ihrem Schwarm Attila begibt sich Flora tags darauf unangekündigt und erwartungsfroh an dessen Haustor und hofft auf Einlass. Im Off ertönt das scharfe Kläffen eines Wachhundes, der mit seiner Lautäußerung zum einen auf den ungebetenen Gast aufmerksam macht und zum anderen akustisch antizipiert, was der Verführer in Folge mit den Worten »Wir passen doch gar nicht zusammen.« unmissverständlich zum Ausdruck bringt: Flora ist unerwünscht und räumt nach der (doppelten) Abweisungen das Feld.

Ein Hund ist es auch, der Gertrude in Inter-View mit geräuschvollem Gebell vor Günter warnt: Erstmals, als die beiden sich am Lift des gemeinsamen Wohnblocks kennenlernen und ein weiteres Mal, als Günter die junge Lageristin auf ihrem Weg zum Müllraum verfolgt, wo der Interviewer sie anschließend brutal zusammenschlägt.

»Ein eigenartiges Brummen liegt über den Räumen des Hotels – wie Vorboten des Alarms, der erschrillen könnte, oder wie abgründige Stimmen, die diffus das Haus okkupieren, ähnlich den Raumgeräuschen in David Lynchs ›Twin Peaks‹.«[1183] beschrieb Dunja Bialas die beklemmende akustische Atmosphäre in Hotel, und Thomas Willmann meinte: »[…] Und immer wieder der Wald, durch den Schreie gellen, die von einem Vogel stammen könnten oder von einer Frau, und in dem die Grotte der historischen «Waldhexe» liegt.«[1184] Die Schreie, die sich einer eindeutigen Zuordnung verweigern, können als vermeintliche Tierstimmen wie auch als das panische Kreischen einer Frau gedeutet werden; auch sie sind als märchenhafter Tierkommentar interpretierbar, warnen sie die Protagonistin doch deutlich und wiederholt vor der drohenden, unsichtbaren Gefahr.

[1183] Dunja Bialas: Hotel. Kritik. [o. D.], https://www.artechock.de/film/text/kritik/h/Hotel1.htm, letzter Aufruf: 28.06.2020.

[1184] Thomas Willmann: Irgendwas im Unterleib… [o. D.], https://www.artechock.de/film/text/kritik/h/Hotel1.htm, letzter Aufruf: 28.06.2020.

Akustische Vermittler

Selbst LOURDES, dessen Filmhandlung sich vorwiegend in geschlossenen Räumen und heiligen Hallen abspielt, zu denen Tiere keinen Zutritt haben, kommt nicht ohne tierisch-akustische Kulisse aus: Glückliche Momente wie etwa das erste Erwachen als Geheilte oder das selbstständige Essen eines Eisbechers in einem kleinen Café sind mit Vogelgezwitscher untermalt, und als sich die Pilgergruppe den schmalen Weg zum Gipfel des Pic du Jer hochquält, wird die Reise – die visuell deutliche Assoziationen zu einem Almauftrieb weckt – von Kuhglocken und Schafgemecker begleitet, wenn auch die zum Ton gehörigen Vierbeiner unsichtbar bleiben. Inmitten der unberührten Natur findet Christine für einen kurzen Augenblick ihr Liebesglück mit Malteserritter Kuno.

»All the secrets [of the animal's likeness with, and unlikeness from man] were about animals as an *intercession* between man and his origin.«[1185], schrieb John Berger. Die Notwendigkeit der tierischen Vermittlung zeigt sich in der Gipfelbesteigung: Kranke und gesunde Pilger_innen verlassen die städtisch-touristischen Räume von Lourdes, um in der Natur einen Abschluss ihrer Reise zu finden; das akustische Geleit der Tiere hilft dabei, von der belebten Enge des Wallfahrtsortes zurück zum natürlichen Ursprung zu finden.

Der Leichenhinweis

Vor der Überlegung, dass Menschen auf die Hilfe der Tiere angewiesen sind, um einen Zugang zu ihren Wurzeln zu finden, wirken die Tierdarstellungen in LOVELY RITA besonders ironisch: Es sind keine realen Tiere, die hier in Szene gesetzt werden, sondern stilisierte Abbilder der Wirklichkeit, die deutlich machen, wie weit sich – pathetisch formuliert – die Menschen von ihrem Ursprung entfernt haben. Bei ihren gemeinsamen Jagdausflügen stapfen die Ehepaare Schabert und Kemmler[1186] durch den Wald, begegnen auf ihrer Pirsch jedoch keinem einzigen Tier. Um dennoch jagdliche

---

[1185] John Berger: Why look at Animals? [1977], in: John Berger: *About Looking*. New York: Vintage 1980, S. 3–28; hier: S. 6 [H. i. O.].

[1186] Während der Familienname Schabert den Closing Credits des Filmes entnommen ist, findet sich für das Nachbar-Ehepaar keine diesbezügliche Angabe. Der Name Kemmler ist – wie auch der Name Schabert – in Hausners Drehbuch zu LOVELY RITA zu finden. Vgl. Jessica Hausner: *LOVELY RITA. Drehbuch für einen Kinofilm*. Wien: Drehbuchforum Wien 2000, S. 1.

Erfolgsmomente zelebrieren zu können, feuern sie zu Übungszwecken auf Tierattrappen. Paradox erscheinen in diesem Kontext auch die Katzen- und Eisbären-Strickpullover, die Ritas Mutter in unterschiedlichen Szenen trägt.

Das einzige Tier, das deutlich akustisch eine Szenerie kommentiert, lässt sich in der finalen Sequenz ausmachen: Bevor Rita dem Publikum ihren bedeutungsschweren, den Film abschließenden Blick zuwerfen kann, summt eine Fliege durch das Bild. Sie dient nicht nur als sublimer Fingerzeig, dass die Leichen der Eltern in Keller und Küche verwesen, sondern ist zudem intertextuelle Referenz, wie Hausner im Interview mit Karin Schiefer erläuterte:

> Ich hatte verschiedene Stücke ausgewählt, auch symbolträchtigere – Sartres Die Fliegen z. B. Die Fliegen sind ja noch übrig geblieben, am Schluss in der Szene im Wohnzimmer, das hätte mir gut gefallen, wenn man diesen Zusammenhang gehabt hätte. Aber die Fliegen bei Sartre sind ja die Erinnyen, die Rachegöttinnen, Rita hat aber kein schlechtes Gewissen. Außerdem wollte [ich] auch nicht eine allzu philosophische Aussage machen.[1187]

Hat das lautstark durchs Filmbild fliegende Insekt zwar nicht die Symbolik, die Hausner anfangs im Sinn gehabt hatte, ist sie als märchenhafte Wortäußerung und tierische Kommentierung der Situation doch von Bedeutung.

Mit Tieren zu Realitätsnähe

Im Bemühen, ein Gefühl von »wirklicher Wirklichkeit«[1188] zu erzeugen, kamen in AMOUR FOU zahlreiche Tiere zum Einsatz: Schwäne, Enten, Hühner und Pferde unterstützen dabei, in den Park- und Straßenszenen das historische Berlin nachzuempfinden. Einen besonderen Platz in der filmischen Welt haben sich aber augenscheinlich die Hunde erobert, die bei gesellschaftlichen Anlässen in den Salons oder bei Tanzveranstaltungen am Rand der Tanzfläche zu sehen sind. Aus der Hundemeute in AMOUR FOU stechen zwei Tiere besonders hervor: die Vogel'sche Weimaraner-Hündin Astra einerseits und andererseits die Französische Bulldogge der Frau von Massow.

1187 Schiefer: Jessica Hausner: LOVELY RITA. [o. D.].
1188 Hausner zit. n. 10.1 Skype-Interview mit Jessica Hausner [15.11.2016].

Bereits der Name Astra, also die flektierte Form des lateinischen Wortes »astrum« für Stern, Gestirn, Sternbild bzw. übertragend für Höhe oder Himmel, scheint nicht zufällig gewählt, denn das Tier wird im Verlauf des Filmes zu einem Fixstern, einer omnipräsenten Konstanten am Familienhimmel der Vogels. Die Hündin ist stets bellend und winselnd zur Stelle, wenn Louis Vogel von seinen Reisen oder Arbeitstagen nach Hause kommt, sie verbringt ihre Nächte wachsam neben seinem Bett, ist bei den musikalischen Gesellschaften der Familie mit von der Partie, sitzt leise wimmernd an Vogels Seite, als der Arzt seine erste Untersuchung an Henriette vornimmt. Sie ist als ›Anstandswauwau‹ beim Spaziergang im Park präsent und weicht, als Kleist seinen ersten Todesantrag an Henriette formuliert, nicht von Paulines Seite. Astra gibt Laut, als Henriette nach ihrem Ausflug mit Kleist heimlich wieder den Abschiedsbrief vom Schreibtisch ihres Mannes nimmt, und auch als er den Brief nach Henriettes Tod am Salontisch letztlich doch noch liest, ist die Hündin anwesend. Nur in wenigen Momenten des Filmes ist Astra nicht präsent; dann etwa, wenn Heinrich und Henriette sich auf ihre Ausflüge begeben, wenn Henriette berührende Augenblicke mit ihrer Tochter erlebt oder die Protagonistin Heinrich und sein literarisches Schaffen vor den spitzen Bemerkungen ihrer Mutter schützt.

Astra ist der Inbegriff des treuen Hundes, der seinem Besitzer (und auch dessen Tochter) nicht von der Seite weicht und ihnen in jeder Lebenslage zur Seite steht. Durch die tierischen Lautäußerungen entsteht zudem der Eindruck, dass die Hündin durch ihr Winseln und/oder Bellen nicht nur das Geschehen kommentiert, sondern empathisch am Leben des Halters teilnimmt. Das Tier ist in seiner unbeirrbaren Treue das Spiegelbild Vogels: Auch er wird seine Ehefrau – trotz des vermuteten Seitensprungs mit Heinrich von Kleist – nicht im Stich lassen. Als Vogel nach einer Parisreise des Nachts zu Hause eintrifft, berichtet er Henriette von einer möglichen Chance auf Heilung.

> Es besteht noch Hoffnung. Henriette, man darf nichts unversucht lassen. […] Henriette, du warst bis jetzt immer treu an meiner Seite. Jetzt bin ich an der Reihe, dir mit Treue zur Seite zu stehen. Ich werde nichts unversucht lassen, dich zu erhalten. (AMOUR FOU, 1:03:48–1:04:28)

In einem Film, der die »verrückte Liebe« im Titel trägt, sind Vogel und sein tierisches Spiegelbild jene beiden Figuren, die zu bedingungsloser Liebe fähig sind, keine Gegenleistungen von der_dem Angebeteten erwarten und das Subjekt der Liebe auch selbstlos ziehen lassen können. Louis und Astra sind Repräsentanten eines Stadiums von Liebe, dem Henriette und Heinrich sich trotz aller Bemühungen im Handlungsverlauf des Filmes nicht nähern werden können.

Wenn auch nicht mit der starken On-Screen-Präsenz der Vogel'schen Hündin vergleichbar, tritt in AMOUR FOU ein weiterer Hund mehrfach in Erscheinung, nämlich die schwarz-weiße Bulldogge der Frau von Massow. Als Vertreterin des Adels übernimmt die ältere Dame den Konterpart des filmimpliziten historischen Reform-Diskurses: Heinrich ist im Salon seiner Tante zu Gast. Während der Kammerdiener die Getränke serviert, ist in einem am Boden positionierten Spiegel die französische Bulldogge zu sehen.[1189]

Frau von Massow:	Sie sind doch mit diesem Adam Müller bekannt, nicht wahr? Er hat uns neulich mitgeteilt, die Reform sei nun eine beschlossene Sache. Was sagen Sie nun; ist das nicht abscheulich? Auch unsereins soll jetzt Steuern bezahlen. Das kommt mir sehr ungelegen. Ich werde meinen Kammerdiener entlassen müssen. Der arme Mann. [Hund bellt] Ob das der Sinn der Sache war?
Heinrich Kleist:	*Ma tante*, ich selbst muss seit diesem Jahr gänzlich auf die *Apanage* der Königin verzichten. [...] Was kümmert mich also Ihr Kammerdiener?
Frau von Massow:	So bemühen Sie sich doch endlich um eine vernünftige Anstellung. Oder melden sich zumindest zum Frei*corps*. [Hund bellt] Machen Sie sich nützlich! Und beschützen [Hund bellt] Sie uns vor diesen neu-französischen [Hund bellt] Ideen, die wie man sah, in Mord [Hund bellt] und Totschlag endeten. Man kann das Volk doch nicht sich [Hund bellt] selbst überlassen. Selbst die Königin Luise kleidete sich nach der Pariser Mode. Hach, und Marie, Ihre liebste Cousine; sie wird nun bald einen Franzosen ehelichen. Stellen Sie sich vor! (AMOUR FOU, 0:40:49–0:42:03)

1189 Vgl. dazu 3.8 Von einem märchenhaften Requisit.

Dass die »neu-französischen Ideen«, die Frau von Massow beklagt – der Hund scheint ihre Aussagen mit seinem Gebell unterstützend zu kommentieren – und vor denen Kleist sie schützen solle, bereits Einzug in ihren Alltag gefunden haben, bemerkt die ältere Dame nicht. Gallizismen und französische Redewendungen fallen im Dialog scheinbar beiläufig und weisen auf einen üblichen Sprachgebrauch hin. Die Gedankensprünge – Frau von Massow spricht zunächst von der Französischen Revolution, dann vom Modegeschmack der Königin Luise und im Anschluss von Maries französischem Verlobten – sind zwar nicht zwingend logisch-nachvollziehbar, vervollständigen aber das Bild der französischen Einflüsse auf die preußische Gesellschaft. Dass der tierische Stellvertreter der Frau von Massow dann von einer französischen Bulldogge verkörpert wird, ist die Krönung einer dicht-komponierten charakteristischen Hausner'schen Szene.

Tierische Parallelsituation

Im Jahr 2019 wurde im Rahmen der *Internationalen Filmfestspiele von Cannes* einem Vierbeiner besondere Aufmerksamkeit zuteil: Für ihre Mitwirkung in ONCE UPON A TIME... IN HOLLYWOOD erhielt der American Pitpull Terrier Sayuri für die Verkörperung der »Brandy« den *Palm Dog*, eine Auszeichnung, die seit dem Jahr 2001 (als Würdigung der besten Darbietung eines Hundes) jeweils am letzten Freitag des Festivals vergeben wird.[1190] In der diesbezüglichen Berichterstattung der *Variety Fair* war zu lesen:

> Rick's an aging narcissist, and Cliff is an accused murderer who loves to pick fights. But the film does provide at least one true hero – a character who overcomes her basest instincts and carries herself with loyalty, honor, and valor. [...] [A] lot of what makes Brandy great is the way she's shot; close-ups of her face grant [...] a hyper-expressive quality, and the camera frequently makes use of all the ways dogs communicate. [...] Throughout the movie, this star performer hits her marks with precision.[1191]

1190 Vgl. https://www.palmdog.com/about-us, letzter Aufruf: 09.07.2020.
1191 Laura Bradley: *Once Upon a Time... in Hollywood*'s Real Hero Is a Hungry, Hungry Pit Bull. [26.07.2019], https://www.vanityfair.com/hollywood/2019/07/once-upon-a-time-in-hollywood-dog-brandy-ending, letzter Aufruf: 09.07.2020.

Die Prämierung sorgte für gesteigerte mediale Aufmerksamkeit, war sie doch die einzige, die Tarantino an der Croisette für seinen Spielfilm erhalten sollte; die Sichtbarmachung der weiteren tierischen Preisträger_innen – sowohl die dreibeinige Hündin aus AASHA AND THE STREET DOGS (Arbeitstitel, Frederik Du Chau) als auch Mumford als Darsteller des Hundes Bello in LITTLE JOE wurden ex aequo mit dem *Grand Jury Prize* ausgezeichnet[1192] – geriet allerdings weitgehend ins Hintertreffen. Der Hausner'sche Filmhund konnte außerdem die Jury der *Fido Awards 2020* überzeugen und sich den Preis in der Kategorie »Mutt Moment« sichern.[1193]

Die beiden Auszeichnungen, mit denen der Hund bedacht wurde, lassen es erahnen: Die Nebenhandlung, in der Bello und seine Besitzerin Bella in den Fokus rücken, ist im Narrations- und Rezeptionskontext von LITTLE JOE von deutlicher Relevanz, nutzte Hausner den Subplot rund um Hund und Halterin doch zur *Handlungsantizipation durch filmimplizite narrative Vorbilder.*[1194] In seinen Ausführungen zu Funktionen von Nebenhandlungen in dramatischen Werken hielt Günter Reichert fest, dass durch »Kontrast- und Parallelsituationen das Hauptmotiv auf einer anderen Ebene und aus einer anderen Blickrichtung«[1195] entfaltet werden könne.

> Recht häufig ist […] die Verwendung von Parallelsituationen, die die Bestrebungen und die Probleme des Helden spiegeln und die bei gleicher Handlungsführung und bei gleicher Verhaltensweise der Personen eine intensivierende Wirkung erzielen wollen, während bei einer andersartigen Durchführung die verschiedenen, in dieser Grundsituation möglichen Reaktionsweisen aufgezeigt und in einer […] angemessenen Form diskutiert werden sollen.[1196]

1192 Vgl. https://www.palmdog.com/palm-dog-2019, letzter Aufruf: 09.07.2020.
1193 Vgl. https://www.palmdog.com/fidos-2020, letzter Aufruf: 09.07.2020.
1194 In der in LITTLE JOE inszenierten Nebenhandlung lassen sich deutliche Schnittmengen mit der märchenhaften »mißglückten Vorahmung« erkennen, die Lüthi im Kontext des europäischen Märchens als auffällige Besonderheit benannte. Doch während im Märchen der »Mißerfolg als quasi obligate[r] Vorläufer des Erfolges« kultiviert wurde, enthält sich Hausner in ihrer *Vorahmung* einer Wertung hinsichtlich der Erfolgsaussicht. (Vgl. dazu Lüthi: *Märchen.* 2004[10], S. 30 f.)
1195 Günter Reichert: *Die Entwicklung und die Funktion der Nebenhandlung in der Tragödie vor Shakespeare.* Tübingen: Niemeyer 1966, S. 7.
1196 Ebd.

In LITTLE JOE lernen die Zuseher_innen die Wissenschaftlerin Bella und ihren vierbeinigen Begleiter in einem Flur des weitläufigen Gewächshaus kennen; artig trottet der Hund ohne Leine neben seiner Halterin her, nimmt folgsam per Kommando auf einer Decke Platz und wartet geduldig vor verschlossener Tür, während sie ihren beruflichen Aufgaben nachgeht. Selbst in herausfordernden Meetings, in denen es zwischen den beiden Teams rund um Alice und Karl zu erregten Diskussionen kommt, steht Bello seiner Besitzerin ruhig und kalmierend zur Seite. Doch eines Abends ist er plötzlich wie vom Erdboden verschluckt; im Bemühen, Bella bei ihrer Suche zu unterstützen, hält Chris im verschlossenen und zutrittsbeschränkten Gewächshaus nach dem Hund Ausschau und wird inmitten des Aufzuchtbereichs der Little Joes völlig überraschend von dem sonst so freundlichen Tier attackiert.[1197]

In den folgenden Tagen verhält sich Bello atypisch: Er lässt sich von Bella nicht mehr berühren, weicht bellend und knurrend vor ihr zurück und beißt sogar zu. Völlig verzweifelt erklärt sie im Kreise ihrer Kolleg_innen: »I just wanted to stroke him. That dog isn't my Bello. It can't be. Bello would never do something like this. [...] That is not my dog.« (LITTLE JOE, 0:22:08–22:23) Wenig später lässt Bella das Tier einschläfern, sucht abends Alice zuhause auf und bittet eindringlich um eine Unterredung. »Bello was like a child to me.«, beginnt die Frau ihre Ausführungen, um Alice in Folge von ihrer Befürchtung zu berichten, dass der Hund mit Little Joes Pollen infiziert worden sei und sich sein Verhalten deshalb derart radikal geändert habe. Wissenschaftliche Beweise für ihren Verdacht kann sie jedoch nicht vorlegen, da sämtliche tierärztliche Untersuchungen ins Leere gelaufen seien und der behandelnde Veterinär eine beginnende Demenz diagnostiziert habe.

Alice: Can you please stop blaming Little Joe for what ever was wrong with Bello?
Bella: Blame Little Joe? We're talking about a plant, aren't we? If anyone's to blame, it is you. Haven't you noticed how Chris has changed?
Alice: No.
Bella: I have the feeling he is infected too.
Alice: Infected?
Bella: From Little Joe's pollen! Chris will defend Little Joe at any prize.

1197 Vgl. 1.7.5 Bewegte Stillleben.

> Alice: And why shouldn't he? I will defend Little Joe as well because I am responsible for him.
> Bella: So you are a good mother. But which of your children will you choose? (LITTLE JOE, 0:30:50–0:31:28)

Gegen Ende des Filmes hat sich in Alice der Verdacht erhärtet, dass sowohl ihr Sohn als auch ihre Kolleg_innen von den Sporen der Glückspflanze infiziert wurden. Wie Bello hat sich auch Joes Verhalten auffällig verändert, wie Bello wird auch der Junge körperlich übergriffig, als er während einer Streitigkeit handgreiflich wird und seine Mutter verletzt. Alice sieht sich nun mit einem vergleichbaren (allerdings facettenreicheren)[1198] Problem konfrontiert, das bereits in der Nebenhandlung rund um Bella und Bello thematisiert wurde.

Nachdem ihre Interventionen bei Chris und Karl keine Resonanz erzeugen, ringt sich Alice (in Übereinstimmung mit Bellas Vorbild, die ob der pollenbedingten Wesensveränderung ihres *Ersatzkindes* die tierärztliche Tötung wählt) zu der Entscheidung durch, die Heerschar der Little Joes zu vernichten und so die herannahende Markteinführung zu vereiteln. Doch ihrem Bemühen, die klimatischen Bedingungen im Gewächshaus zu manipulieren, setzt Chris ein jähes Ende und verhindert die Ausführung ihres Plans durch aggressives Einschreiten.

Zusammenfassend kann festgehalten werden, dass die *sprechenden* Tiere in Hausners Filmen den Protagonist_innen zwar keine nennenswerte Hilfestellung leisten (und damit zunächst scheinbar ihre märchenhafte Aufgabe verfehlen), wohl aber ihrer kommentierenden Funktion nachkommen. Die tierischen Lautäußerungen und Verhaltensweisen lassen sich im Kontext des Hausner'schen Œuvres als Warnungen, Hinweise und/oder Kommentare (bzw. im Sonderfall in LITTLE JOE außerdem als *Handlungsantizipation durch ein filmimplizites narratives Vorbild*) interpretieren. Die *sprechenden* Tiere bereichern die visuelle Ebene mit einem märchenhaften *valeur ajoutée*[1199] und sind Vermittler von Symbolen, die von den Rezipient_innen vor dem Hintergrund der individuellen

---

[1198] Während mit Bello in der Nebenhandlung nur eine Figur in der Funktion des (Ersatz-)Kindes etabliert wird, sind es in der Haupthandlung ein leibliches und ein geistiges Kind, die Alices Aufmerksamkeit fordern. Bellas provokant formulierte Frage, für welches Kind die Mutter sich entscheiden werde, klingt im Handlungsverlauf stets unterschwellig mit.

[1199] Vgl. Michel Chion: *L'Audio-vision. Son et image au cinéma*. Paris: Nathan 1990, S. 8 f.

kulturellen und historischen Sozialisierung interpretiert werden müssen, damit sich die Bedeutung offenbaren kann.[1200]

3.7 Auf der Suche: Die Märchen-Queste

Es war einmal ein König,
der war krank, und niemand glaubte,
dass er mit dem Leben davon käme.[1201]

Jahr für Jahr pilgern mehr als sechs Millionen Menschen nach Südwestfrankreich, um für die wundersame Heilung ihrer körperlichen, geistigen und seelischen Gebrechen zu bitten: Lourdes ist einer der populärsten und meistbesuchten Wallfahrtsorte des christlichen Abendlandes und inspirierte Jessica Hausner dazu, in ihrem dritten Spielfilm eine Pilgerreise ebendahin ins Zentrum der Filmhandlung zu setzen. Die an Multipler Sklerose erkrankte Christine durchläuft im Rahmen ihres Aufenthaltes zahlreiche religiöse Stationen, als ihr eines Nachts die Heilige Maria im Traum erscheint. Wie durch ein Wunder hat sie am nächsten Morgen ihre körperliche Mobilität wiedergewonnen.

»Dass es in dieser aufgeklärten Welt diesen Ort überhaupt noch gibt, ist absurd […].«[1202] meinte Jessica Hausner und erläuterte ihre Faszination für den Wallfahrtsort und den damit verbundenen Erlösungsglauben im Gespräch mit Liane von Billderbeck wie folgt:

[An] Lourdes hat mich dann letztlich doch sehr interessiert, dass es ein realer Ort ist, […] wo man tatsächlich behauptet, dass man durch ein Wunder geheilt werden kann, wo man doch eigentlich […] als Erwachsener [glaubt] […] [:] [»A]lle sind sich einig, es gibt keine Wunder und das ist Kinderkram.[«] Und dann gibt es sozusagen diesen märchenhaften

---

1200 Vgl. Barbara Flückiger: *Sound Design: Die virtuelle Klangwelt des Films.* Marburg: Schüren 2001, S. 159 f.
1201 Das Wasser des Lebens. [1857], zit. n. Heinz Rölleke (Hrsg.): *Brüder Grimm. Kinder- und Hausmärchen.* Ausgabe letzter Hand mit den Originalanmerkungen der Brüder Grimm, Band 2. Stuttgart: Reclam 2010, S. 66–72; hier: S. 66.
1202 Hausner zit. n. Dominik Kamalzadeh: »Lourdes«: »Im Diesseits überwiegen die Ambivalenzen.« [08.12.2009], https://derstandard.at/1259281444681/Im-Diesseits-ueberwiegen-die-Ambivalenzen, letzter Aufruf: 01.07.2020.

Ort in der Wirklichkeit, wo man als Sterbenskranker doch noch eine letzte Chance kriegt. Und das fand ich dann total faszinierend, weil: Ich fand darin eine Art Überhöhung von so einem ganz eigenen menschlichen Wunsch eigentlich, dass man das Unglück oder vielleicht auch sogar das Sterbenmüssen überwinden können möchte.[1203]

In der Hoffnung, auf wundersame Weise von einer Krankheit geheilt werden zu können, zeigt sich eine deutliche Parallele von Hausners Pilgerfilm und ähnlich gelagerten Märchen aus der Sammlung der Brüder Grimm, in denen interessanterweise unter anderem in mehreren Fällen dem Wasser bzw. wasserähnlichen Flüssigkeiten eine numinose Zauberkraft zugesprochen wird, wie sie eben auch in der Realität und abseits jedweder Fiktion für das sogenannte Lourdes-Wasser, aus einer Quelle nahe der Mariengrotte geschöpft, behauptet wird, und welchem der Volksglaube angeblich heilende Kräfte zuschreibt.

So ist in *Der Königssohn der sich vor nichts fürchtete* Wasser das ultimative Wundermittel, um das Augenlicht des Königssohns wiederherzustellen. Der erblindete Schneider in *Die beiden Wanderer* belauscht zwei am Galgen Gehängte und bringt in Erfahrung, dass er sich lediglich mit Tau waschen müsse, um sein Augenlicht wiederzuerlangen. In *Rapunzel* sind es die Tränen der Titelfigur, die den Prinzen, der nach seinem Sprung aus dem Turm erblindet und anschließend wehklagend durch die Welt irrt, auf wundersame Weise von seiner Blindheit befreien.

Mit der Einführung einer Figur, die an einer lebensbedrohenden Krankheit leidet, beginnt das Grimm'sche Märchen *Das Wasser des Lebens*; da heißt es: »Es war einmal ein König, der war krank, und niemand glaubte dass er mit dem Leben davon käme.«[1204] Auch hier beruht die Hoffnung, dem Tod vorerst von der Schippe springen zu können, auf den heilenden Kräften einer Flüssigkeit, auf welche die drei Söhne des Königs von einem alten Mann hingewiesen werden. »Da sprach der Alte ›ich weiß noch ein Mittel, das ist das Wasser des Lebens, wenn er davon trinkt, so wird er wieder gesund: es ist aber schwer zu finden.‹«[1205]

1203 Liane von Billderbeck: Von Wundern und dem Streben nach Glück. Regisseurin Jessica Hausner über ihren Film »Lourdes«. [28.03.2010], http://www.deutschlandfunkkultur.de/von-wundern-und-dem-streben-nach-glueck.1287.de.html?dram:article_id=193157, letzter Aufruf: 01.07.2020.
1204 Das Wasser des Lebens. [1857], 2016, S. 66.
1205 Ebd.

3 Eine märchenhafte Welt

Wie in *Das Wasser des Lebens* verquickt Hausner in LOURDES die märchenhafte Wunderhoffnung mit dem in ihrem Œuvre omnipräsenten Themenkomplex der versehrten Körperzustände, der in der filmischen Beschäftigung mit Krankheit und Tod seinen Ausdruck findet, und stellt Wasser als potenzielles Heilmittel in den narrativen Raum. In Ankündigung des deutschen Kinostarts bezeichnete Stephan Grissemann LOURDES im Berliner Stadtmagazin *Tip* als »Wallfahrtskomödie«[1206] und führte aus:

> Hausner wagt den Balanceakt zwischen gebotenem Ernst und raffinierter Farce, indem sie eine Parallelgesellschaft porträtiert, in der Neid und Misstrauen herrschen, aber auch Gutgläubigkeit – und in der unentwegt Mutmaßungen über Gottes Agenda angestellt werden. Es kommt zur Verdrehung der Verhältnisse: Die Gesunden werden krank, die Kranken geheilt.[1207]

Die Beobachtung sei an dieser Stelle um die Feststellung erweitert, dass es sich bei den genesenden Kranken und der erkrankenden Gesunden ausschließlich um Frauenfiguren handelt, die sich – einer märchenhaften *Queste* gleich – aufmachen, um die wundersame Heilung ihrer Krankheiten zu befördern. Während sich in *Das Wasser des Lebens* die drei Söhne des todkranken Königs reihum aufmachen, um die Zauberarznei für ihren Vater zu besorgen, reisen in LOURDES drei kranke Frauenfiguren jeweils aus eigenem Antrieb nach Lourdes.

Wenn Kranke genesen: Christine

In der *Allgemeinen Encykolpädie der Wissenschaften und Künste* ist zu lesen: »Kein Mensch kann als Mensch ohne Kopf leben; denn ein menschlicher Körper, dem mit dem Kopfe daß eigentliche Seelenorgan, Cerebral- oder Gehirnnervensystem fehlt, kann nicht als ›Mensch‹ bezeichnet werden.«[1208] Wie um diesen Zeilen zu entsprechen, ist Christines Kopf zunächst der einzige Körperteil, welchen die junge Frau aus eigener Kraft

---

1206 Stefan Grissemann: Im Kino: »Lourdes« von Jessica Hausner. [30.03.2010], https://www.tip-berlin.de/im-kino-Lourdes-von-jessica-hausner/, letzter Aufruf: 01.07.2020.
1207 Ebd.
1208 Johann Samuel Ersch/Johann Gottfried Gruber (Hrsg.): *Allgemeine Encyklopädie der Wissenschaften und Künste*. Zweite Section, Band 19, Leipzig: Brockhaus 1841, S. 90–99; hier: S. 90.

bewegen kann. Aufgrund der durch die Multiple Sklerose verursachten Lähmung ist sie nicht dazu in der Lage, für sich und ihr Überleben zu sorgen; Christine ist in sämtlichen Situationen des Lebens auf fremde Hilfe angewiesen. Hierin zeigt sich die märchenhafte Ausgangslage, denn am Beginn der filmischen Erzählung steht – wie es Lüthi für das europäische Volkmärchen beschrieb – der Mangel oder die Notlage.[1209]

Hausner entfaltet Christines körperlichen wie auch psychischen Zustand im Filmverlauf in mehreren Phasen: Die Kranke wird im Anschluss an den außergewöhnlichen Establishing Shot zunächst in nahezu kindlicher Hilflosigkeit präsentiert. Dass dies keine selbstgewählte Rolle, sondern vielmehr eine von Dritten auferlegte ist, spiegelt sich in den Verhaltensweisen von Oberin Cécile und der jungen Malteserschwester Maria, die ihren Pflegling (wohl nicht mutwillig) weitgehend entmündigen.

Trotz ihrer körperlichen Einschränkungen ist Christine durchaus dazu in der Lage, selbstbewusst Entscheidungen für sich zu treffen, wie mit kleinen Gesten im weiteren Filmverlauf veranschaulicht wird; etwa, wenn die Kranke ihrer Betreuerin unmissverständliche Anweisungen gibt, ihr erklärt, wie sie ihr Haar gekämmt haben möchte, dass sie ihre Ohrringe angelegt bekommen will oder ihr der Sinn nach einem weiteren Löffel Wackelpudding steht. Ihr Streben, Christine ein gesundes Maß an Selbstbestimmung zuzusprechen, betonte die Regisseurin im Interview ausdrücklich: »Ich wollte unbedingt, dass die Frau, die in dem Rollstuhl sitzt, kein Opfer ist, dass sie Selbstbewusstsein hat, eine gewisse Ironie.«[1210]

Es scheint wie ein göttliches Wunder: Nachdem ihr die Heilige Maria im Traum erschienen ist und Christine zuvor verschiedene religiöse Rituale absolviert hat, kann sie sich plötzlich wieder rühren.

> Auch das *Wunder* steht dem Märchenhelden zur Verfügung. Aber wiederum nicht so, daß er über das Wunder herrscht. […] Er erzwingt nichts. Er läßt sich auch das Wunder schenken. Er erfleht sie nicht einmal, er denkt gar nicht an sie – aber dort, wo sie ihm nötig sind, werden sie ihm zuteil.[1211]

Was zunächst mit einem zaghaften Heben der Hand beginnt, steigert sich langsam hin zur Bewegungsfähigkeit weiterer Gliedmaßen. Nach und

---

1209 Vgl. Lüthi: *Märchen.* 2010[11], S. 25.
1210 Hausner zit. n. Nord: »Der Priester war eingeweiht«. [01.04.2010].
1211 Lüthi: *Das europäische Volksmärchen.* 2005[11], S. 55.

nach gewinnt die junge Frau die Kontrolle über ihren Körper zurück, kann sich aus eigenem Antrieb die Haare bürsten, ihre Kleidung anlegen und schließlich sogar zu Fuß – wenn auch unter Zuhilfenahme eines Krückstocks – den Weg in ein Café zurücklegen. Christine, nun wieder Herrin ihrer Sinne, erlangt ihre Autonomie vollends wieder; vorbei sind die Zeiten, in denen sie auf die Hilfe von Wohltäter_innen angewiesen war. Zur Feier der gewonnenen Selbstständigkeit ordert sie glücklich strahlend einen Eisbecher. Die weiteren Gäste der Lokalität, die Servicemitarbeiter_innen und Kuno bedenken sie dafür mit regem Applaus und stehenden Ovationen.

Nach der wundersamen Genesung ändert sich nicht nur ihre gesellschaftliche und soziale Rolle, auch eine erotische Attraktivität kann sie nun für sich behaupten. »Das vielleicht noch größere Wunder besteht darin, dass sich die eben noch gleichsam geschlechtslose Kranke in eine liebende Frau verwandelt, die sich für einen besonders gut aussehenden Helfer des Malteserordens begeistert.«[1212] Blieben Christines anfängliche Flirtversuche mit Kuno (wenn auch höflich) unerwidert, zieht sie als Gesunde plötzlich seine Aufmerksamkeit auf sich. Sogar zu einem Kuss am Berggipfel kommt es zwischen den beiden und alles deutet auf ein Happy End hin. Bei der Abschlussveranstaltung wird Christine durch Überreichung einer kleinen Marienstatue zur »besten Pilgerin« gekürt; eine Ehre, die ihr nicht geheuer zu sein scheint. Artig bedankt sie sich und meint:

> Ich bin wirklich sehr glücklich. Es ist eine Ehre für mich und ich bin auch sehr, sehr dankbar für die Gnade, dass Gott mich geheilt hat. Das gibt mir schon zu denken. Warum ich? Warum nicht … ähm. Aber ich glaube, es hat einen Sinn – also für mich ganz sicher! Ich meine, ich hoffe, dass ich die Richtige bin. (LOURDES, 1:21:32–1:21:57)

Eng umschlungen tanzen Christine und Kuno zum italienischen Popsong *Insieme noi* dem Filmende entgegen. Nun könnte der Film mit einer märchenhaften Schlussformel enden; Christine hat ihre *Queste* erfolgreich bestanden, sie hat die religiösen Stationen ein ums andere Mal absolviert und ist mit Gesundheit und Liebesglück belohnt worden. Doch Hausner bricht mit der Erzähltradition des Märchens, sie lässt die Kamera nach

---

1212 Wolfgang Höbel: Unerhörte Gebete. [29.03.2010], http://www.spiegel.de/spiegel/print/d-69744062.html, letzter Aufruf: 01.07.2020.

dem vermeintlichen Happy End weiterlaufen und gewährt so einen Blick hinter das *und wenn sie nicht gestorben sind, dann leben sie noch heute.*

Statt sich mit ihrem Märchenprinzen weiter glücklich im Kreis zu drehen, stürzt Christine unerwartet zu Boden, was die Blicke aller Anwesenden auf sie zieht. »Gott ist launisch. Und er hat, wie es in einem Pop-Song heißt, einen harten linken Haken.«[1213] schrieb Martina Knoben in ihrer Filmbesprechung für die *Süddeutsche Zeitung* und verwies damit auf die im Film mehrfach thematisierte Möglichkeit, dass es sich bei Christines Genesung vielleicht weniger um ein Wunder, als doch nur um eine vorübergehende Besserung handeln könne. Eine durchwegs bewusste Regieentscheidung, wie Hausner im Gespräch mit Cristina Nord verdeutlichte:

> Ich finde es interessant, die sichtbare Wirklichkeit abzubilden, ohne einen Kommentar oder eine Deutung hineinzumischen. Eine Wirklichkeit, die ein Paradox enthält, das quasi noch roh ist. Uninterpretiert. Denn dadurch entstehen für mich die Spannung und die Frage: Was ist hinter den Bildern? Was bedeuten die Bilder? Aber die sichtbare Realität ist per se ohne Bedeutung. Es gibt also einen seltsamen Widerspruch zwischen der sichtbaren Realität und dem, was dahinter ist, was nicht zeigbar und auch kaum benennbar ist. Diese Dimension zur Assoziation zu bringen, finde ich total spannend. Das ist vielleicht, was man Transzendenz nennen könnte.[1214]

Nach Christines Sturz wird rasch Gemurmel laut, die Echtheit des Wunders in Frage gestellt. Vom Malteserritter gestützt, bewegt sich die junge Frau langsamen Schrittes zum Rand der Tanzfläche und nimmt, nach kurzem Zögern und Widerstand, letztlich erneut in ihrem Rollstuhl Platz. Der Alleinunterhalter setzt zum letzten Lied des Filmes an: »Felicità è tenersi per mano, andare lontano, la felicità.« Die Hand, die der jungen Frau auf ihrem langen Weg gereicht wird, gehört jedoch nicht Kuno, der sich sowohl aus dem Bild wie auch aus der Verantwortung stiehlt, sondern Frau Hartl. »È aspettare l'aurora per farlo ancora, la felicità, felicità.« Darf Christine – wie es der Italo-Pop-Song verspracht – nach der Dämmerung das Glück erwarten?

1213 Knoben: Gottes linker Haken. [30.03.2010]. Knoben zitierte mit »Gottes linkem Haken« eine Textstelle aus dem Popsong *Das Haus am See* von Peter Fox aus dem Album *Stadtaffe* (2008).

1214 Hausner zit. n. Nord: »Der Priester war eingeweiht«. [01.04.2010].

Klugerweise lässt Jessica Hausner gänzlich offen, ob es sich bei ihrer Auferstehung aus dem Rollstuhl um eine Gnade der Jungfrau Maria oder um eine nur vorübergehende Verbesserung ihres Gesundheitszustandes oder um beides handelt.[1215]

Die Regisseurin gestaltet das Ende ihres Pilgerfilms offen und verweigert ihrem Publikum eine letztgültige Antwort auf die zu klärende Frage, ob der Protagonistin denn nun eine echte Heilung widerfahren sei.

Wenn Gesunde erkranken: Cécile

Einen Gegenentwurf zu Christine – der Kranken, die auf wundersame Weise geheilt wird –, entwickelt Hausner mit Ordensschwester Cécile, der Gesunden, die überraschend zur Kranken wird. Auch in ihr lässt sich das von Lüthi für den Märchenheld konstatierte Wesen des »Wandernde[n]«[1216] nachweisen, denn auch sie ist zu einer märchenhaften *Queste* abgebrochen. Doch während sich Christine zur »Begnadete[n]«[1217] wandelt, fällt der Ordensschwester die Rolle der »Unheld[in]«[1218] zu, die »oft gar keinem Helfer [begegnet], und wenn, dann reagier[t] sie falsch und verscherz[t] die Gabe.«[1219]; in Céciles Fall mag Hochmut, als eine der sieben Todsünden, eine wesentliche Rolle spielen.

Cécile ist diejenige, die das Kommando über die Lourdes-Reisenden übernimmt. Sie hält sämtliche Fäden in der Hand, behält den Überblick über den Programmablauf, bildet mit einem roten Regenschirm bewaffnet die Spitze des Marsches zur Basilika und zeichnet zudem für Organisation und Gestaltung der Abschlussfeier verantwortlich. Als Christine in der Lobby der Unterkunft einen Anfall erleidet, ihr dabei der Speichel aus dem Mund auf die Brust tropft und sie für keine Ansprache mehr empfänglich ist (Abb. 66, links), bewahrt Cécile einen klaren Kopf, bringt die MS-Erkrankte auf ihr Zimmer und besorgt dort im Badezimmer für die durch den Kontrollverlust nötige Körperpflege der jungen Frau.

Wie für Christine, so wird auch für Cécile die Traumschilderung zum Wendepunkt der filmischen Erzählung. Als die Malteserin davon hört, dass niemand anderes als die Heilige Maria der Kranken im Traum er-

---

1215 Nicodemus: Einmal Wunder und zurück. [31.03.2010].
1216 Lüthi: *Das europäische Volksmärchen.* 2005[11], S. 29.
1217 Ebd. S. 54.
1218 Ebd.
1219 Ebd.

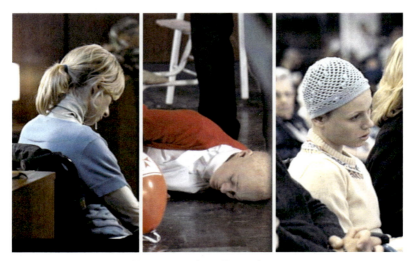

Abb. 66: Versehrte Frauenkörper
(Montage dreier Bildausschnitte aus LOURDES, 0:21:29; 0:56:24; 0:32:45)

schienen sei, versucht sie, die junge Frau mit belehrenden Worten auf den rechten Weg der christlichen Demut zurückzuführen:

> Ich weiß, es ist nicht leicht. Aber wir müssen lernen, in Demut unser Schicksal anzunehmen. Wir beten um die Heilung der Seele, nicht des Körpers. Außerdem können die Leiden, die zu tragen sind, einen tiefen Sinn haben. Paulus hat gesagt: »Ich selbst ergebe mich jetzt in mein Leiden für euch. Und für den Leib Christi, der die Kirche ist, erdulde ich in meinem irdischen Sein, was an Leiden noch zu erdulden ist.« (LOURDES, 0:26:00–0:26:25)

Ab diesem Moment wird der Ton, den Cécile Christine gegenüber anschlägt, wesentlich rauer. Nach dem Gottesdienst in der unterirdischen Basilika – Frau Hartl hat in dessen Folge ihren Pflegling kurzerhand vom zugewiesenen Platz weiter nach vorne gebracht, um ein mögliches Wunder der Heilung zu begünstigen – findet sie harsche Worte:

> Ah, da ist ja unsere Herumtreiberin! Aber das wird Ihnen auch nichts nützen. Oder glauben Sie wirklich, dass Gott jemanden heilt, nur weil er weiter vorne in der Reihe steht als ein anderer? Das nächste Mal möchte ich Sie bitten, bei der Gruppe zu bleiben. (LOURDES, 0:33:08–0:33:24)

Die grobe Zurechtweisung richtet sich augenscheinlich gegen die Falsche, ist die gelähmte Christine doch aus eigener Kraft gar nicht dazu in der Lage, ihren Rollstuhl zu bewegen. Der in Cécile schwelende Zorn wird für das Publikum erst verständlich, als sich der Gesundheitszustand der Ordensschwester offenbart. Vage Hinweise darauf, dass es mit ihr nicht zum Besten steht, liefern zum einen eine scheinbar belanglose Bemerkung Frau Olivetis (Helga Illich), zum anderen Céciles eigenartiges Verhalten beim Shooting des Gruppenfotos vor der Rosenbasilika. Doch erst als sie beim Anbringen der Luftballone für das große Abschlussfest zu Boden stürzt, ihr die Perücke vom Kopf rutscht und sie bewegungslos liegen bleibt (Abb. 66, Mitte), wird klar, dass die so souverän wirkende Frau selbst an einer schweren Erkrankung leidet.

Nach ihrem Zusammenbruch wird Cécile auf einer Tragbahre abtransportiert; sie verschwindet damit aus der Hausner'schen Erzählung, übrig bleibt zuletzt nur ein freier Platz im Reisebus, den Christine einnehmen wird, und eine bissige Bemerkung von Frau Spor (Heidi Baratta), die resümiert: »Ja, wenn man sich zu sehr bemüht, das ist dann auch nicht gut. Das sieht man am Fräulein Cécile. Die war so eine Verbissene.« (Lourdes, 1:13:41–1:13:54)

Einmal Wunder und zurück: Anna

Neben Christine und Cécile kann in Anna (Orsolya Toth), einer im Rollstuhl sitzenden, schwerbehinderten, jungen Frau, die den Marienwallfahrtsort in Begleitung ihrer Mutter (Petra Morzé) besucht, eine weitere märchenhaft Wandernde erkannt werden; auch ihre Notlage lässt sich in der körperlichen Versehrtheit eruieren.

Im Vorraum der Zeremonien-Bäder, wo die mit weißen Tüchern und blauen Überwürfen bedeckten Kranken auf ihre Waschung und die damit verbundene Segnung warten, werden Tochter und Mutter erstmals in Szene gesetzt. Christine beobachtet, wie Anna sich schreiend und von unkontrollierbaren Krämpfen geschüttelt gegen die zu erwartende Behandlung wehrt, während ihre Mutter hilflos um Deeskalation bemüht ist. Wenig später sieht Christine das Zweiergespann wieder; die Mutter mit vor der Brust gefalteten Händen hingebungsvoll betend, die Tochter reglos, mit offen stehendem Mund im Rollstuhl verharrend.

Unter den Pilger_innen geht indes die Mär', dass man berechtigte Hoffnung auf Heilung seiner Gebrechen haben dürfe, wenn der Priester während der, die eucharistische Prozession abschließenden, Segnung mit dem Allerheiligsten direkt vor einem stehen bliebe. Es kommt, wie es kommen muss: Tatsächlich stoppt der die Monstranz tragende Geistliche unvermittelt und direkt vor Anna, die von dem Trubel in der unterirdischen Basilika nichts mitzubekommen scheint (Abb. 66, rechts). Am Tag nach der segensreichen Prozession geschieht das Unglaubliche, denn die junge Frau wirkt wie durch ein Wunder genesen. »Un miracle« flüstern die anwesenden Pilger_innen staunend. Fromme Beständigkeit lohnt sich, so scheint es zunächst, denn Mutter und Tochter reisen jedes Jahr in der Hoffnung auf Heilung nach Lourdes. Doch bereits am nächsten Tag hat die Krankheit Anna wieder fest in ihren Fängen. Hoffnung und Glückseligkeit sind aus dem Gesicht der Mutter verschwunden. Als sie der geheilten, aber nichtgläubigen Christine in die Augen sieht, bleibt nur ein neidvoll-anklagender Blick.

Märchen-Questen des Hausner'schen Œuvres

Zwischen dem Grimm'schen *Das Wasser des Lebens* und Hausners LOURDES können zahlreiche Parallelen aufgezeigt werden: Beginnend bei der Thematisierung einer vermutlich todbringenden Krankheit, die den Antrieb für die Handlung stellt, der Dreierkonstellation der Suchenden, über die vermutete heilende Wirkung des Wunderwassers, bis hin zum Glauben und zur Hoffnung in ein numinoses Wunder, das ein märchenhaftes Ende verantworten soll. Neben dem Umstand, dass Hausners Film somit eine deutliche Nähe zum *Wundermärchen* beweist, lässt sich außerdem die für das europäische Volksmärchen als typisch beschriebene Märchen-*Queste,* zu der sich die drei weiblichen Figuren mittels Wallfahrt nach Lourdes aufmachen, nachvollziehen.

In seiner vergleichenden Analyse europäischer Volksmärchen erkannte Max Lüthi – trotz nationaler, zeitlicher und individueller Unterschiede – gemeinsame Wesenszüge in der »Neigung zu einem bestimmten Personal, Requisitenbestand und Handlungsablauf und durch die Neigung zu einer bestimmten Darstellungsart«[1220]. Für den märchentypischen Handlungsverlauf beschrieb Lüthi ein generelles Muster, das aufgrund seiner allgemein-gültigen Formulierung für viele Märchen zutreffend scheint:

> Das allgemeinste Schema, das dem europäischen Voksmärchen [sic] zugrunde liegt, ist: Schwierigkeiten und ihre Bewältigung. Kampf/Sieg,

---

1220 Lüthi: *Märchen.* 2004[10], S. 25.

> Aufgabe/Lösung sind Kernvorgänge des Märchengeschehens. […] Die Ausgangslage ist gekennzeichnet durch einen Mangel oder eine Notlage [arme Eltern setzen ihre Kinder aus; die Prinzessin soll einem Drachen ausgeliefert werden], durch eine Aufgabe [den Goldapfeldieb zu ertappen, Lebenswasser für den kranken König zu holen], ein Bedürfnis [Abenteuerlust, Wunsch sich zu vermählen] oder andere Schwierigkeiten, deren Bewältigung alsdann dargestellt wird […].[1221]

Betrachtet man Hausners bisherige Projekte mit Spielfilmhandlung, so kann – so unterschiedlich sich die Plots der einzelnen Produktionen auch darstellen mögen – auf narrativer Ebene in der Inszenierung der Märchen-*Queste* die gemeinsame Schnittmenge gefunden werden.

> […] Märchen sind mehrheitlich überall Geschichten von Suchbewegungen: die Helden ziehen aus auf ihre »Queste«, ihre Suchwanderung, […] kehren zurück oder finden ein neues Zuhause, eine neue *Heimat*, wo sie, wenn sie nicht gestorben sind, noch heute leben. Das gilt als Grundstruktur, denn nahezu alle echten Märchenhelden und -heldinnen verlassen die Familie, ziehen hinaus ins Fremde, Unbekannte, Dunkle, in die Ungeborgenheit, wo sie ihre jeweiligen Bewährungsproben bestehen müssen.[1222]

Das Verlassen der gewohnten Umgebung ist in Hausners Frühwerk bis hin zu ihrem Spielfilmdebüt in den Kontext der Adoleszenz gebettet. Flora, Gertrude und Rita brechen – jede auf ihre Weise – mit den Eltern, um sich auf die Suche nach ihrem Glück zu begeben. Auf ihrer *Queste* entdecken sie nicht nur ihre Sexualität, sondern lernen auf ganz märchenhaft anmutende Weise, »was es bedeutet, eine reife Persönlichkeit zu werden, sich selbst zu verwirklichen, Prüfungen zu überstehen und weitreichende Entscheidungen für das weitere Leben zu fällen.«[1223] Auch Rezeptionistin Irene lässt in HOTEL ihr Elternhaus hinter sich, um im Hotel Waldhaus einen neuen Lebensabschnitt zu beginnen.

1221 Ebd.
1222 Sabine Wienker-Piepho: Heimat als Narration und Sprache. In: Joachim Klose (Hrsg.): *Heimatschichten: Anthropologische Grundlegung eines Weltverhältnisses*. Wiesbaden: Springer 2013, S. 521–532; hier: S. 527 [H. i. O.].
1223 Jochen Brunow: Es war einmal ein Zauberapparat… Über Märchen als Vorlage filmischen Erzählens – eine unendliche Geschichte. In: Jochen Brunow (Hrsg.): *Scenario 8. Film- und Drehbuch-Almanach*. Berlin: Bertz+Fischer 2014, S. 116–129; hier: S. 122.

Günter, die männliche Hauptfigur in INTER-VIEW, versucht indes, durch semi-wissenschaftliche Interviews dem Geheimnis des Glücks auf die Spur zu kommen. Seine Gespräche mit Fremden sind ebenso märchenhafte Suchwanderung, wie Alices gentechnischen Forschungsbestrebungen in LITTLE JOE. Die *Queste* der Wissenschaftlerin wandelt sich dabei von der anfänglichen Bemühung, Menschen aus aller Welt eine heilende Glücksdosis im Blumentopf verfügbar zu machen, zur von Zweifeln an Natur und Wesen ihrer Schöpfung befeuerten Feldforschung. Der Figurentypus des_der suchenden Wandernden zeigt sich, wie eingangs veranschaulicht, auch in den Frauenfiguren in LOURDES. Christine bricht zu einer Pilgerreise auf, verlässt die für sie soziale Isolation bedeutende Heimat, sucht Gesellschaft und kommt (zumindest kurzfristig) in den Genuss eines Wunders. In AMOUR FOU begeben sich sowohl Henriette als auch Heinrich auf die Wanderschaft – die eine sucht eine Lösung, um dem befürchteten Leidensweg zu entgehen, der andere hofft, in Gesellschaft einer Sterbebegleitung von seinem Leben geheilt zu werden. Und selbst in den experimentelleren Arbeiten Hausners ist die *Queste* omnipräsent: So scheint die namenlose Protagonistin in TOAST auf der Suche nach dem ultimativen Geschmackserlebnis zu sein, und sogar der in einen Zwinger gesperrte Hund in Hausners einminütiger Mozart-Miniatur RUFUS ist auf einer *Queste,* sucht er doch scheinbar einen Ausweg aus seinem Martyrium.

3.8 Von einem märchenhaften Requisit

> *Die Königin aber […] trat*
> *vor ihren Spiegel und sprach:*
> *»Spieglein, Spieglein an der Wand,*
> *wer ist die schönste im ganzen Land?«[1224]*

Für die Requisiten im europäischen Volksmärchen hielt Max Lüthi fest, dass diese – ebenso wie das märchenhafte Personal – stets eine auf die Heldin_den Helden bezogene Funktion erfüllen. Diese Utensilien, die

---

1224 Sneewittchen. [1857], zit. n. Heinz Rölleke (Hrsg.): *Brüder Grimm. Kinder- und Hausmärchen.* Ausgabe letzter Hand mit den Originalanmerkungen der Brüder Grimm, Band 1, Ditzingen: Reclam 2016, S. 257–266; hier: S. 261.

»nicht in den Lebensraum ihres Besitzers eingebettet [sind], sondern [...] in sich selbst isoliert«[1225] bleiben, können dabei sowohl zauberhaften als auch alltäglichen Charakter haben. Ihnen allen voran steht die *Gabe*, welche die Held_innen zwingend für die Erfüllung der Aufgabe benötigen. Die *Gabe* ist dabei – anders als in den mannigfachen Beispielen zeitgenössischer fantastischer Literatur – nicht als besondere Fähigkeit zu verstehen, sondern hat durchaus gegenständlichen Charakter, muss also auch als ›etwas Gegebenes‹, etwas von höheren Mächten zur Verfügung Gestelltes verstanden werden.[1226]

> Die wunderbaren Schlüssel, Ringe und Kleider, die fliegenden Schuhe, Teppiche und Pferde, die Zaubersalben und Zauberfrüchte des Märchens dienen nicht dazu, dem Helden Annehmlichkeit und Behagen zu schenken [...], sondern einzig und allein, bestimmte Aufgaben und Gefahren zu bewältigen oder bestimmte Abenteuer herbeizuführen.[1227]

Im Hausner'schen Œuvre lässt sich ein märchenhaft anmutendes Requisit benennen, das konstant und auffällig in Szene gesetzt wird: Es sind die immer wiederkehrenden Darstellungen von Spiegeln und Spiegelimaginationen, die in ihren Filmen nicht lediglich als Filmrequisite fungieren, sondern konsequent mit erweiterter Bedeutung beladen werden.

»Spieglein, Spieglein an der Wand, wer ist die schönste im ganzen Land?«[1228] Einen der wohl bekanntesten Zauberspiegel findet man in den Kinder- und Hausmärchen der Brüder Grimm, genauer gesagt in *Sneewittchen*[1229]: Der sprechende und allwissende Spiegel dient der bösen Stiefmutter anfänglich ausschließlich zur Bestätigung der eigenen Schönheit. Doch als die Titelheldin zur bildhübschen Jugendlichen heranreift, klärt er die Antagonistin unerbittlich darüber auf, dass sie im

---
1225 Lüthi: *Das europäische Volksmärchen.* 2005[11], S. 13.
1226 Vgl. Lüthi: *Märchen.* 2004[10], S. 27–29.
1227 Lüthi: *Das europäische Volksmärchen.* 2005[11], S. 19.
1228 Sneewittchen. [1857], 2016, S. 258.
1229 Zu »S[ch]neewittchen« schrieb Hermann Bausinger: »[Es] gibt Analysen über die in den Märchen verwendeten Gegenstände so gut wie über die darin gebrauchten Namen, ja es gibt Auseinandersetzungen selbst über einzelne Buchstaben: indem ich Schneewittchen schreibe, beziehe ich Position, muß ich mich auf den Tadel derjenigen gefaßt machen, für welche die Schreibung Sneewittchen sakrosankt ist.« (Bausinger: *Anmerkungen zu Schneewittchen.* [o. D.], in: https://bibliographie.uni-tuebingen. de/xmlui/bitstream/handle/10900/47611/pdf/Bausinger_Hermann_Anmerkungen_ zu_Schneewittchen.pdf?sequence=1&isAllowed=y, S. 8. Letzter Aufruf: 25.04.2020.)

Beautyranking des Landes längst nicht mehr an der Spitze steht. Der Spiegel ist derart nicht nur Vehikel zur Bestimmung des (Selbst-)Wertes; er versprachlicht außerdem, was die Frau nicht auszusprechen vermag, nämlich den Neid auf die Schönheit ihrer Stieftochter.[1230] [1231]

Doch auch abseits des europäischen Volksmärchens hat das zauberhafte Requisit Einzug in eine Vielzahl von Erzählungen gehalten. So findet man etwa bereits im Publikationsnamen *Through the Looking-Glass, and What Alice Found There* (1871) den Spiegel-Hinweis. In Lewis Carrolls Roman, der in der deutschen Übersetzung als *Alice hinter den Spiegeln* bzw. als *Alice im Spiegelland* publik wurde, gelangt die kindliche Protagonistin mit Hilfe eines über dem Kamin hängenden Spiegels in eine fantastische Parallelwelt. Michael Ende ließ in seinem Roman *Momo. Die seltsame Geschichte von den Zeit-Dieben und von dem Kind, das den Menschen die gestohlene Zeit zurückbrachte* (1973) die Figur Girolamo für Momo ein Märchen erfinden, in dem die beiden die fiktiven Hauptrollen spielen: Das »Märchen vom Zauberspiegel« erzählt die Geschichte von Prinzessin Momo, die ihren fliegenden, silbernen, runden Spiegel (als Analogie des Mondes) in die Welt schickt, um Bilder für sie zu sammeln. In Hans Christian Andersen Kunstmärchen *Die Schneekönigin* treffen die Splitter eines Teufelsspiegels den jungen Kay einerseits ins Herz, worauf dieses zu einem Eisklumpen gefriert, und gehen andererseits wortwörtlich ins Auge und verändern damit die Sicht auf die Wirklichkeit: Alles Böse erscheint ihm nun gut, alles Schöne – wie etwa der Rosenbusch im Pflanzkasten – wird hässlich. Gefangen im Palast der Eiskönigin kann er die ihm gestellte Aufgabe, nämlich das Wort »Ewigkeit« aus Eisplatten zu bilden, aufgrund des Splitters in seinem Auge nicht bewältigen.[1232]

1230 Vgl. Bettelheim: *Kinder brauchen Märchen.* 2013³², S. 234.

1231 In Anlehnung an das Grimm'sche Märchen beschrieb die amerikanische Sozialarbeiterin und Psychotherapeutin Betsy Cohen in ihrer Publikation *The Snow White Syndrome – All About Envy* die psychischen Langzeitfolgen des mütterlichen Neids auf die Tochter. Eine Veröffentlichung neueren Datums ist Mathias Jungs *Schneewittchen: der Mutter-Tochter-Konflikt* (2013⁴), in welcher der Märchenstoff zur tiefenpsychologischen Analyse herangezogen wurde.

1232 Andersens Märchen wurde mehrfach zum Vorbild für filmische Inszenierungen, im deutschsprachigen Raum etwa für den DEFA-Spielfilm DIE SCHNEEKÖNIGIN (1975, Heiner Möbius) und den TV-Film für die ZDF-Filmreihe *Märchenperlen* DIE SCHNEEKÖNIGIN (2014, Karola Hattop). Doch auch der computeranimierte Disney-Trickfilm FROZEN (2013, Jennifer Lee/Chris Buck) sowie die US-amerikanische Produktion THE HUNTSMAN AND THE ICE QUEEN (2016, Cedric Nicholas-Troyan) beruhen lose auf Andersens Vorlage.

Der übermannsgroße Zauberspiegel in HARRY POTTER AND THE PHILOSOPHER'S STONE (2001, Chris Columbus) trägt seinen Namen als Gravur am goldenen Rahmen: *Nerhegeb* (im englischen Original: *Mirror of Erised*, rückwärts gelesen also *Begehren* bzw. *Desire*) zeigt dem_der Betrachter_in »nicht dein Antlitz aber dein Herz begehren«.[1233] Als der junge Zauberer zum ersten Mal in den magischen Spiegel blickt, erkennt er jedoch nicht ein Abbild seiner Selbst, sondern vielmehr sich im Kreise seiner Liebsten als visuellen Ausdruck seines sehnsüchtigen Wunsches nach Familie.[1234] Harrys bester Freund Ron Weasley hingegen sieht sich in *Nerhegeb* als Schulsprecher und Kapitän der Quidditchmannschaft – als Entsprechung seines innersten Begehrens nach Individualität, Aufmerksamkeit und Anerkennung.[1235] Die selbstreflexive Botschaft verdeutlicht Schulleiter Dumbledore mit seinen Erläuterungen der Funktionsweise des Spiegels: »Er zeigt uns nicht mehr und nicht weniger als unseren tiefsten, verzweifeltsten Herzenswunsch.«[1236], dies berge aber die Gefahr, sich in Spiegelbildern zu verlieren und dabei das echte Leben zu vergessen. *Nerhegeb* bietet dem Zauberlehrling die Möglichkeit, aus der Alltagsrealität zu fliehen, doch »kommt es darauf an, wie er [Anm. SG: Harry Potter, allerdings gilt die Beobachtung auch für Ron Weasley] nach seiner Rückkehr die gemachten Erfahrungen nutzt.«[1237]

»Irgendwie geht es hier dauernd um Spiegel«[1238] stellt Virginia, eine der Hauptfiguren der fünfteiligen US-amerikanischen Fantasy-Produktion THE 10TH KINGDOM (2000, David Carson/Herbert Wise; dt. Titel: DAS ZEHNTE KÖNIGREICH), stirnrunzelnd fest und tatsächlich herrscht in der fantastischen Welt der Neun Königreiche eine beeindruckende Zauberspiegel-Dichte. Ein Reisespiegel verbindet die ›echte‹ Welt mit einem märchenhaften Paralleluniversum, drei andere Spiegel dienen der Erkenntnis, der Erinnerung und des Vergessens und der »Spiegel der Macht« komplettiert die magische Sammlung der bösen Königin.[1239] Im Handlungsverlauf erscheinen zudem zahlreiche weitere Spiegel auf der Bildfläche, unter ihnen Reise- und Wahrheitsspiegel wie auch ein Zau-

---

1233 J. K. Rowling: *Harry Potter und der Stein der Weisen*. Hamburg: Carlsen 1998, S. 227.
1234 Vgl. ebd. S. 228.
1235 Vgl. ebd. S. 230.
1236 Ebd. S. 230 ff.
1237 Stefan Neuhaus: *Märchen*. Tübingen/Basel: UTB 2005, S. 352.
1238 Kathryn Wesley: *Das Zehnte Königreich*. Köln: vgs 2000, S. 436.
1239 Vgl. ebd. S. 345.

berspiegel namens Gustav, der Fragen nur dann beantwortet, wenn sie ihm in Reimform gestellt werden.

Die Zauberspiegel in genannten Märchen, Erzählungen und fantastischen Filmen und Fernsehserien erfüllen unterschiedliche Funktionen. Sie dienen als Speichermedium für Bilder oder als Gefängnis für das Böse, machen Un- oder Unterbewusstes sichtbar, sind fantastische Transportmittel durch Raum und Zeit, überwinden sogar die Grenzen der filmischen Wirklichkeit und entführen in Paralleluniversen, zeigen verborgene Wünsche und Begehren, reflektieren Ängste und Sorgen. Trotz unterschiedlicher Aufgaben verbindet sie aber eine wichtige Gemeinsamkeit: Sie sind nie lediglich Alltags- oder Gebrauchsgegenstand, sondern vermitteln immer einen für die Narration relevanten (zauberhaften) Mehrwert.

An dieser Stelle schließt sich der Kreis zu den Hausner'schen Spiegeln in AMOUR FOU: Scheinen diese auf den ersten Blick vorrangig als Requisit, als Aspekt des Setdesigns, zu dienen, sind die spiegelnden Flächen bei genauer Betrachtung weitaus mehr als Atmosphäre stiftende Utensilien oder simple Raumaccessoires. Die Zauberspiegel Hausners, die ob ihrer fehlenden Zauberkraft zunächst so gar nicht fantastisch anmuten, sind dabei kein Widerspruch zur realistischen Note des Historienfilmes, sondern bereichern diesen vielmehr.

Der Spiegel der Täuschung

Noch bevor Heinrich von Kleist in AMOUR FOU erstmals als körperliche Person in Erscheinung tritt, bekommen die Zuseher_innen sein Spiegelbild zu Gesicht. Im Salon der Familie Vogel zu Gast, wird er Zeuge der musikalischen Darbietung der Frau von Krahl. Die visuelle Einführung der Figur des Dichters überrascht, denn Heinrich von Kleist ist lediglich als Abbild in einem Spiegel zu sehen. Von einem dunklen Rahmen umgeben, scheint er – einem Gemälde gleich – statisch und in erhöhter Position über der Kommode festzusitzen (Abb. 67). Obwohl im Bildzentrum positioniert, ist er so deutlich von den dynamischen Geschehnissen im Vordergrund abgegrenzt, die von Frau von Krahl, in ihrem leuchtend roten Kleid, und dem leidenschaftlich in die Tasten klopfenden Pianisten dominiert werden.

Kleist ist Teil des Geschehens, Teil der Abendgesellschaft, und doch auch wieder nicht. Einen Schnitt später wird das durch die Bildkomposition erzeugte Gefühl bestärkt: Nun ist im linken Bildbereich eine Gruppe sitzender Personen – unter ihnen befindet sich Henriette – zu

Abb. 67: Heinrichs Spiegelbild (AMOUR FOU, 0:01:39)

sehen, die gebannt dem musikalischen Vortrag folgt. Kleist steht steif und beinahe bewegungslos am rechten Bildrand. Eine kleine Kommode, bestückt mit einem üppigen Blumenstrauß, trennt ihn sichtbar von den ebenfalls stehenden Herren Louis Vogel und Adam Müller. Obwohl er der Darbietung zuhört und Henriette währenddessen verstohlene Blicke zuwirft – also in gewisser Weise am Geschehen partizipiert –, scheint der Dichter fehl am Platz. Diesen Eindruck bestätigt er in weiterer Folge selbst; vielmehr noch: er offenbart, dass er nur vortäuscht, Teil der Gesellschaft zu sein. Kleist und Müller haben auf einer Sitzbank im Salon der Vogels nebeneinander Platz genommen und lauschen Henriette, die sich an einer Von-Krahl-Imitation versucht und Beethovens *Wo die Berge so blau* intoniert. Im Off richtet Heinrich die folgenden Worte an den Freund:

> Und wenn ich also die Abende bei Vogels verbringe, denn sonst erlaubt es dieser Dame der Anstand nicht, mich all zu oft alleine zu sehen,... [Sprechpause]. Sie merken, mein lieber Freund, wie sehr sie noch in den Konventionen gefangen ist, aus denen ich beabsichtige, sie vollends und endgültig herauszulösen. Zu ihrem eigenen Vorteil. [Sprechpause] Kurzum: Wenn ich also an diesen Abenden jenes Idyll betrachte und so tue, als wäre ich ein Teil davon, so berauscht mich innerlich der Gedanke daran, dass all dieses irdische Glück, das Henriette sich also aufgebaut hat, dass sie all dies für mich aufgeben würde. (AMOUR FOU, 0:33:19–00:34:19)

Die vorangegangene visuelle Inszenierung von Kleist als Spiegelbild seiner selbst erhält dadurch eine erweiterte, tiefe Bedeutung. Der Zauber-

Abb. 68: Perfect Match (AMOUR FOU, 0:43:08)

spiegel zeigt ein Mehr an Information, das erst im späteren Kontext zu voller Bedeutung gelangt. Denn obwohl Kleist Mitglied der Abendgesellschaft zu sein scheint bzw. zu sein vorgibt, exkludiert er sich bzw. wird visuell ausgeschlossen. Bei genauer Betrachtung und Analyse gewährt der Spiegel also bereits in einer frühen Phase des Films einen Blick hinter die gesellschaftliche Maske der Figur des Heinrich von Kleist.

Eine optische Täuschung erzeugen zwei weitere Spiegel, die im Salon der Frau von Massow ins Blickfeld rücken. Die für heutige Verhältnisse ungewöhnliche Positionierung – beide Spiegel hängen nicht an der Wand, sondern stehen am Boden – sorgt auf den ersten Blick für eine künstliche Erweiterung des Raumes, erzeugt einen Korridor.

Auf den zweiten Blick offenbart einer der beiden Spiegel ein von Hausner selbst als *Tableau Vivant* bezeichnetes Bild (Abb 68). Interessant an der Bildkomposition sind zunächst die optischen Verhältnisse: Ein Drittel des Bildraumes wird vom roten Vorhang eingenommen, das zentrale Drittel zeigt Frau von Massow und Heinrich, die sich über die Auswirkungen der nahenden Steuerreform unterhalten und das letzte Drittel ist für den am Boden stehenden und an eine Kommode gelehnten Spiegel reserviert. Er zeigt das Abbild eines kleinen, schwarz-weißen Hundes, der einerseits perfekt zum Bodenbelag zu passen scheint[1240] und andererseits in der Mitte

---

1240 Dass der Bodenbelag eine Assoziation zum *Red Room* aus David Lynchs *Twin Peaks* vermittelt, ist der Regisseurin bewusst, wie sie in einem Interview mit dem Magazin *News* verrät. Siehe dazu Nina Edler: »Ich weiß nicht, ob ›Amour Fou‹ lustiger ist, als die anderen Filme.« Jessica Hausner über ihre »absurde Komödie«, die die Viennale eröffnet. [15.10.2014], http://www.news.at/a/jessica-hausner-amour-fou-viennale-interview, letzter Aufruf: 20.06.2020.

der Spiegelfläche platziert wurde. Würde der Vierbeiner sich nicht bewegen, bliebe er wohl aufgrund mangelnder Aktivität unbeachtet, doch der Hund lässt sich zur Seite fallen und verharrt erst dann bewegungslos.

Wenn der schwarz-weiße Hund als tierische Entsprechung[1241] der Frau von Massow verstanden werden kann, dann verdeutlicht der Hausner'sche Zauberspiegel im Zusammenhang mit dem Gesprächsinhalt der beiden Protagonist_innen, dass die ältere Dame sich einer gesellschaftlichen Umwälzung ergeben wird. Zu Ende des Filmes zeigt sich, dass die drohende Steuerreform längst beschlossene Sache ist: Im Kreise seiner Bekannten spricht Louis Vogel von seinen beruflichen Herausforderungen betreffend die Umsetzung des neuerlassenen königlichen Sparprogramms. Wieder antizipiert das im Spiegel Sichtbare, was in weiterer Folge des Filmes zur (ausgesprochenen) Tatsache wird.

Der Spiegel der Selbstbefragung

Über einer Kommode im Schlafzimmer der Vogels hängt ein weiterer Spiegel, vor dem sich Henriette abends die Haare bürstet und dabei in einen Monolog über Frau von Krahl verfällt, die sie ob der Abhängigkeit vom Wohlwollen des Publikums umfassend bemitleidet. An Henriettes Sichtweise ändern auch Louis' Einwürfe zu Erfolg und gesellschaftlichem Ansehen der von Krahl nichts. »Man sagt das eine und fühlt doch auch das andere« hat Henriette am gleichen Abend zu Heinrich von Kleist gesagt – die verborgene Wahrheit dieser Worte wird sich im weiteren Verlauf der Handlung offenbaren. »Ich hab' es im Leben zu nichts anderem gebracht, als mich um dich und Pauline zu sorgen. Und das genügt mir, so bin ich eben.« erklärt sie ihrem Ehemann und doch scheint es ihr eben nicht zu genügen; Henriette fühlt zwar das eine, dann aber auch etwas anderes. Mit Blick in den Spiegel macht sie sich die Angst vor möglichem Versagen und der – in Henriettes Weltsicht logischen – daraufolgenden Verachtung durch die Gesellschaft bewusst und projiziert diese auf die von Krahl. Dass sie dabei ihre eigenen Sehnsüchte und Wünsche reflektiert hat, wird deutlich, als sie sich in weiterer Folge an einer Imitation der Sängerin versucht. Die Selbstreflexion mit Hilfe ihres Zauberspiegels hat Früchte getragen: Henriette geht ein Wagnis ein, als sie versucht, ihren Identitätsentwurf als Ehefrau und Gattin um eine künstlerische Facette zu bereichern und erntet statt der befürchteten Kritik ihrer Zuhö-

---

1241 Vgl. 3.6 Tierische Kommentare.

rerschaft regen Applaus. Besonders Heinrich von Kleist bringt lautstark sein Gefallen an ihrem musikalischen Vortrag zum Ausdruck.

Das Spiegelgespräch mit dem jüngeren Ich

Bevor Henriette sich erstmals mit Kleist aufmacht, um gemeinsam den Tod zu suchen, verabschiedet sie sich von ihrer Tochter und lässt ihr gutgemeinte Ratschläge für ein erfülltes Leben angedeihen. Vor einem großen Spiegel stehend, knöpft Henriette ihre Jacke zu, als Pauline wie ein Geist im Raum erscheint; nur das Spiegelbild des Mädchens ist zunächst zu sehen (Abb. 69).

Die Spiegelszene weist einige Unsauberkeiten im Setting auf. Auf den ersten Blick scheint das Mutter-Tochter-Gespräch in einem neuen, bisher ungezeigten Raum stattzufinden. Tatsächlich soll der Dialog wohl im elterlichen Schlafzimmer spielen – Hinweise dafür sind das Schminktischchen und die darauf positionierte Haarbürste sowie die Rahmung des Spiegels, die dem Publikum bereits aus dem vorangegangenen nächtlichen Gespräch der Eheleute bekannt sind. Die veränderte Kameraposition und die Inszenierung des Raumes bei Tageslicht erschwert das Wiedererkennen des Schlafzimmers, denn die Lampe steht auf der falschen Seite der Kommode, die Betten – in der nächtlichen Szene als Spiegelung gut sichtbar – sind nun gar nicht mehr zu erkennen, die Farbe der grünen Vorhänge kann in der Nachtszene nicht eruiert werden. Im Gegensatz zum Kleist'schen Zauberspiegel ist der Spiegel sowohl in der Nacht- als auch in der Tagesszene in einem nicht-öffentlichen zugänglichen Bereich des Hauses, nämlich im Schlafzimmer der Vogels, aufgestellt.

In der Spiegelszene erinnert Pauline ihre Mutter eindringlich an die warnenden Worte des Arztes, der als Mittel gegen das lebensbedrohende Geschwür im Unterleib absolute Bettruhe, frische Luft und Kamillentee verordnet hat. Henriette reagiert nicht auf die Mahnung, stattdessen erklärt sie ihrer Tochter, dass sie ab sofort brav sein müsse und immer tun solle, was ihr Vater verlange. Was zunächst wie eine Vision oder ein Selbstgespräch mit dem jüngeren Ich beginnt, wird erst zur filmischen Wirklichkeit, als Kamerafokus und Bildausschnitt sich ändern. Nun tritt Pauline näher an ihre Mutter heran, ihr Spiegelbild erhält eine körperliche Entsprechung. Henriette klärt ihre Tochter über ihre Aufgaben und die ihr zugedachte Rolle in der Gesellschaft auf. Sie ermahnt ihr Kind, ebenjene Rolle zu übernehmen, der sie selbst nicht gerecht werden kann/ will und der sie durch den ›Doppelselbstmord‹ zu entfliehen trachtet.

Abb. 69: Gespräch mit dem jungen Ich (AMOUR FOU, 0:47:44)

Henriette spricht nicht nur ihrem jungen Ich, sondern auch sich selbst Mut zu, um den beschwerlichen Weg, der vor beiden zu liegen scheint, bewältigen zu können.

Wie stark sich der mütterliche Verhaltenskodex auf Pauline auswirkt, zeigt sich in der letzten Sequenz des Filmes. Inspiriert vom musikalischen Vortrag der Frau von Krahl singt Henriette in Handlungsverlauf wiederholt im kleinen Kreis, von Pauline am Pianino begleitet, vor Freunden und Bekannten. Beethovens *Wo die Berge so blau* wird alsdann zum »Begleit«-Motiv[1242] der Vogel, geleitet sie durch die Höhen und Tiefen des Lebens und wird außerdem zum Vermächtnis für Töchterchen Pauline.

> Henriette's daughter, who sings *Wo die Berge so blau* at the end of the film, carries the torch after the death of her mother. She is in her mother's shoes, in a sense. It's a sad moment that makes us think: »Hopefully she'll manage everything better, hopefully she can free herself more effectively from social conventions.«[1243]

Pauline nimmt das Spiegelgespräch mit der Mutter ernst und übernimmt nach deren Ableben die Rolle als Sängerin des Hauses. Aber assimiliert das Kind deshalb auch künftig die gesellschaftlich geforderten Aufgaben

---

1242 Ich verweigere den terminus technicus *Leitmotiv* an dieser Stelle bewusst, da er mir in Kenntnis der Definition schlicht unpassend erscheint.
1243 Hausner zit. n. Karin Schiefer: »What fascinates me a lot is the huge difference…« [Mai 2014], http://www.austrianfilms.com/jart/prj3/afc-new/main.jart?reserve-mode=reserve&content-id=1422972471829&rel=de&j-cc-node=artikel&j-cc-id=139910166887 0&j-cc-idname=artikel_en, letzter Aufruf: 25.04.2020.

einer Frau, wie es sich Henriette gewünscht hatte? Oder imitiert sie ihre Mutter nicht nur gesanglich, sondern folgt ihr auch in ihrem Lebensentwurf, der im Selbstmord enden würde? Diese Fragen lässt Jessica Hausner unbeantwortet; ob AMOUR FOU hoffnungsvoll oder pessimistisch endet, ist der Fantasie der Zuseher_innen überlassen.

Hausners Spiegelvariationen

Kein echter Spiegel im Wortsinn, aber eine Spiegelimagination, in der die Kamera die Funktion des Spiegels übernimmt, ist in FLORA zu sehen, in der die Kamera die Funktion des Spiegels übernimmt. Nachdem Floras Mutter bemerkt hat, dass ihre Tochter Schwierigkeiten bei der Kontaktaufnahme in der Tanzschule hat, übernimmt sie das Ausstaffieren ihres Kindes. Hinter Flora stehend, trägt sie ihrer Tochter eine dicke Schicht Lidschatten auf und unterstützt sie damit symbolisch auf ihrem Weg vom Mädchen zur Frau.[1244] Die Kamera fängt die Gesichter von Mutter und Tochter ein und vermittelt den Zuseher_innen derart die Illusion eines Spiegelbildes (Abb. 46).

In INTER-VIEW sucht Günter in Begleitung eines Studienkollegen ein Schuhgeschäft auf. Nachdem er durch die engen, mit Regalen vollgestellten Gänge geschlendert ist und mehrere Schuhverschlüsse mechanisch auf Funktionalität getestet hat, trifft er eine Wahl und wartet, auf einem kniehohen Hocker sitzend, auf die Rückkehr der Verkäuferin. Neben Günter steht ein Spiegel, der das Abbild des jungen Mannes zurückwirft. Ein Sprichwort besagt: »Never criticize anybody until you have walked a mile in his moccasins.«[1245] Günter probiert im Schuhgeschäft nicht nur neue Schuhe an, sondern sucht auf symbolischer Ebene nach weiteren Identitätsentwürfen. Der Spiegel im Schuhgeschäft macht sichtbar, was latent bereits angedeutet war: Günter ist mit seinem persönlichen Status Quo unzufrieden, befragt verschiedene Personen zu ihren Lebensentwürfen und imitiert deren Verhaltensweisen. Dass er nun – in Anlehnung an

---

1244 Siehe 3.1.Wenn Gut und Böse gemeinsame Sache machen: Märchenhafte Mutterfiguren.
1245 Fred R. Shapiro (Hrsg.): *The Yale Book of Quotations.* New Haven/London: Yale University Press 2006, S. 526. Das Sprichwort, das unterschiedlichsten Völkern und Stämmen in den Mund gelegt wird, soll auf das Gedicht *Judge Softly* (1895) von Mary Torrans Lathrap zurückgehen. In der von Julia R. Perish herausgegebenen Publikation *The Poems and Written Addresses of Mary T. Lathrap* (1895) ist das Gedicht jedoch nicht verzeichnet.

Abb. 70: Unsichtbare Gewalt (INTER-VIEW, 0:41:41)

Abb. 71: Spiegelung der Gewalt (LITTLE JOE, 1:29:05)

das Gedicht – plant, in anderen Schuhen zu gehen, ist logischer Schritt, der seinen Interviews folgen muss.

Eine intertextuelle (Selbst-)Referenz auf INTER-VIEW (Abb. 70) ist es, die in LITTLE JOE einen der Spiegel-Momente bildet. In einem letzten verzweifelten Aufbegehren versucht Alice, ihrer Schöpfung durch Manipulation des Thermostats ein Ende zu bereiten. Sie wird jedoch von Chris überrascht, der bereit ist, sie mit allen Mitteln von der Ausführung ihres Planes abzuhalten. Aus einem anfänglichen Gespräch, in dem er sie noch mit Worten zu überzeugen versucht, wird ein heftiges Gerangel, das sich in Folge zu einem groben Kampf entwickelt. Chris setzt Alice schließlich mit einem gezielten Schlag außer Gefecht (Abb. 71). Wie in INTER-VIEW befindet sich der Körper der Frau während des Gewaltakts außerhalb des Sichtbereichs, allerdings ist Alice als Spiegelung in den verglasten Wänden des Gewächshauses zu erkennen. Im Bildzentrum deutlich sichtbar, geht die verschwommene Silhouette der Protagonistin nach dem Hieb zu Boden. Chris korrigiert zuerst die Temperatureinstellung, um den Fortbestand der Little Joes zu sichern, wendet sich daraufhin der bewusstlos zwischen den Edelstahltischen liegende Wissenschaftlerin zu und entfernt ihre schützende Gesichtsmaske, um die unfreiwillige Inhalation der Pollen zu forcieren. Aus dieser Spiegelszene geht Alice als völlig veränderter Mensch hervor; all ihre Zweifel, Sorgen und Befürchtungen gehören ab diesem Zeitpunkt der Vergangenheit an.

In LOVELY RITA nutzt Hausner einen Spiegel dazu, (sexuelles) Begehren sichtbar zu machen. Doch anders als der mannshohe, räumlich präsente Potter'sche Zauberspiegel *Nerhegeb*, ist es der kleine, unscheinbare Rückspiegel eines Omnibusses, der den neu*gier*igen Blick des Buschauffeurs offenbart (Abb. 72) und sichtbar macht, dass der Mann seine Augen kaum von der stark geschminkten Jugendlichen abwenden kann.

Abb. 72: Rückspiegel I
(LOVELY RITA, 0:18:03)

Abb. 73: Rückspiegel II
(LITTLE JOE, 0:59:58)

Eine vergleichbare Inszenierung lässt sich auch in LITTLE JOE erkennen: In ihrem Auto sitzend wartet Alice, die sich zunehmend um den Zustand ihres Sohnes sorgt, vor einem Schulgebäude. Durch den Rückspiegel des Fahrzeuges beobachtet sie Joe, der mit drei Schüler_innen in einer kleinen Gruppe beisammensteht (Abb. 73). Haben Little Joes Pollen Einfluss auf ihren Sohn genommen? Oder muss sein atypisches Verhalten schlicht mit dem Beginn der Pubertät erklärt werden?

Christine, die an Multipler Sklerose erkrankte Protagonistin in LOURDES, betrachtet sich im Verlauf des Filmes zwei Mal im Spiegel. Ist sie zunächst, bedingt durch ihre Sitzposition im Rollstuhl, nur durch angestrengtes Strecken des Halses dazu in der Lage, ihren Kopf im Spiegel auszumachen, wird sie nach ihrer wundersamen Heilung aus eigener Kraft am Waschbecken stehen können. Obwohl sie als Kranke im Badezimmer für die kleinsten Handgriffe des Alltags zwingend Unterstützung benötigt, inszeniert Hausner Christine nicht als hilflose Figur, sondern zeigt eine selbstbewusste Frau, die genau weiß, wie Maria ihre Haare zurechtmachen soll und die dezidiert auf das Anlegen von Ohrringen besteht. Daran wird auch die Genesung nichts ändern, entscheidend ist, dass Christine nun nicht nur selbstbewusst, sondern vor allem selbstständig agieren kann. Drängt sich beim ersten Spiegelblick noch die junge Malteserin als Assistentin ins Bild und ist dominant im Rahmen sichtbar, wird die genesene Christine nur noch ihr eigenes Abbild wahrnehmen.

Den Eindruck eines Spiegelblicks imitiert Hausner auch in HOTEL, nämlich als Irene sich dazu entschließt, die Brille ihrer Vorgängerin Eva als Ersatz für ihren eigenen, zerbrochenen Sehbehilf zu nutzen. Die junge Frau rückt den roten Brillenrahmen auf ihrer Nase zurecht und wirft einen prüfenden Blick nach vorne – geradewegs in die statische Kamera, die das Bild der Rezeptionistin wie ein Spiegel zurückwirft (Abb. 55).

Alle Hausner'schen Figuren probieren – das lässt sich an dieser Stelle festhalten – in den Spiegelszenen neue Identitätsentwürfe an; das Zusammenspiel von Kamera und Spiegelrequisite erlaubt dabei einen prüfenden Blick auf das Ergebnis der Verwandlung. In Kiesers *Wörterbuch der Märchen-Symbolik* ist unter dem Schlagwort »Spiegel« zu lesen:

> Der Spiegel zeigt etwas, das man direkt nicht sehen kann, und er zeigt es auf andere Weise (nämliche spiegelverkehrt). Deshalb sieht der Mensch im (mythischen Zauber-)Spiegel nicht einfach sein Abbild, sondern sein Gegenbild, seinen Schatten oder ein anderes Wesen, das die Wahrheit spricht, also eine Personifizierung seines Gewissens.[1246]

Die Zauberspiegel der Märchen werden so zum »Instrument der Bewusstwerdung«[1247], der Blick in selbige ist erster Schritt auf dem Weg der Persönlichkeitsentfaltung.[1248] Hausner nutzt die Spiegelszenen in ihren Filmen, um genau dies sichtbar zu machen: Ihre Protagonist_innen befinden sich stets an einer Schwelle und sind bereit, den nächsten Schritt in ihrer individuellen Entwicklung zu gehen. Alice beobachtet, wie Joe seine Kindheit hinter sich lässt und kopfüber ins Teenager-Dasein springt, Flora und Rita wechseln von der Adoleszenz in das Erwachsenenalter und bei Student Günter führt der Weg in die Unabhängigkeit. Irene stößt in HOTEL als neue Mitarbeiterin zum Team des Waldhauses und versucht, mit dem Anlegen der roten Brille, unter anderem einen Zugang zur Gemeinschaft zu finden. Christine wird in LOURDES von der bewegungsunfähigen zur aktiven Pilgerin, dank der wiedergewonnenen Mobilität sind von einem Moment zum nächsten neue Lebensentwürfe denkbar: ein Beruf und eine Familie rücken nun in den Bereich des Möglichen. Der Selbstmord als endgültiger Ausbruch aus gesellschaftlichen Regeln, Normen und Aufgaben und als Reaktion auf die Vermutung einer todbringenden Erkrankung ist eine Möglichkeit, die Henriette in AMOUR FOU als nächsten Entwicklungsschritt in Betracht zieht.

1246 Kieser: *Wörterbuch der Märchensymbolik.* 2014², S. 166.
1247 Ebd.
1248 Vgl. ebd.

> Jedes Märchen ist ein Zauberspiegel, in dem sich gewisse Aspekte unserer inneren Welt und der Stufen spiegeln, die wir in unserer Entwicklung von der Unreife zur Reife zurücklegen müssen. Für die, welche sich in das vertiefen, was das Märchen uns mitzuteilen hat, wird es zu einem tiefen, ruhigen See, in dem sich zunächst nur unser eigenes Bild spiegelt. Aber dann entdecken wir hinter diesem äußeren Bild die inneren Verwirrungen unserer Seele – ihre Tiefe und Möglichkeiten, unseren Frieden mit uns selbst und der Welt zu machen, was der Lohn unserer Mühe ist.[1249]

Hausners Spiegelszenen deuten – wie es Bettelheim für das Märchen als solches beschreibt – nicht nur die kommenden Entwicklungsschritte der jeweiligen Protagonist_innen an, sondern bieten jenen Zuseher_innen, die bereit sind, sich intensiv mit den jeweiligen Szenen zu beschäftigen, einen tieferen Einblick in die Gefühls- und Gedankenwelt der Figuren und offenbaren deren innere Konflikte.

3.9 Der Tanz als märchenhaftes Balzritual

> *Und während er tanzte,*
> *steckte er ihr, ohne dass sie es merkte,*
> *einen goldenen Ring an den Finger,*
> *und hatte befohlen, dass der Tanz*
> *recht lange währen sollte.*[1250]

»Ganz offensichtlich bedarf es für ein richtig lässiges und im Gedächtnis bleibendes Musikvideo nicht wirklich allzu viel«[1251] folgerte Michael Ternai nach Bekanntgabe der Nominierung von Hausners OIDA für den *Österreichischen Musikvideopreis 2015*.

> Natürlich muss zunächst einmal ein guter Song her, […] dann eine Kamera, die man irgendwo in einem trostlosen Bürohaus am Gang vor der Toilette aufstellt, und zu guter Letzt einen supersexy und durchtrainier-

---

1249 Bettelheim: *Kinder brauchen Märchen*. 2013³², S. 363 f.
1250 Allerleirauh. [1857], 2016, S. 340.
1251 Michael Ternai: Nominiert für den österreichischen Musikvideopreis 2015: »OIDA« von Attwenger. [29.05.2015], https://www.musicaustria.at/nominiert-fuer-den-oesterreichischen-musikvideopreis-2015-oida-von-attwenger/, letzter Aufruf: 24.04.2020.

ten Typen (Achtung: Ironie!) mit zerzausten Haaren und einer billigen Krankenkassabrille aus den Achtzigerjahren, dem offensichtlich wirklich alles wurscht ist und der sich mit einer Eleganz und Geschmeidigkeit zu den Takten bewegt, die einfach nur schmunzeln lassen.[1252]

Ternai konnte Hausner mit ihrem Musikvideo zwar begeistern, die »international besetzte Fachjury«[1253] des Wettbewerbs entschied sich jedoch gegen eine Auszeichnung der »höchst vergnügliche[n], drei minütige[n] Miniatur, in der sich vor tristem Hintergrund ein Feuerwerk ausgelassener Körperbewegung entzündet«[1254] und sprach den mit € 1.000,00 vom Fachverband der Film- und Musikindustrie ausgelobten Preis, der im Rahmen der *Vienna Independent Shorts* im *Metro Kinokulturhaus* vergeben wurde,[1255] stattdessen der achtminütigen Produktion TRISTES DÉSERTS – A ROBOT'S TALE (2015, Stephanie Winter) zu.[1256] Wenn auch letztlich unprämiert, ist OIDA im Kontext von Hausners bisherigem Filmschaffen von vernehmlicher Relevanz, wird doch eine konstant wiederkehrende Motivik in Szene gesetzt, die sich in ihren Spielfilmen als charakteristisch zeigt.

> Dass in Jessica Hausners Filmen gerne getanzt wird, weiß man nicht erst seit *Lourdes* oder *Amour Fou*. Auch in ihrem Musikvideo zur neuen Attwenger-Single OIDA lässt sie dieser Vorliebe freien Lauf.[1257]

Kenner_innen des *Neuen österreichischen Films* werden in besagten Tanzsequenzen nicht nur ein Spezifikum von Hausners Produktionen erkennen, sondern vielmehr ein populäres und von Filmjournalist_innen gerne bedientes Klischee des zeitgenössischen Filmschaffens vermuten, das sich in zahlreichen heimischen Produktionen nachweisen lässt.

1252 Ebd.
1253 https://www.musicaustria.at/nominierungsliste-fuer-den-oesterreichischen-musikvideopreis-2015-bekannt-gegeben/, letzter Aufruf: 24.04.2020.
1254 http://stadtkinowien.at/news/115/, letzter Aufruf: 24.04.2020 [H. i. O.].
1255 Vgl. https://www.musicaustria.at/nominierungsliste-fuer-den-oesterreichischen-musikvideopreis-2015-bekannt-gegeben/, letzter Aufruf: 24.04.2020.
1256 Vgl. Simon Weyer: VIS 2015 – Hauptpreise gehen nach Österreich und in die Schweiz. [31.05.2015], https://www.ots.at/presseaussendung/OTS_20150531_OTS0027/vis-2015-hauptpreise-gehen-nach-oesterreich-und-in-die-schweiz, letzter Aufruf: 24.04.2020.
1257 http://stadtkinowien.at/news/115/, letzter Aufruf: 24.04.2020, [H. i. O.].

> Es gibt ja eine gesetzlich vorgeschriebene Szene im jungen österreichischen Film: zumindest einmal pro Film muss in der Disco abgetanzt werden. Das hat zum einen damit zu tun, dass die meisten der heute Anfang-30jährigen mit Tatort/Alte/Kommissar/Derricks aufgewachsen sind, in denen das genauso war (scheinbar existiert dieses dubiose Gesetz auch in Deutschland), zum anderen scheint das auch mit der Prägung der jungen Filmer durch die Herren Corti/Patzak/Glück/Haneke zu tun zu haben, die alle – jeder auf seine Art – die Disco durchaus als Fluchtpunkt fürs Ausleben von sonst unterdrückten Emotionen auserkoren haben.[1258]

So beginnt etwa die erste der sechs Episoden in HUNDSTAGE in einer Disko: Klaudia tanzt. Das erregt (die Aufmerksamkeit) mehrere(r) Männer, deren unverhohlenes Starren die Eifersucht ihres Freundes Mario anstachelt. Was folgt, ist körperliche Eskalation in Form von Schlägen und Sex. Auch die drei Freundinnen Vivian, Lisa und Tanja in MODELS (1999, Ulrich Seidl) treibt es in ihren Karrierebemühungen von einer Diskonacht in die nächste. In RICHTUNG ZUKUNFT DURCH DIE NACHT lernt der arbeitslose Koch Nick in einer Provinz-Disko Filmstudentin Anna kennen. In ELEFANTENHAUT (2008, Severin Fiala/Ulrike Putzer) flieht die Mittfünfzigerin Elfi vor Streitigkeiten mit der pflegebedürftigen Mutter in die Diskothek »Brooklyn« und trifft dort den stark alkoholisierten, aber an ihr interessierten Elvis-Imitator Ricardo. Die beiden Imbissbudenbetreiber Max Durst und Hans Wurst durchleben in der Komödie CONTACT HIGH (2009, Michael Glawogger) einen heftigen Drogentrip, der sie glauben macht, dem Großteil der Gäste in einer Diskothek in Łódź säßen plötzlich Hundeköpfe auf den Schultern. In TAG UND NACHT (2010, Sabine Derflinger) trifft die Wiener Studentin Lea, die zur Aufbesserung ihrer finanziellen Situation für eine Escort-Agentur arbeitet, ihren alten Bekannten Claus in einer Disko wieder.

In ihrer Besprechung von SIEBZEHN zeigte sich Maria Motter von der interpretationspflichtigen Relevanz besagter Diskoszenen im Kontext des *Neuen österreichischen Films* überzeugt:

> Die Discoszene gehört zum österreichischen Film. Weit mehr als die Sexszene auf der Waschmaschine, wenn die Handlung stockt. Eine Über-

---

1258 Andreas Rotifer: Schlager, die obligate Disco-Szene und mein ganzes Herz. [21.10.2007], http://fm4v2.orf.at/blumenau/220402/main.html, letzter Aufruf: 24.04.2020.

sprungshandlung gewissermaßen. Die Discoszene bedarf großer Gefühle und mehrerer auf einmal: Begehren, Lust und Enttäuschung.[1259]

Die angeführten Beispiele veranschaulichen exemplarisch, dass Disko- bzw. Tanzszenen in unterschiedlichsten Anmutungen ihren fixen Platz in zeitgenössischen österreichischen Filmen gefunden und behauptet haben. Aus der nationalen Gesamtheit stechen die Tanzinszenierungen einer Regisseurin, die im bisherigen Verlauf ihrer Karriere eine wahre Kollektion von Diskoszenen gefilmt – und man möchte beinahe sagen: gesammelt – hat, deutlich hervor: Bereits in NACHTSCHWALBEN stellte Barbara Albert diese ihre Affinität zur Schau. Die im Rahmen des *Max-Ophüls-Filmfestivals* ausgezeichnete[1260], studentische Regieübung wurde in nur zwei Tagen gedreht[1261] und erzählt von zwei Mädchen, welche ein drittes in der Toilette einer Diskothek strangulieren. In ihrem Kurzfilm SONNENFLECKEN inszeniert sie die Diskoszene als schwarz-weiße Sequenz, die sich (zusammen mit weiteren schwarz-weißen Schlüsselmomenten) auffällig vom übrigen, in Farbe gedrehten Filmmaterial abhebt. Bei einem gemeinsamen Diskobesuch mit Freundin Manu lernt Andrea in BÖSE ZELLEN »Aufreißer Reini«[1262] kennen, den sie daraufhin mit nach Hause und in ihr Bett nimmt. In FALLEN bilden ein Gasthof, der Friedhof und die Disko einer Kleinstadt die Handlungsorte, an denen sich vier ehemalige Schulfreundinnen anlässlich des Begräbnisses ihres einstigen Physiklehrers wiedertreffen. Und auch im Drama DIE LEBENDEN, in welchem die 25-jährige Sita mit der nationalsozialistischen Vergangenheit ihrer Familie konfrontiert wird, lässt die Regisseurin ihre Figuren tanzen.

In ihrer Laudatio auf Barbara Albert anlässlich der Verleihung des *Österreichischen Kunstpreises 2012* in der Sparte »Film« betonte Festrednerin Eva Menasse, dass es

---

1259 Maria Motter: FM4 Kino unter Freunden: »Siebzehn«. [15.04.2017], http://fm4.orf.at/stories/2837280/, letzter Aufruf: 24.04.2020.
1260 Die Auszeichnung mit dem »Preis für den besten Kurzfilm« erfolgte im Jahr 1994, siehe https://ffmop.de/das_festival/preistraeger_innen, letzter Aufruf: 24.04.2020.
1261 Vgl. Martin Betz: Der Rest ist Geschichte… Arbeitsbedingungen von Drehbuchautoren. Interview mit Barbara Albert. [Februar 2000], http://www.martinbetz.at/diplom/albert.htm, letzter Aufruf: 24.04.2020.
1262 Silke Kettelhake: Wenn Schmetterlinge töten. [31.03.2004], https://jungle.world/artikel/2004/14/wenn-schmetterlinge-toeten, letzter Aufruf: 22.05.2020.

Elemente [gibt], die in allen Albert-Filmen auftauchen: mit Musik unterlegte Fahrten durch Stadtlandschaften, Himmelsblicke auf Wolken, Zugvögel oder Kinderdrachen, es gibt in jedem Film minutenlange Tanz- und Disco-Szenen. Hier und da, so scheint es, steigen die Menschen momentlang aus ihrer Gegenwart aus und versuchen wenigstens mit der Seele zu fliegen.[1263]

»Das Tanzen ist die Sehnsucht danach, sich lebendig zu fühlen.«[1264] erklärte Albert im Interview mit Manfred Hermes. Ihre filmischen Darstellungen ebenjenes Verlangens haben zweifelsfrei einen wesentlichen Beitrag zur Etablierung besagten Austro-Klischees geleistet. Diesen Eindruck bestätigt auch eine Wortspende von Katharina Mückstein, die in ihrem Langfilmdebüt Talea eine »filmgeschichtliche Referenz«[1265] auf österreichische Regisseurinnen der *Nouvelle Vague Viennoise* umgesetzt haben will. Besondere Eindringlichkeit erhält ihre Diskoszene durch die Besetzung der Mutterrolle mit der österreichischen Schauspielerin Nina Proll; diese hatte bereits in Alberts Sonnenflecken als Ildiko, einer der beiden Hauptfiguren, die Tanzende gemimt und in Folge die Rolle der (ebenfalls tanzenden) Jasmin Schmid in Nordrand übernommen.

> Für mich war diese Welle, als in Österreich endlich Regisseurinnen auftauchten […], sehr wichtig. Damals beschloss ich, Filmemacherin zu werden. […] So schließt sich auch ein Kreis, denn Nina Proll hat seit »Nordrand« von Barbara Albert 1999 nicht in so vielen Arthouse-Filmen gespielt.[1266]

In ihren Beobachtungen zum Tanzen bei Barbara Albert, Jessica Hausner und Katharina Mückstein folgerte Birgit Flos, dass die Tanzszenen zumeist »kurze, in sich geschlossene Suberzählungen« präsentieren, die »nicht nur emotionale Höhe- und Wendepunkte [darstellen], sondern in

---

1263 Eva Menasse: Suche nach Glück, Physik des Zufalls. Auch die Struktur erzählt eine Geschichte: Zum Filmschaffen Barbara Alberts. [o. D.], https://www.bmb.gv.at/ministerium/vp/2013/kunstpreis_web_23995.pdf?5i82u8, S. 27–35; hier: S. 34. Letzter Aufruf: 16.06.2018.
1264 Albert zit. n. Manfred Hermes: »Das Bedürfnis nach dem Hier und Jetzt«. [01.04.2004], http://www.taz.de/!768794/, letzter Aufruf: 24.04.2020.
1265 Mückstein zit. n. Hausbichler: »Die Discoszene mit Nina Proll ist natürlich ein Zitat« [12.09.2013].
1266 Mückstein zit. n. ebd.

konzentrierter Form eine Aussage über das sind, was auf der narrativen Ebene verhandelt wird.«[1267]

Das Dorfdisko-Klischee, das sich nicht nur bei Albert, Hausner und Mückstein zeigt, sondern in zahlreichen Produktionen österreichischer Filmschaffender präsent ist, darf – das muss an dieser Stelle in aller Deutlichkeit betont werden – längst nicht als exklusiv nationale Besonderheit verstanden werden, sondern wird auch in deutschen Filmen der jüngeren Vergangenheit offensichtlich. Konkret die Produktionen der *Berliner Schule* betreffend, hielt Sean Franzel fest:

> It is much more common for these films to treat provincial discos as places to which grown-up characters return with nostalgia, mourning, or discomfort. […] It is not accidental that the 1980s are a repeated point of reference, for many Berlin School directors came of age in this area. Part of the awkwardness of the *Dorfdisko* is its visual and auditory (i. e., musical) anachronism; for the Berlin School this anachronism is productive because it encourages a different kind of viewer attention that is attuned both to unusual or undramatic interpersonal relationships and to the strangeness of out-of-the-way locales.[1268]

Besagten Anachronismus, den sich die Filmschaffenden zunutze machen, konnte Franzel exemplarisch in MEIN LANGSAMES LEBEN, BUNGALOW, wie auch in den beiden österreichischen Produktionen FALLEN und HOTEL nachweisen und kam zu dem Fazit, dass »[the] [a]ffects of mourning, disenchantment, apprehension, and embarrassment predominate rather than the frisson of sexual connection or personal conflict.«[1269]

Dass in besagten Diskoszenen die Auswirkungen von Trauer, Entzauberung, Besorgnis und Verlegenheit im Gegensatz zu den Schrecken von sexuellen Beziehungen und persönlichen Konflikten überwiegen, muss – so treffend und anschaulich sich die Folgerung auf den ersten Blick präsentiert – im Hinblick auf Hausners Filmschaffen relativiert werden,

---

1267 Birgit Flos: Stolpern, Abstürzen, Fliegen. Beobachtungen zum Tanzen bei Barbara Albert, Jessica Hausner, Katharina Mückstein. In: Isabella Reicher (Hrsg.): *Eine eigene Geschichte. Frauen Film Österreich seit 1999*. Wien: Sonderzahl 2020, S. 77–84; hier: S. 77.
1268 Sean Franzel: Dorfdiskos. In: Roger F. Cook/Lutz Koepnick/Kristin Kopp/Brad Prager (Hrsg.): *Berlin School Glossary. An ABC of the New Wave in German Cinema*. Chicago: Intellect 2013, S. 93–100; hier: S. 93 f.
1269 Ebd. S. 99 f.

scheinen ihre Tanzszenen doch vor allem dazu zu dienen, die Protagonistinnen aus ihrer Isolation zu locken und sie Kontakte suchen zu lassen. Die Momente, in denen Hausner ihre Figuren tanzen lässt, sind stets Wendepunkte der Filmhandlung, und die Geschehnisse in Diskotheken, auf Tanzflächen oder in Ballsälen erinnern in frappierender Weise an die Bälle, auf denen Aschenputtel, Allerleirauh und ihre Märchenschwestern den Schritt hinaus aus der meist unfreiwilligen Isolation und hinein in das Zentrum der Gesellschaft wagen und dabei ihren jeweiligen *Prince Charming* kennenlernen.

Märchenhafte Tänze ins Beziehungsglück

Bekleidet mit einem »Mantel von allerlei Rauhwerk«[1270], mit rußgeschwärztem Gesicht und Händen und als Gepäck nichts, als ihre drei kostbarsten Besitztümer und »drei Kleider[n] von Sonne, Mond und Sternen«[1271] mit sich führend, flieht eine Königstochter im Grimm'schen Märchen *Allerleirauh* vor den inzestuösen Begierden ihres Vaters. Sie wird von einer Jagdgesellschaft aufgelesen und in den Küchendienst eines fremden Königsschlosses gestellt. Nachdem sie »lange Zeit recht armselig«[1272] gelebt hat, wird im Schloss ein rauschendes Fest gefeiert, auf das sich auch Allerleirauh – heimlich und in ihr Sonnenkleid gewandet – Zugang verschafft. Ihr glamouröser Auftritt sichert ihr die uneingeschränkte Aufmerksamkeit des Königs.

> Der König [...] kam ihr entgegen, reichte ihr die Hand und tanzte mit ihr, und dachte in seinem Herzen »so schön haben meine Augen noch keine gesehen.« Als der Tanz zu Ende war, verneigte sie sich, und wie sich der König umsah, war sie verschwunden, und niemand wusste wohin.[1273]

Während Aschenputtel ihren goldenen Schuh auf der Treppe verliert, beweist Allerleirauh Eigeninitiative; sie lässt nämlich, als sie (nun wieder in ihrer Rolle als niedere Dienerin) dem König nach dem Fest in aller Eile eine Brühe zubereitet, absichtlich ihren goldenen Ring in die Suppenschüssel fallen. Sie entspricht durch ihr Verhalten einem märchenhaf-

---

1270 Allerleirauh. [1857], 2016, S. 336 f.
1271 Ebd. S. 336.
1272 Ebd. S. 337.
1273 Ebd. S. 338.

ten Frauentypus, für den der Märchenforscher Heinz Rölleke behauptete: »Sobald es […] im Märchen darauf ankommt, wird die Frau aktiv, schmeißt alles um und es kommt zum Happy End. Mit [einer] angepassten Haltung hätte es kein gutes Ende gegeben.«[1274]

Ein weiterer Ring hat in weiterer Folge und in Kombination mit der finalen Tanzszene eine wesentliche Bedeutung, kennzeichnet der König sie doch am dritten und letzten Fest mit einem goldenen Ring als seine Braut:

> Der König tanzte wieder mit der schönen Jungfrau und meinte dass sie noch niemals so schön gewesen wäre. Und während er tanzte, steckte er ihr, ohne dass sie es merkte, einen goldenen Ring an den Finger, und hatte befohlen dass der Tanz recht lang währen sollte.[1275]

Dieses universelle Symbol »der Ge- und Verbundenheit und Unterpfand menschlicher Beziehungen auf spiritueller Basis«[1276] ist es dann auch, durch das der König letztlich dazu in der Lage ist, seine »liebe Braut«[1277] zu enttarnen. »Darauf ward die Hochzeit gefeiert, und sie lebten vergnügt bis an ihren Tod.«[1278] schließt das Märchen.

Wenn auch *Allerleirauh* in der Forschung nur »gelegentlich zur Interpretation herangezogen[…]«[1279] wird, ist das Grimm'sche Märchen, für welches Hans-Jörg Uther zum einen auf die Verwandtschaft zu *Prinzessin Mäusehaut*[1280] und zum anderen auf eine deutliche »Affinität zum zweiten Teil des *Aschenputtel*-Märchens«[1281] verwies, in seiner Aussagekraft bemerkenswert: Es kombiniert zum einen die »gesellschaftlich als nicht akzeptabel«[1282] geltende freie Partnerwahl der Prinzessin, die sich dadurch dem »Schema der tugendsamen und dienenden Frau«[1283] – in das sie »mit standesungemäßer Zwangsarbeit und öffentlicher Bloßstellung […] ge-

---

1274 Rölleke zit. n. Timo Stein: »Märchen sind zutiefst emanzipatorisch.« [o. D.], https://www.cicero.de/kultur/maerchen-sind-zutiefst-emanzipatorisch/52330, letzter Aufruf: 24.04.2020.
1275 Allerleirauh. [1857], 2016, S. 340.
1276 Kieser: *Wörterbuch der Märchensymbolik.* 2014², S. 142.
1277 Allerleirauh. [1857], 2016, S. 341.
1278 Ebd.
1279 Uther: *Handbuch zu den »Kinder- und Hausmärchen« der Brüder Grimm.* 2013², S. 154.
1280 Vgl. ebd. S. 153.
1281 Uther: *Handbuch zu den »Kinder- und Hausmärchen« der Brüder Grimm.* 2013², S. 153.
1282 Lutz Röhrich: *»und weil sie nicht gestorben sind…« Anthropologie, Kulturgeschichte und Deutung von Märchen.* Köln: Böhlau 2002, S. 66.
1283 Ebd.

waltsam [...]«[1284] gepresst wurde – widersetzt, und veranschaulicht zum anderen durch das Markieren der gewünschten Braut mittels des Ringes[1285] deutlich den »männlichen Herrschaftsanspruch durch Vater und Ehemann«[1286]. Zusätzlich scheint eine von Feustel für das *Dornröschen*-Märchen gezogene Schlussfolgerung auch für die Frauendarstellung in *Allerleirauh* zutreffend: Die Protagonistin erhält »einen aktiveren Part bei der Begegnung der Geschlechter«[1287], der durch die eigenständige Handlungsweise der weiblichen Figur – wie etwa durch das bewusste Brechen einer Regel – zum Ausdruck kommt.[1288]

Der märchenhafte Balztanz im Hausner'schen Œuvre

Den wiederholten Auftritt Aschenputtels am Märchenball verglich Feustel mit dem »Ritual das Schürens der Begierde und der Entziehung im letzten Moment, das an verschiedene Balzrituale aus der Tierwelt erinnert«[1289]. Die Idee, dass der Tanz als Anbahnung potenziellen Geschlechtsverkehrs genutzt wird, lässt sich sowohl auf *Allerleirauh* als auch auf Hausners Tanzinszenierungen übertragen.

So entscheidet sich Flora in der Tanzschule nach Verklingen des Kommandos »Damenwahl« dazu, Attila als ihren *Prince Charming* zu erwählen. Zielstrebig und selbstbewusst tritt sie auf ihn zu, ihre Avancen werden jedoch durch den Märchenprinzen abgewiesen, der sich geschmeidig an ihr vorbeischlängelt, um einer Konkurrentin den Vortritt zu geben. Nach diesem ersten Fehlversuch bemüht sich Flora um äußerliche Veränderung, doch auch das führt nicht zum erhofften Happy End; schlimmer noch: Beim Vortanzen wird sie vom Tanzlehrer dazu bestimmt, mit ihrem Schwarm einen Tango aufs Parkett zu legen. Endlich hat sie es in die

---

1284 Heidrich/Schulz-Jarek: Schön, fleißig, sittsam... 2010, S. 160.
1285 Während in *Aschenputtel* der Verlust des Schuhs durch die mit Pech präparierten Treppen bedingt ist, also auf die vorausschauende List des männlichen Protagonisten zurückgeführt werden kann, gerät der Ring in *Allerleirauh* durch das bewusste Handeln der weiblichen Hauptfigur in den Suppenteller. In der situativen Wiederholung nutzt die junge Frau diesen Kommunikationsweg mit dem König, um ihm sowohl ihr goldenes Spinnrand als auch die goldene Haspel zukommen zu lassen.
1286 Heidrich/Schulz-Jarek: Schön, fleißig, sittsam... 2010, S. 160.
1287 Elke Feustel: *Rätselprinzessinnen und schlafende Schönheiten. Typologie und Funktionen der weiblichen Figuren in den Kinder- und Hausmärchen der Brüder Grimm.* Hildesheim/Zürich/New York: Olms-Weidmann 2004, S. 348.
1288 Vgl. ebd. S. 357.
1289 Ebd. S. 326.

Arme ihres Prinzen geschafft, doch Attila »zerrt sie in lächerlich übertriebene Tangofiguren und macht daraus eine Show für die Umstehenden. Die Frau kann nicht folgen, kommt aus dem Takt, stolpert und verlässt in Panik die Tanzfläche«[1290], ihr demütigender Abgang wird akustisch von boshaftem Gelächter ihrer Mitschüler_innen begleitet. Flora begräbt die Hoffnung auf ihr persönliches Märchen zunächst und wendet sich stattdessen dem sich bereitwillig anbiedernden Jakob zu. Doch als sie eines Abends Attila im Rahmen einer Live-Übertragung aus dem Wiener Rathaus am Fernsehbildschirm sieht, glaubt sie ihre Chance zum Greifen nahe. Erneut zeigt Flora Entschlossenheit, legt Kleid und Schmuck an, und eilt zur »White Trash Bad Taste«-Modeschau, von welcher die Fernseheinspielung berichtete. Dort angekommen, spricht sie ihren lässig an einer Theke lehnenden *Prince Charming* an, auf den anschließenden, vor Erotik knisternden Tanz folgt das sexuelle Stelldichein.

Wie Flora wird auch Gertrude in INTER-VIEW vom Auserkorenen zunächst hingehalten. Im Verlauf der Faschingsparty in der Kanzlei zeigt sie vages Interesse an ihrem Vorgesetzten, der sie erst nachdem er mit einer anderen Kollegin intensiv geflirtet hat, in einen Aktenraum führt und mit ihr Sex hat.

In LOVELY RITA sind die Tanzszenen so unterschiedlich wie die potenziellen Liebhaber. Während der sexuelle Erstkontakt mit dem kindlichen Fexi nach dem gemeinschaftlichen, parodistischen Ausdruckstanz zu Mobys *Why does my heart feel so bad* in Ritas Zimmer stattfindet, hat sie mit dem wesentlich älteren, namenlosen Buschauffeur – nachdem die beiden sich zu Opus' *Live is Life* auf der Tanzfläche unbändig bewegt haben – in der Toilette der Diskothek Geschlechtsverkehr.

Irene und Erik bemerken einander erstmals beim Tanzen in einer Dorfdiskothek. Werfen die beiden sich zunächst nur zögerliche Blicke zu und nähern sich lediglich langsam an, ohne sich dabei zu nahe zu kommen, steigert sich die Anziehungskraft im Handlungsverlauf stetig. Beim zweiten gemeinsamen Besuch der Tanzlokalität beschützt Erik Irene dann heldenmutig mit seinen Fäusten vor aufdringlichen Mitbewerbern, woraufhin es auf der Heimfahrt in seinem Auto zur sexuellen Annäherung kommt, die damit endet, dass Irene ihn in ihr Bett lässt. Dass die Protagonistin dies trotz des Wissens um das ausdrückliche Verbot, fremde Männer in ihr Mitarbeiterzimmer einzuladen, wagt, zeigt den eingangs erwähnten Bruch eines Verbots und unterstreicht derart

---

1290 Birgit Flos: Stolpern. Abstürzen. Fliegen. 2020, S. 79.

die – von Feustel für einen bestimmten Typus der Märchenprinzessin deklarierte – autonome Handlungsweise der weiblichen Hauptfigur.[1291]

Auch in der finalen Tanzszene in LOURDES ist die märchenhafte Inspiration deutlich wahrzunehmen. In dem festlichen, in den Farben Schwarz und Rot dekorierten Saal, geht die Initiative erneut von der weiblichen Hauptfigur aus: Die von ihrer Krankheit genesene Christine wagt sich an Kunos Tisch und wird für ihren Annäherungsversuch mit der Aufforderung zum Tanz belohnt. Zum italienischen Schlager *Insieme noi* drehen sich die beiden im Kreis, ihr Glück scheint vollkommen, sowohl Sex als auch das märchenhafte Happy End zum Greifen nahe. Doch wie Flora stürzt Christine zu Boden, die drohende mögliche Wiederkehr der Multiplen Sklerose lässt die Hoffnung auf ein »und sie lebten glücklich bis ans Ende ihrer Tage« wie eine Seifenblase zerplatzen.

Obwohl Henriette in AMOUR FOU mit ihrem Ehemann Louis zum Ball erscheint, gewährt sie doch Heinrich von Kleist die Ehre des ersten Tanzes. Den zeitgenössischen Gepflogenheiten entsprechend, bewegen sich die beiden Protagonist_innen als Teil einer Gruppe von Tanzenden in einer Quadrille, die Bewegungsabläufe wirken zunächst seltsam mechanisch und bilden den intertextuellen Verweis auf den Text *Über das Marionettentheater* des real-historischen Heinrich von Kleist.

> Jede Bewegung, sagte er, hätte einen Schwerpunct; es wäre genug, diesen, in dem Innern der Figur, zu regieren; die Glieder, welche nichts als Pendel wären, folgten, ohne irgend ein Zuthun, auf eine mechanische Weise von selbst. Er setzte hinzu, daß diese Bewegung sehr einfach wäre; daß jedesmal, wenn der Schwerpunkt in einer *geraden Linie* bewegt wird, die Glieder schon *Courven* beschrieben; und daß oft, auf eine bloß zufällige Weise erschüttert, das Ganze schon in eine Art von rhythmische Bewegung käme, die dem Tanz ähnlich wäre.[1292]

Aus den standardisierten Abläufen des Gesellschaftstanzes heraus entwickelt sich zwischen Heinrich und Henriette alsbald eine ungewöhnliche Dynamik, die Assoziationen zu einer Kampfhandlung, vielleicht sogar zu einem Ringen um Leben und Tod, weckt. Dieser tänzelnde Kampf zwei-

---

1291 Vgl. Feustel: Rätselprinzessinnen und schlafende Schönheiten. 2004, S. 357.
1292 Heinrich von Kleist: Über das Marionettentheater. [12.12.1810], *Berliner Abendblätter.* 63. Blatt, S. 247–249, hier: S. 248. Zit. n. http://lithes.uni-graz.at/downloads/kleist_marionettentheater.pdf, letzter Aufruf: 24.04.2020.

er Figuren kann in adaptierter Weise auch in INTER-VIEW und LITTLE JOE erkannt werden.[1293] Die beiden Inszenierungen erinnern zudem deutlich an Floras und Jakobs ersten Körperkontakt während des Besuchs eines Boxkampfes in FLORA.

Zusammenfassend zeigt sich im Vergleich der Hausner'schen Tanzszenen mit dem märchenhaften Vorbild *Allerleirauh* eine Vielzahl von Schnittmengen: Sowohl Flora, Gertrude, Rita, Irene, Christine als auch Henriette – obwohl diese im Gespräch mit ihrem Ehemann andeutet, dass sie sich von einer fremden Macht geleitet fühle – wählen ihre potenziellen Märchenprinzen selbst und übernehmen in der ersten Annäherung an die vermeintlichen Traummänner durchaus eine aktive Rolle. Auf den gemeinsamen Tanz folgt in der Mehrzahl der Spielfilme zudem sexuelle Aktivität (auch wenn diese nicht immer einvernehmlich scheint), die als narratives Pendant zur Märchenhochzeit gedeutet werden kann. Hausner verzichtet dabei stets – das gilt auch für das Märchen, steht aber im Gegensatz zu vergleichbaren Inszenierungen anderer Regisseur_innen der *Nouvelle Vague Viennoise* und der *Berliner Schule* – auf eine explizite Darstellung des Sexuellen.

In HOTEL lässt sich durch die beruflichen Aufgaben Irenes eine Nähe zur märchenhaft »standesungemäßen Zwangsarbeit«[1294] eruieren und auch das Brechen der für Mitarbeiter_innen geltenden Regeln im Hotel Waldhaus bildet eine Analogie zu *Allerleirauh*. Die »öffentliche Bloßstellung«[1295] der weiblichen Hauptfigur wiederum lässt sich sowohl im Gelächter auslösenden Sturz in FLORA als auch im Vorführen von Christines geheiltem Körper in LOURDES nachweisen. Selbst den für das Märchen als typisch bezeichneten »männlichen Herrschaftsanspruch von Vater und Ehemann«[1296], der in *Allerleirauh* durch das Überstreifen des Ringes beim Tanz zum Ausdruck kommt, findet man in Hausners Filmen allerorts.

So zahlreich die Gemeinsamkeiten sich auch gestalten, weicht Hausner in einem wesentlichen Punkt deutlich von der märchenhaften Inspirationsquelle ab; denn während der Märchenball für Allerleirauh und Aschenputtel im Happy End mit dem Traumprinzen gipfelt, verweigert die Regisseurin ihren Protagonistinnen – nachdem diese zumindest ei-

---

1293 Siehe 3.8 Von einem märchenhaften Requisit.
1294 Heidrich/Schulz-Jarek: Schön, fleißig, sittsam … 2010, S. 160.
1295 Ebd.
1296 Ebd.

nen Moment lang ihrem bedrückenden Status Quo entfliehen konnten und tanzend »wenigstens [versucht haben,] mit der Seele zu fliegen«[1297] – dieses märchenhafte Glück ein ums andere Mal.

3.10 Die geheimnisvolle Sprache der Blumen

> *Endlich träumte er einmal des Nachts,*
> *er fände eine blutrote Blume, […] [und]*
> *alles, was er mit der Blume berührte,*
> *ward von der Zauberei frei […].*[1298]

»Blumen haben eine archaische Bedeutung.«[1299] konstatierte Jessica Hausner im Gespräch mit Barbara Fohringer und Tanja Holz für die *Diagonale*-Sonderausgabe von *The Gap* und führte weiter aus:

> Sie sind ein Geschenk, sie sind ein Liebesausdruck. Sie stehen für Schönheit und das blühende Leben, zugleich aber auch für Vergänglichkeit. […] Blumen faszinieren mich zudem, weil sie ein bürgerliches Element darstellen, das unser Leben verschönern soll; gleichzeitig sind sie ein Sinnbild für den Versuch, die Natur zu domestizieren.[1300]

Vom Versuch, eines dieser facettenreichen wie symbolträchtigen Gewächse zu domestizieren, erzählt die Regisseurin in ihrem Spielfilm LITTLE JOE, der als »Eintrag in das seltene Subgenre des Pflanzenhorrors«[1301] gehandelt wurde, und rückte dazu eine märchenhaft anmutende Blume ins Scheinwerferlicht.

In ersten Produktionsüberlegungen spielten Hausner und ihr Team mit dem Gedanken, bei den Dreharbeiten eine real-existierende Blüten-

---

1297 Menasse: Suche nach Glück, Physik des Zufalls. [o. D.], S. 34.
1298 Jorinde und Joringel. [1857], zit. n. Heinz Rölleke (Hrsg.): *Brüder Grimm. Kinder- und Hausmärchen.* Ausgabe letzter Hand mit den Originalanmerkungen der Brüder Grimm, Band 1, Ditzingen: Reclam 2016, S. 347–350; hier: S. 349.
1299 Hausner zit. n. Barbara Fohringer/Tanja Holz: Zur Person: Jessica Hausner. Von Archetypen, Archaismus und Ästhetik. In: Manuel Fronhofer/Thomas Heher (Hrsg.): *The Gap.* Sonderausgabe 179a – Diagonale 2020. Wien: Comrades 2020, S. 6–9; hier: S. 7.
1300 Hausner zit. n. ebd.
1301 Thomas Schultze: CANNES-Tag 4.2: In Schönheit sterben – und leben. [18.05.2019], https://beta.blickpunktfilm.de/details/440293, letzter Aufruf: 24.07.2020.

pflanze einzusetzen, doch bezeichnender Weise war es die Natur, die diese Idee zum Scheitern verurteilte. »Aus logistischen Gründen mussten wir diese Idee [...] schnell verwerfen, weil man echte Pflanzen über einen längeren Zeitraum zu wenig unter Kontrolle hat. Die Blumen mussten ja für den Dreh drei Wochen lang gleich ausschauen.«[1302] Nachdem mit der Scadoxus Haemanthus, der sogenannten Blutlilie, ein passendes optisches Vorbild gefunden worden war, wurden mehrere Designer und Prop-Maker dazu eingeladen, Entwürfe für die Little Joes anzufertigen. »Ich wollte nicht, dass alle Blumen digital gemacht werden, weil dann wären wir vor einem leeren Blumenbeet am Set gestanden. Das ist mir zu abstrakt. Ich brauchte also irgendwie die Blumen.«[1303] erklärte die Regisseurin. Zur Gestalt der Pflanzen[1304] hatte sie eine konkrete Vision: »Ich wollte nicht, dass die Blume Blätter hat. Dafür hat sie diesen dicken Stängel. Rot und Grün sind Komplementärfarben. Das hat sich ästhetisch interessant angefühlt.«[1305], meinte Hausner und äußerte im AFC-Gespräch mit Karin Schiefer zudem: »Eine unserer Vorgaben für die spätere Animation war dann, dass die Bewegungen der Blume mechanisch wirken sollen, ähnlich einer Marionette.«[1306]

Den Zuschlag erhielt schließlich Marko Waschke, der sich zuvorderst auf die Produktion von künstlichen Cannabispflanzen und -knospen spezialisiert hat und als Mitglied des Art Departements an Spielfilmen wie THE GENTLEMEN (2019, Guy Ritchie), SOUTH WEST 9 (2001, Richard Parry), SORTED (2000, Alexander Jovy) und SAVING GRACE (2000, Nigel Cole) mitgearbeitet hatte.[1307] Eigenen Angaben zufolge war Waschke zudem in die Realisierung der Spielfilme TAXI 5 (2018, Franck Gastambide), T2 TRAINSPOTTING (2017, Danny Boyle), ATTACK THE BLOCK (2011, Joe Cornish) sowie CHILDREN OF MEN (2006, Alfonso Cuarón) und der Fernsehserien *Brassic* (2019–, Idee: Joseph Gilgun/Danny Brockle-

---

1302 Hausner zit. n. Schiefer: »Prickelnd und strange...« [Mai 2019].
1303 Hausner zit. n. Hopf: Little Joe. [09.01.2020].
1304 Zur Gestalt der Glückspflanze(n) merkte Wheatley in ihrer Filmbesprechung von LITTLE JOE an: »Hausner is too subtle a filmmaker to be making an overtly feminist tract. Still... the final image lingers. Oddly phallic in bud, at the film's end, fully unfurled, Little Joe resembles nothing so much as a flaming – unruly – vagina dentata.« (Wheatley: Little Joe review: Jessica Hausner's floral Frankenstein horror. [19.02.2020].)
1305 Hausner zit. n. Hopf: Little Joe. [09.01.2020].
1306 Hausner zit. n. Schiefer: »Prickelnd und strange...« [Mai 2019].
1307 Vgl. https://www.imdb.com/name/nm1059700/?ref_=fn_al_nm_2, letzter Aufruf: 21.07.2020.

hurst), *Sense 8* (2015–2018, Idee: Lana und Lilly Wachowski/Joseph Michael Straczynski), *Fortitude* (2015–2018, Idee: Simon Donald), *Casualty* (1986–, Idee: Jeremy Brock/Paul Unwin) und *Top Boy* (2011–, Idee: Ronan Bennett) involviert.[1308]

Nach »unzählige[n] Zeichnungen, Telefonate, Treffen…«[1309] verständigte man sich darauf, mehr als 5.000 künstliche Pflanzen, die jeweils aus verschiedenen Elementen zusammengebaut wurden, zu produzieren.

> Insgesamt gibt es fünf Wachstumsstadien der Blume, angefangen bei der Knospe, bis die Blume ganz offen ist. Wir hatten pro Wachstumsstadium ungefähr 1000 Blumen, die echt am Set waren. Allerdings konnten sich die nich[t] bewegen. Das heißt alles, was bewegt ist, ist dann digital gemacht worden. Wir haben die Blumen in dem 3D-Scan ins digitale Medium übersetzt und dort dann animiert. Manchmal standen also nur die Stängel raus und die Blumen wurden digital eingefügt. In den meisten Einstellungen aber sind die Blumen echte Plastikblumen.[1310]

Dass Hausner also des Künstlichen bedurfte, um die Idee eines Natürlichen, das seinerseits wiederum künstlich durch ein (semi-fiktionales) genmanipulierendes Zuchtprogramm erzeugt wurde, auf die Leinwand zu bannen, entbehrt nicht einer gewissen Ironie.

Wesentlich mittelbarer zeigen sich da die Pflanzenmotive in den Kinder- und Hausmärchen der Brüder Grimm, in denen Blumen im Speziellen »[w]egen ihrer Zartheit und Vergänglichkeit […] ein vielschichtiges Symbol für Gefühle aller Art«[1311] darstellen. So sind es in *Frau Holle, Rohrdommel und Wiedekopf* und *Die Gänsehirtin am Brunnen* beispielsweise (bunte) Blumenwiesen, welche die unbeschwerte Leichtigkeit des Seins betonen und die Herzen der Protagonistinnen erfreuen, in *Rotkäppchen, Der Eisenhans* und *Schneeweißchen und Rosenrot* dienen gepflückte Blumen als Ausdruck der Zuneigung, während *Der Liebste Roland, Die Nelke* und das *Rätselmärchen* von »Blumenbräuten«[1312] erzählen. »Stärkste Be-

---

1308 Vgl. https://sugavision.com/, letzter Aufruf: 21.07.2020.
1309 Wagner zit. n. Schiefer: »Wir sind viel stärker auf den Inhalt orientiert.« [September 2018].
1310 Hausner zit. n. Hopf: Little Joe. [09.01.2020].
1311 Kieser: *Wörterbuch der Märchensymbolik.* 2009², S. 23.
1312 Kieser nutzt den Begriff der »Blütenbraut«, also einer Protagonistin, die im Märchen in eine Blume verwandelt wird, als weiblich konnotiertes Gegenstück zum vieldiskutierten »Tierbräutigam« (vgl. Kieser: *Wörterbuch der Märchensymbolik.* 2009², S. 25).

achtung im Märchen findet die Rose«[1313], schrieb Günter Kieser in seinem *Wörterbuch der Märchensymbolik* und belegte deren Präsenz exemplarisch in *Spindel, Weberschiffchen und Nadel*, im *Fundevogel* sowie in *De beiden Künigeskinner, Der Okerlo, Das junggeglühte Männlein* und *Dornröschen*.[1314] Obwohl die Blumen in genannten Märchen unterschiedliche narrative Funktionen erfüllen, eint sie doch alle die enge Verbundenheit mit der Gefühlsebene der Protagonist_innen.

Ein Sonderstatus in diesem blumigen Reigen kann für das Zaubermärchen *Jorinde und Joringel* behauptet werden; mit Verweis auf die Forschungen von Fink und Grätz[1315] hielt Uther fest, dass es im »Unterschied zu den langatmigen Feenmärchen des 18. Jahrhunderts [...] als erstes Beispiel eines gut erzählten Märchens in deutscher Sprache [...]«[1316] gelte.

Bei einem Spaziergang stolpern Jorinde und Joringel unglücklich in einen Bannkreis, den eine Erzzauberin um ihr Schloss und den angrenzenden Wald gezogen hat. Unfähig sich zu bewegen, muss der junge Mann mitansehen, wie seine Geliebte in eine Nachtigall verzaubert und von einer »alte[n] krumme[n] Frau mit große[n] roten[n] Augen, [und] krumme[r] Nase, die mit der Spitze ans Kinn reichte«[1317] entführt wird. Sein verzweifeltes Betteln und Flehen bleibt unerhört, woraufhin er den Rückzug antritt, aber immer wieder zum Schloss zurückkehrt. Eines Nachts erscheint ihm im Traum die rettende Lösung: Eine blutrote Blume soll seiner Jorinde die Freiheit wiedergeben können.

> Des Morgens, als er erwachte, fieng er an durch Berg und Tal zu suchen ob er eine solche Blume fände: er suchte bis an den neunten Tag, da fand er die blutrote Blume am Morgen früh. In der Mitte war ein großer Tautropfe, so groß wie die schönste Perle. Diese Blume trug er Tag und Nacht bis zum Schloss.[1318]

1313 Kieser: *Wörterbuch der Märchensymbolik*. 2009², S. 23.
1314 Vgl. ebd.
1315 Siehe dazu Gonthier-Louis Fink: *Naissance et apogée du conte merveilleux en Allemagne 1740–1800*. Paris: Les Belles Lettres 1966, S. 411–425; Manfred Grätz: *Das Märchen in der deutschen Aufklärung. Vom Feenmärchen zum Volksmärchen*. Stuttgart: Metzler 1988, S. 179–181.
1316 Uther: *Handbuch zu den »Kinder- und Hausmärchen« der Brüder Grimm*. 2013², S. 159.
1317 Jorinde und Joringel. [1857], 2016, S. 348 f.
1318 Ebd. S. 349.

Unter dem Schutz der magischen Blume gelingt es Joringel, den Bannkreis zu überwinden, in das Schloss vorzudringen, die Verwandlung seiner Braut umzukehren und der alten Frau ihre Zauberkräfte zu entziehen. Zu guter Letzt befreit er auch die weiteren Mädchen, die in 7.000 Körben als verzauberte Vögel gefangen sind.

Das Grimm'sche Märchen diente mehreren Filmproduktionen als Vorlage und/oder Inspirationsquelle,[1319] zwei dieser Filme sind aufgrund ihres außergewöhnlichen Umgangs mit der literarischen Vorlage explizit hervorzuheben: Mit der DDR-Produktion JORINDE UND JORINGEL (1986, Wolfgang Hübner) wurde ein »nachdenklich stimmende[r] Märchenfilm« verwirklicht, der – in den historischen Kontext des Dreißigjährigen Kriegs gebettet – »die Ebenen zwischen märchenhafter Überhöhung und gewollter Realitätsnähe«[1320] geschickt wie einprägsam variiert. In besagter Balance zeigt sich eine deutliche Schnittmenge mit LITTLE JOE, doch statt der markanten roten Blume, die im Grimm'schen Märchen und bei Hausner eine wesentliche Rolle spielt, ist es in Hübners Adaption das *Lied vom roten Ringlein*, das dem Helden die Verifizierung der rechten Braut ermöglicht.

Die »anrührende Liebesgeschichte«[1321] wurde im Jahr 2011 außerdem von Bodo Fürneisen – er hatte im Zeitraum von 2008 bis 2015 für die ARD-Sendereihe *Sechs auf einen Streich* mehrfach die Regie von Märchenverfilmungen übernommen[1322] – als JORINDE UND JORINGEL (2011,

---

1319 Neben den nachfolgend genannten Produktionen von Hübner und Fürneisen wurde etwa in den DEFA-Studios für Trickfilme der 20-minütige DEFA-Puppentrickfilm JORINDE UND JORINGEL (1957, Johannes Hempel) realisiert, im Jahr 2014 versuchte sich die in Wien lebende Rebecca Akoun mit ihrer 12-minütigen Produktion JORINDE AND JORINGEL (2014, Rebecca Akoun) an einer weiteren Puppentrickfilm-Variation der literarischen Vorlage. Die US-amerikanische Filmemacherin und Musikerin Lisa Hammer drehte einen 30-minütigen, in schwarz-weiß-gehaltenen Stummfilm unter dem Titel JORINDA AND JORINGEL (1995, Lisa Hammer) und auch in Japan widmete man sich für die erste Staffel des Anime-Formats *Gurimu Meisaku Gekijō* (1987–1988, Hiroshi Saito; engl. Titel: *Grimm Masterpiece Theater*) in der siebzehnten Episode der Erzählung von *Jorinde and Joringel*. Im Jahr 2010 war der Märchenstoff zudem in Folge 50 der deutschen Zeichentrickserie *Simsala Grimm* (1999–2000/2010; Idee: André Sikojev/Claus Clausen/Stefan Beiten) zu sehen.
1320 https://www.filmdienst.de/film/details/20397/jorinde-und-joringel-1986, letzter Aufruf: 21.07.2020.
1321 Uther: *Handbuch zu den »Kinder- und Hausmärchen« der Brüder Grimm*. 2013², S. 160.
1322 Von 2008 bis 2011 führte Fürneisen jährlich bei je einer Märchenverfilmung Regie; es entstanden FRAU HOLLE (2008), RAPUNZEL (2009), DIE PRINZESSIN AUF DER ERBSE (2010) und JORINDE UND JORINGEL (2011). Bedingt durch eine berufliche

Bodo Fürneisen) neu in Szene gesetzt. Der Märchenfilm beging im November 2011 seine Premiere auf dem Filmfestival Cottbus[1323] und kam im Dezember desselben Jahres im Programm des ARD zur Ausstrahlung. Anders als im Grimm'schen Vorbild muss der Einsatz der Zauberblume teuer bezahlt werden, ist doch als Gegenleistung ein Teil der eigenen Lebenszeit fällig. Um in das Schloss zu gelangen, in dem die böse Zauberin Jorinde gefangen hält, opfert der Held Lebensjahr um Lebensjahr und erreicht den Innenhof schließlich als alter Mann. Die Identifikation seiner Liebsten mit Hilfe einer Eulenfeder sowie deren doppelte Befreiung – nämlich aus der Körperlichkeit als Nachtigall und aus der räumlichen Gefangenschaft – gelingen, Joringel bleibt allerdings aufgrund seines veränderten Äußeren von seiner Braut unerkannt. Erst als die beiden sich gemeinsam unter jenem alten Baum einfinden, an dem sie sich einst ihre Liebe geschworen haben, erkennt Jorinde ihr Gegenüber und gibt ihm mittels Zauberblume (jedoch ohne dafür einen Preis zahlen zu müssen) sein jugendliches Aussehen zurück.

Es ist nicht nur die offensichtliche farbsymbolische Parallele der blutroten Blume in *Jorinde und Joringel* und des optischen Vorbilds der Blutlilie, die für die Little Joes Pate stand, die das Volksmärchen und Hausners Film verbinden; vielmehr sind die Pflanzen in LITTLE JOE in mehrerlei Hinsicht auf märchenhafte Weise mit den Emotionen der Protagonist_innen verbunden. Ein Aspekt dieses wundersamen Konnexes wird eingangs durch die Figurenrede deutlich. Bei der Führung einer Besuchergruppe durch das Gewächshaus erklärt Alice[1324], dass mit der Entwicklung der neuen Pflanzenart neue Wege beschritten würden. Statt

---

Neuausrichtung und die Arbeiten an KOMASAUFEN (2013, Bodo Fürneisen) pausierte der deutsche Regisseur seine Märchenfilm-Produktionen zunächst, um dann im Jahr 2015 mit DER PRINZ IM BÄRENFELL (2015) seine nächste Adaption einer Grimm'schen Vorlage zu realisieren.

1323 Vgl. https://www.filmfestivalcottbus.de/de/component/festivalmanager/movie/835.html, letzter Aufruf: 21.07.2020.

1324 An dieser Stelle sei auch auf Lewis Carrolls *Alice im Wunderland* als offensichtliche intertextuelle Referenz hingewiesen. Nicht nur gleichen sich die Namen der weiblichen Hauptfiguren, in beiden Werken verschwimmt die Glaubwürdigkeit der fiktionalen Wirklichkeit. Hierin zeigt sich auch eine weitere Schnittmenge mit *Jorinde und Joringel*, werden doch jeweils (wenn auch unterschiedliche) Version einer Anderswelt erzeugt: Bei Carroll erwacht Alice am Ende der Erzählung, im Märchen träumt Joringel von der Freiheit versprechenden Blume und im Fall von Hausners Alice schwingt im Filmverlauf der Zweifel an der psychischen Stabilität der Protagonistin mit. Was ist noch wirklich, was ist schon Einbildung? Diese Fragen sind in allen drei Werken omnipräsent.

im Rahmen des Zuchtprogramms auf verstärkte Widerstandfähigkeit, Langlebigkeit und Energieeffizienz zu setzen, wurde bei der Schöpfung der Little Joes ein gegenläufiger Ansatz verfolgt: »Our aim was to create a plant that has to be watered regularly, protected from cold and heat, that wants to be touched and talked to. [...] And in return the plant makes a scent which promotes happiness – as a reward for all that effort.« (LITTLE JOE, 0:03:01–0:03:23). Kollege Chris fügt ergänzend hinzu: »What this plant really needs is love.«

Der anfänglich behauptete *Tauschhandel der Gefühle* zwischen Mensch und der weltweit ersten »mood-lifting, anti-depressant happy plant, that's fit for market« (LITTLE JOE, 0:03:45–0:03:51), die als *natürlicher* Ersatz für verschreibungspflichtige Arzneistoffe direkt auf die psychische Verfassung der Besitzer_innen wirken soll, entwickelt sich im Filmverlauf zu einer verstärkt parasitär anmutenden Beziehung, in der die Little Joes sämtliche menschliche Emotionen abseits des Glücksempfindens absorbieren.

Während Blumen in den Märchen der Brüder Grimm »nicht handeln und [...] sich nur durch ihre Schönheit ausdrücken«[1325] können, sind die filmischen Gegenstücke in Hausners LITTLE JOE trotz genetisch bedingter Sterilität keiner Passivität verhaftet, sondern zeigen im Handlungsverlauf deutliche Aktivität, sobald sich die menschlichen Figuren emotional regen.

> Dass eine blutrote Blume als Zauberstab Verwendung findest, ist in deutschen Märchen nicht ungewöhnlich. Die Fähigkeit von Held oder Heldin zur Allverbundenheit [...] mit den ihn umgebenden Dingen, Tieren und Pflanzen führt zur Beseelung beziehungsweise zur Kontaktmagie: Eine solche außergewöhnliche Blume muß besondere zauberische Kräfte haben. Allerdings nimmt der ›Held‹ die Gabe wie auch die damit verbundene magische Qualität eher beiläufig war. Im Mittelpunkt des Geschehens steht die anrührende Liebesgeschichte zwischen Jorinde und Joringel mit deren seelischen Befindlichkeiten.[1326]

Die Little Joes sind – wie das märchenhafte Pendant in *Jorinde und Joringel* – anfänglich in doppelter Hinsicht märchenhafte *Gabe*, also etwas handfest Gegebenes, das Alice zum einen ihrem Sohn Joe überlässt

---

1325 Kieser: *Wörterbuch der Märchensymbolik*. 2009², S. 23.
1326 Uther: *Handbuch zu den »Kinder- und Hausmärchen« der Brüder Grimm*. 2013², S. 160.

und zum anderen der Weltbevölkerung zur Verfügung stellen will. Die Glücksblumen durchlaufen mehrere Phasen des Wachstums, die offensichtlich in Korrelation mit den Personen in ihrer Umgebung stehen. Hat es zunächst noch den Anschein, dass die Pflanzen auf Sprachäußerungen reagieren, wird in Folge deutlich, dass es Gefühle sind, auf welche die Gewächse mit dem Öffnen ihrer Blütenköpfe und dem anschließenden Pollenausstoß reagieren. So zeigen die Little Joes etwa in der Eingangssequenz trotz der Vielzahl an anwesenden Wissenschaftler_innen und Besuchern, die sich vernehmlich miteinander unterhalten, keine sichtbaren Reaktionen. Als sich Chris jedoch später bei seiner Suche nach Bellas Hund rufend durch das Gewächshaus bewegt, beginnen die Pflanzen, ihre Köpfe zu öffnen.

Auch die Einzelpflanze im Haus der Familie Woodard regt sich zunächst nicht; selbst als Alice und Joe den Neuzugang mit freundlichen Worten begrüßen, bleibt der Zustand der Blume unverändert. Erst als die beiden Joes alleine Zuhause sind, kommt Bewegung in das Gewächs. Während der Junge via Smartphone mit Selma kommuniziert und auf ihre Antworten mit unterschiedlichen Emotionen reagiert, beginnt Little Joe unbemerkt seine Fühler auszustrecken. Joe wässert die Pflanze (Abb. 74), spricht mit ihr und beugt sich näher an den Blütenkopf, als es unvorhergesehen zum sichtbaren Pollenausstoß und der darauffolgenden Inhalation kommt.

Haben es die Little Joes zunächst nur auf Einzelpersonen abgesehen, senden sie in Folge ihre Jünger – nämlich Joe, Ric und Chris – aus, um weitere Opfer anzulocken, wie sich beispielsweise beim Einbruch und Diebeszug von Joe und Selma in das Gewächshaus zeigt: Darauf bedacht, nicht in den Fokus der Überwachungskamera zu geraten, nähern sich die beiden vorsichtig zunächst den Little Joes und dann einander. Versteckt unter einem der Edelstahltische kommt es zu einem unschuldigen Kuss – die Glückspflanzen stehen nun in voller Blüte, ein rötlicher Nebelschwaden senkt sich zu Boden. Bevor die beiden Kinder das Gewächshaus wieder verlassen, atmet das Mädchen sichtbar einen tiefen Zug der Pollen ein. Im Filmverlauf werden auch Chris und Ric versuchen, Alice und Bella in den Dunstkreis der Pflanzen zu bewegen, wenn auch mit unterschiedlichem Ergebnis.[1327]

1327 Vgl. dazu 1.7.5 Bewegte Stillleben (Abb. 31) und 3.8 Von einem märchenhaften Requisit (Abb. 71).

In einer Schlüsselszene des Filmes konfrontiert Alice ihren Sohn und seine Schulfreundin mit deren unbefugtem Zutritt in das Gewächshaus und der Entwendung einer der Glückspflanze.

Joe:	We wanted to give Ivan a plant – for his birthday.
Alice:	He is allergic.
Joe:	I know. We wanted him to inhale the pollen too. So he'd become like us.
Alice:	What?
Joe:	It's true. Selma and I have been infected by Little Joe's pollen.
Alice:	What?
Joe:	Yes. It's funny but ever since I felt quiet happy. All of us who have inhaled the pollen, we belong together now. And we'll do anything to help Little Joe. It's our job, isn't it? Of course it's a pity that you feel bad now, but that's just because you're not one of us.
Selma:	Not yet.
Joe:	That's right. If you inhale the pollen too, you'll understand. It doesn't hurt. You hardly notice the difference.
Selma:	No one does. Not even us. We pretend to be the same as before and it works. It's a kind of reflex.
Joe:	And it makes you feel happy. Which is what you wanted, right?
Alice:	No! Joe, that's impossible. That's not what I wanted.
Selma:	But look, Alice… Can I call you Alice?
Alice:	Yes.
Selma:	There's nothing for you to be afraid of. Now you think something will be missing but – like I said – you won't notice. It's like being dead. You don't notice you're dead, do you?
Joe:	Good comparison. (LITTLE JOE, 1:13:24–1:15:15)

Nach einem Moment der Stille brechen die beiden Kinder prustend in Gelächter aus und enthüllen einen bösen Scherz: Chris, der kurz zuvor zu Besuch war, hätte ihnen nämlich von Alices Befürchtungen berichtet, woraufhin sich Selma und Joe schlicht einen Spaß mit der Erwachsenen erlaubte hätten. Obwohl ihr Sohn ausdrücklich beteuert, dass er nicht infiziert sei und lediglich einen Schritt in seiner persönlichen Entwicklung mache, bleiben mütterlicherseits Zweifel bestehen.

In Hinblick auf die märchenhafte Symbolik der Hausner'schen Glücksblume ist die von Selma geäußerte Todesassoziation von entscheidender Bedeutung; hierin zeigt sich nicht nur die (befürchtete) Wirkweise der Little Joes, sondern außerdem eine deutliche Parallele zur Märchenverfilmung von *Jorinde und Joringel* aus dem Jahr 2011: In beiden Filmen fordern die wirkmächtigen Zauberblumen ihren Tribut, den Protagonist_innen droht bei exzessivem Gebrauch der Tod – in Fürneisens Film wird dieser durch den beschleunigten Alterungsprozess bedingt, in Hausners Fall ist es ein emotionales Dahinsiechen. Die Anmutung eines märchenhafte Tauschgeschäft weckt deutliche Assoziationen zum Grimm'schen *Hans im Glück*, obschon in LITTLE JOE letztlich unbeantwortet bleibt, wer denn nun als *Glückliche_r* aus dem Handel hervorgeht.

Von märchenhaften Blumen im Hausner'schen Œuvre

Blumen spielen nicht nur in Hausners Kurzfilm FLORA in mehrerlei Hinsicht eine wichtige Rolle,[1328] sondern zeigen sich auch in INTER-VIEW als zentrales Motiv, wie sich bereits in der Darstellung eines beruflichen Orientierungsgesprächs, das die weibliche Hauptfigur absolviert, erahnen lässt. Nachdem Gertrude von einer Beraterin ausführlich auf die Vorzüge eines breit angelegten Jus-Studium hingewiesen wurde, erklärt sie unbedarft: »Naja, eigentlich weiß ich's noch nicht. Ich interessier' mich ... ja, mehr für Blumen oder so, ja.« Die Antwort ihres Gegenübers lässt nicht lange auf sich warten: »Ja? Blumen, äh ... Der ganze Pflanzenbereich ... Da muss man sich entscheiden: Macht man's als Beruf, macht man's als Hobby?« (INTER-VIEW, 0:14:49–0:15:15). Ihren Wunsch, sich beruflich auf Blumen zu konzentrieren, stellt die junge Frau daraufhin hintan und beginnt ein Studium, das sie aber schon nach kurzer Zeit abbricht. Auch in der Kanzlei, in der ihr Vater beschäftigt ist, findet sie temporär eine Anstellung, welche sie (nach einem sexuellen Tête-à-Tête mit dem Inhaber) ebenfalls rasch aufgibt.

Gertrude entschließt sich alsdann, ihrem Leben eine neue Richtung zu geben und zieht aus der elterlichen Wohnung aus. Doch nicht die im Märchen häufig als Wandelwesen dargestellte Katze[1329], die ihr nachts im

---

1328 Siehe Kapitel 1.1.5 Ein Beet voller Setzlinge und 1.3.5 Die Qual der Wahl: der passende Titel bzw. vgl. Abb. 13 und 14.

1329 Zu Rolle, Funktion und Symbolik der Katze im Märchen siehe Rudolf Schenda: *Who's who der Tiere. Märchen, Mythen und Geschichten*. München: dtv 1998, S. 169 f.; Kieser: *Wörterbuch der Märchensymbolik*. 2009², S. 93.; http://www.maerchenatlas.de/miszellaneen/marchenfiguren/die-katze-im-maerchen/, letzter Aufruf: 21.07.2020.

Kinderzimmer Gesellschaft geleistet hat, nimmt Gertrude beim Verlassen des Elternhauses mit sich, sondern sie trägt – als wichtigstes Hab und Gut – einen Koffer in der einen und eine Topfpflanze in der anderen Hand (Abb. 75); die junge Frau führt ihre Emotionen in übertragender Weise mit im Gepäck. Kurzentschlossen heuert sie bei einem industrialisierten Blumengroßhandel an. Im kalten Schein der Neonleuchten, inmitten einer funktional ausgestatteten Lagerhalle werden Pflanzen mit raschen Handgriffen auf und von Stellagen gepackt, von links nach rechts geschoben und gehoben, die Lagerzu- und -abgänge auf standardisierten Listen erfasst. Von der geheimnisvollen Sprache der Blumen, von der Lady Mary Wortley Montagu in ihren Briefen über türkische Sitten und Gebräuche umfassend berichtet hatte, und der daraus erwachsenen *Victorian Language of Flowers*[1330] scheint nur noch wenig übrig.

> Es ist bekannt, daß die Morgenländer, als Freunde der Allegorie, gern in Bildern reden und schreiben. Sie besitzen darum auch eine Kunst, ihren entfernten Freunden die geheimsten Gedanken ihrer Seele und die verborgensten Wünsche ihres Herzens, ohne alle Charaktere mitzuteilen. [….] Diese geheime Sprache der Orientalen besteht in der Kunst, ein Bouquet von natürlichen Blumen, die alle nach einer geheimen Bedeutung gewählt und geordnet sind, zu binden.[1331]

Die Blumen, mit denen vormals durch kunstfertiges Arrangieren die geheimen Gedanken und Wünschen zum Ausdruck gebracht wurden, scheinen in INTER-VIEW zu konfektionierten Wirtschaftsgütern zu degenerieren. Dazu passt auch die Emotionsleere, mit Gertrude und Andreas im Filmverlauf ihre gegenseitige Zuneigung zum Ausdruck bringen. In ihren Plänen für die Zukunft behalten Pflanzen weiterhin einen festen Platz, wie sie im Verlauf ihres Erstinterviews mit Günter (»vielleicht ein eigenes Blumengeschäft, Familie, Kinder – aber alles ist noch offen.«[1332]) bereitwillig Auskunft gibt.

Auch für Günter findet sich im Visuellen eine blumige Entsprechung seines emotionalen Zustandes. Nachdem seine semi-wissenschaftlichen

---

1330 Siehe Mary Brooks: Silent Needles, Speaking Flowers: The Language of Flowers as a Tool for Communication in Women's Embroidery in Victorian Britain. [2008], https://digitalcommons.unl.edu/tsaconf/284/, letzter Aufruf: 21.07.2020.
1331 *Allgemeine deutsche Real-Enzyklopädie für die gebildeten Stände: Conversations-Lexikon.* Band 1, Leipzig: Brockhaus 1830⁷, S. 940.
1332 Flos, Stolpern. Abstürzen. Fliegen. 2020, S. 80

Abb. 74: Zwei Joes
(Little Joe, 0:25:52)

Abb. 75: Hab und Gut
(Inter-View, 0:23:36)

Abb. 76: Abseits
(Inter-View, 0:42:43)

Abb. 77: Winterstrauß
(Amour Fou, 1:06:10)

Feldforschungen weitgehend ins Leere gelaufen sind, seine Mutter mittlerweile ohne große Anstrengung das Glück gefunden zu haben scheint und er seine unterdrückten Emotionen in einem brutalen Gewaltakt freien Lauf gelassen hat, kehrt der junge Student in ein gutbesuchtes Kaffeehaus ein. Mit starrem Blick und einer unbeachtet vor sich liegenden Zeitung, bleibt er in der Mengenmenge isoliert; weder sucht noch findet er in diesem Moment sozialen Anschluss. Günter verfolgt alsdann eine Gruppe Jugendlicher auf ihrem Weg in eine Diskothek. Noch bevor er sich auf der Tanzfläche wie »automatisiert in einen absurd kontrollierten Veitstanz«[1333] steigern wird, passiert er in einem Treppenhaus eine unscheinbare Grünpflanze (Abb. 76). Seltsam unpassend mutet der Standort des Gewächses an und wird zugleich zur Analogie von Günters skurrilen Gebaren im Kaffeehaus – sowohl Pflanze als auch Mensch scheinen nicht in die jeweiligen Räume zu passen, beide sind deutlich von ihrem Umfeld isoliert und stehen zudem mit dem Rücken zur Wand.

1333 Ebd.

Zusammenfassend lässt sich festhalten, dass Blumen in INTER-VIEW also in märchenhafter Weise direkte Rückschlüsse die emotionale Verfassung der Protagonist_innen in den jeweiligen Phasen der Figurenentwicklung veranschaulichen. Die Pflanzen werden im Konkreten zum facettenreichen Symbol für Einsamkeit, soziale Isolation aber auch für Zukunftshoffnung(en) und dienen im Übertragenden als durchaus gesellschaftskritischer Denkanstoß.

Wie in *Dornröschen* eine undurchdringliche Rosenhecke die schlafende Titelheldin »vor vorzeitigen sexuellen Begegnungen«[1334] schützt, dienen die in LOURDES sichtbaren Pflanzen und Pflanztröge als be- und abgrenzende Raumteiler, um Séparées zu erzeugen und Personengruppen in visuellen Clustern zu isolieren (Abb. 7). Mitunter wird die Aufgabe der räumlichen Trennung der Figuren auch den Blumen in AMOUR FOU zuteil; vielmehr aber korrelieren sie mit dem im Filmverlauf wechselnden emotionalen Befinden der Protagonistin. Wird Henriette in der Eingangssequenz noch »buchstäblich durch die Blume [gezeigt], durch einen prächtigen Frühlingsstrauß aus Fresien und anderen gelben Schnittblumen, der sie fast vollkommen verdeckt«[1335] (Abb. 8), präsentiert sich in späterer Folge ein verändertes, wenngleich erneut floral dominiertes Bild (Abb. 77).

> Der Strauß vor ihrem Gesicht besteht aus kargen Zweigen und Johanniskraut mit roten Beeren. [...] [Der] Winterstrauß [erscheint] in der Wiederholung derselben Einstellung gerade als überdeutliche und düstere Ankündigung des Kommenden. Doch die Schwere der Bedeutung wird hier durch die absurden Dialoge gestört, und nicht zuletzt dadurch, dass sie anschlussfähig an den Strauß sind. Denn der ist zwar dunkel und karg, jedoch auch sehr haltbar.[1336]

Die beiden unterschiedlichen Blumensträuße sind nicht nur Hinweise auf das Voranschreiten der erzählten Zeit, sie veranschaulichen nicht nur den Wechsel der Jahreszeiten, sondern sind in märchenhafter Weise eben expliziter Fingerzeig auf die veränderte Verfassung der Protagonistin, die sich

---

1334 Bettelheim: *Kinder brauchen Märchen*. 2013^{32}, S. 271.
1335 Verena Mund: Blumen und Tabak. Tischgesellschaften in *Amour Fou* und *Western*. In: Isabella Reicher (Hrsg.): *Eine eigene Geschichte*. Wien: Sonderzahl 2020, S. 50–57; hier: S. 51.
1336 Ebd. S. 52.

im Filmverlauf von der lebensbejahenden Ehefrau, Mutter und Gastgeberin zur todessehnsüchtigen Gefährtin des Heinrich von Kleist wandelt.

3.11 Abschließende Betrachtungen

> *Man kann auch dann noch ein Märchen erzählen,*
> *wenn das Dach über einem schon einstürzt.*[1337]

»Ein Kontinent steckt in der Krise. Aber was bedeutet die wirtschaftliche und politische Malaise eigentlich für den europäischen Film?«[1338] fragte Christiane Petz in ihrem *Der Tagesspiegel*-Artikel, den sie provokant – und Volker Schlöndorff zitierend – mit dem Titel *Das europäische Kino gibt es nicht mehr* versah, und zeichnete mitunter ein tristes, wenn auch glaubwürdig anmutendes Bild des zeitgenössischen Filmschaffens der »alten Welt«: Europäische Filme fristeten ein Nischendasein zwischen Hollywood und dem heimischen Kino, würden abseits von Festivals und Cineastenzirkeln kaum wahrgenommen, der frische Wind der *neuen Wellen* sei verweht, »denn die goldenen Zeiten des europäischen Films mit Bergman und Buñuel, Antonioni und Fellini, Trauffaut, Godard, Fassbinder sind lange vorbei.«[1339]

> Europa, der versehrte Kontinent, der sich ehrlich macht und sich trotzdem nicht unterkriegen lässt? Dass ausgerechnet der Oscar sich neuerdings selber europäisch gibt, hat gewiss mit einer Sehnsucht nach Authentizität zu tun, die krisenbedingt auch die USA ereilt hat. Hinzu kommt die Nostalgie, der Blick zurück in jene Zeit, als Mensch und (Film-)Welt noch unvollkommen sein durfte, schwarz-weiß, ohne Ton – und mit öffentlichkeitsscheuen Staatsmännern.[1340]

Es gibt sie, einige wenige Hoffnungsschimmer, die Peitz in ihrem Artikel benannte: INTOUCHABLES (2011, Olivier Nakache/Éric Toledano; dt. Titel: ZIEMLICH BESTE FREUNDE) etwa, AMOUR (2012, Michael Haneke;

1337 Kaurismäki zit. n. Stefan Stosch: Warum sind Ihre Filme so traurig? [24.03.2017].
1338 Peitz: »Das europäische Kino gibt es nicht mehr.« [03.02.2013].
1339 Ebd.
1340 Ebd.

dt. Titel: LIEBE) oder auch BARBARA und LE HAVRE. »Filme, die sich keine Illusionen machen und dennoch von Menschlichkeit handeln, von Anstand und Solidarität: Glaubt man all diesen Moralparabeln und Sozialdramen, ist auch das typisch europäisch.«[1341] Jessica Hausners Namen sucht man in dem Artikel vergeblich und das, obwohl sie mit LOURDES bei Erscheinen des Artikels ein deutliches Zeichen für den neuen europäischen Film gesetzt hatte. Welchen Part übernimmt sie nun mit ihren Filmen in diesem europäischen Krisenszenario? Spielt sie denn überhaupt eine Rolle?

In ihrem Beitrag *Nostalgie, Utopie und Spiel in Märchenerzählungen der deutschen Gegenwartsliteratur* eruierte Ruth Neubauer-Petzoldt in den »vertrauten ›großen Erzählungen‹«[1342], zu denen wohl auch die Märchen der Brüder Grimm gezählt werden dürfen, einen wichtigen Impulsgeber für das kreative Schaffen der Gegenwart:

> Gerade in Krisensituationen, wenn das Subjekt sich als gefährdet, als orientierungslos erfährt, die bisherigen sozialen Verbindlichkeiten sich aufzulösen beginnen, werden vertraute ›große Erzählungen‹ des kollektiven Gedächtnisses zu anschaulichen, vieldeutigen, ›wahren‹ und daher auch in säkularisierter Form transzendierenden Erklärungsmustern, zu einem Symbolsystem […] auf das zeitlos zurückgegriffen werden kann, das dann jedoch jeweils konkret funktionalisiert und aktualisiert wird.[1343]

Hierin mag auch eine Antwort auf die Frage gefunden werden, warum Hausners Produktionen auf den Festivals und in Feuilletons gefeiert werden, scheinen ihre Filme sich doch der Verschränkung des Heute, das in der distanzierend-dokumentarischen Erzählweise zum Ausdruck kommt, und des Gestern – belegt die »Gattung Grimm«[1344] doch seit langem »den ersten Platz auf der Liste sämtlicher Weltliteraturen«[1345] – verschrieben zu haben.

1341 Ebd.
1342 Ruth Neubauer-Petzoldt: Nostalgie, Utopie und Spiel in Märchenerzählungen der deutschen Gegenwartsliteratur. In: *Alman dili ve edebiyatı dergisi – Studien zur deutschen Sprache und Literatur.* Band 2, Nummer 30, Istanbul: Istanbul Üniversitesi Edebiyat Fakültesi 2013, S. 79–97; hier S. 81.
1343 Ebd.
1344 André Jolles: *Einfache Formen. Legende, Sage, Mythe, Rätsel, Spruch, Kasus, Memorabile, Märchen, Witz.* Darmstadt: Wissenschaftliche Buchgesellschaft 1958², S. 129.
1345 Felicitas Hoppe: Sieben auf einen Streich. Konstanzer Vorlesung. In: *Neue Rundschau 116.* Heft 1, 2005, S. 150–164; hier: S. 163.

Wenn Hausners Filme auch dezidiert nicht als *reine* Märchenfilme gedeutet werden dürfen, so greift die Regisseurin doch nachweislich auf typische Elemente des Märchens zurück. Statt diese als traditionelle Versatzstücke lediglich neu zu arrangieren, nutzt sie das Potenzial der vermeintlich einfachen Gattung und adaptiert und inszeniert die markanten Vorbilder originell auf neue Weise.

Ist der Blick für die Grimm'schen Anklänge erst geschärft, eröffnet sich in den Filmen der Jessica Hausner eine – in ihren mannigfaltigen Facetten beeindruckende – märchenhafte Welt, die in ihrem Anspielungsreichtum und den zahlreichen Verweisen und intertextuellen Referenzen wohl nur vom fiktiven »idealen« Rezipienten[1346] vollständig decodiert werden könnte.

Die vorliegenden Ausführungen zu märchenhaften Aspekten im Œuvre der Regisseurin dürfen als eine erste Annäherung verstanden werden. So sind etwa die Zauberspiegel nicht die einzigen Requisiten, die auf eine mögliche Inspiration durch das Grimm'sche *Sneewittchen*-Märchen hinweisen. Der vergiftete Kamm der bösen Stiefmutter findet sich etwa in AMOUR FOU in jener Haarbürste wieder, die Hausner in den beiden Schlafzimmer-Spiegel-Szenen ins Blickfeld rückt. Beim Bürsten der Haare wird auch Christine in LOURDES gezeigt werden; einmal wird die junge Malteserin Maria diese Aufgabe erfüllen, nach ihrer Genesung übernimmt Christine die Morgenroutine selbst. Wie Schneewittchens Mutter widmet sich auch Henriettes Mutter der Stickerei und wenn sie sich auch nicht an einer Nadel sticht oder märchenhaftes Blut vergießt, zwingt das lange Verweilen der Kamera auf der handarbeitenden Frau das Publikum dazu, diese Bilder nicht ungedeutet zu lassen. Als Henriette dem Dichter im heimischen Salon von ihrer lebensbedrohenden Krankheit berichtet, steht ein silbernes Tablett mit Teller, Messer und einem angebissenen roten Apfel vor ihr auf dem Tisch. Wie Schneewittchen hat Henriette von dem Obst gegessen und spürt nun nicht nur die »Nichtigkeit ihrer Existenz«, sondern auch die bedrohliche Nähe des Todes. Rote Äpfel sind auch an der Rezeption des Waldhauses zu finden, wo sie, in einer flachen Schale drapiert, den Gästen zur freien Entnahme zur Verfügung stehen. In FLORA und LOVELY RITA werden die jeweiligen Mütter der Protagonistinnen in der Küche stehend beim Äpfelschälen gezeigt.

Wie für die märchenhaft assoziierten Requisiten ist auch im Hinblick auf die Raumkonzepte längst nicht das letzte Wort geschrieben, denn

---

1346 Vgl. Pfister: *Das Drama: Theorie und Analyse.* 2001[11], S. 21.

die *Rapunzel*-Turm-Analogien sind lediglich eine – wenn wohl markante – Facette der märchenhaften Raumkonzepte in Hausners Filmen. Die Grotte der Waldfrau in HOTEL erinnert – trotz der fehlenden sichtbaren Präsenz einer Antagonistin – an das Knusperhäuschen in *Hänsel und Gretel*, während die Grotte in LOURDES den Übergang in die märchenhafte »Anderswelt« (im speziellen Fall: in die unterirdische Basilika) darstellt. Auffällig – und zugleich von Sean Franzel als typisch für die Produktionen der *Berliner Schule* beschrieben[1347] – sind außerdem die in sämtlichen Spielfilmproduktionen Hausners ausmachbaren Wald-Inszenierungen, die stets deutliche Assoziationen zum »dunklen Wald« der Grimm'schen Märchen und dem damit konnotierten Wandel[1348], den die Märchenheld_innen nach Betreten des selbigen durchlaufen, wecken.

Auch den Tieren in Hausners Filmen können weitere märchenhafte Anklänge zugesprochen werden, scheinen sie doch in einigen Produktionen deutlich als symbolische Stellvertreter ihrer Halter_innen zu fungieren. John Berger schrieb in *Why look at animals?* zur Relevanz der Interpretation der Mensch-Tier-Beziehung:

> Genauso wichtig ist es, in welcher Weise der gewöhnliche Tierhalter zu seinem Tier steht. […] Das Tier vervollständigt ihn, antwortet auf gewisse Aspekte seines Charakters, die sonst unbestätigt blieben. […] Das Haustier spiegelt einen Charakterzug seines Besitzers, der sonst nie reflektiert wird.[1349]

Die Tiere in Hausners Filmen sind nicht nur Verbildlichung des Gemeinplatzes, dass Haustiere ihren Frauchen oder Herrchen im Verlauf des gemeinsamen Zusammenlebens zu ähneln beginnen, sie sind nicht nur »die Geschöpfe der Lebensweise ihres Besitzers«[1350], sondern übernehmen auch eine durchaus märchenhaft symbolische Stellvertreter-Funktion.

Abseits der erörterten Inszenierungen der dualen Mutterfigur lässt sich im *Personal* von Hausners Filmen zudem eine Vielzahl an märchen-

---

1347 Vgl. Sean Franzel: Forests. In: Roger F. Cook/Lutz Koepnick/Kristin Kopp/Brad Prager (Hrsg.): *Berlin School Glossary. An ABC of the New Wave in German Cinema*. Chicago: Intellect 2013, S. 127–135.
1348 Vgl. Waltraud Messmann: Der Wald im Märchen: Ein Ort der Reifung und des Wandels. [15.10.2012], https://www.noz.de/lokales/nordhuemmling/artikel/177347/der-wald-im-maerchen-ein-ort-der-reifung-und-des-wandels, letzter Aufruf: 20.06.2020.
1349 Berger: Why look at Animals? [1977], 2003, S. 23.
1350 Ebd.

haft konnotierten Figuren benennen. So zeigen auch Attila und Jakob in
Flora, der Kanzleichef und der Arbeitskollege in Inter-View, Fexi und
der Buschauffeur in Lovely Rita, Erin in Hotel, Kuno in Lourdes,
Louis Vogel sowie Heinrich von Kleist in Amour Fou und Chris in
Little Joe zum einen sowohl Märchenprinz-Qualitäten, zum anderen
aber auch – in Anlehnung an *Der Froschkönig oder der eiserne Heinrich* –
»garstige«[1351] Eigenschaften, was somit ebenfalls auf das erzählerische Verweben
märchenhafter Archetypen hindeutet. Neben Fröschen, die partout
keine Prinzen werden wollen und Prinzen, die sich im Filmverlauf
in garstige Frösche verwandeln, ist in Hausners Filmen außerdem das
wiederholte Auftreten einer stereotyp wirkenden Vaterfigur zu erkennen.
Wilhelm Solms schrieb über den Vater in *Aschenputtel* – um an dieser
Stelle eine der zahlreichen Facetten des märchenhaften Archetyps exemplarisch
ins Licht zu rücken –, dass dieser sich

> […] nicht nur in der Vaterrolle als totaler Versager [erweist], er übernimmt
> auch noch die Rolle des Gegners, indem er die Heirat mit dem
> Königssohn, den einzigen Ausweg aus Aschenputtels Elend, zu verhindern
> sucht.[1352]

Eine Analyse und Interpretation mit märchenhaftem Fokus scheint auch
für die in den Filmhandlungen sichtbaren Vaterfiguren in Flora, Inter-View,
Lovely Rita und Little Joe sowie des unsichtbaren, aber
dennoch im Rahmen eines Telefongesprächs präsenten Vaters von Irene
in Hotel eine lohnenswerte Forschungsaufgabe.

Dieser, wenn auch letztlich exemplarisch bleibende Aufriss verdeutlicht,
wie omnipräsent sich die Grimm'schen Märchen in Hausners
Œuvre zeigen. Die Summe der Einzelteile verleihen dem Ganzen sein
Gewicht, denn isoliert betrachtet, könnte man zum Beispiel in der Akzentuierung
der Protagonistinnen durch rote Accessoires lediglich einen
Aspekt der filmischen Farbdramaturgie vermuten, die Spiegel bloß als
wiederkehrendes Element der Filmausstattung deuten, die Gründe für
die sich exakt wiederholenden Bildfolgen etwa im Finanziellen suchen,

---

1351 Der Froschkönig oder der eiserne Heinrich. [1857], zit. n. Heinz Rölleke (Hrsg.):
Brüder Grimm. Kinder- und Hausmärchen. Ausgabe letzter Hand mit den Originalanmerkungen der Brüder Grimm, Band 1, Ditzingen: Reclam 2016, S. 29–32; hier: S. 30.
1352 Wilhelm Solms: Aschenputtel aus philologischer Sicht. In: *Märchenspiegel – Zeitschrift für internationale Märchenforschung und Märchenpflege*. 22. Jahrgang, Heft 3/2011, S. 5–9; hier: S. 8.

usw. Es ist die Vielzahl an Verweisen, die explizit auf die Grimm'schen Märchen als Inspirationsquelle hindeuten, welche die märchenhafte Ästhetik und Stilistik von Hausners Filmen klar und deutlich sichtbar macht.

4 Abspann

Den Abschluss dieses Buches soll die Vorausschau auf Hausners mögliche künftige Filmprojekte bilden. Zum jetzigen Zeitpunkt dokumentieren die Förderungsunterlagen des Österreichischen Filminstituts zwei Spielfilmideen in unterschiedlichen Entwicklungsphasen, an denen die Regisseurin zu arbeiten scheint.

4.1 Medea

Die Geschichte einer berühmten Frauenfigur aus der griechischen Mythologie begleitet Jessica Hausner laut eigenen Angaben schon über viele Jahre hinweg: Die Sage um Medea, die seit der Antike zu einem der wohl bekanntesten Stoffe der Weltliteratur avancierte, hat sich in unzähligen Umsetzungen in den Bereichen der bildenden Künste, Musik und Literatur manifestiert.

Dass zwei filmische Interpretationen von Medeas Geschichte ihren Weg auf die Leinwände gefunden haben, ist wohl in gewissem Maße der US-amerikanischen Filmproduktionsgesellschaft *Metro-Goldwyn-Mayer* anzurechnen, die in den 1960er-Jahren mit der Idee einer Verfilmung der antiken Sage liebäugelte. Sowohl der italienische Regisseur und Drehbuchautor Pier Paolo Pasolini wie auch sein dänischer Kollege Carl Theodor Dreyer beschäftigten sich mit der Idee einer filmischen Umsetzung. Letztlich wurde Pasolini mit der Realisierung von Medea (1969, Pier Paolo Pasolini) betraut, die Titelrolle übernahm die *Primadonna assoluta* Maria Callas, welche die Medea zum damaligen Zeitpunkt bereits in mehreren Opernhäusern verkörpert hatte.[1353] Dreyers unverfilmtes

---

1353 Maria Callas sang die Titelrolle zunächst im Jahr 1953 beim Maggio Musicale Fiorention, dann im selben Jahr unter der Leitung von Leonard Bernstein in Mailand, im Jahr 1954 in Venedig, im Jahr 1955 in Rom, in den Jahren 1958/59 in Dallas, im

Script[1354] fiel Jahre später Lars von Trier in die Hände, der darauf basierend für das dänische Fernsehen den gleichnamigen Spielfilm MEDEA (1988, Lars von Trier) realisierte.

Aus den Unterlagen des Österreichischen Filminstituts geht hervor, dass Hausner für die Drehbuch-Entwicklung eines Spielfilms, der bis dato unter dem Arbeitstitel MEDEA läuft, bereits im Jahr 2011 ein entsprechendes Förderungsansuchen gestellt hatte; für die Stoffentwicklung wurden ihr € 15.000,00 als *Incentive Funding* zugesprochen.[1355] Diese spezielle Unterstützungsform des Filminstituts kann von Autor_innen und Regisseur_innen eines Referenzfilms (in Hausners Fall: LOURDES) zur Entwicklung neuer Stoffe beantragt werden.[1356] Zum geplanten Inhalt des Filmes war zu lesen:

> Konstanze hat zwei Kinder: Salome und Medea. Sie stammt aus wohlhabenden Verhältnissen, hat es aber selber nie zu etwas gebracht. Vielleicht weil sie sich auf eine trotzige Art und Weise quer legt oder durch übertriebene Schüchternheit für unfähig gehalten wird – eine seltsame Mischung aus Angst und Zorn kennzeichnet ihr Gemüt. Der Film versucht das Schicksal einer Frau zu beschreiben, die auf Grund einer seltsamen Persönlichkeit zur Außenseiterin wird und hinterfragt auf diese Weise den Normalitätsanspruch der Gesellschaft.[1357]

Im persönlichen Gespräch erklärte die Regisseurin, dass der Medea-Stoff für sie zwar nach wie vor packend und relevant, jedoch »aktuell wieder in die Schublade gerutscht«[1358] sei, und sie die Arbeiten am Drehbuch vorerst ausgesetzt habe.

Jahr 1959 in London, im Jahr 1961 in Epidauros und in den Jahren 1961/62 wieder in Mailand. Vgl. Klaus Hortschansky: Médée. In: Carl Dahlhaus (Hrsg.): *Pipers Enzyklopädie des Musiktheaters.* Band 1: Werke. Abbatini – Donizetti. München/Zürich: Piper 1986, S. 558–561.

1354 Als Mitglied einer Projektgruppe veröffentlichte Henrik Fuglsang am 9. Mai 2011 sowohl das englischsprachige wie auch das dänische Script des Drehbuchs unter http://english.carlthdreyer.dk/Service/Dreyer_News/2011/Dreyers-Medea-script-on line.aspx, letzter Aufruf: 15.06.2020.

1355 Vgl. ÖFI: *Tätigkeitsbericht des Österreichischen Filminstituts für das Geschäftsjahr 2011.* 2012, S. 12.

1356 Vgl. http://www.filminstitut.at/de/referenzfilmfoerderung/, letzter Aufruf: 21.06.2020.

1357 ÖFI: *Förderungszusage 2011.* In: http://docplayer.org/33139907-Foerderungszusagen-zum-1-sitzungstermin-antragstermin-3-november-2010-herstellungsfoerderungen. html, letzter Aufruf: 07.07.2020.

1358 Hausner zit. n. 10.1 Skype-Interview mit Jessica Hausner [15.11.2016].

> Das ist ein Thema, für das ich noch wachsen, noch mehr Lebenserfahrung sammeln muss. Also ich habe gedacht, ich kann das jetzt schon, da ich selbst Mutter bin. Den Stoff wollte ich schon vor vielen Jahren einmal machen, vor 15, 20 Jahren. Aber ich musste bemerken: Okay, far too big. Dann kam wieder ein Moment, wo ich gedacht habe, dass ich jetzt so weit bin, mich jetzt auskenne. Aber es ist immer noch nicht der Fall. Irgendwann werde ich es machen, weil ich es so unglaublich finde.[1359]

Dass Hausner keine traditionelle Inszenierung der Medea im Kopf hat, scheint wenig überraschend. Es sind vor allem alternative Darstellungsoptionen bzw. ein *Andersdenken* des Sagenstoffes, welche die Regisseurin für interessant bekundete:

> Es gibt da dieses Buch von der Christa Wolf, wo das Ende besagt, dass Medea ihre Kinder gar nicht umgebracht hat, sondern das nur eine Verleumdung ist, um sie endgültig fertig zu machen und das finde ich so klug! Ich muss nur nachdenken, was das für mich und unsere Zeit bedeutet. Ich glaube, da muss ich noch ein bisschen länger nachdenken. Aber mich interessiert natürlich die Ambivalenz der Gefühle einer Mutter für ihr Kind. Mehr als dieser Macht- und Rachekomplex, wie es in der griechischen Tragödie ist.[1360]

Das Buch, das Hausner anspricht, ist Christa Wolfs im Jahr 1996 veröffentlichter Roman *Medea. Stimmen*, in welchem die Autorin durch den Rückgriff auf Überlieferungen, die vor der als klassisch rezipierten *Medeia*-Tragödie Euripides datieren, ein deutlich positiveres Bild der Medea entstehen ließ.[1361] Dass Hausner in der Lage ist, eine durch historische Quellen tendenziell negativ besetzte Frauenfigur in ein neues Licht zu stellen, hat sie zweifelsfrei mit ihrer Inszenierung der Henriette Vogel in Amour Fou unter Beweis gestellt. Es bleibt abzuwarten, in welcher Gestalt die Hausner'sche Medea ihren Weg auf die Leinwände und Fernsehbildschirme finden wird.

1359 Hausner zit. n. 10.1 Skype-Interview mit Jessica Hausner [15.11.2016].
1360 Hausner zit. n. ebd.
1361 Vgl. Christa Wolf: Von Kassandra zu Medea. In: Marianne Hochgeschurz (Hrsg.): *Christa Wolfs Medea. Voraussetzungen zu einem Text*. München: dtv 2000, S. 15–24, hier: 22 f.

4.2 CLUB ZERO

Im Rahmen der umfassenden Berichterstattung anlässlich der Premiere von LITTLE JOE ließ Jessica Hausner auch die Frage nach zukünftigen Filmprojekten nicht unbeantwortet. So erklärte sie im Gespräch mit *Collider*-Reporterin Helen Barlow:

> I have a new project, which is a continuation of the idea of *Little Joe*. It's also about parenting or parents who don't have time for their children. It's about a teacher who takes care of the children of parents who are workaholics.[1362]

Der momentan unter dem Arbeitstitel CLUB ZERO projektierte Spielfilm soll in einem Internat – einer »Welt von Uniformen und Verhaltensregeln, die darauf warten unterwandert zu werden«[1363] – spielen und vom Rachefeldzug einer Lehrerin erzählen. In der *Diagonale*-Sonderausgabe des Magazins *The Gap* gab Hausner preis:

> Ich will noch nicht zu viel verraten, denn das Projekt ist gerade im Entstehungsprozess. Essstörungen haben mich aber immer schon interessiert und anscheinend nehmen sie gerade auch unter jungen Männern zu. Einerseits hat das bestimmt mit unserer Sehnsucht nach einem bestimmten Schönheitsideal zu tun, andererseits ist es aber auch eine Art Selbstkasteiung; also ein Versuch, sich anzupassen, einzupassen und sich zu kontrollieren. Ich beschäftige mich außerdem gerade mit der Frage, warum Essverhalten allgemein so wichtig für unsere Zeit ist. Es gibt im Moment sehr viele Ernährungskulte und Regeln, die ich interessant finde.[1364]

Dass die Regisseurin eine deutliche Neigung zur Inszenierung speisender Personen hat[1365], ist längst offenes Geheimnis und lässt sich anhand der

---

1362 Hausner zit. n. Helen Barlow: »Little Joe« Director Jessica Hausner on Taking Inspiration from »Frankenstein«. [28.05.2019], https://collider.com/little-joe-jessica-hausner-interview/, letzter Aufruf: 13.06.2020.
1363 Hausner zit. n. Zwickies: »Für mich wird es da spannend, wo ein Film sichere Spuren verlässt.« [08.01.2020].
1364 Hausner zit. n. Fohringer/Holz: Zur Person: Jessica Hausner. 2020, S. 9.
1365 Die filmische Inszenierung essender Personen hat eine lange Tradition, die bis in die Anfänge des Kinos zurückverfolgt werden kann (vgl. dazu exemplarisch Daniel Kofahl/Gerrit Fröhlich/Lars Alberth (Hrsg.): *Kulinarisches Kino. Interdisziplinäre Perspektiven auf Essen und Trinken im Film*. Bielefeld: Transcript 2013). Bereits im Jahr

Fülle entsprechender Szenen in ihren bisherigen Filmprojekten nachweisen. Wenngleich diese Essensszenen bis dato weder im Filmjournalistischen noch im Filmwissenschaftlichen diskutiert wurden, sind sie in der Mehrzahl von Hausners bisherigen Filmen präsent. Außergewöhnlich ist, dass derartige Darstellungen nicht in deskriptiver Hinsicht genutzt werden, sondern dass in diesen Filmmomenten beständig eine bedeutungsschwangere Metaebene mitklingt, in der tradierte Klischees und Usancen kritisch reflektiert werden.

Um ein konkretes Beispiel zu benennen, wird in FLORA der gutgefüllte Kühlschrank zum impliziten Symbol für den Wohlstand der sozialen Mittelschicht. Im verzweifelten Bemühen, Flora nach ihrem Seitensprung von seinen Qualitäten als zuverlässiger Versorger zu überzeugen, bietet Jakob ihr kurzerhand den Inhalt seines Kühlschrankes feil: Germknödel, serbische Bohnensuppe, Schweizer Laibchen, Bœuf Stroganoff und Hirschpfeffer – der junge Mann ist bereit, nicht nur seine Wohnung, sondern auch seine Lebensmittel mit der Auserkorenen zu teilen. Die nimmt aber wortlos und hastig Reißaus und flieht dabei nicht nur vor den angedrohten Mahlzeiten, sondern vor allem vor der bürgerlichen Zukunft, die ihr derart in Aussicht gestellt wird.

Die zeitlose Brisanz von Hausners Inszenierung lässt sich mit einem Blick in die österreichische Gegenwartsliteratur veranschaulichen:

> Vierzehn Stück Eier aus Bodenhaltung befanden sich in der Kühlschranktür oben links. Daneben drei Päckchen Butter. Darunter ein Glas Dijonsenf. Die aufgeschriebenen Letter waren unleserlich geworden. Am Glasdeckelrand ein Senfrest. Verkrustet. […] Mit dem Überfluss an Konsumgütern verschwanden die negativen Gefühle fast wie von selbst, konnten leicht weggewischt werden.[1366]

Obwohl der Kurzfilm und der Prosatext *Die Gulaschlustigen* unterschiedlichen Gattungen zugeordnet sind und die beiden Werke immerhin

---

1895 filmte Louis Lumière Baby Andrée Lumière beim Frühstück mit seinen Eltern. Der einminütige Kurzfilm REPAS DE BÉBÉ (dt. Titel: BABYS FRÜHSTÜCK) war einer jener Beiträge, die in Paris im *Salon Indien du Grand Café* anlässlich der Vorstellung des *Cinématographe* zur Aufführung gelangten (vgl. https://catalogue-lumiere.com/repas-de-bebe/, letzter Aufruf: 12.07.2020).

1366 Katharina Ingrid Godler: Die Gulaschlustigen. In: Andreas Unterweger (Hrsg.): *manuskripte. Zeitschrift für Literatur.* Heft 228, Graz: manuskripte – Literaturverein 2020, S. 26–32.

23 Jahre trennen, offenbaren sich in mehrerlei Hinsicht deutliche motivische und thematische Schnittmengen – vom konsumkritischen Blick auf den Kühlschrank und dessen Inhalt, über die facettenreichen Darstellungen von Beziehungskonstellationen bis hin zur Sichtbarmachung und/oder dem Aufbrechen tradierter Geschlechterstereotype –, die auf eine andauernde Relevanz im gesellschaftskritischen Kontext hindeuten.

An dieser Stelle kann vorerst festgehalten werden, dass das Ernährungsverhalten von Hausners Protagonist_innen »immer mehrfach konstruiert: individuell durchgeführt und habitualisiert«, aber eben auch »sozial vermittelt und in soziale Gewohnheiten verankert«[1367] und in gesellschaftliche, kulturelle und zeitliche Kontexte gebettet ist. Doch damit nicht genug, sind einigen ihrer Filme bereits Anklänge von atypischem Essverhalten eingeschrieben, die – wie vergleichbare literaturwissenschaftliche Untersuchungen zu diesem Themenkomplex vermuten lassen – andeuten, dass »die bzw. der Erkrankte [sich] als unfähig erweist, für sich zu sorgen«[1368]. Die Figuren trachten danach, »mit dem Leben fertig zu werden«[1369] und »bestimmte Lebenskonflikte zu lösen«[1370] und »psychischen Konflikten, [...] zu begegnen, respektive diese über den Körper nach außen hin sichtbar zu machen und zu kommunizieren.«[1371] Ob Binge-Eating-Disorder, Adipositas, Anorexia nervosa oder eine mutmaßliche Tumorkachexie: Die von der vermeintlichen gesellschaftlichen Norm abweichende Nahrungsaufnahme der weiblichen (!) Figuren lässt sich sowohl in TOAST, INTER-VIEW, LOVELY RITA als auch in AMOUR FOU eruieren.

So liest sich etwa die diagnostische Beschreibung der psychogenen Erkrankung der Binge-Eating-Störung (kurz: BES) wie das Drehbuch zu TOAST: Wenn bei wiederkehrenden Fressattacken große Mengen an Nah-

---

1367 Christine Brombach: Soziale Dimensionen des Ernährungsverhaltens. Ernährungssoziologische Forschung. In: *Ernährungs Umschau: Forschung & Praxis*, Heft 6, 2011, S. 318–324; hier: S. 319.
1368 Iris Schäfer: Zwischen (Körper-)Kunst und Krankheit. Hysterie und Anorexie in deutschsprachigen Texten der Zeit um 1900 und 2000. In: Artur Boelderl (Hrsg.): *Vom Krankmelden und Gesundschreiben. Literatur und/als Psycho-Soma-Poetologie?* Innsbruck: StudienVerlag 2018, S. 46–60; hier: S. 54.
1369 Gil Edwards: Magersucht und Familie. In: Marilyn Lawrence (Hrsg.): *Satt aber hungrig. Frauen und Eßstörungen.* Reinbek: Rowohlt 1989, S. 83–98; hier: S. 84.
1370 Ebd. S. 94.
1371 Schäfer: Zwischen (Körper-)Kunst und Krankheit. 2018, S. 54.; siehe dazu auch Iris Schäfer: *Von der Hysterie zur Magersucht. Adoleszenz und Krankheit in Romanen und Erzählungen der Jahrhundert- und der Jahrtausendwende.* Dissertation Goethe-Universität Frankfurt am Main 2015, Frankfurt am Main: Peter Lang 2016.

rung verschlungen werden und die Kontrolle über das Essverhalten dabei verloren geht, liegt häufig der Befund einer BES nahe.[1372] Die in Hausners Experimentalfilm gezeigte Frau isst sich ohne Unterlass durch die Sequenzen, in einem schier endlosen Essgelage findet ein Toastbrot nach dem anderen den Weg in ihren Mund. Anders als bei einer bulimischen Erkrankung legen an BES-Erkrankte kein Kompensationsverhalten an den Tag[1373], und auch Hausner lässt selbstherbeigeführtes Erbrechen, die Einnahme von Abführmitteln oder exzessives Körpertraining in ihrer filmischen Inszenierung außen vor.[1374]

In INTER-VIEW fällt vor allem die beträchtliche Vielzahl an Szenen ins Auge, in denen die Protagonistin, »die unförmige Pullover anhat und die man ständig nur essen sieht.«[1375], gezeigt wird. Beim gemeinsamen Abendessen im Familienkreis ist da ein beschämter Blick Gertrudes, den die Kamera nahezu beiläufig aufzeichnet. Während Vater, Mutter und Bruder sich mit ihren jeweiligen Portionen begnügen, bugsiert die junge Frau sich einen weiteren Knödel auf ihren Teller. Doch selbst dieser Nachschlag kann ihren Hunger[1376] nicht stillen; als sie sich anschließend zum Fernsehen in ihr Zimmer zurückzieht, knabbert sie schweigend an einem Snack, der scheinbar die endlose Leere füllen soll. Doch nicht nur das einsame Essen nach der Mahlzeit lässt stutzen, auch die Diskrepanz zum (nicht veranschaulichten) Essverhalten von Andreas wirft in INTER-VIEW Fragen auf. Während der junge Mann sich bei den gemeinsamen Dates an Bier und Zigaretten hält, gönnt Gertrude sich wiederholt einen Becher Speiseeis. Es ist dabei seinen Verzicht, der ihren Verzehr übermäßig erscheinen lässt.

1372 Vgl. https://www.bzga-essstoerungen.de/was-sind-essstoerungen/arten/binge-eating-stoerung/, letzter Aufruf: 19.06.2020.

1373 Vgl. Sandra Becker/Stephan Zipfel: Binge Eating und Binge-Eating-Störung. In: Günter Reich/Manfred Cierpka (Hrsg.): *Psychotherapie der Essstörungen. Krankheitsmodelle und Therapiepraxis – störungsspezifisch und schulenübergreifend.* Stuttgart: Thieme 2010², S. 62–71; hier: S. 62.

1374 Schäfer hat in ihren Erörterungen zu literarischen Darstellungen von Essstörungen darauf verwiesen, dass derartige »gesellschaftskritische Elemente nahezu durchgehend zugunsten einer möglichst realitätsgetreuen Abbildung des Krankheitsbildes vernachlässigt« werden. (Schäfer: Zwischen (Körper-)Kunst und Krankheit. 2018, S. 54.)

1375 Flos: Stolpern. Abstürzen. Fliegen. 2020, S. 80.

1376 Offen bleibt die Frage, um welche Art von Hunger es sich handelt. Ist es ein physiologisches Verlangen nach Nahrung oder doch eine psychologische Sehnsucht nach Glück, Geborgenheit und/oder (familiärer) Harmonie?

In Lovely Rita lässt Schulkollegin Alex mit zwei ungewöhnlichen Wortäußerungen aufhorchen. Als der Teenager in Begleitung von Rita nach Hause kommt, werden die beiden von Alex' Mutter mit der Frage »Wollt's was essen?« begrüßt. Doch statt – wie man es von Heranwachsenden gemeinhin erwarten könnte – neugierig nach dem Gericht zu fragen, erklärt Alex augenblicklich und ausdrücklich: »Aber nicht zu viel, bitte!«, als gälte es, die Kalorienzufuhr schon im Vorhinein zu beschränken. Nachdem die Erwachsene die Mahlzeit in der Mikrowelle erhitzt hat und ein Messer zur Hand nimmt, um die Speise zu halbieren, wird sie von der Tochter prompt unterbrochen, denn diese wünscht explizit »nur ein ganz kleines [Stück]«. Ohne Diskussion gibt die Mutter dem Drängen ihres Kindes nach und bietet ihr ein Drittel des Gesamten an.

Wie bei der Kleiner'schen Familienmahlzeit wird das auffällige Essverhalten in Amour Fou ebenfalls durch deutliche Unterschiede in den Portionsgrößen sichtbar. Während Friedrich Ludwig Vogel und Tochter Pauline vor gut gefüllten Tellern sitzen, begnügt sich Henriette mit einem beinahe leeren Teller und bricht wenig später unvermittelt zusammen. Man könnte mutmaßen, dass die reduzierte Kost auf den apfelsinengroßen Tumor, den die Ärzte der Charité in Henriettes Unterleib erkannt haben wollen, zurückzuführen sei. Die Ergebnisse einer Autopsie zeigen jedoch gegen Ende des Filmes: Die Experten lagen falsch; weit und breit lässt sich keine Spur eines Geschwürs finden. Henriettes magere Mahlzeiten stehen somit zwar letztlich nicht mit dem vermuteten Krebsgewächs in Verbindung, könnten aber durchaus als eine psychosomatische Reaktion auf die Fehldiagnose gedeutet werden.

Im Motiv des Nahrungskonsums darf zuletzt auch eine potenzielle Verbindung von Hausners geplantem nächsten Spielfilm und den Grimm'schen Märchen erahnt werden. Neben »Fressermärchen«[1377] wie *Rotkäppchen* oder *Der Wolf und die sieben Geißlein*, in denen die Protagonist_innen von ihren Gegenspielern verschlungen werden, zeigen sich in den Märchen von »Speisewundern«[1378] deutliche Parallelen zu den bereits bestehenden filmischen Inszenierungen der Regisseurin: Wie den Märchen *Der süße Brei, Tischlein deck dich, Goldesel streck dich und Knüppel aus dem Sack, Einäuglein, Zweiäuglein und Dreiäuglein*, in *Das Märchen vom Schlauraffenland* oder in *Das Diethmarsische Lügenmärchen* ist auch Hausners bisherigen Filmen eine gesellschaftskritische Position zu halt-

---

1377 Uther: *Handbuch zu den »Kinder- und Hausmärchen« der Brüder Grimm.* 2013², S. 64.
1378 Ebd. S. 223.

losem Konsum (der sich längst nicht nur auf Lebensmittel beschränkt) zu eigen.

Von Seiten des Österreichischen Filminstituts wurde Jessica Hausner für die Realisierung des Spielfilms CLUB ZERO, der sich lose am Grimm'schen Märchen *Der Rattenfänger von Hameln* orientieren soll, bereits die erste finanzielle Unterstützungserklärung in Form einer Förderzusage zur Stoffentwicklung in Höhe von € 15.000,00 ausgesprochen.[1379] Aus heutiger Sicht scheint CLUB ZERO eine weitere kunstfertige Adaption bewährter Erzähltraditionen und die Dekonstruktion etablierter Motive zu versprechen, denn sicher ist: Eine bloße Neuinszenierung des Bekannten, die lediglich Reproduktion des Bewährten wird es unter Hausners Regie nicht geben.

1379 Vgl. ÖFI: *Tätigkeitsbericht 2019.* 2020, S. 16.

5 Literaturverzeichnis

ABEL, Marco: *The Counter-Cinema of the Berlin School*. Rochester: Camden House 2013.
Allgemeine deutsche Real-Enzyklopädie für die gebildeten Stände: Conversations-Lexikon. Band 1, Leipzig: Brockhaus 1830⁷.
ALTMAN, Rick: Film und Genre. In: Geoffrey Nowell-Smith (Hrsg.): *Geschichte des internationalen Films*. Weimar: Metzler 2006, S. 253–259.
ARNHEIM, Rudolf: *Film als Kunst*. [1932], Frankfurt am Main: Suhrkamp 2002.
BACHMANN, Ingeborg: *Malina*. [1971], Frankfurt am Main: Suhrkamp 2013.
BALLHAUSEN, Thomas/STÖGER, Katharina: Asking the Girls Out: Reverse Engineering and the Rewriting of Austrian Film History. In: Günter Friesinger/Jana Herwig (Hrsg.): *The Art of Reverse Engineering: Open, Dissect, Rebuild*. Bielefeld: Transcript 2014, S. 159–176.
BARTHES, Roland: Auge in Auge. Anhang zum ersten Teil. In: Roland Barthes: *Der entgegenkommende und der stumpfe Sinn*. Frankfurt am Main: Suhrkamp 1990, S. 313–319.
BARTHES, Roland: *Die helle Kammer. Bemerkungen zur Photographie*. Frankfurt am Main: Suhrkamp 1985.
BATAILLE, Georges: *Die Erotik*. München: Matthes & Seitz 1994.
BAUTE, Michael/KNÖRER, Ekkehard/PANTENBURG, Volker/PETHKE, Stefan/ROTHÖHLER, Simon: »Berliner Schule« – Eine Collage. In: Gustav Ernst/Karin Fleischanderl (Hrsg.): *kolik.film*. Sonderheft 6, Wien: Verein für neue Literatur 2006, S. 7–14.
BECKER, Sandra/ZIPFEL, Stephan: Binge Eating und Binge-Eating-Störung. In: Günter Reich/Manfred Cierpka (Hrsg.): *Psychotherapie der Essstörungen. Krankheitsmodelle und Therapiepraxis – störungsspezifisch und schulenübergreifend*. Stuttgart: Thieme 2010², S. 62–71.
BEIL, Benjamin/KÜHNEL, Jürgen/NEUHAUS, Stefan: *Studienhandbuch Filmanalyse: Ästhetik und Dramaturgie des Spielfilms*. München: Fink 2012.
BENKE, Dagmar: *Freistil. Dramaturgie für Fortgeschrittene und Experimentierfreudige*. Bergisch Gladbach: Bastei Lübbe 2002.
BERGER, Catherine Ann: Was, wenn alles ein Irrtum ist? Ein Skype-Gespräch übers Schreiben zwischen Jessica Hausner in Wien und Catherine Ann Ber-

ger in Zürich. In: Gustav Ernst/Karin Fleischanderl (Hrsg.): *kolik.film*. Sonderheft 17, Wien: Verein für neue Literatur 2012, S. 25–33.

BERGER, John Berger: Why look at Animals? [1977], in: John Berger: *About Looking*. New York: Vintage 1980, S. 3–28.

BETTELHEIM, Bruno: *Kinder brauchen Märchen*. München: DTV 2013[32].

BLUM, Philipp: *Experimente zwischen Dokumentar- und Spielfilm. Zur Theorie und Praxis eines ästhetisch ›queeren‹ Filmensembles*. Marburg: Schüren 2017.

BLUMENKAMP, Katrin: *Das »Literarische Fräuleinwunder«. Die Funktionsweise eines Etiketts*. Münster: LIT 2011.

BÖHNKE, Alexander: *Paratexte des Films: Über die Grenzen des filmischen Universums*. Bielefeld: Transcript 2007.

BOORSTIN, Jon: *The Hollywood Eye. What Makes Movies Work*. New York: Cornelia & Michael Bessie Books 1990.

BÖRNER, Jens/HEISENBERG, Benjamin/KUTZLI, Sebastian: Portrait: Coop99. In: Jens Börner/Benjamin Heisenberg/Christoph Hochhäusler/Sebastian Kutzli (Hrsg.): *Revolver 6. Zeitschrift für Film*. Frankfurt am Main: Verlag der Autoren 2002, S. 57–110.

BORSTNAR, Nils/PABST, Eckhard/WULFF, Hans Jürgen (Hrsg.): *Einführung in die Film- und Fernsehwissenschaft*. Konstanz: UVK 2008[2].

BOUCHEHRI, Regina: *Filmtitel im interkulturellen Transfer*. Berlin: Frank & Timme 2008.

BRASCH, Thomas: *Lovely Rita, Rotter, Lieber Georg. Drei Stücke*. Frankfurt am Main: Suhrkamp 1989.

BREUER, Ingo (Hrsg.): *Kleist-Handbuch. Leben – Werk – Wirkung*. Stuttgart: Metzler 2009.

Brockhaus' Konversations-Lexikon. Band 10, Leipzig/Berlin/Wien: F. A. Brockhaus 1902[14].

BROMBACH, Christine: Soziale Dimensionen des Ernährungsverhaltens. Ernährungssoziologische Forschung. In: *Ernährungs Umschau: Forschung & Praxis*, Heft 6, 2011, S. 318–324.

BRUNOW, Jochen: Es war einmal ein Zauberapparat ... Über Märchen als Vorlage filmischen Erzählens – eine unendliche Geschichte. In: Jochen Brunow (Hrsg.): *Scenario 8. Film- und Drehbuch-Almanach*. Berlin: Bertz+Fischer 2014, S. 116–129.

BUTLER, Michael: Das Problem der Exzentrizität in den Romanen Frischs. In: Heinz Ludwig Arnold (Hrsg.): *Max Frisch*. Text+Kritik, Zeitschrift für Literatur. Heft 47/48, München: Edition Text+Kritik 1983[3], S. 13–26.

BÜTTNER, Elisabeth: Der Blick der Liebe. In: Christian Dewald (Hrsg.): *Filmhimmel Österreich, I. Das Privileg zu sehen*. Heft 009. Wien: Filmarchiv Austria 2005, S. 3–5.

BÜTTNER, Elisabeth/DEWALD, Christian: *Anschluß an Morgen. Eine Geschichte des österreichischen Films von 1945 bis zur Gegenwart.* Salzburg/Wien: Residenz 1997.

CAEMMERER, Christiane/DELABAR, Walter/MEISE, Helga (Hrsg.): *Fräuleinwunder literarisch. Literatur von Frauen zu Beginn des 21. Jahrhunderts.* Frankfurt am Main: Peter Lang 2005.

CARGNELLI, Christian: Love is in the air. In: *Falter 25/99* [23.06.1999], S. 61.

CARGNELLI, Christian: Nouvelle Vague Viennoise. In: *Falter 18/99* [05.05.1999], S. 62–63.

CHION, Michel: *L'Audio-vision. Son et image au cinéma.* Paris: Nathan 1990.

COHEN, Betsy: *The Snow White Syndrome – All About Envy.* London: Macmillan Pub 1987.

COMOLLI, Jean Louis/GÉRÉ, François: Deux fictions de la haine. In: *Cahiers du Cinéma.* Heft 288, Mai 1978.

COOK, David: *A History of Narrative Film.* New York/London: Norton 1990².

COOK, Roger F./KOEPNICK, Lutz/KOPP, Kristin/PRAGER, Brad (Hrsg.): *Berlin School Glossary. An ABC of the New Wave in German Cinema.* Chicago: Intellect: 2013.

COOK, Roger F./KOEPNICK, Lutz/PRAGER, Brad: Introduction: The Berlin School – Under Observation. In: Roger F. Cook/Lutz Koepnick/Kristin Kopp/Brad Prager (Hrsg.): *Berlin School Glossary. An ABC of the New Wave in German Cinema.* Chicago: Intellect 2013, S. 1–25.

CRYSTAL, David: *English as a Global Language.* Cambridge: Cambridge University Press 2003².

DASSANOWSKY, Robert von: Austria. In: Jill Nelmes/Jule Selbo (Hrsg.): *Women Screenwriters: An International Guide.* Basingstoke: Palgrave MacMillan 2015, S. 214–237.

DASSANOWSKY, Robert von: *Austrian Cinema: A History.* North Carolina: McFarland 2005.

DASSANOWSKY, Robert von: Countercinematic Reflections and Non/National Strategies: New Austrian Film and the Berlin School. In: Jaimey Fisher/Marco Abel (Hrsg.): *The Berlin School and Its Global Contexts: A Transnational Art Cinema.* Detroit: Wayne State University Press 2018, S. 79–98.

DASSANOWSKY, Robert von/SPECK, Oliver C.: New Austrian Film: The Non-exceptional Exception. In: Robert von Dassanowsky/Oliver C. Speck (Hrsg.): *New Austrian Film.* New York/Oxford: Berghahn 2011, S. 1–17.

DOANE, Mary Ann: Film und Maskerade: Zur Theorie des weiblichen Zuschauers. In: Karola Gramann/Gertrud Koch/Heide Schlüpmann (Hrsg.): *Frauen und Film.* Heft 38, Frankfurt: Stroemfeld/Roter Stern 1985, S. 4–19.

DONLON, Helen: *David Lynch: Talking.* Berlin: Schwarzkopf & Schwarzkopf 2007.

EBERT-SCHIFFERER, Sybille: *Die Geschichte des Stillebens*. München: Hirmer 1998.

EDWARDS, Gil: Magersucht und Familie. In: Marilyn Lawrence (Hrsg.): *Satt aber hungrig. Frauen und Eßstörungen*. Reinbek: Rowohlt 1989, S. 83–98.

EICK, Dennis: *Drehbuchtheorien. Eine vergleichende Analyse*. Konstanz: UVK 2006.

ELSAESSER, Thomas: *Der neue deutsche Film. Von den Anfängen bis zu den neunziger Jahren*. München: Heyne 1994.

ELSAESSER, Thomas: *European Cinema. Face to Face with Hollywood*. Amsterdam: Amsterdam University Press 2005.

ERSCH, Johann Samuel/GRUBER, Johann Gottfried (Hrsg.): *Allgemeine Encyklopädie der Wissenschaften und Künste*. Zweite Section, Band 19, Leipzig: Brockhaus 1841.

ESTES, Douglas: Rhetorical Peristaseis (Circumstances) in the Prologue of John. In: Kasper Bro Larsen (Hrsg.): *The Gospel of John as Genre Mosaic*. Studia Aarhusiana Neotestamentica, Ausgabe 3, Göttingen: Vandenhoeck & Ruprecht 2015, S. 191–207.

EVERSCHOR, Franz: Cocktail für eine Leiche: The Rope. In: Franz Everschor (Hrsg.): *Filmanalysen 2*. Düsseldorf: Altenberg 1964, S. 25–58.

FALLENBERG, Franz u. a.: Manifest. [1968], zit. n. Gustav Ernst/Karin Fleischanderl (Hrsg.): *kolik.film*. Sonderheft 17, Wien: Verein für neue Literatur 2012, S. 6–7.

FASOLATO, Barbara: *Bernhard: eine holophrastische Verstörung als Antwort auf den Verrat des Vaters*. Dissertation, Università Ca' Foscari Venezia 2015.

FEUSTEL, Elke: *Rätselprinzessinnen und schlafende Schönheiten. Typologie und Funktionen der weiblichen Figuren in den Kinder- und Hausmärchen der Brüder Grimm*. Hildesheim/Zürich/New York: Olms-Weidmann 2004.

Filmfonds Wien: *Jahresbericht 2011*. Wien: ohne Verlag 2012.

Filmfonds Wien: *Jahresbericht 2012*. Wien: ohne Verlag 2013.

FINK, Gerhard: *Who's who in der antiken Mythologie*. München: dtv 1998[7].

FINK, Gonthier-Louis: *Naissance et apogée du conte merveilleux en Allemagne 1740–1800*. Paris: Les Belles Lettres 1966.

FLOS, Birgit: Stolpern, Abstürzen, Fliegen. Beobachtungen zum Tanzen bei Barbara Albert, Jessica Hausner, Katharina Mückstein. In: Isabella Reicher (Hrsg.): *Eine eigene Geschichte. Frauen Film Österreich seit 1999*. Wien: Sonderzahl 2020, S. 77–84.

FLÜCKIGER, Barbara: Farbe und Ausdrucksbewegung. Jacques Demys Musicals LE PARAPLUIES DE CHERBOURG und LES DEMOISELLES DE ROCHEFORT. In: Kristina Köhler (Hrsg.): *Film-Konzepte. Jacques Demy*. Heft 56, München: Edition Text+Kritik 2020, S. 31–42.

FLÜCKIGER, Barbara: *Sound Design: Die virtuelle Klangwelt des Films*. Marburg: Schüren 2001.

FOHRINGER, Barbara/HOLZ, Tanja: Zur Person: Jessica Hausner. Von Archetypen, Archaismus und Ästhetik. In: Manuel Fronhofer/Thomas Heher (Hrsg.): *The Gap.* No. 179a – Diagonale 2020, Wien: Comrades 2020, S. 6–9.

FRANCK, Julia/HILL, Alexandra Merley: The Wonder (of) Woman. In: *Women in German Yearbook 24*: Feminist Studies in German Literature & Culture. 2008, S. 229–240.

FRANZEL, Sean: Dorfdiskos. In: Roger F. Cook/Lutz Koepnick/Kristin Kopp/Brad Prager (Hrsg.): *Berlin School Glossary. An ABC of the New Wave in German Cinema.* Chicago: Intellect 2013, S. 93–100.

FRANZEL, Sean: Forests. In: Roger F. Cook/Lutz Koepnick/Kristin Kopp/Brad Prager (Hrsg.): *Berlin School Glossary. An ABC of the New Wave in German Cinema.* Chicago: Intellect, S. 127–135.

FRASER, Julius Thomas Fraser: *Die Zeit: vertraut und fremd.* Basel: Birkhäuser 1988.

FRIEDELL, Egon: Prolog vor dem Film [1913]. In: Jörg Schweinitz (Hrsg.): *Prolog vor dem Film. Nachdenken über ein neues Medium 1909–1914.* Leipzig: Reclam 1992.

FRISCH, Max: *Stiller.* Frankfurt am Main: Suhrkamp 1974.

GARÇON, François: Le Cauchemar de Darwin: allégorie ou mystification? In: *Les Temps Modernes.* Vol. 635–636, Nr. 1, 2006, S. 353–379.

GÄRTNER, Sabrina: Das Glück lässt sich (nicht) pflanzen. Annotationen zu Jessica Hausners *Little Joe.* In: Gustav Ernst/Karin Fleischanderl (Hrsg.): *kolik.film.* Sonderheft 32, Wien: Verein für neue Literatur 2019, S. 33–35.

GÄRTNER, Sabrina: Es bleibt ein unbefriedigendes Gefühl zurück. Jessica Hausners Spiel mit dem Horror-Genre. In: Angela Fabris/Jörg Helbig/Arno Rußegger (Hrsg.): *Horror-Kultfilme.* Marburg: Schüren 2017, S. 97–119.

GÄRTNER, Sabrina: Wenn Gesunde erkranken, Kranke genesen und Gott zusieht: Von alternierenden Identitätskonstruktionen in Jessica Hausners *Lourdes.* In: Artur Boelderl (Hrsg.): *Vom Krankmelden und Gesundschreiben: Literatur und/als Psycho-Soma-Poetologie?* Innsbruck: StudienVerlag 2018, S. 180–195.

GENETTE, Gérard: *Paratexte. Das Buch vom Beiwerk des Buches.* Frankfurt am Main: Campus 1989.

GLÜCK, Wolfgang: Nach zehn Jahren… In: Gustav Ernst/Gerhard Schedl (Hrsg.): *Nahaufnahmen. Zur Situation des österreichischen Films.* Wien/Zürich: Europa 1992, S. 356–357.

GODLER, Katharina Ingrid: Die Gulaschlustigen. In: Andreas Unterweger (Hrsg.): *manuskripte. Zeitschrift für Literatur.* Heft 228, Graz: manuskripte – Literaturverein 2020, S. 26–32.

GRAF, Dominik/PETZOLD, Christian/HOCHHÄUSLER, Christoph: Mailwechsel »Berliner Schule«. In: Jens Börner/Benjamin Heisenberg/Christoph

Hochhäusler/Nicolaus Wackerbarth/Franz Müller (Hrsg.) *Revolver 16. Zeitschrift für Film*. Frankfurt am Main: Verlag der Autoren 2007, S. 7–39.

GRÄTZ, Manfred: *Das Märchen in der deutschen Aufklärung. Vom Feenmärchen zum Volksmärchen*. Stuttgart: Metzler 1988.

GROLMS, Martin: *Kulturelle Determinanten in der Werbung: Eine kontrastive Analyse südafrikanischer und deutscher Werbeanzeigen*. Hamburg: Diplomica 2010.

HAGE, Volker: Ganz schön abgedreht. In: *Spiegel 12/1999*, S. 244–246.

HALL, Sara F.: The Lady in the Lake: Austria's Images in Götz Spielmann's *Antares*. In: Robert von Dassanowsky/Oliver Speck (Hrsg.): *New Austrian Film*. New York/Oxford: Berghahn 2011, S. 356–367.

HAMANN, Richard: *Theorie der Bildenden Künste*. Berlin: Akademie 1980.

HANEKE, Michael: Notizen zum Film. In: Christian Dewald (Hrsg.): *Filmhimmel Österreich, VII. Das Eigene/Das Offene*. Heft 91, Wien: Filmarchiv Austria 2008, S. 10–14.

HÄRTLING, Peter: Fundevogel. In: Jochen Jung (Hrsg.): *Bilderbogengeschichten. Märchen, Sagen, Abenteuer. Neu erzählt von Autoren unserer Zeit*. München: dtv 1976, S. 101–103.

HASENÖHRL, Martin: *Vom Realismus zur Realitätsversuchsanordnung – Realitätskonzeptionen im Neuen Österreichischen Film*. Diplomarbeit, Universität Salzburg 2004, München/Ravensburg: Grin 2004.

HAUPTMANN, Gerhard: *Ausblicke*. Berlin: Fischer 1924.

HAUSNER, Jessica: *LOVELY RITA. Drehbuch für einen Kinofilm*. Wien: Drehbuchforum Wien 2000.

HAUSNER, Jessica: Rede an der DFFB. In: Benjamin Heisenberg/Christoph Hochhäusler/Franz Müller/Marcus Seibert/Saskia Walker (Hrsg.): *Revolver 37. Zeitschrift für Film*. Frankfurt am Main: Verlag der Autoren 2017, S. 50–60.

HEDIGER, Vinzenz: *Verführung zum Film. Der amerikanische Kinotrailer seit 1912*. Marburg: Schüren 2001.

HEIDRICH, Nina/SCHULZ-JAREK, Michael: Schön, fleißig, sittsam… Zur Darstellung von Weiblichkeit in den Kinder- und Hausmärchen der Brüder Grimm. In: Monique Jucquois-Delpierre (Hrsg.): *Frauenfiguren in Kunst und Medien*. Frankfurt am Main: Peter Lang 2010, S. 153–164.

HEIDUSCHKA, Veit: Die Situation der österreichischen Produzenten. In: Gustav Ernst/Gerhard Schedl (Hrsg.): *Nahaufnahmen. Zur Situation des österreichischen Kinofilms*. Wien/Zürich: Europa-Verlag 1992, S. 28–34.

HEISENBERG, Benjamin/HOCHHÄUSLER, Christoph/MÜLLER, Franz/SEIBERT, Marcus/WALKER, Saskia (Hrsg.): *Revolver 37. Zeitschrift für Film*. Frankfurt am Main: Verlag der Autoren 2017.

HICKETHIER, Knut: *Film- und Fernsehanalyse*. Stuttgart/Weimar: Metzler 1996^2.

HICKETHIER, Knut: Genretheorie und Genreanalyse. In: Jürgen Felix (Hrsg.): *Moderne Film Theorie*. Mainz: Bender 2007³, S. 62–96.

HILDEBRAND, Jens: »*The Shining*«: *Eine Filmanalyse*. Merzenich: Warped Tomato 2013.

HOCHHÄUSLER, Christoph: On Whose Shoulders: The Question of Aesthetic Indebtedness. In: Rajendra Roy/Anke Leweke (Hrsg.): *The Berlin School. Films from the Berliner Schule*. New York: The Museum of Modern Art 2013, S. 20–28.

HODSON, Jane: *Dialect in Film & Literature*. London: Palgrave MacMillan 2014.

HOLBEK, Bengt: *Interpretation of Fairy Tales: Danish folklore in a European perspective*. Helsinki: Suomalainen Tiedeakatemia 1987.

HOPPE, Felicitas: Sieben auf einen Streich. Konstanzer Vorlesung. In: *Neue Rundschau 116*. Heft 1, 2005, S. 150–164.

HORTSCHANSKY, Klaus: Médée. In: Carl Dahlhaus (Hrsg.): *Pipers Enzyklopädie des Musiktheaters*. Band 1: Werke. Abbatini – Donizetti. München/Zürich: Piper 1986, S. 558–561.

JACOBS, Steven: *The Wrong House: The Architecture of Alfred Hitchcock*. Rotterdam: 010 Publishers 2007.

JEFFERS McDONALD, Tamar: *Romantic Comedy. Boy meets Girl meets Genre*. New York/Chichester: Columbia University Press 2007.

JHERING, Herbert: Der Schauspieler im Film. [1920] In: Herbert Jhering: *Von Reinhardt bis Brecht*. Band 1, Berlin: Aufbau-Verlag 1961, S. 378–413.

JOLLES, André: *Einfache Formen. Legende, Sage, Mythe, Rätsel, Spruch, Kasus, Memorabile, Märchen, Witz*. Darmstadt: Wissenschaftliche Buchgesellschaft 1958².

JOLLIFFE, Genevieve/ZINNES, Andrew: *The Documentary Film Makers Handbook*. London/Oxford/New York/New Delhi/Sydney: Continuum 2006.

JUNG, Mathias: *Schneewittchen: der Mutter-Tochter-Konflikt*. Lahnstein: emu 2013⁴.

KALT, Jörg: Die Leiche lebt. In: *du – Die Zeitschrift der Kultur 697*, Juli 1999, S. XIX. Zit. n. Katharina Stöger: *Die falsche Einstellung ist die richtige. Jörg Kalt, Filmemacher*. Diplomarbeit, Universität Wien 2012.

KALT, Jörg: Moussaker. In: *du – Die Zeitschrift der Kultur 706*, Mai 2000, S. XXII–XXV. Zit. n. Katharina Stöger: *Die falsche Einstellung ist die richtige. Jörg Kalt, Filmemacher*. Diplomarbeit, Universität Wien 2012.

KALT, Jörg: Richtung Zukunft durch die Nacht. In: *Diagonale-Katalog 2006*. Wien: Diagonale 2006.

KAMALZADEH, Dominik: Komische Ungewissheit. Zu den Filmen von Jessica Hausner. In: Isabella Reicher (Hrsg.): *Eine eigene Geschichte. Frauen Film Österreich seit 1999*. Wien: Sonderzahl 2020, S. 40–49.

KAMALZADEH, Dominik/ÖHNER, Vrääth/PEKLER, Michael/REICHER, Isabella/SCHWÄRZLER, Dietmar: Vorwort. In: Gustav Ernst/Karin Fleischanderl (Hrsg.): *kolik.film*. Sonderheft 17, Wien: Verein für neue Literatur 2012, S. 5.

KAMP, Werner/RÜSEL, Manfred: *Vom Umgang mit Film*. Berlin: Cornelsen 2011.

KANDORFER, Pierre: *Lehrbuch der Filmgestaltung. Theoretisch-technische Grundlagen der Filmkunde*. Köln-Lövenich: Deutscher Ärzte-Verlag 1978.

KANKAINEN, Pauliina: *»She's Not a Girl Who Misses Much« – The Representation of Women in the Beatles' Song Lyrics*. University of Tampere 2008.

KELLER, Matthias: *Stars and Sounds. Filmmusik – die dritte Kinodimension*. Kassel: Bärenreiter 2005³.

KERSTING, Rudolf: *Wie die Sinne auf Montage gehen. Zur ästhetischen Theorie des Kinos/Films*. Basel/Frankfurt am Main: Stroemfeld 1989.

KIESER, Günter: *Wörterbuch der Märchensymbolik*. Ahlerstedt: Param 2014².

KING-HANSON, Patricia (Hrsg.): *American Film Institute Catalog of Motion Pictures Produced in the United States*. Berkeley/Los Angeles/London: University of California Press 1999.

KLAASSEN, Klaas: »Morgen, Gleich, Jetzt…« Trailer als Zugpferde für das Programm. In: Knut Hickethier/Joan Kristin Bleicher (Hrsg.): *Trailer, Teaser, Appetizer. Zur Ästhetik und Design der Programmverbindungen im Fernsehen*. Hamburg: Lit. 1997, S. 217–240.

KLEE, Ernst: *Das Kulturlexikon zum Dritten Reich. Wer war was vor und nach 1945*. Frankfurt am Main: Fischer 2007.

KLÜNDER, Achim: *Die Fernsehspiele 1973–1977*. Band 2: Register. Bild- und Tonträger-Verzeichnisse, Frankfurt: Deutsches Rundfunkarchiv 1973.

KOFAHL, Daniel/FRÖHLICH, Gerrit/ALBERTH, Lars (Hrsg.): *Kulinarisches Kino. Interdisziplinäre Perspektiven auf Essen und Trinken im Film*. Bielefeld: Transcript 2013.

KOHN-WAECHTER, Gudrun: *Das Verschwinden in der Wand. Destruktive Moderne und Widerspruch eines weiblichen Ich in Ingeborg Bachmanns »Malina«*. Stuttgart: Metzler 1992.

KOSTKA, Jan: Zur literarischen Gestaltung des Kleist-Mythos in Klaus Schlesingers *Felgentreu*. In: Brigitte Krüger/Hans-Christian Stillmark (Hrsg.): *Mythos und Kulturtransfer. Neue Figurationen in Literatur, Kunst und modernen Medien*. Bielefeld: Transcript 2013, S. 127–140.

KREIMEIER, Klaus: *Die Ufa-Story. Geschichte eines Filmkonzerns*. München: Hanser 1992.

KUTTENBERG, Eva: Allegory in Michael Haneke's *The Seventh Continent*. In: Robert von Dassanowsky/Oliver C. Speck (Hrsg.): *New Austrian Film*. New York/Oxford: Berghahn 2011, S. 151–165.

LĂCAN, Carmen: Zeit und Figur. In: Antonius Weixler/Lukas Werner (Hrsg.): *Zeiten erzählen. Ansätze – Aspekte – Analysen*. Berlin/Boston: De Gruyter 2015, S. 291–315.

LANDSGESELL, Gunnar: Kampfzone Film. In: Konrad Becker/Martin Wassermair (Hrsg.): *Kampfzonen in Kunst und Medien. Texte zur Zukunft der Kulturpolitik*. Wien: Löcker 2008, S. 89–97.

LANGL, Barbara/STRASSL, Karl-Gerhard/ZOPPEL, Christina: *Film Made in Austria. Finanzierung – Produktion – Verwertung*. Innsbruck: StudienVerlag 2003.

LEGRAND, Benjamin: *Lovely Rita*. Collection Série Noire, Nr. 2551, Paris: Gallimard 1999.

LEITZMANN, Albert (Hrsg.): *Humboldts Briefe an eine Freundin*. Leipzig: Insel-Verlag 1912.

LENSSEN, Claudia: Raffiniert collagierte Parallelgeschichten. Barbara Albert und ihre Filme. In: Isabella Reicher (Hrsg.): *Eine eigene Geschichte. Frauen Film Österreich seit 1999*. Wien: Sonderzahl 2020, S. 27–39.

LENSSEN, Claudia/SCHOELLER-BOUJU, Bettina (Hrsg.): *Wie haben Sie das gemacht? Aufzeichnungen zu Frauen und Filmen*. Marburg: Schüren 2014.

LEWEKE, Anke: Berliner Phantome. In seinem großartigen Film »Gespenster« erzählt Christian Petzold von unerlösten Heldinnen. [15.09.2005], in: *Die Zeit*. Ausgabe 38/2005 [H. i. O.].

LEWEKE, Anke: The Beginning. In: Rajendra Roy/Anke Leweke (Hrsg.): *The Berlin School. Films From The Berliner Schule*. New York: The Museum of Modern Art 2013, S. 14–17.

LIPPI-GREEN, Rosina: *English with an Accent. Language, Ideology, and Discrimination in the United States*. London/New York: Routledge 2012².

LIPTAY, Fabienne: *WunderWelten. Märchen im Film*. Remscheid: Gardez 2004.

LIPTAY, Fabienne/BAUER, Matthias: Einleitung. In: Fabienne Liptay/Matthias Bauer (Hrsg.): *Historien- und Kostümfilm*. Stuttgart: Reclam 2013, S. 9–31.

LÖFFLER, Heinrich: *Dialektologie. Eine Einführung*. Tübingen: Gunter Narr 2003.

LÖFFLER, Sigrid: Im Sog der Stromlinie. In: *literaturen*. Januar/Februar 2008, S. 6–13.

LUTHER, Martin: Sendbrief vom Dolmetschen [1530]. In: Ernst Kähler (Hrsg.): *Martin Luther. Schriften*. Stuttgart: Reclam 2004, S. 151–173.

LÜTHI, Max: *Das europäische Volksmärchen*. Tübingen/Basel: UTB 2005¹¹.

LÜTHI, Max: *Es war einmal. Vom Wesen des Volksmärchens*. Göttingen: Vandenhoeck & Ruprecht 2008.

LÜTHI, Max: *Märchen*. Stuttgart/Weimar: Metzler 2004¹⁰.

LÜTHI, Max: *So leben sie noch heute. Betrachtungen zum Volksmärchen*. Göttingen: Vandenhoeck & Ruprecht 1989³.

MACIUSZEK, Dennis: *Erzählstrukturen im Coming-of-Age-Film. Eine Genrebeschreibung aus Autorensicht.* Saarbrücken: Dr. Müller 2010.

Medienboard Berlin-Brandenburg: *Tätigkeitsbericht 2010.* Potsdam-Babelsberg: ohne Verlag 2011.

Medienboard Berlin-Brandenburg: *Tätigkeitsbericht 2018.* Potsdam-Babelsberg: ohne Verlag 2019.

Meyers Konversationslexikon. Eine Encyklopädie des allgemeinen Wissens. Band 10, Leipzig/Wien: Bibliographisches Institut 1890.

MICHALZIK, Peter: Wie Kleist und Henriette Vogel als Tote sich befanden. Eine Vergegenwärtigung. In: Günter Blamberger/Ingo Breuer/Wolfgang de Bruyn/Klaus Müller-Salget (Hrsg.): *Kleist-Jahrbuch 2012.* Stuttgart/Weimar: Metzler 2012, S. 381–385.

MIKOS, Lothar: *Film- und Fernsehanalyse.* Konstanz: UKV 2003.

MILES, Barry: *Paul McCartney. Many Years From Now.* New York: Holt Paperbacks 1998.

MOKRE, Monika: Kostet der österreichische Film zuviel? In: Gustav Ernst/Gerhard Schedl (Hrsg.): *Nahaufnahme – zur Situation des österreichischen Kinofilms.* Wien: Europa 1995, S. 173–186.

MONACO, James: *Film verstehen. Kunst, Technik, Sprache, Geschichte und Theorie des Films und der Medien.* Reinbek bei Hamburg: Rowohlt 2005⁶.

MORANDINI, Morando: Italien: Vom Faschismus zum Neo-Realismus. In: Geoffrey Nowell-Smith (Hrsg.): *Geschichte des internationalen Films.* Stuttgart/Weimar: Metzler 2006, S. 318–326.

MÜLLER, Christoph: »Eine geschichtslose Generation.« Thomas Brasch im Gespräch über sich und sein Schreiben. In: Martina Hanf (Hrsg.): *Thomas Brasch. »Ich merke mich nur im Chaos« – Interviews 1976–2001.* Frankfurt am Main: Suhrkamp 2009, S. 18–25.

MÜLLER, Heidelinde: *Das »literarische Fräuleinwunder«. Inspektion eines Phänomens der deutschen Gegenwartsliteratur in Einzelstudien.* Frankfurt am Main: Peter Lang 2004.

MÜLLER, Katharina: *Haneke. Keine Biografie.* Bielefeld: Transcript 2014.

MUND, Verena: Blumen und Tabak. Tischgesellschaften in *Amour Fou* und *Western.* In: Isabella Reicher (Hrsg.): *Eine eigene Geschichte.* Wien: Sonderzahl 2020, S. 50–57.

MUND, Verena: Connecting with Others, Mirroring Difference: Films by Kathrin Resetarits. In: Robert von Dassanowsky/Oliver Speck (Hrsg.): *New Austrian Film.* New York/Oxford: Berghahn Books 2011, S. 122–135.

NEUBAUER-PETZOLDT, Ruth: Nostalgie, Utopie und Spiel in Märchenerzählungen der deutschen Gegenwartsliteratur. In: *Alman dili ve edebiyati dergisi – Studien zur deutschen Sprache und Literatur.* Band 2, Nummer 30, Istanbul: Istanbul Üniversitesi Edebiyat Fakültesi 2013, S. 79–97.

NEUHAUS, Stefan: *Märchen*. Tübingen/Basel: UTB 2005.

NEUHAUS, Stefan: *Literatur im Film: Beispiele einer Medienbeziehung*. Würzburg: Königshausen & Neumann 2008.

NORD, Christiane: *Einführung in das funktionale Übersetzen. Am Beispiel von Titeln und Überschriften*. Tübingen: Francke 1993.

NOWELL-SMITH, Geoffrey: Kunst-Film. In: Geoffrey Nowell-Smith (Hrsg.): *Geschichte des internationalen Films*. Weimar: Metzler 2006, S. 522–529.

ÖFI: *facts+figures 11*. Filmwirtschaftsbericht Österreich. Wien: ohne Verlag 2012.

ÖFI: *Förderungsentscheidungen/Förderungszusagen, Förderungsausgaben im Jahr 2001*. Wien: ohne Verlag 2002.

ÖFI: *Tätigkeitsbericht 2002*. Wien: ohne Verlag 2003.

ÖFI: *Tätigkeitsbericht 2003*. Wien: ohne Verlag 2004.

ÖFI: *Tätigkeitsbericht 2004*. Wien: ohne Verlag 2005.

ÖFI: *Tätigkeitsbericht 2005*. Wien: ohne Verlag 2006.

ÖFI: *Tätigkeitsbericht 2006*. Wien: ohne Verlag 2007.

ÖFI: *Tätigkeitsbericht 2014*. Wien: ohne Verlag 2015.

ÖFI: *Tätigkeitsbericht 2016*. Wien: ohne Verlag 2017.

ÖFI: *Tätigkeitsbericht 2017*. Wien: ohne Verlag 2018.

ÖFI: *Tätigkeitsbericht 2018*. Wien: ohne Verlag 2019.

ÖFI: *Tätigkeitsbericht 2019*. Wien: ohne Verlag 2020.

ÖFI: *Tätigkeitsbericht des Österreichischen Filminstituts für das Geschäftsjahr 2007*. Wien: ohne Verlag 2008.

ÖFI: *Tätigkeitsbericht des Österreichischen Filminstituts für das Geschäftsjahr 2008*. Wien: ohne Verlag 2009.

ÖFI: *Tätigkeitsbericht des Österreichischen Filminstituts für das Geschäftsjahr 2009*. Wien: ohne Verlag 2010.

ÖFI: *Tätigkeitsbericht des Österreichischen Filminstituts für das Geschäftsjahr 2010*. Wien: ohne Verlag 2011.

ÖFI: *Tätigkeitsbericht des Österreichischen Filminstituts für das Geschäftsjahr 2011*. Wien: ohne Verlag 2012.

ÖFI: *Tätigkeitsbericht des Österreichischen Filminstituts für das Geschäftsjahr 2012*. Wien: ohne Verlag 2013.

ÖFI: *Tätigkeitsbericht des Österreichischen Filminstituts für das Geschäftsjahr 2013*. Wien: ohne Verlag 2014.

OTT, Gerhard/PROSKAUER, Heinrich O. (Hrsg.): *Johann Wolfgang Goethe. Farbenlehre*. Mit Einleitungen und Kommentaren von Rudolf Steiner. Band 1, Stuttgart: Freies Geistesleben 1984³.

PALLASMAA, Juhani: *The Architecture of Image. Existential Space in Cinema*. Helsinki: Rakennustieto 2001.

PERRAULT, Charles: Cendrillon. La petite pantoufle de verre. In: Charles Perrault: *Histoires ou Contes du temps passé.* Paris: Claude Barbin 1697, S. 126–131.

PERTHOLD, Sabine: »Die Zukunft des österreichischen Films ist weiblich …« Eine Präsentation von 10 Kino-Filmregisseurinnen und Drehbuchautorinnen. In: *Frauenkulturbericht der Stadt Wien 2003.* Wien: ohne Verlag 2004, S. 249–290.

PFAUNDLER, Caspar: Der Traum vom Haus. In: Gustav Ernst/Gerhard Schedl (Hrsg.): *Nahaufnahmen. Zur Situation des österreichischen Kinofilms.* Wien/Zürich: Europa 1992, S. 69–71.

PFISTER, Manfred: *Das Drama: Theorie und Analyse.* München: Fink 2001[11].

PHILIPP, Claus: … zu zweit, aber nicht gemeinsam. Jessica Hausner im Gespräch mit Claus Philipp. In: *Stadtkino Zeitung Nr. 524.* [November/Dezember 2014], S. 3.

PONATH, Jens: *Spiel und Dramaturgie in Thomas Braschs Werk.* Würzburg: Königshausen & Neumann 1999.

RABENALT, Peter: *Filmmusik. Form und Funktion von Musik im Kino.* Berlin: Vistas 2005.

RANK, Otto: *Das Inzest-Motiv in Dichtung und Sage. Grundzüge einer Psychologie des dichterischen Schaffens.* Leipzig/Wien: Deuticke 1926[2].

REBHANDL, Bert: Nachsaison. Zum österreichischen Spielfilm seit 1968. In: Gottfried Schlemmer (Hrsg.): *Der neue österreichische Film.* Wien: Wespennest 1996, S. 17–46.

REBHANDL, Bert: Nicht anders möglich. Der neuere österreichische Spielfilm und sein Mangel an Realitätssinn. In: Gustav Ernst/Karin Fleischanderl (Hrsg.): *kolik.film.* Sonderheft 1, Wien: Verein für neue Literatur 2004, S. 6–10.

REICHER, Isabella: Eine eigene Geschichte. Vorbemerkung. In: Isabella Reicher (Hrsg.): *Eine eigene Geschichte. Frauen Film Österreich seit 1999.* Wien: Sonderzahl 2020, S. 9–23.

REICHERT, Günter: *Die Entwicklung und die Funktion der Nebenhandlung in der Tragödie vor Shakespeare.* Tübingen: Niemeyer 1966.

REIFARTH, Gert: *Die Macht der Märchen: Zur Darstellung von Repression und Unterwerfung in der DDR in märchenhafter Prosa (1976–1985).* Würzburg: Königshausen & Neumann 2003.

RITZ, Hans: *Die Geschichte vom Rotkäppchen. Ursprünge, Analysen, Parodien eines Märchens.* Kassel: Muri 2013[15].

RÖHRICH, Lutz: »*und weil sie nicht gestorben sind…*« *Anthropologie, Kulturgeschichte und Deutung von Märchen.* Köln: Böhlau 2002.

RÖLLEKE, Heinz (Hrsg.): Allerleirauh. [1857], in: *Brüder Grimm. Kinder- und Hausmärchen.* Ausgabe letzter Hand mit den Originalanmerkungen der Brüder Grimm. Band 1, Ditzingen: Reclam 2016, S. 335–341.

RÖLLEKE, Heinz (Hrsg.): Aschenputtel. [1857], in: *Brüder Grimm. Kinder- und Hausmärchen. Ausgabe letzter Hand mit den Originalanmerkungen der Brüder Grimm*, Band 1, Ditzingen: Reclam 2016, S. 131–139.

RÖLLEKE, Heinz (Hrsg.): Das Wasser des Lebens. [1857], in: *Brüder Grimm. Kinder- und Hausmärchen. Ausgabe letzter Hand mit den Originalanmerkungen der Brüder Grimm*, Band 2. Stuttgart: Reclam 2010, S. 66–72.

RÖLLEKE, Heinz (Hrsg.): Der Froschkönig oder der eiserne Heinrich. [1857], in: *Brüder Grimm. Kinder- und Hausmärchen. Ausgabe letzter Hand mit den Originalanmerkungen der Brüder Grimm*, Band 1, Ditzingen: Reclam 2016, S. 29–32.

RÖLLEKE, Heinz (Hrsg.): Die Gänsemagd. [1857], in: *Brüder Grimm. Kinder- und Hausmärchen. Ausgabe letzter Hand mit den Originalanmerkungen der Brüder Grimm*, Band 2, Ditzingen: Reclam 2016, S. 23–30.

RÖLLEKE, Heinz (Hrsg.): Fundevogel. [1857], in: *Brüder Grimm. Kinder- und Hausmärchen. Ausgabe letzter Hand mit den Originalanmerkungen der Brüder Grimm*, Band 1, Ditzingen: Reclam 2016, S. 250–252.

RÖLLEKE, Heinz (Hrsg.): Jorinde und Joringel. [1857], in: *Brüder Grimm. Kinder- und Hausmärchen. Ausgabe letzter Hand mit den Originalanmerkungen der Brüder Grimm*, Band 1, Ditzingen: Reclam 2016, S. 347–350.

RÖLLEKE, Heinz (Hrsg.): Rapunzel. [1857], in: Brüder Grimm. *Kinder- und Hausmärchen. Ausgabe letzter Hand mit den Originalanmerkungen der Brüder Grimm*, Band 1, Ditzingen: Reclam 2016, S. 84–88.

RÖLLEKE, Heinz (Hrsg.): Rotkäppchen. [1857], in: *Brüder Grimm. Kinder- und Hausmärchen. Ausgabe letzter Hand mit den Originalanmerkungen der Brüder Grimm.* Band 1, Ditzingen: Reclam 2016, S. 150–153.

RÖLLEKE, Heinz (Hrsg.): Sneewittchen. [1857], in: *Brüder Grimm. Kinder- und Hausmärchen. Ausgabe letzter Hand mit den Originalanmerkungen der Brüder Grimm*, Band 1, Ditzingen: Reclam 2016, S. 257–266.

RÖLLEKE, Heinz: Die Frau in den Märchen der Brüder Grimm. In: Heinz Rölleke (Hrsg.): *Die Märchen der Brüder Grimm – Quellen und Studien. Gesammelte Aufsätze.* Trier: WVT 2000; S. 196–210.

ROTHE, Arnold: *Der literarische Titel. Funktionen, Formen, Geschichte.* Frankfurt am Main: Klostermann 1986.

ROWLING, J. K.: *Harry Potter und der Stein der Weisen.* Hamburg: Carlsen 1998.

SCHÄFER, Iris: *Von der Hysterie zur Magersucht. Adoleszenz und Krankheit in Romanen und Erzählungen der Jahrhundert- und der Jahrtausendwende.* Dissertation, Goethe-Universität Frankfurt am Main 2015, Frankfurt am Main: Peter Lang 2016.

SCHÄFER, Iris: Zwischen (Körper-)Kunst und Krankheit. Hysterie und Anorexie in deutschsprachigen Texten der Zeit um 1900 und 2000. In: Artur

Boelderl (Hrsg.): *Vom Krankmelden und Gesundschreiben. Literatur und/als Psycho-Soma-Poetologie?* Innsbruck: StudienVerlag 2018, S. 46–60.

SCHEFFLER, Christine: *Melancholie und Versöhnung – Die Filme von Aki Kaurismäki.* Diplomarbeit, Universität Augsburg 2004. Hamburg: Diplomica 2006.

SCHENDA, Rudolf: *Who's who der Tiere. Märchen, Mythen und Geschichten.* München: dtv 1998.

SCHICK, Thomas: *Filmstil, Differenzqualitäten, Emotionen. Zur affektiven Wirkung von Autorenfilmen am Beispiel der Berliner Schule.* Dissertation, Filmuniversität Babelsberg 2015, Wiesbaden: VS 2018.

SCHIEFER, Karin: *Filmgespräche zum österreichischen Kino.* Wien: Synema 2012.

SCHILL, Hans: Der Lyrik auf den Versen. Johann Wolfgang Goethe: Das Veilchen (1774). In: *Pegasus.* Nr. 92, Wirtschafts- und Kaderschule KV Bern, Dezember 2008/Januar 2009.

SCHLEMMER, Gottfried: Das Alte vertreiben! In: Gottfried Schlemmer (Hrsg.): *Der neue österreichische Film.* Wien: Wespennest 1996, S. 9–14.

SCHLESINGER, Klaus: Kleist. In: Daniel Argelès/Astrid Köhler/Jan Kostka (Hrsg.): *Leben in Berlin – Leben in vielen Welten. Klaus Schlesinger und seine Stadt.* Berlin: Be.Bra 2012, S. 167–173.

SCHNEIDER, Norbert: *Stilleben. Realität und Symbolik der Dinge; die Stillebenmalerei der frühen Neuzeit.* Köln: Taschen Verlag 1989.

SCHNELLE-SCHNEYDER, Marlene: *Photographie und Wahrnehmung – am Beispiel der Bewegungsdarstellung im 19. Jahrhundert.* Marburg: Jonas 1990.

SCHULZ, Gerhard: *Kleist. Eine Biografie.* München: C. H. Beck 2007.

SCHWEINITZ, Jörg: *Film und Stereotyp: Eine Herausforderung für das Kino und die Filmtheorie.* Berlin: De Gruyter 2006.

SEESSLEN, Georg: *Thriller. Grundlagen des populären Films.* Marburg: Schüren 2013.

SEGGELKE, Ute Karen: *Schwestern.* Hildesheim: Gerstenberg 2002².

SEIBEL, Alexandra: Frauen im Anderswo. Weiblichkeitsbilder im jüngeren österreichischen Spielfilm. In: Gustav Ernst/Karin Fleischanderl (Hrsg.): *kolik. film.* Sonderheft 1, Wien: Verein für neue Literatur 2004, S. 11–17.

SEIBERT, Marcus: Revolver Selbstgespräch. In: Marcus Seibert (Hrsg.): *Revolver. Kino muss gefährlich sein.* Frankfurt am Main: Verlag der Autoren 2006, S. 9–30.

SHAPIRO, Fred R. (Hrsg.): *The Yale Book of Quotations.* New Haven/London: Yale University Press 2006.

SHOJAEI KAWAN, Christine: Grimms Verse. In: Rolf Wilhelm Brednich (Hrsg.): *Erzählkultur. Beiträge zur kulturwissenschaftlichen Erzählforschung.* Berlin/New York: De Gruyter 2009, S. 423–442.

SOLMS, Wilhelm: Aschenputtel aus philologischer Sicht. In: *Märchenspiegel – Zeitschrift für internationale Märchenforschung und Märchenpflege.* 22. Jahrgang, Heft 3/2011, S. 5–9.

SOUKUP, Barbara: *Dialect use as interaction strategy. A sociolinguistic study of contextualization, speech perception, and language attitudes in Austria.* Wien: Braumüller 2009.

SPIELMANN, Götz: Sprache im Film: Dialog und Bild. In: Gustav Ernst (Hrsg.): *Sprache im Film.* Wien: Wespennest 1994, S. 109–115.

STADLER, Wolf: *Lexikon der Kunst. Malerei, Architektur, Bildhauerei.* Band 11, Erlangen: Karl Müller Verlag 1994.

Stadtgemeinde Tulln/Niederösterreichische Heimatpflege/Niederösterreichisches Volksliedwerk (Hrsg.): *Lieder aus dem Tullnerfeld. Aus der Sammlung Leopold Bergolth.* Tulln: Eigenverlag 1992.

Statistik Austria: *Kulturstatistik 2014.* Wien: Verlag Österreich 2016.

STEINER, Gertraud: Die fünfziger Jahre gehören dem Heimatfilm. In: Gustav Ernst (Hrsg.): *Sprache im Film.* Wien: Wespennest 1994, S. 57–69.

STÖGER, Katharina: *Die falsche Einstellung ist die richtige. Jörg Kalt, Filmemacher.* Diplomarbeit, Universität Wien 2012.

STÖGER, Katharina: Living in a box. Jörg Kalt im Kontext historischer Diskurse und aktueller Forschung. In: Anja Hartung/Thomas Ballhausen/Christine Trültzsch-Wijnen/Alessandro Barberi/Katharina Kaiser-Müller (Hrsg.): *Filmbildung im Wandel.* Beiträge zur Medienpädagogik, Band 2, Wien: New Academic Press 2015, S. 57–64.

SUCHSLAND, Rüdiger: Eine gewisse Idee des Kinos. Die Berliner Schule zwischen Ausnahmeerscheinung und Symptom des deutschen Kinos der Nullerjahre. In: Chris Eschhofen/Linda Kujawski (Hrsg.): *Die Nullerjahre. Zwischen Stagnation und Innovation.* Marburg: Schüren 2012, S. 87–102.

TÄSCHLER, Susann: *Vaterfiguren. Die Entwicklung der dokumentarischen Filmanalyse für die erziehungswissenschaftliche Untersuchung generativer Verhältnisse im Schweizer Spielfilm von 2000 bis 2014.* Münster/New York: Waxmann 2017.

TATAR, Maria: *Von Blaubärten und Rotkäppchen. Grimms grimmige Märchen.* Salzburg/Wien: Residenz 1990.

TRUFFAUT, François: *Mr. Hitchcock, wie haben Sie das gemacht?* München: Heyne 2003³.

UNGERBÖCK, Andreas: Der Mann im Holzfällerhemd. In: Andreas Ungerböck/Mitko Javritchev (Hrsg.): *Ray Filmmagazin: Zehn Jahre coop99.* Sonderheft 2009.

UNGERBÖCK, Andreas/JAVRITCHEV, Mitko (Hrsg.): *Ray Filmmagazin: 65 Jahre Filmakademie Wien.* Sonderheft 2017.

UNGERBÖCK, Andreas/JAVRITCHEV, Mitko (Hrsg.): *Ray Filmmagazin: Zehn Jahre coop99.* Sonderheft 2009.

UTHER, Hans-Jörg: *Handbuch zu den »Kinder- und Hausmärchen« der Brüder Grimm. Entstehung, Wirkung, Interpretation.* Berlin/Boston: De Gruyter 2013².

VILLA, Josef: *Die österreichische Filmförderung 1981–2010.* Diplomarbeit, Universität Wien 2013.

VOGLER, Christopher: *Die Odyssee des Drehbuchschreibers.* Frankfurt am Main: Zweitausendeins 2010⁶.

VOLKMANN, Herbert: Der deutsche Romantitel (1470–1770). Eine buch- und literaturgeschichtliche Untersuchung. In: *Archiv für die Geschichte des Buchwesens 8.* Frankfurt am Main: Börsenverein des deutschen Buchhandels 1967, Sp. 1145–1324.

VOSSEN, Ursula: Die zweite Chance. Wiederholungen und Zeitschleifen im Spielfilm. In: Jürgen Felix/Bernd Kiefer/Susanne Marschall/Marcus Stiglegger (Hrsg.): *Die Wiederholung.* Marburg: Schüren 2001, S. 461–478.

VOSSEN, Ursula: Einleitung. In: Ursula Vossen (Hrsg.): *Filmgenres: Horrorfilm.* Stuttgart: Reclam 2004, S. 9–27.

WEBER-KELLERMANN, Ingeborg: Die Stiefmutter im Märchen. In: Ingeborg Weber-Kellermann (Hrsg.): *Die deutsche Familie. Versuch einer Sozialgeschichte.* Frankfurt: Suhrkamp 1974, S. 32–37.

WEHSE, Rainer: Die Prinzessin. In: Sigrid Früh/Rainer Wehse (Hrsg.): *Die Frau im Märchen.* Kiel: Königsfurth-Urania 2005, S. 9–17.

WEINRICH, Harald: Titel für Texte. In: Jochen Mecke/Susanne Heiler (Hrsg.): *Titel – Text – Kontext. Randbezirke des Textes.* Festschrift für Arnold Rothe zum 65. Geburtstag. Glienicke: Galda und Wilch 2000, S. 3–19.

WESLEY, Kathryn: *Das Zehnte Königreich.* Köln: vgs 2000.

WETZEL, Hermann Hubert: *Märchen in den französischen Novellensammlungen der Renaissance.* Berlin: Erich Schmidt 1974.

WHEATLEY, Catherine: Not Politics but People: The »Feminine Aesthetic« of Valeska Grisebach and Jessica Hausner. In: Robert von Dassanowsky/Oliver C. Speck: *New Austrian Film.* New York/Oxford: Berghahn 2011, S. 136–147.

WIEGAND, Daniel: *Gebannte Bewegung. Tableaux vivants und früher Film in der Kultur der Moderne.* Marburg: Schüren 2016.

WIENKER-PIEPHO, Sabine: Heimat als Narration und Sprache. In: Joachim Klose (Hrsg.): *Heimatschichten: Anthropologische Grundlegung eines Weltverhältnisses.* Wiesbaden: Springer 2013, S. 521–532.

WINCKLER, Henner: Neue realistische Schule? In: Marcus Seibert (Hrsg.): *Revolver: Kino muss gefährlich sein.* Frankfurt: Verlag der Autoren 2006, S. 342–363.

WOHLGENANNT, Anna Katharina: *Die Entstehung des österreichischen Filmförderungsgesetzes im Spannungsfeld zwischen Kunst und Kommerz.* Diplomarbeit, Universität Wien 2007.

WOLF, Christa: Von Kassandra zu Medea. In: Marianne Hochgeschurz (Hrsg.): *Christa Wolfs Medea. Voraussetzungen zu einem Text.* München: dtv 2000, S. 15–24.

WOLF, Steffen: *Kinderfilm in Europa: Darstellung der Geschichte, Struktur und Funktion des Spielfilmschaffens für Kinder in der Bundesrepublik Deutschland, ČSSR, Deutschen Demokratischen Republik und Großbritannien 1945–1965.* München-Pullach/Berlin: Dokumentation 1969.

WULFF, Hans Jürgen: Schwarzbilder. Notizen zu einem filmbildtheoretischen Problem. In: *IMAGE – Zeitschrift für interdisziplinäre Bildwissenschaft.* Ausgabe 17, 1/2013, S. 9–26.

WULFF, Hans Jürgen: Thriller. In: Thomas Koebner (Hrsg.): *Reclams Sachlexikon des Films.* Stuttgart: Reclam 2002, S. 612–615.

ZAWREL, Peter: Über die realen Verhältnisse, hinaus. In: Andreas Ungerböck/Mitko Javritchev (Hrsg.): *Ray Filmmagazin: Zehn Jahre coop99.* Sonderheft 2009, S. 20–22.

ZIMMERMANN, Hans Dieter: *Kleist, die Liebe und der Tod.* Frankfurt am Main: Athenäum 1989.

ZIPES, Jack: *Why fairy tales stick. The evolution and relevance of a genre.* New York/London: Routledge 2006.

6 Verzeichnis der Online-Ressourcen

6.1 Inhalte mit Verfasser_in

ABELTSHAUSER, Thomas: »Eine Art weiblicher Frankenstein«. [09.01.2020], https://taz.de/Regisseurin-Hausner-ueber-Horrorfilm/!5651291/, letzter Aufruf: 15.06.2020.

AL-HASHIMI, Sarah: Das Fräulein Wunder. [23.10.2014], https://thegap.at/das-fraeulein-wunder/2/, letzter Aufruf: 23.05.2020.

AMANN, Caroline: Situationskomik. [o. D.], http://filmlexikon.uni-kiel.de/index.php?action=lexikon&tag=det&id=7637, letzter Aufruf: 20.06.2020.

ANDREWS, Nigel: Amour fou – film review. [05.02.2015], https://www.ft.com/content/c554adcc-ad37-11e4-a5c1-00144feab7de, letzter Aufruf: 27.06.2020.

ANGERER, Peter: Die banalen Aspekte der Liebe. [10.11.2014], https://www.tt.com/artikel/9144324/die-banalen-aspekte-der-liebe, letzter Aufruf: 06.05.2020.

APA: Jessica Hausner: »Little Joe ist ein Bastard«. [25.10.2019], https://k.at/entertainment/jessica-hausner-little-joe-ist-ein-bastard/400657799, letzter Aufruf: 20.07.2020.

BALINT, Lilla: »Laßt uns doch mal wieder einen ›Nazi‹ verspeisen«: Unverdaute deutsch-jüdische Geschichte bei Barbara Honigmann. [2015], http://journals.openedition.org/germanica/3036, letzter Aufruf: 19.05.2020.

BARLOW, Helen: »Little Joe« Director Jessica Hausner on Taking Inspiration from »Frankenstein«. [28.05.2019], https://collider.com/little-joe-jessica-hausner-interview/, letzter Aufruf: 13.06.2020.

BAUMANN, Reto: »Ein Bild von Beengung«. [25.04.2002], http://www.taz.de/!1113477/, letzter Aufruf: 27.06.2020.

BAUSINGER, Hermann: Anmerkungen zu Schneewittchen. [o. D.], https://bibliographie.uni-tuebingen.de/xmlui/bitstream/handle/10900/47611/pdf/Bausinger_Hermann_Anmerkungen_zu_Schneewittchen.pdf, letzter Aufruf: 25.04.2020.

BAZANT-HEGEMARK, Fabian: »Amour Fou« ist wie ein genialer Loriot-Sketch. [05.11.2014], https://www.vice.com/de/article/yvkw7w/film-amour-fou-ist-ein-genialer-loriot-sketch-kleist-hausner-022, letzter Aufruf: 06.05.2020.

BETZ, Martin: Der Rest ist Geschichte.... Arbeitsbedingungen von Drehbuchautoren. Interview mit Barbara Albert. [Februar 2000], http://www.martinbetz.at/diplom/albert.htm, letzter Aufruf: 24.04.2020.

BIALAS Dunja: Hotel. Kritik. [o. D.], https://www.artechock.de/film/text/kritik/h/Hotel1.htm, letzter Aufruf: 28.06.2020.

BICKERMANN, Daniel: Grauen und Klauen. [o. D.], http://www.schnitt.de/202,1796,01.html, letzter Aufruf: 01.06.2020.

BILLDERBECK, Liane von: Von Wundern und dem Streben nach Glück. Regisseurin Jessica Hausner über ihren Film »Lourdes«. [28.03.2010], http://www.deutschlandfunkkultur.de/von-wundern-und-dem-streben-nach-glueck.1287.de.html?dram:article_id=193157, letzter Aufruf: 01.07.2020.

Blickpunkt:Film: Rekordstart für »Wilde Maus« in Deutschland. [14.03.2017], http://www.mediabiz.de/film/news/rekordstart-fuer-wilde-maus-in-deutschland/416377, letzter Zugriff: 20.05.2020.

BRADLEY, Laura: *Once Upon a Time... in Hollywood*'s Real Hero Is a Hungry, Hungry Pit Bull. [26.07.2019], https://www.vanityfair.com/hollywood/2019/07/once-upon-a-time-in-hollywood-dog-brandy-ending, letzter Aufruf: 09.07.2020.

BRADSHAW, Peter: Little Joe review – Ben Whishaw left in the shade by wilting triffid horror. [17.05.2019], https://www.theguardian.com/film/2019/may/17/little-joe-review-cannes-2019, letzter Aufruf: 25.07.2020.

BRAMESCO, Charles: »Little Joe« Isn't a Sci-Fi, Thriller or Horror. So What Is It? [05.12.2019], https://www.insidehook.com/article/arts-entertainment/little-joe-jessica-hausner-interview, letzter Aufruf: 25.07.2020.

BRAMESCO, Charles: Cannes 2019 Review: LITTLE JOE Is A Slow-Creeping Horticultural Horror That Will Grow on You. [22.05.2019], https://birthmoviesdeath.com/2019/05/22/cannes-2019-review-little-joe-is-a-slow-creeping-horticultural-horror-that, letzter Aufruf: 27.06.2020.

BROOKS, Mary: Silent Needles, Speaking Flowers: The Language of Flowers as a Tool for Communication in Women's Embroidery in Victorian Britain. [2008], https://digitalcommons.unl.edu/tsaconf/284/, letzter Aufruf: 21.07.2020.

BULLERJAHN, Claudia: Ein begriffliches Babylon – Von den Schwierigkeiten einer einheitlichen Filmmusiknomenklatur. Vortrag auf dem 7. Film- und Fernsehwissenschaftlichen Kolloquium in Potsdam-Babelsberg vom 5.–7. Oktober 1994. https://www.academia.edu/28224898/Ein_begriffliches_Babylon_Von_den_Schwierigkeiten_einer_einheitlichen_Filmmusiknomenklatur, letzter Aufruf: 05.06.2020.

BURG, Susanne: »Manchmal ist das Leben eben auch langweilig.« Filmreihe zur »Berliner Schule« im MoMA. [19.11.2013], http://www.deutschlandfunkkultur.de/deutsches-kino-manchmal-ist-das-leben-eben-auch-langweilig.954.de.html?dram:article_id=269428, letzter Aufruf: 04.06.2020.

CARGNELLI, Christian: Flora. [1997], http://www.viennale.at/de/film/flora, letzter Aufruf: 17.06.2018.
CHANG, Justin: Cannes Film Review: »Amour Fou«. [16.05.2014], http://variety.com/2014/film/festivals/cannes-film-review-amour-fou-1201182914/, letzter Aufruf: 27.06.2020.
CHANG, Kee: Q&A with Emily Beecham. [02.12.2019], http://anthemmagazine.com/qa-with-emily-beecham/, letzter Aufruf: 04.07.2020.
CHEN, Nick: Stop Making Scents: Jessica Hausner On Botanical Thriller »Little Joe«. [21.02.2020], https://thequietus.com/articles/27858-little-joe-jessica-hausner-interview, letzter Aufruf: 27.06.2020.
CHERISE, Constance: ›Cabin in the Sky‹ a groundbreaking classic film that delivers star power, timeless music, laughs. [02.06.2018], https://manchesterinklink.com/cabin-in-the-sky-a-groundbreaking-film-that-delivers-star-power-timeless-music-laughs/, letzter Aufruf: 22.06.2020.
CLARKE, Donald: Cannes 2019: Where the rich shell out for big ticket events. [18.05.2019], https://www.irishtimes.com/culture/film/cannes-2019-where-the-rich-shell-out-for-big-ticket-events-1.3897137, letzter Aufruf: 24.07.2020.
DÉRIAZ, Christine: Was ist österreichisch am österreichischen Film? [01.04.2017], https://www.ard-wien.de/2017/04/01/diagonale-2017-in-graz/, letzter Aufruf: 04.06.2020.
DOWD, Alex A.: Little Joe puts a creepily mundane art-house spin on *Invasion Of The Body Snatchers*. [06.12.2019], https://film.avclub.com/little-joe-puts-a-creepily-mundane-art-house-spin-on-in-1840276871, letzter Aufruf: 04.07.2020.
EBBINGHAUS, Uwe: Marionette und Veilchen gehen sterben. [18.01.2015], http://www.faz.net/aktuell/feuilleton/kino/amour-fou-kritik-an-hausners-film-ueber-heinrich-von-kleist-13372328.html, letzter Aufruf: 18.07.2020.
EDLER, Nina: »Ich weiß nicht, ob ›Amour Fou‹ lustiger ist, als die anderen Filme.« Jessica Hausner über ihre »absurde Komödie«, die die Viennale eröffnet. [15.10.2014], http://www.news.at/a/jessica-hausner-amour-fou-viennale-interview, letzter Aufruf: 20.06.2020.
EHRLICH, David: ›Little Joe‹ Review: A Horror Film that Dangerously Compares Antidepressants to an Alien Invasion. [17.05.2019], https://www.indiewire.com/2019/05/little-joe-review-cannes-1202142527/, letzter Aufruf: 18.07.2020.
ELSTERMANN, Knut: »Little Joe«: Schwacher Plot, großes Schauspiel. [09.01.2020], https://www.mdr.de/kultur/empfehlungen/little-joe-filmkritik-elstermann-100.html, letzter Aufruf: 24.07.2020.
ELTERLEIN, Eberhard: Wen die Ruhe stört. [22.06.2006], https://www.welt.de/print-welt/article224540/Wen-die-Ruhe-stoert.html, letzter Aufruf: 28.06.2020.

ENDER, Stefan: »Aber das Mozartjahr... !« [10.12.2005], https://derstandard.at/2270691/Aber-das-Mozartjahr--, letzter Aufruf: 28.06.2020.

ERDMANN, Petra: FM4 Filmgeschichten mit Jessica Hausner. [16.11.2014], http://fm4v3.orf.at/stories/1749526/index.html, letzter Aufruf: 23.05.2020.

FLICKER, Eva: »Nouvelle Vague Viennoise« – der österreichische Kinospielfilm zwischen visueller Kultur und Gesellschaftsanalyse. Lehrveranstaltung an der Universität Wien, Institut für Soziologie [Wintersemester 2012/2013], https://www.soz.univie.ac.at/fileadmin/user_upload/inst_soziologie/Forschung/Visuelle_Soziologie/Vortrag_Flicker__Okt_2012.pdf, letzter Aufruf: 28.04.2018.

FLORESCU, Ioana: Jessica Hausner's *Club Zero* and 26 other film projects receive funding from the Austrian Film Institute. [10.12.2019], https://cineuropa.org/en/newsdetail/382615/, letzter Aufruf: 13.06.2020.

FUGLSANG, Henrik: Dreyer's Medea Script. [09.05.2011], http://english.carlthdreyer.dk/Service/Dreyer_News/2011/Dreyers-Medea-script-online.aspx, letzter Aufruf: 15.06.2020.

FUXJÄGER, Anton: *Film- und Fernsehanalyse. Einführung in die grundlegende Terminologie.* Universität Wien, https://fedora.phaidra.univie.ac.at/fedora/get/o:105927/bdef:Content/get, letzter Aufruf: 05.06.2020.

GASTEIGER, Carolin: Wie sich »Me Too« auf die Oscars auswirkt. [04.03.2018], http://www.sueddeutsche.de/kultur/oscar-nominierungen-wie-sich-me-too-auf-die-oscars-auswirkt-1.3889080, letzter Aufruf: 20.04.2020.

GELDNER, Wilfried: »Harri Pinter, Drecksau«: »A Puck« ist nicht einfach »a Puck«. [o. D.], https://www.prisma.de/news/Harri-Pinter-Drecksau-ein-kleines-Meisterwerk-aus-Oesterreich,23314176.amp, letzter Aufruf: 17.05.2020.

GILBEY, Ryan: Jessica Hausner's Little Joe: haunting and impressive. [19.02.2020], https://www.newstatesman.com/Jessica-Hausner-Little-Jo-review, letzter Aufruf: 18.07.2020.

GLEIBERMAN, Owen: Film Review: ›Little Joe‹. [17.05.2019], https://variety.com/2019/film/reviews/little-joe-review-cannes-film-festival-1203218605/, letzter Aufruf: 18.07.2020.

GRATER, Tom: BFI production funding: new stats reveal focus on debut directors, diversity data. [05.06.2019], https://www.screendaily.com/news/bfi-production-funding-new-stats-reveal-focus-on-debut-directors-diversity-data/5140115.article, letzter Aufruf: 15.07.2020.

GREULING, Matthias: »Wer soll das alles anschauen?« [30.03.2017], https://www.wienerzeitung.at/nachrichten/kultur/film/882859_Wer-soll-das-alles-anschauen.html, letzter Aufruf: 04.06.2020.

GREULING, Matthias: »Zur rechten Zeit einen Tritt in den Arsch.« [29.03.2017], http://www.wienerzeitung.at/dossiers/diagonale/882458_Zur-rechten-Zeit-einen-Tritt-in-den-Arsch.html, letzter Aufruf: 04.06.2020.

GREULING, Matthias: Österreichischer Filmpreis 2011: Ein Kind, das erst noch wachsen muss. [31.01.2011], http://www.wienerzeitung.at/nachrichten/kultur/film/29658_Oesterreichischer-Filmpreis-2011-Ein-Kind-das-erst-noch-wachsen-muss.html?em_cnt=29658, letzter Aufruf: 26.06.2020.

GRISSEMANN, Stefan: »Little Joe« in Cannes: Jessica Hausner kämpft um die Goldene Palme. [17.05.2019], https://www.profil.at/kultur/little-joe-in-cannes-jessica-hausner-kaempft-um-die-goldene-palme/400879496, letzter Aufruf: 10.07.2020.

GRISSEMANN, Stefan: Der neue Österreichische Filmpreis dient der Selbstbestätigung der Branche. [29.01.2011], https://www.profil.at/home/der-oesterreichische-filmpreis-selbstbestaetigung-branche-287646, letzter Aufruf: 27.06.2020.

GRISSEMANN, Stefan: Im Kino: »Lourdes« von Jessica Hausner. [30.03.2010], https://www.tip-berlin.de/im-kino-Lourdes-von-jessica-hausner/, letzter Aufruf: 01.07.2020.

GRISSEMANN, Stefan: Inter-View. [o. D.], http://www.sixpackfilm.com/de/catalogue/show/1360, letzter Aufruf: 28.06.2020.

GROSS, Bernhard: Schule der Empfinsamkeit [sic]. [08.02.2002], https://www.freitag.de/autoren/der-freitag/schule-der-empfinsamkeit, letzter Aufruf: 28.06.2020.

HANICH, Julian: Laugh is in the Air. Eine Typologie des Lachens im Kino. [22.10.2010], https://nachdemfilm./issues/text/laugh-air, letzter Aufruf: 22.06.2020.

HAUSBICHLER, Beate: Katharina Mückstein: »Die Discoszene mit Nina Proll ist natürlich ein Zitat« [12.09.2013], http://www.derstandard.at/1378248793610/Grossartig-eine-Discoszene-mit-Nina-Proll, letzter Aufruf: 04.06.2020.

HEDIGER, Vinzenz: Trailer. [o. D.], http://filmlexikon.uni-kiel.de/index.php?action=lexikon&tag=det&id=2072, letzter Aufruf: 22.06.2020.

HERMES, Manfred: »Das Bedürfnis nach dem Hier und Jetzt«. [01.04.2004], http://www.taz.de/!768794/, letzter Aufruf: 24.04.2020.

HERZOG, Todd: The Newest New Wave: *New Austrian Film* edited by Robert von Dassanowsky and Oliver C. Speck. Buchbesprechung [März 2012]. In: *Senses of Cinema.* Ausgabe 62 [April 2012], http://sensesofcinema.com/2012/book-reviews/the-newest-new-wave-new-austrian-film-edited-by-robert-von-dassanowsky-and-oliver-c-speck/, letzter Aufruf: 04.06.2020.

HILGERS, Lisa von: Nouvelle Vague Viennoise – Kurzfilme. [02.10.2008], http://www.filmabc.at/documents/04_Filmheft_Nouvelle_Vague_Vienna.pdf. Letzter Aufruf: 04.06.2020.

HÖBEL, Wolfgang: Unerhörte Gebete. [29.03.2010], http://www.spiegel.de/spiegel/print/d-69744062.html, letzter Aufruf: 01.07.2020.

HOPF, Matthias: Little Joe: Jessica Hausner im Interview über Maya Deren, Teiji Ito und ihre erste englischsprachige Regiearbeit. [09.01.2020], https://dasfilmfeuilleton.de/little-joe-interview-jessica-hausner/, letzter Aufruf: 21.07.2020.

HUBER, Christoph: Bilder exquisiter Leere. [22.06.2006], http://www.taz.de/!415314/, letzter Aufruf: 13.06.2020.

HUBER, Christoph/BÖCK, Christina: Viennale: Österreichische Filmemacher empfehlen … [16.10.2009], https://diepresse.com/home/kultur/film/515335/Viennale_Oesterreichische-Filmemacher-empfehlen-, letzter Aufruf: 05.06.2020.

HÜNINGEN, James zu: Arbeitstitel. [o. D.], http://filmlexikon.uni-kiel.de/index.php?action=lexikon&tag=det&id=2597, letzter Aufruf: 19.05.2020.

HÜNINGEN, James zu: Berliner Schule. [o. D.], http://filmlexikon.uni-kiel.de/index.php?action=lexikon&tag=det&id=1388, letzter Aufruf: 04.06.2020.

JARNEAU, Laurent: »Lourdes« ou l'art de chasser Dieu du sanctuaire de Lourdes. [28.07.2011], http://www.leforumcatholique.org/printFC.php?num=603377, letzter Aufruf: 27.06.2020.

JONES, Nate: The Dark, Deadpan Fairy Tales of Jessica Hausner. [06.12.2019], https://www.vulture.com/2019/12/jessica-hausner-little-joe-interview.html, letzter Aufruf: 18.06.2020.

JUST, Renate: Hochkultur und Höhenluft. [31.07.2008], https://www.zeit.de/2008/32/Oesterreich-Semmering, letzter Aufruf: 17.05.2020.

KAMALZADEH, Dominik: »Lourdes«: »Im Diesseits überwiegen die Ambivalenzen.« [08.12.2009], https://derstandard.at/1259281444681/Im-Diesseits-ueberwiegen-die-Ambivalenzen, letzter Aufruf: 01.07.2020.

KAMALZADEH, Dominik: Vom Chaos in der Liebe und der Politik. [13.05.2014], http://derstandard.at/1399507399410/Vom-Chaos-in-der-Liebe-und-der-Politik, letzter Aufruf: 27.06.2020.

KASMAN, Daniel: TIFF 09: »Lourdes« (Jessica Hausner Austria). [19.09.2009], https://mubi.com/de/notebook/posts/tiff-09-lourdes-jessica-hausner-austria, letzter Aufruf: 28.06.2020.

KEEGAN, Rebecca/POINDEXTER, Sandra/WHIPP, Glenn: 91 % white. 76 % male. Changing who votes on the Oscars won't be easy. [26.02.2016], http://graphics.latimes.com/oscars-2016-voters/, letzter Aufruf: 20.04.2020.

KESSLER, Tobias: »Ich meine es ja nicht böse« – Jessica Hausner über ihren Film »Amour Fou«. [28.01.2015], https://www.saarbruecker-zeitung.de/ich-meine-es-ja-nicht-boese_aid-1442937, letzter Aufruf: 06.05.2020.

KETTELHAKE, Silke: Wenn Schmetterlinge töten. [31.03.2004], https://jungle.world/artikel/2004/14/wenn-schmetterlinge-toeten, letzter Aufruf: 22.05.2020.

KHODAI, Rafaela: Horror made in Austria. [24.11.2015], https://thegap.at/horror-made-in-austria/2/, letzter Aufruf: 15.05.2020.

KLEIST, Heinrich von: Über das Marionettentheater. [12.12.1810], *Berliner Abendblätter*. 63tes Blatt, S. 247–249, hier: S. 248. Zit. n. http://lithes.uni-graz.at/downloads/kleist_marionettentheater.pdf, letzter Aufruf: 24.04.2020.

KLINGLER, Nino: Amour Fou – Kritik. [17.05.2014], https://www.critic.de/film/amour-fou-6725/, letzter Aufruf: 04.07.2020.

KNOBEN, Martina: Gottes linker Haken. [30.03.2010], http://www.sueddeutsche.de/kultur/im-kino-Lourdes-gottes-linker-haken-1.6576, letzter Aufruf: 05.06.2020.
KOTHENSCHULTE, Daniel: Was für ein Juwel von einem Film. [16.02.2010], http://www.fr.de/kultur/spezials/benjamin-heisenbergs-der-raeuber-was-fuer-ein-juwel-von-einem-film-a-1047640, letzter Aufruf: 28.06.2020.
KRÄMER, Ralf: Jessica Hausner: »Ich finde es menschlich und nachvollziehbar, nicht leben zu wollen.« [18.01.2015], http://www.planet-interview.de/interviews/jessica-hausner/47187/, letzter Aufruf: 28.06.2020.
KREKELER, Elmar: Was heißt Einwanderungsbehörde auf Finnisch? [30.03.2017], https://www.welt.de/kultur/kino/article163258578/Was-heisst-Einwanderungsbehoerde-auf-Finnisch.html, letzter Aufruf: 28.06.2020.
LANDSGESELL, Gunnar: Kampfzone Film. [2011], http://kulturpolitik.to.or.at/txt?tid=092c650344fc1e1c2f01561d6ac98abb, letzter Aufruf: 04.06.2020.
LAWSON, David Gregory: Interview: Jessica Hausner. [20.03.2015], http://www.filmcomment.com/blog/interview-jessica-hausner-amour-fou/, letzter Aufruf: 05.06.2020.
LEITNER, Michael: Flipthetruck Interview: Jessica Hausner. [24.10.2014], http://www.flipthetruck.com/2014/10/24/flipthetruck-interview-jessica-hausner/#t=9:51.920, letzter Aufruf: 27.06.2020.
LEWEKE, Anke: Berliner Schule. Das Kino, überraschend und gefährlich. [Oktober 2016], https://www.goethe.de/de/kul/flm/20838234.html, letzter Aufruf: 04.06.2020.
LIM, Dennis: Greetings From the Land of Feel-bad Cinema. [26.11.2006], http://www.nytimes.com/2006/11/26/movies/26lim.html, letzter Aufruf: 04.06.2020.
LONGWORTH, Karina: Jessica Hausner's Lourdes Refrains from Demystifying. [16.02.2010], https://www.villagevoice.com/2010/02/16/jessica-hausners-Lourdes-refrains-from-demystifying/, letzter Aufruf: 18.07.2020.
LÜTHGE, Katja: 10. Lovely Rita. [27.05.2007], https://www.welt.de/kultur/article899223/Sgt-Pepper-s-Die-Songs-in-der-Einzelkritik.html, letzter Aufruf: 19.05.2020.
MARK, Oliver: Bei den Kärntner »Pliatzen«: ORF-Stadtkomödie »Harry Pinter, Drecksau. [28.12.2018], https://www.derstandard.at/story/2000094866278/bei-den-kaerntner-pliatzen-orf-stadtkomoedie-harri-pinter-drecksau, letzter Aufruf: 16.05.2020.
MARSILIUS, Hans-Jörg: Unbestechlich, unbequem, unverkrampft. Der österreichische Filmnachwuchs macht auf sich aufmerksam. [o. D.], http://f-films.deutsches-filminstitut.de/zusatzinfos/film_dienst.htm, letzter Aufruf: 04.06.2020.
McCARTHY, Todd: »Little Joe«: Film Review | Cannes 2019. [17.05.2019], https://www.hollywoodreporter.com/review/little-joe-review-1211652, letzter Aufruf: 23.07.2020.

McKECHNEAY, Maya: Lovely Rita. [o. D.], http://www.viennale.at/de/film/lovely-rita, letzter Aufruf: 10.05.2018.

MENASSE, Eva: Suche nach Glück, Physik des Zufalls. Auch die Struktur erzählt eine Geschichte: Zum Filmschaffen Barbara Alberts. [o. D.], https://www.bmb.gv.at/ministerium/vp/2013/kunstpreis_web_23995.pdf?5i82u8, S. 27–35. Letzter Aufruf: 16.06.2018.

MESSMANN, Waltraud: Der Wald im Märchen: Ein Ort der Reifung und des Wandels. [15.10.2012], https://www.noz.de/lokales/nordhuemmling/artikel/177347/der-wald-im-marchen-ein-ort-der-reifung-und-des-wandels, letzter Aufruf: 20.06.2020.

MIHM, Kai: Wer macht hier die Arbeit? [20.05.2014], https://www.epd-film.de/themen/wer-macht-hier-die-arbeit, letzter Aufruf: 02.06.2020.

MÖLLER, Olaf: Die gemeinsame Sache, die sich versteht. [o. D.], https://www.goethe.de/resources/files/pdf8/pk4070504.pdf, letzter Aufruf: 28.06.2020.

MOTTER, Maria: FM4 Kino unter Freunden: »Siebzehn«. [15.04.2017], http://fm4.orf.at/stories/2837280/, letzter Aufruf: 24.04.2020.

MOTTINGER, Michaela: Die staubtrockene Heiterkeit von Selbstmord. Michael Hanekes »Happy End«. [05.10.2017], http://www.mottingers-meinung.at/?p=26499, letzter Aufruf: 28.06.2020.

MÜLLER, Werner: Filmförderung. [2005], http://www.filmabc.at/documents/filmfrderunginsterreich.pdf, letzter Aufruf: 05.06.2020.

NEUFELD, Sonia: Wenn das Grauen Blüten treibt. [25.10.2019], https://orf.at/viennale19/stories/3141816/, letzter Aufruf: 03.06.2020.

NICODEMUS, Katja: Einmal Wunder und zurück. [31.03.2010], http://www.zeit.de/2010/14/Kino-Lourdes, letzter Aufruf: 19.06.2020.

NIERLIN, Wolfgang: Blumiges Glück einer dunklen Identität. [o. D.], https://filmgazette.de/2020/01/30/little-joe-glueck-ist-ein-geschaeft/, letzter Aufruf: 25.07.2020.

NORD, Cristina: Regisseurin Hausner über Lourdes-Film: »Der Priester war eingeweiht.« [01.04.2010], http://www.taz.de/!5145041/, letzter Aufruf: 27.06.2020.

OSSWALD, Dieter: Little Joe – Glück ist ein Geschäft: Gefährliche Pflanze. [o. D.], http://www.schaedelspalter.de/film/little-joe-glueck-ist-ein-geschaeft-gefaehrliche-pflanze/, letzter Aufruf: 28.06.2020.

PEITZ, Christiane: »Das europäische Kino gibt es nicht mehr.« [03.02.2013], http://cicero.de/kultur/das-europaeische-kino-gibt-es-nicht-mehr/53145, letzter Aufruf: 25.07.2020.

PEITZ, Christiane: Der kleine Alltagshorror. [07.01.2020], https://www.tagesspiegel.de/kultur/jessica-hausner-und-ihr-sci-fi-film-little-joe-der-kleine-alltagshorror/25397266.html, letzter Aufruf: 21.07.2020.

PEITZ, Christiane: Eine Liebe? Ein Doppelselbstmord. [14.01.2015], http://www.tagesspiegel.de/kultur/im-kino-amour-fou-eine-liebe-ein-doppelselbstmord/11224864.html, letzter Aufruf: 27.06.2020.

PÈRE, Olivier: Amour Fou. [o. D.], https://www.kinok.ch/index/program/movie/2497/premiere/true, letzter Aufruf: 27.06.2020.

PETZOLD, Christian: Director's Note. [Dezember 2004], http://www.gespenster-der-film.de/download/pdf/PH_Gespenster_D.pdf, letzter Aufruf: 28.06.2020.

PHILIPP, Claus: »Lovely Rita«: Jessica Hausner im Interview. [02.08.2004], https://derstandard.at/763630/Jessica-Hausner-im-Interview, letzter Aufruf: 30.06.2020.

PILLER, Doris: Es geht nie nur um das Monster. [22.09.2016], http://www.filmakademie.wien/de/es-geht-nie-nur-um-das-monster/, letzter Aufruf: 12.07.2020.

PSCHEIDER, Günter: Einfach vermeiden was falsch ist. [2014], http://www.ray-magazin.at/news/einfach-vermeiden-was-falsch-ist, letzter Aufruf: 02.06.2020.

RAHMLOW, Axel: Filmfestspiele in Cannes: Zu wenig Frauen, zu viele alte Männer. [14.05.2019], https://www.deutschlandfunkkultur.de/filmfestspiele-in-cannes-zu-wenig-frauen-zu-viele-alte.1008.de.html?dram:article_id=448696, letzter Aufruf: 20.07.2020.

REBHANDL, Bert: Mit der Wünschelrute durch die fremde Heimat. [17.07.2013], http://www.faz.net/aktuell/feuilleton/kino/neu-als-video-on-demand/milchwald-von-christoph-hochhaeusler-mit-der-wuenschelrute-durch-die-fremde-heimat-12285835.html, letzter Aufruf: 28.06.2020.

REDEN, Sven von: »Amour fou«: Der entlarvende Blick auf die Liebe. [06.11.2014], http://derstandard.at/2000007751342/Amour-fou-Der-entlarvende-Blick-auf-die-Liebe, letzter Aufruf: 27.06.2020.

REINHARDT, Thomas: 30 Jahre Festival der blauen Herzen. [23.01.2009], https://www.saarbruecker-zeitung.de/politik/themen/30-jahre-festival-der-blauen-herzen_aid-234307, letzter Aufruf: 05.06.2020.

REISER, Pia: Die Hirnfresser kommen! (Oder auch nicht). [01.11.2019], https://fm4.orf.at/stories/2993807/, letzter Aufruf: 27.06.2020.

RICHTER, Renée-Maria: Amour Fou. [13.01.2015], http://kunstundfilm.de/2015/01/amour-fou/, letzter Aufruf: 20.07.2020.

ROBINSON, Tasha: Interview. Bill Plympton. [19.04.2000], http://www.avclub.com/article/bill-plympton-13652, letzter Aufruf: 22.06.2020.

ROTIFER, Andreas: Schlager, die obligate Disco-Szene und mein ganzes Herz. [21.10.2007], http://fm4v2.orf.at/blumenau/220402/main.html, letzter Aufruf: 24.04.2020.

SCHIEFER, Karin: »Es gab fast jede Nacht einen Schneesturm.« [März 2016], http://www.austrianfilms.com/news/bodyes_gab_fast_jede_nacht_einen_ schneesturmbody, letzter Aufruf: 12.07.2020.

SCHIEFER, Karin: »What fascinates me a lot is the huge difference…« [Mai 2014], http://www.austrianfilms.com/jart/prj3/afc-new/main.jart?reserve-mode=re serve&content-id=1422972471829&rel=de&j-cc-node=artikel&j-cc-id=139910 1668870&j-cc-idname=artikel_en, letzter Aufruf: 25.04.2020.

SCHIEFER, Karin: »Wie schauen die Leute, wenn man ans Licht kommt?« [Mai 2016], http://www.austrianfilms.com/news/bodywie_schauen_die_leu te_wenn_man_ans_licht_kommtbody, letzter Aufruf: 12.07.2020.

SCHIEFER, Karin: »Wir sind viel stärker auf den Inhalt orientiert.« [September 2018], https://www.austrianfilms.com/interview/bruno_wagner/little_joe_ dreharbeiten_DE, letzter Aufruf: 19.07.2020.

SCHIEFER, Karin: Das Team coop99 filmproduktion im Gespräch über LOVELY RITA. [2001], http://www.austrianfilms.com/jart/prj3/afc-new/ main.jart?reserve-mode=active&content-id=1422972471829&rel=de&j-cc-node=artikel&j-cc-id=3768, letzter Aufruf: 19.05.2020.

SCHIEFER, Karin: Ein langer Albtraum. [Juni 2009], http://www.ray-maga zin.at/magazin/2009/06/hubert-sauper-ein-langer-albtraum, letzter Aufruf: 27.06.2020.

SCHIEFER, Karin: Jessica Hausner im Gespräch über Hotel. [2004], http:// www.austrianfilms.com/news/bodyjessica_hausner_im_gespraech_ueber_ Hotelbody_1, letzter Aufruf: 27.06.2020.

SCHIEFER, Karin: Jessica Hausner im Gespräch über LOVELY RITA. [2001], http://www.austrianfilms.com/news/bodyjessica_hausner_im_gespraech_ue ber_Hotelbody_1, letzter Aufruf: 20.06.2020.

SCHIEFER, Karin: Jessica Hausner über Little Joe. [Mai 2019], https://www.aus trian-directors.com/jessica-hausner-ueber-little-joe/, letzter Aufruf: 06.05.2020.

SCHIEFER, Karin: Jessica Hausner über Lourdes. [September 2009], http:// www.austrianfilms.com/news/jessica_hausner_ueber_Lourdes, letzter Aufruf: 18.07.2020.

SCHIEFER, Karin: Jessica Hausner: LOVELY RITA. [o. D.], http://www.aus trianfilms.com/news/bodyjessica_hausner_lovely_ritabody, letzter Aufruf: 18.07.2020.

SCHIEFER, Karin: » Prickelnd und strange…« [Mai 2019], https://www.austrian-films.com/Interview/jessica_hausner/little_joe_DE, letzter Aufruf: 21.07.2020.

SCHIEFER, Karin: Roland Teichmann, Direktor des ÖFI, im Gespräch. [2004], http://www.austrianfilms.com/news/news_article?j-cc-node=artikel&j-cc-id= 8826, letzter Aufruf: 04.06.2020.

SCHIEFER, Karin: TERNITZ TENNESSEE von Mirijam [sic] Unger. [2000], http://www.austrianfilms.com/jart/prj3/afc-new/main.jart?reserve-mode=re

serve&rel=de&content-id=1422972471829&j-cc-id=698&j-cc-node=artikel, letzter Aufruf: 01.06.2020.

SCHULTZE, Thomas Schultze: CANNES-Tag 4.2: In Schönheit sterben – und leben. [18.05.2019], https://beta.blickpunktfilm.de/details/440293, letzter Aufruf: 24.07.2020.

SCHWABEL, Friederike: Fräuleinwunder? Zur journalistischen Rezeption der Werke deutscher Gegenwartsautorinnen von Judith Hermann bis Charlotte Roche in den USA. [29.05.2017], http://www.komparatistik-online.de/index.php/komparatistik_online/article/view/119, S. 302–326. Letzter Aufruf: 04.06.2020.

SCOTT, Anthony Oliver: Neo-Neo Realism. [17.03.2009], http://www.nytimes.com/2009/03/22/magazine/22neorealism-t.html, letzter Aufruf: 04.06.2020.

SEEßLEN, Georg: Die Anti-Erzählmaschine. Ein Gegenwartskino in der Zeit des audiovisuellen Oligopols oder der Versuch, die »Berliner Schule« zu verstehen. [14.09.2007], https://www.freitag.de/autoren/der-freitag/die-anti-erzahlmaschine, letzter Aufruf: 28.06.2020.

SEESSLEN, Georg: Gegen die Verhältnisse. [14.09.2005], http://www.taz.de/!546030/, letzter Aufruf: 28.06.2020.

SEITZ, Alexandra: Amour Fou. [o. D.], in: http://www.ray-magazin.at/news/amour-fou, letzter Aufruf: 20.07.2020.

SORGNER, Helene: Wunderwerk Lourdes. [o. D.], http://www.ray-magazin.at/magazin/2009/12/wunderwerk-Lourdes, letzter Aufruf: 28.06.2020.

STEIN, Timo: »Märchen sind zutiefst emanzipatorisch.« [o. D.], https://www.cicero.de/kultur/maerchen-sind-zutiefst-emanzipatorisch/52330, letzter Aufruf: 24.04.2020.

STERNEBORG, Anke: Unheimliche Blüten der Mutterliebe. [09.01.2020], https://www.zeit.de/kultur/film/2020-01/little-joe-jessica-hausner-film/komplettansicht, letzter Aufruf: 07.07.2020.

STOSCH, Stefan: Warum sind Ihre Filme so traurig? Interview mit Aki Kaurismäki. [24.03.2017], http://www.haz.de/Sonntag/Promi-Talk/Warum-sind-Ihre-Filme-so-traurig, letzter Aufruf: 28.06.2020.

SUCHSLAND, Rüdiger: »Das war wahnsinnig verführerisch für eine Filmemacherin.« [01.04.2010], http://www.artechock.de/film/text/interview/h/hausner_2010.html, letzter Aufruf: 28.06.2020.

SUCHSLAND, Rüdiger: Amour Fou (2014). [o. D.], https://www.filmdienst.de/film/details/545195/amour-fou-2014, letzter Aufruf: 17.05.2020.

SUCHSLAND, Rüdiger: Diagonal ist besser. [30.03.2017], https://www.artechock.de/film/text/special/2017/cinema_moralia/03_30.html, letzter Aufruf: 04.06.2020.

SUCHSLAND, Rüdiger: Eiskaltes Matriarchat. [23.06.2006], https://www.heise.de/tp/features/Eiskaltes-Matriarchat-3406775.html, letzter Aufruf: 28.06.2020.

SUCHSLAND, Rüdiger: Passage in die Vergangenheit. [o. D.], https://www.artechock.de/film/text/kritik/d/dilebe.htm, letzter Aufruf: 26.06.2020.

SUCHSLAND, Rüdiger: Seismografen in Zeiten der Krise. [o. D.], https://www.goethe.de/resources/files/pdf8/pk4070502.pdf, letzter Aufruf: 04.06.2020.

SUCHSLAND, Rüdiger: Über die allmähliche Verfertigung eines Marionettentheaters beim Filmen. [o. D.], http://www.artechock.de/film/text/kritik/a/amfou0.htm, letzter Aufruf: 06.05.2020.

TERNAI, Michael: Nominiert für den österreichischen Musikvideopreis 2015: »OIDA« von Attwenger. [29.05.2015], https://www.musicaustria.at/nominiert-fuer-den-oesterreichischen-musikvideopreis-2015-oida-von-attwenger/, letzter Aufruf: 24.04.2020.

TSAI, Caroline: Jessica Hausner's »Little Joe«: A Chilling Take On Happiness In The Bioengineering Age (Cannes Review). [21.05.2019], https://theplaylist.net/little-joe-cannes-review-20190521/, letzter Aufruf: 21.07.2020.

ULLRICH, Eckard: Thomas Brasch: Lovely Rita. [19.02.2015], http://www.eckhard-ullrich.de/jahrestage/1682-thomas-brasch-lovely-rita, letzter Aufruf: 20.05.2020.

UNGERBÖCK, Andreas/PSCHEIDER, Günter/SIHLER, Horst Dieter: Macher, Märtyrer, Mimosen. [2007], http://www.ray-magazin.at/magazin/2007/03/diagonale-07-macher-maertyrer-mimosen?&parent=0, letzter Aufruf: 04.06.2020.

VOLLRATH, Patrick: Mein erstes Cannes. [27.01.2016], https://mdw.ac.at/internationalblog/2016/01/27/mein-erstes-cannes/, letzter Aufruf: 05.06.2020.

WEYER, Simon: VIS 2015 – Hauptpreise gehen nach Österreich und in die Schweiz. [31.05.2015], https://www.ots.at/presseaussendung/OTS_20150531_OTS0027/vis-2015-hauptpreise-gehen-nach-oesterreich-und-in-die-schweiz, letzter Aufruf: 24.04.2020.

WHEATLEY, Catherine: »Present Your Bodies«: Film Style and Unknowability in Jessica Hausner's *Lourdes* and Dietrich Brüggemann's *Stations of the Cross*. [27.05.2016], http://www.mdpi.com/2077-1444/7/6/63/htm, letzter Aufruf: 19.06.2020.

WHEATLEY, Catherine: Little Joe review: Jessica Hausner's floral Frankenstein horror. [19.02.2020], https://www.bfi.org.uk/news-opinion/sight-sound-magazine/reviews-recommendations/little-joe-jessica-hausner-emily-beechamben-whishaw-flower-horror, letzter Aufruf: 21.07.2020.

WIDEGGER, Florian: Little Joe. Ein Abend mit Jessica Hausner. [o. D.], https://www.filmarchiv.at/en/program/film/little-joe-2/, letzter Aufruf: 24.07.2020.

WIESNER, Maria: Gefühle aus dem Gewächshaus. [10.01.2020], https://www.faz.net/aktuell/feuilleton/kino/horrorthriller-little-joe-im-kino-gefuehle-aus-dem-gewaechshaus-16571514.html, letzter Aufruf: 28.06.2020.

WILLMANN, Thomas: Irgendwas im Unterleib… [o. D.], https://www.arte chock.de/film/text/kritik/h/Hotel1.htm, letzter Aufruf: 28.06.2020.
WOHLGENANNT, Anna Katharina: Zäher Neuanfang. [2007], http://www.ray-magazin.at/magazin/2007/09/filmfoerderung-zaeher-neuanfang, letzter Aufruf: 04.06.2020.
WOODWARD, Adam: Jessica Hausner: ›Happiness is overrated‹. [18.02.2020], https://lwlies.com/interviews/jessica-hausner-little-joe/, letzter Aufruf: 05.06.2020.
WORTHMANN, Merten: Mit Vorsicht genießen. [27.09.2001], http://www.zeit.de/2001/40/200140_langs._leben.xml/komplettansicht, letzter Aufruf: 04.06.2020.
WULFF, Hans Jürgen: Dekonstruktion. http://filmlexikon.uni-kiel.de/index.php?action=lexikon&tag=det&id=4287, letzter Aufruf: 23.07.2020.
WULFF, Hans Jürgen: Die Unnatürlichkeit der Filmfarben: Neue Überlegungen zur Signifikation und Dramaturgie der Farben im Film (Zwei Werkstücke). [o. D.], http://www.derwulff.de/files/2-25.pdf, letzter Aufruf: 18.06.2020.
WYDRA, Thilo: Lovely Rita. [o. D.], in: http://www.schnitt.de/202,2067,01.html, letzter Aufruf: 20.07.2020.
ZWICKIES, Lars: »Für mich wird es da spannend, wo ein Film sichere Spuren verlässt.« Im Gespräch mit Jessica Hausner, der Regisseurin von »Little Joe«. [08.01.2020], https://diezukunft.de/interview/film/fuer-mich-wird-es-da-spannend-wo-ein-film-sichere-spuren-verlaesst, letzter Aufruf: 01.07.2020.
ZWICKIES, Lars: Die Blume des Bösen. [09.01.2020], https://diezukunft.de/review/film/die-blume-des-boesen, letzter Aufruf: 01.07.2020.

6.2 Weitere Online-Ressourcen

http://2005.diagonale.at/releases/de/uploads/pressetexte/filmpreisediagonale2005.pdf, letzter Aufruf: 13.06.2020.
http://2006.diagonale.at/main.jart@rel=de&content-id=1095078528470.htm, letzter Aufruf: 22.06.2020.
http://2006.diagonale.at/releases/de/uploads/pressetexte%202006/diagonale_pressemappe06mitcover.pdf, letzter Aufruf: 22.06.2020.
http://38.moscowfilmfestival.ru/miff38/eng/archives/?year=2002, letzter Aufruf: 23.07.2020.
http://arhiv.pulafilmfestival.hr/57/en/indexa03b.html?p=list&group=2, letzter Aufruf: 04.07.2020.
http://bernhardwickigedaechtnisfonds.de/friedenspreis/, letzter Aufruf: 26.06.2020.

http://cinema.arte.tv/de/artikel/es-war-einmal-le-havre-von-aki-kaurismaeki, letzter Aufruf: 28.04.2018.
http://cineuropa.org/en/newsdetail/350725/, letzter Aufruf: 01.06.2020.
http://coproductionoffice.eu/about-us, letzter Aufruf: 05.06.2020.
http://coproductionoffice.eu/film/Hotel, letzter Aufruf: 01.06.2020.
http://coproductionoffice.eu/film/lovely-rita, letzter Aufruf: 19.05.2020.
http://der.orf.at/unternehmen/aktuell/oefi106.html, letzter Aufruf: 01.06.2020.
http://derstandard.at/1988045/Zwei-Diagonale-Preise-fuer-Jessica-Hausners-Hotel, letzter Aufruf: 01.06.2020.
http://derstandard.at/2288924/Filmfest-Rotterdam-mit-Weltpremiere-der-Mozart-Minute-Rolle, letzter Aufruf: 22.06.2020.
http://derstandard.at/2300886/Crossing-Europe-Filmfestival-mit-100-Programmen, letzter Aufruf: 22.06.2020.
http://derstandard.at/567291/Ruth-Mader-greift-die-Tradition-des-Propagandafilms-auf, letzter Aufruf: 04.06.2020.
http://derstandard.at/762654/Die-Viennale-Preise-2001, letzter Aufruf: 19.05.2020.
http://dict.leo.org/englisch-deutsch/to%20be%20toast, letzter Aufruf: 19.05.2020.
http://diepresse.com/home/kultur/film/594948/Neue-Auszeichnung_Oesterreichischer-Filmpreis, letzter Aufruf: 26.06.2020.
http://festivalcinesevilla.eu/en/prize-winners, letzter Aufruf: 27.06.2020.
http://filmwirtschaftsbericht.filminstitut.at/04/filmpreise/internationale-filmpreise/, letzter Aufruf: 01.06.2020.
http://filmwirtschaftsbericht.filminstitut.at/06/foerderungen-und-finanzierungen/beschreibung-der-foerderinstitutionen/, letzter Aufruf: 05.06.2020.
http://filmwirtschaftsbericht.filminstitut.at/07/verwertung/gefoerderte-filme-im-orf/, letzter Aufruf: 01.06.2020.
http://filmwirtschaftsbericht.filminstitut.at/11/verwertung/gefoerderte-filme-im-orf/, letzter Aufruf: 01.06.2020.
http://filmwirtschaftsbericht.filminstitut.at/13/fernsehen/gefoerderte-filme-im-orf/, letzter Aufruf: 01.06.2020.
http://filmwirtschaftsbericht.filminstitut.at/14/fernsehen/gefoerderte-kinofilme-im-orf/, letzter Aufruf: 27.06.2020.
http://fipresci.org/awards/lovely-rita/, letzter Aufruf: 19.05.2020.
http://fm4v2.orf.at/connected/217602/main, letzter Aufruf: 23.07.2020.
http://hakon.at/schauspiel/kino-und-fernsehen/, letzter Aufruf: 27.06.2020.
http://kinountersternen.at/2012/07/18/der-kameramann-martin-gschlacht-im-gesprach/, letzter Aufruf: 02.06.2020.
http://lexikon.stangl.eu/17299/clustering-illusion/, letzter Aufruf: 27.06.2020.
http://lumiere.obs.coe.int/web/film_info/?id=17543, letzter Aufruf: 05.06.2020.

http://lumiere.obs.coe.int/web/film_info/?id=19168, letzter Aufruf: 19.05.2020.
http://lumiere.obs.coe.int/web/film_info/?id=19168&graphics=on, letzter Aufruf: 05.06.2020.
http://lumiere.obs.coe.int/web/film_info/?id=19377, letzter Aufruf: 05.06.2020.
http://lumiere.obs.coe.int/web/film_info/?id=22986, letzter Aufruf: 01.06.2020.
http://lumiere.obs.coe.int/web/film_info/?id=22986&graphics=on, letzter Aufruf: 05.06.2020.
http://lumiere.obs.coe.int/web/film_info/?id=31756, letzter Aufruf: 27.06.2020.
http://lumiere.obs.coe.int/web/film_info/?id=31756&graphics=on, letzter Aufruf: 05.06.2020.
http://lumiere.obs.coe.int/web/film_info/?id=49404, letzter Aufruf: 27.06.2020.
http://lumiere.obs.coe.int/web/film_info/?id=49404&graphics=on, letzter Aufruf: 05.06.2020.
http://lumiere.obs.coe.int/web/film_info/?id=85511, letzter Aufruf: 17.05.2020.
http://lumiere.obs.coe.int/web/iso_codes/, letzter Aufruf: 01.06.2020.
http://lumiere.obs.coe.int/web/sources/analyse.html.de, letzter Aufruf: 04.06.2020.
http://lumiere.obs.coe.int/web/sources/histo.html, letzter Aufruf: 05.06.2020.
http://maerchen-im-film.de/maerchenhafte-drehorte-wo-sich-die-gaensemagd-in-ihren-prinzen-verliebt/, letzter Aufruf: 28.06.2020.
http://oe3.orf.at/stories/2898507/, letzter Aufruf: 04.06.2020.
http://oscar.go.com/news/nominations/oscar-nominations-2017-view-the-complete-list-of-nominees, letzter Aufruf: 04.06.2020.
http://spacemovie.mur.at/, letzter Aufruf: 22.06.2020.
http://spacemovie.mur.at/0602_hausner1.html, letzter Aufruf: 05.06.2020.
http://stadtkinowien.at/media/uploads/zeitung/147/stadtkino_524.pdf, letzter Aufruf: 27.06.2020.
http://stadtkinowien.at/news/115/, letzter Aufruf: 24.04.2020.
http://tv.orf.at/groups/kultur/pool/wilhelm_reich, letzter Aufruf: 27.06.2020.
http://tv.orf.at/highlights/orf2/160911_loewen_lido100.html, letzter Aufruf: 27.06.2020.
http://web.filmarchiv.at/tribe-events/nowhere-city/, letzter Aufruf: 31.03.2018.
http://wff.pl/about-wff/history/25-edition, letzter Aufruf: 27.06.2020.
http://wien.orf.at/news/stories/2898897/, letzter Aufruf: 04.06.2020.
http://www.acfny.org/media/press-images-texts/austrian-american-short-film-festival/, letzter Aufruf: 23.07.2020.
http://www.amourfoufilm.com/film/amour-fou/, letzter Aufruf: 27.06.2020.
http://www.anjasalomonowitz.com/mozart/frames_festivals.htm, letzter Aufruf: 22.06.2020.
http://www.app.oscars.org/class2017/#international-stat, letzter Aufruf: 04.06.2020.

http://www.arsenal-berlin.de/ueber-uns/geschichte/berlinale-forum.html, letzter Aufruf: 27.06.2020.

http://www.austrianfilms.com/film/stille_reserven, letzter Aufruf: 12.07.2020.

http://www.basis-wien.at/db/object/74932;jsessionid=EBEB28988DB90409013C496B957213FB, letzter Aufruf: 22.06.2020.

http://www.coe.int/t/dg4/eurimages/default_en.asp, letzter Aufruf: 27.06.2020.

http://www.coop99.at/web-coop99/?page_id=124&lang=de, letzter Aufruf: 19.05.2020.

http://www.coop99.at/web-coop99/?page_id=518, letzter Aufruf: 05.06.2020.

http://www.coop99.at/web-coop99/?portfolio=the-wall, letzter Aufruf: 26.06.2020.

http://www.coop99.at/www-Lourdes/downloads/Lourdes_folder.pdf, letzter Aufruf: 05.06.2020.

http://www.coop99.at/www-Lourdes/dt/int.htm, letzter Aufruf: 27.06.2020.

http://www.dfilmakademie.lu/palmares-2016/, letzter Aufruf: 27.06.2020.

http://www.diagonale.at/film-meeting17/, letzter Aufruf: 04.06.2020.

http://www.diagonale.at/rueckblick/, letzter Aufruf: 04.06.2020.

http://www.drehbuchverband.at/deutsch/pluch-drehbuchpreis/preistraegerinnen-10.html, letzter Aufruf: 27.06.2020.

http://www.drehbuchverband.at/pluch-drehbuchpreis/nominierungen, letzter Aufruf: 15.07.2020.

http://www.europarl.europa.eu/news/de/news-room/20100628IPR77108/zehn-filme-für-den-lux-filmpreis-2010-des-europäischen-parlaments-nominiert, letzter Aufruf: 27.06.2020.

http://www.famafilm.ch/filme/nordrand/?contUid=0, letzter Aufruf: 19.05.2020.

http://www.faz.net/redaktion/uwe-ebbinghaus-11104517.html, letzter Aufruf: 18.07.2020.

http://www.festival-cannes.com/en/films/inter-view, letzter Aufruf: 05.06.2020.

http://www.festival-cannes.com/fr/films/averills-ankommen, letzter Aufruf: 04.06.2020.

http://www.festival-cannes.com/fr/films/das-mal-des-todes, letzter Aufruf: 04.06.2020.

http://www.festival-cannes.com/fr/films/das-weite-land, letzter Aufruf: 04.06.2020.

http://www.festival-cannes.com/fr/films/lovely-rita, letzter Aufruf: 19.05.2020.

http://www.festival-cannes.com/fr/films/welcome-in-vienna, letzter Aufruf: 04.06.2020.

http://www.festival-cannes.fr/fr/article/60843.html, letzter Aufruf: 27.06.2020.

http://www.filmabc.at/index.php?kap=12&subkap=19, letzter Aufruf: 04.07.2020.

http://www.filmabc.at/index.php?kap=13&a=1, letzter Aufruf: 04.07.2020.

http://www.filmakademie.wien/de/lehrende/, letzter Aufruf: 04.06.2020.

http://www.filmaustria.com/kino-charts.htm, letzter Aufruf: 20.05.2020.
http://www.filmfonds-wien.at/filme/Hotel/herstellung, letzter Aufruf: 28.06.2020.
http://www.filmfonds-wien.at/filme/little-joe/herstellung, letzter Aufruf: 18.07.2020.
http://www.filmfonds-wien.at/filme/Lourdes/herstellung, letzter Aufruf: 27.06.2020.
http://www.filmfonds-wien.at/foerderung/aktuelle-zusagen/zusagen-2012, letzter Aufruf: 27.06.2020.
http://www.filmfund.lu/fr/t/documents/(view)/1908, letzter Aufruf: 27.06.2020.
http://www.filminstitut.at/de/Hotel/, letzter Aufruf: 05.06.2020.
http://www.filminstitut.at/de/Lourdes/, letzter Aufruf: 27.06.2020.
http://www.filminstitut.at/de/lovely-rita/, letzter Aufruf: 19.05.2020.
http://www.filminstitut.at/de/referenzfilmfoerderung/, letzter Aufruf: 21.06.2020.
http://www.filmportal.de/person/jessica-hausner_5ce6e6e349754535b43547e82a75e2b6, letzter Aufruf: 05.06.2020.
http://www.filmstiftung.de/news/europaische-filmpreise-fur-lebanon-Lourdes-und-nostalgia-de-la-luz/, letzter Aufruf: 27.06.2020.
http://www.filmstiftung.de/news/undogmatische-pazifisten-und-sieben-zwerge-in-koln/, letzter Aufruf: 01.06.2020.
http://www.filmstiftung.de/news/von-wunden-und-wundern/, letzter Aufruf: 27.06.2020.
http://www.filmwirtschaftsbericht.at/05/verwertung/2-4-besuche/, letzter Aufruf: 01.06.2020.
http://www.filmwirtschaftsbericht.at/09/verwertung/kinobesuch-und-filmverleih/, letzter Aufruf: 27.06.2020.
http://www.filmwirtschaftsbericht.at/10/verwertung/oe-filme/, letzter Aufruf: 27.06.2020.
http://www.firststeps.de/filmkatalog/filme/filme-details.html?tx_wfqbe_pi1%5Buid%5D=50D9961E-2641-4A36-B114-BD67E5AA1ACB, letzter Aufruf: 05.06.2020.
http://www.goldenglobes.com/film/tangled, letzter Aufruf: 28.06.2020.
http://www.heinrich-von-kleist.org/europa-universitaet-viadrina/kleistkino/heinrich-der-preisgekroente-kinofilm-aus-dem-kleist-jahr-1977/, letzter Aufruf: 12.07.2020.
http://www.imdb.com/event/ev0000563/2010?ref_=nmawd_awd_14, letzter Aufruf: 27.06.2020.
http://www.imdb.com/event/ev0000569/1999, letzter Aufruf: 04.06.2020.
http://www.imdb.com/event/ev0000681/2009, letzter Aufruf: 27.06.2020.
http://www.imdb.com/event/ev0002738/2010?ref_=nmawd_awd_16, letzter Aufruf: 27.06.2020.
http://www.imdb.com/find?q=Amour%20Fou&s=tt&exact=true&ref_=fn_tt_ex, letzter Aufruf: 19.05.2020.

http://www.imdb.com/find?q=Flora&s=tt&exact=true&ref_=fn_tt_ex, letzter Aufruf: 19.05.2020.
http://www.imdb.com/find?q=Hotel&s=tt&exact=true&ref_=fn_tt_ex, letzter Aufruf: 19.05.2020.
http://www.imdb.com/find?q=Interview&s=tt&exact=true&ref_=fn_tt_ex, letzter Aufruf: 19.05.2020.
http://www.imdb.com/find?q=Lourdes&s=tt&exact=true&ref_=fn_tt_ex, letzter Aufruf: 19.05.2020.
http://www.imdb.com/find?q=Lovely%20Rita&s=tt&exact=true&ref_=fn_tt_ex, letzter Aufruf: 19.05.2020.
http://www.imdb.com/find?q=Rufus&s=tt&exact=true&ref_=fn_tt_ex, letzter Aufruf: 19.05.2020.
http://www.imdb.com/find?q=Toast&s=tt&exact=true&ref_=fn_tt_ex, letzter Aufruf: 19.05.2020.
http://www.imdb.com/name/nm0720395/?ref_=fn_al_nm_1, letzter Aufruf: 05.06.2020.
http://www.imdb.com/name/nm2118152/?ref_=tt_ov_dr, letzter Aufruf: 12.07.2020.
http://www.imdb.com/title/tt0177159/awards?ref_=tt_awd, letzter Aufruf: 04.06.2020.
http://www.imdb.com/title/tt0228433/?ref_=ttfc_fc_tt, letzter Aufruf: 05.06.2020.
http://www.kinogeschichte.at/filmtage_velden_77.htm, letzter Aufruf: 04.06.2020.
http://www.kinogeschichte.at/filmtage_velden_77.htm#tainach, letzter Aufruf: 04.06.2020.
http://www.klaus-schlesinger.de/werke/liste/hoerspiel_film, letzter Aufruf: 12.07.2020.
http://www.komplizenfilm.de/e/dir/jasmila-zbanic.html, letzter Aufruf: 04.06.2020.
http://www.labiennale.org/en/cinema/archive/71st-festival/juries/, letzter Aufruf: 15.12.2017.
http://www.leffest.com/en/archives/2014/awards-and-jury, letzter Aufruf: 27.06.2020.
http://www.leffest.com/en/jury/2015/jessica-hausner, letzter Aufruf: 23.07.2020.
http://www.lepoint.fr/culture/l-eveque-n-a-pas-aime-le-film-Lourdes-12-08-2011-1362217_3.php, letzter Aufruf: 27.06.2020.
http://www.Lourdes-infos.com/65100Lourdes/spip.php?article4294&lang=fr, letzter Aufruf: 27.06.2020.
http://www.maerchenatlas.de/miszellaneen/marchenfiguren/die-katze-im-maerchen/, letzter Aufruf: 21.07.2020.
http://www.magpictures.com/littlejoe/watch-at-home, letzter Aufruf: 07.07.2020.

http://www.mediabiz.de/film/news/coproduction-office-als-weltvertrieb-und-finanzier/87063?printScreen=1, letzter Aufruf: 05.06.2020.
http://www.oesterreichische-filmakademie.at/akademie.html, letzter Aufruf: 26.06.2020.
http://www.oscars.org/sites/oscars/files/microsites/class2017/2017_New_Members.pdf, letzter Aufruf: 04.06.2020.
http://www.premiersplans.org/festival/archives/palmares/palmares99.pdf, letzter Aufruf: 05.06.2020.
http://www.premiersplans.org/festival/ressources.php, Suchbegriff: Jessica Hausner, letzter Aufruf: 05.06.2020.
http://www.quinzaine-realisateurs.com/qz_film/71-fragmente-einer-chronologie-des-zufalls/, letzter Aufruf: 04.06.2020.
http://www.quinzaine-realisateurs.com/qz_film/bennys-video/, letzter Aufruf: 04.06.2020.
http://www.quinzaine-realisateurs.com/qz_film/caracas/, letzter Aufruf: 04.06.2020.
http://www.quinzaine-realisateurs.com/qz_film/der-7-kontinent/, letzter Aufruf: 04.06.2020.
http://www.quinzaine-realisateurs.com/qz_film/der-kopf-des-mohren/, letzter Aufruf: 04.06.2020.
http://www.quinzaine-realisateurs.com/qz_film/die-erben/, letzter Aufruf: 04.06.2020.
http://www.quinzaine-realisateurs.com/qz_film/lieber-karl/, letzter Aufruf: 04.06.2020.
http://www.quinzaine-realisateurs.com/qz_film/schmutz/, letzter Aufruf: 04.06.2020.
http://www.religionfilm.com/en/press/winning-films-xiii-religion-today-film-festival-2010-en, letzter Aufruf: 27.06.2020.
http://www.revolver-film.com/wir/, letzter Aufruf: 04.06.2020.
http://www.ris.bka.gv.at/Dokumente/BgblAuth/BGBLA_2014_I_11/BGBLA_2014_I_11.html, letzter Aufruf: 05.06.2020.
http://www.ruthbeckermann.com/home.php?il=4, letzter Aufruf: 04.06.2020.
http://www.salzburg.com/nachrichten/welt/kultur/sn/artikel/zwei-oesterreicherinnen-neue-mitglieder-der-oscar-akademie-254149/, letzter Aufruf: 04.06.2020.
http://www.salzgeber.de/presse/pressehefte/GESCHWISTER_ph_Web.pdf, letzter Aufruf: 28.06.2020.
http://www.semainedelacritique.com/en/archives-en, letzter Aufruf: 04.06.2020.
http://www.signis.net/content/awards, letzter Aufruf: 27.06.2020.
http://www.signis.net/content/our-action-6/cinema, letzter Aufruf: 27.06.2020.

http://www.signis.net/news/also-in-the-news/22-09-2009/Lourdes-wins-signis-award-in-venice-2009, letzter Aufruf: 27.06.2020.

http://www.signis.net/news/culture/general-2/02-04-2010/signis-statement-Lourdes, letzter Aufruf: 27.06.2020.

http://www.songfacts.com/detail.php?id=127, letzter Aufruf: 19.05.2020.

http://www.svenskfilmdatabas.se/sv/item/?type=film&itemid=69911#awards, letzter Aufruf: 27.06.2020.

http://www.vdfk.de/118-preistrager-seit-1956, letzter Aufruf: 04.06.2020.

http://www.vienna.at/oscars-2018-so-werden-die-preistraeger-ausgewaehlt/5685108, letzter Aufruf: 04.06.2020.

http://www.viennale.at/de/archiv/v09-wiener-filmpreis, letzter Aufruf: 27.06.2020.

http://www.viennale.at/de/blog/der-v14-eroeffnungsfilm-steht-fest, letzter Aufruf: 09.04.2018.

http://www.viennale.at/de/film/rat-race-0, letzter Aufruf: 28.04.2018.

http://www.zweitausendeins.de/filmlexikon/?sucheNach=titel&wert=55507, letzter Aufruf: 12.07.2020.

https://der.orf.at/unternehmen/aktuell/berlinale126.html, letzter Aufruf: 30.05.2020.

https://derstandard.at/1254310329859/Eroeffnung-Erstmals-mit-oesterreichischem-Film, letzter Aufruf: 27.06.2020.

https://derstandard.at/2000060506135/Jessica-Hausner-unter-neuen-Mitgliedern-der-Oscar-Akademie, letzter Aufruf: 04.06.2020.

https://derstandard.at/2480583/Nachtschwalben-ueber-Wien, letzter Aufruf: 28.06.2020.

https://dffb-archiv.de/dffb/angela-schanelec-0, letzter Aufruf: 04.06.2020.

https://dffb-archiv.de/dffb/christian-petzold, letzter Aufruf: 04.06.2020.

https://dffb-archiv.de/dffb/schoene-gelbe-farbe, letzter Aufruf: 04.06.2020.

https://dffb-archiv.de/dffb/wie-zwei-froehliche-luftschiffer, letzter Aufruf: 12.07.2020.

https://equality.filminstitut.at/de/gender-incentive-2019/, letzter Aufruf: 15.07.2020.

https://equality.filminstitut.at/de/gender-incentive-2019/?highlight=true&unique=1594831045, letzter Aufruf: 15.07.2020.

https://equality.filminstitut.at/de/menu108/news17/, letzter Aufruf: 08.05.2018.

https://equality.filminstitut.at/de/menu108/news19/, letzter Aufruf: 08.05.2018.

https://equality.filminstitut.at/de/view/files/download/forceDownload/?tool=12&feld=download&sprach_connect=135, letzter Aufruf: 15.07.2020.

https://equality.filminstitut.at/de/was-bisher-geschah/, letzter Aufruf: 08.05.2018.

https://ffmop.de/das_festival/preistraeger_innen, letzter Aufruf: 24.04.2020.

https://iffr.com/nl/2006/films/the-mozart-minute, letzter Aufruf: 22.06.2020.
https://imvdb.com/video/the-black-keys/lonely-boy, letzter Aufruf: 05.06.2020.
https://mubi.com/de/notebook/posts/tiff-09-Lourdes-jessica-hausner-austria, letzter Aufruf: 28.06.2020.
https://radiantcircus.com/screen-diary-jessica-hausner-in-conversation-at-bfi-southbank-21-february-2020/, letzter Aufruf: 24.07.2020.
https://sugavision.com/, letzter Aufruf: 21.07.2020.
https://vimeo.com/channels/872852, letzter Aufruf: 22.06.2020.
https://www.austrian-directors.com/mitglieder/mader-ruth/, letzter Aufruf: 15.07.2020.
https://www.beatlesbible.com/songs/lovely-rita/, letzter Aufruf: 19.05.2020.
https://www.berlinale.de/de/archiv-2020/programm/detail/202001330.html, letzter Aufruf: 26.05.2020.
https://www.berlinale.de/de/archiv/jahresarchive/1994/02_programm_1994/02_Filmdatenblatt_1994_19941422.php, letzter Aufruf: 04.06.2020.
https://www.berlinale.de/de/archiv/jahresarchive/2012/08_pressemitteilungen_2012/08_pressemitteilungen_2012-detail_14169.html?openedFromSearch=true, letzter Aufruf: 04.06.2020.
https://www.berlinale.de/de/archiv/jahresarchive/2017/02_programm_2017/02_Filmdatenblatt_2017_201713967.php#tab=video, letzter Aufruf: 27.06.2020.
https://www.bmkoes.gv.at/Kunst-und-Kultur/preise/thomas-pluch-drehbuchpreis.html, letzter Aufruf: 19.05.2020.
https://www.bzga-essstoerungen.de/was-sind-essstoerungen/arten/binge-eating-stoerung/, letzter Aufruf: 19.06.2020.
https://www.cinema.de/film/der-junge-mit-dem-fahrrad,4793398.html, letzter Aufruf: 28.06.2020.
https://www.crossingeurope.at/archiv/2006/film/the-mozart-minute.html, letzter Aufruf: 22.06.2020.
https://www.defa-stiftung.de/stiftung/preise/foerderpreise/2010/, letzter Aufruf: 27.06.2020.
https://www.diagonale.at/, letzter Aufruf: 08.07.2020.
https://www.diagonale.at/filmarchiv/?fid=9999, letzter Aufruf: 22.06.2020.
https://www.diagonale.at/preis-aussergewoehnliche-produktionsleistungen-20/, letzter Aufruf: 04.07.2020.
https://www.diagonale.at/preis-szenenbild_kostuembild-20/, letzter Aufruf: 04.07.2020.
https://www.diagonale.at/statement-zur-absage-der-diagonale20/, letzter Aufruf: 06.06.2020.
https://www.diagonale.at/zum-kollektiv-filmladen/, letzter Aufruf: 05.06.2020.
https://www.diagonale.at/zur-person-andi-winter/, letzter Aufruf: 05.06.2020.

https://www.diagonale.at/zur-person-hanno-poeschl/, letzter Aufruf: 05.06.2020.

https://www.diagonale.at/zur-person-jessica-hausner/, letzter Aufruf: 05.06.2020.

https://www.diepresse.com/5141711/filmforderung-neues-anreizsystem-fur-mehr-frauen-im-film, letzter Aufruf: 15.07.2020.

https://www.entespettacolo.org/?s=Navicella, letzter Aufruf: 27.06.2020.

https://www.entespettacolo.org/2009/09/12/la-navicella-venezia-cinema-2009/, letzter Aufruf: 27.06.2020.

https://www.europeanfilmacademy.org/Archive.39.0.html, letzter Aufruf: 26.06.2020.

https://www.festival-cannes.com/fr/artiste/jessica-hausner, letzter Aufruf: 23.07.2020.

https://www.festival-cannes.com/en/69-editions/retrospective/2011/palmares/competition, letzter Aufruf: 28.06.2020.

https://www.filmarchiv.at/program/monthly-series/living-collection/, letzter Aufruf: 05.06.2020.

https://www.filmdienst.de/film/details/20397/jorinde-und-joringel-1986, letzter Aufruf: 21.07.2020.

https://www.filmfestivalcottbus.de/de/component/festivalmanager/movie/835.html, letzter Aufruf: 21.07.2020.

https://www.filmfonds-wien.at/filme/Hotel, letzter Aufruf: 28.06.2020.

https://www.filminstitut.at/de/antragstellung/, letzter Aufruf: 05.06.2020.

https://www.filminstitut.at/de/ikarus/?highlight=true&unique=1494067227, letzter Aufruf: 19.05.2020.

https://www.filminstitut.at/de/licht/, letzter Aufruf: 04.06.2020.

https://www.filminstitut.at/de/little-joe/?highlight=true&unique=1591619963, letzter Aufruf: 07.06.2020.

https://www.filminstitut.at/de/Lourdes, letzter Aufruf: 27.06.2020.

https://www.filminstitut.at/de/richtlinien/, letzter Aufruf: 05.06.2020.

https://www.filminstitut.at/de/western/, letzter Aufruf: 04.06.2020.

https://www.filminstitut.at/files/downloads/little_joe.pdf, letzter Aufruf: 18.06.2020.

https://www.filmlinc.org/series/jessica-hausner-the-miracle-worker/, letzter Aufruf: 24.07.2020.

https://www.filmstandort-austria.at/projekte/417/, letzter Aufruf: 06.07.2020.

https://www.filmstandort-austria.at/projekte/599/, letzter Aufruf: 06.07.2020.

https://www.flimmit.com/specials/festivals-awards/diagonale-online-festival/diagonale-online-festival2/, letzter Aufruf: 08.07.2020.

https://www.gala.de/stars/news/daniel-brueh---fatih-akin--sie-duerfen-jetzt-ueber-die-oscars-mitbestimmen-21395952.html, letzter Aufruf: 04.06.2020.

https://www.hoanzl.at/015-Hotel-jessica-hausner.html, letzter Aufruf: 01.06.2020.

https://www.hoanzl.at/049-speak-easy-kurzfilme.html, letzter Aufruf: 05.06.2020.

https://www.hoanzl.at/138-lovely-rita-jessica-hausner.html, letzter Aufruf: 19.05.2020.

https://www.hoanzl.at/178-Lourdes-jessica-hausner.html, letzter Aufruf: 27.06.2020

https://www.imdb.com/find?q=little%20joe&s=tt&exact=true&ref_=fn_al_tt_ex, letzter Aufruf: 19.05.2020.

https://www.imdb.com/name/nm0345116/?ref_=fn_al_nm_1, letzter Aufruf: 02.06.2020.

https://www.imdb.com/name/nm0562545/awards?ref_=nm_awd, letzter Aufruf: 03.06.2020.

https://www.imdb.com/name/nm1003249/?ref_=fn_al_nm_1, letzter Aufruf: 02.06.2020.

https://www.imdb.com/name/nm1059700/?ref_=fn_al_nm_2, letzter Aufruf: 21.07.2020.

https://www.imdb.com/title/tt0035703/awards?ref_=tt_awd, letzter Aufruf: 22.06.2020.

https://www.imdb.com/title/tt0107649/awards?ref_=tt_awd, letzter Aufruf: 15.07.2020.

https://www.imdb.com/title/tt4048272/, letzter Aufruf: 04.06.2020.

https://www.imdb.com/title/tt5157326/awards?ref_=tt_awd, letzter Aufruf: 04.06.2020.

https://www.imdb.com/title/tt9204204/releaseinfo?ref_=tt_dt_dt, letzter Aufruf: 16.05.2020.

https://www.kurzfilmtage.de/archiv/manifest/, letzter Aufruf: 04.06.2020.

https://www.labiennale.org/en/news/orizzonti-section, letzter Aufruf: 27.06.2020.

https://www.medienboard.de/fileadmin/user_upload/pdf/Foerderentscheidungen/Foerderentscheidungen_Gesamt_2014.pdf, letzter Aufruf: 27.06.2020.

https://www.moma.org/calendar/film/1399?locale=ko, letzter Aufruf: 04.06.2020.

https://www.museum-joanneum.at/fileadmin//user_upload/Presse/Aktuelle_Projekte/Archiv/2006/jessica-hausner-toast/Programm_2002_02_Space_20 Movie_1_.pdf, letzter Aufruf: 05.06.2020.

https://www.museum-joanneum.at/kunsthaus-graz/ueber-uns/architektur/gebaeude, letzter Aufruf: 22.06.2020.

https://www.museum-joanneum.at/presse/aktuelle-projekte/events/event/4592/jessica-hausner-toast, letzter Aufruf: 22.06.2020.

https://www.musicaustria.at/nominierungsliste-fuer-den-oesterreichischen-musikvideopreis-2015-bekannt-gegeben/, letzter Aufruf: 24.04.2020.

https://www.ninakreuzinger.com/app/download/10656027821/STATEMENT-AKTION%2C+Stand+6.+Juli+2016.pdf?t=1480436603, letzter Aufruf: 22.06.2020.

https://www.nk-projects.com/, letzter Aufruf: 04.06.2020.

https://www.oesterreichische-filmakademie.at/filmpreis/archiv/filmpreis-2020, letzter Aufruf: 03.06.2020.

https://www.oesterreichische-filmakademie.at/filmpreis/archiv/filmpreis-2011, letzter Aufruf: 04.07.2020.

https://www.oesterreichische-filmakademie.at/filmpreis/preistraeger/2011, letzter Aufruf: 27.06.2020.

https://www.oesterreichische-filmakademie.at/filmpreis/preistraeger/2015, letzter Aufruf: 27.06.2020.

https://www.oesterreichische-filmakademie.at/mitgliedschaft-und-mitglieder, letzter Aufruf: 26.06.2020.

https://www.oesterreichische-filmakademie.at/ueber-die-akademie, letzter Aufruf: 04.07.2020.

https://www.oscars.org/oscars/ceremonies/2011, letzter Aufruf: 28.06.2020.

https://www.ots.at/presseaussendung/OTS_20171123_OTS0108/neue-filme-von-jessica-hausner-und-sabine-derflinger-gefoerdert, letzter Aufruf: 01.06.2018.

https://www.palmdog.com/about-us, letzter Aufruf: 09.07.2020.

https://www.palmdog.com/fidos-2020, letzter Aufruf: 09.07.2020.

https://www.palmdog.com/palm-dog-2019, letzter Aufruf: 09.07.2020.

https://www.pressreader.com/austria/die-presse/20170630/282127816492189, letzter Aufruf: 04.06.2020.

https://www.regieverband.de/mitglieder/profile-der-mitglieder/, letzter Aufruf: 04.06.2020.

https://www.ris.bka.gv.at/GeltendeFassung.wxe?Abfrage=Bundesnormen&Gesetzesnummer=10010371, letzter Aufruf: 27.06.2020.

https://www.rollingstone.com/music/lists/500-greatest-albums-of-all-time-20120531/the-beatles-sgt-peppers-lonely-hearts-club-band-20120531, letzter Aufruf: 19.05.2020.

https://www.sansebastianfestival.com/2012/sections_and_films/official_selection/7/2205/in, letzter Aufruf: 26.06.2020.

https://www.sansebastianfestival.com/in/pagina.php?ap=3&id=2041, letzter Aufruf: 09.06.2018.

https://www.sixpackfilm.com/de/catalogue/1042/, letzter Aufruf: 04.06.2020.

https://www.sixpackfilm.com/de/catalogue/1050/, letzter Aufruf: 01.06.2020.

https://www.sixpackfilm.com/de/catalogue/1081/, letzter Aufruf: 04.06.2020

https://www.sixpackfilm.com/de/catalogue/1345/, letzter Aufruf: 04.06.2020.

https://www.sixpackfilm.com/de/catalogue/1360/, letzter Aufruf: 05.06.2020.

https://www.sixpackfilm.com/de/catalogue/1552/, letzter Aufruf: 28.06.2020.
https://www.sixpackfilm.com/de/catalogue/1563/, letzter Aufruf: 28.06.2020.
https://www.sixpackfilm.com/de/catalogue/549/, letzter Aufruf: 04.06.2020.
https://www.sixpackfilm.com/de/catalogue/558/, letzter Aufruf: 04.06.2020.
https://www.sixpackfilm.com/de/catalogue/696/, letzter Aufruf: 04.06.2020.
https://www.sixpackfilm.com/de/catalogue/698/, letzter Aufruf: 04.06.2020.
https://www.sixpackfilm.com/de/catalogue/699/, letzter Aufruf: 04.06.2020.
https://www.sixpackfilm.com/de/page/about_sixpack/, letzter Aufruf: 05.06.2020.
https://www.sn.at/kultur/kino/oscar-jurorin-jessica-hausner-im-sn-interview-verraten-wird-nichts-24856960, letzter Aufruf: 04.06.2020.
https://www.uaar.it/comunicato-stampa-dell1192009-mostra-del-cinema-di-venezia-assegnato-il-premio-brian-al-film-piu-lai/, letzter Aufruf: 27.06.2020.
https://www.uaar.it/uaar/premio-uaar-venezia/, letzter Aufruf: 27.06.2020.
https://www.udk-berlin.de/personen/detailansicht/person/thomas-arslan/, letzter Aufruf: 04.06.2020.
https://www.volksmusikdatenbank.at, letzter Aufruf: 05.06.2020.
https://www.wien.gv.at/presse/2005/09/14/mozart-minute-filmische-miniaturen-im-mozartjahr, letzter Aufruf: 22.06.2020.
https://www.wko.at/branchen/tourismus-freizeitwirtschaft/kino-kultur-vergnuegungsbetriebe/Aufstellung_Diamond-Super-Golden-Austria_Tickets_2010_final.pdf, letzter Aufruf: 12.07.2020.
https://www.youtube.com/watch?v=a_426RiwST8, letzter Aufruf: 05.06.2020.
https://www.youtube.com/watch?v=BmdB4BRahF8, letzter Aufruf: 27.06.2020.
https://www.youtube.com/watch?v=d_tzoTHhjFs&feature=youtu.be, letzter Aufruf: 22.06.2020.
https://www.youtube.com/watch?v=ev3vCxVYPXs, letzter Aufruf: 19.05.2020.
https://www.youtube.com/watch?v=kCbTe9jBwB4&feature=youtu.be, letzter Aufruf: 21.06.2020.
https://www.youtube.com/watch?v=yRtdT8SYZOY, letzter Aufruf: 05.06.2020.
https://www.zdf.de/filme/das-kleine-fernsehspiel/das-kleine-fernsehspiel-stellt-sich-vor-100.html, letzter Aufruf: 04.06.2020.
https://www.zeit.de/wissen/gesundheit/2019-07/mischwesen-japan-mensch-tier-organzuechtung-organspende-tierembryo, letzter Aufruf: 18.07.2020.
https://www.zweitausendeins.de/filmlexikon/?sucheNach=titel&wert=524006, letzter Aufruf: 01.06.2020.
Kunstbericht 1995. https://www.bmkoes.gv.at/Service/Publikationen/Kunst-und-Kultur/kunst-und-kulturberichte.html, letzter Aufruf: 05.06.2020.
Kunstbericht 1997. https://www.bmkoes.gv.at/Service/Publikationen/Kunst-und-Kultur/kunst-und-kulturberichte.html, letzter Aufruf: 20.06.2020.

Kunstbericht 1999. https://www.bmkoes.gv.at/Service/Publikationen/Kunst-und-Kultur/kunst-und-kulturberichte.html, letzter Aufruf: 20.06.2020.

Kunstbericht 2000. https://www.bmkoes.gv.at/Service/Publikationen/Kunst-und-Kultur/kunst-und-kulturberichte.html, letzter Aufruf: 20.06.2020.

ÖFI: *Förderzusagen 2011.* http://docplayer.org/33139907-Foerderungszusagen-zum-1-sitzungstermin-antragstermin-3-november-2010-herstellungsfoerderungen.html, letzter Aufruf: 07.07.2020.

Stadtkino Zeitung Nr. 524. [November/Dezember 2014], http://stadtkinowien.at/media/uploads/zeitung/147/stadtkino_524.pdf, letzter Aufruf: 19.06.2020.

7 Zitierte Medien

7.1 Zitierte Filme

19 Porträts (D 1990, Thomas Arslan)
71 Fragmente einer Chronologie des Zufalls (A/D 1994, Michael Haneke)
A Dog's Purpose (USA 2017, Lasse Hallström; dt. Titel: Bailey – Ein Freund fürs Leben)
A Walk in the Woods (USA 2015, Ken Kwapis; dt. Titel: Picknick mit Bären)
Abschied – Brechts letzter Sommer (D 2000, Jan Schütte)
Ägypten (A 1997, Kathrin Resetarits)
Aktion K (A 1994, Bernhard Bamberger)
Alle anderen (D 2009, Maren Ade)
Alles wird gut (D/A 2015, Patrick Vollrath)
Am Rand (D 1991, Thomas Arslan)
Amour (F/D/A 2012, Michael Haneke; dt. Titel: Liebe)
Amour Fou (A/D/LUX 2014, Jessica Hausner)
Angelo (A/LUX 2017, Markus Schleinzer)
Angriff der Lederhosenzombies (A 2016, Dominik Hartl)
Angst (A 1983, Gerald Kargl)
Anima – Symphonie fantastique (A 1981, Titus Leber)
Anne (A 1993, Jessica Hausner)
Antares (A 2004, Götz Spielmann)
Atlantique (F 2019, Mati Diop)
Attack The Block (GB 2011, Joe Cornish)
Attwengerfilm (A 1995, Wolfgang Murnberger/Markus Binder/Hans-Peter Falkner/Florian Flicker/Bernhard Weirather)
Auf der Suche nach Oum Kulthum (D/A/I/MA 2017, Shirin Neshat)
automatic (A 2002, Josef Dabernig)
Averills Ankommen (A 1992, Michael Schottenberg)
Barbara (D 2012, Christian Petzold)
Barbie as Rapunzel (USA 2002, Owen Hurley; dt. Titel: Barbie als Rapunzel)

Beautiful Girl (A 2015, Dominik Hartl)
Beauty and the Beast (USA 1991, Gary Trousdale; dt. Titel: Die Schöne und das Biest)
Beauty and the Beast (USA 2017, Bill Condon; dt. Titel: Die Schöne und das Biest)
Benny's Video (A/CH 1992, Michael Haneke)
Betongräser (A 1995, Antonin Svoboda)
Bir Zamanlar Anadolu'da (TUR/BIH 2011, Nuri Bilge Ceylan; Alternativtitel: Once Upon a Time in Anatolia)
Böse Zellen (A 2003, Barbara Albert)
Brüder, Lasst Uns Lustig sein / Brothers Let Us Be Merry (A 2006, Ulrich Seidl; The Mozart Minute, Beitrag 16)
Bungalow (D 2002, Ulrich Köhler)
Cabin in the Sky (1943, Vincente Minelli; dt. Titel: Ein Häuschen im Himmel)
Cappuccino Melange (A 1992, Paul Harather)
Caracas (A 1989, Michael Schottenberg)
Children Of Men (UK/USA/JPN 2006, Alfonso Cuarón)
Chucks (A 2015, Sabine Hiebler, Gerhard Ertl)
Codename: Figaro / Code Word: Figaro (A 2006, Anja Salomonowitz; The Mozart Minute, Beitrag 4)
Contact High (A/D/LUX/POL 2009, Michael Glawogger)
Copy Shop (A 2001, Virgil Widrich)
Crash Test Dummies (A 2005, Jörg Kalt)
Cuba Libre (D 1996, Christian Petzold)
Darwin's Nightmare (F/A/BEL 2004, Hubert Sauper; dt. Titel: Darwins Albtraum)
Das ewige Leben (A 2015, Wolfgang Murnberger)
Das finstere Tal (A/D 2014, Andreas Prochaska)
Das Glück meiner Schwester (D 1995, Angela Schanelec)
Das Mal des Todes (A 1985, Peter Handke)
Das warme Geld (D 1992, Christian Petzold)
Das weisse Band – Eine deutsche Kindergeschichte (D/A/F/I 2009, Michael Haneke)
Das weite Land (A/D 1987, Luc Bondy)
Das Wunder von Bern (D 2003, Sönke Wortmann)
Das Wunder von Kärnten (D/A 2011, Andreas Prochaska)
Das Wunder von Lengede (D 2003, Kaspar Heidelbach)
Das Wunder von Wörgl (D/A 2018, Urs Egger; Alternativtitel: Der Geldmacher)

Das zehnte Jahr (A 1995, Käthe Kratz)
Deadweight (FI/D 2016, Axel Koenzen)
Deckname Holec (A/CZE 2016, Franz Novotny)
Der Knochenmann (A 2009, Wolfgang Murnberger)
Der Kopf des Mohren (A 1995, Paulus Manker)
Der olympische Sommer (D 1993, Grodian Maugg)
Der Prinz im Bärenfell (D 2015, Bodo Fürneisen)
Der Räuber (A/D 2010, Benjamin Heisenberg)
Der siebente Kontinent (A 1989, Michael Haneke)
Die Akte Kleist (D 2011, Simone Dobmeier/Hedwig Schmutte/Torsten Striegnitz)
Die Erben (A 1983, Walter Bannert)
Die Fälscher (A/D 2007, Stefan Ruzowitzky)
Die fetten Jahre sind vorbei (D/A 2004, Hans Weingartner)
Die Flucht (A 1992, David Rühm)
Die Frucht deines Leibes (A 1996, Barbara Albert)
Die Gänsemagd (D 2009, Sibylle Tafel)
Die Gänsemagd (DDR 1986, Horst Tappert)
Die Gänsemagd (CH 1977, Rudolf Jugert)
Die Gänsemagd (BRD 1957, Fritz Genschow)
Die geliebten Schwestern (D/A 2014, Dominik Graf)
Die Geschichte von der Gänseprinzessin und ihrem treuen Pferd Fallada (DDR 1988, Konrad Petzold)
Die Geschwister (D 2016, Jan Krüger)
Die innere Sicherheit (D 2000, Christian Petzold)
Die Klavierspielerin (A/D/F/PL 2001, Michael Haneke)
Die Lebenden (D/A 2012, Barbara Albert)
Die Mamba (A/D 2014, Ali Samadi Ahadi)
Die Migrantigen (A 2017, Arman T. Riahi)
Die Mozarts / The Mozarts (A 2006, Hanna Schimek/Gustav Deutsch; The Mozart Minute, Beitrag 3)
Die mysteriösen Lebenslinien (A 1991, David Rühm)
Die Prinzessin auf der Erbse (D 2010, Bodo Fürneisen)
Die Schneekönigin (D/FIN 2014, Karola Hattop)
Die Schneekönigin (DDR 1975, Heiner Möbius)
Die schwarze Sonne (A/CH 1992, Johannes Hammel)
Die toten Fische (A 1989, Michael Synek)
Die unabsichtliche Entführung der Frau Elfriede Ott (A 2010, Andreas Prochaska)

Die Unerzogenen (D 2007, Pia Marais)
Die Wand (A/D 2012, Julian Pölsler)
Die Weiche (A 1997, Kris Krikellis)
Die Werkstürmer (A 2013, Andreas Schmied)
Doctor Dolittle (USA 1967, Richard Fleischer; dt. Titel: Doktor Dolittle)
Drei Eier im Glas (A 2015, Antonin Svoboda)
Egon Schiele: Tod und Mädchen (A/LUX 2016, Dieter Berner)
Ein gefrässiges Tier (Das Leben) (A 1993, Kris Krikellis)
Elefantenhaut (A 2008, Severin Fiala/Ulrike Putzer)
En god dag at gø (DNK 1999, Bo Hagen Clausen; Alternativtitel: Little big dog)
Endstation obdachlos (A 1992, Ruth Mader)
Fallen (A 2006, Barbara Albert)
Falscher Bekenner (D 2005, Christoph Hochhäusler)
Fette Welt (D 1998, Jan Schütte)
Flora (A 1997, Jessica Hausner)
Frau Holle (D 2008, Bodo Fürneisen),
Free Rainer – Dein Fernseher lügt (D/A 2007, Hans Weingartner)
Freispiel (A 1995, Harald Sicheritz)
fremde (A 1999, Kathrin Resetarits)
Frozen (USA 2013, Jennifer Lee, Chris Buck; dt. Titel: Die Eiskönigin – Völlig unverfroren)
Funny Games (A 1997, Michael Haneke)
Gefühl Dobermann (A 2015, Gabriele Mathes)
Geliebter Johann Geliebte Anna (A 2009, Julian Pölsler)
Germania (A 1998, Kris Krikellis)
Gespenster (D/F 2005, Christian Petzold)
Gfrasta (A 1998, Ruth Mader)
Gold (D 2013, Thomas Arslan)
Gravity (USA/GB 2013, Alfonso Cuarón)
Grbavica (A/BIH/D/HRV 2006, Jasmila Žbanić; dt. Titel: Esmas Geheimnis-Grbavica)
Grenzgänger (A 2012, Florian Flicker)
Grosse Ferien (A 1997, Antonin Svoboda)
Grosswildjagd (A 1992, Stephan Wagner)
Halbe Welt (A 1993, Florian Flicker)
Happy End (F/D/A 2017, Michael Haneke)
Harri Pinter, Drecksau (A 2017, Andreas Schmied)

Harry Potter and the Philosopher's Stone (GB/USA 2001, Chris Columbus; dt. Titel: Harry Potter und der Stein der Weisen)
Heaven (D/I/F/USA/GB 2002, Tom Tykwer)
Heinrich (D 1977, Helma Sanders-Brahms)
Helle Nächte (D/NOR 2017, Thomas Arslan)
Herr Mares (A 1992, Jessica Hausner)
Hinterholz 8 (A 1998, Harald Sicheritz)
Hotel (A 2004, Jessica Hausner)
Hugo (USA 2011, Martin Scorsese; dt. Titel: Hugo Cabret)
Hundstage (A 2001, Ulrich Seidl)
Ich bin dann mal weg (D 2015, Julia von Heinz)
Ich bin den Sommer über in Berlin geblieben (D 1994, Angela Schanelec)
Ich möchte sein manchmal ein Schmetterling (A 1993, Jessica Hausner)
Ich seh Ich seh (A 2015, Severin Fiala, Veronika Franz)
Ikarus (A 2002, Bernhard Weirather)
Im Hukim (ISR 1999, Dover Kosashvili)
Im Keller (A 2014, Ulrich Seidl)
Im Sommer – Die sichtbare Welt (D 1991, Thomas Arslan)
Immer nie am Meer (A 2007, Antonin Svoboda)
In 3 Tagen bist du tot (A 2006, Andreas Prochaska)
In 3 Tagen bist du tot 2 (A 2008, Andreas Prochaska)
In the Mirror of Maya Deren (A/CH/D 2002, Martina Kudláček; dt. Titel: Im Spiegel der Maya Deren)
Indien (A 1993, Paul Harather)
Inter-View (A 1999, Jessica Hausner)
Inter-View (USA 2010, Chia-Chun Hsu)
Intouchables (F 2011, Olivier Nakache/Éric Toledano; dt. Titel: Ziemlich beste Freunde)
Invasion of the Body Snatchers (USA 1956, Don Siegel; dt. Titel: Die Dämonischen)
Invasion of the Body Snatchers (USA 1978, Philip Kaufman; dt. Titel: Die Körperfresser kommen)
Irmgard (A 1996, Jessica Hausner)
Jaws (USA 1975, Steven Spielberg; dt. Titel: Der weisse Hai)
Jorinda and Joringel (1995, Lisa Hammer)
Jorinde and Joringel (2014, Rebecca Akoun)
Jorinde und Joringel (1957, Johannes Hempel)
Jorinde und Joringel (D 1986, Wolfgang Hübner)

Jorinde und Joringel (D 2011, Bodo Fürneisen)
Julia, du bist zauberhaft (A/F 1962, Alfred Weidenmann)
Julie & Julia (USA 2009, Nora Ephron)
Kaltfront (A 2003, Valentin Hitz)
Karger (D 2007, Elke Hauck)
Kater (A 2016, Klaus Händl)
Killarat (A 2006, Barbara Gräftner, David Wagner; The Mozart Minute, Beitrag 21)
Kilometer 123,5 (A 1994, Ruth Mader)
Klimt (A/D/F/GB 2006, Raoúl Ruiz)
Komasaufen (D 2013, Bodo Fürneisen)
Komm, süsser Tod (A 2000, Wolfgang Murnberger)
Kona fer í stríð (IS/F/UA 2018, Benedikt Erlingsson; dt. Titel: Gegen den Strom)
La Flûte à six schtroumpfs (BEL/F 1976, Peyo/Jose Dutilieu/Eddie Lateste; dt. Titel: Die Schlümpfe und die Zauberflöte)
La Lisière (F/D 2010, Géraldine Bajard; dt. Titel: La Lisière – am Waldrand)
La Pivellina (A/I 2009, Tizza Covi, Rainer Frimmel)
La Puce (F 1999, Emmanuelle Bercot)
Lamb (ETH/F/D 2015, Yared Zeleke; dt. Titel: Ephraim und das Lamm)
Layla Fourie (D 2013, Pia Marais)
Le gamin au vélo (BEL/F/I 2011, Jean-Pierre und Luc Dardenne; dt. Titel: Der Junge mit dem Fahrrad)
Le Havre (FIN/F/D 2017, Aki Kaurismäki; dt. Titel: Die andere Seite der Hoffnung)
Le temps du loup (A/D/F 2003, Michael Haneke; dt. Titel: Wolfszeit)
Le tout nouveau testament (BEL/F/LUX 2015, Jaco van Dormael; dt. Titel: Das brandneue Testament)
Leni (A 1992, Rena Pogner)
Les demoiselles de Rochefort (F 1967, Jacques Demy; dt. Titel: Die Mädchen von Rochefort)
Les Parapluies de Cherbourg (F/D 1964, Jacques Demy; dt. Titel Die Regenschirme von Cherbourg)
Lesen macht tot (A 1999, Jörg Kalt)
Licht (A/D 2017, Barbara Albert)
Lieber Karl (A/D 1985, Maria Knilli)
Life Guidance (A 2017, Ruth Mader)
Little Joe – Glück ist ein Geschäft (A 2019, Jessica Hausner)
Little Shop of Horrors (USA 1986, Frank Oz, dt. Titel: Der kleine Horrorladen)

Lost Highway (USA/F 1997, David Lynch)
Lourdes (A/D/F 2009, Jessica Hausner)
Loved in Space (A 1996, Valentin Hitz)
Lovely Rita (A 2001, Jessica Hausner)
Lovely Rita, sainte patronne des cas désespéres (F 2003, Stéphane Claviers)
Luft-Räume (A 1990, Fridolin Schönwiese)
M (D 1931, Fritz Lang; Alternativtitel: M – Eine Stadt sucht einen Mörder)
Ma Folie (A 2015, Andrina Mračnikar)
Mach die Musik leiser (D 1994, Thomas Arslan)
Maikäfer flieg! (A 2016, Mirjam Unger)
Mars (EU 2004, Barbara Albert; Visions of Europe, österreichisches Segment)
Marseille (D 2004, Angela Schanelec)
März (A 2008, Klaus Händl)
Maximilian – Das Spiel von Macht und Liebe (A/D 2017, Andreas Prochaska)
Medea (DNK 1988, Lars von Trier)
Medea (I/D/F 1969, Pier Paolo Pasolini)
mehr oder weniger (A 1999, Mirjam Unger)
Mein langsames Leben (D 2001, Angela Schanelec)
Meine Mutter war ein Metzger (A 1997, Jörg Kalt)
Mektoub, My Love: Intermezzo (F 2019, Abdellatif Kechiche)
Mexico City (D 2001, Christiane Lilge)
Milchwald (D 2003, Christoph Hochhäusler)
Models (A 1999, Ulrich Seidl)
Monty Python's Life of Brian (GB 1979, Terry Jones; dt. Titel: Das Leben des Brian)
Moos auf den Steinen (A 1968, Georg Lhotsky)
Mozart In America (A 2006, Paulus Manker; The Mozart Minute, Beitrag 24)
Mozart Party '06 (A 2006, Thomas Renoldner; The Mozart Minute, Beitrag 15)
Mozart Sells (A 2006, Michael Palm; The Mozart Minute, Beitrag 2)
Mulholland Drive (USA/F 2001, David Lynch; dt. Titel: Mulholland Drive – Strasse der Finsternis)
Muttertag – die härtere Komödie (A 1992, Harald Sicheritz)
Na Putu (BIH/D/A/HRV 2010, Jasmila Žbanić; dt. Titel: Zwischen uns das Paradies)
Nachtschwalben (A 1993, Barbara Albert)
Nordrand (A/D/CH 1999, Barbara Albert)

Oh Yeah, She Performs! (A 2012, Mirjam Unger)
Oktober November (A 2013, Götz Spielmann)
Once Upon A Time... In Hollywood (USA/UK 2019, Quentin Tarantino)
Orly (D/F 2010, Angela Schanelec)
Ostwärts (D 1990, Christian Petzold)
Panorama (A 1998, Lisl Ponger)
Paradies: Glaube (A/D/F 2012, Ulrich Seidl)
Paradies: Hoffnung (A/D/F 2013, Ulrich Seidl)
Paradies: liebe (A/D/F 2012, Ulrich Seidl)
Pepperminta (CH/A 2009, Pipilotti Rist)
Pilotinnen (D 1994, Christian Petzold)
Portrait de la jeune fille en feu (F 2019, Céline Sciamma; dt. Titel: Porträt einer jungen Frau in Flammen)
Prag, März 1992 (D 1992, Angela Schanelec)
Professione: Reporter (I/F/ES/USA 1975, Michelangelo Antonioni; dt. Titel: Beruf: Reporter)
Quintett komplett (A 1998, Wolfgang Murnberger)
Rapunzel (D 2009, Bodo Fürneisen)
Rapunzel oder Der Zauber der Tränen (DDR 1988, Ursula Schmenger)
Rat Race (A 1998, Valentin Hitz)
Repas de bébé (1895, Louis Lumière; dt. Titel: Babys Frühstück)
Revanche (A 2008, Götz Spielmann)
Richtung Zukunft durch die Nacht (A 2002, Jörg Kalt)
Robertas Sohn (A 1992, Karina Ressler)
Roll Over Mozart (A 2006, Bady Minck; The Mozart Minute, Beitrag 22)
Roma città aperta (I 1945, Roberto Rossellini; dt. Titel: Rom, offene Stadt)
Rope (USA 1948, Alfred Hitchcock; dt. Titel: Cocktail für eine Leiche)
Rufus (A 2006, Jessica Hausner; The Mozart Minute, Beitrag 17)
Ruths Geburtstag (A 1992, Jessica Hausner)
Saint-Jacques... La Mecque (F 2005, Coline Serreau; dt. Titel: Saint Jacques... Pilgern auf Französisch)
Saving Grace (GB 2000, Nigel Cole)
Schläfer (A/D 2005, Benjamin Heisenberg)
Schmutz (A 1986, Paulus Manker)
Schöne, gelbe Farbe (D 1991, Angela Schanelec)
Second Hand (GB/PL 1999, Emily Young)
Seemannsbegräbnis (A 1995, Valentin Hitz)
Semiotics of the Kitchen (USA 1975, Martha Rosler)

Sibyl (F 2019, Justine Triet; dt. Titel: Sibyl – Therapie zwecklos)
Siebzehn (A 2017, Monja Art)
Silentium (A 2004, Wolfgang Murnberger)
Slidin' – Alles Bunt und Wunderbar (A 1998, Reinhard Jud/Barbara Albert/Michael Grimm)
Slumming (A/CH 2006, Michael Glawogger)
Somewhere else (A 1998, Barbara Albert)
Sonnenflecken (A 1998, Barbara Albert)
Sorted (GB 2000, Alexander Jovy)
Soul Kitchen (D 2009, Fatih Akins)
South West 9 (GB 2001, Richard Parry)
Spanien (A/BGR 2012, Anja Salomonowitz)
Speak Easy (A 1997, Mirjam Unger)
Spiele Leben (A/CH 2005, Antonin Svoboda)
Spieler (A 2014, Katharina Copony)
Stille Reserven (A/CH/D 2016, Valentin Hitz)
Streif – One Hell of a Ride (A 2014, Gerald Salmina)
Struggle (A 2003, Ruth Mader)
Süden (BRD 1989, Christian Petzold)
Sushi (A 1992, Stephan Wagner)
Suzie Washington (A 1998, Florian Flicker)
T2 Trainspotting (GB 2017, Danny Boyle)
Tag und Nacht (A 2010, Sabine Derflinger)
Talea (A 2013, Katharina Mückstein)
Tangled (USA 2010, Nathan Greno/Byron Howar; dt. Titel: Rapunzel – neu verföhnt)
Taxi 5 (FR 2018, Franck Gastambide)
Teheran Taboo (D/A 2016, Ali Soozandeh; dt. Titel: Teheran Tabu)
Tempo (DNK 1998, Laurits Munch-Petersen)
Ternitz, Tennessee (A 2000, Mirjam Unger)
The 10th Kingdom (USA/D/GB/A/F 2000, David Carson, Herbert Wise; dt. Titel: Das zehnte Königreich)
The Bad Lieutenant: Port of Call New Orleans (USA 2009, Werner Herzog; dt. Titel: Bad Lieutenant – Cop ohne Gewissen)
The Blair Witch Project (USA 1999, Daniel Myrick/Eduardo Sánchez; dt. Titel: Blair Witch Project)
The Brothers Grimm (CZE/GB/USA 2005, Terry Gilliam; dt. Titel: Brothers Grimm, Alternativtitel: Brothers Grimm – Lerne das Fürchten)

The Gentlemen (UK/USA 2019, Guy Ritchie)
The Huntsman: Winter's War (USA 2016, Cedric Nicholas-Troyan; dt. Titel: The Huntsman and the Ice Queen)
The Hurt Locker (USA 2008, Kathryn Bigelow; dt. Titel: Tödliches Kommando – The Hurt Locker)
The Kids Are All Right (USA 2010, Lisa Cholodenko)
The Little Shop Of Horrors (USA 1960, Roger Corman; dt. Titel: Kleiner Laden voller Schrecken)
The Rocky Horror Picture Show (USA 1975, Jim Sharman)
The Shining (USA 1980, Stanley Kubrick; dt. Titel: Shining)
The Strange Case of Wilhelm Reich (A 2012, Antonin Svoboda; dt. Titel: Der Fall Wilhelm Reich; Alternativtitel: The Boundary Man)
The Way (USA/ESP 2010, Emilio Estevez; dt. Titel: Dein Weg)
The Wizard of Oz (USA 1939, Victor Fleming; dt. Titel: Der Zauberer von Oz)
This is not a Postcard (A 1996, Kris Krikellis)
Tief oben (A 1994, Willi Hengstler)
Tiere (CH/A/PL 2017, Greg Zglinski)
Toast (A 2006, Jessica Hausner)
Toivon tuolla puolen (FIN/D 2017, Aki Kaurismäki; dt. Titel: Die andere Seite der Hoffnung)
Toni Erdmann (D/A 2016, Maren Ade)
Tulitikkutehtaan tyttö (FIN/SWE 1990, Aki Kaurismäki; dt. Titel: Das Mädchen aus der Streichholzfabrik)
Über das Entgegenkommen (D 1992, Angela Schanelec)
Über-Ich und Du (D 2014, Benjamin Heisenberg)
Unter dir die Stadt (D 2010, Christoph Hochhäusler)
Vielleicht in einem anderen Leben (A/D/H 2011, Elisabeth Scharang)
Visions of Europe (EU 2004, diverse; dt. Titel: Europäische Visionen)
Weiber (BRD 1989, Christian Petzold)
Welcome in Vienna (A 1986, Axel Corti)
Wer hat Angst vor Wilhelm Reich? (A 2009, Antonin Svoboda/Nicolas Dabelstein)
Western (D/BUL/A 2017, Valeska Grisebach)
Wie Brüder im Wind (A 2016, Gerardo Olivares/Otmar Penker)
Wie man leben soll (DNK/A 2011, David Schalko)
Wie zwei fröhliche Luftschiffer (D 1969, Jonatan Briel)
Wien 17, Schumanngasse (A 1967, Hans Scheugl)
Wild (USA 2014, Jean-Mar Vallée; dt. Titel: Der grosse Trip – Wild)

Wilde Maus (A/D 2017, Josef Hader)
Winckelmanns Reisen (D 1990, Jan Schütte)
Wishes (1999, Nina Kusturica)
Your Face (USA 1987, Bill Plympton)
Zahn um Zahn (A 1993, Alexander Hahn, Florian Grünmandl)
Zanan bedun-e mardan (D/A/F 2009, Shirin Neshat Shoja Azari; Vermarktungstitel: Women without Men)

7.2 Zitierte Musikvideos

Lonely Boy (USA 2011, Jesse Dylan)
Oida (A 2015, Jessica Hausner)
Tristes Déserts – A Robot's tale (A 2015, Stephanie Winter)

7.3 Zitierte Fernsehformate

Black Mirror (2011–2019; Idee: Charlie Brooker)
Bonanza (1959–1973; Idee: David Dortort)
Brassic (2019–, Idee: Joseph Gilgun/Danny Brockplehurst)
Casualty (1986–, Idee: Jeremy Brock/Paul Unwin)
Das kleine Fernsehspiel (D 1963, Idee: k. A.)
Fortitude (2015–2018, Idee: Simon Donald)
Freud (A/D/CZ 2019, Marvin Kren)
Gurimu Meisaku Gekijō (1987–1988, Hiroshi Saito; engl. Titel: *Grimm Masterpiece Theater*)
Kaisermühlen Blues (A 1992–1999, Idee: Ernst Hinterberger)
MA 2412 (A 1998–2002, Idee: Alfred Dorfer, Roland Düringer, Harald Sicheritz)
Oktoskop (A 2007 -, Idee: k. A.)
Phettbergs nette Leit Show (A 1995–1996, Idee: Sparverein Die Unz-Ertrennlichen)
Sense 8 (2015–2018, Idee: Lana und Lilly Wachowski/Joseph Michael Straczynski)
Simsala Grimm (1999–2000/2010, Idee: André Sikojev/Claus Clausen/Stefan Beiten)
The French Chef (USA 1963–1973, Idee: Julia Child)
Top Boy (2011–, Idee: Ronan Bennett)
Twin Peaks (USA 1990–1991/2017, Idee: David Lynch/Mark Frost; dt. Titel: *Das Geheimnis von Twin Peaks*)

8 Abbildungsverzeichnis

Abb. 1: Eröffnungsbild (INTER-VIEW, 0:00:36) 40
Abb. 2: Titelinsert FLORA (0:00:30) 65
Abb. 3: Titelinsert INTER-VIEW (0:00:35) 65
Abb. 4: Titelinsert LOVELY RITA (0:00:10) 65
Abb. 5: Titelinsert HOTEL (0:00:18) 65
Abb. 6: Titelinsert TOAST (0:40:36) 65
Abb. 7: Titelinsert LOURDES (0:02:20) 65
Abb. 8: Titelinsert AMOUR FOU (0:00:16) 65
Abb. 9: Titelinsert LITTLE JOE (0:01:38) 65
Abb. 10: Videoinstallation im Landesmuseum Joanneum 107
Abb. 11: Product Placement einmal anders (TOAST, 0:01:17) 119
Abb. 12: (K)ein *Tableau vivant*? (AMOUR FOU, 0:52:57) 161
Abb. 13: Bestückter Kleiderbügel (FLORA, 0:00:49) 165
Abb. 14: Versuch eines *Bewegten Stilllebens* (FLORA, 0:01:00) 165
Abb. 15: Körperliche Annäherung (INTER-VIEW, 0:22:07) 165
Abb. 16: Sichtbare Akten, unsichtbarer Akt (INTER-VIEW, 0:22:18) .. 165
Abb. 17: Die Türschnalle (LOVELY RITA, 0:20:26) 168
Abb. 18: Zimmer mit Aussicht (LOVELY RITA, 0:47:35)............. 168
Abb. 19: Zigarettenpause mit Waldblick (HOTEL, 0:17:22) 170
Abb. 20: Auf dem Weg zum ersten Date (HOTEL, 0:25:30) 170
Abb. 21: Zwei *Bewegte Stillleben* … (HOTEL, 1:01:44) 170
Abb. 22: … erzählen Irenes Geschichte. (HOTEL, 1:01:54) 170
Abb. 23: Blick vom Paradi(e)s zum Berggipfel (LOURDES, 1:07:08)... 173

Abb. 24:	Durch den Wald in Richtung Tod (AMOUR FOU, 0:47:35) ..	174
Abb. 25:	Statischer Szenenbeginn (AMOUR FOU, 0:52:38)...........	175
Abb. 26:	Bruch durch Bewegung (AMOUR FOU, 0:52:49)...........	175
Abb. 27:	*Bewegtes Stillleben* (AMOUR FOU, 0:52:52)	175
Abb. 28:	Landschaft mit Leichen (AMOUR FOU, 1:21:26)	177
Abb. 29:	Puppenhaus-Ästhetik (LITTLE JOE, 0:06:43)	180
Abb. 30:	Im Gewächshaus (LITTLE JOE, 0:18:45)	182
Abb. 31:	Stille Gefahr? (LITTLE JOE, 1:06:19)	182
Abb. 32:	Treppe 1 (LITTLE JOE, 1:23:11)	185
Abb. 33:	Treppe 2 (LITTLE JOE, 1:23:13)	185
Abb. 34:	Treppe 3 (LITTLE JOE, 1:23:18)	185
Abb. 35:	Treppe 4 (LITTLE JOE, 1:23:22)	185
Abb. 36:	Der tanzende *Lonely boy* (LONELY BOY, 0:11)	189
Abb. 37:	Hausners Variation (OIDA, 0:25)	189
Abb. 38:	Superman Jörg Kalt (FLORA, 0:15:13)	193
Abb. 39:	Hotelhunde (HOTEL, 0:10:04)	193
Abb. 40:	Diagonaler Anschnitt (TOAST, 0:17:33)	193
Abb. 41:	Blickduell der Dichter (AMOUR FOU, 0:42:42)	193
Abb. 42:	Zeile des Abschieds (FLORA, 0:20:40)	204
Abb. 43:	Vorstadt-Casanova (FLORA, 0:21:48)	204
Abb. 44:	Länderverwertung LOURDES	230
Abb. 45:	Helfende Mutter (FLORA, 0:03:42)	308
Abb. 46:	Verwandlung (FLORA, 0:03:44)	308
Abb. 47:	Fundstück (FLORA, 0:09:03)	313
Abb. 48:	Der Verrat (FLORA, 0:09:35)	313
Abb. 49:	Vater (INTER-VIEW, 0:16:53)	321
Abb. 50:	Mutter (INTER-VIEW, 0:17:05)	321
Abb. 51:	Bruder (INTER-VIEW, 0:17:18)	321
Abb. 52:	Gertrude (INTER-VIEW, 0:17:33)	321

Abb. 53:	Wollmütze (FLORA, 0:21:18)	324
Abb. 54:	Stiefeletten (LOVELY RITA, 0:18:33)	324
Abb. 55:	Brille (HOTEL, 0:35:01)	324
Abb. 56:	Fischerhut (LOURDES, 0:16:58)	324
Abb. 57:	Kalpak (AMOUR FOU, 1:19:21)	324
Abb. 58:	Bowl Cut (LITTLE JOE, 0:57:23)	324
Abb. 59:	Schützenscheibe (LOVELY RITA, 0:00:17)	328
Abb. 60:	Vater Norbert beim Training (LOVELY RITA, 0:00:22)	328
Abb. 61:	Zimmerausstattung (HOTEL, 0:06:00)	337
Abb. 62:	Aussichtslos (HOTEL, 0:06:04)	337
Abb. 63:	Fremdenzimmer (LOURDES, 0:08:41)	343
Abb. 64:	Schlafzimmer (AMOUR FOU, 0:05:28)	343
Abb. 65:	Therapieraum (LITTLE JOE, 1:09:07)	343
Abb. 66:	Versehrte Frauenkörper (Montage dreier Bildausschnitte aus LOURDES, 0:21:29; 0:56:24; 0:32:45)	378
Abb. 67:	Heinrichs Spiegelbild (AMOUR FOU, 0:01:39)	387
Abb. 68:	Perfect Match (AMOUR FOU, 0:43:08)	388
Abb. 69:	Gespräch mit dem jungen Ich (AMOUR FOU, 0:47:44)	391
Abb. 70:	Unsichtbare Gewalt (INTER-VIEW, 0:41:41)	393
Abb. 71:	Spiegelung der Gewalt (LITTLE JOE, 1:29:05)	393
Abb. 72:	Rückspiegel I (LOVELY RITA, 0:18:03)	394
Abb. 73:	Rückspiegel II (LITTLE JOE, 0:59:58)	394
Abb. 74:	Zwei Joes (LITTLE JOE, 0:25:52)	419
Abb. 75:	Hab und Gut (INTER-VIEW, 0:23:36)	419
Abb. 76:	Abseits (INTER-VIEW, 0:42:43)	419
Abb. 77:	Winterstrauß (AMOUR FOU, 1:06:10)	419

9 Tabellenverzeichnis

Tab. 1:	Filmverwertung LOVELY RITA	55
Tab. 2:	Filmverwertung HOTEL	78
Tab. 3:	Filmverwertung LOURDES	131
Tab. 4:	Filmverwertung AMOUR FOU	155
Tab. 5:	Filmverwertung LITTLE JOE	202
Tab. 6:	Summe der Ticketverkäufe, gereiht nach Ländern	232
Tab. 7:	Prozentuale Erfassung der Ticketverkäufe in Relation zur Bevölkerungsdichte	233
Tab. 8:	Ticketverkäufe; gereiht nach ÖFI-Daten, absteigend	259
Tab. 9:	Punktesystem der ÖFI-*Gender Incentives 2019*	276
Tab. 10:	Zwei Varianten einer Filmsynopsis	302
Tab. 11:	Die Menüfolgen im Überblick	348
Tab. 12:	Akustische Elemente in TOAST	349

10 Anhang

10.1 Skype-Interview mit Jessica Hausner [15.11.2016]

Datum: 15. November 2016
Dauer: 1:00:00

Sabrina Gärtner (SG): Vielen Dank, dass Sie sich Zeit für unser Gespräch nehmen. Ich weiß nicht, ob Sie mein E-Mail lesen konnten? Ich habe sehr viele Fragen an Sie.
Jessica Hausner (JH): Ja, kein Problem.
SG: Wo fangen wir am besten an? Ich habe sehr interessiert die Entstehungsgeschichten zu LOURDES und AMOUR FOU mit Hilfe der Berichte des Österreichischen Filminstituts (ÖFI) rekonstruiert. Bedauerlicher Weise findet sich zu HOTEL kaum Material und ich frage mich, wie es zur Idee zu diesem Film gekommen ist. Wie kommt man nach FLORA, INTER-VIEW und LOVELY RITA ins Horror-Genre?
JH: Ich erinnere mich: Der Auslöser war, dass ich mit Freunden auf eine Schihütte gefahren bin, wobei ich selbst gar keine Schifahrerin bin. Also ich bin dort meist nur in der Stube gesessen und habe gelesen. Eines Abends haben wir einen Ausflug ins Restaurant im Ort gemacht – unsere Schihütte war einsam auf einem Berg im Wald gelegen – und ich hatte irgendwie zu viel gegessen, mein Magen hat gedrückt und ich habe gesagt: »Ich gehe den restlichen Weg zu Fuß.« Sie haben mich aussteigen lassen und in dem Moment, in dem ich die Lichter des Autos von mir davonfahren gesehen habe und ich plötzlich allein auf dieser Landstraße im Wald gestanden bin, habe ich auf einmal gedacht... Das ist mir früher noch nie passiert auf diese Art und Weise... Ich habe mich auf einmal wirklich gefürchtet. Da war eine relativ schmale Straße, der Wald war riesig, die Bäume waren hoch, es hat geknackst und geuhut und es war stockdunkel und ich habe echt... Ich habe dann angefangen zu laufen, in meiner Panik bin ich wirklich den restlichen Weg rauf gelaufen

und habe die Lichter vom Auto gesehen, das wieder auf mich zugekommen ist. Mein Freund war damals so geistesgegenwärtig zu denken: »Die fürchtet sich wahrscheinlich in der Dunkelheit.« und ist mit dem Auto zurückgekommen. Ich war so froh, wirklich!

Das war für mich ein Erlebnis, wo ich plötzlich gedacht habe: In dem Moment, wo man allein in der Dunkelheit im Wald steht, nützt die ganze Zivilisation nichts. Da nützt es mir nicht, dass ich elektrisches Licht habe, normalerweise fließendes Wasser, eine Heizung und schöne Kleidung – ich war plötzlich allein mit irgendwelchen wilden Tieren in der Dunkelheit, habe mich an ganz archaische Urzeiten erinnert gefühlt und mir irgendwie gedacht: Das löst ein Echo in mir aus, ein ganz tiefes Angst-Echo, das mich sozusagen auch mit allen Menschen verbindet, also diese Ungeschütztheit, die man dem Dunklen und dem Unbekannten gegenüber hat. Das hat mich sehr nachhaltig berührt, weil ich gespürt habe, plötzlich durchschaut habe, dass diese schöne Zivilisation, in der ich lebe – das ist eben mein Schutz. Mein Schutz vor dieser kalten Dunkelheit und den wilden Tieren. In Wirklichkeit ist es aber so, dass diese Angst vor dem, was ich nicht abwenden kann, woran ich am Ende sterben werde, diese Angst ist natürlich nach wie vor in jedem Menschen drinnen und zwar sehr berechtigt. Und das war eigentlich der Auslöser.

Ich habe dann angefangen, mir Gedanken zu machen über Horror und habe auch viel über das Genre gelesen. Ich liebe Horrorfilme schon immer und habe nachts um 4.00 Uhr irgendwelche Horrorfilme geguckt. Ich habe mir gedacht, es wäre interessant für mich, einen Genrefilm zu machen – einen Horrorfilm. Sie kennen ja meinen Film (Anm. SG: Hotel) und das, was den Film natürlich speziell macht, ist, dass er nicht einfach ein Horrorfilm aus dem Genre ist, sondern es fehlt ja quasi das Monster. Es ist eine ganz große Lücke gelassen und zwar mit der Absicht, um zu erzählen, dass wir, indem wir dem Monster ein Gesicht zu geben versuchen, das Monster bezwingbar zu machen. In dem Moment, wo das Monster keinen Namen und kein Gesicht hat, ist es erst schrecklich.

SG: Wie lange hat es gedauert, von Ihrer Wald-Erfahrung bis zum Drehbuch?

JH: Hotel ist eigentlich mein schnellster Film gewesen, für den habe ich insgesamt nur drei Jahre gebraucht. Die Erfahrung im Wald war gefolgt von ersten Überlegungen zu einem Stoff. Dann bin ich relativ bald auf diese Hotel-Geschichte gekommen und habe ein paar Hotels recherchiert, aber nur um das Praktische erzählen zu können. Daraufhin habe ich mich ins Waldviertel in Klausur begeben und in zwei Wochen das

Drehbuch geschrieben. HOTEL ist auch der einzige Film, bei dem ich kein Treatment geschrieben habe, sondern direkt das Drehbuch. Das ist dann recht rasch finanziert worden, gedreht und geschnitten – also drei Jahre hat es insgesamt gedauert.

SG: Wie sind Sie auf den Thalhof gekommen?

JH: Katherina Wöppermann hat die Ausstattung gemacht und sie hat sehr umfassend recherchiert. Wir haben ganz viele Hotels angeschaut, unsere erste Hotelreise ging nach Südengland und Nordfrankreich. Es stand die Idee im Raum, den Film vielleicht auf Französisch oder Englisch zu drehen. Weil die Geschichte universell ist und es eigentlich egal ist. Ich kann nicht mehr genau sagen, warum wir uns dann nicht dafür entschieden haben. Wir haben dann in Österreich Hotels gesucht und der Thalhof hat uns einfach sehr, sehr gut gefallen. Die Rezeptionsszenen spielen im Thalhof und auch die Szenen im Angestelltentrakt sind im Thalhof gedreht worden.

SG: Die Kellerszene nicht?

JH: Die Aufnahmen des Kellers sind gemischte Drehorte. Teilweise im Parkhotel Schönbrunn und die Ausgangstür, durch welche man in den Wald sieht, ist nochmal wo anders gedreht worden. Aber wo, weiß ich jetzt nicht mehr. Der Wald ist auch nochmal ein eigenes Hotel gewesen. Also das ist alles ziemlich zusammengestoppelt gewesen. Der Gang oben, der ins Nichts führt, der ist im Studio gedreht worden. Das Schwimmbad ist in Gösing, da haben wir einiges gedreht: das Schwimmbad mit diesem Treppenaufgang und den ersten Gang und auch die Gästezimmer.

SG: Die Hotellobby ist aber im Thalhof, oder?

JH: Ja, die Lobby ist im Thalhof.

SG: Ihre Hotelszenen haben in meinen Augen etwas, das andere Horror-Hotels nicht haben – nämlich diese Verbindung von Alt und Neu, von Tradition und Moderne.

JH: Das war sicher ein Grund, warum wir uns letztlich für ein österreichisches Hotel entschieden haben. Weil das ja auch lustig ist, in so einem traditionsreichen Hotel einen amerikanischen Horrorplot zu erzählen.

SG: Noch eine Drehort-Frage: Wo findet man die Grotte der Waldfrau?

JH: Ah ja, die Grotte. Das ist jetzt allerdings auch schon länger her, ich muss gestehen… (kurze Pause). Ah, die ist in der Nähe von Gösing gewesen. Ich weiß, es gab in der Nähe von Gösing auf jeden Fall Waldstücke, in denen wir gedreht haben. Vielleicht war das auch irgendwo dort in der Gegend.

SG: Gibt es denn ein alternatives Ende?

JH: Ja, genau das hab ich in Ihren Fragen gelesen. Das ursprüngliche Ende war, dass nachdem die Hauptfigur in den Wald verschwindet, ein neues Mädchen kommt, das sich für ihren Job bewirbt. Der Kreis schließt sich und genauso wie sie am Anfang neu ist und in die Fußstapfen ihrer Vorgängerin steigt, wird ein neues Mädchen kommen, das eventuell das selbe Schicksal haben wird. Ich finde eigentlich nach wie vor: Das wäre das gute Ende gewesen! Da bin ich mir ziemlich sicher, aber... Ich meine, es war mein zweiter Film und ich war einfach irgendwie – glaube ich – vielleicht auch noch nicht so versiert in allen Dingen. Die Szene ist gedreht worden und sie ist okay, aber sie ist... Ich hätte das besser machen können! Sie ist so, wie sie gedreht ist, und auch die Besetzung der neuen Kandidatin... Die Szene war nicht wahnsinnig gut, sie war nicht sehr gelungen. Von der Auflösung her, vom Licht, vom Schauspiel – obwohl es eine sehr einfache Szene ist, war irgendetwas an der Szene komisch. Im Nachhinein ist mir das erst jetzt so deutlich. Ich habe mich dazu entschieden, die Szene rauszuschneiden. Der Film hatte zwar schon in Cannes Premiere gehabt und war eigentlich bereit, in den Kinos zu laufen. Wir haben die Kopien noch einmal eingesammelt, das Negativ umgeschnitten – das war auch ein finanzieller Aufwand – und haben ihn dann in der neuen Version in die Kinos gebracht. Die ist zwar in Wirklichkeit auch nicht besser, es fehlt jetzt ein bisschen was am Ende, aber ich fand es dann immer noch besser als dieses schlecht gespielte Ende. Aber es ist schade! Eigentlich hätte die eine Szene noch drauf gehört. Die Originalversion ist also in Cannes gelaufen und auch auf ARTE ist die alte Version einmal gezeigt worden.

SG: Was hat denn der Film gekostet?

JH: Das weiß ich leider nicht mehr. Ich weiß nicht einmal mehr, ob es damals Schilling oder Euro waren. Bei LOVELY RITA weiß ich noch, das waren Schilling. Nein, stimmt nicht! Das waren ja dann schon Euro. Ich glaube, für LOVELY RITA gab es das Mindestbudget vom Filminstitut für Werkstattprojekte, das waren etwa zehn Millionen Schilling. LOURDES war ca. bei 3,5 oder 3,8 Millionen Euro, schätze ich. Und HOTEL, was wird HOTEL gekostet haben? Sicherlich irgendwas zwischen einer und drei Millionen Euro. [...] HOTEL war eine rein österreichische Produktion. Moment, stimmt das überhaupt? War das nicht eine Koproduktion mit Deutschland? Ja, das war eine Koproduktion mit Deutschland. Ich erinnere mich noch an die Mischsituation in Berlin. Es war Geld dabei aus Österreich vom Österreichischen Filminstitut, vom Wiener Fonds

und vom ORF. Das sind die drei Standbeine, von denen man aus Österreich Geld bekommen kann. Und von Deutschland war auf jeden Fall Berlin-Brandenburg dabei …
SG: … und die Filmstiftung Nordrhein-Westfalen.
JH: Ah, sehr gut!
SG: Der ORF ist ein gutes Stichwort. Hotel ist Ihr einziger Film, der vom ORF drei Mal ausgestrahlt wurde.
JH: Das weiß ich nicht so genau.
SG: Ich habe die Ausstrahlungsdaten vorliegen. Was muss man denn tun, damit man einen besseren Sendeplatz zugewiesen bekommt?
JH: Ich glaube, da kann man nicht viel tun. Das entscheiden die vom ORF.
SG: Ich finde, dass – gerade für Hotel – viel mehr Publikumsinteresse generiert werden könnte, dass viel mehr Zuseher erreicht werden könnten. Aber die Ausstrahlung erfolgt immer nach 22 Uhr.
JH: Ich weiß nicht, wie jetzt genau die Politik läuft. Eine Zeitlang gab es immer einzelne Abende, die für den Österreichischen Film reserviert waren. Die interessierten Leute wissen: »Da läuft dann was«. Wobei nicht einmal ich jetzt sicher bin, wann das ist.
SG: Wenn ich richtig informiert bin, wurde der Schwerpunkt »Österreichischer Film« am Freitag ins Hauptabendprogramm von ORF III verschoben.
JH: Ah, wahrscheinlich ist das jetzt ORF III – genau. Aber das ist in Österreich eh ein interessanter Punkt: Meine Filme waren im Ausland immer erfolgreicher als in Österreich. Auch von den Kinozuschauern her, von den Fernseheinschaltungen her, in jeglicher Hinsicht. Der Grund dafür ist glaube ich schon darin zu suchen, dass Österreich kein Filmland ist. Es ist nicht so, dass wir Film als Teil unserer Kultur begreifen, sondern in Österreich wird Film rein als Popcorn begriffen – man schaut einen Film zur Unterhaltung. Ich schaue auch Filme zur Unterhaltung, aber es ist eben auch eine Kunstform, diese Art und Weise, wie ich Filme mache. Andere Länder der Welt haben da ein breiteres Publikum und sind auch neugieriger auf Filme aus anderen Ländern. Deutschland synchronisiert beispielsweise alle Filme. Das heißt, wir kriegen immer diese synchronisierten Versionen. Aber in ganz vielen Ländern in Europa und auf der Welt wird zum Beispiel nicht synchronisiert. Das ist schon einmal eine ganz andere Einstellung zum Film. Insofern bin ich da immer relativ gelassen – ich mache mir also nichts daraus, wenn die Zuschauerzahlen in Österreich nicht gut sind, weil ich weiß: woanders sind sie besser!

SG: Lassen Sie uns noch einmal auf Hotel zurückkommen. Für mich funktioniert dieser Film auf zwei Ebenen – da ist einerseits die Ebene der Genrekonventionen, also ein grundlegendes Wissen, das man zu Horrorfilmen hat und das Sie bedienen. Auf der zweiten Ebene sind es die Genrezitate von Filmklassikern, die Leuten, die horrorfilmaffin sind, sehr bewusst sind. Können Sie das so unterschreiben?

JH: Ja, also das ist Absicht. Ich finde bei Hotel muss man wirklich sagen, es ist auch ein formales Experiment. Der Film ist dramaturgisch und formal wie eine Art Fingerübung. Der Stil imitiert absichtlich die Stilmittel eines Horrorfilms, damit sozusagen das Weglassen des Monsters noch ärgerlicher ist. Für mich war es so gedacht: Wenn ich das Genre quasi ärgern will oder eben verändern will, muss ich die Mittel des Genres benutzen – zugleich ist es eine Stilfrage. Es gibt Filme, bei denen einem bewusst ist, dass die Stilmittel absichtsvoll eingesetzt wurden. Zu diesen Regisseurinnen zähle ich mich sicherlich. Alles, was da zu sehen und zu hören ist, ist Absicht. Der Grund liegt darin, dass es Spaß macht, die Filmsprache zu bedienen, sich dieser Ausdrucksmittel zu bemächtigen und damit zu spielen. Je geschickter man das macht, desto weniger merkt der Zuschauer davon. Aber es macht auch Spaß, den Zuschauer das merken zu lassen. Nach der Brecht'schen Schule gehört es ja dazu, dass der Schauspieler in der Art wie er spricht, den Zuschauer auch darauf aufmerksam macht, dass es sich hier um ein Theaterstück handelt und nicht um Wirklichkeit. Das ist so ein ganz grundsätzlicher Zugang des Filmschaffens und ich gehöre diesem Zugang an, dass auch ich denke: Es macht Spaß, über das was man sieht, auch nachzudenken. Deswegen stelle ich die Stilmittel meiner Filme eher aus.

SG: Ich bin ein großer Fan von *Twin Peaks*. Sie auch?

JH: Ja, auf jeden Fall! Ich weiß: In Ihren Fragen kommt auch die David-Lynch-Frage. Auf jeden Fall. Dieses Verschwinden im Dunklen… Lost Highway war ein Film, der mich wahnsinnig beeindruckt hat. Das ist nach wie vor einer der Filme, wo ich darüber staune, wie das funktioniert. Wenn das irgendwer liest als Drehbuch, das kann man ja nur zurückwerfen und sagen: »Das funktioniert doch nicht!«. Dann sieht man diesen Film und es ist irre, wie das funktioniert! Und das ist natürlich eine Regiebehauptung. Ich meine, das ist nichts, was sich aus der dramaturgischen Notwendigkeit heraus erklären lässt. Das ist einfach diese eigene Welt dieses Filmemachers. Das hat mich sehr beeindruckt.

SG: Was hat es denn mit der Farbe Rot in Ihren Filmen auf sich?

JH: Ich suche in der Farbgebung der Filme eigentlich immer nach vereinfachten Signalfarben. Die visuelle Gestaltung der Filme macht mir sehr viel Spaß. Ich glaube auch, dass ich eher eine visuelle Gestalterin bin. Die Suche nach den Farben findet statt zwischen mir, der Kostümbildnerin, der Ausstatterin und dem Kameramann. Am Anfang, wenn wir einen Film beginnen, dann treffen wir uns und ich bringe ganz viele Moods, also Bilder, mit, die etwas mit dem Stil des Filmes zu tun haben. Die Kostümbildnerin bringt auch immer ziemlich viele Bilder mit, die Ausstatterin auch und dann sprechen wir über diese Bilder. Dann sage ich: »Okay, diese Farbgebung ist interessant für den Film.« oder »Diese Lichtstimmung ist für den Film interessant.« oder »Schau mal da, da hat jemand ein weißes Gesicht, das hat irgendwas mit uns zu tun.« Ich bringe sozusagen eine Auswahl an Bildern mit und dann werden wir konkret.

Es ist jetzt nicht so, dass ich mir das mit dem Rot irgendwann einmal vorgenommen hätte. Rot ist halt eine sehr archaische Farbe, eine Signalfarbe und sie steht auch für Blut, Liebe und auch für das Rotkäppchen. Es gibt sozusagen Assoziationen, die mit Rot verankert sind und ich versuche doch immer eine gewisse Stilisierung, auch visuell. Bei FLORA hat Flora einen roten Hut und einen roten Koffer, bei LOURDES hat sie auch wieder den roten Hut. Also der rote Hut begleitet uns eigentlich. In LOVELY RITA sind die Stiefletten rot und in HOTEL ist es die rote Dienstkleidung. In AMOUR FOU gibt's eigentlich kein Rot, das heißt es gibt schon ein Rot, aber das hat eine andere, eine pastelligere Farbgebung.

SG: Ich empfinde gerade den Salon der Frau von Massow als sehr rot – der ganze Raum ist rot, die Kleidung und der Schmuck der Frau sind rot und am Boden finden wir den David-Lynch-Bezug zum »Red Room«.

JH: Stimmt. Durchaus, das stimmt.

SG: Ich stelle im wissenschaftlichen Rahmen die These auf, dass Sie märchenhafte Aspekte in Ihren Filmen bedienen.

JH: Das ist ja interessant. Auch in den letzten beiden? Was wären bei AMOUR FOU die märchenhaften Elemente?

SG: Ich sehe mehrere verschiedene Aspekte; beginnend von der Raumkonzeption, über die märchenhafte Narration bis hin zum märchenhaft-fantastischen Tonus Ihrer Figuren.

JH: So erkläre ich das manchmal auch, wenn ich meine Filme erkläre – dass ich mich bei der Aufteilung meiner Figuren wie in einem Märchen bewege. Die Figuren, die ich wähle, sind ja auch nicht individuell oder psychologisch, sondern sie sind Stellvertreter. Sie fungieren eher wie in Märchen, ganz archaische Typen. Bei LOURDES ist es ganz klar wie bei

»Heidi«. Die gelähmte Clara, die Heidi, der Alm-Öhi ist diese alte Frau und der Ziegen-Peter ist der Malteserritter.

SG: Was hat es denn mit den Hunden in Ihren Filmen auf sich? Haben Sie einen Hund?

JH: Nein, ich habe keinen Hund. Naja, es hat eben auch mit Humor zu tun. Bei AMOUR FOU hat es damit zu tun, dass ich mir ... Also AMOUR FOU hat die längste Vorbereitungszeit gehabt bis jetzt, weil es einfach sehr viel Zeit erfordert hat, mich in eine andere Zeit hinein zu versetzen. Ich habe sehr viele Bilder von damals angesehen: Stiche, die irgendwelche Wohnzimmer oder Straßenbilder gezeigt haben, damit ich mir vorstellen kann, was damals wirklich zu sehen war. Mir ist an den Bildern einfach aufgefallen, dass die Hunde, Katzen und Hühner dauernd zwischen den Füßen dieser Leute umherschwirren. Da gibt es Bilder von Ballszenen, wo zwei Hunde mitlaufen. In Kirchen war es teilweise auch üblich, dass die Tiere dabei waren. In Salons gibt es überall große, kleine, mittlere Hunde, Katzen, Vögel. Und das fand ich lustig. Das war für mich sofort klar, dass ich das verwenden werde.

Ich finde, dass es bei Filmen, die eine vergangene Zeit zeigen, besonderer Tricks bedarf, damit man als Zuschauer denkt, dass es wirklich ist – also dieses Gefühl für die »wirkliche Wirklichkeit«. Das erzeugt man oft durch Tiere, denn wenn Tiere in Szenen sind, glaubt der Zuschauer, dass das wirklich passiert ist. Das müssen Sie einmal beobachten und Zuschauer fragen, das ist echt ein Phänomen!

Ich habe in Vorbereitung für AMOUR FOU einen Innenraum für eine Fotoserie dekoriert, mit dabei waren die Schauspieler und ein Hund. Ich habe eines der Fotos mehreren Personen gezeigt und wollte über die Schauspieler und deren Gesichter reden und jeder hat sofort gesagt: »Wie habt ihr den Hund da hingekriegt?« also quasi »Da ist ja ein Hund dabei! Ist der Hund echt?« Die Anwesenheit des Hundes hat auf einmal eine Art Wahrhaftigkeit erzeugt, die überwältigend war. Das hab ich mir natürlich zu Nutze gemacht.

SG: Hunde sind ja in RUFUS und HOTEL auch präsent ...

JH: Ja, genau. Die Hunde von Hoteldirektorin Maschek, oder? Da geht es schon auch um Humor und darum, dass sozusagen – ich weiß auch nicht – diese Hunde sind wie ein Markenzeichen von ihr.

SG: Glauben Sie, dass die Zukunft des Österreichischen Films in Genre liegen kann?

JH: Nein. Das glaube ich ehrlich gesagt gar nicht. Ich glaube, die Zukunft jedes Filmes liegt darin, einen möglichst eigenständigen Ansatz zu finden. Wenn ich mich eines Genres bedient habe, dann ja auch nur, weil ich das Genre in dem Sinn total negiert habe. Jeder, der einen Genrefilm ansieht, wartet auf die Klimax und das befriedigende Ende und beides habe ich dem Zuschauer versagt. Das war der einzige Grund, warum ich mich diesem Genre überhaupt angenähert habe, weil wenn ich das Genre bedienen würde, wirklich bedienen würde ... Ich könnte jetzt Beispiele nennen, wie sich österreichische Filme ohne Witz, ohne Variation, des Genres bedienen, ... Das finde ich herzzerreißend langweilig. [...] Natürlich können solche Filme auch unterhaltsam sein, man kann diese Filme auch genießen – da hab ich gar nichts dagegen –, aber ich persönlich werde immer neugierig, wenn es da irgendetwas gibt, das mich wirklich irritiert.

SG: In einem Interview wurde als nächste Arbeit ein Horrorfilm in Aussicht gestellt haben, der ähnlich funktionieren könnte wie Der weisse Hai nur ohne Hai. Haben Sie da schon konkrete Pläne?

JH: Ah, ja, ja, ja. Das hat man auch über Hotel gesagt. [...] Damals war das Posten von Kommentaren noch nicht so üblich, aber von Hotel habe ich zwei Postings in Erinnerung: Das Eine war »I want my money back!« von einem Zuschauer und das Andere war »It is like Jaws without the shark«. Das hat mir eben sehr gut gefallen. Das war das beste Kompliment, weil ich das machen wollte – Jaws without the shark. Der Film, an dem ich jetzt arbeite, ist ... Mich hat das lange nicht in Ruhe gelassen, dass Hotel auch ziemlich ambivalent rezipiert worden ist. Zuschauer haben gesagt: »Das ist total unbefriedigend! Da fehlt das Ende.« Das hat mich ein bisschen geärgert, da habe ich mir gedacht: »Das hätte ich vielleicht besser machen können.« Und jetzt geht's los, jetzt mache ich's besser! Der Stoff hat aber an sich nichts mit einem Hai zu tun. Es geht um eine Pflanzenzüchterin, die in einem kommerziellen Pflanzenzüchtungsbetrieb arbeitet und eine spezielle Pflanze züchtet, die dann ein bisschen macht, was sie will. Die sich ungut auswirkt auf die Menschen, die ihr zu nahe kommen.

SG: Also ein wenig wie Audrey Junior in The Little Shop Of Horrors?

JH: Ja, da existiert eine gewisse Genreverwandtschaft, also auch mit diesen ganzen Bodysnatcher-Filmen. Es geht um eine Pflanze, die ihren Samen in Menschen implantiert und dort irgendetwas bewirkt, wobei es in diesem Fall auch wieder ambivalent sein wird. Man tanzt um die Frage: Was passiert wirklich, was passiert nicht wirklich und wenn das, was wirklich passiert, wirklich passiert, was bedeutet das dann? Momentan bin ich in diesem Projekt in der Drehbuchphase. Ich schreibe noch am

Drehbuch und hoffe, wenn alles gut geht, dann gehen wir ab nächstem Jahr in die Finanzierungsphase.
SG: Das Drehbuch läuft derzeit unter dem Titel SMOG, oder?
JH: Ja, aber der Titel ist jetzt LITTLE JOE.
SG: Ist MEDEA für Sie aktuell noch ein Thema?
JH: Ist noch ein Thema, aber das ist aktuell wieder in die Schublade gerutscht. Das ist ein Thema, für das ich noch wachsen, noch mehr Lebenserfahrung sammeln muss. Also ich habe gedacht, ich kann das jetzt schon, da ich selbst Mutter bin. Den Stoff wollte ich schon vor vielen Jahren einmal machen, vor 15, 20 Jahren. Aber ich musste bemerken: Okay, far too big. Dann kam wieder ein Moment, wo ich gedacht habe, dass ich jetzt so weit bin, mich jetzt auskenne. Aber es ist immer noch nicht der Fall. Irgendwann werde ich es machen, weil ich es so unglaublich finde,...

Es gibt da dieses Buch von der Christa Wolf, wo das Ende besagt, dass Medea ihre Kinder gar nicht umgebracht hat, sondern dass nur eine Verleumdung ist, um sie endgültig fertig zu machen und das finde ich so klug! Ich muss nur nachdenken, was das für mich und unsere Zeit bedeutet. Ich glaube, da muss ich noch ein bisschen länger nachdenken. Aber mich interessiert natürlich die Ambivalenz der Gefühle einer Mutter für ihr Kind. Mehr als dieser Macht- und Rachekomplex, wie es in der griechischen Tragödie ist.
SG: Wie viel Einfluss hat denn Alfred Hitchcock auf Sie?
JH: Ja, einen großen Einfluss! Hitchcock ist sicherlich ein Regisseur, der mich immer am meisten interessiert hat. Also es ist eine Art Hass-Liebe. Ich finde Hitchcock wahnsinnig spannend, was die filmischen Mittel betrifft. Ich finde, er ist wirklich ein Zauberer. Aber was die Narration betrifft, ist es mir oft zu einfältig. Die Psychologie in der Geschichte ist mir oft zu küchenpsychologisch – gut, das war auch eine andere Zeit –, aber das ist einfach ein bisschen überdeutlich. Während die visuellen Mittel, das Auflösen von Szenen, und der *Suspense*, das ist wirklich eine unglaubliche Erfindung, die hat er konzipiert. Diese Mischung der Gefühle habe ich für Hitchcock.
SG: Ich habe in meinen Recherchen drei Männer gefunden, die Sie begleitet haben: Axel Corti, Wolfgang Glück und Michael Haneke. Wollen Sie mir erklären, warum das drei sind?
JH: Das geht sich nicht ganz aus. Die ersten zwei Jahre habe ich bei Axel Corti studiert, der ist dann gestorben. Die restliche Studienzeit war sein Nachfolger Wolfgang Glück, bei ihm war ich im Anschluss in der Klasse.

Ich war dann schon fertig mit der Filmakademie und ich habe Michael Haneke eigentlich auf einem Dreh kennengelernt: Bei FUNNY GAMES war ich eine kleine Assistentin. Ich habe ihn damals kontaktiert und ihn gefragt, ob ich bei einem Film mitarbeiten darf, weil ich seine Filme so toll fand. Zu dem Zeitpunkt hatte er die ersten drei Filme gemacht und die waren für mich das Originellste, was ich in Österreich je gesehen hatte. Für mich waren Michael Haneke und Ulrich Seidl immer die beiden einzigen österreichischen Regisseure, die wirkliche Kunstwerke geschaffen haben. Ich bin deswegen immer sehr stolz und froh gewesen, wenn sich im Ausland gerade die beiden immer so gut positionieren konnten. Denn sie waren beide damals in Österreich verhasst, das kann man gar nicht oft genug betonen! [...] Die öffentliche Meinung war sehr kritisch, dem Seidl gegenüber und auch dem Haneke gegenüber. Dann haben sie im Ausland Erfolg gehabt und das hat mich immer sehr, sehr gefreut, weil ich die beiden sehr originell und gut finde.

Ich habe noch einmal an einem Seminar teilgenommen, das Haneke an der Filmakademie geleitet hat, aber ich habe eigentlich nicht bei ihm studiert. Das kann man gerne berichten, das taucht immer mal wieder in Biografien auf, ist aber eigentlich nicht richtig. Das hat sich irgendwie so rumgesprochen, weil man meine ersten Filme mit seinen Filmen verglichen hat, und es ist immer leichter zu sagen: »Ja, die war Schülerin vom Haneke.« – auch wenn das gar nicht stimmt.

SG: Lassen Sie uns noch einmal auf AMOUR FOU kommen: Bei der Recherche hatten Sie laut Closing Credits Unterstützung durch zahlreiche namhafte Kleist-Forscher/innen.

JH: Ich erinnere mich bei der Recherche für den Kleist-Film, also AMOUR FOU, habe ich unter anderen den Chef der deutschen Heinrich-von-Kleist-Gesellschaft getroffen: Ein älterer Herr, Professor in Yale, der sich netterweise herabgelassen hat, mein Drehbuch zu lesen und dann mit Rotstift in dem Drehbuch markiert hat, was falsch ist. Ich war total freundlich und habe gemeint: »Naja, das ist jetzt ein Missverständnis. Das ist kein historischer Film, es fällt ja auch nicht der Name Kleist.« Er hat Fehler in der zeitlichen Abfolge angestrichen – dieses Ereignis folgt nach jenem – was für den Film wirklich zweitrangig ist. Es waren nicht einmal grobe biografische Fehler, sondern minimale Fehler. Und da habe ich dann gesagt: »Ich muss zugeben, dass mir die Dramaturgie des Drehbuches wichtiger ist, als die historische Zeitabfolge.« Es ist ja kein Dokumentarfilm, es ist ja nicht mal ein Film über Heinrich von Kleist. Das Treffen hat damit geendet, dass er mich so genervt hat, dass ich mein Drehbuch zugeklappt habe und mit den Worten »Es reicht mir. Ich bedanke mich, aber es bringt mir nichts.« das Zimmer verlassen habe. Als ich die Tür zugemacht habe, hat hinter mir dieser Yale-Professor gebrüllt vor Wut: »Das ist mir noch nie passiert! So eine Frechheit!« Er hat – glaube ich – nicht verstehen können, in seiner Welt, dass eine relativ junge Frau etwas macht, das komplett eigenständig dasteht und halt leider nichts mit seinem Erfahrungsschatz oder Wissen zu tun hat. Ich glaube, das ist eine ganz schwere Akzeptanz, die Männer aus dieser Generation jüngeren Frauen gegenüberbringen sollen. Ich glaube, das fällt ihnen nicht leicht.

SG: Ich finde, dass AMOUR FOU auf einer Metaebene sehr klug diskutiert, wie wir durch Geschichtsschreibung die »vergangene Wirklichkeit« wahrnehmen. Henriette Vogel ist da ein gutes Beispiel: Das Wenige, was wir von ihr und über sie wissen, kommt aus dritter Hand. Wie glaubwürdig, wie wahr können diese Briefe, diese Darstellungen sein?

JH: Genau diese Diskussion hatte ich mit dem Yale-Professor. Weil er hat gesagt, dass Henriette Vogel von mir schlecht dargestellt ist, weil sie eine freie Frau war. Darauf habe ich gefragt: »Okay, was meinen Sie damit? Was ist eine freie Frau?« Er hat daraufhin umfassend ausgeführt, wie Henriette Vogel wirklich war. Meine Antwort: »Das ist interessant, weil es gibt ja so wenig Quellen. Oder haben Sie da irgendwie mehr Quellen gefunden?« Es gibt natürlich nicht mehr Quellen! Es gibt diese zwei oder drei Briefe und ganz viel Gequatsche. Es gibt zwar viele Bücher darüber, was die Zeitzeugen über die Henriette Vogel gesagt haben. Aber das soll ich für bare Münze nehmen? Das ist ja wohl lächerlich! […]

Was ich auch interessant finde: dieses Liebesgedicht, das vielerorts zitiert wird und das auch in meinem Film vorkommt, das »Du bist mein Augenstern, mein Pantoffel, mein Wasweißichwas.« Also ehrlich gesagt: Das ist witzig! Niemand kann mir sagen, dass dieses Gedicht der Beweis dafür ist, dass diese Liebe tief und profund war. Das ist einfach ein Gedicht!

SG: Große Stille.

JH: Ja?

SG: Weil mein ellenlanges Dokument mit all meinen Fragen beantwortet ist.

JH: Super! Sie können sich ja noch einmal melden, wenn eine weitere Frage auftaucht.

SG: Ich danke Ihnen vielmals für Ihre Bereitschaft, mit mir zu sprechen.

JH: Und schicken Sie mir was, wenn es etwas von Ihnen zu lesen gibt.

[Verabschiedung]

10.2 Protokoll FROzine-Beitrag [18.12.2009]

Ausstrahlungsdatum: 18. Dezember 2009
Dauer: 0:22:16 (TC: 00:04:37–00:26:53)
Quelle: https://cba.fro.at/15228

Der von den Redakteur_innen Erich Klinger, Pamela Neuwirth und Simone Boria gestaltete FROzine-Beitrag ist ein Arrangement aus Interview- und Vortragssequenzen, wurde am 18. Dezember 2009 produziert und am selben Tag auf Radio FRO 105,0 ausgestrahlt.

Intro, gesprochen von Erich Klinger:
Jessica Hausner ist eine renommierte, junge Filmemacherin mit internationalem Profil. Mit zahlreichen Preisen ausgestattet, ist sie eine der stärksten Vertreterinnen des jungen Autorinnen- und Autorenkinos in Österreich. Sie ist auch Gründungsmitglied von *Coop99*, einer Filmgesellschaft, die für Authentizität, einer persönlichen Stellungnahme und individuelle Machart steht. Dafür wurde *Coop99* 2005 mit dem Preis für innovative Produktionsleistungen für Jahresproduktionen ausgezeichnet. Im folgenden Beitrag von Simone Boria hören Sie ein Interview mit Jessica Hausner und Auszüge ihres Vortrags zu ihrem aktuellen Film LOURDES am 16. Dezember; an der Kunstuniversität Linz war dieser Vortrag, wo sie über ihre Arbeitsweise und den künstlerischen Anspruch gesprochen hat.
Simone Boria (SB): Jessica Hausner, du bist eine der erfolgreichsten österreichischen Filmemacherinnen, jungen Filmemacherinnen, und Gründungsmitglied von *Coop99*, eine Filmproduktionsgesellschaft, die sich als Plattform für eine neue Generation von Filmemacherinnen versteht. Es gibt diesen Ausdruck »nouvelle vague vienne« [sic!] – siehst du dich selbst als Vertreterin dieser Art von Filme?
Jessica Hausner (JH): Naja. Also mich interessiert eine starke Stilisierung. Und ich hab' auch nichts zu tun mit diesen Ideen wie Dogma oder so, dass man *available light* oder eine Videokamera verwendet. Ich mach' Filme, die ein Budget haben und künstliches Licht verwenden und die haargenau vorbereitet sind und sozusagen durchgestylt sind von A bis Z. Und das interessiert mich auch, also ich suche die Stilisierung, mich interessiert der formale Aspekt an einem Film, also ich finde es oft spannender, eine Geschichte nicht zu erzählen, als sie zu erzählen. Also wenn ich einen Film mache, dann versuche ich, mich sozusagen einem Mysterium zu nähern, das aber mysteriös bleibt. Und das ist das, was ich auch

spannend finde, dass sozusagen die abbildbare Wirklichkeit ein Rätsel behält. Es ist nicht ausinterpretierbar, was erzählt wird und die Welt, die dargestellt wird, hat Lücken und Fragezeichen.
SB: Inwieweit [sind Details] wichtig für dich […]? Weil sie wirken wie komponierte Bilder und da sind wirklich auch sehr lustige Details vorhanden. Ist das Detail sehr wichtig für dich oder ergibt sich das oft spontan?
JH: Natürlich geht's da drum, in dem Moment, wo man ein Bild hat, in dem mehrere Personen abgebildet sind und das ist in LOURDES der Fall, weil das Ganze eben von einer Pilgergruppe handelt und ich mich eben auch in der Umsetzung dazu entschieden habe, diese Gruppe als Ganzes oft abzubilden. Dann steht man natürlich unweigerlich vor dem Problem, dass man nicht nur einen Hauptdarsteller oder zwei im Bild hat, die ihre Sache gut machen müssen, sondern dass man siebzehn Personen hat und die spielen alle eine Rolle. Und im Fall von LOURDES war es so, dass ein Kollege von mir, der Valentin Hitz – das ist eben ein Regiekollege –, mir dabei geholfen hat. Der hat quasi die Nebendarsteller beaufsichtigt, sag' ich jetzt einmal. Ich hab' sozusagen bei der Inszenierung natürlich versucht, das Ganze des Bildes zu organisieren und jedem Einzelnen zu sagen, was sein Auftrag ist, aber der Valentin hat sich im Speziellen eben um die Nebendarsteller, die Pilgergruppe-Darsteller gekümmert und mit denen sozusagen ihre Rollen durchgearbeitet und dann beim Drehen auch immer darauf geschaut, dass die das so machen, wie es von ihnen verlangt war.
SB: Ist da ein starker Einfluss auch von deinem Vater, [Schnitt] deine Schwester, die Malerin ist, die Filme so zu konstruieren?
JH: Ich würd' schon sagen, dass mich das sehr geprägt hat, dass mein Vater Maler war und dass ich als Kind mit ihm auch oft ins Museum gegangen bin und wir haben oft tagelang, wenn wir irgendwie verreist waren oder so, wenn andere Familien irgendwie im Strand und im Meer ihren Urlaub verbracht haben, waren es bei uns oft Reisen zu Museen. Also wir sind nicht Madrid gefahren, sondern wir sind in den Prado gefahren. Wir waren dann eine Woche lang jeden Tag im Prado und sind den irgendwie rauf und runter gegangen und mein Vater hat meiner Schwester und mir dann eben auch Bilder erklärt oder uns auch gesagt, was ihn daran interessiert oder was er warum interessant findet und das hat mich schon, glaube ich, geprägt und beeinflusst, dass ich halt früh damit zu tun hatte, Bilder zu sehen, zu interpretieren, auch verstehen zu wollen oder zu können, was warum wie ins Bild gesetzt wurde. Und ich denke schon, dass das einen großen Einfluss hat auch auf die Art und Weise, wie ich jetzt Filme mache, weil ich bildlich Filme mache. Also meine Filme funktionieren tatsächlich

über die Ästhetik und über den Schnitt und über das, was visuell umgesetzt wird oder auch eben verheimlicht wird. Das sind visuelle Filme.
SB: Wie entstehen die Thematiken in jedem Film?
JH: Es sind, glaube ich, Themen, dich mich umtreiben, wie man so sagt. Es rattern in meinem Kopf einfach permanent Fragen, die mich beschäftigen, durch und ich hab' auch mein Notizbuch dabei und schreib mir Sachen auf. Teilweise im Hinblick auf Filmideen, aber teilweise auch einfach nur so, weil mich Sachen beschäftigen und natürlich kristallisieren sich sozusagen größere Themen heraus im Lauf der Zeit. Also ich glaub' auch, dass meine Filme, wenn man das sozusagen in der Reihe betrachtet, auch eine gewisse Gemeinsamkeit teilweise in der Thematik haben. Also es sind schon immer wieder Themen wie die Einsamkeit des Individuums in Hinblick sozusagen auf den sozialen Kontext. Das ist zum Beispiel eines der existenziellen Themen, das mich beschäftigt und nicht nur mich! Es sind sozusagen ja auch die Themen, die irgendwo in der Seele von jeder Person wahrscheinlich herumspuken. Das ist zum Beispiel: Wie kann ich in der Gesellschaft funktionieren? Wie kann ich gemocht werden? Wie kann ich einen anderen finden, den ich mögen kann? Aber auch natürlich im Privaten die Zwischenmenschlichkeit, also wie ist überhaupt Nähe zu anderen Menschen möglich?
SB: Welche Ziele verfolgst du, wenn du einen Film machst, abgesehen von der Thematik? Was ist so immer das Hauptziel?
JH: Dass das Ganze zum Leben erwacht, glaube ich. Ich kann einen Film nur dann machen, wenn die Idee, die da mir im Kopf herumspukt. [Sprechpause] Wenn ich genug Inspiration und Material finde, dass sich das Ding verselbstständigt.
[akustischer Ausschnitt aus LOURDES]
Christine Dollhofer: Ein Film, der sozusagen eine sehr eigenständige Handschrift aufzeichnet und ich finde auch […] im Gesamtwerk von Jessica Hausner […] seine Meisterschaft auch erreicht hat. Sie ist 1972 in Wien geboren, hat dann Psychologie studiert und die Filmakademie in Wien abgeschlossen und ich glaub', das war auch eine sehr wichtige Zeit für viele Leute, die dort studiert haben. Daraus hat sich eine Gruppe gebildet, die dann 1999 eine eigene Filmproduktionsfirma gegründet hat, die bekannte *Coop99*. Jessica Hausner ist eine von vier Geschäftsführer_innen und Mitgesellschafter_innen dieser Firma. [Schnitt] Mit dem Start dieser Firma *Coop99* sind dann sehr schnell einige Filme entstanden, anknüpfend an mittellange Filme von Jessica Hausner. Das war der Kurzfilm FLORA und INTER-VIEW, die beide ebenfalls also sozusagen schon auf

großen Festivals eingeladen waren. INTER-VIEW ist bei der *Cinéfondation* in Cannes ausgewählt worden; das ist so ein bisserl wie ein Eintrittsticket auch für Cannes, also man hat danach gesehen, dass die nächsten Arbeiten HOTEL und LOVELY RITA, also der vor HOTEL produziert wurde, ebenfalls in Cannes in der Sektion *Un Certain Regard* gelaufen sind, und eben ihre letzte Arbeit LOURDES im Wettbewerb von Venedig. Ja, zur Arbeit selbst: Das […] überlass' ich der Jessica selbst, da mehr zu erzählen. Aber ich freu' mich wirklich, dass du auch hier bist, weil du wirklich eine der wichtigen Vertreterinnen einer neuen österreichischen Autorinnen-Generation bist und dass du den Weg nach Linz gemacht hast: sehr fein, danke!
[Akustischer Ausschnitt aus LOURDES]
JH: Am Anfang ist es meistens bei mir so, dass aus einer gewissen Verzweiflung heraus eine Idee entsteht. Die Verzweiflung besteht meistens darin, dass ich mir Sorgen mache, dass mir nie wieder etwas einfallen wird, wenn der vorige Film vorbei ist und ich mir denk': »Um Gottes Willen, du musst' den Beruf wechseln.« oder so. Und dann, wenn die Verzweiflung groß genug ist und mir nichts eingefallen ist, dann kommt – bis jetzt war's zumindest so [*klopft auf Holz*] – kommt wieder der Tag, wo mir dann wieder was einfällt. Und das ist aber oft so, dass das eine sehr einfache Idee nur ist und in dem Fall war das die Idee: Ein Film über ein Wunder. Und dann… Das können aber auch Enden sein, also manchmal fallen mir dann so Sachen ein und drei Tage später denk' ich mir: »Naja, schön geträumt – ist nichts, nicht interessant genug.« Und bei dieser Idee mit dem Wunder war's so, dass ich recht lange versucht habe, herauszufinden für mich selber: Was soll diese Geschichte erzählen? Was will ich mit diesem Wunder erzählen und was für ein Wunder soll das überhaupt sein? Und ich hab' eben verschiedene Recherchen begonnen zu machen und hab' auch überlegt, ob ich einfach eine fiktive Geschichte erzählen möchte, also ob ich mir selber etwas ausdenke über jemanden, der dann durch ein Wunder geheilt wird oder – nicht nur körperlich geheilt wird, sondern dem sozusagen ein wunderbares Ereignis widerfährt. Und ich hab' dann für mich schon gemerkt, dass aber eigentlich sozusagen die [bricht den Satz ab]. Naja, das was mich an dem Wunder interessieren wird, dass es die Ambivalenz sein wird, also dass es nicht die Geschichte sein wird, die davon handelt, dass es toll ist, wenn einem ein Wunder widerfährt, sondern die eher davon handeln wird, dass man hofft, dass ein Wunder was Tolles ist und dass man aber dann, wenn's passiert, damit konfrontiert ist, dass sich sozusagen die Karten zwar neu mischen, man dann aber einfach wieder vor neue Probleme gestellt wird, und sozusagen die Phantasie von einem Zustand des Glücks oder

der Erlösung nicht aufrecht erhalten werden kann – vielleicht. Dann hab' ich von Lourdes gehört – also ich meine: ich kannte den Namen schon und hatte eben von diesem Ort gehört, ich war aber noch nie dort gewesen. Und ich fand das interessant, dass sozusagen in der Wirklichkeit – ich dachte, ich lebe in einer modernen Welt irgendwie oder so – aber dass es in dieser Wirklichkeit […] eben einen Ort geben soll, wo man hinfahren kann und dann durch ein Wunder geheilt wird, wenn's einem ganz schlecht geht. Das fand ich irgendwie interessant und auch absurd und hab' mir gedacht, das schau ich mir…

[Der Vortrag bricht mitten im Satz ab. Filmausschnitt aus Lourdes.]

Also das geht mir oft so, wenn ich einen Stoff entwickle, dass je schrecklicher, desto besser. Also ich weiß, einmal wollte ich einen Film machen über einen Kanalräumer und das Einzige war nur, dass diese Überwindung in der Nacht, also ich bin da mit der Nachtschicht mitgegangen, in diese Kloaken runter zu steigen, in denen irgendwie die Scheiße aus den Kanälen zu räumen, das war eigentlich der Hauptantrieb, warum ich das gemacht hab'. Da hat sich nicht mehr draus ergeben und ich hab' den Film dann […] nicht gemacht. Aber bei Lourdes war's ähnlich, also ich hab' gemerkt irgendwie, es ist so schrecklich eigentlich [Schnitt] und ich hab' auch gemerkt, dass es mir auch selber so peinlich war, die Vorstellung, dass wenn's einem schlecht geht, dass man dann anfängt zu hoffen oder zu glauben. Also dass man dann plötzlich irgendwie diesen Notanker nötig hat. [Schnitt] Oder auch ganz am Anfang dieses Films, dieser etwas erhöhte Blick auf den leeren Speisesaal, der dann zu einem langsamen Zu-Zoom wird. Da gibt's auch eine Entsprechung, also eine Art Variante oder Wiederholung davon später im Film. Da gibt's wieder so einen Blick von oben auf den Speisesaal mit einem langsamen Zu-Zoom und da geht's auch eben um ein Spiel mit den Blicken und mit der Haltung dessen, also: Wer ist die Kamera? Wo ist die Kamera, wo steht die und wer schaut da? Ich erinnere mich auch, dass ich mit dem Martin Gschlacht auch viel darüber gesprochen hab', ob es sozusagen ein God's Eye geben soll, also das ist im Film glaub' ich auch ein Fachbegriff, das sagt man eben, wenn's ein Blick von oben auf etwas ist, dann nennt man das God's Eye und in unserem Fall ist es sehr lustig, weil man sich ja eh fragt in dem Film: Wo ist denn da der liebe Gott? Und von wo guckt er eigentlich auf die Menschlein runter? Und deswegen fängt der Film auch so an, also es ist eigentlich ein Blick von oben runter auf diesen leeren Speisesaal, aber dann… Also es ist halt nicht… Also die tun halt Suppenteller aufdecken und dann kommen halt diese Pilger da rein und nehmen langsam Platz und das dauert alles ewig und langsam gibt's dann diesen Zu-Zoom und dann fängt eben die Gruppenleiterin, die Cecile, an zu sprechen und dann löst sich das auf, in eine Art dokumentarischen Stil [...]. [...] Das Zoomen ist ja sozusagen eigentlich in der Filmästhetik, in der Spielfilmästhetik ein bisschen verpönt seit den [19]70er Jahren, da hat man das noch gemacht und dann war's irgendwie völlig out. Und ich find' zoomen deswegen super. Also ich hab' auch in meinem ersten Film LOVELY RITA ganz viele Zooms, weil ich finde, dass eben so … Also es wirkt so cheap, Leute, die sich Fahrten nicht leisten können, müssen zoomen. So sieht's ein bisschen aus und wird leicht verachtet als ästhetisches Stilmittel und das hat mir gefallen, weil mir eben … Das ist ein bisschen ein Sprung, Entschuldigung…. in der Thematik, aber weil das interessiert mich eben auch: eine Ästhetik zu finden, die um sich selber Bescheid weiß. Also ästhetische Mittel zu verwenden, die wissen, dass sie eingesetzt worden sind. Also derjenige, der diese ästhetischen Mittel einsetzt, tut nicht so, als gäb's die alle nicht und das ist die Wahrheit, die hier gezeigt wird, sondern es ist klar, dass es gemacht ist, dass das stilisiert ist. Und dann gibt es einen Zoom, der zu schnell ist oder der wackelt oder einen ganz langsam ist, als wären wir eine brave Doku, die für Lourdes gedreht wurde. Es gibt eine Art spielerischen Umgang mit den ästhetischen Mitteln, um die auch eben als solche erkennbar zu machen. Dass der Zuschauer sozusagen eben nicht nur abtaucht in diese, in eine scheinbar homogene Wirklichkeit, was ja doch üblicherweise in Spielfilmen gemacht wird, sondern die Lücke soll bleiben.

[Akustischer Ausschnitt aus LOURDES]

SB: Was war damals die Motivation, *Coop99* zu gründen mit Kolleg_innen von dir?

JH: Na, wir waren alle eben ziemlich im selben Jahrgang und waren fertig mit der Filmakademie oder waren im letzten Jahr und damals war's so, dass ehrlich gesagt die Produzentenlandschaft in Österreich das war nicht so begeisternd. Das waren doch durchwegs Produzenten, die österreichische Filme halt gemacht haben, irgendwie für ein österreichisches Publikum … naja, eigentlich war keine Firma dabei, wo ich gesagt hab' es gibt irgendwie einen künstlerischen Anspruch oder auch nur einen internationalen Anspruch. Und bei uns war's doch so, dass wir unsere Kurzfilme schon im Ausland auch auf Festivals gezeigt hatten und die waren gut angekommen, haben Preise gekriegt und wir haben irgendwie damals – das war so eine Aufbruchsstimmung – wir haben irgendwie auch gemerkt: Okay, wir können da mithalten, auf dem internationalen Markt. Wir wollen Koproduktionen machen, wir wollen unsere Filme

so gestalten, dass sie auch auf internationalen Festivals und internationalen Kinomärkten laufen werden. Und das war damals in Österreich ungewöhnlich eigentlich. [Schnitt] Und das war eben für uns auch so der Anspruch, zu sagen: »Wir machen das selber.« weil wir sozusagen auch eine Vision haben, die so keine andere Firma in Wien hatte damals.
SB: Wie siehst du die Filmlandschaft jetzt? Die Filmindustrie in Österreich sehr problematisch? Filmförderung?
JH: Also, mir fällt es immer sehr schwer, mich zu dem Thema zu äußern, weil man kann natürlich ganz pampig und kurz sagen: Es ist immer gut, mehr Geld zur Verfügung zu haben als weniger. Und es gibt sehr viel kreatives Potenzial in der österreichischen Filmbranche und das wäre wert, gefördert zu werden. Auf der anderen Seite finde ich, dass eigentlich das öffentliche Förderungssystem, so wie es in Europa verankert ist, sehr gut funktioniert. Also ich bin jedes Mal froh irgendwie, dass wir's hinkriegen, Filme zu machen. Und da sind es eben Filme, die keine Blockbuster-Filme sind und die sich auch die Freiheit nehmen wollen, einen künstlerischen Anspruch zu haben. Das ist ähnlich wie beim Theater, das funktioniert eben über öffentliche Förderungen. Und ich weiß nicht, ich bin da immer sehr vorsichtig, zu sagen, irgendwie »Das ist alles Scheiße und zu wenig Geld«. So schlecht geht's uns gar nicht, wir können Filme machen in Österreich und es ist ein kleines Land und dafür, dass es ein kleines Land ist, wird sehr viel gemacht hier.
SB: Wie ist es mit dem Vertrieb von den Filmen, die ihr, die du produzierst, deine Filme oder auch Filme von *Coop99*? Habt ihr da sehr gute Kooperationen im Ausland?
JH: Ja, also in meinem Fall speziell ist es so, dass ich alle meine Filme mit dem Philippe Bober zusammen gemacht hab'. Also er ist der Koproduzent meiner Filme, also *Coop99* ist der majoritäre Produzent und seine Firma in Deutschland und Paris sind Koproduzenten meiner Filme und er macht auch den Weltvertrieb. Und er ist ein Weltvertrieb, der klein aber fein ist, also er legt viel Wert auf eine originelle Filmsprache und einen künstlerischen Ausdruck und arbeitet mit mir zusammen, oft schon im Stadium des Drehbuchs und dann auch beim Schnitt und so weiter. Und er ist ein guter Freund und Kollege. Und das hilft natürlich, dass die Filme auf dem internationalen Markt verwertbar werden.
SB: Ja, vielen Dank für das Gespräch, Jessica!
JH: Sehr gerne!
Outro, gesprochen von Erich Klinger:
Jessica Hausner im Gespräch mit Simone Boria, die auch diesen Beitrag

gestaltet hat. Der Film LOURDES ist derzeit im *Moviemento* zu sehen. Dieser Film wurde auch am nächsten *Sundance Film Festival* in den United States of America eingeladen und Radio FRO gratuliert Jessica Hausner und wünscht ein »Weiter so!«. Die Einleitung zum Vortrag war übrigens von Christine Dollhofer, Leiterin von *Crossing Europe*.

10.3 Protokoll Oktoskop-Beitrag [16.06.2006]

Sendetitel: »Nouvelle Vague Viennoise«
Ausstrahlungsdatum: 16. Juni 2006
Dauer: 1:45:12

Robert Buchschwenter und Lukas Maurer im Gespräch mit Barbara Albert und Jessica Hausner.

Robert Buchschwenter (RB): Guten Abend! Herzlich willkommen bei *Oktoskop*, dem Filmabend auf *Okto*. Der Juni auf *Oktoskop* steht im Zeichen dessen, was ein Wiener Filmkritiker vor ca. zehn Jahren *Nouvelle Vague Viennoise* genannt hat. Die letzten beiden Sendungen hatten wir zu Gast Mirjam Unger und Kathrin Resetarits, zwei Protagonistinnen dieser – nennen wir es einmal – Bewegung. Und heute haben wir wieder zwei Gäste, zwei Frauen, die damals ebenfalls dieser Bewegung zugeordnet wurden: Das sind Jessica Hausner und Barbara Albert. Hallo.
Barbara Albert (BA), Jessica Hausner (JH): Hallo.
Lukas Maurer (LM): Ja, ihr seid jetzt ungefähr sechs Jahre von der Akademie weg, habt mit euren ersten Langfilmen gleich für internationales Aufsehen gesorgt. Wenn ihr jetzt so Rückschau betreibt: Wie war das für euch? Was für Erwartungen hattet ihr zur aktiven Studienzeit und wie haben sich die erfüllt oder wie hat sich etwas sozusagen nicht erfüllt?
BA: Naja, ich glaube bei uns ist es ein spezieller Fall, weil wir ja eine Firma gemeinsam haben und – eben seit [19]99 – und deswegen – ich weiß jetzt nicht, das ist schwierig für zwei Leute gleichzeitig zu reden, aber – deswegen waren wir sozusagen zuerst von einem System kommend, sind wir da in ein neues System hinein gegangen, wenn man das vielleicht so ausdrücken möchte. Und ich für mich jetzt kann die Frage auch so beantworten, dass ich eigentlich keine Erwartungen in dem Sinn gehabt habe, außer dass ich halt einen Film nach dem anderen machen wollte.

Und das ist aufgegangen und jetzt sind wir auch innerhalb der *Coop* und ich habe mir jetzt, […] weiß ich nicht… Ich glaube, von der *Coop* haben wir uns auch nichts anderes erwartet, als dass wir da einfach unsere Filme machen werden.
JH: Ich weiß nicht, ich glaube ganz im Gegenteil, bei mir ist es so, dass jetzt wieder eine neue Erwartungshaltung eigentlich anfängt. […] Also die ersten Langfilme, die wir gemacht haben, […] waren eine Fortsetzung davon, dass wir Kurzfilme gemacht haben, dass wir unsere Firma gegründet haben und […] innerhalb von Österreich war diese Hoffnung: Okay, die machen jetzt ihre ersten Schritte. Und die haben wir gemacht und irgendwie ist es jetzt, glaube ich, interessant, wie das weitergeht. Also wir haben auch vorhin in der Straßenbahn kurz darüber gesprochen, nämlich wirklich auch die Frage: Wie kann man eigentlich überleben, als Firma, als Regisseur und was will man eigentlich auch für Filme machen? Und wenn man das weiß, dann ist die Überlegung: Wie kann ich die finanzieren und womit muss ich dann aber auch rechnen, was meinen zukünftigen Werdegang betrifft? Ich meine, ich sage das jetzt irgendwie so, als könnte man das ausrechnen und das kann man wahrscheinlich nicht, aber das sind so Gedanken, die uns irgendwie beschäftigen jetzt, glaube ich.
RB: Darüber werden wir später sicher noch sprechen, über das, wie es jetzt weitergehen kann – nicht nur für euch, sondern generell für jüngere Filmemacher, Filmemacherinnen in Österreich, überhaupt für Filmschaffende. Aber nochmal zurück: Ihr seid ja damals auf der Filmakademie wahrgenommen worden – also ihr beide, dann Kathrin [Resetarits], Mirjam [Unger], auch ein paar Männern waren dabei, Jörg Kalt zum Beispiel, Antonin Svoboda –, die was aufregend Neues gemacht haben. Nicht spektakulär Neues, aber aufregend Neues. Ihr habt teilweise konventionelle Erzählungen auf eine sehr unmittelbare, frische Form präsentiert, ihr habt sehr persönliche Geschichten gemacht, auf sehr bewegende Art und Weise, teilweise sehr interessant experimentiert auch mit Erzählformen, mit konventionellen. Das heißt, es war schon die Stimmung so: Die zeigen uns jetzt was! Die zeigen uns jetzt was, was wir so, aus dieser ein bisschen verschlafenen Filmlandschaft nicht kennen. War das von euch eine Erwartungshaltung? So, jetzt zeigen wir's denen auch? Und: Hat sich dahin gehend etwas… Erzählt ihr anders? Habt ihr das Gefühl, ihr habt das vortragen können, dieses »Anders-Erzählen«, dieses frische, unmittelbare Erzählen?
JH: Also ich habe irgendwie das Gefühl, dass es schon einen Unterschied macht, oder gemacht hat für mich, dieser Übergang von Kurzfilm zu Langfilm. Einerseits, weil ein Langfilm eine andere Dramaturgie hat und

das schon eine ganz andere Frage ist, wie man sozusagen eine Erzählung oder eine Spannung über einen längeren Zeitraum aufrecht erhält, als bei einem Kurzfilm. [...] Was du jetzt als »frische Machart« bezeichnest, ist beim Kurzfilm, glaube ich, total toll und berührend und gut. Und dann ist aber sozusagen die Frage: Was kann der Film sonst noch? Und für mich ist es zum Beispiel so, dass ich da grade mittendrin stecke. [...] Ich interessiere mich sehr für Form, also die Machart, dass die unkonventionell ist oder innovativ oder dass ich was erfinde oder was Neues finde, das ist für mich absolut das Zentrum auch jetzt noch für mein Filmschaffen. Also das war früher so und das ist jetzt auch so. Das ist eigentlich das, was mich immer dran interessiert oder weiterbringt. Und gleichzeitig ist halt sozusagen dazugekommen diese andere Frage: Wie ist der Film aber gebaut? Wie geht sozusagen die Dramaturgie über 90 Minuten?
RB: Und hast du das Gefühl: Das kann noch funktionieren?
JH: Ich bin sicher. Es muss funktionieren! Ich kann noch nicht sagen wie. Ich für mich selber bin noch dabei... Ich tu da noch herumtüfteln und nachdenken und so weiter. Aber irgendwie muss das ja hinhauen.
RB: Das klingt fast so [bricht Satz ab]. Du hast ja zwei Langfilme inzwischen gemacht, Lovely Rita und Hotel, die beide aufgefallen sind, weil sie in der Form sehr, sehr einprägsam sind, weil sie die Form vor [die] Erzählung stellen in gewisser Weise. Das klingt fast so, als würdest du sagen: Das sind immer noch Versuche.
JH: Naja, Versuche, weiß ich nicht. Das sind halt sozusagen Schritte auf einem Weg. Es ist für mich schon so, dass ich mich damit beschäftige: Wie kann beides funktionieren? Also die Form und die Erzählung. Wobei mir das auch wirklich gar nicht liegt, sozusagen einfach eine Geschichte zu erzählen. Also ich interessiere mich eben dafür, auch keine Geschichte zu erzählen. Gleichzeitig ist es natürlich so, dass es darum geht auch: Man will sich das anschauen. Also: Wie kann man das erzählen, dass das anschaubar ist? Das ist ungefähr das Spannungsfeld, in dem ich mich grade selber befinde.
LM: Ihr – das ist eh schon erwähnt worden – ihr seid vor ungefähr zehn Jahren aufgefallen, durch sehr persönliche Filme, die [...] der Wirklichkeit sehr nahe standen oder nahe stehen, weil die Filme existieren ja noch. War das für euch sozusagen ganz klar, dass ihr sehr realitätsnahe Filme machen müsst oder habt ihr so mehr oder weniger überlegt: Was kann man machen, damit man dem österreichischen Filmschaffen, das vor zehn Jahren noch eher so von Mittelmäßigkeit geprägt war, sage ich jetzt einmal, etwas entgegen zu setzen?

BA: Also ich möchte das eigentlich gemeinsam mit der vorigen Frage auch noch beantworten. Natürlich ist es nicht so, dass du in der Filmakademie sitzt und denkst: Wie können wir Filme machen, die anders sind? […] Nein. Natürlich machst du Filme aus deinem eigenen Bedürfnis heraus, […] letztlich – finde ich schon, auch wenn das eben formaler ausfällt – aber eine Geschichte zu erzählen, die dir wichtig ist und die sehr unmittelbar aus dir herauskommt, gerade am Anfang, wenn du Filme machst, glaube ich. Da gibt es Filme, die musst du einfach machen. Und ich glaube zum Beispiel, dass da bei uns einfach auch […] eine interessante Kombination da war von sehr unterschiedlichen Filmemachern und Filmemacherinnen, die zum Beispiel in unserem Jahrgang – wir waren einfach fünf oder teilweise sechs Regisseure und Regisseurinnen, die aber sehr unterschiedlich waren und die gerade aufgrund der Unterschiedlichkeit – glaube ich – auch so sehr nebeneinander existieren konnten. Und […] ich würde auch nicht sagen, dass davor jetzt alles nur mittelmäßig war in Österreich. Ich meine, da hat es spannende Filme gegeben, sehr radikale Filme zum Teil auch von Feministinnen auf der Filmakademie vor uns und so, […] wo aber einfach die Aufmerksamkeit auch nicht so da war. Und dann war plötzlich ein Interesse, da waren die richtigen Journalisten und Journalistinnen, die sich interessiert haben und es waren plötzlich auch, wahrscheinlich auch, die richtigen Festivals für uns da. Also auch im Ausland, […] plötzlich [sind] dann [unsere Filme] in Saarbrücken oder in Locarno […] gespielt worden und das hat dann wieder diese Wirkung gehabt auf Österreich. Dass wir aber jetzt gesagt haben, wir müssen so radikal neue Formen finden… Jeder für sich, aber ich glaube, weniger gemeinsam, nur: Wir haben uns natürlich gegenseitig beeinflusst im Sinn von: uns gegenseitig auch ermutigt, unsere Sachen zu machen.

LM: Okay, das ist dann ein Einwand gegen die Mittelmäßigkeit, den verstehe ich. Das stimmt schon, nur bis ihr sozusagen in Erscheinung getreten seid, war es immer nur so, […] war es immer nur so punktuell sozusagen festzustellen, dass es ein Filmschaffen in Österreich gibt. Und da hat sich keine Kontinuität daraus ergeben, aber ihr seid ja gewissermaßen dann als Gruppe wahrgenommen worden und damit sozusagen war gegeben, dass hier nicht nur punktuell was passiert, sondern dass sich […] bestimmte Filmemacher sozusagen plötzlich mit Formen und mit einer Filmsprache beschäftigen, die sich sozusagen nie so in den letzten Jahren davor weiterentwickelt hat.

BA: Und da gehst du jetzt wieder Richtung Realität? [LM murmelt zustimmend] Das ist immer so schwierig zu beantworten. Wir [deutet auf

Jessica Hausner] gehen ja auch sehr unterschiedlich mit Realität um. Du kannst jetzt über unsere Filme immer sagen: Das ist jetzt Realität! Aber gleichzeitig ist es ja – da haben wir auch gerade vorher darüber gesprochen – aber gleichzeitig geht jeder Film wieder anders mit Realität um. Was heißt Realität? »Abfilmen«? […] Ich meine, ja. Oder ist es doch eine Form? Natürlich ist es eine Form, jedes Mal. Deshalb finde ich diese Realitätsdiskussion sehr schwierig.

JH: Ich finde es auch total schwierig. […] Ich weiß schon, dass wir auch manchmal darüber gesprochen haben, wie wir die *Coop* gegründet haben, dass wir überlegt haben: Was ist denn das, was unsere Filme gemeinsam haben? Oder geben wir uns ein Label? Oder haben wir ein […] Dogma sozusagen irgendwie? Und das war schwierig, weil wir das nicht wirklich formulieren konnten. […] Sicherlich war Realismus ein Thema, von dem wir immer wieder gesprochen haben, oder sozusagen die persönliche Nähe oder die persönliche Wahl der Umsetzung, aber ich glaube auch, dass – jetzt gerade aus meinem Mund klingt das wirklich total lächerlich, aber ich sage es trotzdem – die Unterhaltsamkeit eines Filmes, dass das auch eine Rolle spielt. Also, ich hab's jetzt gesagt. [lacht]

RB: Also ich find's jetzt überhaupt nicht lächerlich. Im Gegenteil! Ich will nötigenfalls auch von Avantgardefilmen unterhalten werden und nicht nötigenfalls: ich will von denen unterhalten werden. Das mit dem Realitätsbegriff: Ich kann mich noch genau erinnern, wie bei jeder Gelegenheit bei euren Filmen, bei euren Kurzfilmen schon, dieser Realismus bemüht wurde. Ich war damals selbst Filmkritiker und sollte ich den Begriff jemals benutzt habe, dann hoffe ich, dass [mir] jemand im Nachhinein noch [führt einen Schlag in der Luft aus] eins über die Birne gibt. Ich finde das ganz daneben. Ich halte weder deine Filme, Barbara, noch deine, Jessica, für realistisch im Sinne von »Realität abfilmen« – was soll das? Aber jetzt nur aus Spaß an der Freude: […] Wie würdet ihr Realismus definieren, wenn der Begriff überhaupt ein brauchfähiger Begriff wäre oder ist?

JH: Mir ist grade noch eingefallen: Vielleicht kam das auch daher, dass wir viel mit Laiendarstellern gearbeitet haben. Also es war sozusagen so ein Moment, das ist vielleicht auch etwas Innovatives gewesen […] im österreichischen Filmschaffen, glaube ich, dass unsere Filme einfach irgendwie, dass da bessere Darsteller drinnen waren, also ich meine im Sinn von: dass die Darstellung, das Spiel der Leute realitätsnaher war oder so. Also ich meine… [wird von Robert Buchschwenter unterbrochen]

RB: Was im Extremfall »schlecht spielen« heißt. [Sprechpause] Oder heißen kann.

JH: Ich weiß nicht. Vielleicht hieß es das früher. Ich weiß, dass das Arbeiten mit Laien zum Beispiel die Erkenntnis mit sich gebracht hat, dass Spielen immer schlecht ist. […]
RB: Entschuldige, du wolltest… [deutet mit der Hand auf BA]
BA: Nein, ich wollt nur sagen. [Unterbricht sich selbst] Oder das Beginnen von dokumentarischen Momenten war halt auch bei NORDRAND sehr stark gegeben […] und das ist so weit gegangen, dass da zum Beispiel in Deutschland auf einmal in einer Diskussion Leute wirklich gedacht haben, das ist alles wirklich dokumentarisch, das ist wirklich also so, also die Figuren und alles habe ich so dokumentarisch gefunden, was mich total schockiert hat, dass jemand einen Spielfilm so sehen kann. Gleichzeitig ist es natürlich auch schön, weil […] sich das wirklich so vermischt und die sagen, das ist die Realität für sie. […] Wahrscheinlich auch ein Kompliment für den Film, dass die sich da so reinfallen lassen. Aber das war, glaube ich, auch der Grund, warum gesagt worden ist: »die Realität«. Nur in Wirklichkeit habe ich mich zum Beispiel beim Drehen von NORDRAND jedes Mal so gefühlt, als könnte ich die Wirklichkeit nicht erfüllen, also ich habe irrsinnige Krisen gehabt, weil ich gemeint habe oder gedreht habe, wo nebenan das wirkliche Leben war und das war viel ärger und […] für mich viel spürbarer, als meine Szene zum Teil. Und das hat mich extrem frustriert. Und da habe ich auch gemerkt: Das ist die Grenze. […] Ich filme nicht die Realität ab! Das ist alles gemacht und es ist alles sozusagen künstlich. […] Ich kann nur – weil du fragst: Was ist Realität – ich kann sagen: für mich ist es noch bei NORDRAND so gewesen, dass ich gesagt habe, ich möchte möglichst nahe an das, wie ich die Welt sehe. Pur, wie ich die Welt wahrnehme, möglichst nahe möchte ich da rangehen. Und ich habe aber gemerkt […], für mich, dass ich nicht da bleiben möchte, sondern dass ich dann eben auch sage: Ich möchte im nächsten Schritt sagen: Wie kann ich eine Art Hyperrealität darstellen? Also wie kann ich eine Realität anders noch spürbar machen, als ich sie vielleicht wahrnehmen würde, aber spätestens da beginnst du ja, an deinem eigenen Realitätsbegriff auch zu zweifeln und denkst: Was heißt denn das: Wie nehme ich die Welt wahr, was ist Realismus? Deswegen kann ich deine Frage eigentlich nicht beantworten. [lacht]
RB: Eine Spur, die ich hätte, die sicher mit dem Begriff Realismus im Kontext von euch verbunden worden ist, ist eine Subjektivität, die so nicht so oft ist. Ihr habt angefangen, sehr unmittelbar persönliche Geschichten zu erzählen. Persönlich inspirierte Geschichten. Ich glaube, das könnte man schon ins Feld führen, wenn man von euren früheren Filmen spricht. Ich weiß nicht, ob es diesen Anspruch weiter gegeben hat, ob es ihn jetzt noch

gibt? Bei euch hat ja dieses Subjektive nicht nur eine subjektive Handschrift, sondern dieses Erlebnisrepertoire reinzubringen in eure Filme.

LM: Weil ich glaube, das war sozusagen dieses – ich will es mal als innovatives Moment bezeichnen – weil der österreichische Spielfilm – jetzt verkürzt gesagt – sehr stark immer genreorientiert war und es wurden den Filmen immer vorgeworfen, dass sie sich in Genres bewegen, aber quasi nie versuchen, in irgendeiner Weise […] die Unmittelbarkeit der Zeit, in der die Filme spielen, zu reflektieren. Und das ist ja in euren Filmen plötzlich wirklich umgesetzt worden und das – glaube ich – war dann sozusagen der Moment, wo dann sehr viele Kritiker und Journalisten gemeint haben: Ja, das ist jetzt sozusagen der Realismus, den wir immer eingefordert haben. Und deswegen ist euch dann sozusagen immer mit so einem Realismus-Etikett begegnet worden.

JH: Aber ich meine, diese Beschreibung trifft glaube ich nach wie vor zu. Das ist wahrscheinlich auch das Einzige, wo wir uns wahrscheinlich auch einigen könnten, jetzt auch was zum Beispiel die *Coop* betrifft, dass man wirklich so einen persönlichen Blick auf die Dinge darstellt. Damit hängt ja eben auch zusammen die Dringlichkeit oder auch eben das Charisma eines Films, glaube ich.

RB: Gibt es bei euch in der *Coop*, in der Produktionsfirma *Coop99*, die ihr ja mit Antonin Svoboda und Martin Gschlacht betreibt, gibt es da solche Diskussionen eigentlich noch? Solche Richtungsdiskussionen, inhaltliche Diskussionen?

BA: Ja hoffentlich bald wieder. Nein, ich meine, es ist ganz klar, dass halt so im Produktionsalltag irgendwie auch immer weniger wird, grad wenn man so Phasen hat vor allem, wo so ganz viel zu arbeiten gibt. […] Es gibt immer wieder dazwischen […] und dann auch konkret, wenn es um eigene Projekte geht, vor allem dann [bricht den Satz ab]. Auch da […] darf man sich das nicht so vorstellen, dass […] Wir sitzen auch nicht nur da und fragen uns: Wie könnten wir unsere Firma definieren am Anfang, sondern es wächst schon zuerst. Dann […] gibt es den Punkt, wo man sagt: Definieren wir das! Aber es ist ja schon gewachsen, also da ist jetzt kein Bruch und plötzlich wird irgendetwas neu erfunden. Aber die Gespräche grundsätzlich […] also es hat Phasen gegeben, wo es weniger war und Phasen, wo es jetzt mehr [wird von Jessica Hausner unterbrochen].

JH: Aber wir haben jetzt wieder öfter darüber gesprochen. Grade über die Frage: Wo geht's eigentlich hin? Wo geht's mit unserer Firma hin? Wo geht's mit unseren eigenen persönlichen Werdegängen hin? […] Es ist grad wieder so ein Schub, wo das wieder stärker wird und wichtiger wird. Also

nämlich auch, weil der Zusammenhalt in unserer Firma ja auch eine Zeitlang sehr geholfen hat, auch was ihr vorhin gesagt habt: Wenn man nicht ganz alleine ist, sondern es gibt irgendwie andere Kollegen, die irgendwie ähnlich ticken, dann entwickelt man ja auch irgendwie so eine Dynamik.
BA: Aber es ist, was du auch gesagt hast, mit diesem »grade jetzt« auch schauen wir: Wo kann es hingehen? So nach den ersten sieben Jahren *Coop* glaube ich wirklich auch, dass es wichtig ist, kurz innezuhalten und zu fragen: Wohin bewegen wir uns? Wohin bewegt sich der österreichische Film? […] Ich habe so das Gefühl, dass es im Moment doch so eine große Frage gibt von allen Seiten – wurscht ob von Förderern oder von Journalisten, Kritikern –: Was ist der österreichische Film ab jetzt? Was kommt da? Und dem kann man sich nicht ganz entziehen natürlich, wenn man ihn selbst macht.
JH: Und es ist auch wieder spannend. […] Es ist grad wieder so ein Moment, glaube ich, wo es interessant ist: Okay, wo geht das jetzt hin?
RB: Eigentlich gut, dass das *Okto*, das Studio relativ entlegen im 14. Bezirk ist, weil die Fahrt ist so lang, dass wieder über Realismus diskutiert wird. Grade beide, mitten in der Arbeitszeit. [Gelächter]
RB: Ich würde sagen, wir haben jetzt sehr viel geredet über persönliche Zugänge und Subjektivität und so weiter, ich würde mal, Barbara, […] einen deiner frühen Filme, DIE FRUCHT DEINES LEIBES, zeigen. Ein wirklich sehr persönlicher Film, mit dieser Unmittelbarkeit und mit diesem realistischen Touch, wenn man so will, und danach beschäftigen wir uns weiter damit. Sie sehen jetzt: DIE FRUCHT DEINES LEIBES von Barbara Albert.
[Film]
RB: Das war DIE FRUCHT DEINES LEIBES von Barbara Albert. Barbara, du hast vorhin in einer Pause gesagt – in Anbindung an unsere Realismus-Diskussion –, du findest DIE FRUCHT DEINES LEIBES überhaupt nicht realistisch.
BA: Nein, ich meine nur auch die [bricht den Satz ab]. Formal ist das […] für mich nur ganz was anderes als NORDRAND oder auch SONNENFLECKEN. Für mich gehört FRUCHT DEINES LEIBES mehr zu BÖSE ZELLEN, also das sind, das sind […]. Da gibt's Erinnerungen, […] das ist überhaupt nicht pur oder puristisch und irgendwie eine »Abfilmung einer Realität«, wenn man das überhaupt kann oder will, sondern das ist ja alles sehr, sehr gestaltet, das meine ich damit. […] Da fliegen die Engerl vorbei in der Kamera.
LM: Aber eben, […] da ist halt dieser subjektive Moment, von dem der Robert vorher gesprochen hat, ist sehr stark, weil jeder, der deinen Film sieht, kann sich in irgendeiner Weise sozusagen damit identifizieren; weil

dieses katholische Gepräge, das kennt man aus seiner eigenen Biografie. Also jetzt egal ob Junge oder Mädchen sozusagen, dass das eine ziemlich gewichtige Rolle spielt. Das, glaube ich, stimmt für einen Großteil der Leute, die hier leben.

BA: Es sind sehr ähnliche Bilder und es haben mir auch Leute gesagt, die älter sind als ich: […] Wann spielt das? Es ist zum Beispiel auch die Zeit nicht definiert, aber für mich persönlich ist es halt natürlich meine Kindheit. Aber es ist nicht so ganz definierbar und dadurch habe ich auch gemerkt, dass es sehr viel Allgemeingültigkeit hat in unterschiedliche Richtungen, von der Zeit her.

RB: Ihr erzählt immer wieder, also schon damals vor ca. zehn Jahren und auch jetzt noch, über soziale Realitäten von Leuten, die […] denen es nicht geht, wie in einer Romantic Comedy aus Hollywood, sondern es sind soziale Realitäten […], vor denen, sagen wir mal, die Unterhaltungsmedien sehr oft die Augen verschließen. Ist das jemals oder war das jemals gedanklich oder verbal formulierter Anspruch von euch?

JH [wendet sich zu Barbara Albert]: Das geht eher an dich.

BA: Nicht unbedingt, glaube ich. Ah, ich weiß schon… Weil das geht jetzt auch in Richtung Milieu und so. Da verwehre ich mich ja sehr vehement, weil ich finde, dass ich nicht nur ein Milieu schildere, auch BÖSE ZELLEN hat viele Milieus. FRUCHT DEINES LEIBES zum Beispiel ist ein ganz anderes Milieu als in NORDRAND überhaupt vorkommt. Und ich glaube, dass das so ein Missverständnis ist, dass man diese sogenannten sozialen Realitäten eben dann auf ein Milieu münzt. Ich glaube, das […] habe in dem Fall ich weniger machen wollen, als viele Leute, die dann darüber geschrieben haben oder darüber gesprochen haben. […] Ich glaube grundsätzlich, dass die Leute, die in meinen Filmen vorkommen – um jetzt nur von meinen zu sprechen –, dass die halt die meisten Leute sind, also wie soll ich sagen? Ich kann jetzt auch sagen, ich interessiere mich für ein ganz spezielles anderes Milieu oder ich kann jetzt sagen: Ich gehe – ich weiß nicht – zu Ärzten oder irgendwo auch in eine gehobene Mittelklasse und so weiter. Ich kenne halt auch ein bestimmtes Milieu besser, das ist sicher bei meinen ersten Filmen so gewesen, dass ich mich da wo angehalten habe, wo ich mich an eigenen Erfahrungen meiner Kindheit oder Freunden und Bekannten, aber auch später muss ich sagen: Einerseits es verändern sich die Milieus auch in meinen Filmen und andererseits: Gewisse Milieus sind mir halt näher und manche weiter weg, aber wie gesagt: für mich ist es nicht ein Milieu!

RB: Nein, das habe ich auch nicht gemeint.

BA: Und da würde ich eher sagen, diese Genre-Geschichte ist interessant für mich, auch wenn es um Realität geht. […] Wenn du zum Beispiel eine *Romantic Comedy* nimmst, da hast du sehr wohl oft solche Milieus, aber du stopfst sie in ein Genre rein. Also da gibt es dann die arme, ich weiß jetzt nicht, Bedienstete in dem Hotel, die sich in den Star verliebt, aber das ist ja im Grunde […] da redet niemand über Milieus, weil es in ein Genre hineingepackt ist. […] Bei meinen Filmen redest halt mehr über Milieu, weil das Genre nicht existiert.

RB: Dass man die Darstellung sozialer Realitäten gleich mit Milieu etikettiert, das finde ich einen genau dieser ärgerlichen Irrtümer wie überall Realismus draufschreiben. Aber was ich meine mit diesen sozialen Realitäten, die nicht sehr fesch sind – sagen wir mal so – wie zum Beispiel auch Jungsein in FLORA, Jessica, erzählst du von einer sozialen Realität einer nicht unbedingt Unterschichtlerin. Aber dieses Jungsein und ausgegrenzt sein und sich ausgegrenzt fühlen und hässlich fühlen und nicht ankommen ist eine soziale Realität, […] von der man entweder wegschaut oder aus der ein netter Gag gemacht wird.

JH: Ja, das ist interessant, weil grade bei FLORA zum Beispiel für mich irrsinnig wichtig war, den Spaß, den ich über diese Geschichte hatte, also sozusagen irgendwie dieses eben »ein Mauerblümchen sein« und nicht gut ankommen, das ist eigentlich das ich dem entgegen gestellt habe, letztlich einen schwarzen Humor, der das eigentlich erzählbar macht, also wo man plötzlich eigentlich – zumindest war es für mich der Effekt – dass dieses schreckliche Dasein irgendwie, quasi indem man einen Witz darüber machen kann, indem das mit Humor erzählt ist oder sozusagen mit diesen schrillen Farben erzählt ist, dass das ein Weg für mich ist, das auch erträglich zu machen. Das finde ich eigentlich den interessanten Moment daran. Der spielt auch in Zukunft für mich glaube ich eine Rolle oder auch in anderen Filmen. Also quasi der Abgrund und was steht ihm entgegen, das hat für mich oft irrsinnig viel mit entweder also Humor und eben auch Form zu tun.

RB: Ich lese den Humor in deinen Filmen ja seit Beginn an, bis hin zu HOTEL. Glaubst du, der kommt überall dort an, wo du ihn hintragen möchtest?

JH: Also sehr unterschiedlich. Also bei LOVELY RITA war es so, dass manche irgendwie gedacht haben, dass es eigentlich ein tragischer Film ist und andere haben sozusagen den Humor darin irgendwie stärker gelesen. Das ist irgendwie auch kulturell sehr unterschiedlich. Ich erinnere mich noch, glaube ich, dass in England die irgendwie sehr viel gelacht haben und dass es auch in den Rezensionen verstanden worden ist, wo dieser böse, lakonische Humor liegt. […] Was war die Frage? Ah ja, ob der Humor ankommt. […] Ich weiß nicht, ich habe eh vor, in Zukunft… Das wird sicherlich weiter eine Rolle spielen, also auch stärker eine Rolle spielen. Bei HOTEL stand auch etwas anderes in Vordergrund. Bei HOTEL ist der Humor wirklich nur ganz fein gesät. Ich glaube, dass in Zukunft vielleicht sozusagen mich weniger das Genre beschäftigen wird, sondern wiederum eine grässlichere soziale Realität, wodurch dann auch wieder der Humor stärker wird.

BA: Aber ich glaube auch, dass die Figuren halt bei uns schon sehr im Zentrum stehen. Du bist ja [schaut Jessica Hausner an] auch oft ausgegangen von […] einer Figur und weil du gesagt hast [sieht zu Robert Buchschwenter] oder wegen deiner Frage vorhin wegen der Grausligkeit der sozialen Realität oder so. Also ich finde eben Menschen wie sie ausschauen und wie sie eben »wirklich« ausschauen, sehr spannend und eben da natürlich nicht in Hochglanz spannend, sondern das andere. Aber ich erinnere mich zum Beispiel: Die ersten Filme von der Jane Campion haben mich da sicherlich sehr beeinflusst, weil ich habe […] eine Körperlichkeit gespürt und eine Schönheit auch in der Hässlichkeit, also die Autorin von der AN ANGEL AT MY TABLE – wo ich den Namen jetzt vergessen habe [Anm. SG: Janet Frame] – die […] unglücklich ist, weil sie ist nicht schön und sie ist eben eine tragische Figur und da gibt es wirklich eine Erotik auch, wenn du den Körper siehst, weil da einfach so eine […] weil du den Menschen so spürst. Diese Faszination für Körper, für Gesichter und so – ich glaube, das musst du fast haben, wenn du Film erzählst, weil das ist halt so. Letztlich arbeitest du mit Menschen, ganz, ganz viel. […] Das wollte ich nur als einen zusätzlichen Moment nennen oder vielleicht auch zusätzlichen Grund, warum wir überhaupt auch das erzählen, was wir erzählen und diese Menschen erzählen, die wir erzählen. Um es nicht Milieu zu nennen, sondern auch diese Menschen.

LM: Also eher… Ihr lasst diesen Menschen dann auch wirklich eine Würde, das unterscheidet diese Filme von manchen anderen Filmen, die sozusagen diesen Sozialvoyeurismus ganz exzessiv betreiben.

BA: Also mir ist auch bei BÖSE ZELLEN unterstellt worden, dass ich diese Würde nicht behalte. […] Es haben auch manche Leute so gelesen. Für mich… Mir ist es halt wichtig, dass das so erhalten bleibt, weil ich sage, für mich: Ich kann nur einen Film über Menschen machen, die ich liebe und […] natürlich finde ich auch manchmal Sachen, die sie machen, blöd oder auch brutal oder auch gewalttätig. Also ich meine das

jetzt nicht so als moralische Bewertung ihrer Taten, sondern ich meine wirklich nur: Wenn ich keine Nähe zu denen habe, dann muss ich sie auch nicht erzählen. Wurscht, wie sie jetzt moralisch dastehen oder wie sehr ich sie, ihre Taten bewerten möchte oder nicht bewerten möchte.
LM: Was deinen Film FLORA anbelangt und auch auszeichnet, ist die Reduktion der Sprache. Du hast schon gesagt, er ist sehr lakonisch, das heißt du vertraust hier sehr stark der visuellen Ebene, erzählst mehr über Bewegungen, über Kamera als über die verbal geäußerte Sprache. Die Barbara hat vorher von der Jane Campion gesprochen, als ein Vorbild von ihr und FLORA wurde bei manchen Leuten immer wieder auch mit [Aki] Kaurismäki verglichen, gerade wegen dieser Lakonie. War das für dich so eine Art Vorbild?
JH: Ja, also ich glaube schon, dass Kaurismäki zu dem Zeitpunkt für mich echt so ein... Das hat schon was losgetreten. Also ich glaube, dass ich einfach irgendwie... Also FLORA war der erste Film, wo ich so das Gefühl hatte: Ich bin hinter einer Tür und jetzt kriege ich sie einen Spalt auf. Das war so ein erster Moment, wo ich für mich das Gefühl hatte, jetzt ahne ich das, was mich interessiert oder was ich auch machen kann. Und davor war es wirklich so, dass ich oft gemerkt habe: Ja, irgendwie das, was ich da mache, hat sicherlich irgendwie was mit schwarzem Humor zu tun. Gleichzeitig habe ich mich auch sehr verloren gefühlt, weil ich weiß... Also damals bei uns auf der Filmakademie war es bei uns damals so, dass nie über Form gesprochen worden ist. Ich habe mich sehr an der Malerei festgehalten, weil ich gemerkt habe, wenn ich ein Bild anschaue, dann kommt die Empfindung, die ich dafür habe auch durch das Wie, also wie erzählt das Was. Ich meine das ist jetzt wirklich keine Neuigkeit. Aber auf der Filmakademie war es damals... gab es diesen künstlerischen Zugang nicht, sondern da ging es irgendwie in unserem Drehbuchunterricht, aber auch in unserem Regie-Unterricht, – ich unterstelle das jetzt einfach – ums »G'schichterl erzählen« oder dass [man] etwas nach einem Schema machen kann. Also wir haben »Auflösung« gelernt und wir haben sozusagen irgendwie gelernt, wie man das vielleicht machen soll. Aber diese andere Aspekt eigentlich, in dem es davon handelt, dass man sich zum Beispiel über einen Stil klar wird, das gab es überhaupt nicht. Und ich habe immer gemerkt: Was mache ich da überhaupt? Was mache ich da? Und habe mir dann selber gesagt: Ja, das hat zu tun mit einem Witz oder [...] einem schwarzen Humor oder ich habe zum Beispiel sehr viel... Der Maler Henri Rousseau hat mich zum Beispiel auch sehr inspiriert. Weil er eben sehr naive Malerei macht, die

für mich auch sehr viel mit FLORA oder meinen ersten Filmen zu tun hat. Und bei den Filmemachern, da war ich dann auch ganz überrascht, habe ich dann irgendwie... War auch Kaurismäki sicherlich jemand, wo ich mir gedacht habe: Ah, okay. Das ist vielleicht sozusagen irgendwie so eine Richtung, die was mit mir zu tun hat. Das hat mich, glaube ich, irgendwie bestärkt, das zu machen, was ich machen wollte.

LM: Aber das ist interessant, da möchte ich kurz fragen... Weil du gemeint hast, dass ihr in der Akademie nicht über Form gesprochen, über Stil, dann würde mich einfach interessieren, ob dann sozusagen euer Auftreten in der Öffentlichkeit und sozusagen diese... und bei euch dann so etwas wie Innovativität und so weiter und Innovation beobachtet worden ist, ob das dann dazu geführt hat, dass in der Akademie doch über Form und Stil und dergleichen diskutiert worden ist?

RB: [unverständliche Wortäußerung]

BA: Ich glaube, da waren wir nicht mehr da. [...] Der Ansatz bei uns damals, das war ein sehr pragmatischer. [...] Die gute Seite daran war, dass du einfach gemacht hast. Also wir haben ziemlich viel in ziemlich kurzer Zeit gemacht und rausgeschüttelt und haben da einfach selber versucht – also ich empfinde das schon noch als für mich war das sicher auch gut: Ich musste da machen, machen, machen. Und es stimmt: Wir haben nicht darüber gesprochen, wo gehören wir dazu, wo grenzen wir uns ab und so weiter, aber es war halt zum Finden gar nicht schlecht am Anfang, finde ich. Aber dann natürlich dieser wichtige Aspekt... Form und über Stile zu reden, das war nicht so vorhanden, aber ich glaube, dass da, wo wir jeder unseren Stil entwickelt haben – oder einfach durchs Machen der Filme –, da waren wir dann auch schon wieder weg. Das ist ja so fließend. Du verlässt ja die Akademie nicht so abrupt, sondern du fließt da irgendwie so hinaus und deswegen könnte ich das jetzt nicht beurteilen, ob da danach mehr Augenmerk darauf gelegt worden ist.

LM: Es würde mich nur deswegen interessieren, ob da sozusagen die Aufmerksamkeit, die da euren Filmen entgegengebracht worden ist, ob die dann gewissermaßen dann auch auf der Akademie geherrscht hat. Dass euch die Professoren da angesprochen haben und sozusagen diesen Schub, den ihr bekommen habt in der Öffentlichkeit durch eure Filme, dass der sich dann auch auf die Akademie übertragen hat oder eure Filme dann stärker diskutiert worden [sind]?

BA: Das weiß ich zu wenig. Aber ich glaube, auf der Studentenseite schon. Ich weiß jetzt nicht so sehr, wie es mit den Professoren war. [...] Wie gesagt...

LM: Also es war nicht so, dass sozusagen nach den ersten Rezensionen dann ein Professor gekommen ist und sozusagen euch darauf angesprochen hat und daraufhin sozusagen eine Form-Diskussion entfacht hat.
BA: Ah so. Kann mich nicht daran erinnern. [lacht] Aber ich glaube… Da muss man sich auch vorstellen: Das war irgendwann, […] irgendwann war das nicht mehr so ein Unterricht.
JH: Das war ca. zeitgleich. Wo die ersten Filme – FRUCHT DEINES LEIBES und FLORA – waren, das war auch der Moment ungefähr, wo man nicht mehr – ich zumindest – in den Unterricht gegangen ist.
BA: Und der Unterricht war eher so: Du hast halt da deinen Professor gehabt, wie eine Art Meisterklasse, und setzt dich mit dem auseinander, aber sonst hast du Vorlesungen und da war dann nicht mehr so ein Gruppenunterricht.
RB: Das ist ja eigentlich paradox. Wenn man so was wie eine Handschrift pflegt, wenn man eine Form versucht, die nicht so alltäglich ist, dann wird man verglichen mit A, B, C, D. Wenn man eine Geschichte erzählt, die schon tausend Mal erzählt worden ist, dann wird man mit niemandem verglichen. Verglichen wird man nur dann, wenn man individuell arbeitet. […]
BA: Das ist bei uns besonders stark. Also ich habe das sehr stark empfunden, dass du bis zu deinem zweiten Film – mal schauen, wie es beim dritten ist – wirst du verglichen. Und ich glaube ehrlich gesagt, dass es auch damit zu tun hat – das kann jetzt paranoid klingen –, dass es damit zu tun hat, dass wir relativ jung Filme gemacht haben – jung und Frauen – und dann müssten da ja irgendwo die Altmeister sein, von denen wir so quasi »gefladert« haben. [Jessica Hausner lacht.] Nein, also das ist schon ein bisserl so weil… Dann ist auch oft die Suche in Österreich zum Beispiel gewesen. Ich meine: Das finde ich dann auch sehr reduziert, weil ich meine: […] Wenn du Film lernst, wenn du dich mit Film auseinandersetzt, dann setzt du dich mit allen Ländern auseinander und meistens auch mit anderen Filmländern als mit Österreich zum Beispiel. Also natürlich ist es dann interessant zu sagen: Was ist die Tradition im eigenen Land? Aber da habe ich… da finde ich auch den Blick von außen zum Teil recht problematisch. Dass du nicht international dann wieder verglichen wirst, sondern sozusagen mit allen Österreichern immer so in einen Topf gehaut wirst, wo dann schon die Sprache allein das Gemeinsame ist. […] Das ist auch wieder so ein toller österreichischer Film, weil dann wird irgendein Name… und der dann wirklich ein Genre-Film ist und du bist ein bisserl irritiert, weil die sagen auch: Ja, der ist auch so wie

eure Filme halt. Aber warum frage ich? Ja, wegen der Sprache. Also das finde ich natürlich... Also das ist mir ein paar Mal passiert auch und da denke ich: Das kann es nicht sein, aber gut. Das war jetzt ein Sidestep. Ich wollt nur ganz kurz noch zum Kaurismäki was sagen und zu unserer Realität vorher: Das ist auch so ein ganz typischer Fall auch vom eigenen Empfinden her. Ich sehe einen Film – und mich hat damals auch Kaurismäki sehr begeistert und auch so wie so ein Augenöffner, zum späteren Zeitpunkt war das auch Bruno Dumont zum Beispiel – und du sitzt dort und denkst: Das ist ein Aha-Erlebnis, was die Realität angeht, nur es ist in Wahrheit total stilisiert. Aber du empfindest es ganz stark als Realität und hast eine neue Sicht der Realität. [...] So nah bin ich selten wo dran, an einer Realität.

JH: Aber das hängt gerade wirklich mit der Stilisierung zusammen! Ich musste gerade an THE RIVER denken von Tsai Ming-liang. Das war auch glaube ich so ein Moment, wo ich das Gefühl hatte, dass eben auch dramaturgisch der einen Film gemacht hat, der wirklich die neue Wirklichkeit – und das finde ich auch sehr interessant, dass das Geschichten erzählen ja gar nicht mehr so funktionieren kann wie früher, weil sich auch die Wirklichkeit irgendwie in einem größeren Maße verwandelt oder verändert hat. Und bei THE RIVER hatte ich auch das Gefühl, dass er sich dieser neuen Realität annähert, dass die Machart von diesem Film irgendwas damit zu tun hat, auch mit dem Unvermögen tatsächlich zu sagen: Das führt zu dem und am Ende ist eine Schleife, die löse ich auf. Das geht gar nicht! Das fand ich interessant zum Beispiel an THE RIVER.

RB: Brauchbar ist so ein Realitätsbegriff eh nur dann, wenn du sagst: Da ist eine Gruppe, die bis dahin... also die eine Sprache hat, eine eigene, bis dahin nie wahrgenommen worden ist und jetzt spricht sie in ihrer Sprache über einen Sachverhalt. Wie der Sachverhalt ausschaut, das hat mit der Realität sowieso nichts zu tun, Sprache bearbeitet immer einen Sachverhalt, aber plötzlich diese Sprache, die ganz authentische Sprache, einen Sachverhalt zu behandeln, macht Realismus einen Sinn. Aber was »abfilmen«? Da einen Realismusbegriff anwenden? Da schauen wir ziemlich schnell ziemlich blöd aus.

Wir machen noch eine kurze Abschlussgesprächsrunde für die heutige Sendung. Vorher schauen wir uns einen Film an von Jessica. FLORA, also einen Film nicht von Aki Kaurismäki, auch kein Film, der so ausschaut wie die Filme von der Barbara Albert. Nein, ein Film von Jessica Hausner: FLORA.

[Film]

RB: Das war FLORA von Jessica Hausner. Wenn ihr – Bärbel, Jessica – jetzt das ein bisschen betrachtet, was derzeit, demnächst an Filmen gemacht werden kann, gemacht werden soll: Habt ihr das Gefühl, dass dieser Zugang, dieser sehr subjektive, der sich eine Handschrift, eine individuelle, erlaubt, dass der ankommt, dass der Konjunktur hat? Oder wird es schwieriger?

BA: Ich meine, grundsätzlich kann man sagen, dass jede Form von *Arthouse Kino* das immer hat und haben wird; auch außerhalb von Österreich und auch innerhalb von Österreich und dass das natürlich auch wieder die Konvention eines *Arthouse Kinos* ist, zu sagen: eigene Handschrift, ja und den eigenen Stil zu haben. Insofern glaube ich nicht, dass das hinterfragt wird oder das man plötzlich jetzt…. dass wir in eine Genre gepresst werden müssen oder dass… Also das glaube ich nicht. Auch wenn es Diskussionen gibt über Kommerzialität und so weiter. Aber ich glaube, das ist schon klar, dass wir – wenn ich das so sagen kann – als Autorenfilmerinnen und -filmer und das deswegen… Da habe ich das Gefühl, dass da eine Offenheit schon noch da ist. Nur trotzdem habe ich auch das Gefühl, dass gleichzeitig so ein irrsinniger Wunsch da ist, dass irgendwie wieder was Neues passiert.

RB: Bräuchte es eine Art – ich nenne es jetzt mal – Bewegung? Denn Tatsache ist ja, alles das, was euch Filmkritiker […] an Realismus und Milieu, weiß der Kuckuck was [bricht den Satz ab], das kann man nicht erfüllen. Das wolltet ihr so auch nicht erfüllen? Braucht es sowas wie eine Bewegung, wo ihr sagt: Das kommt von uns. Wie Dogma in Dänemark?

JH: Ich glaube schon, dass es jetzt an der Stelle wieder darum geht, sich sozusagen wieder zu etwas zu bekennen. Das glaube ich schon. Weil es ist sozusagen total klassisch möglich, zu sagen, indem man weiter Filme macht, wird das sozusagen kommerzieller oder spielt mehr mit im Mainstream, weil man möchte ja auch größere Filme machen und mehr Geld verdienen und, keine Ahnung, mehr Zuschauer haben und so weiter. Und da ist jetzt, glaube ich, schon irgendwie die interessante Frage: Was fordern wir weiter heraus? Weil, ich glaube, keiner von uns hat entweder vor, Filme für eine Schublade zu machen, keiner von uns hat aber irgendwie vor langweiligen Mainstream zu machen. Das heißt, wir stehen sozusagen wieder an der Stelle, wo wir uns überlegen: Wie können wir sozusagen das, was wir toll finden, irgendwie so rüber bringen, dass es funktioniert, dass man es machen kann und dass es auch irgendwie sexy ist und dass es auch angeschaut wird. Das ist vielleicht eh das, was du meinst mit der Bewegung. Das ist halt sozusagen die Frage. Wir haben

das bis jetzt immer sozusagen gemacht, indem wir unsere Filme gemacht haben und indem wir auch unsere Firma haben, die auch für etwas steht.
BA: Eine Bewegung wird ja meistens von außen definiert oder wahrgenommen. […] Außer Dogma. Aber […] ich glaube, wir leben in einer Zeit, auch was Film angeht, die so schnelllebig ist, dass du oder auch dass es eine Masse von Filmen gibt im Moment. Wirklich, es kommen immer mehr Filme und immer mehr Festivals und so weiter. Dass du wirklich so mit Glück etwas wie Dogma schaffst, aber das ist ja auch nach ein paar Jahren und ich glaube heute noch schneller als damals, wo es auch nicht wiederholbar ist, wieder weg ist und […] oder du bist wirklich sehr streng in dem, was du willst und wirst außen auch als das wahrgenommen, was du bist. Aber […]
RB: Ich meine, eure Produktionsfirma, wenn man da, wenn mich nicht alles täuscht – *Coop99*-Fraktion – wenn man diesen Assoziationsmoment zu Dogma spielt, oder …
BA: Dogma war [19]95.
RB: Ah, [19]95. Entschuldigung.
JH: Das war eher unser Gründungsjahr.
BA: Ja.
RB: Es waren beides Gründungsjahre, aber ich meine, diesen prägnanten Namen, diese Jahreszahl … Hat es damit nichts zu tun?
BA: Also wir haben gesagt, wir grenzen uns nur sofern von Dogma ab, also wir sagen: Es gibt eigentlich keine Regeln.
RB: Auch keine Programmatik?
BA: Ja. […] Aber damals war es auch noch zu frisch, nach Dogma zu sagen: Wir sind jetzt auch sowas wie Dogma. […] Damals hat man auch schon gesagt: Ja gut, Dogma war ein guter Marketing-Schmäh, aber das jetzt zu wiederholen, das ist abgeschmackt irgendwie.
JH: Ja.
BA: Aber trotzdem glaube ich auch, und das muss man sich schon auch wieder sagen, ich glaube auch, dass jetzt ein wichtiger Zeitpunkt oder ein guter Zeitpunkt eigentlich wäre, um sich auch irgendwie neu zu definieren. Oder zum Beispiel dieser ganze Realismus, Diskussionen rund herum, ist irgendwie auch schon, hat man irgendwie auch schon von allen Seiten beleuchtet und vielleicht geht es um etwas ganz anderes. Also da sich auch auszutauschen und dann vielleicht auch wirklich mit Leuten aus Deutschland, wo ja auch spannende Regisseure und Regisseurinnen da sind, und da zu sagen: Was, wo wollen wir hin? Das ist auf jeden Fall, glaube ich, so ein Bedürfnis von uns.

LM: Da würde ich gerne wissen: Seid ihr nach der Gründung der *Coop99* noch näher aneinander gerückt, weil ihr jetzt gemeinsam diese Firma betreibt? Ihr ward jetzt vorher schon mehr oder weniger eine Gruppe. Wie geht es auch da? Seid ihr euch… Liegt ihr euch da öfter in den Haaren, weil ihr denkt: Naja, jetzt sind wir schon seit zehn Jahren oder so immer wieder gemeinsam. Vielleicht bräuchten wir da auch einmal eine andere Perspektive oder: Nein, nicht schon wieder du!

BA: Ich meine, fad war uns nicht die letzten sieben Jahre. [lacht] Es ist eine starke Dynamik, bei vier Leuten. Es ist wirklich so [deutet mit dem Finger eine Sinuskurve in die Luft] und ja… insofern… Wir wollen auch immer was oder miteinander machen. [Jessica Hausner murmelt zustimmend]

JH: Es ist ja nicht nur, es sind ja nicht nur wir vier. Sondern es ist ja so, dass – auch weil die Bärbel Deutschland erwähnt hat – gerade in Berlin gibt es fünf, sechs Regisseure, die… mit denen wir auch gut befreundet sind, auch oft Austausch haben und irgendwie, ja, reden und wo ich irgendwie auch das Gefühl hätte, dass die zur Gruppe… oder wir gehören zu der Gruppe.

BA: Und die Stärke einer Gruppe liegt ja auch darin, dass jede und jeder so für sich vielleicht stärker wird und eigener und da auch sich probiert und da teilweise auch alleine ist. Also ich glaube, bei uns gibt es sicherlich auch die Bewegung am Anfang, wirklich ganz… fast symbiotisch […] am Anfang. Zum Teil hat es sich dann auch… […] Man ist eigenständiger geworden; in den letzten zwei Jahren eigentlich. Und das ist eigentlich eine sehr gute Entwicklung, weil du dich dann wieder gegenseitig befruchten kannst. Wenn wir uns jetzt länger nicht gesehen haben, weil die Jessica eben auch geschrieben hat im Ausland, und dann kommst du zusammen und da passiert dann mehr, als wenn's dich jeden Tag in diesem Büroalltag siehst.

RB: Ich würde sagen, wir geben ihnen Bedenkzeit, um das Problem von vorhin zu lösen, also: Was muss Neues kommen? In einer Woche sehen wir uns wieder bei *Oktoskop*, wir werden weitere Filme von euch zeigen und ein bisschen uns weiter unterhalten. Und wir verabschieden uns jetzt von Ihnen nicht ganz, wir verabschieden uns verbal, aber nicht ganz. Sie sehen vorher noch Nachtschwalben, einen frühen Film von Barbara Albert, der war aus dem Jahr?

BA: [19]93. Mein erster Dialogfilm.

RB: Der erste Dialogfilm von Barbara Albert: Nachtschwalben. Ich wünsche Ihnen noch einen schönen Abend.

[Film]

> # Film-Konzepte

Corina Erk /
Brad Prager (Hg.)
Heft 59
Ulrich Seidl
September 2020,
etwa 100 Seiten,
zahlreiche farbige und
s/w-Abbildungen
ca. € 20,–
ISBN 978-3-96707-425-3

Ulrich Seidl (*1952) hat einen nahezu unvergleichlichen Stil, der bis zu seinem ersten Film »Einsvierzig« (1980) zurückreicht. In der Folgezeit drehte Seidl über zwei Dutzend Filme und wurde zu einem der provokantesten Filmemacher Österreichs.

Der Band gibt nicht nur eine Einführung in zentrale Aspekte des Seidl'schen Schaffens sowie der Rezeption seiner Filme, sondern befasst sich auch mit den Schlüsselelementen von Seidls Signatur als *auteur*.

edition text+kritik · 81673 München · www.etk-muenchen.de